U0940190

第五届“中国法学博士后论坛(2014)”论文集

依法治国与推进国家治理现代化

Rule of Law and the Modernization of Governance

依法治国与推进国家治理现代化

全国博士后管理委员会
中国社会科学院博士后管理委员会
中国社会科学院法学研究所
最高人民法院中国应用法学研究所
主编

中国社会科学出版社

图书在版编目(CIP)数据

依法治国与推进国家治理现代化/中国社会科学院法学研究所等主编.—北京:中国社会科学出版社,2014.10

ISBN 978－7－5161－4927－0

Ⅰ.①依… Ⅱ.①中… Ⅲ.①社会主义法制－建设－中国－文集②国家－行政管理－现代化管理－中国－文集 Ⅳ.①D920.0－53②D630.1－53

中国版本图书馆CIP数据核字(2014)第223810号

出 版 人 赵剑英
责任编辑 许 琳 梁剑琴
责任校对 韩天炜
责任印制 何 艳

出 版 中国社会科学出版社
社 址 北京鼓楼西大街甲158号（邮编100720）
网 址 http://www.csspw.cn
中文域名：中国社科网 010－64070619
发 行 部 010－84083685
门 市 部 010－84029450
经 销 新华书店及其他书店

印刷装订 北京市兴怀印刷厂
版 次 2014年10月第1版
印 次 2014年10月第1次印刷

开 本 710×1000 1/16
印 张 37.5
插 页 2
字 数 698千字
定 价 65.00元

目　录

第一部分　依法治国与推进国家治理现代化

第二部分　全面推进依法治国

第一部分

依法治国与推进国家治理现代化

法治与国家治理现代化[①]

张文显[②]

摘　要　法治与国家治理体系和治理能力有着内在的联系和外在的契合。法治是国家治理的基本方式。依法治国、依法执政、依法行政、严格执法和公正司法，决定了推进国家治理现代化本体上和路径上就是推进国家治理法治化。现代法治为国家治理注入良法的基本价值，提供善治的创新机制，法治对于国家治理现代化具有根本意义和决定作用；法治化是国家治理现代化的必由之路，治理体系法制化和治理能力法治化是国家治理法治化的两个基本面向；从法治国家转型升级为法治中国、从法律之治转型升级为良法善治、从法律大国转型升级为法治强国以及加快构建中国特色社会主义法治体系是法治现代化之路的主要内容。

关键词　法治　良法善治　国家治理　法治化　法治现代化

22 年前，中国改革开放的总设计师邓小平同志高瞻远瞩地提出，“恐怕再有三十年的时间，我们才会在各方面形成一整套更加成熟、更加定型的制度”[③]。2013 年，在邓小平同志这一战略思想的基础上，党的十八届三中全会将“完善和发展中国特色社会主义制度，推进国家治理体系和治理能力现代化”作为全面深化改革的总目标。[④] 这一总目标的设计为法学研究和法治建设提出了新的时代性重大课题。

法治与国家治理息息相关。在现代国家，法治是国家治理的基本方式，是国家治理现代化的重要标志，国家治理法治化是国家治理现代化的必由之路。

---

① 本文发表于《中国法学》2014 年第 4 期。

② 国家司法文明协同创新中心首席科学家，中国法学会学术委员会主任。

③ 《邓小平文选》第 3 卷，人民出版社 1993 年版，第 372 页。

④ 《中共中央关于全面深化改革若干重大问题的决定》，人民出版社 2013 年版，第 3 页。

通过健全和完善国家治理法律规范、法律制度、法律程序和法律实施机制，形成科学完备、法治为基的国家治理体系，使中国特色社会主义制度更加成熟、更加定型、更加管用，并不断提高运用社会主义法治体系有效治理国家的能力和水平。

一 法治是国家治理现代化的基本表征

法治与人治代表着两种不同的国家治理模式。法治是现代国家治理的基本方式，实行法治是国家治理现代化的内在要求。现代法治的核心要义是良法善治。正是现代法治为国家治理注入了良法的基本价值，提供了善治的创新机制。国家治理现代化的实质与重心，是在治理体系和治理能力两方面充分体现良法善治的要求，实现国家治理现代化。

（一）现代法治为国家治理注入了良法的基本价值

就国家治理体系而言，“良法”就是良好的制度。国家治理是不是良法之治，关键看国家治理制度体系贯通什么样的价值观和价值标准。以国家治理现代化的世界元素和中国标准而言，秩序、公正、人权、效率、和谐等当属其基本价值。

1. 秩序价值

对于任何国家而言，国家治理第一位的、最直接的目的是建立和维护安定有序的社会秩序。秩序的存在是人类生存、生活、生产活动的必要前提和基础。没有秩序，人类的公共性活动就不可能正常进行。当代中国，内部秩序的基本形态包括公共生活秩序、市场经济秩序、民主政治秩序、意识形态秩序；外部秩序包括国际经济秩序和政治秩序。秩序的存在是人民安居乐业、国家长治久安最基础、最根本的条件，所以，国家治理首先要建立和维护秩序。当然，法治和国家治理要实现的秩序是“包容性秩序”。不是任何一种秩序都能够称得上是“包容性秩序”的。历史上，封建统治阶级及其代言人把封建等级制看作不可侵犯的秩序。韩非宣称：“臣事君，子事父，妻事夫，三者顺则天下治，三者逆则天下乱，此天下之常道也。”[①] 董仲舒更是把“君为臣纲，父为子纲，夫为妻纲”[②] 宣布为封建社会秩序的核心内容。这样的秩序是蔑视人性、维护特权、禁止社会流动的秩序，与现代法治和国家治理所主张的安定

① 《韩非子·忠孝》。

② 《礼纬·含文嘉》。

有序南辕北辙。在社会主义核心价值体系引领下的秩序是百花齐放、百家争鸣、尊重差异、包容多样、“和而不同”的秩序，是一种使自由而平等的竞争和人道主义的生活成为可能的秩序，是摆脱了单纯偶然性、任意性、不可预测性的秩序，是各种社会分歧、矛盾和冲突能够在道德精神和法律理性的基础上得以和平解决或缓和的秩序，是社会组织健全，社会治理完善，社会安定团结，人民群众安居乐业的秩序。

“包容性秩序”是充满活力的秩序。充满活力，就是能够使一切有利于社会进步的创造愿望得到尊重，创造活动得到支持，创造才能得到发挥，创造成果得到肯定，全社会的创造能量充分释放，创新成果不断涌现，创业活动蓬勃开展。充满活力意味着人们享有广泛的自由，诸如：人身自由，不因性别、出身、血缘、籍贯、财产、受教育程度等因素而受到管制和歧视；思想自由，让想象力和兴趣热情奔放，生产出各种各样的精神产品和物质产品；言论自由，每一个人都有权利负责任地以语言、文字、图画、微博、微信、视频及其他方法自由地发表和传播自己的意见，并且拥有听取他人意见的平等权和相对于政府的知情权；创造自由，让聪明才智在理论创新、技术创新、生产创新、文化创新、制度创新等方面“物尽其用”；契约自由，基于血缘、亲情、宗教、伦理、权力等而形成的“人对人的依赖关系”退居到次要地位或者被彻底粉碎，每个人都成为独立的个人和平等的权利主体，每个人都可以依据自己的切身利益和合理预判与他人自由地交往和交易。充满活力也意味着要尊重劳动、尊重知识、尊重人才、尊重作为劳动结晶的技术和资本，放手让一切劳动、知识、技术、管理、资本等生产要素的活力竞相迸发，让一切创造社会财富的源泉充分涌现。充满活力也意味着全社会的积极因素被充分调动起来，盲动因素得到正确引导，消极因素尽可能被化解。

2. 公正价值

公平正义是现代法治的核心价值追求，也是中国特色社会主义的内在要求。因而，国家治理的核心价值必然是体现党和国家执政为民的理念和社会公众的公平诉求，保障和促进社会公平，建设“公平中国”。

从古代到现代，人们不断地探讨个人、社会、国家为什么需要正义以及正义在社会中所扮演的角色；绞尽脑汁去解答什么是正义，怎样的人、怎样的行为、怎样的规则、怎样的制度、怎样的社会、怎样的国家才算是公正的；正义的标准或正义原则应当是什么样子，以及正义与其他社会价值的矛盾与调和。这些问题随着时代的变迁和社会矛盾的复杂化而不断改变形式。中共十八大报告、十八届三中全会《决定》和习近平总书记的系列讲话科学地回答了这些问题，并顺应时代潮流和人民意愿，提出了解决当代中国公平问题的基本方向和思路。党的十八大以解决人民最关心、最直接、最现实的利益问题为着力点，提出逐步建立以权利公平、机会公平、规则公平为主要内容的社会公平保障体系，努力营造公平的社会环境，保证人民平等参与、平等发展的权利。十八届三中全会《决定》进一步把“促进公平正义”、“增进人民福祉”作为全面深化改革的出发点和落脚点，强调“让发展成果更多更公平惠及全体人民”。[①] 习近平总书记深刻阐述了国家治理与保证社会公平正义的关系，指出：“全面深化改革必须着眼创造更加公平正义的社会环境，不断克服各种有违公平正义的现象，使改革发展成果更多更公平惠及全体人民。”“不论处在什么发展水平上，制度都是社会公平正义的重要保证。我们要通过创新制度安排，努力克服人为因素造成的有违公平正义的现象，保证人民平等参与、平等发展权利。要把促进社会公平正义、增进人民福祉作为一面镜子，审视我们各方面体制机制和政策规定，哪里有不符合促进社会公平正义的问题，哪里就需要改革；哪个领域哪个环节问题突出，哪个领域哪个环节就是改革的重点。对由于制度安排不健全造成的有违公平正义的问题要抓紧解决，使我们的制度安排更好体现社会主义公平正义原则，更加有利于实现好、维护好、发展好最广大人民根本利益。”[②]

在国家治理范畴内，社会公平主要包括权利公平、机会公平、规则公平、司法公正。

第一，权利公平。权利公平包括三重意义：一是权利主体平等，排除性别、身份、出身、地位、职业、财产、民族等各种附加条件的限制，公民皆为权利主体，谁都不能被排除在主体之外；国家对每个公民“不偏袒”、“非歧视”。二是享有的权利，特别是基本权利平等。在基本权利方面不允许不平等的存在，更不能允许任何组织或者个人有超越宪法和法律的特权。三是权利保护和权利救济平等。“无救济则无权利”。任何人的权利都有可能受到侵害或削弱，当权利受到侵害或者削弱的时候，应当获得平等的法律保护和救济。不能因为当事人保存证据的意识和取证能力不强、交不起诉讼费用、请不起律师等原因而导致打官司难、胜诉难、胜诉之后执行难。

第二，机会公平。机会公平也称作机会平等。机会公平是人类从身份社会进入契约社会的过程中提出来的反对封建等级制度和世袭制度的革命纲领。机会公平纲领要求摒弃先赋性特权、身份等级等不公正因素的影响，保证每个社

① 《中共中央关于全面深化改革若干重大问题的决定》，人民出版社 2013 年版，第 4 页。

② 习近平：《切实把思想统一到党的十八届三中全会精神上来》，载《人民日报》2014 年 1 月 1 日第 2 版。

会成员能够有一个平等竞争的条件，从而拓展个人自由创造的空间，最大限度地发挥每一个人的能力和潜能。在现代社会，机会公平堪称是最重要的正义原则，因为机会公平是起点平等，没有起点平等，后续的平等就是画饼充饥。机会公平意味着对发展进步权利的普遍尊重。它要求在公共领域公正地对待和确保每一个人的权利，各种职位对一切符合条件的人开放，允许并鼓励不同阶层、地域互相开放，允许社会成员自由流动。机会公平当中最重要的是教育公平。教育公平就是为人人提供同等的受教育的机会和均等的教育资源，为所有人创造自由而全面发展的均等条件，使人们在公平正义的阳光普照下，从同一起跑线上起跑，向着共同的幸福未来进发。

机会公平还应当包括代际平等。不仅要切实保证当代人的平等机会，而且应当关注和保证后代人机会平等。当前，我国有相当多的农民、农民工、普通工人和困难群众子女享受不到社会公认的公共教育资源，不能接受平等教育，这必将导致他们普遍缺乏在未来社会的生存能力和竞争能力，形成新的代际不公。

习近平总书记高度重视机会公平。他说："生活在我们伟大祖国和伟大时代的中国人民，共同享有人生出彩的机会，共同享有梦想成真的机会，共同享有同祖国和时代一起成长与进步的机会。有梦想，有机会，有奋斗，一切美好的东西都能够创造出来。"① 在国家治理制度体系中，虽然机会公平并不能确保"结果平等"，但它为每个成员的发展提供了公平参与和实现梦想的可能性。在社会各个领域，人们之间能力有高低，结果会不同，但机会公平了，心态也就会平和许多。最近几年频频曝光的"官二代"、"官三代"违规担任公职和领导干部的事件在媒体上被广泛议论，根源就在于它们破坏了机会公平、平等竞争的底线，泯灭了其他竞争者脱颖而出的梦想和预期，触动了广大平民百姓渴望机会公平的神经。

第三，规则公平。规则是一个统合概念，包括了所有的法律规则、政策规则、显规则、潜规则、硬规则、软规则等。这里讲的规则公平主要是政策和法律规则要公平。规则公平有三重含义：（1）形式上公平，就是人们经常说的法律（政策）面前一律平等，即立法上的平等，全体公民，不分民族、种族、职业、宗教信仰、财产状况、受教育程度、居住年限与社会地位，在法律规则和标准面前人人平等。（2）实体公平，就是权利义务对等，既不允许存在无权利的义务（奴役），也不允许存在无义务的权利（特权），每个人都既享有

① 习近平：《在第十二届全国人民代表大会第一次会议上的讲话》，载《人民日报》2013 年 3 月 18 日第 1 版。

权利又承担义务，自由地行使权利，忠实地履行义务。（3）在法律实施中“无例外”，对任何公民的合法权益，都应当依法保护；对任何公民的违法犯罪行为，都平等地依法追究。既不容许不受保护的“例外”，也不容许不受处罚的“例外”。总之，任何人，不论职位高低，不论贫富差异，法律上一视同仁。

第四，司法公正。司法是维护社会公平的最后一道防线，司法公正是社会公平的底线。客观地说，我国的司法基本上是公正的，但不公正的案件时有发生，造成了恶劣影响。影响司法公正的首要因素是法官、法庭、法院难以做到依法独立公正办案，遭遇到的干扰和干涉太多。2013 年 2 月 23 日，习近平总书记在中央政治局第四次集体学习会上尖锐地指出：群众反映，现在一个案件，无论是民事案件还是刑事案件，不托人情、找关系的是少数。尤其到了法院审判环节，请客送礼、打招呼、批条子的情况很严重。这说明依法独立公正司法的外部环境很差，司法独立和司法公正受到不应有的干扰。地方保护、部门保护的干扰和干涉，以权压法、权大于法、迫使司法机关滥用职权、违法办案的现象时有发生，导致司法不公、冤假错案，甚至引发大规模群体性事件，特别是在土地征用、房屋拆迁、社会保障、高速公路建设、新农村建设等领域尤为突出。越是往下，司法机关依法独立公正办案的压力越大。

司法公正是司法公信和国家公信的基础，如果这一基础被虚化，人民群众对公平正义的信心、对法律的信任、对法治的期待，就会一落千丈。正如英国哲学家培根所言：“一次不公正的司法判决其恶果甚于十次犯罪，因为犯罪只是弄脏了水流，而不公正的判决却是弄脏了水源。”[①] 对于“弄脏了水源”，我的理解就是破坏了司法和法律的公正，也摧毁了司法和法律的公信力。党的十八大之后，习近平总书记多次强调指出：全面推进依法治国，必须坚持公正司法。“要依法公正对待人民群众的诉求，努力让人民群众在每一个司法案件中都能感受到公平正义，决不能让不公正的审判伤害人民群众感情、损害人民群众权益”[②]。在 2014 年 1 月召开的中央政法工作会议上，习近平总书记明确提出维护公平正义是司法与法治的核心价值。这表明党和人民对司法提出了更高的标准和更严格的要求。为了做到司法公正，所有司法机关都要紧紧围绕公正这个主题来改进工作，重点解决影响司法公正和制约司法能力的深层次问题，

---

① W. Aldis Wright M. A., Bacon's Essays and Colours of Good and Evil with Notes and Glossarial Index, New York: the Macmillan Company, 1899, p. 222.

② 习近平：《在首都各界纪念现行宪法公布施行 30 周年大会上的讲话》，载《人民日报》2012 年 12 月 5 日第 2 版。

要优化司法职权配置，规范司法行为。同时，要坚持和改进党对司法的领导，加强和改进人大对司法工作的监督，进一步深化司法改革，确保人民法院、人民检察院依法独立公正地行使审判权和检察权，切实维护司法权威和公正；要大力培养理性的司法文化，尊重司法公正和司法权威，为司法机关创造公正司法的制度环境、文化环境和物质条件。

3. 人权价值

确认和保障权利是法治的真谛，尊重和保障人权是国家治理的精髓所在，也是国家现代性的根本体现。将法治精神融入国家治理，就是要确立和强化人权和公民权利神圣的观念和信念，确保在各种考量中，人权和公民权利具有优先性，这是使人活得自由且有尊严的内在要求。我国某些地方频频发生公民的人身自由、人格尊严、通信秘密、生命、财产等人权和公民权利受到侵害的事件，究其原因就是人权和公民权利还不够神圣，有些官员不把人权和公民权利当回事。在国家治理中，一定要懂得只有政府认真对待人权和公民权利，人民才会认真对待政府、法律和秩序，这样才会形成官民和谐型社会。十八届三中全会《决定》设立了政府权力清单制度和公民、法人、社会组织、市场主体权利负面清单制度，认定国家机关和公权力部门“法无授权不可为”，公民、法人、社会组织“法无禁止则自由”，这是国家治理中人权理念的升华和文明进步。

尊重和保障人权，最重要的是保障公民的基本权利。基本权利主要是指人权和宪法宣告的公民基本权利。通常划分为三类，第一类是公民政治权利和自由，诸如知情权、参与权、选举权与被选举权、监督权，以及言论、出版、集会、结社、游行、示威自由，宗教信仰自由，人身自由，人格尊严，通信自由，住宅不受侵犯，通信秘密受法律保护，等等；第二类是经济、社会、文化权利，主要包括财产权、受教育权、劳动权、休息权、健康权、契约自由，在年老、疾病或者丧失劳动能力的情况下有从国家和社会获得物质帮助的权利，退休养老的权利，医疗服务和保障的权利以及环境权，等等；第三类是特殊人群、社会相对弱势群体的权利，主要是少数民族、妇女、儿童、老年人、残疾人等的权利。在这些权利当中，生存权是首要人权，发展权是根本权利。随着经济社会的发展，人们对“权利”的认知与诉求将从生存层面上升到发展层面，从直接的经济层面上升到政治、文化层面，权利关注将持续升温，新型权利将不断涌现。作为国家治理核心主体的执政党和国家权力机关要积极回应人民群众日益增长的多样化权利诉求，不断丰富宪法法律权利体系，健全人权和权利保障制度。

4. 效率价值

与秩序、公平正义和人权一样，效率也是一个社会的核心价值。一个治理良好的社会必然是有秩序的社会、公正的社会、人权有保障的社会，也应当是高效率的社会。国家治理的效率通过法治可以更好地实现。从理论和实践两个方面看，法治化的治理要比人治化的治理更富有效率，更能够保持可持续的发展。在人治化的治理中，在重大决策事项上，领导个人说了算，看起来决策效率很高，但由于个人的见识、智慧和能力毕竟有限，这种决策方式很容易出错，甚至在根本性、全局性问题上出现颠覆性错误，而且往往难以自我纠正。十年"文革"就是沉痛的教训。现在一些地方少数领导人自以为是、独断专行，瞎指挥、瞎折腾，干了很多劳民伤财、得不偿失的蠢事，盲目决策、错误拍板上马的项目、工程，给土壤、水流、大气造成严重污染，并致使社会矛盾激发，群体性事件频发。而在法治化的治理中，决策者依照程序科学决策、民主决策，看起来比较费事费时，但决策失误的可能性大大减少，而决策失误是最严重的负效率。同时，由于建立了明晰的人权制度、物权制度、合同制度、侵权制度、诉讼制度等，为经济社会主体确立了制度信心，从而激发了社会活力，保障了自由竞争，实现了政治效率、经济效率和社会效率在法治的框架内持续增量。

5. 和谐价值

我们正处在改革的深水区和发展的关键期，同时也处于社会矛盾的凸显期。面对这一国情背景，构建社会主义和谐社会，努力促进人与人之间、公民与国家之间、群体与群体之间、阶层与阶层之间、区域与区域之间，乃至国家与国家之间和谐，实现各主体各得其所又和谐相处，毫无疑问应当是国家治理的核心价值。

"和谐"是一个非常古老而又经久不衰的概念。人们通常是在美学、哲学和社会科学三个方面理解"和谐"。在美学意义上，东西方思想家早就将和谐视为至美、最美。中国思想家欣赏音乐的和谐之美，把音乐中不同音符之间的合成与流动看作和谐。古希腊思想家认为"美是和谐的比例"，数是比例的表达，事物之间的和谐关系可以表现为某种恰当的数的比例关系。在哲学意义上，古希腊哲学家毕达哥拉斯把"和谐"作为哲学的根本范畴，并且认为和谐是以差别和对立的存在为前提的，是"对立的东西产生和谐，而不是相同的东西产生和谐"。"和谐"（"和"）也是中国哲学的根本范畴。春秋战国时期就有思想家作出了"和实生物，同则不继"的著名论断。孔子提出"君子和而不同，小人同而不和"，并且认为和谐不仅是客观规律，而且是做人、治国的原则，因而把"和"、"同"两个范畴引入社会道德领域和政治领域。在社会科学诸多学科中，和谐也是重要范畴或基本范畴，这一范畴通常与国家理想、国家治理和社会治理相联结。华夏先民主张的“小康社会”，洪秀全主张的“有田同耕，有饭同食，有衣同穿，有钱同使，无处不均匀，无人不饱暖”的“太平天国”，康有为提出“人人相亲、人人平等的大同社会”，孙中山追求的“天下为公”，柏拉图所设想的“理想国”，空想社会主义者傅立叶、欧文、魏特林等人设想的“乌托邦”，马克思和恩格斯梦想的共产主义社会，毛泽东等新中国缔造者提出建立“中华人民共和国”，都是以和谐为表征的国家或社会。上述意义是互通的，为我们理解和谐概念和作为国家和社会理念的和谐提供了丰富的思想资源。

党的十六大以来，有关和谐、社会和谐、促进社会和谐、构建社会主义和谐社会等的论述和实践，则为我们深刻把握和谐价值提供了更为直接的思想理论基础。党的十六大报告在阐述全面建设小康社会的宏伟目标时强调要努力形成全体人民各尽其能、各得其所而又和谐相处的局面，巩固和发展民主团结、生动活泼、安定和谐的政治局面。十六届六中全会通过了《中共中央关于构建社会主义和谐社会若干重大问题的决定》，进一步明确了构建社会主义和谐社会的指导思想、目标任务和原则，进一步部署了构建社会主义和谐社会的工作任务。党的十七大报告十分深刻地作出了“社会和谐是中国特色社会主义的本质属性”的论断，并指出：“构建社会主义和谐社会是贯穿中国特色社会主义事业全过程的长期历史任务，是在发展的基础上正确处理各种社会矛盾的历史过程和社会结果”，“要按照民主法治、公平正义、诚信友爱、充满活力、安定有序、人与自然和谐相处的总要求和共同建设、共同享有的原则，着力解决人民最关心、最直接、最现实的利益问题，努力形成全体人民各尽其能、各得其所而又和谐相处的局面，为发展提供良好社会环境”①。十八大报告也强调：“加强社会建设，是社会和谐稳定的重要保证。”②

在推动国家治理现代化中，以和谐作为法治和国家治理的核心价值，就是要把和谐价值融入法律规范体系和国家治理制度体系之中，致力于构建社会主义和谐社会。一要致力于引导和维护作为社会细胞的个体与个体的和谐，在诚信友善的基础上，促进人与人之间真诚相待、坦然相处、友爱互助，建立起良好和谐的人际关系，夯实和谐社会、和谐中国的根基。二要致力于引导和维护

① 胡锦涛：《高举中国特色社会主义伟大旗帜 为夺取全面建设小康社会新胜利而奋斗——在中国共产党第十七次全国代表大会上的报告》，载《人民日报》2007年10月25日第1版。

② 胡锦涛：《坚定不移沿着中国特色社会主义道路前进 为全面建成小康社会而奋斗——在中国共产党第十八次全国代表大会上的报告》，载《人民日报》2012年11月18日第1版。

人与社会和谐，包括公民与国家的和谐，个体与集体的和谐，居民与社区的和谐，群体（阶层）与群体（阶层）的和谐等。三要引导和维护人与自然的和谐，人与自然的和谐与人与人、人与社会的和谐是相得益彰的。四要致力于引导和维护中国与世界的和谐，推进国际关系民主化、全球治理法治化，尊重文化多样性和发展模式多样化，尊重各国独立自主选择发展道路的权利，尊重各国平等参与国际事务的权利；坚持国与国之间和平、民主、平等的原则，强调以合作共赢为目标，以合作谋和平，以合作促发展。

和谐不仅是法治和国家治理的基本价值，在某种意义上也是法治和国家治理的终极价值、元价值。相对于其他价值，其“终极性”、“元地位”表现为：一是凝练国家和法的价值，即从社会生活、历史传统、社会未来发展、哲学和法理中凝练出现代国家和法的价值。二是规范国家和法的价值，即从根本上决定着其他价值的本质属性，秩序应当是和谐的秩序，自由应当是和谐的自由，正义应当是和谐的正义，人权应当是和谐的人权，效率应当是和谐的效率，等等。三是引领和协调国家和法的价值，使它们成为内在统一、互为补充、互相支撑的价值体系。四是反思和追问国家和法的价值，推动法治和国家治理的制度创新。进入21世纪以来，和谐越来越成为中国社会普遍关注的价值理念和标准，成为统摄一切价值的元价值。和谐精神的导入，必将使中国社会主义法治体系和国家治理体系超越中国传统“统治”和西方传统“治理”而走向善治。

（二）现代法治为国家治理提供了善治的创新机制

善治，是就国家治理能力而言的。国家治理是不是“善治”，关键看治理的目的、机制、方式、方法。“善治”（good governance），是个典型的外来语。国外学者对“善治”有多种解读和解释，其中法国学者玛丽—克劳斯·斯莫茨的解读具有一定的代表性，她认为，善治包括四大要素：第一，公民安全得到保障，法律得到尊重，特别是这一切都须通过法治来实现。第二，公共机构正确而公正地管理公共开支，亦即进行有效的行政管理。第三，政治领导人对其行为向人民负责，亦即实行责任制。第四，信息畅通，便于全体公民了解情况，亦即具有政治透明性。[①]“善治”一词的“‘正式’定义主要来自世界银行、国际货币基金组织、联合国（特别是联合国开发计划署）、经合组织以及

① ［法］玛丽－克劳德·斯莫茨：《治理在国际关系中的正确运用》，肖孝毛译，载《国际社会科学杂志》（中文版）1999年第1期。

其他捐赠组织"[①]。例如，联合国开发计划署（the United Nations Development Program）认为："善治是政府、公民社会组织和私人部门在形成公共事务中相互作用，以及公民表达利益、协调分歧和行使政治、经济、社会权利的各种制度和过程。"[②] 在中国语境中，"善治"远远超出了西方学者赋予"善治"的语义，其基本特质一是以人为本，二是依法治理，三是公共治理。

1. 以人为本

"以人为本"，就是一切从人出发、以人为中心；就是要把人作为观念、行为、制度的主体，把人的解放和自由、人的尊严、兴趣和全面发展，作为每个人、每个群体及至每届政府、每届领导人的终极关怀。同时，"以人为本"也意味着在党和政府的全面终极关怀之外，人也应当把自己看作人、提高自己的人性，在社会生活中应当有宽容、诚信、自主、自律的自觉意识和观念，既善待自己和他人，也要求他人善待自己。

以人为本是根植于当代中国特色社会主义实践并超越传统中华文明、符合中华民族和中国人民根本利益的法治和国家治理理论。它凝聚了中国社会的高度共识，体现了法治和国家治理理论的本土化、综合化、政策化和国际化多重元素，荷载了人类社会治理模式从人治到法治再到良法善治的理性诉求。

以人为本之所以是善治，在于其界定了法治和治理的"良善"本性。以人为本的法学（律）表达就是尊重和保障人权，尤其是对弱势群体民生权利的关怀和保护。人权作为宪法基本原则在整个法律体系中的通贯，其对公民自主与福利的尊奉与守护，及其对公权力的训诫与规制，使得"法治"和"治理"不仅仅表征一种"术"和方法，更具有了道德上的正当性与合法性，以人为本的善治必然催生社会、国家、人民臻于至善。

以人为本理念在中国政治和法治系统中的贯彻，标识和引导着国家治理的现代化进程。以人为本的提出，就是要纠正经济发展和社会转型中出现的急功近利、拜金主义、纵欲骄奢、恃强凌弱、环境污染、生态破坏等漠视人的主体性、尊严福祉、自由平等的负面现象。而这些负面现象的矫治，必然落实为国家治理机制的创新，必然要求秉持以人为本的基本理念对公民自主、社会自治、国家治理的基本格局和内在逻辑予以重构。在党的十六大、十七大和十八大已取得成果的基础上，十八届三中全会更是在全面深化改革的总体部署中，

---

① 王正绪：《亚太六国国民对政府绩效的满意度》，苏世军译，载《经济社会体制比较》2011 年第 1 期。

② ［美］G. 沙布尔·吉玛、丹尼斯·A. 荣迪内利编：《分权化治理：新概念与新实践》，唐贤兴、张进军等译，格致出版社、上海人民出版社 2013 年版，第 5 页。

对尊重人民主体地位、增进人民利益福祉、促进人的全面发展、保障和改善民生、确保改革成果的广泛公平分享等方面做出了顶层设计。经济体制改革、行政体制改革、社会治理体制创新、生态文明制度建设，以及教育医疗社会保障等社会事业创新的具体举措，必然汇聚为法治中国建设的系统工程，必然有力地推动法治和国家治理现代化进程。

2. 依法治理

依法治理之所以是善治，首先在于法治优于人治。人治的典型特征在于统治者个人或者极少数人说了算，这种治理方式除了出错率高之外，往往导致人亡政息、难以为继。有鉴于此，邓小平同志反复告诫党和人民，人治“危险得很”，人治“靠不住”。他曾在同几位中央负责同志的谈话中指出：“一个国家的命运建立在一两个人的声望上面，是很不健康的，是很危险的。不出事没问题，一出事就不可收拾。”“还是要靠法制，搞法制靠得住些。”① 相对于人治，法治具有明显的多重优越性。其最大优越性在于，它能够保持执政党的执政理念、执政路线、执政方针的连续性、稳定性、权威性，不因领导人的改变而改变，不因领导人看法和注意力的改变而改变，真正做到“不动摇”、“不折腾”。

第二个优越性在于，随着革命时代的过去，主要依靠革命家的个人权威和魅力治理中国这样一个有十四亿人口的大国和中国社会这样一个利益日益多元化复杂化的社会的可能性已经不复存在，唯有依靠法治，依靠宪法和法律制度体系才能在多样化中凝聚共识和力量，保证中国社会可持续的发展与稳定。第三个优越性在于，法治是公开透明的规则之治和程序之治，具有可预期性、可操作性、可救济性，因而能够使人民群众对自己的经济、政治、社会、文化规划和生产、生活有合理预期和安全感，确保了国家治理的公信力。第四个优越性在于，宪法和法律是由国家制定的、并依靠国家强制力作为终极力量保证实施的，它能够克服政策等治理制度体系的局限性，确保制度体系运行的效能。法治的这些优势是人治所不具有的。特别是进入新世纪以来，国家治理的社会历史条件和国内国际经纬都发生了重大变化，我国社会的利益格局发生深刻变动，形成了不同的利益阶层和群体。与此相应，以利益为实体的道德观念和道德标准急剧分化，各个阶层、各个群体普遍认同和接受的道德观念、道德标准甚至道德规范已缺乏坚实的经济和社会基础，加上人民群众的法治观念、权利意识、维权动力普遍增强，作为社会共识最大公约数的法律理所当然地在国家治理中扮演着主导角色。同时，由于政策固有的因地制宜、因时制宜、因人制

① 《邓小平文选》第 3 卷，人民出版社 1993 年版，第 311 页。

宜等局限性，实行法治合乎规律地成为治国理政的第一选择，成为政治文明发展的时代潮流。这就要求党和政府在国家治理中必须遵循法治的规律和原则，善用法治思维和法治方式处理国家治理当中的深层次问题和矛盾。

3. 公共治理

公共治理，就是让公众以主体身份参与到国家治理当中，既管理国家事务、经济社会文化事务，又对自身事务实行高度自治。公共治理之所以是善治，在于治理优于管理。由于公共治理理念和机制的融入，“国家管理”概念被“国家治理”概念所替换，公众成为国家治理不可或缺的重要组成部分，有了知情权、表达权、参与权、决策权和监督权。治理与管理不是对立的模式，而是初级版与升级版的关系。治理是管理的升级版，它保留了管理的许多要素，同时超越了管理的局限，承载着比管理更多更复杂的职能，更能够有效应对国家治理中面对的新情况新问题，满足人民群众的新要求新期待。

公共治理的优势，一是它更加充分地将民主理念和民主机理融入到国家治理当中，最大限度地吸收公众参与，扩大公民及其组织的话语权和决定权，体现了人民当家作主。二是它以对话、沟通、协商等方式，保证不同党派、不同阶层、不同群体、不同利益集团、不同社会界别平等自由地表达利益诉求和政策主张，在此基础上最大限度地凝聚共识，消解或缩小分歧，促进各个阶层、各个群体的人们相互之间的政治认同、思想认同、感情认同和彼此尊重；妥善协调利益关系，使不同阶层、不同群体在利益分化的格局中仍能各得其所又和谐相处。三是多元主体合作共治，公共治理与政府治理相辅相成。在国家治理中，国家权力机关、行政机关、司法机关、军事机关体现着“政府治理”的职能，人民政协、人民团体、经济社会组织和人民群众发挥着“社会治理”的作用。两类治理在党的领导下有效衔接、协同配合，创新了国家治理模式，增添了国家治理的正能量。四是它为社会自治开辟了广阔空间，把不应或不宜由执政党和国家机构管理的事务交由社会自我治理。良好的国家治理总是与社会自治紧密结合的，国家治理体系越完善、越文明，社会组织在国家治理中的地位越受重视，作用发挥得越好。社会自治的内容十分丰富、形式无限多样。十八届三中全会《决定》强调，要激发社会组织活力，要求正确处理政府和社会关系，加快实施政社分开，推进社会组织明确权责、依法自治、发挥作用；适合由社会组织提供的公共服务和解决的事项，交由社会组织承担；支持和发展志愿服务组织；限期实现行业协会、商会与行政机关真正脱钩。这些改革举措必将为社会自治建构更加宽阔的平台。

公共治理是国家治理现代化的重要标志。当下中国有多种民主形式，其中，基于公共治理制度平台的协商民主是我国社会主义民主政治的独特优势，是人民民主制度和党的群众路线在国家治理领域的重要体现。协商民主的独特优势在于它把理性引入公共生活，形成一种转化冲突寻求合作的政治机制，即把公共争议和利益冲突置于一个公开协商的行动过程，建构一个政府与公民的合作治理体系。十八届三中全会《决定》提出，要推进协商民主广泛多层制度化发展，构建程序合理、环节完整的协商民主体系，拓宽国家政权机关、政协组织、党派团体、基层组织、社会组织的协商渠道。深入开展立法协商、行政协商、民主协商、参政协商、社会协商。贯彻落实三中全会《决定》，必将使国家治理中的公共治理获得新发展、呈现新气象、取得新成效。

二 法治化是国家治理现代化的必由之路

（一）推进国家治理法治化的必然性与重要性

推进国家治理法治化，是国家治理现代化题中应有之义。改革开放以来，我国各项治理制度的创新发展始终与法律制度体系完善发展同步，与全面深入推进立法体制、执法体制和司法体制改革相适应。市场经济是法治经济，民主政治是法治政治，法治是治国基本方略，法治是党执政的基本方式，善于运用法治治国理政，更加重视发挥法治在国家治理和社会管理中的重要作用，这些科学论断和实践充分表明，国家治理现代化的过程也就是国家治理法治化的过程，国家治理现代化必然要表现为国家治理法治化，并通过法治化引领和保障现代化。

推进国家治理法治化，是中国共产党执政理念的必然要求。党的十七大、十八大、十八届三中全会相继提出，要全面落实依法治国基本方略、全面推进依法治国和加快法治中国建设，实现国家各项工作的法治化。在实现国家各项工作法治化当中，最重要的当属实现国家治理法治化，使国家治理在法治轨道上运行。党的十八大以来，以习近平为总书记的党中央更加强调依法执政、依法治国、依法行政、依法治理社会，更加鲜明地提出法治是治国理政的基本方式，各级领导干部要提高运用法治思维和法治方式深化改革、推动发展、化解矛盾、维护稳定的能力，要将法治国家、法治政府、法治社会一体建设。党的执政理念和法治理论深刻揭示出了法治在国家治理中的决定性作用。法治的作用，已经从十五大提出依法治国基本方略时的“基础性作用”演进为今天治国理政当中的“决定性作用”。推进国家治理法治化，也是人民群众的共识和关切。无论是党的执政活动、国家机关履职活动，还是人民行使民主权利参与国家治理的活动，都应当遵循法治的规则和程序。据统计，十二届全国人大第二次会议期间，以代表团名义和30人以上代表联名提出的议案有468件，其中绝大多数为法律议案。“最大特点是落实全面深化改革总目标和任务的要求，围绕完善和发展中国特色社会主义制度、推进国家治理体系和治理能力现代化，从法律的制定、修改、废止、解释的角度，提出意见和建议。”①

推进国家治理法治化也是国际社会的潮流。进入21世纪之后，法治成为民主、文明国家的基本共识。当今世界，国家之间、区域之间乃至世界范围内的很多问题越来越多地被纳入法治轨道。最近十多年，包括中国在内的许多国家和联合国等国际组织积极推动国际关系民主化法治化，取得了巨大进步。在和平共处五项原则发表60周年纪念大会上的讲话中，习近平总书记再次主张“共同推动国际关系法治化。推动各方在国际关系中遵守国际法和公认的国际关系基本原则，用统一适用的规则来明是非、促和平、谋发展”。② 2005年《世界首脑会议成果文件》将法治作为一项普遍核心价值和原则，呼吁在国家和国际两级全面实行法治。联合国大会及其第六委员会和国际法委员会，致力于国际条约的制定和国际法的编纂，为“国际立法”作出了积极贡献。安全理事会积极预防和解决地区冲突，通过法治手段，维护国际和平与安全。国际法院通过司法手段解决国际争端，其判决和咨询意见进一步阐明了国际法的有关原则和规则，丰富和发展了国际法。从2006年开始，联合国大会第六委员会开始讨论国家和国际两级法治的问题。对于这个问题的研讨扩大了国家之间在加强法治方面的共识，体现出世界人民共同努力建设一个法治世界的愿望。在这样的国际时代背景下，加快推进国内法治，尤其是推进国家治理法治化，毫无疑问是顺应历史潮流的正确选择。

（二）国家治理法治化的基本面向

国家治理法治化包括治理体系法制化和治理能力法治化两个基本方面。

1. 国家治理体系法制化

国家治理体系本质上就是国家制度体系。中国特色社会主义国家治理体系由一整套制度构成，包括以中国共产党党章为统领的党内法规制度体系、以党的基本路线为统领的政策制度体系、以宪法为统领的法律制度体系。这套制度体系，从治理主体角度，包括有关执政党中国共产党、人民及其代表大会

① 《关于第十二届全国人民代表大会第二次会议代表提出议案处理意见的报告》，载《中华人民共和国全国人民代表大会常务委员会公报》2004年第2期。

② 习近平：《弘扬和平共处五项原则　建设合作共赢美好世界——在和平共处五项原则60周年纪念大会上的讲话（2014年6月28日）》，载《人民日报》2014年6月29日第2版。

（代表人民统一行使权力的国家机关）、国家行政机关、国家司法机关、人民政协、社会组织等在国家治理中的主体地位的制度；从治理客体角度，包括经济治理制度、政治治理制度、文化治理制度、社会治理制度、生态治理制度等；[①] 从治理事务角度，包括有关改革发展稳定、内政外交国防、治党治国治军等治理制度；从治理权能角度，包括有关各治理主体的资格和权力（职权）或权利的制度，以及科学界定和划分各种权力、权利的制度；从治理程序角度，包括有关行使治国理政权力和参与治国理政的各种程序制度；从治理评价角度，包括有关国家治理方式、过程和效能的评价制度。国家治理的各项制度总体上最终都要汇总于、表现为法律制度体系，即法制化的制度体系。

国家治理制度只有通过法制化，才能定型化、精细化，把国家治理制度的"分子结构"精细化为"原子结构"，从而增强其执行力和运行力。国家治理制度法制化的路径一般是：党和政府先是以党内法规和政策形式宣示、确认其治国理念、治国道路、治国路线、治国经验等，待这些党内法规和政策在治国理政的实践中进一步成熟后，再通过立法程序将其上升为法律，由宪法或法律加以确认、完善和定型。这里，以现行宪法的修改为例。现行宪法 1982 年颁布实施以来，进行过四次修改，共审议通过 31 条宪法修正案。每一次修宪、每一条修正案都是对宪法本身的重大完善，更是对党和政府治国理政制度的法制化和定型化，都对我国经济建设、政治建设、文化建设、社会建设、生态文明建设和法治建设产生了积极的推动作用。

1982 年《宪法》是在我国启动改革开放的历史条件下制定的。其基本原则已经为改革开放提供了制度空间。但是，随着形势的发展，已有的空间已不能适应深化改革和扩大开放的需要，而要通过修宪来扩充改革开放的制度空间。当时，党和政府探索和实验推进私营经济开放和土地转让，并形成了党的政策。实践证明，放开私营经济不但不会影响公有制经济，反而会对公有制经济起着重要的补充作用，推动整个国民经济快速发展。土地使用权转让的开放同样重要。如果不允许土地使用权合法转让，中外合资与外国独资企业的开办及在本地生产经营都不可能顺利进行，经济体制改革和对外开放不但不可能进一步发展，甚至会出现倒退。所以，党中央建议修宪，在宪法中给私营经济以恰当的生存地位，并使土地使用权转让合法化。1988 年 4 月 12 日，七届人大一次会议通过宪法修正案，在《宪法》第 11 条增加："国家允许私营经济在

① 我国学者借鉴美国学者杰里米·里夫金提出的当今社会是由市场、政府和公民社会形成的三足鼎立的观点，将国家治理体系划分为政府治理、市场治理、社会治理。参见俞可平《推进国家治理体系和治理能力现代化》，载《前线》2014 年第 1 期。

法律规定的范围内存在和发展。私营经济是社会主义公有制经济的补充。国家保护私营经济的合法权利和利益，对私营经济实行引导、监督和管理。”把《宪法》第 14 条第 4 款修改为：“任何组织和个人不得侵占、买卖或者以其他方式非法转让土地。土地的使用权可以依照法律的规定转让。”

1988 年《宪法修正案》公布实施以后，我国的经济体制改革迅速深化，与之相适应，政治体制改革逐渐推开。特别是 1992 年 10 月党的十四大提出建立社会主义市场经济体制，进一步完善人民代表大会制度。党在经济体制改革、政治体制改革和政治建设等方面形成了新的路线、方针、政策和主张，并在党章修正案中得到确认和规定。由此，中共中央再次建议修宪，八届人大一次会议在 1988 年修宪的基础上再次修宪，而且通过 9 条修正案。主要内容包括：明确宣布我国正处于社会主义初级阶段；宣布国家的根本任务是集中力量进行社会主义现代化建设；宣布坚持改革开放，把以“一个中心、两个基本点”为核心内容的党的基本路线完整地体现在根本大法之中，把建设“高度文明、高度民主”的社会主义国家修改为建设“富强、民主、文明”的社会主义国家，突出了经济建设的重要性及其与民主政治发展的关系，把民主和文明前面的定语“高度”删掉，使之与社会主义初级阶段的实际与可能相适应；规定“中国共产党领导的多党合作和政治协商制度将长期存在”，把我国的政治制度体系表达得更为全面完整；将“国营经济”改为“国有经济”，一方面明确了所有制关系，另一方面表明国有经济的实现方式并非一定要由国家经营，体现了所有权与经营权分离的改革精神；肯定了“农村中家庭联产承包为主的责任制和生产、供销、信用、消费等各种形式的合作经济”的社会主义集体所有制的法律地位；确立了市场经济的合法地位，为社会主义市场经济的建立和发展提供了宪法保障；延长了县级人民代表大会的任期，使基层人民代表大会的运行更加规范有效，有利于保证县级政权的相对稳定，有利于县域政治稳定和经济发展。这些修改把党的执政理念和路线方针政策及时转化为国家治理的宪法制度，推进了国家治理制度的法制化。

6 年之后，即 1999 年，九届人大二次会议对《宪法》进行了第三次修改。这次修宪的依据是党的十五大关于党和国家指导思想、经济体制改革、政治体制改革、依法治国等重大问题的决定和中共中央关于修宪的建议。这次修宪只有 6 条修正案，但内容十分重要。主要内容包括：第一，把“我国正处于社会主义初级阶段”修改为“我国将长期处于社会主义初级阶段”。这一修改有利于统一全国人民对社会主义初级阶段长期性的认识，特别是有助于防止和克服各种超越历史阶段的“左”的、空想社会主义的错误认识、错误政策、错误做法。第二，把邓小平理论作为党和国家的指导思想写入《宪法》，从根本大法上明确了邓小平理论的指导地位和作用。这一修正案对于坚持中国特色社会主义道路、深入推进改革开放伟业，具有重大的现实意义和深远的历史意义。第三，明确规定“实行依法治国，建设社会主义法治国家”。把党的十五大提出的依法治国基本方略和建设社会主义法治国家的奋斗目标载入《宪法》，充分表明中国将坚定不移地沿着依法治国的道路前进，逐步把经济、政治和社会生活纳入法治轨道，实现政治民主自由、经济繁荣昌盛、社会稳定发展、人民安居乐业。第四，在原来关于社会主义经济制度的规定之后，增加“国家在社会主义初级阶段，坚持公有制为主体、多种所有制经济共同发展的基本经济制度，坚持按劳分配为主体、多种分配方式并存的分配制度”。这一修改有利于进一步保护、解放和发展生产力。第五，在继续肯定和保护家庭承包经营的同时，把“统分结合的双层经营体制”列入《宪法》的保护范围。它一方面明确了家庭联产承包经营的“基础”地位和作用；另一方面说明随着生产力的发展，农村合作经济、股份合作经济等集体经济的实现形式进一步多样化。第六，宣布并肯定个体经济和私营经济等非公有制经济是社会主义市场经济的重要组成部分。从过去的对计划经济的“补充”升格为现在的市场经济的“重要组成部分”，一方面说明了个体经济和私营经济有了快速发展，非公经济的规模和效益不容忽视；另一方面说明个体经济和私营经济具有社会主义市场经济的性质，在社会主义市场经济中占有相当重要的地位。第七，把镇压“反革命的活动”改为镇压“危害国家安全的犯罪活动”，使罪名更加规范，为国家机关依法镇压危害国家安全的犯罪活动提供了宪法依据。

2004年进行了第四次修宪。这次修宪也是把党领导人民在治国理政中形成的新的理论、做法、经验、政策上升为宪法。其中包括：在指导思想系列中增加“三个代表重要思想”；把“政治文明”与物质文明和精神文明并列，提出“推动物质文明、政治文明和精神文明协调发展”；扩大对公民法人财产权的保护，增大了保护的范围和力度，宪法修正案规定：“国家保护个体经济、私营经济等非公有制经济的合法的权利和利益”；“公民的合法的私有财产不受侵犯”；“国家依照法律规定保护公民的私有财产权和继承权”；“国家为了公共利益的需要，可以依照法律规定对公民的私有财产实行征收或者征用并给予补偿”；“国家建立健全同经济发展水平相适应的社会保障制度”；特别是明确地把“国家尊重和保障人权”写入宪法，增强了人权的神圣性，也明确了政府保障人权的宪法责任。此外，就紧急状态、元首国事活动权、地方人民代表大会任期制、国歌等进行了明确规定。这些规定以根本大法和总章程的形式丰富、创新了国家治理体系。

国家治理体系是一个有机的制度系统，统领这个制度系统并使之协调运转的是宪法。所以，推进国家治理现代化，要倍加重视宪法的作用。宪法是国家治理体系的基石，也是国家治理体系的最高表现形式和制度载体，是国家治理的总章程。正是通过宪法，国家治理中带有根本性、全局性、长期性的制度获得了最高的法律效力、政治效力和社会效力，具有极大的权威性和神圣性。例如，宪法对改革开放伟大成果的确认和规范，对中国特色社会主义基本制度的宪法定型，有效地抑制了封闭僵化老路的回归，防止了改旗易帜邪路的出现，避免党、国家和人民在根本性问题上出现颠覆性错误，从而保证中国特色社会主义道路越走越坚实，越走越宽广。

通过宪法进而通过法律和行政法规而得以法制化定型化精细化的路线方针政策作为国家治理制度具有了普遍性、强制性、长效性、可诉性等特点，既便于民众遵守，也便于国家机关执行。

2. 国家治理能力法治化

国家治理能力，既指各主体对国家治理体系的执行力，又指国家治理体系的运行力，还包括国家治理的方式方法。习近平总书记指出："必须适应国家现代化总进程，提高党科学执政、民主执政、依法执政水平，提高国家机构履职能力，提高人民群众依法管理国家事务、经济社会文化事务、自身事务的能力，实现党、国家、社会各项事务治理制度化、规范化、程序化，不断提高运用中国特色社会主义制度有效治理国家的能力。"① 治理能力具体包括执政党科学执政、民主执政、依法执政的能力，人大及其常委会科学立法、民主立法的能力以及依法决定重大事项、保证宪法法律实施、对"一府两院"实行法律监督和工作监督的能力，人民政府科学行政、民主行政、依法行政、严格执法的能力，司法机关公正司法、定分止争、救济权利、制约公权、维护法制的能力，广大人民群众、人民团体和社会组织依法管理国家事务、经济社会文化事务、依法自治的能力，党和国家各级领导干部深化改革、推动发展、化解矛盾、维护稳定的能力。提高这些能力，最重要最关键的就是提高运用法治思维和法治方式的能力，解决法治缺位情况下治理动力不足和能力不够的问题。

善用法治思维和法治方式治国理政，就要把法治理念、法治精神、法治原则和法治方法贯穿到政治治理、经济治理、社会治理、文化治理、生态治理、治党治军等国家治理实践之中，逐步形成办事依法、遇事找法、解决问题用法、化解矛盾靠法的良好法治习惯。特别是在化解社会矛盾、维护社会稳定方面，不能简单依靠国家强制力甚至国家暴力去压制，不能用行政手段"摆

① 习近平：《完善和发展中国特色社会主义制度 推进国家治理体系和治理能力现代化》，载《人民日报》2014年2月18日第1版。

平”，也不能套用“人民内部矛盾人民币解决”的老办法，而是要通过法治方式、回归法治途径，把社会矛盾的解决建立在法治基础上，把维稳建立在维权的基础之上。否则，就会陷入恶性循环的“维稳陷阱”。

善用法治思维和法治方式治国理政，应当正确处理改革与法治的关系，这也是国家治理法治化要解决的突出问题。要善于以法治凝聚改革共识，以法治引领改革方向，以法治规范改革程序，以法治确认、巩固和扩大改革成果。我们正处在全面深化改革的新纪元，许多改革举措涉及现行法律制度，致使改革与法治的关系十分敏感：是在法治轨道上有序推进改革，还是突破宪法法律制度乱改革，既是对改革的考验，也是对法治的挑战。习近平总书记和党中央明确要求改革不能以牺牲法制的尊严、统一和权威为代价，指出凡属重大改革要于法有据，确保在法治轨道上推进改革，需要修改法律的可以先修改法律，先立后破，有序进行；有的重要改革措施，需要得到法律授权的，要按法定程序进行，不得超前推进，防止违反宪法法律的“改革”对宪法法律秩序造成严重冲击，避免违法改革对法治的“破窗效应”。[①]“改革越深入，越要强调法治，通过立法来引领改革方向、推动改革进程、保障改革成果，让全体人民共享改革红利、法治红利。”[②]

提高依法执政、依法治国、依法行政、依法治理社会的能力是国家治理能力法治化的紧迫任务和时代课题。培养和提升这种能力要比建立一整套制度困难得多，因而，推进国家治理能力法治化要比推进国家治理体系法制化艰巨得多。

三 在国家治理现代化的进程中，加快推进法治现代化

完善和发展中国特色社会主义制度，推进国家治理体系和治理能力现代化，一方面需要法治的引领和推动；另一方面也是法治发展和法治现代化的强大动力。法治现代化必将使法治在国家治理中发挥更好更大的作用。

法治是国家治理的基本方式，所以，推进国家治理现代化内在要求推进法治现代化，唯有现代化的法治才能匹配现代化的国家治理。围绕“完善和发展中国特色社会主义制度、推进国家治理体系和治理能力现代化”的总目标

① 见新华社有关习近平总书记在十八届三中全会第二次全体会议的讲话、在中央政法工作会议上的讲话、在中央全面深化改革领导小组第二次会议上的讲话、在山东考察时的讲话等系列重要讲话的报道。

② 李适时：《充分发挥立法在国家治理现代化中的引领和推动作用》，载《求是》2014 年第 6 期。

驱动法治现代化，使法治现代化的目标更加明确，路径更加清晰，重点更加突出，措施更加有力，并必将使我国法治建设彻底摆脱“西方法治中心主义”的负面影响，进一步坚定中国特色社会主义法治的道路自信、制度自信和理论自信。

目前，我国的法治水平和能力尚不能满足国家治理的现实需要，也不适应“形成系统完备、科学规范、运行有效的制度体系”和“加快形成科学有效的治理体制”这一国家治理现代化阶段性目标的要求。为此，我们要以时不我待的紧迫感和使命感，以改革创新的姿态和锐气，抓住有利时机，加快法治建设，在积极应对国家治理迫切需要的同时，紧紧跟进国家治理现代化的步伐，同步推进法治现代化。

（一）加快推进我国法治的转型升级

就国家治理体系和治理能力现代化而言，法治现代化的目标是加快推进我国法治的转型升级。

法治转型升级的实践路径包括：从法治国家转型升级为法治中国，从法律之治转型升级为良法善治，从法律大国转型升级为法治强国。

1. 从法治国家转型升级为法治中国

从建设法治国家到建设法治中国，意味着我国法治建设的转型升级。“法治中国”既是中外法治文明的现代版，又是“法治国家”的升级版。党的十五大提出依法治国、建设社会主义法治国家。法治国家本质上属于政治范畴，建设法治国家的着力点是在政治层面实现国家治理法治化，特别是把国家各项权力（包括立法权力、行政权力、司法权力、监督权力等）纳入法治范围，在法治轨道上运行。党的十八大以后，习近平总书记提出“建设法治中国”。“法治中国”的内涵比“法治国家”更加丰富、更加深刻、更具中国特色；建设法治中国，不仅要建设法治国家，还要建设法治社会、法治政党、法治政府；不仅要推进依法治国，还要推进依法执政、依法行政、依法自治；不仅要搞好国家法治，还要搞好地方法治、行业法治，促进国家法治、地方法治、行业法治协调发展；不仅包括有形的法律制度硬实力建设，还包括无形的法治文化软实力建设，弘扬法治精神，培育法治文化；不仅致力于国内法治建设，还要面向世界，推动国际关系和全球治理法治化，构建民主法治、公正合理、合作共赢的国际经济政治新秩序，提升中国在全球治理中的话语权和影响力。

2. 从法律之治转型升级为良法善治

这是法治现代化的实质所在，也是国家治理体系和治理能力现代化的必然要求。

“法治现代化”这一概念，既指从传统人治社会到现代法治社会的历史性变革，又指法治（法制）由传统型到现代型的历史性转换。世界范围内的法治现代化肇始于欧洲资本主义的兴起，资本主义市场经济、民主政治和理性文化极大地推动了欧洲法治的现代化进程。中国社会的法治现代化发轫于清末民初，先后经历了清末法制改革、辛亥革命的法制实践、北洋军阀时期的法律发展、中华民国南京国民政府的法制活动、中国共产党领导的新民主主义法制建设和社会主义初期的法制建设等发展阶段。进入20世纪80年代后，在以市场为导向的经济体制改革、以民主为导向的政治体制改革、以先进文化为动力的文化变革、以和谐社会为目标的社会建设，以及全球化浪潮的推动下，中国法治再次发生了伟大的历史性变革。世界范围内的法治现代化有各种各样的目标定位和发展道路，例如西方国家的自由主义、理性主义、个人权利本位主义、民主社会主义等等。就当代中国的法治现代化而言，我们走的是一条与改革开放同步的、与“五大建设”[①] 相适应、具有鲜明中国特色的社会主义法治发展道路，是与社会主义市场经济、民主政治、先进文化、和谐社会和生态文明协调的法治现代化道路，是与国家治理体系和治理能力现代化相适应的法治现代化。

在人类历史上，法治有各种形态。中国古代法家是最早提出“以法治国”理念的。春秋战国时代，一些政治家和思想家就提出了“以法治国”的主张，并将这种政治主张阐述为系统理论，还在一定程度上付诸实践。但他们所说的“法”无非是严刑峻法，且“夫生法者君也，守法者臣也，法于法者民也”。皇帝和国家统治者奉行以君权神授、君临天下、专制独裁、权大于法为核心的法权观念，强调国家至上、君本位、官本位、义务本位，漠视个人权利及其保护；主张德主刑辅、法律道德化；信奉重刑主义，实行严刑峻法，诸法合一，以刑为本；依靠刑讯逼供，屈打成招，甚至迷信神明裁判。这种“法治”不过是封建专制独裁的工具而已。

近代西方以理论表述出来的法治形态，基本上是形式主义的法治。形式主义法治又分为两类：一是形式合法性的法治。英国法学家拉兹（Jeseph Raz, 1939— ）被公认为是形式合法性法治理论的代表人物。拉兹认为，法治应当包括两个方面：（1）人们应当受法律的统治并遵守它；（2）法律也应当能够指引人们。[②] 二是形式正义的法治。形式正义的法治理念把法治看作形式正义在法律制度方面的实现。罗尔斯（John B. Rawls，1921—2002）、菲尼斯

---

① 经济建设、政治建设、文化建设、社会建设、生态文明建设。

② 《管子·任法》。

(John Finnis，1940— ）金斯伯格（Morris Ginsburg，1933— ）等主张形式正义的法治。例如，罗尔斯说："形式正义的概念，即有规律地、公平地实施公开的规则，在被适用于法律制度时就成为法治。"[①] 这种形式正义的法治不涉及法律由谁制定（是由暴君制定？还是由民主的多数制定？还是用其他方法制定?）的问题，也不涉及基本权利、平等、正义。它包括下列律令：(1)"应当的行为意味着可做的行为"；(2)"类似案件类似处理"；(3)"法无明文规定不为罪"；还有那些阐释自然正义观点的律令，它们是指维护司法活动完整性的方针，包括：必须有合理的审判程序和证据规则；法官必须独立和公正；任何人不应审理与本人有利害关系的案件，审理必须公平和公开，但不受公众舆论所控制，等等。菲尼斯认为，法治是这样一种"良好的状态"：法律规则是面向未来的而非追溯的；可能服从的；公开的；清晰的；与其他规则是一致的；充分稳定的；裁决和命令的制作是由其公布的、清晰的、稳定的和相对一般的规则指导的；制定、执行和适用规则者有责任遵守与其活动相关的规则，并且实际上是前后一致的依法执法的。[②] 再如，金斯伯格指出："正义观念的中心"是"消除任意性，特别是消除任意性权力。因此，合法性的发展就具有巨大的重要性，人是受法的统治而不是受人的统治的观念因此产生。……正义的历史的大部分由反对法的滞误、反对任意适用法律、反对法本身的不法的诸运动构成"[③]。这两种形态的法治模式本质上都是价值中立的，它既可以服务于"善"，也可能服务于"恶"。二十世纪上半叶，德国、意大利、日本的法西斯政权都曾经制定大量法律，剥夺人民的人权和自由，镇压民主运动，欺凌其他种族和国家，给人类带来巨大的灾难。臭名昭著的南非白人种族政权、以色列复国主义者都是在法治的名义下放肆地侵犯人权。在我国，以刑为主、重刑主义、严刑峻法的法治文化根深蒂固。在一些人，包括政法机关的少数领导干部的心目中，加强法治就是加强政法，加强政法就是加强公安武警，加强公安武警就是加大整治、处罚、严打的力度。一些地方政府或政府部门在法治的名义下无所顾忌地干着违法，甚至违宪的行为。

反思中国古代工具主义的法治文化及其在当代中国的影响和西方近代形式主义法治文化，总结改革开放以来我国法治建设的利弊得失，在社会转型的历史时期，我们应当严肃地思考一个问题：我们需要一个什么样的法治，也就是

---

① See J. Raz，The Authority of Law：Essay's on Law and Morality（2nd Edition），Oxford University Press，2009，pp. 214－218；J. Rawls，A Theory of Justice（Revised Edition），Harvard University Press，1999，p. 206.

② See J. Finnis，Natural law and Natural Rights，Oxford University Press，1980，p. 270.

③ Morris Ginsberg，The Concept of Justice，*Philosophy*，Vol. 38，No. 144（Apr.，1963），p. 109.

说，中国法治的核心价值和精神元素是什么，中国法治的目标模式（法治的中国模式）应该是什么。回答只有一个：中国法治作为现代法治，不仅应当是形式上的法律之治，而更应当是良法之治。这种形态的法治同现代社会的制度文明和政治文明密不可分，它意味着对国家权力（尤其是立法权力）的限制，对权力滥用的制约与制衡，对公民自由与权利的平等保护等；意味着立法、行政、司法以及其他国家活动必须服从法律的一些基本原则：人民主权原则、人权原则、正义的原则、公平合理且迅捷的程序保障原则等等；意味着法治要求国家维护和保障法律秩序，但国家必须首先服从法律的约束；法治要求人民服从法律，但同时要求人民服从的法律必须是建立在尊重和保障人权的基础之上。这一形态的法治就是内含民主、自由、平等、人权、理性、文明、秩序、正义、效率与合法性等诸社会价值的良法之治。

3. 从法律大国转型升级为法治强国

“截至2012年底，中国已制定现行宪法和有效法律243部、行政法规721部、地方性法规9200部，涵盖社会关系各个方面的法律部门已经齐全，各个法律部门中基本的、主要的法律已经制定，相应的行政法规和地方性法规比较完备，法律体系内部总体做到科学和谐统一”①。由宪法统领，法律、行政法规、地方性法规和自治条例构成的法律体系已经相当丰富和庞大。中国人民用30余年时间走完了西方发达国家几百年的立法行程。通过这些规范性法律文件，我国建立起适应市场经济、民主政治、人权保障、社会发展、环境保护要求和需要的法律制度。我国已经成为一个法律大国，但还远不是一个法治强国。基于这种判断，法学界、法律界人士提出要加快从“法律大国”转型为“法治强国”。这个转型是法治发展战略的历史性转型，是中国法治转向科学发展的过程，需要为此付出艰巨的努力。法治强国是强国之梦的组成部分。为实现强国之梦，我们党自建国以来，特别是改革开放以来提出了一系列“强国战略”，诸如四个现代化、工业强国、科技强国、人才强国、教育强国、文化强国、海洋强国、网络强国……在推进国家治理体系现代化和法治化的进程中，应当十分明确地提出“建设法治强国”，实施法治强国战略。只有实现了法治强国，中国才有可能成为名副其实的强国。正如国家行政学院胡建森教授所言：“法治立国、法治稳国、法治救国、法治强国，是人类文明发展的经验总结。”“法治是中国的强国途径，法治强国是中国的战略目标。”②

---

①　中华人民共和国国务院新闻办公室：《2012年中国人权事业的进展》，载《人民日报》2013年5月15日第19版。

②　胡建森：《走向法治强国》，载《国家行政学院学报》2012年第1期。

法治强国有多层含义：第一，法治是实现强国的手段，实行法治是强国之路，故要建立完备的法律体系并保证其有效实施，推进和保障国家强盛目标的实现。第二，法治是国家强盛的重要标志，正所谓“明法者强，慢法者弱”，[①]“奉法者强则国强，奉法者弱则国弱”。[②] 认定国家强盛，法治要算重要一项。国家强盛，则法治成为国家与社会的核心价值，成为国家治理和社会治理的根本方式，成为支撑国家兴旺发达的强大力量；全社会尊重法治、信仰法治、坚守法治；宪法具有极大权威，法律具有普遍的实效，任何个人和组织都必须在宪法和法律的范围内活动。第三，法治是国家强盛的软实力。在国际关系和全球治理中，我国应力争真正拥有与作为有五千年历史的文明国家、世界第一人口大国、第二大经济体、安理会常任理事国的地位相当的话语权、决策权和规则制定权。全面推进依法治国、加快建设法治中国，正是朝着实现“法治强国”的方向迈进。

（二）加快构建中国特色社会主义法治体系

法治现代化的当务之急是构建中国特色社会主义法治体系。“中国特色社会主义法治体系”是法学的新概念，也是法治中国建设的新思维。在中国特色社会主义法律体系形成后，中国法治建设的中心任务应当升级为构建中国特色社会主义法治体系。构建中国特色社会主义法治体系，是推进国家治理现代化和法治现代化对法治建设必然提出的新任务。

中国特色社会主义法治体系可以从各个层面透视。第一个层面是法律体系，依法治国，前提是有法可“依”。所以，法律体系是法治体系存在和运行的基础。但是，法治体系与法律体系不同，法律体系是法律的规范体系，法治体系则是法律的运行体系，一个是静态，一个是动态。1997 年，党的十五大提出，到 2010 年形成中国特色社会主义法律体系。这一目标已经如期实现，但它只解决了基本上有法可依的问题。第二个层面是法律运行与操作过程，通常包括立法、执法、司法、守法、法律监督等环节。在法律体系形成之后，我们感受最深刻的是有法不依、执法不严、司法不公、监督不力等现象依然突出，法律运行与操作的各个环节之间的关系不够协调，甚至严重失调。所以，法治体系建设要注重法律的实施，强调法律运行各个环节的有序性、有效性以及相互之间彼此衔接、良性互动。第三个层面是实现依法执政、依法治国、依法行政、依法治理社会和社会依法自治共同推进，法治政党、法治国家、法治

① 《韩非子·饰邪》。
② 《韩非子·有度》。

政府、法治社会一体建设；实现国家法治、地方法治、行业法治协调发展；推进国内法治、国际法治、全球法治有效衔接、相辅相成。第四个层面是党的领导、人民民主、依法治国的有机统一。这是中国特色社会主义法治体系最鲜明的本质特征。坚持中国共产党的领导是人民民主和依法治国的根本保证。人民民主是社会主义法治的本质要求，依法治国是党领导人民治理国家的基本方略，是坚持和完善党的领导、实现人民当家做主的基本途径和法治保证。

法治体系的形成与有效运行既是法治现代化的重要标志，也是国家治理现代化的重要标志。从这种意义上说，推进法治中国建设和国家治理现代化的重要目标就是加快形成中国特色社会主义法治体系。

为了加快构建中国特色社会主义法治体系，应当深入推进依法执政、全面提高执政方式和执政活动法治化水平；坚持科学立法、民主立法，加快立法速度，提高立法质量，完善和发展中国特色社会主义法律制度体系；坚决维护宪法法律权威、保障宪法法律统一有效实施；大力推进依法行政、严格执法，加快建设法治政府；进一步深化司法体制改革，加快建设公正权威文明的社会主义司法制度；党和政府依法治理社会、社会依法自治，全民自觉守法，加快建设法治社会；加强法治文化建设，树立法治理念，弘扬法治精神，增强法治中国的文化软实力；科学划分权力界限，依法规范权力运行，加强对权力的制约监督，实现权力运行制约监督体系化法治化；统筹国内法治和国际法治两个大局，积极参与全球法治建设，提升中国在国际社会的法治话语权，为中华民族伟大复兴创造良好的国际法治环境。

结　语

完善和发展中国特色社会主义制度，推进国家治理体系和治理能力现代化，对于巩固党的执政地位，确保国家长治久安，保证经济持续发展，维护社会和谐稳定，实现中国特色社会主义善治，具有深远的历史意义；全面推进依法治国、加快建设法治中国，对于实现国家治理现代化具有重大的现实意义。推进国家治理现代化是全面深化改革和社会主义制度创新的总目标；推进国家治理法治化，推进依法执政、依法治国、依法行政、依法治理、公正司法，是这一总目标之内的主题、主线和要务。国家治理法治化构成国家治理现代化的核心指标和主要标志，国家治理现代化则引领和驱动法治现代化。在法治与国家治理、国家治理现代化与法治现代化的这些复合关系中，我们透视到了它们之间的逻辑联结。这种基于顶层设计的逻辑联结是实现富强中国、民主中国、文明中国、和谐中国、公平中国、美丽中国、法治中国等建国目标和强国之梦的强大动力。坚持中国特色社会主义法治和国家治理道路，推进国家治理体系和治理能力现代化，必将把改革开放、和平崛起的中国带进世界强国之列，使中华民族如期实现“两个一百年”的奋斗目标。一个有效治理、繁荣强盛的中国也必将使国际关系和世界秩序变得更加民主、更加公正、更加文明。

国家治理现代化基本问题研究[①]

江必新

摘　要　推进国家治理体系和治理能力现代化是解决当前中国各方面难题和问题的长效之策，是彰显中国特色社会主义制度优势的基础工程，是国家长治久安的基本依托，更是中国共产党长期执政的根本保障。推进国家治理体系和治理能力现代化，必须紧紧把握治理视域的全面性、治理品质的时代性、治理制度的成熟性、治理结构的协调稳定性、治理方式的规范性、治理体系的开放性等特征，秉持中国特色社会主义制度，更新治理理念，丰富治理目标，明确战略要点，创新治理方法，协调多元共治，妥善处理国家治理的基本关系。

关键词　国家治理现代化　治理体系　治理能力

《中共中央关于全面深化改革若干重大问题的决定》（以下简称《决定》）提出："全面深化改革的总目标是完善和发展中国特色社会主义制度，推进国家治理体系和治理能力现代化。"可见，国家治理现代化包括国家治理体系现代化和国家治理能力现代化。所谓国家治理体系，包括了经济治理、政治治理、社会治理、文化治理、生态治理、政党治理等多个领域以及基层、地方、全国乃至区域与全球治理中的国家参与等多个层次。其主体部分是党领导人民治国理政的制度体系，是经济、政治、文化、社会、生态文明和党的建设等各领域的体制、规则、机制、程序以及相关法律规范的总和。所谓国家治理能力，是运用国家制度治理国家和社会各方面事务的能力，包括改革发展稳定、内政外交国防、治党治国治军等各个方面的能力。国家治理体系和治理能力是

---

① 本文发表于《中南大学学报》（社会科学版）2014年第3期。

基金项目：国家社科基金重大项目《加快建设法治中国研究》（13&ZD032）；国家2011计划司法文明协同创新中心的研究成果。

作者简介：江必新（1956—　），男，湖北枝江人，中南大学教授、博士生导师，2011计划司法文明协同创新中心研究人员，主要研究方向：宪法与行政法，法治基础理论，司法制度。

一个有机整体，相辅相成。有了科学的国家治理体系才能孕育高水平的治理能力；不断提高国家治理能力才能充分发挥国家治理体系的效能。解决中国各种问题，实现各项既定目标，关键要靠国家治理体系和治理能力的现代化。

所谓国家治理体系和治理能力的现代化，就是使国家治理体系制度化、科学化、规范化、程序化，使国家治理跟上时代步伐，创新治理方式，回应国民的现实需求，实现最佳的治理效果，为国家事业发展、为人民幸福安康、为社会和谐稳定、为国家长治久安提供一整套更完备、更稳定、更管用的制度体系，把中国特色社会主义各方面的制度优势转化为治理国家的效能。

一　提出推进国家治理现代化的背景

《决定》提出的“推进国家治理体系和治理能力现代化”，这是一个全新的、重大的、具有极高理论价值和实践意义的命题。改革开放以来，党中央先后提出过农业现代化、工业现代化、科技现代化、国防现代化等，但国家治理体系和治理能力现代化是第一次讲。国家治理体系与治理能力的现代化，实际上是回答“怎样治理社会主义社会这样一个全新的社会形态”。

这个问题，在以往的世界社会主义中并没有得到真正解决。马克思、恩格斯虽然对巴黎公社的实践提出了指导意见、作出了深刻总结，但巴黎公社的范围毕竟很小、时间又短，没有遇到全面治理一个社会主义国家的实践，更没有遇到后来社会主义革命和建设中诸多大量、复杂并极富挑战性的矛盾和问题，他们关于未来社会的原理很多是预测的。列宁在十月革命后逝世过早，尽管他提出过一些政策举措，但未进行深入的探索和实践。后来苏联在这个问题上进行了探索，取得了一些成功经验，但也犯下了严重错误，最终不仅没有解决这个问题，反而国亡政息。东欧剧变、苏联解体有多方面原因，没有形成有效的国家治理体系和国家治理能力是其中一个重要原因。纵观人类几千年的文明史和制度史，大多数社会动荡、政权更迭，原因最终都可以归结为没有形成有效的国家治理体系和治理能力，不能确保上层建筑与经济基础相适应，不能保证国家机器的协调运作并有效运行，不能有效解决社会矛盾和冲突，从而使各种社会问题日积月累、积重难返，最终导致国亡社乱的严重后果。我们党在全国执政以后，不断探索这个问题。建国之初参照苏联模式治理中国，既收获了经验，也付出了代价。客观来说，这是一个必经阶段，尽管有削足适履之痛，但在建设社会主义上还是取得了重要的理论和实践成果，为开辟新路打下了重要基础，提供了重要启示。改革开放以来，中国共产党以全新的视角思考国家治理问题，探索一种既不同于苏联也不同于欧美，而是完全符合我国实际的模式。邓小平要求："每年领导层都要总结经验，对的就坚持，不对的改这些年以来，快改，新问题出来抓紧解决。"① 可以说，我们就是在为建立这样一套适合中国国情的国家治理体系而上下求索。时至今日，距离改革开放已经三十年有余，我国的国家治理体系已经初具规模，并焕发出勃勃生机。可以这样说，我国尽管走过一些弯路，但从目前政治稳定、经济发展、社会和谐、民族团结的情况来看，特别是与世界上一些国家和地区动荡混乱的情况对比来看，在解决这个问题上是富有成效的。党的十八届三中全会提出要完善和发展中国特色社会主义制度，推进国家治理体系和治理能力现代化，并不意味着对当前的治理体系和治理能力的否定，而是表明对于"怎样治理社会主义社会这样一个全新的社会形态"的问题，中央认为解题的"时间窗口"已经打开。

我们知道，邓小平同志在1992年初的南方谈话中提出，恐怕再有三十年的时间，我们才能在各方面形成一套更加成熟、更加定型的制度。从1992年到2013年，已经过了二十多年。党的十八大强调全面建成小康社会，必须构建系统完备、科学规范、运行有效的制度体系。在十八届三中全会上，中央审时度势，在十八大提出的战略目标基础上，适时提出推进国家治理体系和治理能力现代化，是在试图回答"怎样治理社会主义社会这样一个全新的社会形态"，是在试图通过不断改革和创新使中国特色社会主义制度更加成熟、更加定型，是在试图通过社会主义制度的不断完善，以充分彰显社会主义的制度优势，使中国特色社会主义道路越走越宽阔、越走越自信，也是在试图通过制度的升级，使中国特色社会主义更加符合人民的意志和愿望，更加符合国家治理的规律，更加契合时代发展的潮流，从而使中国特色社会主义立于不败之地并永葆青春，永续发展。总之，这是坚持和发展中国特色社会主义的必然要求，也是实现社会主义现代化的应有之义。可以预见，这将是以习近平同志为总书记的新一届党中央领导集体对中国特色社会主义作出的一个极为重大的贡献。

二　提出推动国家治理现代化的意义

"推进国家治理体系和治理能力现代化"的提出，具有重大的现实意义和深远的历史意义。

第一，它是解决当前中国各方面难题和问题的长效之策。开放多元的当代中国，发展日新月异，社会急剧变迁，活力与挑战共存，中国特色的社会主义

① 邓小平：《在武昌、深圳、珠海、上海等地的谈话要点》，中共中央文献研究室：《改革开放三十年重要文献选编》（上），中央文献出版社2008年版，第634页。

现代化进入了一个新的发展阶段。社会中不同的利益群体已经形成，各种利益冲突日益明显，社会不公平现象突出，生态环境急剧恶化，不稳定因素急速增多，维稳的代价不堪重负，党和政府公信力严重流失，现存的许多体制机制严重阻碍社会进步。凡此种种，都意味着我们在国家治理体系和治理能力方面，正面临诸多新的难题和问题。解决这些难题和问题，还是要靠改革，通过全面深入的改革实现国家治理体系和治理能力的现代化，并提供长效之策。

第二，它是彰显中国特色社会主义制度优势的基础工程。中国特色社会主义制度，是我们党经过长期实践和艰难探索建立起来的。当前，国外一些人不看好中国，甚至企图唱衰中国。我们讲要有自信，而且是三个自信，靠什么讲？靠的就是中国特色社会主义制度体系所蕴含的高超的国家治理能力，靠的是不断提高的国家治理体系和治理能力现代化水平给我国经济社会面貌带来的历史性变化。党的十八届三中全会把治理现代化问题提到总目标的高度，强调国家治理、政府治理、社会治理，目的就是要通过推动国家治理体系和治理能力现代化，不断彰显中国特色社会主义的制度优势，让中国人民生活得更好，让我们更加自信。

第三，它是国家得以长治久安的基本依托。中国历史是一部治乱交替的历史，几千年来乱世多、治世少，太平盛世更是罕见。长期动荡、战乱频仍，使人民深受其害。能否实现国家长治久安，成为衡量制度好坏、政权优劣的最重要标准。说到底，实现国家长治久安还是要靠制度，靠制度执行力，靠国家治理现代化。正如邓小平在《党和国家领导制度的改革》一文中所指出的，还是制度靠得住些，国家的建设发展与长治久安只能建立在良好的制度的基础上。因此，全面落实党的十八届三中全会部署的改革任务，不断推进国家治理体系和治理能力现代化，就一定能够不断打牢长治久安的基础。我们坚信，2020 年全面建成小康社会之时，我国将成为各方面制度更加完善、国家治理水平显著提升、社会更加充满活力而又安定团结的国家；到 21 世纪中叶基本建成富强民主文明和谐的社会主义现代化国家之时，我们迎来的将是一个长治久安的新中国。

第四，它是中国共产党得以长期执政的根本保障。中国共产党的执政是历史的选择，但其长期执政只能倚仗其完善的治理体系和高超的治理能力。推进国家治理体系和治理能力现代化，是我们党从坚持和发展中国特色社会主义，完善执政方式，实现党长期执政的战略高度提出的重大历史任务，是我们全面深化改革必须把握好的第一位要求，是适应国家现代化总进程、完善党的执政方式的一项新的伟大工程。推进国家治理现代化，意味着我们党的执政理念由传统管理理念向现代服务理念的转变，意味着我们党的执政方式由注重控制向注重规范的转变，意味着我们党的执政路径由管控式向参与式的转变。这些转变必将为打造善于治国理政的高素质政党创造条件，确保我国制度优势充分发挥，确保党长期执政。

三 国家治理现代化的基本特征

国家治理体系和治理能力现代化是一项系统工程。其主要特征可以概括为：

第一，视域上要求全面性。所谓全面，就是要整体谋划、系统思考、统筹推进，就是要“立治有体，施治有序”。我们党过去提出的改革目标，大多是从经济领域提出的。而国家治理体系则包括整个国家的制度体系，包括改革发展稳定、内政外交国防、治党治国治军各方面的治理体系。提出这样的总体目标，是改革进程转向与拓展的客观要求，体现了我们党对改革、对治国理政认识的深化和系统化。这项工程极为宏大，零敲碎打不行，东修西补也不行，必须进行全面系统的改革和改进，必须着眼于整体效应和效果，必须贯穿于多个领域和环节，必须形成整体的联动和互动。

第二，品质上要求时代性。所谓品质上要求时代性，就是国家治理要顺应历史发展潮流，吸取古代、近代国家治理精华，摒弃古代和近代国家治理糟粕，尤其是克服近代国家治理局限，实现向现代国家治理的超越。要使国家治理更具有现代性特色，至少要具备以下特征：一是真实民主。古代实行专制，无民主可言；近代追求形式民主，有民主之名而无民主之实；现代民主之精意在于“真实”。二是实质法治。古代人主权断，“礼乐征伐自天子出”，无法治可言；近代法治为形式法治，重其行而不重其果，法与公平正义渐行渐远；现代法治，要求法与公平正义高度契合，强调实质法治。三是人本文明。古代的国家治理以镇压为能，专制而血腥；近代的国家治理，标榜自由平等，实乃张扬有产者与权贵之特权；现代文明治理则要求真正以人为本，尊重主体的人性尊严，将所有人的自由而全面的发展作为治理目标，并以人性化的方式进行治理。四是治道科学。古代国家治理以强制服从为要；近代国家治理凭借民意和法律之名义行偏私之实；现代国家治理则以国民之根本利益和幸福美好生活为鹄的，以调动全体国民参与治理之积极性为基本力量源泉，以取得最大可能之合意、协调为基础，充分运用现代科技发展等一切可以利用的治理资源，以取得高效益、低成本且利益共享、皆大欢喜的治理效果。

第三，制度上要求成熟性。成熟性是对治理体系质的要求，要通过改革形成相对成熟的制度系统。所谓成熟就是要通过不断改革和完善，使生产关系与生产力、上层建筑与经济基础相适应，并形成良性互动，各种制度均符合中国特色社会主义的核心价值体系与善治的要求，符合广大国民的意愿、要求并能为全体国民带来福祉和安全，且为举国上下所体认，而不是既不好看又不好用或好看不好用的“夹生半熟”制度。

第四，形态上要求协调稳定性。一套优良的国家治理体系必须使各组成部分及部分与整体相互协调、极少相互扞格冲突，并经过试错、创新而趋于相对定型，以形成全社会乃至整个世界对国家的稳定预期，正所谓“制协国可定，制定民乃安”。缺乏协调性的制度体系是不可能稳定的；而缺乏定势、翻云覆雨、飘忽不定恰恰是人治的特征。如果一个国家的基本制度朝令夕改，反复无常，不仅国民因缺乏可预见性而全无自由，官吏也会因治国无常而滥用权力，整个国家和社会也会因为治无常制而动摇不已。但是，制度的定型化和稳定性必须以成熟为前提。将不成熟甚至极为糟糕的制度定型化、固定化，必然使国家和人民两受其害。清末封建王朝，顽固坚持其腐朽落后制度而不思改革，担心一己之私受损而不敢更新，结果导致整个王朝覆灭的教训极为深刻。

第五，方式上要求规范性。法治是治国理政的基本方式。现代国家治理必然要求规则治理、依法进行。建设法治国家、法治政府、法治社会，治理方式必定是法治化的，那种仅凭人主好恶权判、官吏便宜行事的人治方式不仅与近现代民主化浪潮背道而驰，而且也与日益复杂、变动频繁的社会方凿圆枘。

第六，体系上要求开放性。古今中外的开国之君或领袖都希望立万世之法、定不易之制，然而，多则两三百年，少则几年、几十年，要么人亡政息，要么国亡制崩，而恰恰是那些既相对稳定，又不断改革完善的制度体系反而具有可持续性，反而能够存留久远。这是因为，时世变动不居、人性物境不断变化，治国理政之制度如不与时俱进，无异于守株待兔、刻舟求剑。在制度建设上同其他事物一样，没有最好，只有更好。制度体系只有在保持稳定性的同时又具有开放性，才能具有持久而旺盛的生命力。

四　国家治理现代化的制度模式选择

制度模式选择关乎方向，决定道路，具有根本性。中国是一个拥有庞大人口规模的发展中大国，地域辽阔，自然资源禀赋差异悬殊，经济基础落后又发展极不平衡。要在经济上实现长期、快速、持续发展，要在政治上创造比非社会主义国家更高更切实的民主，要让每一个中国人都真切感受到中国社会制度的先进与文明，不可能靠若干权宜性举措，不可能指望不错的运气，更不可能靠难以为继的匹夫之勇。我们最终能够倚仗的，必然是具有可靠内生动力的制度模式。习近平总书记指出，全面深化改革的总目标是完善和发展中国特色社会主义制度，推进国家治理体系和治理能力现代化。这两句话是一个整体。推进国家治理体系和治理能力现代化，必须以完善和发展中国特色社会主义制度为根本方向。我们的方向就是中国特色社会主义道路，而不是其他什么道路。正如中央反复强调的，我们要坚定不移走中国特色社会主义道路，既不走封闭僵化的老路，也不走改旗易帜的邪路。我们坚定地选择中国特色社会主义制度，而不是别的制度模式来治理国家，其依据主要在以下几个方面：

第一，中国特色社会主义制度是中国近百年来试错的结果。清末民初，中国仿效欧美，用西方制度改造中国社会，君主立宪制、复辟帝制、议会制、多党制、总统制都试过了，但建基于西方制度模式上的中国内忧外患不断，社会长期动荡，人民颠沛流离。十月革命的炮声给中国送来了马克思列宁主义，同时也送来了一种全新的国家治理理念。我们党通过对中国社会的深刻分析，认为只有社会主义才能解决中国的问题，才是实现民族独立和人民解放、国家富强和人民幸福的正确道路。新中国成立后，由于我们没有建设社会主义国家的经验，照搬苏联模式治理中国，尽管取得了一些令人瞩目的成就，但社会主义制度的优越性并没有体现出来，貌似走捷径实际上走了弯路。改革开放以来，我们不再走老路，更不走邪路，而是积极探索并始终坚持中国特色社会主义道路。三十余年所取得的骄人成绩，足以说明我们走对了路。所以说，中国特色社会主义制度是几代中国人付出极高代价通过多次“试错”而选择的正确道路，不能不倍加珍惜。

第二，中国特色社会主义制度是对封建主义、资本主义、苏联模式、贫穷社会主义的扬弃。封建主义在我国历史上绵延了两千多年，但从鸦片战争到19世纪末，在列强入侵、国内矛盾尖锐的情况下，封建主义遇到了严重危机，并在辛亥革命中画上了句号。其后，资本主义、苏联模式和贫穷社会主义，这些制度模式中国都经历过，也都失败了。中国特色社会主义之所以能够成功，根本原因在于它看到并力图避免这些制度模式所具有的弊病。1980年，邓小平同志在《党和国家领导制度的改革》中指出：“我们进行社会主义现代化建设，是要在经济上赶上发达的资本主义国家，在政治上创造比资本主义国家民主更高更切实的民主。”因此，我们所坚持的中国特色社会主义制度固然不是资本主义，也不是苏联的社会主义，更不是“文革”期间的社会主义，而是比以往任何社会形态更少缺陷和局限性的社会主义。

第三，中国特色社会主义制度符合中国的历史传承、文化传统和经济社会发展水平。中国特色社会主义制度是由我国的历史传承、文化传统、经济社会发展水平决定的，是长期发展、渐进改进、内生性演化的结果。中国特色社会主义制度，既不因循守旧，也不简单照搬，更不是主观臆测，而是源于实践和历史的教训，是党和人民坚持马克思主义与中国实际相结合，自主创造、自主创新的结果。它拓展了人类文明发展进步的路径选择，是中国对世界的独创性贡献。它以举世公认的发展成就和世界影响力，证明了这个选择的正确性、合理性、优越性，为我们坚定自信奠定了豪壮的实践底气。三十多年来，从推动经济社会发展到应对突如其来的自然灾害和各式各样的国际经济危机、政治风波，我们都挺过来了，而且每场风雨过后都发展得更好。这不仅说明我们所坚持的制度是具有优势、韧性、活力和潜能的，而且形成了一套不同于西方国家的成功制度体系；不仅意味着我国走出了一条不同于西方国家的成功发展道路，而且宣告了各国最终都要以西方制度模式为归宿的单线式历史观的破产。

第四，中国当前的制度体系有缺陷和问题，但是可以通过改革和制度构建不断完善。我们必须看到，相比我国经济社会发展和人民群众日益增长的物质文化需求，相比当今世界日趋激烈的国际竞争，相比实现长治久安，中国现实的制度还有许多缺点和不足，有些方面甚至成为制约发展和稳定的重要因素。我们也必须看到，中国共产党既要建设完全不同于旧中国的制度体系，又要治理一个人口众多、基础薄弱的大国，推进国家治理体系建设、提高国家治理能力的任务必然是长期的、艰巨的、复杂的，需要进行长时间的艰辛探索和艰苦努力。因此，我们要对制度本身的缺陷和问题有一个清醒的认识。党中央提出要推进国家治理体系和治理能力现代化，目的就在于要通过改革和制度构建克服这些缺陷和不足，为国家事业发展、人民幸福安康、社会和谐稳定提供一套更完备、更稳定、更管用的制度体系。

第五，另起炉灶会付出巨大的成本和代价。有人认为，资本主义道路在20世纪的中国走不通，不代表在新世纪也走不通，进而主张全盘西化。但是，客观来看，冷战结束后，全面照搬了西方政治制度模式的国家有几个是繁荣稳定的？受到“阿拉伯之春”影响的国家，有哪个政局稳定下来了？我们承认当前的制度本身具有缺陷和不足，这正是我们努力改进和完善这个制度模式的原因。但如果试图另起炉灶，其中的成本和代价是难以想象的，也是中国社会难以承受的。

五　更新国家治理的基本理念

国家治理是在摒弃国家统治和国家管理基础上形成的，它把完善制度同维护公共秩序放到同等重要的地位；它强调政权的创造者、管理者和利益相关者等多种力量合作管理；凸显政权管理者向政权的所有者负责并可以被后者问责。可见，从统治、管理到治理，言辞微变之下涌动的，是一场国家、社会、公民从着眼于对立对抗到侧重于交互联动再到致力于合作共赢善治的思想革命；是一次政府、市场、社会从配置的结构性变化引发现实的功能性变化再到最终的主体性变化的国家实验；是一个改革、发展、稳定从避免两败俱伤的负和博弈、严格限缩此消彼长的零和博弈再到追求和谐互惠的正和博弈的伟大尝试。

管理与治理虽非截然对立，但至少有如下显著区别：

一是目标职责不同。管理的目标和职责是实现多数人的意志和利益，往往忽视少数人的意志和利益；而治理的目标和职责是实现全社会的公共利益，实现所有人的利益最大化，寻求所有社会成员意志和愿望的最大公约数。

二是主体不同。管理的主体只是政府，而治理的主体还包括社会组织乃至个人。党的十八大以来，中央多次强调要“加快形成党委领导、政府负责、社会协同、公众参与、法治保障的社会管理体制”，实际上已经体现了多元共治的理念。这一变化意味着，国民是国家政权的所有者，也是国家治理过程的参与者；政府不再只是治理的主体，也是被治理的对象；社会不再只是被治理的对象，也是治理的主体。

三是权源不同。政府的管理权来自权力机关的授权。尽管权力机关授权从根本上说是人民授权，但人民授权毕竟是间接的。而治理权当中的相当一部分由人民直接行使，这便是所谓的自治、共治。

四是权威的性质、根据和向度不同。管理的权威依赖国家机器自上而下的强制；治理的权威除来源于国家法律规范之外，更多地来源于国民和社会组织的权利、共识合意、协商、契约，等等。

管理的权威形成过程往往是单向的、强制的、刚性的，因而管理行为的合法性、民主性常受质疑，其有效性常难保证；治理的权威形成过程是复合的、合作的、包容的，治理行为的合理性受到更多重视，其有效性大大增加。

五是方式、方法不同。管理更多以命令、权利、规制、设定负担和处罚责任为基本方式，而治理则强调更少的强制、更多的合意，更少的负担、更多的服务，更少的独断专行、更多的沟通协商，更少的排斥和歧视、更多的共赢，更少的惩罚制裁、更多的激励，更少的任性擅断、更多的规则治理，更少的暗箱操作、更多的阳光透明，更少的行政命令、更多的行政指导，更少的原始“刀耕火种”、更多地运用科学技术，更少的被动应付、更多地能动规划预测，更少的猝不及防、更多的风险预防等。

从一元单向治理向多元交互共治的结构性变化，意味着我们不仅于思想观念上不再走人治的老路，而且于政治生态上铲除了人治隐形存在的可能，最终使那种仅停留在口头上的法治无所依凭。国家治理、政府治理、社会治理的基本方式必然是法治，国家治理、政府治理、社会治理的现代化有赖于各个领域的法治化。要以法治的可预期性、可重复性、可操作性、可救济性、可持续性等优势来凝聚转型时期的社会共识，使不同利益主体求同存异，依法追求和实现自身利益最大化。要努力推动形成办事依法、遇事找法、解决问题用法、化解矛盾靠法的良好法治环境，在法治轨道上推动各项工作。要广泛开展依法治理活动，提高社会管理法治化水平。要提高领导干部运用法治思维和法治方式深化改革、推动发展、化解矛盾、维护稳定的能力。要建立决策科学、执行坚决、监督有力的权力运行体系，健全惩治和预防腐败体系，建设廉洁政治，努力实现干部清正、政府清廉、政治清明。要形成科学有效的权力制约和协调机制，加强反腐败体制机制创新和制度保障，健全改进作风常态化制度。要深化司法体制改革，加快建设公正高效权威的社会主义司法制度，维护人民权益。要维护宪法法律权威，深化行政执法体制改革，确保依法独立公正行使审判权、检察权，健全司法权力运行机制，完善人权司法保障制度。

六　丰富国家治理的价值目标

推进国家治理体系和治理能力现代化，要解决好价值体系问题。世界上任何事物都是普遍性和特殊性的统一，普遍性寓于特殊性之中，特殊性包含着普遍性，不存在只有普遍性而没有特殊性，或者只有特殊性而没有普遍性的东西。

推进国家治理体系和治理能力的现代化，必然离不开自由、民主、公开、正义、秩序、安全等基本价值。同任何价值一样，这些价值也是有历史性、地域性、相对性的。要警惕某些敌对势力用居心叵测地演绎瓦解我们的制度建构，或将制度建构引入歧途。因此，要大力培育和弘扬社会主义核心价值体系和核心价值观，加快构建充分反映中国特色、民族特性、时代特征且有利于人民走上幸福美好生活的价值体系，努力抢占价值体系的制高点。

秩序稳定作为治理的价值目标，是毋庸置疑的，但它只是初级价值，更非唯一价值。

此外，在进行具体制度和能力建构时，还要注意以下价值选择：

第一，治理应有利于激发社会活力。实现人的自由而全面的发展，是马克思主义追求的根本价值目标。在当前利益多元化、文化多样化的条件下，国家治理既要确保公共利益和主流道德价值不受侵害，也要根据实际情况尊重差异、包容多样、考虑个别，特别是要保障宪法确认的个人自由，承认合法合理的个性化追求，让公民和社会组织充满生机活力，使社会保持动态平衡稳定状态。

第二，治理应有助于扩大人民民主。十八届三中全会突出强调了坚持人民主体地位和发展社会主义民主政治。人民民主是社会主义的生命，国家治理要以保证人民当家做主为根本，坚持和完善人民代表大会制度、中国共产党领导的多党合作和政治协商制度、民族区域自治制度以及基层群众自治制度，更加注重健全民主制度、丰富民主形式，充分发挥我国社会主义政治制度的优越性。要推动人民代表大会制度与时俱进，推进协商民主广泛多层制度化发展，发展基层民主。要广泛发动各类社会组织和公民参与政府的治理工作或者进行自治。工会、共青团、妇联、工商联、学联、青联、科协、文联、记协、残联、贸促会等人民团体应在引导相应群体的行为、维护其权益、化解矛盾方面发挥更大作用；居委会、村委会应在城乡社区治理、基层公共事务和公益事业中承担更多责任；应培育壮大社会中介机构，强化其在维护社会信用体系、降低交易成本中的地位和作用。

第三，治理应有助于实现社会公平正义。公平正义是中国特色社会主义的内在要求，也是公权力机关的核心价值追求。国家治理的重要任务之一就是努力营造公平的社会环境，促进形成正义的社会制度。在此问题上，政府的角色和责任至关重要。政府行为必须反对“四风”、整肃腐败、提升公信，以公平正义的治理行为创造公平正义的社会局面。

第四，治理应有益于增进全体人民福祉。全会强调，要以促进社会公平正义、增进人民福祉为出发点和落脚点，让一切创造社会财富的源泉充分涌流，让发展成果更多更公平地惠及全体人民。国家治理现代化应超越任何组织和群体的局部利益，而以中华民族和全体人民的整体利益和长远利益为着眼点。民生艰难是社会不稳的关键因素之一，所以谋民生之利，解民生之忧，解决好人民最关心最直接最现实的利益问题，是深层次的国家治理，有事半功倍之效。政府负有改善民生的首要责任，特别是要把保基本的责任履行到位，但同时也要扩大向社会力量购买公共服务，通过政府职能转变、拓展治理主体来提高民生事业的质量和效率。承担教育、医疗、社保等民生职能的公共事业单位，应把公益放在首位，坚守自身的社会责任，切实拿出为民便民惠民的政策措施。

七　把握国家治理的战略要点

我国转型时期国家治理的主要内容包括：一是维护社会和市场秩序；二是

防范、处理天灾人祸等社会风险；三是调和、处置社会纠纷和冲突；四是服务和管理流动务工人员、农村留守老妇幼等特殊人群；五是引导和监管基于互联网的“虚拟社区”以及类似场域。这些工作纷繁复杂、千头万绪，如果就事论事、头痛医头脚痛医脚，只会事倍功半，所以必须分析实现有效治理的战略路径，找到国家治理的制高点、切入点、突破点、着力点。

第一，治理的制高点是伦理塑造。治理工作直接作用于人的行为，但行为是受思想影响的，所以，引导思想观念、构建先进文化、塑造社会伦理，是更为根本的治理战略。从这个意义上讲，大力倡导以富强民主文明和谐，自由平等公正法治，爱国敬业诚信友善为基本内容的社会主义核心价值观，不仅是文化建设的重要内容，更是治理的制高点。要紧紧围绕建设社会主义核心价值体系、社会主义文化强国深化文化体制改革，加快完善文化管理体制和文化生产经营机制，建立健全现代公共文化服务体系、现代文化市场体系，推动社会主义文化大发展大繁荣。

第二，治理的着力点是源头治理。当前因土地房屋征收、历史遗留等问题引发的社会矛盾多样多发，除各方面客观原因外，一个重要原因是一些干部在处理政府与群众利益关系上，没有树立把改革成果更多惠及群众的理念。实践证明，只有让广大群众从党和政府的方针政策中获得实惠，才能从源头上减少和化解社会矛盾。全会提出，实现发展成果更多更公平惠及全体人民，必须加快社会事业改革，解决好人民最关心最直接最现实的利益问题，更好满足人民需求。现阶段不可能消除贫富差距，但必须下大力气解决因违法违规而产生的贫富差距，这就要求反对特权，推动权利公平、机会公平、规则公平的实现。而对于因身体缺陷、智识水平等差别因素造成的低收入困难群体，则应切实解决好其社会保障问题。

第三，治理的聚焦点是群防群治。国家治理，重点在基层，关键靠群众。要主动适应经济社会发展新要求，善于依靠基层组织和广大群众，提高预防化解社会矛盾的能力和水平。要通过群众自治，让群众自己组织起来解决自己的问题。要健全以城乡社区党组织为核心、以群众自治组织为主体、社会各方广泛参与的新型城乡社区管理服务体系，努力把城乡社区建成政府社会管理的平台、居民日常生活的依托、社会和谐稳定的基础。要以扩大有序参与、推进信息公开、加强议事协商、强化权力监督为重点，努力让群众更好地行使民主权利，提高自我管理、自我服务水平。要充分发挥人民团体、群众组织、社会组织的优势，吸引、凝聚各方力量，促进矛盾纠纷化解。

第四，治理的关键点是规则治理。法治是治理的基本方式。把社会矛盾预防化解纳入法治轨道，是实现社会安定有序、和谐并且具有活力的长效机制。

各级领导和公职人员须牢固确立宪法至上、法律权威的意识，不断提高依法找法、用法靠法的能力，切实把发展这个第一要务、稳定这个第一责任和依法办事这个第一要求有机统一起来，绝不能因“维稳”而突破法律的底线，绝不能因害怕上访而迁就个人的非法要求，绝不能因个别正义而牺牲规则之治的普遍正义。

八　协调好国家治理的衔接匹配

目前对于治理主体的多元性已经有了共识，但还存在以下三个重要的理论与实践问题：

第一，国家权力在治理主体体系中处于何种地位。有人认为政府应该是在社会组织和个人治理不能或无效时才跟进，即政府治理应居于补缺地位；也有人认为政府治理应居于主导地位。笔者认为，不宜简单地讲补缺地位或主导地位。全会指出，经济体制改革是全面深化改革的重点，核心问题是处理好政府和市场的关系，使市场在资源配置中起决定性作用和更好发挥政府作用。这意味着在经济建设领域，政府必须让路。但社会治理与经济建设有别，不宜像定位政府调节经济那样，把政府治理社会定位于补缺。在维护秩序、化解风险、处理危机等方面，政府必须努力掌握预防化解社会矛盾的主动权，而不是等社会力量和个人无法处理时才出面。检验治理水平的高低，不仅要看紧急情况下应急处置能力，更要看常态下矛盾纠纷预防化解效果。实践证明，要有效避免小事演化成大事，关键在于完善矛盾纠纷排查、预警、化解、处置机制。要把源头治理、动态管理、应急处置有机结合起来。与此同时，也要注意发挥基层干部和群防群治力量的优势。党的十八大以来，中央在阐述社会管理体制时，提的不是“政府主导”而是“政府负责”。这一表述启发我们，不必纠缠“主导”的问题，而应研究功能和责任问题。

第二，多元主体共治如何实现协同匹配、廉价合作。全会强调，必须更加注重改革的系统性、整体性、协同性。合作治理并不是新东西，我国在20世纪80年代就开始执行“社会治安综合治理”方针，所谓综合治理，实质就是合作治理。如今，综合治理已从“社会治安”扩展到“社会管理”。但在实践中，合作治理还存在着协调性、匹配性以及运作成本等问题。因为不同的合作治理事项，会有不同的主体牵头。如果是政府牵头，可能比较容易协调，但某些社会组织的匹配性可能存在问题；如果是社会组织牵头，政府如何配合、在多大程度上配合，是需要深入探讨的。同时，合作治理也要考虑成本，既要动员多方力量，又要尽可能做到廉价，合理的成本分摊机制和财务监督机制都需进一步健全。

第三，社会组织如何提高治理能力。治理能力指向的是治理有没有效果，会不会“失灵”的问题。政府存在，社会组织也必然存在。因此，要高度重视社会组织的治理能力建设。首先，社会组织自身要提高水平、严格自律；其次，政府要支持、帮助社会组织提高治理能力；再次，政府和个人还要通过法定程序监督社会组织的治理行为。

九 创新国家治理的方式方法

推进国家治理体系和治理能力现代化，关键在于创新。可以在一些领域积极尝试以下新方法：

第一，非对抗性和“软法”的方法。具体要求是：在一些领域变整治为疏导，变刚性为柔性。以治理城市占道经营为例，目前已有一些地方采用规范设立“便民经营服务点”的方法，兼顾了市民生活便利、经营者正当权益与市容整洁，达到了多赢的效果。在软法方面，应更加注重发挥激励性法律规范和乡规民约等社会自治规则的作用。

第二，契约化和合作规制的方法。具体要求是：在一些领域变命令为协商，变指挥为指导。例如山东省各级公安机关在平安山东建设中，探索出政法部门与保险公司共同建立社区治安防范与人身、财产损害补偿相结合的“契约式治安保险联防”治理新机制，取得了良好成效。

第三，提供服务或社会福利的方法。具体要求是：在一些领域变监管为服务，变强制为利导。例如流动人口不愿意办理登记怎么办？江苏省采取的办法是“登记积分制”，经过一定年限，达到规定积分后，流动人员就可以享受保障住房、子女上学等待遇，最后还能成为当地市民。

第四，市场化和竞争机制的方法。具体要求是：在一些领域变官办为民营，变垄断为竞争。以污染治理为例，环境污染行政处罚固然不能丢，但“排污权交易”的治理方法把政府与企业间的行政关系变成市场的经济交易，使得企业自觉提高治污积极性，从而控制一定区域内的排污总量。

第五，程序化和科技手段的方法。具体要求是：在一些领域变实体为程序，变“人控”为“机控”。注重采取程序化的技巧来处理实体上公正难辨的问题。应充分利用现代科技手段来拓宽治理边界、提高治理效率、增强治理精度，排除权力、人情、金钱等因素导致的“搞例外”、“走后门”现象。

十　妥善处理国家治理的基本关系

准确把握全面深化改革的总目标，必须从纷繁复杂的事物表象中把准改革脉搏，把握全面深化改革的内在规律，特别是要把握全面深化改革的重大关系，处理好制度自信与完善发展的关系、道路坚守与治理现代化的关系、体系建构与能力提升的关系、总体目标与具体目标的关系、总体目标与根本目的的关系。

第一，要处理好制度自信与完善发展的关系。十八届三中全会提出的全面深化改革的总目标是两句话组成的一个整体，即完善和发展中国特色社会主义制度、推进国家治理体系和治理能力现代化。前一句规定了根本方向，就是中国特色社会主义道路，这条路既不是封闭僵化的老路，也不是改旗易帜的邪路。后一句明确了改革完善的路径和指向，即制度和能力的现代化。中国特色社会主义制度是中国共产党和全国人民九十多年奋斗、创造、积累的根本成就，是推进中国特色社会主义事业最根本的制度保障。具体包括“人民代表大会制度的根本政治制度，中国共产党领导的多党合作和政治协商制度、民族区域自治制度以及基层群众自治制度等基本政治制度，中国特色社会主义法律体系，公有制为主体、多种所有制经济共同发展的基本经济制度，以及建立在这些制度基础上的经济体制、政治体制、文化体制、社会体制等各项具体制度”。历史和现实、国内和国外的实践证明，中国特色社会主义制度是一整套相互衔接、相互联系的制度体系，是基本符合我国国情、顺应民意，具有强大的生命力的制度体系。我们应该倍加珍惜，始终坚持，不断发展。与此同时，我们必须清醒地认识到，制度自信并不意味着制度本身完美无缺，不需进行任何改革。世界上没有放之四海而皆准的整体发展模式，也没有一成不变的发展道路。一方面，中国特色社会主义制度体系本身需要不断加以弥补和改进；另一方面，中国特色社会主义制度是一个开放的、发展的体系，需要与时俱进，根据客观条件的发展变化而不断调整变革，在改革和完善中进一步增强全党全国人民的制度自信。

第二，要处理好道路坚守与治理现代化的关系。习近平总书记指出，“道路问题是关系党的事业兴衰成败第一位的问题，道路就是党的生命”，“坚持正确的政治路线、政治立场、政治方向、政治道路，是坚持党的领导、坚持社会主义制度的头等大事”，“无论搞革命、搞建设、搞改革，道路问题都是最根本的问题”，“道路决定命运”，“要坚持独立自主地选择自己的道路”，中国特色社会主义道路是我们党带领人民历经千辛万苦找到的实现中华民族伟大复兴的中国梦的必由之路，是实现我国社会主义现代化的必由之路，是创造人民美好生活的必由之路。《决定》重申，不走封闭僵化的老路，不走改旗易帜的邪路，坚定走中国特色社会主义道路，始终确保改革正确方向。坚持中国特色社会主义道路不是回避矛盾，中国未来发展面临的问题很多，遭遇的困难和可能的风险很大。唯有实现国家治理的现代化，中国特色社会主义道路才能走得通、走得久。推进治理体系和治理能力现代化，就是要适应时代发展要求，既改革不适应实践要求的体制机制，又不断构建新的制度和体制机制，使经济、政治、文化、社会、生态文明和党的建设等各个方面的制度和体制机制更加科学、更加完善，推动党和国家各项工作制度化、规范化、程序化，不断提高党的科学执政、民主执政、依法执政能力。没有坚定的制度自信就不可能有全面深化改革的勇气，同样，离开全面深化改革，制度自信也不可能彻底，不可能持久。全面深化改革，不是因为中国特色社会主义制度没有发展前途而另择道路，而是要使它更加优越；坚定制度自信，不是忽视其问题而盲目自信，更不是故步自封，而是以自信为起点不断革除制度弊端，让制度更加成熟持久。可见，这里所讲的现代化，不能以西方的制度模式为参照，也不能以西方的价值观为评价制度是非善恶好坏的标准。这里所讲的现代化的根基仍然是中国特色社会主义，绝不是“另起炉灶”搞西方化、资本主义化。这里所讲的现代化，其实质仍然是中国特色社会主义制度的自我完善和发展，是中国特色社会主义的与时俱进。

第三，要处理好制度体系构建与治理能力提升的关系。国家治理制度体系和治理能力是一个国家的制度和制度执行力的集中体现，两者相辅相成，具有紧密的相关关系。但两者又有本质的区别，具有相对独立性，单靠哪一个治理国家都不行。制度体系构建指的是国家治理体系的构建。构建治理制度体系是发展和完善一整套相互协调运行有效的国家制度，包括经济、政治、文化、社会、生态文明和党的建设等各领域的体制、规则、机制和法律规范体系。治理能力提升，指的是提升国家治理能力，也就是提高运用国家制度管理社会各方面事务的能力，包括改革发展稳定、内政外交国防、治党治国治军等各个方面的能力。国家治理制度体系和治理能力是一个有机整体，相辅相成。有了科学的国家治理制度体系才能孕育高水平的治理能力，不断提高国家治理能力才能充分发挥国家治理制度体系的效能。国家治理制度体系具有根本性、稳定性，但没有高水平的治理能力，再好的制度也难以发挥作用。不能认为只要国家治理制度体系完善了，治理能力就会自然提高；也不能认为只要具备了高超的治理能力，有无治理制度体系无所谓——这样就回到了人治的立场。解决中国各种问题，实现各项既定目标，关键要靠国家治理制度体系和治理能力的现代化。在过去的三十多年中，我们比较重视制度建设，通过不懈努力不断地完善各方面的制度和体制机制，但在如何发挥好制度效能方面重视不够。所以在接下来一个阶段，我们党和国家在加强制度建设的同时，将要把治理能力建设摆在更加突出的位置。国家治理能力主要包括这样几个方面的能力：整合意志、凝聚共识之能力，维护秩序、确保国安之能力，发展经济、保障福祉之能力，化解矛盾、维护和谐之能力，保障权利、控制权力之能力，缔造人文、弘扬价值之能力，维护生态、保护环境之能力，依法办事、依法治国之能力。这些能力提升的过程，也就是我国各方面制度和体制机制的优势转化为国家治理实际效能的过程。

第四，要处理好总体目标与具体目标的关系。改革开放以来，历届党的三中全会都研究讨论深化改革问题，但此次三中全会研究的是各个领域的全面深化改革。全会《决定》深刻剖析了我国改革发展稳定面临的重大理论和实践问题，阐明了全面深化改革的重大意义和未来走向，提出了全面深化改革的总体目标、指导思想、目标任务、重大原则，描绘了全面深化改革的新蓝图、新愿景、新目标，汇集了全面深化改革的新思想、新论断、新举措，反映了社会呼声、社会诉求、社会期盼，凝聚了全党全社会关于全面深化改革的思想共识和行动智慧。为了确保全面深化改革总目标的实现，《决定》又强调了“六个紧紧围绕”的具体目标，即：紧紧围绕使市场在资源配置中起决定性作用深化经济体制改革；紧紧围绕坚持党的领导、人民当家做主、依法治国有机统一深化政治体制改革；紧紧围绕建设社会主义核心价值体系、社会主义文化强国深化文化体制改革；紧紧围绕更好保障和改善民生、促进社会公平正义深化社会体制改革；紧紧围绕建设美丽中国深化生态文明体制改革；紧紧围绕提高科学执政、民主执政、依法执政水平深化党的建设制度改革。可以这样说，“六个紧紧围绕”，就是在道路确定、方向明确的基础上绘制的全面深化改革的路线图、航向标。坚持“六个紧紧围绕”，就能够坚持改革的正确方向。处理好总体目标与具体目标的关系，要全面领会、全面把握，切忌盲人摸象、以偏概全。要弄清楚整体政策安排与某一具体政策的关系、系统政策链条与某一政策环节的关系、政策顶层设计与政策分层对比的关系、政策统一性与政策差异性的关系、长期性政策与阶段性政策的关系。既不能以局部代替整体，又不能以整体代替局部；既不能以灵活性损害原则性，又不能以原则性摒弃灵活性。

第五，要处理好总体目标与根本目标的关系。这里说的根本目标，指的是全面深化改革的根本目标，即让一切劳动、知识、技术、管理、资本的活力竞相迸发，让一切创造社会财富的源泉充分涌流，让发展成果更多更公平地惠及全体人民。这三个“让”中的前两个“让”是党的十六大提出的，第三个

“让”是党的十五大报告提出来的。《决定》把至关重要的这三个“让”组合起来，作为我们党领导的全面深化改革的总目标和根本目的，既有新意，更有心意。它表明我们党在社会主义初级阶段的全面改革进程中，一以贯之地倡导劳动与资本的统一，效率与公平的统一，财富创造与财富分配的统一，尊重劳动、尊重知识、尊重人才、尊重创造的统一。所有这些，归根到底都要通过不断解放思想、解放和发展社会生产力、解放和增强社会活力来实现，都要通过让一切创造社会财富的源泉充分涌流，把社会财富的蛋糕不断做大，满足人民群众日益增长的物质文化需要，让人民共享改革发展成果来实现。旗帜鲜明地提出这样的全面深化改革总目标和根本目标，有很强的现实针对性和长远指导性，充分体现了我们党对道路的坚守、对善治的向往、对未来的担当。

依法治国与推进国家治理现代化[①]

李　林[②]

摘　要　依法治国与国家治理是相互作用、相辅相成、殊途同归的关系。依法治国是推进国家治理现代化的重要内容和主要途径，而推进国家治理体系和治理能力现代化，核心是要推进国家治理法治化。坚持和实行依法治国，可以从宪法、法治、立法、依法执政等多方面推进国家治理现代化和法治化。为此，应当根据推进国家治理现代化的改革总目标，强化法治权威和良法善治，加强人民代表大会制度建设，完善法律体系，加强宪法和法律实施，推行法治建设指标体系，在加快建设法治中国进程中推进国家治理现代化。

关键词　法治中国　依法执政　国家治理　国家治理现代化　国家治理法治化

中国共产党第十八届三中全会在《中共中央关于全面深化改革若干重大问题的决定》中，首次提出“推进国家治理体系和治理能力现代化”的改革目标以后，“国家治理”和“国家治理现代化”很快成为中国理论界学术界高度关注和广泛讨论的“热词”。相关见解纷乱杂陈，各种观点见仁见智，令人眼花缭乱。国家治理与依法治国是什么关系，包容关系、交叉关系、替代关系、互补关系还是其他关系？在“推进国家治理体系和治理能力现代化”的新语境、新目标下，依法治国（法治）具有何种地位和作用？根据国家治理现代化的要求，未来应当如何全面推进依法治国、加快建设法治中国？本文拟结合当下我国全面深化改革和大力推进依法治国的实践，对上述部分问题进行粗线条大跨度的探讨分析，恭请批评指正。

---

① 本文发表于《法学研究》2014 年第 5 期。

② 中国社会科学院法学研究所所长，研究员。

一 依法治国与推进国家治理现代化的关系

党的十八届三中全会提出："全面深化改革的总目标是完善和发展中国特色社会主义制度，推进国家治理体系和治理能力现代化。"依法治国是我国宪法规定的基本原则，是党领导人民治理国家的基本方略。依法治国与国家治理是相互作用、相辅相成、殊途同归的关系。在全面推进依法治国、努力建设中国特色社会主义法治体系的时代背景下，在我国从法律体系走向法治体系、从法律大国走向法治强国进而实现法治中国梦的历史进程中，推进国家治理现代化，应当高度重视并充分发挥依法治国的重要作用。

（一）依法治国与国家治理的含义

国家应当如何治理？这并不是一个新问题、小问题，而是国家产生以来就始终存在的老问题、重大问题，是马克思主义国家学说需要回答的基本问题，是政治学和法学需要研究解决的核心问题。马克思主义国家学说认为，应当从国体、政体、政治模式、基本方略等方面，分析和把握国家和国家治理问题。从国体来看，应当对国家的本质作阶级分析，是国家中多数人对少数人的统治，还是少数人对多数人的专政，这是国家治理需要解决的首要问题。从政体来看，是采行共和制还是君主立宪制，联邦制还是单一制，元首负责制还是议会内阁负责制，或者采行人民代表大会制度等政体，这是国家治理需要解决的政权组织形式问题。从国家治理的政治模式来看，是实行直接选举、多党制、三权分立、两院制，还是实行直接与间接选举相结合、一党领导与多党合作相结合、执政党党内民主与人民民主相结合、民主集中制，或者采取其他政治体制治国理政，这是国家治理需要解决的政治模式问题。从国家治理的基本方略来看，是实行专制、人治、独裁，或者实行民主、法治、共和，抑或实行其他方式治国理政，这是国家治理需要解决的路径和方略问题。

中国共产党在领导人民夺取革命、建设和改革胜利的伟大实践中，在建立中华人民共和国和实行社会主义制度的基础上，通过宪法、法律和党章等形式，把工人阶级领导的、以工农联盟为基础的人民民主专政规定为共和国的国体，把人民代表大会制度规定为共和国的政体，把共产党的领导、民主集中制、人民代表大会制度、民族区域自治制度、多党合作政治协商制度、基层民主自治制度等，规定为共和国政治模式的主要内容，把依法治国确立为党领导人民治理国家的基本方略，把法治确定为治国理政的基本方式，[①] 不断发展中国特色社会主义民主政治，推进依法治国和国家治理的现代化。

从一般意义上讲，依法治国就是坚持和实行法治，反对人治和专制。[②] 中国共产党十五大报告指出，依法治国，就是广大人民群众在党的领导下，依照宪法和法律规定，通过各种途径和形式管理国家事务，管理经济文化事业，管理社会事务，保证国家各项工作都依法进行，逐步实现社会主义民主的制度化、法律化。依法治国是党领导人民治理国家的基本方略，是发展社会主义市场经济的客观需要，是社会文明进步的重要标志，是国家长治久安的重要保障。

国家治理，[③] 就是人民当家做主，通过全国人民代表大会和地方各级人民代表大会，执掌国家政权、行使国家权力、管理国家事务的制度安排和活动过程；是在执政党的领导下，全国各族人民、一切国家机关和武装力量、各政党和各社会团体、各企业事业组织等社会主体，依照宪法、法律和其他规范、制度和程序，共同参与国家的政治生活、经济生活和社会生活，共同管理国家和

① 1978 年 2 月 15 日，梁漱溟在全国政协五届一次会议上发言说：“现在我们又有机会讨论宪法，参与制定宪法了，这是一桩可喜的事情……我的经验是，宪法在中国，常常是一纸空文，治理国家主要靠人治，而不是法治。新中国成立 30 年，有了自己的宪法，但宪法是否成了最高的权威，人人都得遵守呢？从 30 年中的几个主要时期看，我的话是有根据的……但我想认真而严肃地指出的是，中国的历史发展到今天，人治的办法恐怕已经走到了头。像毛主席这样具有崇高威望的领导人现在没有了，今后也不会很快就有，即便有人想搞人治，困难将会更大；再说经过种种实践，特别是‘文革’十年血的教训，对人治之害有着切身的体验，人们对法治的愿望和要求更迫切了。所以今天我们讨论宪法，很必要，很重要，要以十二分的认真和细心对待这个大问题。中国由人治渐入了法治，现在是个转折点，今后要逐渐依靠宪法和法律的权威，以法治国，这是历史发展的趋势，中国前途的所在，是任何人所阻挡不了的。”参见汪东林《梁漱溟问答录》，湖北人民出版社 2004 版，第 297 页以下。

② 在 1996 年 4 月中国社会科学院法学研究所主持召开的法治理论研讨会上，与会专家学者们大多认为：“依法治国即法治，是指依照体现人民意志、反映社会发展规律的法律来治理国家；国家的政治、经济、社会的活动以及公民在各个领域的行为都应依照法律进行，而不受任何个人意志的干涉、阻碍和破坏；它的基本要求是，国家的立法机关依法立法，政府依法行政，司法机关依法独立行使职权，公民的权利和自由受法律的切实保护，国家机关的权力受法律严格控制。”参见李林《依法治国、建设社会主义法治国家研讨会综述》，载李林《法治与宪政的变迁》，中国社会科学出版社 2005 年版，第 462 页。

③ 目前国内理论界对于“国家治理”的概念尚无统一认识，大家见仁见智，各有界定。《求是》杂志刊文认为：“国家治理，就是党领导人民依照法律规定，通过各种途径和形式，管理国家事务，管理经济和文化事业，管理社会事务。”（秋石：《国家治理现代化将摆脱人治走向法治》，《求是》2014 年第 1 期）北京大学王浦劬教授认为：“‘国家治理’，实际上是在政权属于人民的前提下，中国共产党代表和领导人民执掌政权、运行治权的体系和过程；是指在坚持、巩固和完善我国政治经济根本制度和基本制度的前提下，科学民主依法有效地进行国家和社会管理；是指坚持中国共产党总揽全局、统筹各方的格局下的治国理政。”（王浦劬：《科学把握“国家治理”的含义》，《光明日报》2014 年 6 月 18 日）

社会事务、管理经济和文化事业，共同推动政治、经济、社会、文化和生态文明建设全面发展的制度安排和活动过程；是执政党坚持依宪执政和依法执政，总揽全局，协调各方，支持各个国家机关依法独立履行职权，领导并支持各种社会主体对国家和社会实施系统治理、依法治理、综合治理、源头治理的治国理政。

（二）依法治国与国家治理的关系

依法治国与国家治理是什么关系？我们认为，依法治国主要是一个法学概念，国家治理主要是一个政治学、行政学或者社会学的概念；两者虽然话语体系不同，内涵和外延略有区别，但本质和目标一致，主体与客体相近，方法和手段相似，是国家良法善治的殊途同归。[①] 具体来讲，依法治国与国家治理具有如下共同点：

第一，两者都坚持中国特色社会主义制度，坚持中国共产党的领导，坚持依宪执政和依法执政，在国家宪法框架内并通过主权国家来推进和实行；

第二，两者都坚持主权在民和人民当家做主，人民是国家和社会的主人，人民是依法治国和国家治理的主体，而不是被治理、控制、统治的客体；

第三，两者都强调国家治理制度体系的重要性、稳定性和权威性，要求形成健全完备成熟定型的现代化国家治理的制度体系，其中主要是体现为国家意志的、以宪法为核心的法律制度体系；

第四，两者都坚持以人民民主专政国体的政治统治为前提，都涉及“他治”、“自治”和“共治”等管治方式，都把“统治”、“管理”和“治理”等作为现代国家治国理政不可或缺的方式方法来综合使用。从法律分类的角度来理解，“统治”主要用于宪法、刑法等公法关系领域，“管理”主要用于行政法、经济法等公法关系以及公私法关系结合等领域，“治理”主要用于社会

① 考察人类文明史可以发现，法律、法制、法治以及以法治国或者依法治国，是人类自有国家以来就始终存在的治理国家、管理社会、构建秩序、调整社会关系行之有效的主要方式。当今的现代化发达国家也多是法治国家，而20世纪中后期出现的“国家治理”只不过是与法治国家有所交叉的一种理念和方式方法，是对法治或者依法治国的补充、完善和创新发展，却没有从根本上取代法治或者依法治国。当今世界上绝大多数国家没有普遍强调“国家治理”的理念和制度，而是坚持法治和依法治国，在实践中也达到了治国理政的预期目的。在我国，国家治理与依法治国实质上是大同小异、殊途同归的一回事。

法和私法关系等领域，[1] 三者共存于国家的法律体系和法律关系中，都是调整社会关系和治国理政的重要方式；

第五，两者“管理”和“治理”的对象（客体）大同小异，都涉及政治经济文化社会生态、内政国防外交、改革发展稳定、治党治国治军、调整社会关系、规范社会行为、配置社会资源、协调社会利益、处理社会冲突、保障私权和制约公权等各领域和各方面；

第六，两者追求的直接目标都要求实现良法善治，强调不仅要有良好健全完备的国家管理治理的法律和制度体系，而且这种法律和制度体系在现实生活中要能够得到全面贯彻执行和有效实施；

第七，两者的目的都是发展人民民主，激发社会活力，构建良好秩序，促进公平正义，为了实现国家富强、人民幸福、中华民族伟大复兴的中国梦，把我国建设成为民主富强文明幸福的社会主义现代化强国。

依法治国与国家治理具有以下主要区别：首先，国家治理强调“治理”与“管理”在主体、权源、运作、范围等方面存在不同，认为从“管理”到“治理”是理念上的飞跃和实践上的创新。[2] 其次，国家治理不仅坚持法治是治理国家的基本方式，依法治国是治国理政的基本方略，而且注重发挥政治、德治、自治规范、契约、纪律等多种方式手段的作用。再次，国家治理坚持以各种社会主体平等共同参与的共治为主要治理形式，强调治理主体间的平等性、自愿性、共同性和参与性，依法治国则坚持系统治理、综合治理，不仅采用他治（如治安与工商卫生执法管理）和自治（如基层与社区自治），也经常采用人人参与、齐抓共管的共治。最后，国家治理的范围不仅包括国家法律和法治直接规范和调整的领域，而且包括政党和社会组织、武装力量、企业事业单位和社会内部中法律和法治未直接涉及的某些部分。

---

① 联合国的全球治理委员会（the Commission on Global Governance）于 1995 年发表了一份题为《我们的全球伙伴关系》的研究报告，其中对“治理”一词作出如下界定：治理是各种公共的或私人的个人和机构管理其共同事务的诸多方式的总和。报告认为，治理是使相互冲突的或不同的利益得以调和并且采取联合行动的持续的过程，既包括有权迫使人们服从的正式制度和规则，也包括各种人们同意或以为符合其利益的非正式的制度安排。它有四个特征：治理不是一整套规则，也不是一种活动，而是一个过程；治理过程的基础不是控制，而是协调；治理既涉及公共部门，也包括私人部门；治理不是一种正式的制度，而是持续的互动。可见，“治理”一词主要强调的是一种社会法和私法关系，而不能表达或者反映国家统治和管理、管治的全部内涵。

② 参见俞可平《论国家治理现代化》，社会科学文献出版社 2014 年版；何增科《理解国家治理及其现代化》，《马克思主义与现实》2014 年第 3 期；李忠杰《治理现代化科学内涵与标准设定》，《人民论坛》2014 年第 7 期。

尽管两者有所区别，但它们同多于异。我们在理解两者关系时，不应当将两者对立起来，既不宜用依法治国取代国家治理，也不宜用国家治理取代依法治国，两者是相辅相成、殊途同归的关系；不应当将两者割裂开来，既不能片面强调依法治国的地位和作用，也不能过分强调国家治理的价值和功能，两者是彼此交叉、相互作用的关系；不应当对“治理”、“管理”、“统治”这三个基本概念作片面解读，三个概念之间不是相互排斥的矛盾关系，不是依次取代的递进关系，而是相互影响的交叉关系，相互作用的共存关系，[①] 但在不同时期、不同条件、不同语境或不同学科视角下，三个概念的使用有主次先后之分、轻重大小之别。

（三）推进国家治理现代化的核心是法治化

国家治理至少包括国家治理体系和国家治理能力两个方面。

国家治理体系，就是在党领导下管理国家的制度体系，包括经济、政治、文化、社会、生态文明和党的建设等各领域体制机制、法律法规安排，是一整套紧密相连、相互协调的国家制度。形成系统完备、科学规范、运行有效的国家制度体系，是国家治理体系现代化的重要目标。国家治理能力，就是运用国家制度管理社会各方面事务的能力，包括改革发展稳定、内政外交国防、治党治国治军等各个方面。[②] 习近平总书记指出，国家治理体系和治理能力是一个国家的制度和制度执行能力的集中体现，两者相辅相成，单靠哪一个治理国家都不行。

推进国家治理的现代化，[③] 就是要推进和实现国家治理体系和治理能

---

① 在我国宪法文本中，有二十多处使用了“管理”一词（如第2条规定：“人民依照法律规定，通过各种途径和形式，管理国家事务，管理经济和文化事业，管理社会事务”），但从未使用过“治理”概念。在我国现行有效的240多部法律中，有十多部法律的名称中有“管理”一词（如“治安管理处罚法”、“公民出入境管理法”、“外国人出入境管理法”等），却无一部法律的名称直接使用“治理”。

② 参见姚亮《国家治理能力研究新动向》，《学习时报》2014年6月9日。

③ 全国政协社会和法制委员会副主任施芝鸿将“国家治理体系和治理能力现代化”视为“第五个现代化”。他认为：国家治理体系现代化，既要靠制度，又要靠我们在国家治理上的高超能力，靠高素质干部队伍。从这个意义上，可以把推进国家治理体系和治理能力现代化，看成是我们党继提出工业、农业、国防、科技这“四个现代化”之后，提出的“第五个现代化”。这表明，我们党和国家的治理体系和治理能力，正在不断朝着体现时代性、把握规律性、富于创造性的目标前进。见《全国政协社会和法制委员会副主任施芝鸿谈“第五个现代化”》，《北京日报》2013年12月9日。

力的法治化、民主化、科学化和信息化，其核心是推进国家治理的法治化。[①] 一方面，要推进国家治理制度体系的法治化。董必武说过，“顾名思义，国家的法律和制度，就是法制”。[②] 在法治国家，国家治理制度体系中的绝大多数制度、体制和机制，已通过立法程序规定在国家法律体系中，表现为法律规范和法律制度。因此，发展和完善国家法律体系，构建完备科学的法律制度体系，实质上就是推进国家治理制度体系的法律化、规范化和定型化，形成系统完备、科学规范、运行有效的国家制度体系。另一方面，要推进国家治理能力的法治化。在法治国家，国家治理能力主要是依法管理和治理的能力，包括依照宪法和法律、运用国家法律制度管理国家和社会事务、管理经济和文化事业的能力，科学立法、严格执法、公正司法和全民守法的能力，运用法治思维和法治方式深化改革、推动发展、化解矛盾、维护稳定的能力。美国法学家富勒说：“法律是使人的行为服从规则治理的事业。”[③] 推进国家治理能力的法治化，归根结底是要增强治理国家的权力（权利）能力和行为能力，强化宪法和法律的实施力、遵守力，提高国家制度体系的运行力、执行力。

我们应当高度重视和充分发挥依法治国基本方略在推进国家治理现代化中的重要作用。依法治国不仅是国家治理现代化的主要内容，而且是推进国家治理现代化的重要途径和基本方式，对实现国家治理现代化具有引领、规范、促进和保障等重要作用。

二 充分发挥依法治国对推进国家治理现代化的重要作用

在全面推进依法治国、努力建设中国特色社会主义法治体系的新形势下，应当更加重视充分发挥依法治国（法治）的作用，紧紧围绕全面深化改革的战略部署和“五位一体”建设的总体要求，根据完善和发展中国特色社会主

---

① 参见秋石《国家治理现代化将摆脱人治走向法治》，《求是》2014 年第 1 期。还有学者认为：“法治化既是检验制度成熟程度的衡量尺度，也是推进制度定型的基本方式……没有可靠的法治作为保障，制度就会缺乏权威性和执行力，国家治理体系的现代化就无从谈起，治理能力也必然作为水中月镜中花。”（张贤明：《以完善和发展制度推进国家治理体系和治理能力现代化》，《政治学研究》2014 年第 2 期）胡建森教授认为：“国家治理现代化包括民主化、法治化、科学化和文明化，其中法治化是关键。”（胡建森：《国家治理现代化的关键在法治化》，《学习时报》2014 年 7 月 14 日）

② 董必武：《论社会主义民主和法制》，人民出版社 1979 年版，第 153 页。

③ Lon L. Fuller, The Morality of Law, Yale University Press, 1969, p. 106.

义制度、推进国家治理体系和治理能力现代化的改革总目标，坚持党的领导、人民当家做主、依法治国有机统一，运用法治思维和法治方式推进国家治理现代化。

（一）充分发挥宪法治国安邦总章程的功能推进国家治理现代化

宪法是国家文明进步的重要标志，是国家的根本法，治国安邦的总章程，具有最高的法律地位、法律权威、法律效力，具有根本性、全局性、稳定性、长期性。[①] 推进国家治理现代化，形成系统完备、科学规范、运行有效的国家治理制度体系，使国家治理各方面的制度更加成熟更加定型，最根本、最核心的是要维护宪法权威，保障宪法实施，充分发挥宪法作为治国安邦总章程的重要作用。

宪法以国家根本法的形式，确立了中国特色社会主义道路、理论体系和制度体系，规定了国家的根本制度和根本任务，国家的领导核心和指导思想，国家的基本制度和相关体制，爱国统一战线，依法治国基本方略，民主集中制原则，尊重和保障人权原则，等等。对于这些制度和原则，我们必须长期坚持、全面贯彻、不断发展。坚持、贯彻和落实宪法的这些制度和原则，坚持依宪治国和依宪执政，有利于根据治国安邦总章程的宪法要求，从国家顶层设计和战略布局上，促进国家治理制度体系的规范化和定型化，提升国家治理能力的权威性和有效性。例如，现行宪法序言提出要“不断完善社会主义的各项制度”，这既是宪法对改革和完善国家治理制度体系的总体要求，也是宪法对推进国家治理制度现代化的根本法律依据。

国家治理现代化，最根本的是人的现代化。在人民当家做主的社会主义国家，国家治理是人民自己的事业，只有在宪法的框架下和民主法治的基础上，动员人民、依靠人民、组织人民对国家和社会实行共治和管理，才能从人民民主的本质上实现国家治理现代化。宪法是国家治理的总章程、总依据，全面贯彻实施宪法，最广泛地动员和组织人民依照宪法和法律规定，通过各级人民代表大会行使国家权力，通过各种途径和形式管理国家和社会事务，管理经济和文化事业，共同治理，共同建设，共同享有，共同发展，保证人民成为国家、社会和自己命运的主人，有利于最大限度地调动人民群众的积极性和主动性，充分发挥人民群众在国家治理和依法治国中的主体作用。

---

① 参见习近平《在首都各界纪念现行宪法公布施行30周年大会上的讲话》，人民出版社2013年版。

文明进步既是国家发展的重要目标，也是国家治理现代化的重要标志。① 推进国家治理现代化，必须加强物质文明建设，巩固社会主义的经济基础，促进先进生产力的发展；加强政治文明建设（尤其是制度文明建设），完善社会主义的上层建筑，维护国家政权的合法性和正当性；加强精神文明建设，弘扬社会主义核心价值观，繁荣和发展先进文化。我国宪法明确规定国家推动社会主义物质文明、政治文明和精神文明协调发展，并在有关条文中对我国基本的社会制度、经济制度、政治制度、文化制度，对意识形态、思想道德、公民权利义务等做出了专门规定。切实尊重和有效实施宪法，就能够在宪法的指引和保障下，积极推动国家文明进步，推进国家治理现代化。

（二）充分发挥法治的价值评判功能引领国家治理现代化

现代国家的法律不仅是行为规范体系，而且是价值评判体系，是社会主流价值的制度化体现。国家通过法治推行自由、平等、公平、正义、人权等基本价值，弘扬法治精神，传播法治理念，引领社会进步。“法治的含义不只是建立一套机构制度，也不只是制定一部宪法一套法律。法治最重要的组成部分也许是一个国家文化中体现的法治精神。”② 我国宪法规定了必须坚持中国共产党的领导、社会主义制度、国家的指导思想和人民民主专政的国体，社会主义法治理念强调必须坚持三者有机统一，从中国国情和实际出发学习借鉴人类政治文明和法治文明的一切有益成果，逐步实现工业、农业、国防、科学技术和国家治理的现代化，而绝不能照搬照抄西方资本主义的民主政治模式和法治模式。宪法和法治的这些肯定性或禁止性的要求，明确规定了国家治理的性质，指明了国家治理现代化的正确方向和发展道路。

法治崇尚民主自由、公平正义、平等诚信、人权尊严、秩序安全、幸福和平等基本价值，遵循人民主权、宪法法律至上、保障人权、制约权力、依法执政、依法行政、公正司法、全民守法等基本原则，恪守普遍性、明确性、规范

---

① 据我国学者研究，文明（civilizazion）一词产生于近代英国。18世纪初，英国合并苏格兰后，苏格兰的民法开始与英国的普通法融合起来，产生了文明这个词汇，意指法律或审判。1755年，《英国语言辞典》把文明解释为“民法专家或罗马法教授”。18世纪后半叶，启蒙思想家用文明一词来抨击中世纪的黑暗统治，赋予了文明与“野蛮”相对立的含义。由此可见，法律、私法以及司法审判的进步发展，是人类文明最重要的标志和标尺。衡量或者评价今天国家治理的现代化，离不开法治文明。

② ［美］詹姆斯·L.吉布森、［南非］阿曼达·古斯：《新生的南非民主政体对法治的支持》，《国际社会科学杂志》（中文版）1998年第2期。

性、统一性、稳定性、可预期性、可诉性等基本规律。[①] 以倡导和推行全球治理闻名于世的国际组织——全球治理委员会在《我们的全球之家》中呼吁：提高全球治理的质量，最为需要的是“共同信守全体人类都接受的核心价值，包括对生命、自由、正义和公平的尊重”。[②] 显然，全球治理倡导的核心价值与法治追求的基本价值，在许多方面是一致的。但它们有一个显著区别，即前者主要通过呼吁、倡导、舆论等道德宣传方式推行其价值理想，后者却可以通过法治的力量推进其价值目标的实现。因此，我们根据法治的基本价值、原则和规律，运用法治方式推进国家治理现代化，就能够促进国家治理的价值选择与国家法治的价值取向相一致，促进国家治理的现代化与法治化相融合，实现国家和社会的良法善治。

（三）充分发挥法治的规范功能推进国家治理现代化

法律是治国之重器，是调整社会关系的行为规范。马克思说过：“法律不是压制自由的手段，正如重力定律不是阻止运动的手段一样……恰恰相反，法律是肯定的、明确的、普遍的规范……法典就是人民自由的圣经。”[③] 规范性是法治的基本特征，它通过允许性规范、授权性规范、禁止性规范等形式，要求法律关系主体应当做什么、不应当做什么和应当怎样做，达到调整社会关系、规范社会行为、维护社会秩序的目的。

在保障和促进国家治理现代化的过程中，法治的规范功能从以下方面发挥作用：一是通过合宪性、合法性等程序和制度的实施，保证国家治理制度体系建设和治理能力提升，在宪法框架下、法治轨道上进行，防止违宪违法行为和现象发生。例如，我国法律体系中有宪法、立法法、民族区域自治法、工会法、村民委员会组织法、全民所有制工业企业法等，明确规定了中国共产党的

① 法治意义上的“可诉性”包括两方面的内容：从公民角度而言，可诉性是指当法律规定的公民权利受到侵害时，公民可以依据该法律到法院提起诉讼，依法寻求法院的权利保护和救济；从法院角度而言，可诉性是指法院可以依据法律的具体规定受理案件，并做出相应裁判。目前在我国法律体系的240多部法律中，能够被法院作为裁判依据并写入判决书的，只有40多部法律。对“可诉性”的另一种解读是：法律关系主体在认为其受到不公平不公正对待时，或认为其权利受到侵害时，可以也应当依法通过司法诉讼程序寻求救济，法院是实现法律意义上公平正义的最后一道防线。

② 转引自俞可平《论国家治理现代化》，社会科学文献出版社2014年版，第32页。

③ 马克思：《关于新闻出版自由和公布省等级会议情况的辩论》，《马克思恩格斯全集》第1卷，人民出版社1995年版，第176页。

领导地位和领导作用，① 执政党就可以依据这些法律规定，健全和完善依法执政的有关制度体系，推进依法执政的现代化。二是通过规定权利与义务、权力与责任、行为模式与行为后果以及实体法规范和程序法规范等形式，将国家治理的制度要素和制度创新确认固定下来，使之逻辑更加严谨、内容更加科学、形式更加完备、体系更加协调。三是通过严格执法、公正司法、全民守法和依法办事、依法治理、综合治理等多种途径和形式，推进宪法和法律规范的全面实施，不断提升国家治理制度体系的权威性和执行力。例如，十八届三中全会提出“把涉法涉诉信访纳入法治轨道解决，建立涉法涉诉信访依法终结制度”，就体现了运用法治方式从根本机制上治理涉法涉诉信访问题的思路。四是通过发挥法治的纠偏和矫正作用，一旦国家治理制度的某些创新偏离正确轨道，国家治理体制机制之间出现某种冲突抵触，国家治理制度体系的贯彻执行遇到某种破坏或障碍，由国家有权机关依法做出应对和处置，就能够保证国家治理现代化更加有序、更加顺利地推进。

（四）充分发挥法治的强制功能推进国家治理现代化

法律与其他社会规范的重大区别在于，法律是表现为国家意志并由国家强制力保证实施的社会行为规范，国家意志性和国家强制性是它的重要特征。在我国，法律是党的主张与人民意志相统一并通过立法程序转化为国家意志的社会行为规范，法律的执行、适用和运行，是以警察、法庭、监狱甚至军队等国家机器的强制力作为最后的保障实施手段，因此，法律关系主体如果不履行法律义务、不承担法律责任或者违反法律的相关规定，就可能受到执法司法机关以国家名义进行的制裁、惩罚或强制。②

通过发挥法治的强制功能推进国家治理的现代化，一方面，把国家治理体系中有关制度的立、改、废纳入法治轨道，借助法治的强制力量保障和推进国

① 例如，立法法第 3 条规定，“立法应当遵循宪法的基本原则……坚持中国共产党的领导”；村民委员会组织法第 4 条规定：“中国共产党在农村的基层组织，按照中国共产党章程进行工作，发挥领导核心作用，领导和支持村民委员会行使职权；依照宪法和法律，支持和保障村民开展自治活动、直接行使民主权利”；全民所有制工业企业法第 8 条规定：“中国共产党在企业中的基层组织，对党和国家的方针、政策在本企业的贯彻执行实行保证监督”。

② 王绍光教授在《国家治理与基础性国家能力》一文中，把“强制能力”视为国家治理八大基础性能力之首。“‘强制’听起来是不好听，但是国家这种人类组织跟其他人类组织最大的区别就在于它可以合法地垄断暴力，可以合法地使用强制力。这种国家强制力，对外就是必须有能力抵御外来的威胁，这就要求国家建立和维持一支常备军；对内，国家必须有能力维持国家的安宁，这就要求国家建立一支训练有素、经费充裕、纪律严明、着装整齐的专业警察。”王绍光：《国家治理与基础性国家能力》，《华中科技大学学报》（社会科学版）2014 年 3 期。

家治理制度的创制和创新，如设立国家安全委员会、设立知识产权法院、实行大部制改革、深化行政执法体制改革等；依法强制性地取消或者废除那些不合时宜、阻碍经济社会发展的体制机制，如取消收容审查制度、取消劳动教养制度、取消某些行政审批事项、减少刑法中的死刑罪名等。另一方面，全面推进严格执法和公正司法，借助国家执法、司法的强制性制度机制，保证国家治理有关制度的有效贯彻实施，增强国家治理法律制度的执行力，如依法从重从快打击恐怖暴力犯罪，贯彻落实宽严相济的刑事政策，依法查处严重违反国家法律的党员领导干部并追究其法律责任，等等。

当然，法治对于国家治理领域的介入，一要遵循“对公权力法无授权即禁止，对私权利法未禁止即自由”的原则；二要把法律规范与道德、纪律、内部规定、自治规则等其他社会行为规范区分开来；三要把法治的国家强制功能与其他社会行为规范的约束功能区别开来。代表国家意志的法治强制功能，只能在法律的范围内依法进行，而不能取代道德、纪律等其他社会行为规范的作用，更不能强制性地把其他社会行为规范全都法律化和国家意志化。

（五）充分发挥民主科学立法的功能推进国家治理现代化

亚里士多德认为，立法的本质是分配正义，它通过规定权利与义务、权力与责任、调整社会关系、配置社会资源、分配社会利益、规范社会行为等内容，实现立法的分配正义。现代民主理论则认为，立法的基本功能是人民意志的表达，行政的基本功能是人民意志的执行，司法的基本功能是人民意志的裁断，它们在宪法框架下结合起来，共同对国家和社会进行有效治理。

立善法于天下，则天下治；立善法于一国，则一国治。[①] 在我国，立法是党的主张与人民意志相统一的体现，是党的路线方针政策具体化、条文化和法律化的表现形式，是我国政治经济社会改革发展的制度化、规范化和法律化。我国立法既是党领导人民通过立法程序分配正义的过程，也是人民通过人民代表大会表达自己意志和利益诉求、实现人民当家做主的过程。立法是为全国人民立规矩、为治理国家定依据的。立法是创制国家制度体系和活动规范的发动机，是构建国家法律制度、实现国家治理制度体系现代化的主要途径和方式。因此，全面推进民主科学立法，充分发挥立法的引领和推动作用，就是国家立法机关运用立法思维和立法方式，通过立法程序和立法技术，对国家治理制度体系的创制、细化、完善和发展。

在我国法律体系已经形成和全面深化改革的新形势下，立法对于国家治理

① 王安石：《王文公文集·周公》

现代化的引领和推动作用表现为：一是创新观念，更加重视运用法治思维和法治方式，把国家治理体系和治理能力现代化纳入宪法框架和法治轨道，国家治理制度创新非但不得违反宪法和法律，而且要先变法、后改革，重大改革于法有据；国家治理行为非但不得违宪违法，而且要依法治理、依规行事、照章办事。二是更加重视把国家治理制度改革创新的重大决策同立法决策结合起来，通过立法程序使之成为国家意志和国家制度，确保改革决策的合法性和制度化。三是根据国家治理现代化的内在需要，更加重视通过综合运用立、改、废、释等立法手段，及时创制新的法律和制度，修改或废除不合时宜的法律法规，不断提升国家治理制度体系的规范性、系统性、针对性和有效性。四是更加重视加强宪法实施监督和立法监督，及时发现和纠正违宪违法的所谓“改革决策”和“制度创新”，为国家治理制度体系的健全和完善提供强有力的法治保障。

（六）充分发挥执政党依宪依法执政的功能推进国家治理现代化

推进国家治理现代化是一项艰巨复杂的系统工程，必须在党的领导下、坚持依宪执政和依法执政才能取得成功。首先，我们党牢固树立执政党的观念、强化执政党的意识，把坚持党的领导、人民当家做主和依法治国有机统一起来，增强运用宪法思维和法治方式治国理政的能力，努力提高依宪依法执政的水平，就能够从党的规章与国家制度相衔接、党的政策与国家法律相结合的角度，不断推进国家治理的制度化、法律化。其次，我们党充分发挥总揽全局、协调各方的领导核心作用，坚持依法治国基本方略和依法执政基本方式，善于通过发扬民主使党的方针政策充分反映和体现人民意志，善于使党的政策主张通过法定程序成为国家意志，善于使党组织推荐的人选成为国家政权机关的领导人员，善于通过国家政权机关实施党对国家和社会的领导，支持国家权力机关、行政机关、审判机关、检察机关依照宪法和法律独立负责、协调一致地履行职权，就能够更好维护执政党与国家政权的权威、维护执政党党章与国家宪法法律的权威、维护党的领导与法律统治的权威，从而充分体现国家治理现代化的中国特色和制度优势，不断增强国家治理体系的权威性和执行力。再次，我们党领导人民制定宪法和法律，领导人民执行宪法和法律，党在宪法和法律范围内活动，做到带头守法、廉洁奉公、率先垂范，就能够带动全社会不断提高规则意识、程序意识和责任意识，强化全社会的国家观念、制度观念和法治观念，引领全社会形成办事依法、遇事找法、解决问题用法、化解矛盾靠法的行为习惯，为推进国家治理现代化提供良好的法治环境。最后，我们党在长期的革命、建设和改革实践中，积累了政治领导、组织领导和思想领导的领导经验，探索了科学执政、民主执政、依法执政的执政经验，形成了依法治国基本方略。党坚持中国特色社会主义的理论、道路和制度自信，坚持依宪执政和依法执政，切实做到领导立法、保证执法、维护司法、带头守法，就能够运用法治思维引领国家治理现代化的理论创新，运用法治方式推进国家治理现代化的制度创新和实践创新。

习近平总书记指出："现代社会，没有法律是万万不能的，但法律也不是万能的。"① 我们高度重视发挥依法治国和法治在引领和推进国家治理现代化中的重要作用，但不能违背法治规律和法治思维过分夸大它们的作用，更不能陷入"法治万能主义"的窠臼。

三 全面推进依法治国，加快建设法治中国

党的十八大和十八届三中全会提出，要加快推进社会主义民主政治制度化、规范化、程序化，建设社会主义法治国家，发展更加广泛、更加充分、更加健全的人民民主，形成系统完备、科学规范、运行有效的制度体系，使各方面制度更加成熟更加定型；要全面推进依法治国，加快建设法治中国，到2020年全面建成小康社会时，实现依法治国基本方略全面落实、法治政府基本建成、司法公信力不断提高、人权得到切实尊重和保障、国家各项工作法治化的目标。这既是对推进国家治理现代化提出的总要求，也是对全面推进依法治国、加快建设法治中国确立的总目标。我们应当统筹依法治国与国家治理，在推进国家治理现代化的进程中，努力达成建设法治中国的总目标；在全面推进依法治国、加快建设法治中国的进程中，全面推进和实现国家治理的现代化。

（一）强化法治权威和良法善治，推进国家治理法治化

法治权威是指法律及其制度运行在整个社会调整机制和全部社会规范体系中居于主导和至高地位，任何公权力主体都在宪法和法律范围内活动，任何人都没有超越宪法和法律的特权。美国著名思想家潘恩在《常识》一书中说："在专制政府中国王便是法律……在自由国家中法律便应该成为国王。"② 宪法和法律至上，是当代法治权威的集中体现。党的十八大强调要"更加注重发挥法治在国家治理和社会管理中的重要作用，维护国家法制统一、尊严、权

① 习近平总书记2013年2月在第十八届中央政治局第二次集体学习时的讲话。

② ［美］潘恩：《潘恩选集》，马清槐等译，商务印书馆1981年版，第35页以下。

威”。我国宪法和法律是党的主张与人民意志相统一的体现，具有至高的地位和权威，因此，维护宪法和法律的权威、强化法治权威，就是维护和强化人民权威、执政党权威和国家权威的集中体现，是推进国家治理法治化的必然要求。

法治是国家治理的关键，法治化是国家治理现代化的核心。国家治理法治化，是指宪法和法律成为国家和公共治理的最高权威和主要依据，宪法和法律在国家政治生活、经济生活和社会生活中得到切实贯彻实施。国家治理法治化包括许多方面的内容和要求，但从国家治理体系和国家治理能力这两个方面相结合的角度来理解，国家治理法治化的要义，就是良法善治。正如亚里士多德所言：“我们应该注意到邦国虽有良法，要是人民不能全都遵循，仍然不能实现法治。法治应该包含两重意义：已成立的法律获得普遍的服从，而大家所服从的法律又应该是本身制定得良好的法律。”①

用现代政治学的话语来表述，“良法”就是党领导人民管理国家、治理社会的一整套系统完备、科学规范、运行有效、成熟定型的制度体系，其中主要是法律制度体系；“善治”就是运用国家法律和制度管理国家、治理社会各方面事务的能力、过程和结果。推进国家治理法治化，必须强化良法善治。

良法是善治的前提与基础。国家若善治，须先有良法。习近平总书记说：“不是什么法都能治国，不是什么法都能治好国”，② 就是要求应当以系统完备、科学规范、运行有效的良法治理国家和社会。创制良法就是国家制定和形成一整套系统完备科学有效的制度体系，尤其是法律制度体系。国家治理法治化所倡导的法治基本价值，是评价法“良”与否的重要尺度，是创制良法体系的价值追求和实现良法善治的伦理导向。“良法”对立法的要求和评判，主要包括以下五个方面：一是立法应当具有良善的正当价值取向，符合正义、公平、自由、平等、民主、人权、秩序、安全等价值标准；二是立法应当是民意的汇集和表达，立法能否充分保障人民参与并表达自己的意见，能否体现人民的整体意志和维护人民的根本利益，是评价立法“良”与“恶”的一个重要标准；三是立法程序应当科学与民主，良法的生产应当通过科学民主的立法程序来保障和实现；四是立法应当符合经济社会关系发展的实际，具有针对性、可实施性和可操作性；五是立法应当具有整体协调性和内在统一性，不能自相矛盾。

善治是良法的有效贯彻实施，是国家治理的最终目标。政治学意义上的

① ［古希腊］亚里士多德：《政治学》，吴寿彭译，商务印书馆 1981 年版，第 199 页。

② 习近平总书记 2013 年 2 月在第十八届中央政治局第二次集体学习时的讲话。

“善治”包括十个要素：一是合法性；二是法治；三是透明性；四是责任性，即管理者应当对自己的行为负责；五是回应，即公共管理人员和管理机构必须对公民的要求作出及时和负责的反应；六是有效；七是参与，即公民广泛的政治参与和社会参与；八是稳定；九是廉洁；十是公正。①

法学意义上的“善治”，就是要把制定良好的宪法和法律付诸实施，把表现为法律规范的各种制度执行运行好，公正、合理、高效、及时地用于治国理政，通过法治卓有成效的运行实现“良法”的价值追求。由于人民是国家的主人、社会的主体，因此善治首先是人民多数人的统治，而绝不是少数人的专制，善治主要是制度之治、规则之治、法律之治，而绝不是人治。

通过良法善治推进国家治理法治化，必须弘扬法治精神，维护法治权威，强化国家治理的合宪性、合法性，坚持科学立法、严格执法、公正司法、全民守法，坚持法律面前人人平等，切实做到有法可依、有法必依、执法必严、违法必究。

（二）加强人民代表大会制度建设，推进国家治理民主化

国家治理民主化，是指“公共治理和制度安排都必须保障主权在民或人民当家作主，所有公共政策都要从根本上体现人民的意志和人民的主体地位”。② 美国斯坦福大学高级研究员福山指出：“当下的一个正统观点就是，民主与善治之间存在着相互促进的关系。”③ 善治离不开民主，离不开公民和社会组织广泛平等的政治参与和社会参与。

人民民主是社会主义的生命，是依法治国和国家治理现代化的本质特征。人民代表大会制度是人民当家做主，行使民主权利管理国家和社会事务、管理经济和文化事业的根本制度平台，是推进国家治理现代化的根本制度基础，是全面推进依法治国的根本制度保障。邓小平说，没有民主就没有社会主义，就没有社会主义的现代化。④ 推进国家治理现代化，必须推进国家治理的民主化，始终不渝地坚持、加强和完善人民代表大会制度。

在推进国家治理民主化的背景下加强人民代表大会制度建设，应当着力研究解决以下问题：一是积极探索坚持党的领导、人民当家做主和依法治国

---

① 参见俞可平《论国家治理现代化》，社会科学文献出版社 2014 年版，第 59 页以下。

② 俞可平：《衡量国家治理体系现代化的基本标准》，《北京日报》2013 年 12 月 9 日。

③ ［美］弗朗西斯·福山：《什么是治理》，刘燕等译，载俞可平主编《中国治理评论》第 4 辑，中央编译出版社 2013 年版，第 5 页。

④ 《邓小平文选》第 2 卷，人民出版社 1994 年版，第 168 页。

有机统一的规范化、制度化和法律化，把三者有机统一到宪法和人民代表大会制度的宪制平台上，纳入国家治理的根本政治制度体系，用宪法和人大制度保证国家治理现代化沿着中国特色社会主义民主政治发展道路顺利推进；二是坚持和维护人民当家做主的主体地位，全面落实人民代表大会作为最高国家权力机关的宪法权力、宪法职能和宪法地位，从根本政治制度的建设上加强和推进国家治理体系现代化；三是进一步强化和提高国家权力机关及其代表行使立法权、重大事项决定权、人事任免权和监督权的权力能力（权利能力）和行为能力，使各级人大及其常委会和人大代表有权、有能、有责，能够在依法治国和国家治理中发挥应有作用；四是根据推进国家治理民主化的新要求，在人大制度建设中兼顾民主与效率的平衡，统筹民主立法与科学立法的要求，进一步健全和完善人大的会期制度、集会制度、开会制度、公开制度、表决制度、听证制度、旁听制度、询问制度、质询制度、调查制度、立法助理制度等制度建设。

（三）完善我国法律体系，为形成系统完备、科学规范、运行有效的国家制度体系提供法律制度支持

法治是人类文明进步的标志。法律是国家治理制度的规范化、程序化和定型化的载体，国家在各方面各层次的制度体制是法律的主要内容。从国家治理的角度看，法律制度的完备程度反映着执政党依法执政的能力，国家政权的领导力、凝聚力和治理力。国家立法越发展，法律体系越完善，国家治理制度体系就越完备、越规范、越成熟。在我国，中国特色社会主义法律体系的如期形成，标志着国家经济建设、政治建设、文化建设、社会建设以及生态文明建设的各个方面实现了有法可依，意味着国家治理的各个主要方面已经有制度可用、有法律可依、有规章可遵、有程序可循，表明以宪法为核心、以法律体系为基础的国家治理制度体系已经形成，体现了国家治理制度体系的基本成熟和定型。

完善中国特色社会主义法律体系，是十八大和十八届三中全会对立法工作提出的一项重要任务，也是推进国家治理制度体系现代化的必然要求。在推进法治中国建设和国家治理现代化的新形势下，完善我国法律体系，应当在加强人民代表大会制度建设的基础上和过程中，进一步坚持科学立法，全面推进民主立法，创新立法理论，更新立法观念，转变立法模式，调整立法机制，完善立法程序，改进立法技术，推广立法评估，强化立法监督，不断提高立法质量和水平，为形成系统完备、科学规范、运行有效、成熟定型的现代化国家制度体系，提供强有力的立法保障和法律制度支持。

（四）加强宪法和法律实施，提高国家依法治理能力

宪法和法律的权威在于实施，宪法和法律的生命也在于实施。宪法和法律的良好实施是国家治理现代化的基本内容和重要标志。我国宪法和法律对国家治理及其现代化的各项要求和各个方面，大都有相关规定，有些规定和内容还相当详细完备。因此，宪法和法律的良好实施，实质上就是国家治理制度体系的有效运行和贯彻执行；执政党和国家保障宪法和法律实施的能力，实质上就是国家治理能力的综合体现。习近平总书记指出："法律的生命在于实施，如果有了法律而不实施，或者实施不力，搞得有法不依、执法不严、违法不究，那制定再多的法律也无济于事"，"有了法律而不能有效实施，那再多法律也是一纸空文，依法治国就会成为一句空话"；"制度的生命力在执行，有了制度没有严格执行就会形成破窗效应"。① 推进国家治理能力的现代化，首要的是提高依宪治国、依法治国和国家依法治理的能力，提高实施宪法和法律、执行各项制度的能力和水平。应当更加重视宪法和法律的实施，努力把纸面的法律变为现实中的法律，把法律条文中的制度变为社会生活中的行动，通过法治方式和法律实施不断提高国家依法治理的能力和水平。

提高国家依法治理能力，进一步健全宪法实施监督机制和程序，把全面贯彻实施宪法提高到一个新水平，除认真落实十八届三中全会的有关改革部署外，还应考虑以下问题：进一步加强党中央对宪法实施的领导和统筹协调，加强党对立法工作的领导和统筹规划；通过完善立法来推进宪法实施；建立法律解释和宪法解释同步推进机制；在全国人大常委会年度工作报告中增加宪法实施情况的内容；完善对法律法规合宪性和合法性的审查机制；建立和完善对党内规章制度合宪性和合法性的审查机制；加强对宪法修改完善和设立宪法监督委员会的理论研究。

（五）推行法治建设指标体系，提高国家依法治理效能

福山在《什么是治理》中提出，治理是"政府制定和实施规则以及提供服务的能力"，② 而治理或者善治是需要测量的，他提出应当从程序、能力、产出和官僚体系自主性四个方面测量国家治理质量。世界银行负责的"世界治理指标"，联合国开发署负责的"治理指标项目"，美国律师协会等律师组

---

① 转引自张文显《法治中国建设的重大任务》，《法制日报》2014 年 6 月 11 日。

② ［美］弗朗西斯·福山：《什么是治理》，刘燕等译，载俞可平主编《中国治理评论》第 4 辑，中央编译出版社 2013 年版，第 5 页。

织发起的“世界正义工程”均认为，国家治理必须是可以量化测量的，未经量化的治理不是科学的治理，量化治理的程度决定着国家治理的现代化水平。

党的十八届三中全会提出，建立科学的法治建设指标体系和考核标准。应当从我国国情和实际出发，根据全面推进依法治国和国家治理现代化的要求，设计一套法治建设指标体系，用以科学量化地评估我国法治建设和国家治理现代化的成效。可将国家治理现代化分为国家治理体系、国家治理能力和国家治理成本三个基本部分。在国家治理体系部分，将宪法规范、法律体系、国家制度、相关体制等制度体系的系统完备、科学规范、运行有效、成熟定型等设计为具体评价指标。在国家治理能力部分，将执政党依法执政能力、人民当家做主能力、行政机关依法行政能力、司法机关公正司法能力，以及公权力主体实施宪法法律和规章制度的能力、治党治国治军的能力、内政外交国防的能力、改革发展稳定的能力等设计为具体评价指标。在国家治理成本部分，将税收负担、资源消耗、立法成本、执法成本、司法成本、维稳成本、风险成本、试错成本、运行成本、反腐成本等设计为具体评价指标。通过一整套科学合理的法治“GDP”指数，[①] 使依法治国和国家治理现代化的质量可以实际测量，具体评估。

（六）在加快建设法治中国进程中推进国家治理现代化

法治中国是人类法治文明在当代中国的重大实践和创新发展，是传承复兴中华法文化优秀传统的历史新起点，是中国特色社会主义和中国梦的重要组成部分，是推进国家治理现代化和法治化的重要内容，是对改革开放以来法治建设“有法可依、有法必依、执法必严、违法必究”基本方针以及依法治国、建设社会主义法治国家基本方略的全面继承、战略升级和重大发展。

建设法治中国，必须坚持法治文明普遍原理与走中国特色社会主义民主法治发展道路相结合，坚持党的领导、人民当家做主和依法治国有机统一，坚持依法治国与推进国家治理现代化相辅相成，坚持科学立法、严格执法、公正司法和全民守法全面发展，坚持依法治国、依法执政、依法行政共同推进，法治国家、法治政府、法治社会一体建设，切实维护宪法和法律权威，有效规范和制约权力，充分尊重和保障人权，依法实现社会公平正义。

---

① 近年来，马怀德教授常常在媒体上宣传“法治 GDP”的观点，认为“法治 GDP”比“经济 GDP”更重要，呼吁设立“法治 GDP”推动行政法治，用“法治 GDP”考量政府绩效等。有些地方如深圳市、无锡市、昆明市、成都市、杭州市余杭区等，也在探索本地法治建设的量化评价指数。俞可平教授主持的“中国国家治理评价指标体系”和“中国社会治理评价指标体系”，应松年、马怀德教授主持的“中国法治政府奖”评选等，均取得了积极成效。

建设法治中国，应当积极稳妥深化法制改革，着力解决立法不当、执法不严、司法不公、守法无序、法治疲软等法治建设存在的主要问题，全面推进依法治国，加快建设社会主义法治国家，从法律体系走向法治体系，从法律大国走向法治强国，争取到2020年全面建成小康社会时，基本建成法治中国，到2049年中华人民共和国成立一百周年时，整体建成法治中国。

努力推进国家治理体系和治理能力现代化

莫纪宏①

摘　要　本文从分析中国共产党历代领导集体对“现代化”概念的认识入手，结合党的十三大到十八大报告关于“现代化”问题的论述，指出“现代化”一直是中国共产党的执政理念和奋斗目标。由于历史阶段不同，中国共产党对“现代化”内涵和实现现代化的要求和途径的认识也是不断发展的。从最初以工业、农业、科学技术和国防现代化为内涵的体现国家硬实力现代化要求的“四个现代化”逐步发展到以“国家现代化”为主要目标的整体意义上的“现代化强国”，其中，党的十八届三中全会通过的《决定》提出的“推进国家治理体系和治理能力现代化”更是从提升国家软实力现代化水平的角度，极大地丰富和完善了具有中国特色的社会主义现代化理论。本文指出，由于国家软实力的现代化主要指国家管理活动的现代化，涉及制度建设和人本身的现代化，因此，反映了治国理政现代化特征的“法治化”应当是“国家治理体系和治理能力现代化”的应有之义和主要内涵。国家治理体系和治理能力法治化是国家治理体系和治理能力现代化的重要成果和重要标志，没有法治化就没有现代化。与此同时，本文没有将国家治理体系和治理能力现代化简单地等同于国家治理体系和治理能力法治化，而是从国家治理的结构和特征出发，主张国家治理体系和治理能力现代化还应当包括法治化之外的其他要求，包括制度现代化、政策现代化、“五个文明建设一起抓”，将综合治理、系统治理、源头治理和依法治理有机地结合起来，才能从宏观和总体上科学有序地推进国家治理体系和治理能力现代化的建设进程。

关键词　国家治理体系和治理能力现代化　国家现代化　四个现

---

① 中国社会科学院法学研究所副所长、研究员。

代化 国家硬实力现代化 国家软实力现代化 国家治理体系和治理能力法治化 综合治理 系统治理

2013年11月12日中国共产党第十八届中央委员会第三次全体会议通过的《中共中央关于全面深化改革若干重大问题的决定》(以下简称《决定》)规定:"全面深化改革的总目标是完善和发展中国特色社会主义制度,推进国家治理体系和治理能力现代化。"《决定》从全面深化改革的总目标的高度首次提出"国家治理体系和治理能力现代化",为下一步全面深化改革指明了具体的奋斗目标和发展方向。

党的十八大以来,以习近平为总书记的党中央高瞻远瞩,在全面完善和发展中国特色社会主义理论体系的过程中,以实现"中国梦"为依托,围绕着社会主义现代化这一时代主题,提出了"推进国家治理体系和治理能力现代化"的治国理政的新要求、新思路,旨在全面深化各项制度改革,通过扎扎实实的努力,全面和有效地实现"两个一百年"的现代化发展战略目标。

推进国家治理体系和治理能力现代化,是基于上层建筑必须始终与经济基础保持协调和同步发展的马克思主义社会发展观提出的建设社会主义现代化国家所面临的新课题,是社会主义建设理论的重要命题,也是社会主义制度建设的首要任务。作为全面深化改革的总目标,国家治理体系和治理能力现代化是马克思主义国家治理理论中国化的具体和生动体现。当前和今后一段时间,创造性地构建关于国家治理体系和治理能力现代化的科学理论体系,及时和有效地将国家治理体系和治理能力现代化理论转化为治国理政的具体实践,是全党和全国各族人民在实现"中国梦"的道路上所必须担当的一项重要历史使命,是关系到全面深化改革事业和中华民族伟大复兴事业是否能够取得圆满成功的关键所在。为此,必须团结一心、勤奋进取、努力开拓,充分调动各个方面的积极性,全面实现社会主义现代化国家的各项战略目标。

一 推进国家治理体系和治理能力现代化是社会主义现代化建设事业不断发展的客观需要

现代化作为人类社会发展的历史进程,它反映了人类社会从自给自足的自然经济基础上的传统农业社会向发达的市场经济基础上的现代工业社会发展和过渡的历史巨变特征。它是一种具有全球化特征的时代发展趋势,也是世界各国、各地区经济和社会发展的必由之路。现代化概念既有时代性,又有相对性。现代化的时代性充分表现为人类社会进入工业革命时代后所形成的一系列思想意识形态、制度规范和价值观；现代化的相对性突出体现了先进国家与后发国家在政治、经济、文化和社会文明领域发展中存在的价值和制度差异[①]。

实现民族复兴和国家现代化是自始至终伴随着中国共产党领导的新民主主义革命、社会主义革命和社会主义建设的重要历史使命，是中国共产党作为马克思主义政党领导全体中国人民探索民族自强、国家独立、社会发展和人民安居乐业的行动纲领。早在新民主主义革命时期，中国共产党第一代领导集体就已经明确提出了未来新民主主义国家的现代化目标。1945 年，毛泽东同志在《论联合政府》[②] 中就明确指出："中国工人阶级的任务，不但是为着建立新民主主义的国家而奋斗，而且是为着中国的工业化和农业近代化而斗争。"[③] 这是中共第一代领导人首次提出工业化和农业近代化这个未来新民主主义国家的经济建设大远景。

新中国建立以后，现代化一直是社会主义建设的奋斗目标。早在建国前夕召开的党的七届二中全会上的讲话中，毛泽东同志提出了"由落后的农业国变成了先进的工业国"的奋斗目标[④]。改变落后的"农业国"，建成先进的"工业国"，是毛泽东同志这一时期对国家建设目标的表达方式。1954 年 6 月 14 日，毛泽东同志在《关于中华人民共和国宪法草案》的讲话中说："我们是一个六亿人口的大国，要实现社会主义工业化，要实现农业的社会主义化，机械化。"[⑤] 这个提法比过去又前进了一步。同年 10 月 18 日，在国防委员会第一次会议上的讲话中，毛泽东同志第一次把工业、农业、文化、军事并提。他说："我们现在工业、农业、文化、军事还都不行，帝国主义估量你只有那么一点东西，就来欺负我们。"[⑥] 这是"四个现代化"提法最初的雏形。1957 年 3 月，在中国共产党全国宣传工作会议上的讲话中，毛泽东同志提出了"三个现代化"的概念。毛泽东同志指出："我们一定会建设一个现代工业、

① 现代性是一个意义复杂的哲学概念，它蕴含着革命性、创造性的正面价值，又蕴含着破坏性、压迫性的负面影响。后发国家发挥现代性的正面价值，在推动国家现代化的过程中取得了巨大成就，但也出现了诸多贬低人、漠视人的现象。因此，实现现代性发展的人本转向，体现对物的价值追求与对人的价值追求的统一，是现代社会发展的基本趋向。参见赖金茂《论后发国家现代性发展的困境及其人本转向》，《时代人物》2008 年第 7 期。

② 《论联合政府》是毛泽东同志 1945 年 4 月 24 日在中国共产党第七次全国代表大会上作的政治报告。

③ 《毛泽东选集》第 3 卷，人民出版社 1991 年 6 月第 2 版，第 1081 页。

④ 《毛泽东选集》第 4 卷，人民出版社 1991 年 6 月第 2 版，第 1433 页。

⑤ 《毛泽东文集》第 6 卷，人民出版社 1999 年版，第 329 页。

⑥ 同上书，第 357 页。

现代农业和现代科学文化的社会主义国家。”① 1959年末至1960年初，在阅读苏联《政治经济学教科书》笔记中，毛泽东同志对“三个现代化”的提法作了完善和补充。他说：“建设社会主义，原来要求是工业现代化，农业现代化，科学文化现代化，现在要加上国防现代化。”② 1964年12月在第三届全国人民代表大会第一次会议上，周恩来总理根据毛泽东主席的建议，在《政府工作报告》中首次提出：在20世纪内，把中国建设成为一个具有现代农业、现代工业、现代国防和现代科学技术的社会主义强国，并宣布了实现四个现代化目标的“两步走”设想。第一步是用15年时间，建立一个独立的、比较完整的工业体系和国民经济体系，使中国工业大体接近世界先进水平；第二步是力争在20世纪末，使中国工业走在世界前列，全面实现农业、工业、国防和科学技术的现代化。在1975年召开的第四届全国人民代表大会第一次会议上，周恩来总理在《政府工作报告》中再次明确宣布：“要在本世纪末，实现工业、农业、科学技术和国防现代化。”1976—1978年，时任中共最高领导人的华国锋同志在讲话中多次提及将实现四个现代化作为拨乱反正、继往开来的社会主义新长征的重要任务。实现“四个现代化”成为拨乱反正和改革开放初期鼓舞中国亿万人民团结一致的奋斗目标和精神动力。中国改革开放的总设计师邓小平同志在会见外宾的谈话中就中国社会主义现代化问题的来龙去脉曾明确地指出：“我们现在讲的四个现代化，实际上是毛主席提出来的，是周总理在他的政府工作报告里讲出来的。”③ 1979年12月6日，邓小平在与日本首相大平正芳会谈时，把四个现代化的具体目标表述为：到二十世纪末，争取国民生产总值达到人均1000美元，实现小康水平。

为了全面和系统地构建社会主义现代化理论，为“四个现代化”提供有效的制度保障，1982年五届人大五次会议通过的《中华人民共和国宪法》将“现代化建设”提到了国家根本任务的高度，并在序言中明确规定：今后国家的根本任务是集中力量进行社会主义现代化建设。逐步实现工业、农业、国防和科学技术的现代化。宪法修改委员会副主任彭真在《关于修改中华人民共和国宪法草案的报告》中对将“现代化建设”作为国家根本任务写入作为国家根本法的宪法中的重要意义作了非常明确的说明。彭真副主任指出，拨乱反正的一项重大战略方针，就是把国家的工作重点坚决转移到社会主义现代化经济建设上来。一切工作都要围绕这个重点，为这个重点服务。国家的巩固强

① 《毛泽东文集》第7卷，人民出版社1999年版，第268页。
② 《毛泽东文集》第8卷，人民出版社1999年版，第116页。
③ 《邓小平文选》第2卷，人民出版社1994年版，第311—312页。

盛，社会的安定繁荣，人民物质文化生活的改善提高，最终都取决于生产的发展，取决于现代化建设的成功。今后必须坚定不移地贯彻执行这个战略方针，除非敌人大规模入侵；即使那时，也必须进行为战争所需要和实际可能的经济建设。把这个方针记载在宪法中，是十分必要的。

自 1982 年宪法将工业、农业、国防和科学技术“四个现代化”作为国家根本任务写入宪法条文之后，以“四个现代化”为时代主题的社会主义现代化事业，在理论和实践两个方面，都得到了前所未有的蓬勃发展。现代化的目标日渐清晰、现代化的范围不断拓展、现代化的要求逐步提高，社会主义现代化事业从物质文明领域不断向精神文明领域渗透，一步一个脚印，踏踏实实地稳步推进，逐渐形成“五个文明”一起抓的现代化总体发展布局，现代化事业在“中国梦”的旗帜下正成为新时期全党和全国各族人民汇聚共识、齐心协力、共同奋斗的理论源泉和凝聚人心、激发活力、勇于创造的精神动力。

回顾 1982 年现行宪法将“四个现代化”作为国家根本任务写入宪法文本后我国社会主义现代化事业在理论和实践两个方面的发展历史，我们在社会主义现代化建设方面取得的每一项成就都是与执政党的现代化政策的及时调整、深化、丰富和正确指引分不开的。

党的十三大在分析我国现阶段具体国情的基础上，对实现社会主义现代化的具体目标作了适当地调整，明确地提出了社会主义初级阶段的理论。十三大报告指出：清醒地认识基本国情，认识我国社会主义所处的历史阶段，是极端重要的问题。那么，我国社会主义的初级阶段，是一个什么样的历史阶段呢？它不是泛指任何国家进入社会主义都会经历的起始阶段，而是特指我国在生产力落后、商品经济不发达条件下建设社会主义必然要经历的特定阶段。我国从五十年代生产资料私有制的社会主义改造基本完成，到社会主义现代化的基本实现，至少需要上百年时间，都属于社会主义初级阶段。这个阶段，既不同于社会主义经济基础尚未奠定的过渡时期，又不同于已经实现社会主义现代化的阶段。我们在现阶段所面临的主要矛盾，是人民日益增长的物质文化需要同落后的社会生产之间的矛盾。阶级斗争在一定范围内还会长期存在，但已经不是主要矛盾。为了解决现阶段的主要矛盾，就必须大力发展商品经济，提高劳动生产率，逐步实现工业、农业、国防和科学技术的现代化，并且为此而改革生产关系和上层建筑中不适应生产力发展的部分。十三大报告为社会主义现代化的实现提出了具体的时间表和实现方式的要求。也就是说，从 50 年代生产资料私有制的社会主义改造基本完成，到社会主义现代化的基本实现，至少需要上百年时间。根据党的十三大报告关于基本实现社会主义现代化的时间安排，从 20 世纪 50 年代经过 100 年，也就是说，在中华人民共和国成立一百周年的时候，才能基本实现社会主义现代化的目标。并且，作为社会主义现代化的具体目标，工业、农业、国家和科学技术“四个现代化”是“逐步实现”的，不可能一蹴而就。

党的十四大在确立社会主义市场经济体制的同时，对于实现社会主义现代化事业的具体路线图也做了集中性阐述，并首次提出了基本实现社会主义现代化的“两个一百年”的分步骤实施战略。十四大报告提出：“要把人员精简同提高工作效率和发展社会生产力结合起来，既改善机关人员结构，提高人员素质，又使大批人才转移到第三产业和其他需要加强的工作岗位上去，成为现代化建设的生力军。”同时，十四大报告对社会主义现代化的内涵有了更深刻的认识，提出了社会主义现代化物质文明与精神文明相对应的两个方面的现代化要求。十四大报告指出：学习要联系实际，要精，要管用。通过学习，使广大党员干部坚定社会主义、共产主义信念，不断提高政治素质和解决实际问题的能力，使精神力量变为加快改革开放和现代化建设的巨大物质力量。此外，十四大报告在总结建国后从20世纪50年代初就提出的社会主义现代化各项要求的基础上，提出了“两个一百年”分步走的战略思想。十四大报告指出：从现在起到下个世纪中叶，对于祖国的繁荣昌盛和社会主义事业的兴旺发达，是很重要很宝贵的时期。我们的担子重，责任大。在90年代，我们要初步建立起新的经济体制，实现达到小康水平的第二步发展目标。再经过二十年的努力，到建党一百周年的时候，我们将在各方面形成一整套更加成熟更加定型的制度。在这样的基础上，到下世纪中叶建国一百周年的时候，就能够达到第三步发展目标，基本实现社会主义现代化。

党的十五大在确立“邓小平理论”指导思想地位的同时，对于如何克服现代化建设中的困难，如何进一步坚定实现社会主义现代化的信心作了深入地阐述。十五大报告指出：近二十年改革开放和现代化建设取得成功的根本原因之一，就是克服了那些超越阶段的错误观念和政策，又抵制了抛弃社会主义基本制度的错误主张。十五大报告还对实现社会主义现代化的途径作了策略上的要求，报告强调：我国是人口众多、资源相对不足的国家，在现代化建设中必须实施可持续发展战略。可见，党的十五大报告对社会主义现代化建设事业采取了更加务实的态度。

党的十六大对社会主义现代化建设事业的理论贡献就是强调要用“三个代表”重要思想来指导社会主义现代化建设。十六大报告指出：全党必须在思想上不断有新解放，理论上不断有新发展，实践上不断有新创造，把“三个代表”重要思想贯彻到社会主义现代化建设的各个领域，体现在党的建设的各个方面，使我们党始终与时代发展同步伐，与人民群众共命运。

党的十七大进一步深化了对社会主义现代化目标的认识，在工业、农业、国防和科学技术“四个现代化”的目标的基础上，首次明确了“国家现代化”的要求。十七大报告强调：改革开放是党在新的时代条件下带领人民进行的新的伟大革命，目的就是要解放和发展社会生产力，实现国家现代化，让中国人民富裕起来，振兴伟大的中华民族，并明确提出了“建设富强民主文明和谐的社会主义现代化国家”的宏伟目标。

党的十八大将社会主义现代化目标与中华民族的伟大复兴事业紧密地结合起来，进一步拓展和丰富了社会主义现代化的理论内涵和制度实践。十八大报告指出：建设中国特色社会主义，总依据是社会主义初级阶段，总布局是五位一体，总任务是实现社会主义现代化和中华民族伟大复兴。与此同时，党的十八大对社会主义现代化既定目标的实现充满了信心，表现了前所未有的自信。十八大报告强调：只要我们胸怀理想、坚定信念，不动摇、不懈怠、不折腾，顽强奋斗、艰苦奋斗、不懈奋斗，就一定能在中国共产党成立一百年时全面建成小康社会，就一定能在新中国成立一百年时建成富强民主文明和谐的社会主义现代化国家。全党要坚定这样的道路自信、理论自信、制度自信！

从1982年现行宪法将工业、农业、国防和科学技术“四个现代化”写入宪法，成为新时期社会主义建设事业的一项重要使命，到党的十八大进一步肯定和确认社会主义现代化的重要意义以及对到建国一百年时建成富强民主文明和谐的社会主义现代化国家充满必胜的信念，短短的三十年间，我国的社会主义建设事业在社会主义现代化目标的指引下，扎扎实实、一步一个脚印地向前推进，取得了一个又一个令人赞叹的建设现代化的阶段性成就。我们有理由相信，在中国共产党的正确领导下，依靠全党和全国各族人民的奋斗和努力，到建国一百年时，一定能够基本实现社会主义现代化国家的宏观蓝图。

为了进一步推进社会主义现代化建设事业不断稳步有效地向前发展，《中共中央关于全面深化改革若干重大问题的决定》明确提出“国家治理体系和治理能力现代化”的要求，这是对建国以来我国现代化理论和现代化建设国策的继承和发展。一方面，“国家治理体系和治理能力现代化”是以“现代化”的要求来衡量“国家治理体系和国家治理能力”的，属于“现代化”的基本范畴；另一方面，“国家治理体系和治理能力现代化”是对以往“工业、农业、国防和科学技术现代化”的完善和发展，是对“社会主义现代化国家”内涵的不断补充、丰富和完善。它不仅强调了“工业、农业、国防和科学技术”等国家硬实力的“现代化”，更重要的是提出了“国家治理体系和治理能力”国家软实力的“现代化”，是从马克思主义的历史唯物主义和辩证唯物主义的高度对社会经济基础和上层建筑之间的辩证关系提出的协调发展和同步现代化的战略构想。《决定》通过明确“国家治理体系和治理能力现代化”对社会主义现代化理论做出了全新的发展。《决定》对社会主义现代化最大的理论贡献是提出了“整体现代化”以及“同步现代化”的战略思想，为最终建成“社会主义现代化国家”提供了全面和系统的理论依据。至此，我国社会主义现代化的路线图逐步清晰明朗，实现了从工业、农业、国防和科学技术“四个现代化”向社会主义现代化国家的总体现代化目标的跨越。同时，《决定》又通过提出“推进国家治理体系和治理能力现代化”，为最终建成“社会主义现代化国家”提供了赖以实现的基本制度条件的保障，进一步增强了“社会主义现代化国家”宏伟目标如期实现的制度可能性，丰富和完善了社会主义现代化理论体系的内涵，有力地促进社会主义现代化实践稳步地向前推进。

二 推进国家治理体系和治理能力现代化是全面实现社会主义现代化国家奋斗目标的重要保证

《决定》第一次明确提出了“国家治理体系和治理能力现代化”的概念，其中“国家治理体系”、“国家治理能力”以及“国家治理体系和治理能力现代化”三个重要术语在以往的政策文件和法律规范中都没有单独出现过。如何从理论上准确地把握它们各自的内涵和特征①以及将三者有机地统一起来，是贯彻落实《决定》关于“推进国家治理体系和治理能力现代化”的一项重要的理论任务。

习近平总书记在十八届三中全会第二次全体会议上的讲话中指出：国家治理体系和治理能力是一个国家制度和制度执行能力的集中体现。国家治理体系是在党的领导下管理国家的制度体系，包括经济、政治、文化、社会、生态文明和党的建设的各领域体制机制、法律法规安排；国家治理能力则是运用国家制度管理社会各方面事务的能力，包括改革发展稳定、内政外交国防、治党治国治军等各个方面。国家治理体系和治理能力是一个有机整体，相辅相成，有

① 治理一词，是近年来在学界开始流行的社会学、政治学和法学流行术语。但对治理概念内涵的理解却众说纷纭。《维基百科》定义“治理”（governance）为：“决策过程及执行（或不执行）决策过程”（From Wikipedia，the free encyclopedia，Cf. http：//en. wikipedia. org/wiki/Good_ governance.）。从逻辑上来看，治理一词与“统治”和“管理”有密切的联系。治理区别于“统治”的基本特征是“统治”（government）一词强调的是服从与被服从的社会关系形态，治理更注重社会关系中的主体互动。与“管理”（adminstration）不同的是，治理不仅仅包括了“管理”（也就是政策的执行或不执行），也包括了决策过程本身。

了好的国家治理体系才能提高治理能力，提高国家治理能力才能充分发挥国家治理体系的效能，从国家治理体系和治理能力的基本性质来看，属于社会上层建筑的管理范畴，因此，如何采取切实有效的手段推进国家管理的全面现代化是国家治理体系和治理能力现代化的重要的制度基础和实践依据，是适应社会经济基础的要求不断推进社会上层建筑健康发展的内在动力。习近平总书记上述讲话精神非常清晰地指明了“国家治理体系”、“国家治理能力”和“国家治理体系和治理能力现代化”的性质、核心内涵及其重要意义。

“国家治理体系和治理能力现代化”归根结底是国家管理的全面现代化，它要求在党的领导下依法建立完善的管理国家的制度体系，全面提升运用国家制度管理社会各方面事务的能力。“国家治理体系和治理能力现代化”是基于马克思主义关于经济基础与上层建筑相互辩证关系的原理结合当代中国社会主义现代化建设的实践提出的集手段与目标于一体的社会和国家发展战略，是实现“中国梦”和中华民族伟大复兴的重大社会建设和国家管理工程。它的核心价值要求就是通过国家管理的全面现代化，为工业、农业、国防和科学技术“四个现代化”的实现提供良好的制度保障环境，并通过国家管理的现代化来提高中国参与国际竞争的软实力，为实现“走出去”战略提供可靠的制度实践，为全面实现“两个一百年”的奋斗目标和基本建成社会主义现代化国家奠定坚实的制度基础。

党的十七大报告明确提出了“建设富强民主文明和谐的社会主义现代化国家”的宏伟目标。建设社会主义现代化国家是中国人民在中国共产党的领导下建设社会主义事业的伟大实践。在中国共产党领导下，立足基本国情，以经济建设为中心，坚持四项基本原则，坚持改革开放，解放和发展社会生产力，建设社会主义市场经济、社会主义民主政治、社会主义先进文化、社会主义和谐社会、社会主义生态文明，促进人的全面发展，逐步实现全体人民共同富裕。社会主义现代化是“国家现代化”，是社会生产力、社会基本制度以及国家综合竞争力的全面现代化。“国家现代化”包括了国家生活和社会生活的所有领域，其中“文明”是衡量现代化的重要标准。党的十八大明确提出了经济、政治、文化、社会和生态“五个文明”一起抓的发展战略，是对工业、农业、国防和科学技术“四个现代化”的继承和发展，其中，“国家治理体系和治理能力现代化”从国家管理现代化的角度，丰富和发展了社会主义现代化的基本内涵，对社会主义现代化国家的实现道路提出了具体的行动路线，对“国家现代化”提出了管理者与被管理者、管理手段与管理目标、管理要求与管理能力、管理制度与管理体系相统一、相协调的整体现代化思路，突出了社会主义现代化国家对人的因素重要性的认识。社会主义现代化首先是人的因素的现代化，而“国家治理体系和治理能力现代化”则是人的因素现代化的重要保证。没有具有现代化素质的人，就无法建立具有现代化品质的国家治理体系，也不可能拥有具有现代化水平的治理能力。“推进国家治理体系和治理能力现代化”有助于提升人的现代化素质，从而为“五个文明”的建设以及工业、农业、国防和科学技术“四个现代化”的实现提供全面和有效的制度基础以及人力资源、智力资源、管理资源和制度资源的综合保障。

值得注意的是，“国家治理体系和治理能力现代化”不能简单地概括为“国家治理现代化”。从理论上来看，“国家治理”是一个全面和系统的国家管理工程，它涉及国家治理的不同领域和不同方面，包括治理主体、治理对象、治理手段、治理方式、治理程序、治理环境、治理效果、治理结果、治理的调控机制等等。以“现代化”所具有的相对性特征来说，在当下的中国，共产党作为执政党，通过对国家生活和社会生活实行政治领导，实现其执政党的领导地位。国家治理所指向的不同层次的治理对象也是具有法律上主体资格的公民个人、社会组织和国家机关等等。中国目前仍然处于自身发展的最佳战略机遇期，外部相对处于和平友好状态，经济增速平稳，GDP 位于世界第二。因此，从宏观上来看，国家治理作为一个整体已经处于“现代化”的阶段。当然，在治理主体与治理对象、治理目标与治理手段、治理动机与治理效果相互结合的过程中，确实存在着治理方式和治理手段仍然不能满足现代化要求的诸多领域和诸多方面，特别是国家治理体系和治理能力两个领域，是国家治理现代化的薄弱环节。就国家治理体系现代化来说，虽然我们在国家治理体系建设中取得了很多成绩，例如，我们已经初步建立起具有中国特色的社会主义法律体系和政策体系，但是已经建立起来的法律体系和政策体系本身如果不能满足法制统一性原则的要求，那么，即便已经在形式上具有了治理体系的特征，在实质上也不能认为具备了“现代化”的特点。宪法法律缺少权威、宪法得不到有效实施、法出多门、政出多门等等，这些问题的存在都是与国家治理体系现代化的要求不相吻合的。关于治理能力现代化同样也存在着许多认识模糊不清的领域。许多人认为只要办事有能力，能解决问题，就符合现代化的要求。然而，国家治理能力现代化不仅仅是对国家治理者实际的行为能力的要求，更重要的首先提出的是合法性要求。也就是说，如果国家治理主体不依法办事，行为“于法无据”，那么，即便是能力再大，在实际生活中也很难保证其行为的正当性。滥用职权、超越职权、怠于行动等等就无法得到有效控制。“能人”不等于“能力”。“国家治理能力现代化”要求有能力的人要依法办事、照章办事，守制度、守程序，讲纪律、讲秩序，既勤政，又廉政，更要达到“善政”的水平。由此可见，国家治理体系和治理能力现代化是国家治理现代化的主要内涵，是国家管理各项工作全面走向现代化的重中之重。

三　国家治理体系和治理能力现代化首先是国家治理体系和治理能力法治化

习近平总书记2014年1月7日在中央政法工作会议上发表重要讲话，其中关于政法工作在推进国家治理体系和治理能力现代化作用的论述为解读“国家治理体系和治理能力现代化”的核心精神指明了正确的方向，也就是说，“国家治理体系和治理能力现代化”最重要的制度要求和特征就是“国家治理体系和治理能力法治化”。

习近平总书记在中央政法工作会议上的讲话中，从加强政法工作的角度对“推进国家治理体系和治理能力现代化”作了新的阐释，提出了很多具有启发性和指导性的论断。习总书记讲话关于“推进国家治理体系和治理能力现代化”的论述包含了以下几个方面的核心精神：一是，明确了依法治国是党领导人民治理国家的基本方略。习总书记指出：“政法战线要旗帜鲜明坚持党的领导。坚持党的领导，就是要支持人民当家作主，实施好依法治国这个党领导人民治理国家的基本方略。”习总书记上述讲话精神为“国家治理体系”的建设确立了一项基本原则，也就是说，不能离开“依法治国”这个治国理政的基本方略来毫无目标、毫无原则地谈论“国家治理体系现代化”。二是，要运用法治思维和法治方式推进国家治理体系和治理能力现代化。习总书记指出：“党委政法委要明确职能定位，善于运用法治思维和法治方式领导政法工作，在推进国家治理体系和治理能力现代化中发挥重要作用。”上述讲话精神强调了“法治思维和法治方式”在推进国家治理体系和治理能力现代化方面具有非常重要的作用。三是，要从系统和整体角度来构建国家治理体系。习总书记在讲话中强调：“坚持系统治理、依法治理、综合治理、源头治理，发动全社会一起来做好维护社会稳定工作。”上述围绕着“维护社会稳定”而展开的“系统治理”、“依法治理”、“综合治理”和“源头治理”的多渠道相结合的治理方式，对于构建具有现代化特征的国家治理体系有着很好的方法论上的借鉴意义。四是，习总书记在讲话中明确要求各级领导干部“要带头依法办事，带头遵守法律，牢固确立法律红线不能触碰、法律底线不能逾越的观念”。上述要求实际上明确了“国家治理体系和治理能力现代化”的“法律底线”、“法律红线”标准。它意味着“国家治理体系和治理能力现代化”首先是“国家治理体系和治理能力法治化”，“国家治理体系和治理能力法治化”是“国家治理体系和治理能力现代化”的最低标准，没有“国家治理体系和治理能力法治化”，就没有“国家治理体系和治理能力现代化”。

总结《决定》与习总书记在中央政法工作会议上讲话的精神，可以发现，《决定》提出的“推进国家治理体系和治理能力现代化”的一项最重要的内涵就是“国家治理体系和治理能力”的“法治化”，离开了“法治化”的评价尺度和标准，空洞地谈论“国家治理体系和治理能力现代化”是没有实质性意义的，甚至是有害和会起相反作用的。所以，准确和全面地理解《决定》所提出的“推进国家治理体系和治理能力现代化”的内涵，必须在法治的框架下对“国家治理体系和治理能力现代化”与“国家治理体系和治理能力法治化”相互之间的关系进行深入细致的探讨，全面构建“国家治理体系和治理能力现代化”理论体系。

强调“国家治理体系和治理能力法治化”是“国家治理体系和治理能力现代化”的核心要求，完全符合改革开放三十几年来我国治国理政的基本方略不断完善和发展的客观要求。胡锦涛总书记在党的十八大报告中明确指出，到2020年确保实现全面建成小康社会，并且对小康社会提出了诸多新要求。其中一项重要要求就是：加快推进社会主义民主政治制度化、规范化、程序化，从各层次各领域扩大公民有序政治参与，实现国家各项工作法治化。胡锦涛总书记的上述论断涉及两个重要概念：一是“国家各项工作”的范围；二是“法治化”的判断标准。《决定》把“推进国家治理体系和治理能力现代化”上升到“全面深化改革的总目标”的高度来认识，很显然，党的十八大报告提出的“国家各项工作法治化”与“国家治理体系和治理能力现代化”之间存在着逻辑上的递进关系和政策上的连续性，也就是说，“国家各项工作”必然涵盖了“国家治理体系和治理能力”，而“国家各项工作法治化”的要求也必然体现为“国家治理体系和治理能力法治化”。从逻辑上看，“国家治理体系和治理能力法治化”是“国家治理体系和治理能力现代化”的重要评判指标，同时也是“国家治理体系和治理能力现代化”实现的必要条件。没有“国家治理体系和治理能力”的“法治化”，就没有“国家治理体系和治理能力”的“现代化”，“国家治理体系和治理能力现代化”首先必须达到“国家治理体系和治理能力法治化”。“法治化”与“现代化”是相互依存、相互促进的关系。从建设“国家治理体系和治理能力”的角度来看，“法治的现代化”与“现代化的法治化”的任务都具有同等重要的意义，“法治化”与“现代化”必须齐抓共促、齐头并进，才能推进社会主义现代化建设各项事业健康有序地向前发展。

“国家治理体系和治理能力法治化”是伴随着“国家治理体系和治理能力现代化”的发展过程不断向前发展的。一方面，“国家治理体系和治理能力法治化”为“国家治理体系和治理能力现代化”提供了法治保障；另一方面，随着“国家治理体系和治理能力现代化”的不断推进，“国家治理体系和治理能力法治化”随着时代的发展具有与时俱进的品格，“法治现代化”也构成了“国家治理体系和治理能力现代化”的一项重要实践特征。党的十一届三中全会拨乱反正，在明确提出以经济建设为中心的新时期社会主义现代化目标的同时，提出了具有时代特征和现代化意义的社会主义法制建设十六字方针，即“有法可依、有法必依、执法必严、违法必究”。改革开放以来，我国社会主义法制建设之所以得到了前所未有的发展，依法治国基本方略得以确立，最重要的一条经验就是坚持了具有现代化特征的社会主义法制建设十六字方针。党的十八大适应我国社会主义法制建设不断发展的要求，及时地提出了“科学立法、严格执法、公正司法、全民守法”的全面推进依法治国的法治发展战略，相对于“有法可依、有法必依、执法必严、违法必究”十六字方针来说，更具有时代性，是适应当今我国法制建设实际状况的具有与时俱进品格的社会主义法制建设新十六字方针。从“有法可依、有法必依、执法必严、违法必究”到“科学立法、严格执法、公正司法、全民守法”，我国社会主义法制建设的指导思想实现了历史性跨越，以保障“国家治理体系和治理能力现代化”为目标的社会主义法治的现代化进程也得到了快速发展。以新十六字方针为依据，党的十八届三中全会通过的《决定》明确提出“推进法治中国建设”的时代主题，围绕着“国家治理体系和治理能力现代化”的各项要求，提出维护宪法法律权威、深化行政执法体制改革、确保依法独立行使审判权检察权、健全司法权力运行机制以及完善人权司法保障制度等“国家治理体系和治理能力法治化”的具体任务，为全面推进国家治理体系和治理能力现代化提供了法治化的制度依据和实践基础。

四　推进国家治理体系和治理能力现代化是建设社会主义现代化国家和社会主义法治国家的一项重大国家系统管理工程

《决定》虽然没有正面阐述“国家治理体系和治理能力现代化”与“国家治理体系和治理能力法治化”之间的相互关系，但是，《决定》却从体系化、系统化的观念来认识法治中国的意义。《决定》声明：建设法治中国，必须坚持依法治国、依法执政、依法行政共同推进，坚持法治国家、法治政府、法治社会一体建设。“治国”、“执政”和“行政”都属于“国家治理”的范畴，而坚持“依法治国、依法执政、依法行政共同推进”就意味着要依法构建

"国家治理体系"，"法治国家、法治政府、法治社会一体建设"表明在"国家各项工作法治化"的过程中，还要关注"国家"、"政府"及"社会"相互之间的作用和影响。习总书记在中央政法工作会议上的讲话围绕着"维护社会稳定"这一时代主题提出了"系统治理"、"依法治理"、"综合治理"和"源头治理"相结合的多渠道治理方式。结合《决定》和习总书记讲话精神可以发现，当前贯彻落实《决定》提出的"推进国家治理体系和治理能力现代化"的要求，一条最重要和最有效的实践路径就是应当将"推进国家治理体系和治理能力现代化"作为一项具有系统性特征的现代化建设工程。必须围绕着社会主义现代化建设的各项目标和任务，采取各种行之有效的治理手段和措施，充分调动一切治理能力，通过制度创新和生动活泼的创造，① 来逐步达到和实现"国家治理体系和治理能力现代化"的最终目标。

由此可见，要实现《决定》所要求的作为一项治国理政的现代化工程的"国家治理体系和治理能力现代化"，仅仅从"法治化"的角度来考虑还是不够的②。应当将"国家治理体系和治理能力现代化"作为建设社会主义现代化国家和社会主义法治国家的一项重大国家系统管理工程。在我国目前党政合一的体制下，执政党的政策对国家各项工作也有非常深刻的影响力，甚至执政党本身制定的党规党纪也与国家法律有着密切的联系，因此，"国家治理体系"不仅存在着"法治化"的要求，更重要的是首先必须要"规范化"、"制度化"。因此，"国家治理体系现代化"应当包含了国家治理体系"规范化"、"制度化"和"法治化"等多方面的内涵。"国家治理能力现代化"更不能仅

---

① 习近平总书记明确指出：我们要坚持以实践基础上的理论创新推动制度创新，坚持和完善现有制度，从实际出发，及时制定一些新的制度，构建系统完备、科学规范、运行有效的制度体系，使各方面制度更加成熟更加定型，为夺取中国特色社会主义新胜利提供更加有效的制度保障。习近平：《紧紧围绕坚持和发展中国特色社会主义学习宣传贯彻党的十八大精神》(2012 年 11 月 17 日)，《人民日报》2012 年 11 月 19 日第 2 版。

② "国家治理体系和治理能力现代化"从价值评价的角度来看，属于"善治"意义上的。因此，要从"善治"的价值要求全面地研判"国家治理体系和治理能力现代化"的具体政策要求。关于"善治"的价值要求，俞可平曾有很好的研究成果。根据俞可平教授的考证，善治概念主要有三个基本的来源：首先是来自中国传统的政治语汇，在这种情境下，"善治"与"善政"两个概念之间并无本质区别。例如，董仲舒在《对贤良策》中写道"当更化而不更化，虽有大贤不能善治也。故汉得天下以来，常欲善治而至今不可善治者，失之于当更化而不更化也"。因而，在这种情境下，善治即等同于善政。其主要意义是指好的政府和相应的好的治理手段。善治语汇的第二个来源，来自新的治理理论和对英文 good governance 的翻译。在这一情境下，新的治理理论更加强调社会管理的主体多元化。善治语汇的第三个来源和发展是俞可平教授的总结，其主要的概念是"公共利益最大化的管理过程"，认为善治的实现是政治制度的终极目的。参见俞可平《善治与幸福》，《马克思主义与现实》2011 年第 2 期。

仅从“法治化”这个唯一的角度入手，除了要根据党的十八大报告的要求，学习和掌握运用“法治思维和法治方式”来解决重要和复杂社会问题的能力之外，通过增强政府的应急反应能力来有效地处置各种突发性事件，通过有效的“道德”、“公序良俗”、“宗教信仰”等精神性力量来化解社会矛盾、解决在国家治理中遇到的价值冲突也是增强国家治理能力的必要手段。学会如何驾轻就熟地运用包括法治手段在内的各种治理手段来形成有效的国家治理能力，在党的组织、国家机关、社会团体之间建立有效的协调、合作和互动工作体系，最大限度地发挥一切有利于建设社会主义现代化国家的生产和管理要素的积极作用，并基于具有现代化特征的治理能力来构建具有现代化特征的国家治理体系，形成健康有序和可持续发展的国家治理结构，这是中国走向现代化过程中所面临的艰巨任务。作为国家软实力的“现代化”，“国家治理体系和治理能力现代化”是与工业、农业、国防和科学技术“四个现代化”具有同等重要性的现代化事业，应当作为今后一段时期内党和国家的根本任务，同时也应当成为全面贯彻落实依法治国基本方略、建设社会主义法治国家的具体政策路线。全党和全国各族人民都应当齐心协力，为全面推进国家硬实力和软实力的全面现代化，做好各项扎扎实实的理论准备工作，努力地将社会主义现代化事业不断推向前进。

作为建设社会主义现代化国家和社会主义法治国家的一项重大国家系统管理工程，“国家治理体系和治理能力现代化”首先强调的是“国家治理体系”和“国家治理能力”两个方面的“现代化”。“国家治理体系现代化”与“国家治理能力现代化”两者之间是相辅相成、相互促进的关系，必须同步推进、共同建设。“国家治理体系现代化”包含了治理主体、治理对象、治理方式、治理依据、治理组织体制、治理程序、治理制度的体系化、规范化、制度化和法律化，其中，依照法律法规建立规范国家管理活动的国家管理法律法规政策体系、国家权力体系、公民权利体系、公民义务体系和国家责任体系是国家治理体系现代化最重要的制度特征和要求。“国家治理体系现代化”首要价值是国家治理的“体系化”，没有“体系化”，国家治理也不可能实现现代化；没有基于法治原则建立国家治理体系，国家治理体系也无法实现现代化的要求。“国家治理能力现代化”既要求管理者具备依法解决国家日常管理事务的能力，做到依法治国、依法执政、依法行政共同推进，也需要管理者具备运用“法治思维和法治方式”解决重大和复杂的国家管理事务中的问题，特别是运用法治思维和法治方式处理各种突发性事件和公共危机的能力。“国家治理能力现代化”还要求在执政党的领导方式与国家管理之间建立起协调一致的合作和互动机制，将党的建设能力与“五个文明”一起抓的综合协调能力有机地统一起来，坚持法治国家、法治政府、法治社会一体建设，全面提升国家治理能力和水平。“国家治理体系现代化”是“国家治理能力现代化”的制度依托，国家治理的“体系化”必然会极大地增强国家治理能力，“国家治理体系现代化”也会极大地推动“国家治理能力现代化”。与此同时，“国家治理能力现代化”有助于推进国家治理的“体系化”、“法治化”和“现代化”。国家治理能力的提升有助于国家管理者进一步掌控国家管理的宏观走势和发展大局，有利于调动一切旨在维护国家主权和重大安全利益、保证公共权力依法办事、加强公民合法权利的保障以及维护社会和谐与稳定的积极因素投身到社会主义现代化建设的宏伟事业中来，建设社会主义现代化国家和社会主义法治国家。

建设社会主义现代化国家是一项前无古人的社会主义事业的伟大实践，它依赖中国共产党的正确领导和全国各族人民的共同努力。建设社会主义现代化国家是一项重大和复杂的社会发展工程和国家管理工程，它的价值内涵是全方位、多层次的，它的主要价值目标是党的十七大报告提出的富强、民主、文明、和谐的社会主义，其中社会主义法治国家是社会主义现代化国家最重要的制度特征。社会主义现代化国家与社会主义法治国家的建设是相辅相成、相互促进的，必须同步推进、共同建设。

五　努力推进国家治理体系和治理能力现代化需要进一步解放思想、全面推进改革进程

党的十八届三中全会通过的《决定》明确提出了“全面深化改革”的总体发展思路，并将全面深化改革的总目标确定为“推动国家治理体系和治理能力现代化”。《决定》关于全面深化改革的思想透露出一个非常强烈的信息，就是必须在坚持全面深化改革的原则立场上来推进国家治理体系和治理能力现代化，为此，努力推进国家治理体系和治理能力现代化必须进一步解放思想、全面推进改革进程。

为推进国家治理体系和治理能力现代化的这一全面深化改革的总目标，《决定》明确了全面深化改革的指导思想，也就是说，通过全面深化改革来推进国家治理体系和治理能力现代化，必须高举中国特色社会主义伟大旗帜，以马克思列宁主义、毛泽东思想、邓小平理论、“三个代表”重要思想、科学发展观为指导，坚定信心，凝聚共识，统筹谋划，协同推进，坚持社会主义市场经济改革方向，以促进社会公平正义、增进人民福祉为出发点和落脚点，进一步解放思想、解放和发展社会生产力、解放和增强社会活

力，坚决破除各方面体制机制弊端，努力开拓中国特色社会主义事业更加广阔的前景。

《决定》对推进国家治理体系和治理能力现代化的具体实现方式提出了明确的要求，《决定》指出：推进国家治理体系和治理能力现代化必须要以完善和发展中国特色社会主义制度为依托，必须更加注重改革的系统性、整体性、协同性，加快发展社会主义市场经济、民主政治、先进文化、和谐社会、生态文明，让一切劳动、知识、技术、管理、资本的活力竞相迸发，让一切创造社会财富的源泉充分涌流，让发展成果更多更公平惠及全体人民。

总结《决定》提出的旨在推进国家治理体系和治理能力现代化的全面深化改革的思路，"推进国家治理体系和治理能力现代化"必须在坚持正确的指导思想的指引下，不断地有序地推进社会主义民主政治和社会主义法治的改革和完善，旨在通过强化基本制度的建设，充分挖掘现有制度的潜力，调动各种有助于推进国家治理体系和治理能力现代化的积极因素，以解放思想为先导、以全面改革为契机，全面推进国家治理体制机制和制度的改革和完善。

首先，推进国家治理体制机制和制度的全面改革，必须要发展社会主义民主政治。现代政治的根本特征是民主政治，民主政治是最科学的国家治理机制，必须以保证人民当家做主为根本，坚持和完善人民代表大会制度、中国共产党领导的多党合作和政治协商制度、民族区域自治制度以及基层群众自治制度，更加注重健全民主制度、丰富民主形式，从各层次各领域扩大公民有序的政治参与，充分发挥我国社会主义政治制度优越性。只有社会主义民主政治自身的优势得到充分体现，国家治理能力才能得到显著提升，国家治理的规范化、制度化和体系化的程度才能达到"现代化"的水准，国家治理也才能形成科学、合理和稳定的体系。

其次，推进国家治理体制机制和制度的全面改革，必须要完成全面深化法治改革的各项任务。在现代社会，离开了法治，国家治理寸步难行。为此，国家治理体系和治理能力现代化必须依靠法治现代化的强力推动。《决定》对此明确提出，要以建设"法治中国"为抓手，必须坚持依法治国、依法执政、依法行政共同推进，坚持法治国家、法治政府、法治社会一体建设。深化司法体制改革，加快建设公正高效权威的社会主义司法制度，维护人民权益，让人民群众在每一个司法案件中都感受到公平正义。只有依靠法治自身的不断改革，只有努力建设具有现代化品格的社会主义法治，国家治理体系和治理能力才能在具有现代化水平的法治的保障下实现自身现代化的任务。

再次，自古以来，“治国就是治吏”[①]，只有把权力关进制度的笼子，国家治理才能清正廉明，国家治理能力才能达到较高的水平。中国古代的“文景之治”、“贞观之治”都是国家治理状况比较好的典范，其中最重要的经验就是“治吏”。《决定》从全面深化改革的角度提出了“推进国家治理体系和治理能力现代化”的要求，强调坚持用制度管权管事管人，让人民监督权力，让权力在阳光下运行，是把权力关进制度笼子的根本之策。为此，必须构建决策科学、执行坚决、监督有力的权力运行体系，健全惩治和预防腐败体系，建设廉洁政治，努力实现干部清正、政府清廉、政治清明。

最后，“国家治理体系和治理能力现代化”从国家现代化的特征来看，强调的是国家软实力的现代化，是相对于工业、农业、国防和科学技术“四个现代化”等“物质文明”而言的“精神文明”。“国家治理体系和治理能力现代化”旨在创造一种新颖的治理文化，培育和践行社会主义核心价值观，巩固马克思主义在意识形态领域的指导地位，巩固全党全国各族人民团结奋斗的共同思想基础。坚持以人民为中心的工作导向，坚持把社会效益放在首位、社会效益和经济效益相统一，努力建设社会主义精神文明大国和精神文明强国。

总之，在中国这样一个历史悠久、人口众多的社会主义大国建设现代化，没有披荆斩棘、勇往前行的决心和勇气，没有大胆改革、敢于创新的精神，没有脚踏实地、埋头苦干的毅力，是不可能取得任何成就的。《决定》从高屋建瓴、总揽全局的高度，及时地提出了全面深化改革的各项任务和要求。而改革成功与否，关键在于能否通过全面深化改革建立起具有强大生命力、不断创造社会发展奇迹的中国特色社会主义制度，特别是通过推进国家治理体系和治理能力的现代化，全面推动国家整体发展能力的现代化，努力实现社会主义现代化国家的奋斗目标。我们有理由相信，在中国共产党的正确领导下，在全国各族人民的共同努力下，经过几代人勤奋努力和扎扎实实的工作，一定能够实现“两个一百年”的奋斗目标，一定能够建成以社会主义法治国家作为重要制度特征的社会主义现代化强国。

① 新中国成立不久，毛泽东和他的一个亲属谈话时说：“治国就是治吏，礼义廉耻，国之四维；四维不张，国将不国。如果臣下一个个都寡廉鲜耻，贪污无度，胡作非为，而国家还没有办法治理他们，那么天下一定大乱，老百姓一定要当李自成。国民党是这样，共产党也会是这样。”参见《党建经纬》1998 年第 1 期。

第二部分
全面推进依法治国

一　依法治国与法学理论创新

领导干部宪法意识影响因素测评

——来自上海市805个调查样本的数据分析

彭　辉[1]

摘　要　领导干部宪法意识的形成是一个复杂的过程，有很多因素在起作用。本文通过建立结构方程模型，以上海市领导干部为调查对象，检验调查问卷数据信度及结构效度，应用多种拟合优度指标评价模型并计算相关参数。结果表明：宪法认知对宪法知识具有正向影响，宪法知识对宪法评价具有正向影响，宪法评价对权利意识具有正向影响，权利意识对权力观念具有负向影响，权力观念对宪法期待具有负向影响，宪法期待对宪法信念具有正向影响，宪法信念对宪法意识具有正向影响。

关键词　结构方程模型　领导干部　宪法意识　上海市

一　问题的提出

法治是一种治理国家的理论、原则、理念和方法，是一种社会意识，它不仅包括法律制度及其良好的运行状况，而且包括良好的法律观念和法律意识。观念和意识是制度的灵魂，是法律制度得以产生和正常运转的指导思想和精神动力。[2] 宪法是治国安邦的总章程，具有最高的法律效力、法律地位和法律权威，是所有社会成员的最高行为准则，是其他一切法律规则的本源。中国要建设社会主义法治国家，就必须进行宪政建设，而这不仅需要完善整个国家的宪政制度，同时也需要培养领导干部的宪法意识。由于执行公务的过程实际上是“宪法及宪法性法律的适用过程，因此，宪法的直接法律效力主要表现为对公

---

① 上海交通大学凯原法学院博士后，上海社会科学院法学所副研究员。

② 参见严存生《略论法制观念的现代化》，公丕祥主编《法制现代化研究》第2卷，南京师范大学出版社1996年版，第97页。

务员的直接效力”[①]。从这个角度而言，作为国家根本法的宪法在公务员这一最具代表性群体的领导干部层面的贯彻和体现是社会关注和讨论的热点问题。特别是近年来，在建设社会主义法治国家过程中，明确依宪治国是依法治国的核心，落实和树立宪法权威是建设法治国家的基本要求。

中国经济、社会和政治进程自1982年宪法颁行以来取得了长足的发展，中国的民主政治、法治事业和宪政建设也日臻完善。与此相伴，宪法学理论的研究同样取得了巨大的进步，然而对于宪法意识的研究似乎显得比较薄弱，在理论层面上，无论是宪法学教材，还是学术论文对此都鲜有涉及，包括最新的宪法学教材和新近的理论成果，即使偶然专门对宪法意识所作的论述也略显教条，缺乏科学性与系统性。在实证层面上，关于宪法意识问题的定量分析，寥寥无几。在仅有的几篇文献中，学界主要对不同主体的宪法意识进行了实证分析：（1）对普通公民的宪法意识领域。韩大元、王德志调查和分析了北京、山东、江苏、海南、内蒙古、山西534位公民的宪法意识；[②] 王圭宇调查和分析了河南445位公民的宪法意识；[③] 张晓琴调查和分析了宁夏各市县区516位公民的宪法意识水平；[④]（2）对专业人群的宪法意识领域。邓世豹运用问卷调查的方法，调查分析了111位法官和107位检察官的宪法意识，研究法官和检察官宪法意识的特点；[⑤] 刘丹对湖南省230位领导干部的宪法意识进行了问卷调查；[⑥] 李红丽、乔芬调查分析了山西省426位农民的宪法意识水平。[⑦] 尽管上述研究成果对宪法意识水平进行了较为深入和细致的调研，为定量分析宪法意识提供一些信息材料，其所提出的改进建议也具有一定的客观依据，但通过细致分析，其有三点局限：第一，由于相关数据采集的时间略显陈旧，如韩大元（2002年）、刘丹（2003年）、王圭宇（2005年）、邓世豹（2009年），这些调查无法体现宪法意识在最近几年的发展趋势；第二，学界目前将关注的重点主要聚焦于普通公民，对于宪法实施的推动者、示范者、引领者的领导干部这类群体的宪法意识调查极其缺失（在调查文献中仅有刘丹进行了这类调研，但其所称的领导干部的范围与本文不同，其将科级及一般干部也纳入了领导干

① 邝少明：《论西方国家公务员的宪法地位》，《武汉大学学报》2002年第3期。

② 参见韩大元、王德志《中国公民宪法意识调查报告》，《政法论坛》2002年第6期。

③ 参见王圭宇《转型时期中国公民宪政意识的实证研究》，载张海燕主编《山东大学法律评论》第7辑，山东大学出版社2010年版。

④ 参见张晓琴《宁夏公民宪法意识调查研究》，《宁夏社会科学》2009年第2期。

⑤ 参见邓世豹《当代中国法官的宪法意识实证分析》，《暨南学报》2011年第1期。

⑥ 参见刘丹《领导干部宪法意识问卷调查与实证分析》，《国家行政学院学报》2004年第5期。

⑦ 李红丽、乔芬：《山西省农民宪法契约意识研究》，《安徽农业科学》2011年第7期。

部的范围），这也导致现有研究结论的解释力和可信度有所降低；第三，研究方法和手段较为单一，主要运用描述性统计方法进行了简单的分析，由于宪法意识内部结构的多层次性，亟待运用更为复杂和运算能力更强的统计软件进行全面而细致的定量化评价。这些不足影响了该领域学术研究有深度、多层次地渐次展开。本文在现有研究的基础上展开进一步分析。

基于上述原因，为了客观地把握上海市领导干部的宪政意识水平，了解上海市领导干部对于宪法问题的认知和评判，以便为今后上海的依法治市、法治宣传等工作提供第一手资料，我们开展了以上海市处级以上领导干部为对象的问卷调查。通过问卷调查，不仅为我们定量分析领导干部的宪法意识提供了第一手的实证材料，而且也为准确评估上海市法治建设的真实状况提供了客观依据。在此基础之上，我们构建了领导干部宪法意识影响因素的结构方程模型，从宪法认知、宪法知识、宪法评价、权利意识、权力观念、宪法期待、宪法信念七个方面探索影响领导干部宪法意识的因素，在此基础上提出一些对策与建议，以期为提升领导干部宪法意识提供有价值的参考。

二 理论与研究假设

领导干部宪法意识调查研究，首先在于宪法意识内容的确定。我们认为，从内在结构上，领导干部的宪法意识可以划分为七个层面，即宪法认知、宪法知识、宪法评价、权利意识、权力观念、宪法期待、宪法信念。但是这七个维度的宪法意识并不是直接对宪法意识产生作用的，而是有一个逐层递进的关系。

（一）宪法认知

宪法认知是领导干部服从宪法权威，以宪法精神指导工作实践，并在工作实践中维护宪法尊严，履行宪法赋予职责的状况与能力。对此，调查内容涉及领导干部对宪法的熟悉程度，对上海市每年 12 月举行的“宪法宣传周”活动的了解，以及宪法与自己工作关系的密切程度三个方面的认知。如果缺乏必要的宪法认知，领导干部的宪法知识也就无从谈起。由此提出如下假设：H1：宪法认知对宪法知识具有正向影响。

（二）宪法知识

宪法知识是领导干部对宪法的知晓程度以及对宪法知识的了解与掌握程度，是领导干部宪法意识的基本组成部分，是领导干部对宪法问题进行认知、分析与评判的基本前提和基础，也是领导干部宪法意识最直接、最直观的反映。对此，调查内容涉及中国的根本政治制度、公民享有选举权和被选举权的法定年龄、村民委员会和居民委员会的性质、国家机关范围和公民在宪法基本权利体系中所享有的最基本的自由等五个方面。宪法知识是领导干部宪法意识形成的基础，没有宪法知识，领导干部就不可能对宪法有一个完整而正确的评价。由此提出如下假设：H2：宪法知识对宪法评价具有正向影响。

（三）宪法评价

宪法评价是领导干部对于宪法的特点、价值、功能、作用的认识以及对于宪法的心理倾向。宪法评价对立宪、宪法的模型、职能、类型和分类都有影响。对此，调查内容涉及中国宪法的最主要功能、如何看待外国宪法经验、公民与国家关系等三个方面。宪法评价是领导干部对于宪法思想和宪法基本原理的信念，是领导干部对于国家与公民、国家权力与公民权利的认识、把握和理解，是宪法意识的“高级形式”。由此提出如下假设：H3：宪法评价对权利意识具有正向影响。

（四）权利意识

“宪法就是一张写着人民权利的纸”①，公民的基本权利是通过宪法所确认的作为一个公民所应当享有的最基本的、具有重要意义的权利，“从世界各国的宪法规范来看，对公民基本权利的确认和保障，正是整个宪法价值体系的重要核心之所在”②。因此，领导干部对公民基本权利的认知情况，能够充分反映领导干部的宪法意识，从而体现国家宪政建设的水平。对此，调查内容涉及权利来源、对乙肝病毒携带者来您所在部门的工作态度、对犯罪分子讲人权、对群众信访的态度等四个方面。宪法作为法的一种形式和现代国家法体系中的首要部分，其主要功能是通过规范和约束政府权力，以便保护公民的权利和自由。宪法具有保障政府权力的功能，但这种功能主要也是通过规范和约束权力的方式来实现的。由此提出如下假设：H4：权利意识对权力观念具有负向影响。

（五）权力观念

“宪法是用来规范和约束政府权力，并保护公民权利的法律”，这是宪法的一项基本原理。宪法学者们普遍认为，宪法是为了规范和约束政府权力而产

---

① 《列宁全集》第12卷，人民出版社1959年版，第50页。

② 林来梵：《从宪法规范到规范宪法——规范宪法学的一种前言》，法律出版社2001年版，第70页。

生的，权力观念与公民权利的对立与统一关系是宪法的基本矛盾。[①] 对此，调查内容涉及领导干部权力是谁授予的、群体性事件发生的原因、任职前向社会公示财产收入、领导干部被问责免职后不久随即复出等四个方面。领导干部只有接受宪法的规范和约束，依法组成和行使权力，才能减少对于公民权利和自由的侵犯，获得社会成员的服从，从而减少权力行使中的阻力，领导干部自身也将增加对国家和社会的长治久安的期待，从而进一步推进和巩固中国宪政向纵深方向发展。由此提出如下假设：H5：权力观念对宪法期待具有负向影响。

（六）宪法期待

从根本上来说，宪法期待依赖于领导干部对宪法和法律的认知与信仰。对于宪法期待，伯尔曼曾深刻地指出，“没有信仰的法律将蜕化为僵死的教条”，“而没有法律的信仰……将蜕变成狂信”。因此，“法律必须被信仰，否则它将形同虚设”，“它将是死法”[②]。对此，调查内容涉及加强宪法宣传、注重宪法实施两个方面。没有宪法的良好宣传和实施，“宪法是公民权利保障书”的宣言就只能停留在文字的层面，宪法的意义、价值和信念也将被虚置，更遑论宪政秩序的构建了。由此提出如下假设：H6：宪法期待对宪法信念具有正向影响。

（七）宪法信念

宪法信念是宪法权威在信仰主体心灵感召和行为范式上的深刻反映，是信念主体对宪法至上观念的坚定不移。它包含了两个方面的内容：第一，主体从内心对宪法产生的高度信任和无比忠诚的情感，从而形成坚定的宪法信念；第二，主体在实践活动中自觉将宪法作为自身的行动准则。对此，调查内容涉及领导干部的法治信心、守宪信念、法治信念等三个方面。信仰宪法，人的自身价值就能得以引导、确保和确证。由此提出如下假设：H7：宪法信念对宪法意识具有正向影响。

三　研究设计

（一）结构方程模型简介

领导干部宪法意识影响因素涉及的变量因果关系比较复杂、主观性强，不

---

① 相关观点的介绍，参见张友渔《宪政论丛》，群众出版社 1986 年版；许崇德：《社会主义宪政不平凡的历程》，《中国法学》1994 年第 5 期；许崇德主编：《中国宪法》，中国人民大学出版社 2006 年版；许崇德主编：《宪法》，中国人民大学出版社 2004 年版。

② ［美］伯尔曼：《法律与宗教》，梁治平译，中国政法大学出版社 2003 年版，第 47 页。

易直接度量，而且度量误差较大，因此，需要对领导干部宪法影响因素进行结构方程模型分析。结构方程模型（Structure Equation Modeling，SEM）是一种综合性统计分析技术和模型方法，通过把一系列假设的变量间因果关系反映成统计依存模式的综合假设，用反映这种因果关系的参数来表示解释变量（可观测变量和潜在变量）对被解释变量（可观测变量和潜在变量）的影响（直接的或间接的）程度。通过把这种假设的关系转换成可检验的数学模型，SEM 提供了量化理论假设和检验理论模型的综合分析工具。在社会学、行为科学、心理学和经济学等领域中存在一些不能被准确和直接测量的潜在变量，潜在变量是无法直接观测的、隐含的假设或理论变量（结构），一般缺乏明晰或精确的尺度，但往往可以通过一些可观测的指标（变量）来反映其结构。而 SEM 可用来研究这些潜在变量之间的联系以及这些潜在变量和相关指标之间的联系。潜在变量在模型中既可以是解释变量也可以是被解释变量。SEM 解决了以往研究方法所不能解决的三个难题：第一，难以排除测量误差的影响；第二，难以同时研究多个变量之间的相互作用；第三，不能发现是否有重要变量被忽视或遗漏。[①] 与传统的回归分析相比较，SEM 具有以下优点：①可以同时考虑与处理多个因变量；②允许自变量和因变量含有测量误差；③同时具备因素分析的优点，容许潜在变量由多个外源观测指标变量组成，并且可以同时估计外源观测指标变量的信度和效度；④可以采用比传统方法更有弹性的测量模型，如某一观测变量或者项目在 SEM 内可以同时从属于两个潜在变量；⑤可以考虑潜在变量之间的关系，依据理论假设建立模型，然后估计整个模型是否与数据相吻合。[②]

（二）问卷设计与数据来源

调查涉及领导干部宪法认知、宪法知识、宪法评价、权利意识、权力观念、宪法期待与宪法信念七个方面。具体而言，宪法认知用三个维度来表示，即宪法熟悉程度认知、宪法宣传活动认知、宪法密切程度认知；宪法知识用五个维度来表示，即根本政治制度知识、选举制度知识、基层组织性质知识、国家机关范围知识、公民权利知识；宪法评价用三个维度来表示，即宪法功能评价、外国经验评价、公民与国家关系评价；权利意识用四个维度来表示，即权利来源意识、权利平等意识、人权意识、对上访者态度意识；权力观

---

① 参见侯杰泰、成子娟《结构方程模型的应用及分析策略》，《心理学探新》1999 年第 69 期。

② 参见侯杰泰等《结构方程之拟合优概念及常用指数之比较》，《教育研究学报》1996 年第 11 期。

念用四个维度来表示，即权力来源观念、群体性事件原因、财产公开观念、官员问责观念；宪法期待用两个维度来表示，即宪法宣传期待、宪法实施期待；宪法信念用三个维度来表示，即法治信心、守宪信念、法治信念。

调查问卷中量表的设计除个人背景外的其他问题均采用李克特（Likert scale）式的5点量表法，5点量表符合人们判断问题的方式，可以表示温和意见与强烈意见之间的区别。问卷的初稿为30个问题，首先进行了预测试，在小范围进行了调查，通过删减修改最终确定为24个问题。用最终确定的正式问卷对上海市领导的宪法意识进行了大样本调查，全部通过填写纸质版的调查问卷来进行，共获取有效样本805个。调查覆盖上海主要城区，尤其是浦东新区全部街道、乡镇的领导干部全部涉及。本研究运用SPSS统计软件对模型中的各个要素进行了描述性分析，样本分布特征参见表1。

表1　调查问卷的分布特征表

(1) 性别	频率	百分比	民主党派及无党派人士	14	1.7
男	577	71.7	群众	14	1.7
女	228	28.3	(6) 行政级别	频率	百分比
(2) 年龄	频率	百分比	副处	586	72.8
29周岁及以下	3	0.4	正处	201	25
30—39周岁	141	17.5	副局	13	1.6
40—49周岁	371	46.1	正局	5	0.6
50周岁以上	290	36	(7) 所在部门	频率	百分比
(3) 最高学历	频率	百分比	人大	58	7.2
大学专科及以下	80	9.9	政府	404	50.2
大学本科	554	68.8	政协	1	0.1
硕士研究生	151	18.8	司法机关	197	24.5
博士研究生	20	2.5	党务系统	103	12.8
(4) 法学学历教育	频率	百分比	其他部门	43	5.3
是	388	48.2	(8) 部门层级	频率	百分比
否	417	51.8	街道、乡镇	396	49.2
(5) 政治面貌	频率	百分比	区县级	154	19.1
中共党员	777	96.5	市级	255	31.7

分析样本统计结果如下：（1）性别分布，男性占71.7%，女性占28.3%；（2）年龄分布，样本呈现一种以40—49周岁为中心的正态分布，29周岁及以下占0.4%，30—39周岁占17.5%，40—49周岁占46.1%，50周岁以上36%；（3）最高学历分布，样本明显呈现一种以大学本科为中心的正态分布，大学专科及以下占9.9%，大学本科占68.8%，硕士研究生占18.8%，博士研究生占2.5%；（4）法学学历教育分布，有法学学历教育占48.2%，没有经过法学学历教育占51.8%；（5）政治面貌分布，中共党员占96.5%，民主党派及无党派人士占1.7%，群众占1.7%；（6）行政级别分布，副处占72.8%，正处占25%，副局占1.6%，正局占0.6%；（7）所在部门分布，样本呈现一种以政府为中心的正态分布，人大占7.2%，政府占50.2%，政协占0.1%，司法机关占24.5%，党务系统占12.8%，其他部门占5.3%；（8）部门层级分布，街道、乡镇占49.3%，区县级占19.1%，市级占31.7%。

（三）问卷信度和效度检验

在对问卷调研数据进行分析之前，首先要对量表进行信度和效度检验。[①] 信度（Reliability）也称可靠性，是指测量结果的稳定性、可靠性程度。问卷信度是考察问卷测量的可靠性，是测量变量所包含问题的一致程度，是检验测量工具的可靠性、一致性和等值性的主要方法。根据克朗巴哈 Alpha 系数评价量表，0.70是可接受的最小信度值，否则认为量表设计存在问题应考虑重新设计。[②] 借助 SPSS 进行信度检验，分析结果显示，所有的系数在0.708—0.822之间，表明测量问题具有很好的一致性和稳定性，问卷具有较高的信度，因而所得的调查结果是可信的。

效度（Validity）是指问卷能否真实测得调查希望了解的内容，即结果与目标间的接近程度，[③] 它反映了测量结果的准确性。基于效度检验的效果和可操作性，本文选择利用因子分析量表的结构效度对问卷进行效度分析。通过 SPSS 统计软件的检验，可得 KMO 值为0.705，表明各变量之间的相关程度并无太大差异，数据适合做因子分析；从球形假设检验结果来看，Bartlett 球形检验的 Chi-Square 为1397.55，df 为171，P 值为0.000，球形假设被拒绝，说明各指标间并非独立，存在相关性，适合做因子分析。

---

① 参见谢晖、雷井生《知识型企业智力资本结构维度研究——基于知识创造过程的实证分析》，《科学学研究》2010年第7期。

② 参见吴明隆《SPSS统计应用实务》，中国铁道出版社2000年版，第9页。

③ 参见张文彤《SPSS11统计分析教程》，北京希望电子出版社2002年版。

（四）结构方程模型的拟合

本研究运用 SPSS 统计软件对模型中各个要素进行描述性分析，而模型拟合优度运用 AMOS 软件对结构方程模型进行检验，结构关系如图 1 所示。在结构关系图中，椭圆内为潜变量，方框内为观测变量，e 为误差项，变量之间的数字为路径系数估计值，误差项与自变量旁的数字为它们的方差估计值，观测变量旁的数字为截距估计值。

模型的拟合优度检验结果见表 2 所示。从表 2 可以看出，整体而言主要适配统计量除了 AGFI 值外，其他值均达到模型适配的标准，说明上海市领导干部宪法意识影响因素的模型与观察数据的整体适配，模型与各项数据都具有较高的拟合度，通过了整体检验，模型的构建是相对科学合理的。

表 2　　结构方程的拟合优度指标

拟合优度指标	模型预测值	说明
x2	28.394	
P	0.04	好，P＞0.01
x2/df	1.873	很好，CMIN/DF＜2
RMSEA	0.873	小于 0.1，模型拟合较好
RFI	0.924	接近于 1，模型拟合较好
IFI	0.957	接近于 1，模型拟合较好
NFI	0.961	接近于 1，模型拟合较好
CFI	0.988	接近于 1，模型拟合较好
PNFI	0.548	值较大，模型拟合较好
PCFI	0.526	值较大，模型拟合较好

从图 1 和表 2 中可以得出假设检验的具体结果，详情见表 3 所示。

表 3　　假设检验结果

变量间关系	路径系数	P 值	对应假设	结果
宪法认知→宪法知识	0.23	0.041	H1	通过
宪法知识→宪法评价	0.54	0.032	H2	通过
宪法评价→权利意识	0.85	0.047	H3	通过
权利意识→权力观念	−2.48	0.001	H4	通过

续表

变量间关系	路径系数	P 值	对应假设	结果
权力观念→宪法期待	-0.69	0.000	H5	通过
宪法期待→宪法信念	0.51	0.012	H6	通过
宪法信念→宪法意识	5.41	0.024	H7	通过

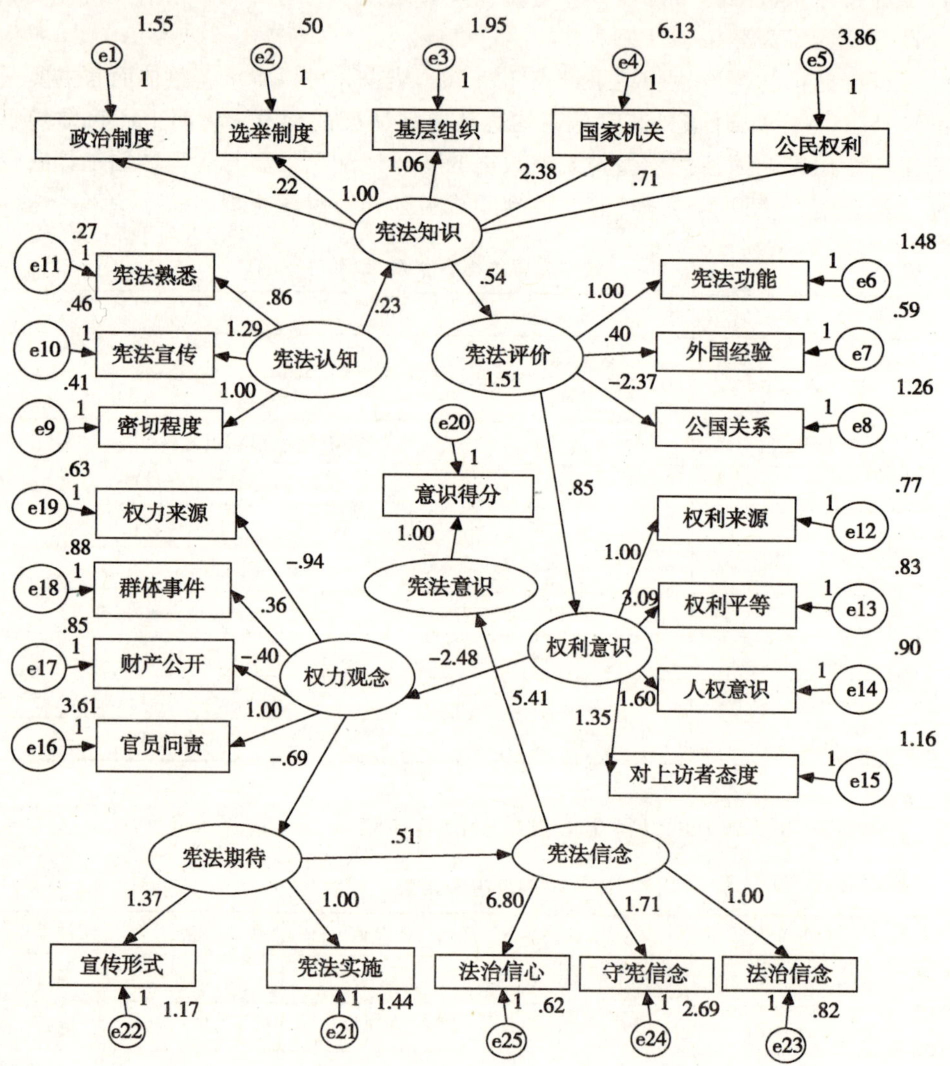

图 1　领导干部宪法意识影响因素结构方程模型及路径系数

（五）因素影响程度分析

1. 宪法认知

宪法认知对宪法知识的回归权重系数为0.23，说明在其他条件不变的情况下，宪法认知提高1个单位，领导干部的宪法知识可提升0.23个单位，验证了假设1，即宪法认知程度越高，领导干部的宪法知识将越丰富。从各显变量的权重来看，在构成宪法认知的三个影响因素中，所有概率 $P<0.05$，均达到了显著水平，表明各因素对宪法认知的影响是显著的，其顺序依次为：宪法宣传（1.29）、密切程度（1.00）、宪法熟悉（0.86）。

2. 宪法知识

宪法知识对宪法评价的回归权重系数为0.54，说明在其他条件不变的情况下，宪法知识提高1个单位，领导干部的宪法评价能力增强0.54个单位，验证了假设2，即宪法知识越丰富，领导干部的宪法评价能力越强。从各显变量的权重来看，在构成宪法知识的五个影响因素中，所有概率 $P<0.05$，均达到了显著水平，表明各因素对宪法知识的影响是显著的，其顺序依次为：国家机关（2.38），基层组织（1.06），选举制度（1.00），公民权利（0.71）和政治制度（0.22）。

3. 宪法评价

宪法评价对权利意识的回归权重系数为0.85，说明在其他条件不变的情况下，宪法评价提高1个单位，领导干部的权利意识提高0.85个单位，验证了假设3，即宪法评价能力越强，领导干部的权利意识越高。在宪法评价的三个影响因素中，宪法功能（1.00）的影响作用较大，且概率 $P<0.05$，均达到显著水平。外国经验（0.40）的概率 $P=0.127$ 和公国关系（-2.37）的概率 $P=0.132$，均大于0.05，没有达到显著性水平，说明该因子负荷不显著，出现这种结果与本文的调查对象有相当数量领导干部来自街道、乡镇有关。

4. 权利意识

权利意识对权力观念的回归权重系数为-2.48，说明在其他条件不变的情况下，权利意识提高1个单位，领导干部的权力观念降低2.48个单位，验证了假设4，即权利意识越高，领导干部的权力观念越低。在权利意识的四个影响因素中，所有概率 $P<0.05$，均达到了显著水平，表明各因素对权利意识的影响是显著的，其顺序依次为：权利平等（3.09），人权意识（1.60），对上访者态度（1.35），权利来源（1.00）。

5. 权力观念

权力观念对宪法期待的回归权重系数为-0.69，说明在其他条件不变的情况下，权力观念降低 1 个单位，领导干部的宪法期待提升 0.69 个单位，验证了假设 5，即权力观念越低，领导干部的宪法期待越高。在宪法评价的四个影响因素中，权力来源（-0.94）和财产公开（-0.40）对权力观念具有影响作用，且概率 P<0.05，达到了显著水平，说明随着权利来源与财产公开认识程度的提高，领导干部的权力观念随之下降。官员问责（1.00）和群体事件（0.36）的概率均大于 0.05，没有达到显著性水平，说明该因子负荷不显著，出现这种结果在一定程度上反映了对现在领导干部教育的难点，领导干部对于权力来源和财产公开在认知层面上一般具有较为明晰而准确的认知，但具体落实在具体宪法实践层面往往与自身的认知南辕北辙，在实际行动中更加注重手中权力的运作，权力观念难以割舍。

6. 宪法期待

宪法期待对宪法信念的回归权重系数为 0.51，说明在其他条件不变的情况下，宪法期待提高 1 个单位，领导干部的宪法信念提升 0.51 个单位，验证了假设 6，即宪法期待越高，领导干部的宪法信念越强。在宪法期待的两个影响因素中，所有概率 P<0.05，均达到了显著水平，表明各因素对宪法知识的影响是显著的，其顺序依次为：宪法实施（1.44），宣传形式（1.17）。

7. 宪法信念

宪法信念对宪法意识的回归权重系数为 5.41，说明在其他条件不变的情况下，宪法信念提高 1 个单位，领导干部的宪法意识提升 5.41 个单位，验证了假设 7，即宪法信念越强，领导干部的宪法意识越高。在宪法信念的三个影响因素中，所有概率 P<0.05，均达到了显著水平，表明各因素对宪法信念的影响是显著的，其顺序依次为：法治信心（6.80），守宪信念（1.71），法治信念（1.00）。

四　思考与建议

宪法意识内涵丰富，涵盖了自由、民主、法治、人权、平等、开放、契约、规则等非常深刻的价值内容。同时，一国宪政建设路径曲折而复杂，因而宪法意识都有其产生、发展和成熟的基本过程和内在生成路径，这不仅折射出一国宪政体系建设的总体水平，也是推动宪政向前发展的内在助力器。如果领导干部缺乏宪法意识，那么形式文本上的宪法将形同虚设，宪政实施也将备受磨砺与锤炼。从这个角度而言，结合本文分析，加强领导干部宪法意识应从以下几个方面切入：

（一）宣传宪法知识，树立领导干部公仆意识

根据本文的实证分析可知，宪法知识是形成宪法意识的基础，领导干部只有掌握了一定的宪法知识，才能够依照宪法的基本原则和精神办事。从这个角度而言，领导干部宪法意识的培养首先必须普及以宪法基本价值为基础的宪法知识。要通过多种形式宣传宪法和普及宪法知识，为此，一方面要让宪法走进领导干部的日常工作中，使之树立公仆意识，并感受到宪法规范与日常工作密切相关，并在运用宪法实现利益的实践中强化宪法意识；另一方面要用现实中的违宪行为案例进行宪法宣传，使其感受到宪法的力量，在宪法和法律的范围内积极开展工作。

（二）普及宪法价值，健全权力的监督和制约机制

随着时间的推移和记忆的减退，领导干部所掌握的宪法知识可能逐步忘却，但宪法价值和宪法理念的形成具有持久性和稳定性，甚至终生影响或指导着领导干部对现实问题的分析和评判。宪法价值和宪法理念的形成和确立，一方面依靠加强理论知识的学习，另一方面则在于在工作实践的熏陶和锻炼。根据本文的实证分析，目前上海市领导干部对宪法理念在一定程度上存在知与行的背离，即领导干部对宪法的价值、功能、作用有较高的理性认识，但当联系实际时就对宪法缺乏信心，让位于实际需要，使得应然和实然相互脱节，这在一定层面上折射出领导干部对宪法理念存在的犹豫心态和矛盾心理。领导干部除行使一般的职责外，还行使决策、宏观规划和监督管理等职责，同时也是一名普通公民，具有其个人的特殊利益，这种双重身份的性质，极易腐蚀公权而为私权服务，为此，必须进一步加强领导干部的宪法价值和宪法理念，把宪法教育作为领导干部年度考核的重要内容和任职、晋升的重要依据。

（三）保障宪法实施，形成维护宪法的良好风气

宪法贵在实践，宪法实施是宪法的精神和规范在现实生活中的落实和贯彻，反映着一个国家的宪法在现实中被遵守的情况，也是衡量一个国家实现法治和政治文明程度的标准，其基本要求是宪法价值和宪法理念成为领导干部政治生活的最高准则和价值标准。目前，宪法实施一直是困扰中国宪政实践的一大难题。列宁曾经敏锐地指出："当法律同现实脱节的时候，宪制是虚假的；当他们是一致的时候，宪制就不是虚假的。"① 对此，亟待提高领导干部依法

---

① 《列宁全集》第17卷，人民出版社1988年版，第10页。

决策、依法行政、依宪法办事的能力和水平，克服以言代法、以情代法、以权压法的现象，以自己的模范行动带动社会公众，在全社会形成学习宪法、适用宪法、遵守宪法、维护宪法的良好风气。换言之，只有具备了尊重宪法的文明而有序的政治环境，培育了体现宪法精神的健康而自由的社会生活，形成了对宪法的共同信仰，宪法实施才能获得更广泛的社会基础。

完善行政立法中的公众参与机制

廉高波[①]

摘　要　中国制定有公众参与行政立法的法律规范，各地方政府也依据《立法法》等上位法制定了地方公众参与行政立法的基本机制框架。但实践中存在着公众参与性不高、普遍性差和实效性不佳之问题，根源在于现行规定比较原则、不具有强制性及公众民主化意识淡薄。律师参与立法对于促进中国科学立法、民主立法和立法的合宪性，都有着自身优势，应进一步发挥律师的职业特点和法律思维，提升立法质量和成效，清晰界定立法参与中律师的角色、功能，疏通律师参与立法的顺畅渠道。同时，美国的经验对中国的借鉴意义在于，完善现行的公众参与行政立法机制可以从制度和程序、信息化网络化建设、政府与公众的立法沟通等角度切入。

关键词　行政立法　公众参与　立法机制

行政立法是指特定国家行政机关依照准立法程序制定行政法规和规章的活动。这是为了适应行政权扩张、解决立法机关在立法方面的局限性而产生的近代行政立法，对行政机关而言也是一种重要的行政管理手段和方式。但由于行政机关的非民选性、部门利益倾向性、公众参与的非强制性，使得行政立法中的公众参与机制往往达不到最佳效果。本文围绕公众参与行政立法的现状、问题成因、西方的做法、对中国的借鉴意义及发挥律师的职业特点如何参与立法展开论述。

---

①　中国社会科学院法学研究所博士后，北京康达（西安）律师事务所执行主任，兼任西北政法大学新农村建设研究中心主任、物权与土地制度研究所研究员，陕西省人民政府法律顾问，陕西省律师协会三农法律事务专业委员会主任。

一 公众参与行政立法的法律依据和现状

中国的《立法法》、《行政法规制定程序条例》和《规章制定程序条例》等相关法律法规都对公众参与行政立法进行了原则性的规定，比如《行政法规制定程序条例》第19条第2款规定了“重要的行政法规送审稿，报经国务院同意，向社会公布，征求意见”，《规章制定程序条例》第15条规定：“起草的规章直接涉及公民、法人或者其他组织切身利益的，有关机关、组织或者公民对其有重大意见分歧的，应当向社会公布，征求社会各界的意见，起草单位可以举行听证会。”

陕西省政府为行政立法中的公众参与做了不少努力和工作。不仅从立法上看，2001年通过的《陕西省人民政府起草地方性法规草案制定政府规章程序的规定》；而且从实践中看，在没有相关上位法规定，又没有其他省市先进经验可供借鉴的情况下，在全国首创了《陕西省损害群众利益行为行政责任追究试行办法》，获得高度的肯定。从陕西省政府法制办承担地方法规项目《陕西省电力设施和电能保护条例》的组织起草工作开始，陕西省多通过在陕西省政府网站公告的方式向社会征求意见。但是，即使政府积极推进公众参与行政立法，在现实中还是遭遇了公众参与性不高、普遍性差和实效性不佳的问题。

二 公众参与行政立法效果不佳的问题根源

对于公众参与行政立法全国都表现出有制度、少实践的特点，细究之，根本性原因主要有以下几点。

首先，现行的法律规定比较原则与抽象，没有赋予公民对行政法规和规章的真正质疑权，即公民没有立法动议权。在中国，按照《立法法》第90条的规定，对于违背宪法、法律的行政法规，公民可以书面向全国人大常委会提出审查建议，对于行政规章却没有相应规定。也就是说在中国普通公民没有立法动议权，没有向有关行政主体提出制定、修改、废除和解释行政法规和规章的法律议案的正式渠道。

其次，公众参与行政立法并非强制性规定，可操作性不强，缺乏相应的保障机制。是否吸收公众参与及在多大程度上吸收公众参与完全取决于行政机关。《规章制定程序条例》第15条规定：“对直接涉及公民、法人或其他组织切身利益，并存在重大分歧的规章应当向社会公布。”但是，条例中对何谓

“直接涉及公民、法人或其他组织切身利益，并存在重大分歧的规章”并没有界定。另外，中国目前没有公民参与行政立法的权利保障机制，也没有对行政机关的归责机制。这样导致公众参与行政立法的后果处于不确定的状态。公众参与行政立法变成了行政立法机关的“施舍”，就算行政机关滥用自由裁量权，公众也因缺少救济机制而无法提起行政救济。

最后，公众行政民主化意识仍有待提高。这主要是由于中国民主传统的长期缺乏，加上一直受公权力至上等观念影响，因此无论在行政机关还是在一般公众中，普遍存在行政立法是“行政机关的事”的观念。[①] 而实践中更多采用的是专家立法模式，也导致了对公众价值和作用重视不够。专家学者不能代替不同阶层的公众充分表达自己的利益诉求。政府没有通过听取相对人的意见和建议来更正、补充和丰富已掌握的信息，没有向公众分析法规、规章的成本和效益，那么在公众不了解立法的依据、理由、目的和内容之下所通过的法规、规章难免有问题，无形中还会增加法规、规章实施的风险和成本，甚至遭到公众的反对和抵制。

三　美国的经验

美国可以说是到目前为止世界上把公众参与行政立法机制建设得最为完善的国家之一。中国在完善公众参与行政立法机制提升立法质量和行政效能方面可以借鉴美国的做法，作为他山之石。

（一）美国确保了立法过程公开透明

美国关于行政立法的法律规范主要有《行政程序法》、《信息自由法》、《政府公开法》和《联邦咨询委员会法》等，这些法律相互衔接，赋予了公众十分广泛的参与权利，是公众参与行政立法的法律依据。从美国行政机关制定法规的过程来看，公开、透明的要求落实得比较好，体现了美国行政立法较高的透明度和公众参与度。

（二）具有一套较为完备的公众参与行政立法的制度

美国建立了一套较为健全完备的公众参与行政立法制度。其一，通告制度。这是美国政府立法工作的一种方式，也是公众参与立法的重要形式，它贯穿整个立法的全过程，所有的立法环节如果没有通告，所制定的法规就无效。其二，

① 参见蔡家琴《行政立法公众参与的必要性和可行性探析》，《公民与法》2011 年第 12 期。

回复制度。在立法过程中，美国行政机关对每个公众的意见都要认真阅读、分析、归纳、整理，无论是否采纳都要一一作出说明，同时还须向公众提供法规咨询，答复公众提出的问题。对于直接利益关系人或组织，一般要通过电子邮件的形式回复。其三，听证制度。根据美国行政程序法的规定，在立法过程中一般要举行立法听证会，如果政府决定不举行听证会，公众可在15天内提出要求进行听证，政府就必须召开听证会。政府要对听证会各个方面的意见进行详细记录，作为立法的重要信息资料。其四，监督制度。美国每部法规的立法都必须严格遵守联邦或州的行政程序法。公民、社会组织和其他政府机构若对某部法规的制定过程及其内容有异议，都可到法院提起诉讼，由法院判定法规是否有效。这一系列完备有效的制度是美国公众参与行政立法的重要保障。

（三）各类社会中介组织是行政立法中的一支重要力量

美国各类社会中介组织是行政立法的积极参与者和推动者，它们主动给立法人员写信或直接参与会谈，反映利益群体意见。比如美国国内各类行业协会通过收集信息资料、撰写分析报告，帮助政府部门提升对制定某项法规的重要性的认识，协助政府与利益群体沟通，以期争取协会会员利益。此外，美国的游说集团也是公众参与法规政策制定的重要力量，仅加州政府就有多个游说集团，他们受公民、企业或行业协会等委托，对法规草案进行研究，向其客户讲解法规出台的预期影响，代表其客户参加听政，提供评议意见。正是各类社会中介组织的积极参与，弥补了公众只懂专业不懂法律的不足，同时也为政府立法提供了有价值的信息。①

（四）功能健全的信息处理平台在行政立法中作用巨大

在美国的行政立法过程中，便捷的立法档案信息处理系统成为公众参与的主要平台，为实施立法透明度和公众参与度提供了重要的技术支持。政府部门将政府网站作为发布通告、收集评论、公布法规的重要渠道。比如联邦政府交通部创建的电子卷宗管理系统，能够存储法规制定的相关信息，形成法规信息库，公众可在该系统前台网站上随时查询或发表意见，交通部也可通过该网站进行意见反馈和回复。又如联邦政府环保署也开发了在线立法文档管理系统和法规起草工具系统，提供一站式检索、浏览和评论功能。②

---

① 参见江涛《美国公众参与行政立法信息公开及其立法档案信息化之启示》，《档案与建设》2009年第7期。

② 参见刘墨《美国行政立法公众参与制度的启示》，《新东方》2010年2月。

四 美国经验对中国的借鉴意义

(一) 建立有效的制度和完备的程序

借鉴美国的经验，我们一方面应普遍地、真实地、全面地公开立法的过程，使立法公开透明体现在立法活动的各个方面各个环节。如在立法规划的制定上，要公布规划草案，听取广大人民群众的意见和建议；在立法起草阶段，要允许公民和社会各界充分阐述对法律草案的看法；在立法提案阶段，要扩大提出法律案的主体；在立法审议阶段，应尽可能多地在各种媒体上公布法律草案以征求各方面的意见，应当经常举行公开的立法听证会，允许公民自由旁听立法讨论；在法案表决阶段，要允许公民旁观并在电视和电台转播全过程；在法律公布阶段，应当公开包括立法会议的议事记录在内的法律文本；另一方面要建立行之有效的立法信息和立法过程公开以及公众参与的保障机制。如建立立法信息公开制度、公众参与制度、信息反馈制度、责任制度、完善行政复议和行政诉讼制度。在整个机制的构建中，积极的回馈、双向互动是关键的一环。《广州市规章制定公众参与办法》对公众参与行政立法作了许多细化性规定，并且多有创新之举，其中就包括确立了公众意见反馈制度。该办法就公众参与意见反馈制度的以下事项作出明确规定：反馈时间（应有利于意见的充分反映）、反馈方式（应采用多样化方式，但可以网站回复为主）、意见是否采纳以及没有采纳的理由，值得其他省市借鉴。[①] 对于公众的评议，可以大胆公示和表态，在报送审查或提请审议时可一并予以提交，但行政主体制定法规规章又并不完全拘泥于公众所提意见，仍然可以自由地根据档案中的材料、理性研究和经验制定规章，[②] 这更能充分体现出行政机关实行民主化运作的自信和能力。

(二) 加大信息化网络化建设力度

现代化社会的运转是以信息技术为支撑的，建立公众参与信息系统是现代立法的客观要求。我们应借鉴美国经验，一要建立信息发布平台，二要建立公众参与信息平台，三要建立信息收集反馈平台，通过这些平台发布通告、收集评论、公布法规、反馈意见、储存信息，交流互动。要大力提高信息化含量和

---

① 参见代水平《行政立法公众参与的集体行动困境》，《西北大学学报》（哲学社会科学版）2011年第5期。

② 参见冯英、张慧秋《中国行政立法公众参与制度研究》，《首都师范大学学报》2008年第4期。

信息网络水平，提高立法人员驾驭网络信息的能力，充分发挥公众参与立法信息系统的功能。

（三）进一步加强政府与公众的立法沟通

目前最为有效的方式就是完善现有的听证制度。可以考虑通过以下七点来进行构建：第一，在听证人出席方面，规定出席立法听证会的听证人必须达到一定人数才能召开听证会。第二，在听证陈述人出席方面，要求出席立法听证会的听证陈述人要达到一定的数量。根据立法听证会通常的规模，结合具体情况，每次立法听证会的时间应该不少于半天。第三，关于听证会的主持，听证主持人应该是行政立法机关的主要负责人或者是其授权的人员，要保证听证的秩序和规范运作。其主要职责包括主持流程，介绍参加人员，就听证事项作简要说明，公平、合理地确定听证陈述人的发言顺序，听证会结束后作简要总结，并宣布听证会结束。第四，听证陈述人发言。在立法听证会上，听证陈述人可以在规定的时间内就听证事项如实地陈述事实和意见。之后，经过主持人的同意，听证陈述人还可以补充发言。第五，询问和提问。听证人可以就听证事项询问听证陈述人和提案人，列席人员经主持人允许，也可以向听证陈述人提问。对于这些提问，有关听证陈述人应当如实回答。第六，旁听。立法听证可以安排旁听人旁听与发言。第七，听证记录。听证陈述人在发言时，由听证机构的工作人员当场书面记录。书面记录应当全面、准确。记录完毕后由听证陈述人在听证记录上签字。如果听证记录有差错或者遗漏，听证陈述人可以予以补正。听证记录是制作听证报告的基础，应当按照规定存档，作为以后查考立法背景、推究立法意图的依据。

五 完善律师作为公众代表参加行政立法的途径

中国重要的法典的制定或修改都有律师的参与，如 2004 年备受社会各界关注的《公司法》的修改，国务院首次委托律师协会征集立法意见。目前，中国律师直接参与立法多表现为担任人大代表或政协委员，但是还不能在制度中以自己的职业身份作为一个界别参与各种立法。著名重庆律师韩德云说："无论是立法参与，还是给政府机关提供法律服务，仅仅靠律师去推动是无法想象的。政府法治理念的提升和促进作用才是关键。"[①] 但是在立法中提升律

① 转引自廉颖婷《一个群体的有序政治参与——重庆律师参政议政现象解读》，《法制日报》2007 年 3 月 25 日。

师的参与度对于公众参与行政立法仍是一种非常有意义的方式。

（一）完善律师参与立法的制度渠道

为使律师参与包括行政立法在内的立法法律化，国家在立法层面有必要对《立法法》、《律师法》作相应的修改，并且地方人大和政府也应完善地方立法条例。以浙江省为例，在《关于进一步加强和改进律师工作的实施意见》文件的基础上，制定了《律师权益保护条例》。同时，完善立法听证的内容、规范立法听证的程序并使之良性运转尤为必要。在尊重宪法和法律赋予律师的政治权利的前提下，建立健全律师参与立法的渠道，将其以法律的形式固定下来，使之程序化、精确化，现实律师在各种立法环节中的参与就有法可依，可以依法参与。

（二）强化律师在立法回应机制中的作用

律师作为最为关注各种立法的公众成员，对于新出台的立法草案最为关注，反应也最为迅速。针对律师群体开辟专门的反应渠道，收集争议最多或者有多种解释的修改意见，集中公开在网络或传统的报纸媒体中，可以帮助公众理解新的立法草案。在提高公众参与立法的水准和普法的同时，达到真正了解民意的作用。立法机关应搭建沟通平台、建立平等对话机制，在明确草案公布内容、范围和参与方式标准化基础上，对民众关切的立法事项进行平等对话，给予应有的回应。

（三）构建律师参与立法评议、评估制度

律师由于其职业特点，每天站在司法实践的最前沿，聆听广大群众的法律诉求，处理各种复杂的社会关系，对于应予立法规范的事项、立法背后的利益偏向等问题，具有绝对的发言权。在法律制定实施后，律师拥有的理论基础对相关法律规范具有研究深度，加上律师对公众的法律服务而形成的实践广度，同时在工作中又经常可以了解到社会公众对法律制度的认知度、满意度，因此，律师对法律制度的科学性、法律规定的可操作性、法律执行的有效性等均能作出较客观的评价。律师的有效参与，可以及时弥补法律漏洞，增进立法工作的科学性，同时又可以确保法律的可接受性、可操作性。因此，应将律师作为立法评议、评估的主力军，并在立法程序中规范下来，形式可以采取听证会、律师立法评议、评估报告等方式，以保证包括行政立法在内的各种立法更加符合社会需求。

（四）推行律师担任法律顾问、法律助理制度

深圳市人大常委会于2002年年初在全国率先尝试法律助理制度。2009年8月，陕西省1052名律师，分别为494名省人大代表、558名省政协委员免费担任法律顾问，在全国尚属首例。具有法律理论和实践经验的法律专业人士，主要是律师群体担任法律顾问、助理，其工作主要是协助各级人大常委会法制委员会开展立法工作，工作内容主要包括立法调研、提供法律建议、评估法律风险和参与法律、法规起草。人大代表来自社会的各行各业，缺乏专业的法律理论背景，对立法的审议多流于形式而导致“外行立法”的现象。而通过法律顾问、助理的帮助，人大代表加上自身的职业背景就能够综合提出具有较强的针对性又不乏实践性的意见。这种制度的加入有利于提高立法质量，确保立法的科学性。此外，律师在担任法律助理的过程中可以将收集到的民意，运用专业知识和自身能力进行梳理总结，提高人大代表对于民意真实需求的关注。因此，有必要在明确规定法律助理的职责、完善管理制度、保障法律助理的工作经费和工作条件的前提下继续推进律师助理制度。

六　结语

托克维尔在《论美国的民主》中指出：“不管一项法律如何叫人恼火，美国居民都容易服从，这不仅因为这项立法是大多数人的作品，而且因为这项立法也是本人的作品。他们把这项立法看成是一份契约，认为自己也是契约的参加者。”① 可见公众参与行政立法对构建行政的民主化和高效化具有很大的价值。在公众参与行政立法的进程中不断提高律师参与立法的程度，不仅在社会中提高了公民参与行政立法的关注度，而且开辟出了一条更加具有价值的收集民众立法需求的途径。陕西省在西部大开发之际要抓住机遇努力成为全国内陆型经济开发开放战略高地，省府西安在建设成国际化大都市之际，更要以行政管理体制改革为先行，积极提升政府政策法规制定和落实的质量及公众认可度，而完善公众参与行政立法机制无疑具有极大的推动作用。

① ［法］托克维尔：《论美国的民主》，董果良译，商务印书馆1997年版，第188页。

行政执法之监督链条缺漏及其完善研究

邓联繁①

摘　要　在中国现行的制度框架下，人大监督、行政监督、审判监督和舆论监督对行政执法均发挥了相应的监督作用，但都还存在不足。行政执法权的滥用之所以得不到有效遏制，一个重要原因在于各种监督机制未形成完整的监督链条。应当建立健全一种以行政过程为核心的全程监管体系，将行政执法的整个环节都纳入监管的范畴。为此，特别需要在行政执法监督链条中强化检察监督，把加强对行政执法的检察监督纳入深化行政执法体制改革的议程。

关键词　行政执法　检察监督　行政执法体制改革

中共中央十八届三中全会通过的《关于全面深化改革若干重大问题的决定》共60个要点，其中包括“（31）深化行政执法体制改革”，反映了深化行政执法体制改革的重要性与紧迫性。同时，该要点明确要求“加强对行政执法的监督”，表明加强对行政执法的监督是深化行政执法体制改革的重要内容。那么，如何加强对行政执法的监督呢？从现行制度框架来看，对行政执法进行监督的主体不可谓不多，监督机制不可谓不复杂。但从实践效果来看，因违法行政而导致行政相对人和公众合法权益受损的事例却不胜枚举。特别是在中国社会转型日渐深入的大环境下，因违法行政而导致的流血冲突不断，社会群体性事件此起彼伏，严重影响了社会的和谐稳定。在此背景下，我们不得不反思，现行行政执法监督体制机制究竟能否实现对行政执法权的有效监督？存在的主要问题有哪些？如何改进和完善？本文认为，加强对行政执法的监督，必须在行政执法监督链条中强化检察监督，把加强对行政执法的检察监督纳入

①　中国社会科学院法学研究所与北京市住房贷款担保中心联合培养博士后，中共湘西州委党校教授。

深化行政执法体制改革的重要议程。

一　现行行政执法监督的主要方式及其不足

在中国现行的制度框架下，能够对行政执法权进行监督的方式主要有如下几类：（1）人大监督，即各级人大及其常委会对行政执法权的行使进行监督；（2）行政监督，是指行政机关内部上下级之间，以及专设的行政监察、审计机关对行政机关及其公务人员的监督，是行政系统的一种内部监督；（3）审判监督，即法院通过审理行政案件来对行政机关通过具体行政行为方式行使职权的行为进行监督；（4）舆论监督，即公民、法人或其他组织通过新闻媒体对行政机关及其公务人员行使执法权力的活动进行监督。以上四种监督方式都发挥了一定作用，同时都存在明显不足。

（一）人大监督具有非个案性

全国及地方各级人大及其常委会是中国宪法确立的国家权力机关。与其他监督方式相比，人大监督应当是最具权威性、最为有效的监督形式。但就对行政执法的监督而言，人大监督所能发挥的效力明显有限。其一，总体来看，人大的监督是一种抽象监督，难以深入到对具体执法活动的监督。以 2006 年《各级人民代表大会常务委员会监督法》的规定来看，人大对行政权的监督主要通过听取报告、审查预决算、规范性文件的备案审查和重要的人事任免。从这些监督方式可以看出，人大对行政权的监督，主要是对作为一级政府的整体监督，而较少涉及对具体执法部门的监督。其二，尽管就其职权来看，立法明确了各级人大常委会可通过询问和质询、特定问题调查等对方式对各级政府进行监督，但实践中，因为各方面的原因，各级人大通过此种方式行使职权的几率比较低。其三，就人大自身的信息、资源而言，难以介入对具体执法活动的监督。行政执法是一项技术性很强的活动，需要相当多的资源、技术和信息。行政机关在行政执法权方面具有天然的优势。对于不从事具体管理活动的人大而言，受制于信息、资源等多方面的局限，往往难以对行政执法权的行使进行有效的监督。

（二）行政监督具有非制度性和非中立性

行政监督是行政系统的一种内部监督途径。目前，行政机关对于行政执法权的监督，主要体现为三种形式：专门监督、层级监督和行政复议。由于行政权威的存在，在实践中，行政监督是一种有效的监督形式。但是，在行政执法监督方面，行政监督也面临诸多不足。其一，层级监督的非制度化。目前关于上下级的层级监督，没有明确的立法规定。这种监督的实现，主要依赖上下级之间的领导关系，这种制度运行的好坏在很大程度上取决于领导的个人意愿。其二，行政监察的属人性。尽管《行政监察法》将行政机关和公务人员都作为行政监察的对象，但实践中，行政监察主要以行使公共职权的公务人员为主要监督对象，监督内容则为公务人员是否遵纪守法。如此监察，很难深入到具体的行政执法过程。其三，通过行政复议来对行政执法活动进行监督，面临着受案范围、证据、期间、程序等限制，效果有限。其四，从整体上来说，行政监督还面临着独立性差、利益同构等正当性质疑。与人大监督、司法监督相比，行政监督是行政系统的一种内部监督，其独立性、公正性容易受到影响。

（三）审判监督具有滞后性与被动性

由于行政诉讼的被动性和法院受理行政诉讼范围的内在原因，行政诉讼对行政执法的监督效果有限。这主要基于如下几方面的原因：其一，人民法院对行政机关执法行为的监督主要是通过审理行政案件来进行。没有当事人依法提起行政诉讼，人民法院不能主动介入对行政执法活动的监督。而当事人要提起行政诉讼，受到诸多因素的制约：受案范围、原告资格、起诉期限、证据等。在实践中，基于各种原因，相当多的行政违法活动并未进入司法程序，法院也无从对此类活动进行监督。其二，法院对具体行政行为的审查权仅限于合法性方面，一般不审查其合理性。《行政诉讼法》第 5 条规定，人民法院“对具体行政行为是否合法进行审查”。法院对具体行政行为合理性的审查，仅限于行政处罚显失公正的情形。对于行政处罚显失公正之外的行政执法违法，法院难以进行合理性审查。其三，《行政诉讼法》对行政诉讼范围作出了明确规定，并非所有行政执法活动都能提起行政诉讼。司法实践中并未确立行政行为受司法审查的普遍假定，行政诉讼法对受案范围采取了列举式的规定，所以实践中有大量的行政执法行为徘徊于司法审查的边缘。其四，受到原告资格、诉讼期间、证据等因素的影响，法院对行政执法活动的监督只能是一种有限监督。

（四）舆论监督具有依附性

在现代社会，舆论监督是预防和监督行政执法权滥用的一种重要监督形式。特别是随着现代网络技术的发展，以及民众主体意识和权利意识的勃兴，舆论监督的作用将更为重要。但是，舆论监督和群众监督本身需要依附其他监督制度才能发挥作用，其本身不足以对行政执法活动产生具有法律约束力的影响。

二　行政执法监督链条在整体上的缺漏

上述分析表明，尽管中国现在存在多种行政执法监督制度，但这些制度难以有效遏制行政执法权的滥用。究其原因，主要在于现行的行政执法监督机制并未形成一条完整的监督链条，存在诸多欠缺。

（一）以结果监督为主，欠缺对行政过程的监督

行政执法监督体制运行不畅的首要原因在于各种监督机制在制度设计方面存在内在缺陷。目前的监督机制，基本局限于执法过程的外围，或通过非制度化的层级监督，或通过对执法结果的事后审查，或通过听取报告等形式。这些制度的运行基本上以行政程序的结果和代表国家行使职权的公务人员为主要监督对象，难以深入到行政执法的具体过程。[①] 这种监督必然只是对行政执法是否超越法定权限和程序的一种外部监督，难以深入到具体行政程序内部，对相关行政执法是否符合法定条件、行政裁量权的行使是否合理等进行深入监督。

（二）监督方式有限，难以对行政执法过程形成完整的监督

如前所述，人大监督主要是一种抽象监督，行政监督主要是内部监督，审判监督主要是个案监督。这些监督方式都有其内在的启动程序和运行条件，离开这些程序和条件，行政执法的监督将难以为继。在具体的行政执法过程中，上述监督方式不足以对行政权的滥用形成有效监督。如对行政过程的监督，对阶段性行政行为的监督，对合作性执法行为的监督，上述三种监督方式就显得捉襟见肘。

（三）监督动力不足

无论是权力机关的监督、行政机关的监督，还是舆论监督以及群众监督，都面临动力不足的问题。在中国当前的宪法框架和实践中，行政权一权独大，

---

① 关于行政过程论的具体思想，可参见［日］盐野宏《行政法总论》第4版，杨建顺译，北京大学出版社2008年版；赖恒盈《行政法律关系论之研究》，元照出版有限公司2003年版；湛中乐《现代行政过程论——法治理念、原则与制度》，北京大学出版社2005年版。

其他权力的运行往往受制于行政权。例如常见的情况是，行政权掌控或影响着其他机关的人、财、物，由这些主体监督行政执法权，其独立性、积极性和有效性都值得怀疑。人民群众虽然有监督的意愿，但其监督必须依附其他监督制度才能起作用，在其他监督制度运行不畅时，群众监督的作用也难以有效发挥。

（四）存在信息不对称的难题

中国行政权向来庞大，行政权的触角遍及各行各业和社会生活的方方面面。很多情况下，如专利行政机关、版权行政机关、质量监督行政机关在行使职权时，更体现出鲜明的专业性、技术性特点。除了行政监督外，其他监督主体因为信息、资源、能力等各方面的缺乏，难以对行政执法活动进行有效监督。

三　一种完善思路：以行政执法的检察监督为突破口

以上缺陷，制约了现有监督制度在规范行政执法方面的作用。改变这种现状，既需要落实现有制度，使其规范功能得以充分发挥，如人大在执法检查方面要切实发挥作用，行政监督要通过制度化的途径，健全其层级监督和专项监督，法院要依法独立行使审判权，对属于受案范围的行政执法行为，依法进行严格审查；又需要针对现行监督制度存在的不周延和缺漏，引入新的监督机制。由于现有监督机制都只是针对行政执法的个别环节，即使我们在这些个别环节上进行修修补补，使现有监督机制的功能得以最大程度发挥，其仍难以避免出现挂一漏万之情形。因此，在行政执法的监督机制上，需要改变传统的针对不同环节分别监督的做法。应当建立健全一种以行政过程为核心的全程监管体系，将行政执法的整个环节都纳入监管的范畴。行政执法的检察监督在这方面可以大有作为。

（一）检察机关监督行政执法具有宪法基础

《宪法》第 129 条规定："中华人民共和国人民检察院是国家的法律监督机关。"作为宪法规定的法律监督机关，检察机关有权对法律的实施进行监督。行政机关作为主要的执法主体，在实践中承担着绝大多数法律的实施的职能，其执法活动理当接受检察机关的监督。然而，检察机关的宪法角色在制度层面并未得到充分体现。如《人民检察院组织法》就将检察机关的职权概括为：职务犯罪侦查、立案与侦查监督、刑事公诉、审判监督和执行监督。[①] 据此定位，对行政执法的检察监督就难以被上述职权所涵盖。从行政执法的监督体系来看，检察机关的监督也很少被纳入行政执法的监督体系。如国务院2010年通过的《关于加强法治政府建设的意见》在行政监督部分，只提及“各级人民政府和政府部门要自觉接受人大及其常委会的监督、政协的民主监督和人民法院依法实施的监督”。全文没有一处提及检察机关，似乎法治政府的建设与检察机关无甚关联。检察机关的法律监督职能，在如此重要的政策文件中，没有丝毫体现。

检察机关对行政执法权的监督不仅在制度层面未得到充分尊重，在学理上也多有争议。不少学者以西方的法治模式和法治经验为依据，对中国检察监督权之正当性提出质疑。实际上，每个国家的法治建设都必须与本国的宪法体制相适应。检察机关是中国宪法明定之法律监督机关，其对法律之执行、实施进行监督是法律监督权的应有之义。至于监督的方式、监督的内容，当然可以讨论，但如果以西方国家检察权的行使经验为依据，否定中国检察权介入对行政执法的监督，则难以服众。

与检察监督在制度和理论层面皆处于混沌不清之状态相关，检察机关在行政执法监督方面的作为不尽如人意。尽管实践中各地检察机关在行政执法监督方面大力探索，但这种探索仍是局部经验，不具有普遍适用的价值。“事实上，行政执法多年来一直游离于国家检察机关法律监督的视野之外。”[②] 检察监督在行政执法中的缺位，不仅背离了检察机关的宪法角色和功能，使其监督职能仅局限于诉讼监督，也放纵了行政执法权的滥用，使因行政执法受损之合法权益处于无法保护之状态。

（二）全面理解检察机关的法律监督地位

检察机关作为中国宪法确立的法律监督机关，具有特定的含义和地位，需要全面、准确的理解，如此方能为行政执法的检察监督提供充分的宪法和学理根据。

首先，检察权是国家权力的重要组成部分，检察监督是法律监督的主要形

① 《人民检察院组织法》第5条规定，各级人民检察院行使下列职权：（一）对于叛国案、分裂国家案以及严重破坏国家的政策、法律、法令、政令统一实施的重大犯罪案件，行使检察权。（二）对于直接受理的刑事案件，进行侦查。（三）对于公安机关侦查的案件，进行审查，决定是否逮捕、起诉或者免予起诉；对于公安机关的侦查活动是否合法，实行监督。（四）对于刑事案件提起公诉，支持公诉；对于人民法院的审判活动是否合法，实行监督。（五）对于刑事案件判决、裁定的执行和监狱、看守所、劳动改造机关的活动是否合法，实行监督。

② 孙谦：《设置行政公诉制度的价值目标与制度构想》，《中国社会科学》2011年第1期。

态。检察权是全国人民代表大会制度下国家权力的重要一环，“这是一项与行政权、司法权互相独立的权力，其目的在于维护国家法律的统一实施，防止行政、司法专断和腐败，它所行使的法律监督与权力机关所行使的监督权不同；检察监督权的介入，能够为立法、行政、司法权之间的制衡架设桥梁”[①]。

其次，检察机关作为宪法规定的法律监督机关，表明检察权的核心是法律监督权。但检察机关既非“垄断”法律监督职权，亦非“统摄”法律监督职权。检察机关行使法律监督的具体形式，仍需诉诸《人民检察院组织法》、《刑事诉讼法》、《民事诉讼法》、《行政诉讼法》、《环境保护法》等其他法律的具体规范。

再次，检察机关的法律监督权，具有独立的监督形式和内容，不能取代其他的法律监督形式。如前所述，人大监督、行政监督、审判监督、舆论监督各有其功效和运行方式，检察机关的法律监督与其他监督方式是分工明确、相互合作、互为补充的关系，不能相互替代或取代。

最后，对于检察机关的所有具体权力形态，应当从“法律监督”的功能视角予以整体性的理解。一方面，对于检察机关的权力性质，应当从“法律监督”的角度予以理解。检察机关的所有权力配置和权力行使，都应当服从和服务于检察机关的“法律监督”角色，不能将检察机关降格为纯粹的诉讼监督机关；另一方面，检察机关作为国家权力机关，也应当遵守权力法定原则，检察机关的具体权力行使，特别是具有直接法律效力的权力形态，必须有明确的法律根据，依照法定程序行使。正是在此意义上，有学者批评，现行《人民检察院组织法》缩小了宪法所规定的法律监督权，从而导致了现行法律检察机关难以对行政行为进行监督。[②] 因此，要强化检察机关的法律监督地位，特别是拓展检察机关在行政执法中的监督地位，需要修改《人民检察院组织法》、《行政许可法》、《行政处罚法》等相关法律，赋予检察机关更多的监督方式和手段。

① 韩大元、刘松山：《论我国检察机关的宪法地位》，《中国人民大学学报》2002 年第 5 期。

② 参见陈骏业《行政权力检察监督的探索与构想》，《人民检察》2005 年第 11 期。

社会救助法治化的逻辑起点

朱勋克[①]

摘　要　国家决定要以法治方式推进社会救助制度建设，指明了中国社会救助可持续发展的方向。中国社会救助顶层设计存在瑕疵，主要表现为救助体系模糊、基本制度缺失、治理体系低效。以法治方式推进社会救助制度建设，完善顶层设计为逻辑起点，需要明确社会救助的含义及体系、突出强调社会救助价值追求和基本原则、统一社会救助对象范围等。同时需要创新治理体系，推动依法救助全面落实到位，包括健全社会救助治理机构、创新基层社会救助治理方式、强化救助政策执行、优化救助工作环境等。

关键词　社会救助　顶层设计　治理　法治

随着各项社会救助制度的建立完善，中国社会救助初步实现了从最初的生存型救助向综合型保障的发展。[②] 但无可否认的是，中国社会救助的顶层设计有瑕疵，存在“碎片化”等问题，[③] 社会救助的法治化水平迫切需要提升。

一　顶层设计模糊：影响社会救助法治化发展

社会救助顶层设计是指统筹考虑社会救助各层次和各要素，在最高层级上进行整体谋划，建构一个规划全面、制度完备、治理顺畅，能够可持续发展的社会救助体制与机制。中国社会救助制度的顶层设计模糊，主要表现为社会救助的体系架构不明确、基本制度缺失及治理体系效率不高。

---

① 中国社会科学院法学研究所博士后，中华全国总工会工运研究所助理研究员。

② 参见米勇生《社会救助与贫困治理》，中国社会出版社 2012 年版。

③ 参见国务院办公厅《李克强主持召开国务院常务会议》，http: //www. gov. cn/ldhd/2013 - 10/30/content_ 2518140. htm。

（一）含混的救助体系

中国社会救助体系没有统一的制度规范，其边界和价值规范不够明确。

一是社会救助整体架构设计不清晰。在国家层面，由于缺乏较高位阶且以社会救助整体为对象的制度规范，“社会救助”的具体内涵和制度体系无权威界说。一方面，社会救助没有法定的含义和体系。中国社会救助立法相当滞后，主要表现为“法律缺失”和“法律粗糙”。“法律缺失”指中国缺乏国家层面的社会救助基本法。《社会救助法》列入国家立法规划近二十年，[①] 但何时出台还尚无时间表。[②]《社会救助暂行办法》（2014）也没有规定社会救助的含义及体系问题。“法律粗糙”是指社会救助各专项业务现有法规规章[③]的内容较为原则，规定不够圆满细致，且对一些较为重要的内容没有进行规制；另一方面，中国规范性文件对社会救助体系的界定不一。党的十八大报告提出“完善社会救助体系”，但未明确具体内容。《国民经济和社会发展第十二个五年（2011—2015 年）规划纲要》提出的社会救助体系主要内容不全，侧重于城乡最低生活保障、农村五保供养、自然灾害救助和临时救助。国务院《国家基本公共服务体系“十二五”规划》中，社会救助与社会福利、优抚安置等归在“基本社会服务”项下。[④] 而就业救助、教育救助、住房救助、法律救助等专项救助则分别归类在劳动就业服务、基本公共教育、基本住房保障等项下，且名称分别为就业援助、教育资助、廉租住房和公共租赁住房、法律援助等。此外，交通救助是否属于社会救助也无明确界说。[⑤] 整体上看，中国社会

① 《社会救济法》1994 年列入《八届全国人大常委会立法规划》。这是新中国首次提出制定社会救助的法律规范。但由于各种原因，《社会救济法》未颁布实施。此后，《社会救济法》列入十届全国人大常委会立法规划。2005 年，《社会救济法》改名为《社会救助法》。2008 年，《社会救助法》列入《十一届全国人大常委会立法规划》。参见张秀兰、朱勋克《对〈中华人民共和国社会救助法（征求意见稿）〉的修改建议——兼论社会救助法的基本特征及定位》，《社会保障研究》2009 年第 1 期。

② 近日召开的国务院常务会议上，中央高层表示，社会救助法草案并不成熟，有待进一步研讨。参见温如军《社会救助法草案近期可能无法出台》，《法制晚报》2010 年 11 月 24 日。

③ 如《城市居民最低生活保障条例》（1999）、《农村五保供养工作条例》（2006）、《自然灾害救助条例》（2010）、《城市生活无着的流浪乞讨人员救助管理办法》（2003）、《法律援助条例》（2003）、《诉讼费用交纳办法》（2006）、《廉租住房保障办法》（2007）、《就业服务与就业管理规定》（2007）、《道路交通事故社会救助基金管理试行办法》（2009）等。

④ 具体内容为：着力健全以城乡最低生活保障制度为核心，以农村五保供养、自然灾害救助、医疗救助、流浪乞讨人员救助制度为主要内容，以临时救助制度为补充的社会救助体系。参见国务院办公厅《国务院关于印发国家基本公共服务体系“十二五”规划的通知》，http://www.gov.cn/zwgk/2012-07/20/content_2187242.htm。

⑤ 财政部 2009 年颁布规章《道路交通事故社会救助基金管理试行办法》，设立道路交通事故社会救助基金，用于垫付机动车道路交通事故中受害人人身伤亡的丧葬费用、部分或者全部抢救费用。

救助制度架构无权威的统一界说，是凌乱离散的。

二是社会救助政策中基本价值规范缺失。社会救助的基本价值可以分为表层价值、中层价值及深层价值。表层价值是社会救助最直接最感性最容易体认的价值，有时与社会救助的功能重合。综合来看，社会救助对经济、政治、文化、社会等的发展都会发挥直接或间接的作用，即促进了经济的发展、维护了社会的和谐稳定、助推了政府治理方式的转变、增进了社会融合。[①] 这是社会救助的表层价值。

社会救助中层价值则是社会救助制度对公平正义的追求。在法哲学看来，正义的目标在于使人类能平等地普遍地享受精神与物质上的福祉。[②] 福利经济学倡导要为社会中处于最不利地位的人们提供最大可能的利益，同时确保机会平等。[③] 显然地，公平正义是社会救助的基本价值。社会救助追求公平正义体现在两个方面：一方面，社会救助制度的设计必须体现公平正义的价值取向；另一方面，社会救助结果应当促进社会公平正义。中国社会救助制度从理念、制度设计到实践操作，并不缺乏公平正义的要素，但无论是基本生活救助还是专项救助都没有完整的追求公平正义的价值表达。

社会救助深层价值是指社会救助的最终目的，即人的全面发展。社会救助政策应当提供缜密的制度安排，在满足救助对象个人需要的同时，为救助对象自由支配时间、实现全面社会交往提供支持。[④] 中国目前的社会救助以“他助”为主，强调“自助”（依靠自己力量解决问题）力度不够。尽管目前有人认为救助对象不能被视为权利的享有者，而是指导和监督的对象，“需要修正穷人的行为以满足公众期望”[⑤]。但无论如何，社会救助应当倡导责任、共享、共生等理念，[⑥] 促进救助对象的全面发展始终是社会救助制度永恒的终极目标。

（二）缺失的基本制度

我国社会救助制度中一些基础性、技术性的基本制度亟须进一步规范

---

① 参见朱勋克、高华俊《农村社会救助的政策选择及可持续发展建议》，载白钢、史卫民主编《中国公共政策分析》2009 年卷，中国社会科学出版社 2009 年版。

② 参见韩忠谟《法学绪论》，北京大学出版社 2009 年版。

③ 参见［美］尼古拉斯·巴尔《福利国家经济学》，郑秉文等译，中国劳动社会保障出版社 2003 年版。

④ 参见陈文庆、王国银、苏平富《民生幸福：社会救助伦理价值向度》，《湖州师范学院学报》2013 年第 2 期。

⑤ ［美］苏黛瑞：《社会救助的根源：对福利体制、目标与方法之差异的初步思考》，周凤华译，《华中师范大学学报》2013 年第 1 期。

⑥ 孙杨：《新时期社会救助应树立的四个理念》，《中国社会报》2013 年 7 月 11 日。

完善。

1. “最低生活”与贫困混淆不清

“最低生活”是社会救助的核心要义。目前，中国法律和相关政策规范未对“最低生活”进行界定。与之密切相关的“贫困”也无法确定含义，[①] 二者的关系混淆不清。毋庸置疑，最低生活保障对象属于贫困人口的范畴，但最低生活保障标准是否为界定贫困的主要指标应当有权威的说法。

2. 救助对象界定不统一

当前中国救助对象种类繁多，认定资格条件不一。基本生活救助以最低生活保障对象为主体（农村五保供养对象为农村“三无”人员）。各地在实践中，又发展出低保边缘人群。而各专项救助对象则是五花八门，如“家庭经济困难学生”、“法律援助对象”、“困难职工”等。这些群体实质上就是两类人群，即低保对象和低保边缘人群。在实践中，低保边缘人群（各专项救助之困难人群）没有规范统一的划分标准，导致边缘人群规模范围不一。

3. 救助给付标准限额不明确

救助给付应有适宜救助对象实际需要的标准。若给付过低，不利于维持救助对象基本生活，无法帮助他们渡过难关；若给付标准过高，则导致福利依赖，出现“养懒汉”等现象，产生新的不公平情势。因此，救助给付标准的最高限额是当地居民平均消费支出的一定比例，还是当地最低工资标准？或者是其他的限额？另外，救助对象可否随意处置申领救助给付的权利？国家应对这些问题予以明确的回答。

4. 申请社会救助的前置义务不明确

按当前制度安排，公民陷入困境可通过社会保险、家庭扶助等各种途径获得帮助。同时，社会救助对象在申请社会救助前，应当利用自己的资源、资产等尽力改善自身处境，只有当救助对象穷尽自己的资源和能力后仍然无法维持基本生活的，方可申请社会救助。此为救助对象的前置义务，也是各国社会救助的通行做法。但中国目前尚未规定上述前置义务。

5. 家庭经济状况核查制度不完善

全面准确核查救助对象的家庭经济状况是社会救助工作中普遍存在的

---

① 各种贫困的含义如下：绝对贫困又叫生存贫困，是指在一定的社会生产方式和生活方式下，个人和家庭依靠其劳动所得和其他合法收入不能维持其基本的生存需要，这样的个人或家庭就称为贫困人口或贫困户。相对贫困是指与社会平均水平相比其收入水平少到一定程度时维持的那种生活状况。通常是把人口的一定比例确定生活在相对的贫困之中。发展贫困线是在生存贫困线之上的一条收入线或消费支出线，它不仅包括了维持基本生存水平所需要的收入，也包括了社会平均水平的教育、医疗保障所需要的支付能力。参见中国发展研究基金会组织编写的《在发展中消除贫困》，中国发展出版社2007年版。

“老大难”问题。2013 年，民政部提出在全国 30% 的地区建立核对机制、“十二五”末全面建立的目标。[①] 但到目前，一些省份尚未就全面推进居民家庭经济状况核对机制进行部署和安排，也没有形成指导意见或规划方案；在 143 个试点地区还有一多半存在不同的问题，包括政策设计、操作流程、部门协调等，需要进一步细化完善。

（三）低效的治理结构

中国社会救助实行多部门分头管理，用“上层不协调、基层不专业”[②] 来描述，十分准确精妙。

1. 救助主体多，治理机构分散

中国现行社会救助由多部门分散管理，其中基本生活救助、医疗救助、灾害救助和临时救助由民政部门管辖，教育救助、住房救助、法律救助等分属教育、住房与城乡建设、司法等部门管辖。2013 年 8 月，国家成立了由 23 个部委组成的全国社会救助部际联席会议制度，[③] 这是社会救助治理的一大进步。然而，联席会议制度实施效果尚待观察。[④] 一方面，联席会议制度组成单位分为社会救助业务主管和支持系统两大类，其中属于支持系统的单位较多，而业务主管单位如司法部、最高人民法院、交通运输部，以及承担了一部分社会救助职能的工会、妇联等未纳入（见图 1）。另一方面，联席会议成员单位会从自身业务出发，不断创设新概念或业务体系，弱化甚至消除专项救助制度的“社会救助”属性（如前述的法律援助、教育资助、住房保障等），社会救助在某种程度上几乎被萎缩为“民政救助”。社会救助多头管理的直接结果，一是社会救助无法成为有机联系的整体，综合救助能力弱。二是在实际操作中出现一些困难家庭接受了多部门实施的各种救助，而另一些贫困户则很少得到救助，[⑤] 产生新的不公平。

2. 基层能力弱，服务递送亟须强化

乡镇、街道和村委会、居委会是救助服务递送的最末端，但承担了社会

---

① 参见张伟涛《建立居民家庭经济状况核对机制破解社会救助对象认定难题》，《中国社会报》2013 年 6 月 20 日。

② 张宝山：《社会救助：基层建设亟待加强》，《中国人大》2012 年第 23 期。

③ 参见国务院办公厅《国务院关于同意建立全国社会救助部际联席会议制度的批复》，http://www.gov.cn/zwgk/2013-09/10/content_2485151.htm。

④ 全国社会救助部际联席会议由民政部部长任召集人，“不刻制印章，不正式行文”，其统和协调力度有限。

⑤ 参见宫海霞《健全县级社会救助机制的建议》，《中国财政》2012 年第 16 期。

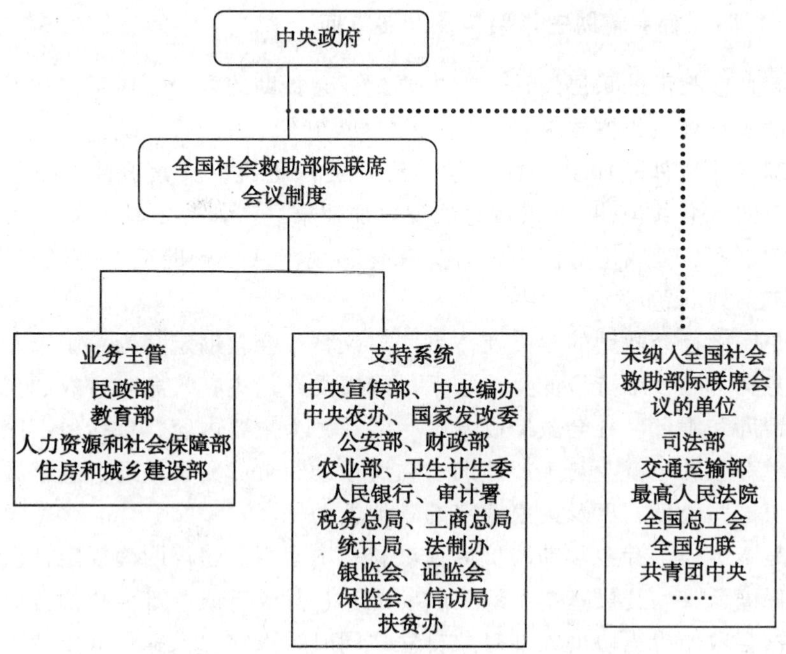

图1 国家层面的社会救助治理体系

救助的申请审核工作，是办理社会救助的第一关，掌握至关重要的“筛选权”。然而，乡镇、街道和村委会、居委会社会救助能力薄弱始终是一个多年未得到有效解决的老问题。许多社会救助管理人员抱怨，基层工作任务量大，但工作力量薄弱，“无人办事、无钱办事”的现象十分普遍，这无法保证乡镇、街道及村委会、居委会严格、规范、精确地甄别救助对象，影响救助政策的执行。

二 规范顶层设计：以法治方式推进社会救助制度建设

以法治方式推进社会救助制度建设，① 既要解决制度设计问题，建立起科学合理并衔接有效的制度体系；同时也必须进一步创新和完善治理体系，有针对性地破解难题，确保良好的社会救助制度能够精准落实到位。

① 参见国务院办公厅《李克强主持召开国务院常务会议》，http：//www.gov.cn/ldhd/2013－10/30/content_ 2518140.htm。

（一）明确社会救助主体架构及发展方向

完善社会救助的顶层设计，首先要对社会救助的内涵、体系架构及一些基础性制度进行规范，主要途径有两条：尽快制定《社会救助法》或出台社会救助的综合性文件。加快《社会救助法》立法进程，其紧迫性、必要性等已获得广泛的社会共识，① 建议按立法程序加速推进。如若《社会救助法》不能按期制定颁布，建议国务院出台有关深化和规范社会救助工作的规范性文件，重点规范下列问题。

一是明确社会救助的含义及体系。建议将社会救助定义为：国家和社会对依靠自身努力难以维持最低生活水平，或遭受自然灾害、急难事故的公民给予的物质帮助和服务。社会救助以基本生活救助为主要内容，包括但不限于医疗救助、教育救助、就业与生产扶助、住房救助、自然灾害救助、急难救助、交通救助、法律救助，以及国家确定的其他救助。

二是突出强调社会救助的价值追求和基本原则。建议明确规定社会救助的目的是保障低收入公民基本生活及救助遭受自然灾害或急难事故的公民，并特别强调社会救助应当协助救助对象自立；同时重点突出保障最低生活水平、追求公平正义，以此明确社会救助不同层次的价值追求。明确平等救助（即公民符合救助条件者，均有权申请社会救助），属地管理、分类救助，自助与他助相结合，以家庭为单位等基本原则。

三是明确规定最低生活水平及标准。建议规定：最低生活是指能够维持公民健康和基本尊严的生活水平；最低生活保障标准由维持公民最低生活水平所必需的食品、衣物、住房费用，并适当考虑水、电、燃煤（燃气）费用以及未成年人的义务教育费等构成。建议由全国人大常委会或国务院（或授权民政部）通过立法指导各地设定城乡最低生活费标准，各有关部门按最低生活费标准设定救助（或补助优惠）对象，以此统一“贫困”或“经济困难”的界定口径。

四是统一社会救助对象范围。建议基本生活救助和各专项救助的救助对象

---

① 全国人大原常委会委员信春鹰认为，现在尽管社会救助工作全面推开，很多模式也相对成熟，但还是以政策调整居多，比较随意、零乱。进行一项救助，要在各相关部门的许多文件中挑选依据，确定对象。社会救助不仅是整个民政工作中很重要的一项内容，也是中国社会建设中很重要的一部分。没有社会救助立法，救助工作不稳定，成本也将非常大。没有相关法律约束，救助渠道不畅通，使得很多救助项目不能直接给到被救助人，跑、冒、滴、漏现象很多，也不能通过社会救助实现社会实质公平。因此她建议，社会救助这个问题要及早立法。参见信春鹰《希望尽快制定社会救助法》，《中国人大》2012 年第 23 期。

限定于低收入家庭至中低收入家庭。其中，低收入家庭指家庭月人均收入低于当地最低生活保障标准，且家庭财产总额未超过一定金额的家庭。中低收入家庭指家庭月人均收入为当地最低生活保障标准的1.5倍以内或2倍以内，且家庭财产总额未超过一定金额的家庭。各专项救助的对象可以是低收入家庭，也可以延展至中低收入家庭，[①] 或者是遭遇急难事故者。

五是强调救助对象的前置义务。社会救助要想守住合法性，就必须区分哪些风险该由个人独立承担，哪些风险个人有权要求帮助。[②] 规定救助对象须履行前置义务后方可救助：一是其他扶助优先，即救助对象依法所应获得的法定义务人的扶养，以及法律法规所规定的其他扶助，应当先于社会救助实施。二是自助优先，即救助对象在充分发挥其可利用的所有资产、才能及资源后仍符合社会救助条件，方可申请社会救助。

六是明确规定社会救助给付标准和限额。建议明确规定：社会救助给付标准根据当地的最低生活保障标准和救助对象的人均家庭收入确定；救助对象每人每月所领救助金或实物折价的总和，不得超过当地规定的最低工资标准；社会救助以现金给付为原则，也可发放实物券或给付实物。并同时强调，救助对象所享有的领取各项救助资金、物资或获得服务的权利，不得扣押、让与或提供担保。

七是完善家庭经济状况核查制度。建议规范家计调查方法。进一步细化家庭收入计算范围、不列入家庭收入计算范围的收入、家庭人口计算范围、不列入家庭人口计算范围等内容。督促各地结合当地实际，拟定本地区全面推进核对机制建设的总体方案，在分清省、市、县具体职责和任务的同时，明确工作推进的路线图和时间表。[③]

（二）创新治理体系：推动依法救助全面落实到位

创新社会救助治理体系，需要有强有力的治理机构，也需要合理有效的治理方式，以及良好的治理环境。

1. 健全社会救助治理机构

在不同层级建立社会救助治理的核心机构。一是提升国家层面社会救助管

---

① 如“家庭经济困难学生”、廉租住房中“低收入家庭”、扶贫对象等均以家庭人均收入为当地最低生活费标准1.5倍或2倍以下计算。

② 参见［美］博·罗斯坦《政府质量：执政能力与腐败、社会信任和不平等》，蒋小虎译，新华出版社2012年版。

③ 参见窦玉沛《突出重点，把握关键，全面推进居民家庭经济状况核对机制建设》，http://www.mca.gov.cn/artide/zwgk/ldjh/201305/20130500163527.shtml。

理机构治理水平。将前述司法、交通运输等部门纳入联席会议，并将各个部门社会业务纳入“社会救助”架构内进行统筹协调。以经济状况核查为基础，规范各类困难人群界定办法，建立统一的社会救助信息和管理服务平台，建构起以低收入者、中低收入者和遭遇急难事故者为主要服务对象的社会救助体系。二是完善地方社会救助治理机构。地方各级政府相应建立健全社会救助管理协调机构，进一步整合各部门的职责和资源，确保社会救助在全国范围内自上而下实现“政府统一领导、部门各负其责”。

2. 强化救助政策执行

一是加强社会救助政策管理。国家和省、市级政府应当“定好政策”并“管好政策”。“定好政策”就是对关键性的救助政策细节作出明确具体并具有可操作性的规定，如救助对象、资金、标准、受益水平等。“管好政策”就是通过备案、审查等方式监督其下辖各级政府不得变更这些关键性细节，确保政策规范主要条款上下一致。① 二是完善考评制度。督促各地将社会救助纳入本地区经济社会发展规划中，将社会救助工作绩效纳入党政考核目标体系。完善社会救助监管制度，实行社会救助经办人员和村委会、居委会干部近亲属享受救助备案制度。三是进一步加强社会救助执法监督。健全内部监管机制，完善社会监督机制和投诉举报核查制度，既要防止“漏助、错助、骗助”行为和救助不力的“冷漠病”，又要杜绝盲目攀比和“养懒汉”现象，坚决打击和消除社会救助申办过程中的“关系保”、“人情保”、损害救助对象合法权益等违法及犯罪行为。四是完善救助对象权利救济制度，依法保障救助对象在救助申办和服务中的知情权、参与权、表达权和监督权，确保救助对象的各项合法权益，促进社会救助公平正义。

3. 创新基层社会救助治理方式

一是在基层社会救助管理中广泛推行行政合同制度，即社会救助主管机关与其他机关、社会组织或公民签订社会救助管理合同，授权或委托对方承担社会救助管理和服务工作，并约定双方的权利义务。具体来说就是县级社会救助主管机关或县级人民政府与乡镇、街道或村委会、居委会签订合同，授权（由《社会救助法》或其他法律予以授权）或委托乡镇、街道或村委会、居委会，或者其他社会组织按照约定管理社会救助事务，双方履行合同约定的权利义务并承担相应的法律后果。二是大力推动救助社会工作，培养和使用社会工作人才，充分运用社会工作的理论、知识和技巧，推进社会救助与社会工作的

---

① 参见朱勋克《公共政策失范及其政策管理研究——以农村最低生活保障对象的规定为例》，《理论与改革》2010 年第 6 期。

全方位融合,[①] 提升社会救助管理与服务的专业化、职业化水平。

4. 优化救助工作环境

一是加强能力建设。加大教育培训，搞好救助工作人员技能培训，进一步提高他们的素质和工作能力，培养一批又一批不仅有热情，还有智慧、懂技术、会创新，能够以实际行动推进社会救助工作可持续发展的管理和服务人员。二是加强信息化建设。适时优化社会救助信息系统，建立从中央到地方的社会救助数据中心及高效快捷的信息处理系统，建立资源共享的信息平台，加强核查监管和相互衔接，实现社会救助信息化管理，提高救助工作科学性，使社会救助工作更加及时、透明、公正、有效。三是加强舆论引导。加强政策宣传，引导救助对象和社会大众正确对待社会救助及各种利益关系，以理性合法方式表达生产生活中的各种利益诉求，确保社会救助健康持续发展。

① 参见民政部社会工作司编《救助社会工作研究》，中国社会出版社 2011 年版。

浅析城市社区治理中的“群众参与”理论

刘小妹[1]

中国的学者研究民主政治总是脱不开“中国—西方”这对范畴的纠结。一方面，政治参与理论无可回避地要面对一个西方参照的问题，另一方面，中国的历史、文化、政治、经济共同指向一个“中国特色”民主建设的问题。简而言之，研究中国的民主理论，需要从中国的实践中看出真正的事实证据，并从西方的理论框架和方法中提出精粹，两者的结合才有可能得出比较准确的对于中国民主的分析，才有可能建立中国民主的理论框架和研究方法。

一 “参与”的两种类型

“参与”是一个涵盖广泛的概念，基本上可以指“在合适条件下创造出人们影响与他们有关的决策的机会。影响的程度从几乎没有到大量参与……”[2]正是对“参与”的影响程度不加区分地使用，使得学者们在使用“参与”一词时不仅仅是指一种决策方法，也包括了许多领导者使用的用于说服被领导者服从决策的方法。在日常的语言中，“参与”更涵盖了几乎一种最低程度上的交往得以发生的情况，通常意味着仅仅是个人在团体活动中的存在。[3]如果从决策方法到说服技巧的整个谱系都可以用“参与”来指称，那么麦克格雷格认为“参与是人类关系研究领域出现的最容易被人误解的一个概念”[4]也就不难理解了。

将“参与”的最低程度置于“个人在团体活动中的存在”的确是一种可怕的简化，最为严重的后果就是“参与”变得很容易被造假。维巴称之为

① 中国社会科学院法学研究所博士后，中国社会科学院国际法研究所副研究员。

② McGregor, D., *The Human Side of Enterprise*, New York: McGraw Hill, 1960, p. 126.

③ 参见［美］卡罗尔·佩特曼《参与和民主理论》，陈尧译，上海世纪出版集团2006年版，第65页。

④ McGregor, D., *The Human Side of Enterprise*, New York: McGraw Hill, 1960, p. 124.

“假参与”：“参与局限于成员如何支持领导者作出的决策，而领导者……既不是由团体成员选举产生的，也不需要对团体负责……团体领导者在自己的头脑中有着特定的目标，将团体成员的讨论只是作为促使成员们接受其目标的手段。”① 即，只包括一方在内的单边决策的过程。与此对应的，是双方或多方决策的过程，包括：（1）双方或多方在决策过程中互相影响，但最终的决策权只在于其中的一方的“部分参与”；（2）决策整体中的每一个成员平等地享有决定政策结果的权力的“充分参与”。② 本文赞成维巴和佩特曼在工业民主领域，以对决策的影响力的有无和大小对参与形态所作的区别和分析，而且将“民主”简化为“多数决”，将“参与”简化为“在场”在中国也是一个亟待纠正的普遍现象，城市社区参与民主建设中也概莫能外。但是，笔者以为“假民主”—“部分民主”—“充分民主”这样的分类，在语词上难免勾起“西方中心主义”的联想，为了避免不必要的词义误解，结合中国近代以来的历史文化背景，特别是新中国成立以来的参与实践，我们将参与分为“影响决策过程”和“平等地享有决定决策结果的权力的过程”两类，前者即“群众参与”，后者为“公民参与”。

二　参与民主的运行机制

参与民主是适应当代西方多元发展的一种民主理论。③ 它建基于现代社会中对人的自我存在的一种实践与肯定，批评代议制实践的僵化结构及其所导致的精英统治霸权；它关注多元社会中普通大众的自由和平等权利，并将民主的实践扩展到与公民更为广泛的日常生活领域如社区、工作场所，将政治生活中的参与同广阔的社会领域中的参与实践紧密结合起来，为把政治民主推向社会民主而不懈努力；最为重要的，它一方面寄望通过参与的教育功能，唤醒个人对公民角色的认知，强调发展基层领域的参与政治，用大众的直接参与来对代议政治进行补充和改造，另一方面它又不直接挑战国家层面的民主制度，无论它是代议制还是人民代表大会制。正是参与民主理论的这些特质，使它的基本目标和总体框架与中国的民主价值观和民主发展道路相契合。

参与民主抱持“所有人最大程度地参与”的理想，雄心勃勃地计划，“通

① Verba, S., *Small Groups and Political Behaviour*, Princeton University Press, 1961, pp. 220 - 221. 转引自［美］卡罗尔·佩特曼《参与和民主理论》，陈尧译，上海世纪出版集团 2006 年版，第 66 页。

② 前引《参与和民主理论》，第 67 页。

③ 参见于海青《当代西方参与民主理论评析》，《国外社会科学》2009 年第 4 期。

过教育使人民整体在知识上、情感上和道德能力方面实现他们充分的潜能，从而自由地、积极地形成一个真诚的社会”。实现这样的目标，需要一个支点和一个详细的行动计划，即以政治效能感为轴心的参与民主运行机制。[①]

（一）政治效能感

参与民主理论有一个预设：“个人品质和心理特征与制度类型之间具有关联性。”所谓政治效能感就是参与民主理论家所提到的心理效应的一个操作性解释，包括心理效应与政治参与之间的积极关系以及如何形成积极的心理效应两个方面的内容，后者又包含参与的技能、参与者的经济地位和教育背景、参与的累积性效果以及参与影响决策的效果等维度。

第一，政治参与的心理效应。与政治效能感对应的心理效应包括自信（能力）和责任两个方面。自信是政治效能感的基础，指个人对其自身活动效果的满意感觉。一般而言，对自己处理各方面事务的能力感到自信的人，更有可能积极地参与政治活动。责任是政治效能感的一个重要体现，指当政治行动确实或者能够对政治过程产生影响时，个人所产生的值得去承担公民责任的感觉。而且，根据阿尔蒙德和维巴在《公民文化》一书中，通过对美国、英国、德国、意大利和墨西哥五个国家中个人的政治态度和政治行为的跨文化比较研究，我们可以实证地得知“在政治效能感和政治参与之间存在着一种积极的关系”。

第二，参与技能。个人在自己最为熟悉的、也是与生活息息相关的微观治理单位中的参与经历，与政治效能感也存在正向关系。因为非政治决策活动中的参与赋予了一个人在从事政治参与时所需要的技能，所以一个人如果在政治领域之外，有机会参与广泛的社会决策，那么他同样可能在更大范围内，甚至全国性的政治领域内，积极并有效地参与到决策过程中去。

第三，参与者的经济地位。阿尔蒙德和维巴对政治效能感的研究中，还发现了一个显著的关联：社会经济地位较低的个人政治效能感也较低。这是因为，参与机会、参与技能都与政治效能感存在正向关系，而社会经济地位高的个人，往往在工作和生活中有更多的参与机会，因此也培养了更好的参与技能，也就自然产生了较高的政治效能感；相反，社会经济地位较低的个人，由于缺乏参与训练的机会，更容易形成服从权威性的心理效应。这样，经济上的不利地位就与心理上的不利联系起来，导致了社会经济地位较低的群体自信心

---

① 参见［美］加布里埃尔·A. 阿尔蒙德、西德尼·维巴：《公民文化——五个国家的政治态度和民主制》，徐湘林等译，东方出版社 2008 年版，第 6—9 章。

的缺乏与行动上的退缩。

第四，参与者的受教育程度。只要将个人的教育背景与社会经济地位之间建立起一般性的正向关系，那么受教育程度与个人政治效能感之间的关联也不难理解。

第五，累积性参与效果。阿尔蒙德和维巴的调查还发现，参与活动具有累积性的效果，一个人参与的领域越多，他在政治效能感方面的得分可能就越高。当然，前文已经指出，这种参与机会的累积性特点主要发生在那些社会经济地位较高的人群身上。

第六，参与对决策结果的影响力。参与对决策过程的控制力和对决策结果的影响力越大，个人的政治效能感也就越高。根据参与对决策的影响力大小的不同，维巴将参与分为三种形式：假参与、部分参与和充分参与。假参与是领导者说服被领导者服从决策的方法，也就是说在参与之前，领导者已经有了特定的目标，参与和讨论只是作为成员接受其目标的手段；部分参与是指参与者对决策可以产生影响，但在决定政策结果方面不具有平等的政治权力的参与；充分参与是在决策整体中的每个成员平等地享有决定政策结果的权力的参与。[①] 任何人都不愿意重复没有效益的行为，因此，如果一个人在参与决策过程中提出的意见不被考虑，或者没有被充分的尊重和考虑，又如果他的参与对决策结果的影响力几乎没有，或者比较小，那么他的政治效能感就会受到挫折，参与的积极性也会减退。

（二）参与“训练”

在讨论了政治效能感的各要素及其相互关系后，我们就要触及“如何将一个社会转变为参与型的社会”问题中最为现实的部分：如何尽可能多地培育公民的政治效能感？在什么地方培育？又用什么方式培育？

第一，训练的场域。国家层面政治参与所必需的品质必须在社会基层得到培养和发展。个人在国家层次的政治参与能力和政治效能感不是与生俱有的，需要事先在社区、学校、工厂、家庭等地方层次的微观治理单位中训练和培育。正如密尔所言，只有在地方层次上参与的教育功能才能得到真正体现，也只有通过在地方层次上的参与活动，个人才能学会民主的方法。就像佩特曼将工业领域的参与民主视为推动和完善西方国家民主制度的敲门砖一样，本文也期望结合中国的国情和宪政制度框架，以社区中的参与民主考察和分析中国民

① 参见［美］卡罗尔·佩特曼《参与和民主理论》，陈尧译，上海世纪出版社集团 2006 年版，第 66—67 页。

主政治建设的可行路径。

第二，训练的方式。在理论上，参与民主是一个“自我维系的体系”，也就是说参与活动本身可以发展和培育维系这一制度所需要的所有公民品质。因此，训练和培育政治效能感和参与能力的方式就是“参与”本身，即通过参与实践来学会参与，通过小范围地实践大众政府的活动，学会在更大规模上运作大众政府。而且，这中间不需要有任何准备时间和培育项目，不需要先发展经济，也不需要先培育“新民”，它们都可以更应当同步进行，因为把参与民主“描述为人类发展事业的目的是有一些危险的，因为这暗示着：首先必须有相当长的、延续几代或几个世纪的政治教育时期，只有在这之后‘民主’才作为‘奖赏’而到来，但是，如果我们再一次记住：适合民主的唯一教育体系是民主，即为将来施行民主的唯一办法是现在施行它，那么这种拖延的危险性就会少一些”①。同理，如果我们以建设一个“人民依照法律规定，通过各种途径和形式，管理国家事务，管理经济和文化事业，管理社会事务”的参与型社会为宪政目标，那么我们也应该现在就在地方层次上或微观领域中施行参与民主，以让公民在参与中学会参与，就像胡适先生所言，一个人只有先下水才能学会游泳。

三　城市社区中的“群众参与”机制

（一）群众参与

社会学研究者刘岩、刘威通过对比中国与西方的历史传统、社会结构，借助社会治理理论和社会资本理论，揭示了中国转型期城市社区参与机制，与有着成熟的市场经济、市民社会和自由主义传统的西方社区公民参与理论和运行机制有着实质性的差别；进而认为，以公民参与理论作为研究中国社区参与的理论范本，忽略了体制和制度对参与的决定性影响，因为特定的权力运行制度和分布结构会型塑不同的社会参与动机和逻辑，故此无论是源自西方社会的制度主义理论、社会治理研究，还是标榜公民精神的社会资本理论，都难以照搬来作为中国研究者考量当下社区治理与公众参与的理论源泉；由是，他们提出以群众参与理论，包括对国家动员机制和动员技术、群众参与逻辑与参与策略以及国家与群众的复杂而微妙的互动过程的研究，为当前中国城市的社区参与

① ［美］道格拉斯·拉米斯：《激进民主》，刘元琪译，中国人民大学出版社2002年版，第29—30页。

提供更富解释力的理论视角。①

首先，从新中国成立的历史和背景而论，中国共产党是通过革命夺取的政权，而革命成功的法宝之一就是"走群众路线"，即动员群众参与革命和建设事业。因此，群众参与是中国城市社区参与中非常具有中国特色的一种参与理论和参与形式。"群众参与"顾名思义就是指一些具有共同特征、共同诉求或共同利益的人，作为一个集体，整齐划一地参与某项政治性的或非政治性的事务。公民参与则是具有公民权利的主体运用制度化的组织与途径公开表达利益诉求，并与政府机构进行协商谈判与讨价还价，从而分享政府公共决策权力的过程。因此，作为"群众"中的一分子，其参与与以个人权益为基点和目的的公民参与，在行动逻辑与行动策略以及政府与居民的互动过程中呈现出不同的特点。②

其次，从国家政权建设的角度，群众参与可以产生三个方面的效果。第一，群众参与是为国家政权建设和社会发展累积社会资本。在新中国成立前后及社会主义建设早期，群众作为支援战争和发展生产的人力资源，也作为改造与治理的对象，被纳入国家政权建设的过程之中。这样的群众参与常常被表述为"为社会主义建设事业添砖加瓦"，这是在富强的目标与发展的语境下，在利益一致性的预设下，群众被视为利益一致的人民的群体，一个没有私利的人的集合，他们每通过参与贡献一份智慧和力量，国家就朝着富强的目标迈进一步。国家也希望通过这样的整合达到"积跬步至千里"的累积性效果。

第二，群众参与是政策制定过程中的"学习"与"说服"环节。这是最为重要也最为普遍的群众参与形式，其中"群众参与所发挥的功能主要不是让群众参与对自己利益有直接或间接影响的政治决策过程，也不是对官僚制进行质疑与制衡，而是发挥社会化和社会控制的功能。通过参与基层政治活动，参与者可以学到有关政治过程和扮演政治角色的知识，但参与的最终目的，不是通过学习政治过程而学会制度化地表达与维护个体的合法权益、监督政府的决策与执政过程，而是学习一套政党伦理和共产主义意识形态，认同与支持现存体制。通过参与，参与者成为服从纪律的群众的一分子，而不是具有权利意识的公民"③。这正是前文所说的作为领导者说服群众服从的技巧。虽然，决策权仍然是单方的，而且在群众的参与和讨论之前决策者已经有了自己特定的

---

① 参见刘岩、刘威《从"公民参与"到"群众参与"——转型期城市社区参与的范式转换与实践逻辑》，《浙江社会科学》2008 年第 1 期。

② 参见杨敏《公民参与、群众参与与社区参与》，《社会》2005 年第 5 期。

③ 同上。

目标，但是，参与者仍然可以在讨论的过程中表达自己的意见和诉求，尽管自己无从控制吸纳与否。这样的群众参与机制与中国传统政治和文化中的民意机制一脉相承，只是较前者更加开放；也正是基于与传统文化的亲和性，它成为了被广泛使用和接受的群众参与形式。

第三，群众参与是以“在场”强化决策的合法性。“在场”是参与的最基本的，也是最低的要求。最为重要的，“在场”是一个客观的可量化的标准，可以撇开群众是怎么在场的，是自愿自发来的还是被动员来的；为什么在场，是为了自己的权益还是为了公共的利益；如何在场，是在表达意见还是仅仅在倾听；在场的效果如何，对决策的制定是否有影响力，有多大的影响力？等等因素。这里，“在场”就像包装纸，将参与的动机、目的、过程和效果包裹其中。如果只要在决策制定的讨论会上，有数量可观的人在场，就可以把这项决策包装得或者说感染得具有民意的基础和民主的合法性，那么参与民主也就失去了自己的品格和内在规定性，成为一个被摆布的玩偶。佩特曼尖锐地指出：“民主不是指一种特定的权威结构形式，而是指……创造出来的一种‘风气’……或者甚至仅仅指存在一种友好的气氛。”笔者以为，单纯的“在场”只能叫“参加”，而不是参与；参加只是参与的前提和基础，但决不能等同于参与；参与要求对决策具有影响力，这是参与的内在品格。需要重视的是，在中国的参与民主实践中，省略参与的内在规定性，将参与简同为参加或在场的现象已经存在，如何防范和纠正这种名实不符的参与民主，正是下文在城市社区参与研究中需要应对的一个问题。

最后，根据群众参与动力机制的不同，可以将群众参与归纳为三种运行模式。[①] 第一，国家动员模式。新中国建立后，中国在总体性社会的体制逻辑下，培植和发展了一套成熟的发动群众参与的动员技术。[②] 在改革开放前，资源稀缺与国家对资源的总体性垄断是实现群众动员的基本前提，群众通过参与表达对政权的效忠，国家亦以参与与否辨识群众的身份并分配生活资料。正如郭于华所言，在那个年代“能否参与和是否参与仪式成为认同、区分以及确定身份、（阶级）地位的标志；而仪式（运动）的发动者握有大多数人的生存资源，因而参与或不参与便成为生死攸关的事”[③]。改革开放，特别是建立社会主义市场经济后，人们有了越来越多的可以自己支配的“剩余价值”，于是

① 参见杨敏《公民参与、群众参与与社区参与》，《社会》2005 年第 5 期。

② 参见郝彦辉、刘威《转型期城市基层社区社会资本的重建》，《东南学术》2006 年第 5 期。

③ 郭于华：《民间社会与仪式国家：一种权力实践的解释——陕北骥村的仪式与社会变迁研究》，中国民俗学网，http：//www. chinesefolklore. org. cn/web/index. php？ NewsID =3158，2008 -9 -13。

私有财产和人权保障的概念逐渐深入人心，并最终写入了宪法。实际上，承认“私有财产”的合法性，也就意味着利益的分化和个体化，进而群众参与的原动力也会逐步减退，表现为群众对政治的冷淡和参与意识的萎缩。毕竟，减退不等于消失，在当前的社区建设中仍然可以看到国家动员模式的影子：一方面，作为社区参与主体的居民有相当部分是在群众参与年代成长起来的，具有群众动员与参与的集体记忆，其参与行为带有路径依赖的特征；另一方面，很多动员技术也沿用至今，如积极分子带头，文明社区、示范社区评比，树典型，观摩学习示范社区，写标语、黑板报等宣传形式，意识形态灌输与话语宣传等。

第二，庇护主义模式。国家动员模式强调国家动员技术与动员过程，庇护主义模式则关注国家对资源的总体性控制下普通人的参与策略。庇护主义模式认为社会主义国家在社会控制的过程中充满着弹性、主观性和个人情感，形成了丰富的庇护与被庇护关系，个人通过这种庇护关系来追求自己的利益：一小部分积极分子与上级形成稳定的庇护关系网络，以忠诚换取物质报酬、资源和机会；普通工人则通过与干部发展工具性一个人化关系网络来追求个人利益。杨敏对武汉市部分社区公民参与中的庇护关系的运行机制和效果进行了实证的考察，认为庇护主义仍然是目前社会参与中的重要动力机制和参与形式。

第三，精英动员模式。由民间精英动员起来的权益性参与在当前社区中已经越来越普遍，主要出现在房屋拆迁和物业权益维护等集体维权领域。这一动员与参与模式与前两种模式的不同之处在于，这是群众基于自己的利益，自主地、有组织地动员起来，集体地参与到与国家权力机关或物业公司针锋相对的维权行动之中；动员者不是国家及其代理人，而是民间精英；参与的方式和策略也不再是基于人际关系的庇护主义模式，而是借助法律的手段维护合法的权益。这是一个意义深远的新型参与模式，因为其要争取的是与政府权力有着对立性的合法权益，所以这样的参与比国家动员模式和庇护主义模式更有益于培养参与的政治效能感和参与者的公民品格与技能。正是在这个意义上，精英动员模式下的维权参与被视为中国市民社会的萌芽，它蕴含了从群众参与向公民参与转化的心理、文化和技能要素。

（二）社区动员

群众参与以动员组织掌握有垄断性资源为基础和前提，而在城市社区中，居委会作为社区动员组织既随着单位制的解体，掌握了某些福利资源和委托行政权力，又因为市场机制的确立和城市住房体制改革，资源分配渠道多元化，进而使其所掌握的体制内资源十分有限，无法形成垄断性占用。因此，社区发展是一个复合的过程，包括两种要素：即由政府通过居委会以技术或其他服务动员居民参与，以促进居民发挥更有效的自助、自发与互助；由居民自己的参与，尽可能靠自己创造以努力改善其生活水准。[①] 由此可见，在中国城市社区建设中，动员参与和自主参与都有其存在的合理性；从长远的趋势和目标来说，动员参与会逐渐式微，居民的主动参与将占主导地位；但在现阶段的相当长的时间里，动员参与仍是社区参与的主要特征，我们对其历史合理性和局限性应有理性的认识。

相较于典型的群众动员的参与式动员、运动式动员和组织化动员等三种方式而言，居委会对居民的社区动员在社会背景和动员方式上都发生了重要变化，杨敏博士称之为地方性权威式动员，就是指居委会既借助政府赋予的行政权威，又利用自身所创建的地方性互动网络动员居民参与社区事务与社区活动的过程。[②]

一方面，正是基于与政府之间的大量委托行政关系，拥有了部分行政权威后，居委会才得以成功动员特定居民群体参与社区行政性事务，才有资源与辖区单位进行互惠交换；正是因为居委会掌握某些福利资源和行政权力，部分居民才会积极响应居委会的号召，甚至有意与居委会培养庇护关系；也正是由于行政组织系统的威力犹在，基层政府才能高效地贯彻有关社区建设的各项政策。另一方面，居委会作为宪法规定的群众性自治组织，并不是一个正式的行政组织，因此它们所能借用的行政权威是有限度的，所掌握的体制内资源也是十分有限的，由此改变了组织化动员得以存在的根基；市场观念的渗透、传统意识形态的弱化和价值观念的多元化使劝说、教育等参与式动员策略的效力下降；加之，资源获取方式的多样化也使得居委会对居民的控制能力非常有限。如此种种，居委会已经无法仅仅依赖组织化力量来实施社区动员。

居委会还须运用种种策略建构一套以感情、人情、互惠和信任为基础的地方性互动网络，培育一个非正式的积极分子网络，获取他们的合作与支持。这个积极分子的网络主要由社区离退休党员、门栋组长、文艺骨干分子、低保居民等积极分子构成，他们或者想通过居委会获取某些福利资源而与之形成庇护关系，或者想通过社区活动寻求某种组织感与集体感而与居委会形成密切的互动关系。居委会在动员过程中运用了多种策略培养与愿意合作的居民之间的感

① 参见黎熙元、童晓频、蒋廉雄《社区建设——理念、实践与模式比较》，商务印书馆 2006 年版，第 21—22 页。

② 参见杨敏《公民参与、群众参与与社区参与》，《社会》2005 年第 5 期。

情与交情，获取他们的支持以完成政府下达的各项行政任务。[①]

正是由于居委会实施社区动员的资源有限，所以只能动员少数对政府福利资源有所需求的特殊居民群体参与，使得现阶段的社区参与呈现出独具中国特色的运行机制和特点。

① 参见杨敏《公民参与、群众参与与社区参与》，《社会》2005 年第 5 期。

中国环境法学研究的现状及评介

——2000—2012年中国环境法学学术研究回顾及展望

刘洪岩[①]

摘　要　21世纪以来，随着环境问题的不断恶化以及中国生态文明社会构建方向的确立，环境法学研究获得了长足的进步和发展，本文旨在对2000年之后中国环境法学研究领域的整体状况、发展特点、存在的问题及未来发展趋向作宏观上的梳理，以期为环境法学研究的进一步深化，提供实证性参考和理性的判断。

关键词　环境法　环境法学研究　研究现状　发展趋向

环境法学作为一门新兴的法学交叉学科，是以生态保护、环境与资源利用、污染防治等理论与实践研究为主要内容的实践法学。21世纪以来，环境法学各个研究领域硕果累累，新成果层出不穷，新制度、新理论、新思维不断涌现，环境法学研究取得了长足的进步。

近年来，随着中国改革开放的不断深入以及国际事务参与程度的不断加深，中国环境法学界对比较环境法、外国环境法、国际环境法的研究也可圈可点。学界通过对国外先进的环境立法理念和科学的环境法律制度设计的借鉴和吸收，为进一步推动了中国环境法学理论与实践的不断深入发展，以及制度革新奠定了足够的学理积累。另一方面，通过对世界发达国家环境法学理论研究成果的比较分析，在揭示中国环境法学理论与实践缺陷的同时，也促进了中国环境立法与理论研究理念的重构与制度创新。

概而言之，21世纪以来，中国的环境法学研究呈现出欣欣向荣、百花齐放、百家争鸣的发展态势，为21世纪中国法学研究的进一步繁荣发展提供了强大的动力之源和革新方向。

---

① 中国社会科学院法学研究所博士后，中国社会科学院法学所研究员。

一 2000年以来中国环境法学发展的新特点

步入21世纪，中国环境法研究无论从理论到实践均取得了长足的进步和飞速的发展。从中国环境法学学术会议召开情况、研究团体的规模、学界的研究成果的质量以及对环境法学研究情况的数据分析，可以对2000年以后中国环境法学的发展总体状况有一个比较全面清晰的认识。21世纪以来，中国环境法学发展呈现出如下新特点：

（一）学科建设成绩显著，科研力量不断壮大

2000年以来，一批新的环境法教学科研机构和学位点陆续成立，其中中国海洋大学、福州大学、重庆大学取得环境与资源保护法学博士学位的授予权，江西省实现了该学科硕士点零的突破；2006年全国又有3所院校获环境法学博士学位授予权，11所院校获环境法学硕士学位授予权，国内很多高校都抓住了这个有利的发展契机筹备并召开了环境法学学科建设会议。中国海洋大学、重庆大学、中南林业科技大学等院校的环境法学科还成功申报了省（市）级重点学科。截至2006年，中国已经在全国65所高校建立了145个人文社会科学重点研究基地，专兼职研究人员超过3600人；在高等院校建立了30多个环境资源法学硕士学科点，10多个环境资源法学博士学科点，正在为中国环境资源法治建设源源不绝地培养和输送环境资源法学专门人才。[①] 目前，全国环境资源法学硕、博士点毕业人数、招收研究生人数呈现逐年增长趋势。这些学科建设成就为环境法学高级人才的培养和相关研究进一步走向繁荣奠定了坚实基础，同时也拓展了环境法学的发展空间。

中国环境法学的研究单位不断增加，研究群体逐渐形成规模。东北林业大学、福州大学、中国海洋大学、华东政法大学、中国政法大学、中国人民大学等院校的环境法学研究逐渐形成规模。2004年，北京市法学会环境资源法研究会、中国人民大学法学院环境资源法研究所成立，为中国的环境资源法学研究增添了新的活力。作为国家思想库和智囊团的中国法学研究的唯一国家队——中国社会科学院法学研究所生态法研究室也正在积极的筹建之中。目前，中国环境资源法学研究的发展机制，包括研究机构、研究队伍、学会组织、学科点建设和研究经费渠道等已经初步形成并进一步健全。

① 参见蔡守秋《当代中国的环境资源法学研究》，《中国人口·资源与环境》2006年第6期。

环境法学的研究队伍呈现着不断壮大的趋势，除了专职研究人员外，越来越多的相关学科的学者热心关心和积极参与环境法学的教学和科研活动，环境法学研究从初期的孤芳自赏的封闭状态日益走向开放包容，并呈现出逐步与其他法学学科及相关自然科学相融合的发展趋向。从每年组织的有影响的学术会议的参加人数与人员构成来看，相关学科的资深学者和年青学者占了相当大的比重。中国环境与资源法学会的注册会员，按照会长蔡守秋教授的说法，已经近千人之多，是目前世界上最大的学术研究团体。

（二）学术研究与交流合作平台不断扩大

近些年来，环境法学研究交流活动不断增多，其主要形式是学术会议。有的学术会议规格高、规模大，取得了较好的成效。环境与资源法学会历年都召开年会，对本年的环境法学研究状况进行总结并进行学术交流。此外，武汉基地、上海世界自然保护联盟及福州东南法学论坛等都定期举办学术研讨会。2005 年，东北林业大学、江西理工大学、香港城市大学、华东政法学院（现华东政法大学）等多所高校成功举办了区域性环境法学术会议。据统计，仅 2006 年一年，全国共举办环境资源法学研讨会达 16 次之多。其他类似的学术交流活动每年都有很多，其中较为著名的国际环境法研讨会，有 2005 年环境立法与可持续发展国际论坛、2006 年中美环境污染损害赔偿法律制度理论与实践研讨会和中德环境公益诉讼研讨会、2008 年中日环境法国际研讨会、2009 年中法环境法律国际研讨会、2011 年环境法学教育与生态文明法治化国际研讨会等；国内有一定影响的专门环境法学术会议，有 2002 年探索环境资源法律实施机制的环境资源法学高级研讨会、2008 年以水资源可持续利用和水生态环境保护为主题的环境资源法研讨会、2009 年探讨生态文明与环境法关系的环境资源法学研讨会、2010 年以生态文明与林业法治为主题的环境资源法学研讨会等。上述学术会议使环境法学科影响面越来越大，同时推动了环境法学研究的深入发展与相关的立法实践。

此外，与环境法相关的院校还经常邀请国外学者讲学、举办讲座，近年来中外学术互访也十分频繁，学术合作渐成机制。“2006 年，先后有来自美国、欧洲、澳大利亚等国家和地区的十多位环境法学者、律师到中国大学进行学术访问，我国也先后有多位环境法学者赴美国、欧洲、韩国以及我国台湾、澳门地区开展学术访问和学术交流活动。”① 此外，有些国内环境法研

① 孟庆垒等：《2006 年度国内环境法学研究综述》，《中国海洋大学学报》（社会科学版）2007 年第 3 期。

究机构和院校还与上述国家和地区的一些研究机构和院校签订了长期合作协议，承诺互赠专业期刊、进行会议交流、学生教师互访等活动，这些学术访问和合作活动的开展加深了国内外环境法学界的相互了解，有利于实现资源共享，共同进步。

（三）研究成果丰硕，质量不断提高，绩效显著

进入21世纪以来，中国环境法学研究不断深入发展，取得的研究成果丰硕。据统计，历年在法学研究领域，环境法学研究成果数量总体上呈现逐年上升趋势，例如2003年全年度学术界在学术期刊上公开发表论文近200篇，出版专著和教材20余部；2005年期刊公开发表的环境资源法研究论文350多篇，出版书籍近30部；2006年学术期刊公开发表环境资源法学论文500余篇，出版环境法新书30余部，多数皆为专著，全国高校以环境资源法问题为主题的博士、硕士论文有250多篇。此外，每年各种环境资源法学术会议论文集收录论文都达数百篇，其中仅全国年会正式收录论文就从2000年的100多篇，达到了2006年的316篇。上述研究成果内容丰富，囊括了环境法学理论与实践问题的诸多领域。

近些年来，中国环境法学界不断务实求真，本学科之间、与其他法学学科之间，甚至与国际同行之间联系不断加深，学者之间形成良性互动、取长补短，一定程度上催生了高质量的学术成果的产出。学者们的跨界交流频繁，交流与对话深入，探讨与争鸣热烈，对环境法学传统理论以及前沿问题进行了深入反思和务实研究，形成了开放包容、求真务实的良好学术风气。比较突出的事件是2004年蔡守秋教授以“调整论”为主旨的系列讲座和研讨掀起了学界对于法调整“人与自然”关系相关问题的争辩，而环境权理论与实践应用问题也成为当时学界论辩的焦点。在激烈的思想碰撞与交锋之中，学者们不计尊卑，对各类不同的思想和观点开放包容，学者们采取跨界研究的方法，从不同的纬度引入了多种研究范式，展现了学者们孜孜以求的务实精神，也产生了很多高质量的学术作品，为环境法学界匡正学风、拓展视野、学术积累和除旧布新注入了新的生机和活力。

学者们紧密联系中国环境资源法制建设和本学科发展的实际，从基本理论和法制建设实践双向维度开展研究，所关注的问题和命题大多具有较强的理论性、实践性、针对性和前瞻性，“提出了一系列具有可行性的、有参考价值的建议，有些意见已经被国家和地方政府采纳；有的成果填补了有关我国环境法制建设领域的空白，起到了对环境法制建设的指导、服务和促进作用；有的研究成果提出、探讨了具有基础性、前沿性的重要理论问题，对构架环境资源法

学的理论体系、促进本学科的可持续发展奠定了基础”[①]。可见，2000 年之后，中国环境法学研究蓬勃发展，取得的研究成果也可圈可点。

（四）关注领域不断扩大，研究问题不断深入并紧密联系社会现实诉求

在宏观研究方向上，环境法学界研究的领域从最初关注污染防治，逐步扩展到环境法学的各个领域，目前已囊括基础理论、国内环境立法、比较环境法、国外环境法、自然资源法、环境资源政策和管理、能源法、国土开发整治法（区域发展法、城乡规划建设法）、生态建设法、灾害防治法、可持续发展法等诸多研究领域；在微观方面，一些相对较新的环境法律制度开始受到学界关注，如海洋环境、船舶污染、区域环境及产业环境、生态安全、环境习惯法、动物福利立法、水权、环境权、自然资本投资的法律制度、遗传资源获取与惠益分享等法律问题，在国内相关研究成果比较匮乏的情况下，这些研究成果无疑具有开创性。

几年来，学界非常关注具体环境制度的建构和理论依据的探讨，以及法律条款的设立方式及合理性研究，并且从法律运行与实践维度分析立法完善的路径，期间通常以外国相关立法的成功经验为借鉴。另外，不少学者“从法哲学、民法学、刑法学、行政法学、法律解释学、社会法学以及伦理学、经济学角度对环境法律问题进行了深刻探究，这些多元研究视角的注入为环境法学的研究提供了全新的思路”[②]。

学界的研究立足社会现实需求，紧密地与司法实践和社会生活相结合。学界发表的论文以及研讨会关注的议题通常紧密围绕当前国家、社会、地区的热点问题展开，讲求理论与实践相结合。例如，针对西部大开发、环评风暴、圆明园防渗工程环境影响评价、松花江跨界污染事件、建设资源节约型和环境友好型社会、科学发展观、生态文明建设等诸多社会热点问题，学者们从不同角度对涉及环境法的各种问题进行了探讨与剖析，并提出了一系列具有建设性的合理化意见，为中国相关立法变革与理论完善提供了新的思路和理论支撑。

此外，学者们还参与了大量的国家和地方环境立法活动，其中“循环经济立法、水污染防治立法、能源法立法、海岛和海域立法、电子废弃物立法、自然保护区立法等国内环境资源立法领域都有环境法学者参与。学者们还对环

---

① 蔡守秋：《当代中国的环境资源法学研究》，《中国人口·资源与环境》2006 年第 6 期。

② 孟庆垒等：《2006 年度国内环境法学研究综述》，《中国海洋大学学报》（社会科学版）2007 年第 3 期。

境损害赔偿立法、环境教育法等现实意义突出的问题进行了超前性的研究，研究成果得到有关部门的重视，推动了国家环境立法的进程”①。

（五）研究方法不断创新，新观点迭出，环境法学理论基础日渐夯实

21 世纪以来，中国环境法学的研究方法渐呈多元化和开放性的发展表征。学界对环境法学的研究除采用比较分析法、经济分析法、实证分析法、哲学伦理学等一般研究方法外，还注意把其他学科的理论、方法运用到环境法的研究中来，例如从法律社会学、民法学、经济学、公共管理学、生态学等多学科视角对环境法展开分析与探讨。此外，自然科学领域的研究方法，如生态学的方法，系统论、控制论、博弈论、耗散结构论、协同论、突变论等也被引入环境法学的研究之中。此外，蔡守秋教授所强调的“主客一体化”研究范式对中国环境法学研究具有极强的冲击力，并直接导致传统研究方法的重构。当前，有学者主张，应以多元化、多视角、开放性和跨学科为标准确立环境法学的研究方法，一些学者主张将整体分析方法和生态学研究方法作为环境法学的主要研究方法。

近几年来，通过对以往环境法学研究的反思，对以往环境立法、执法实践的总结，有学者提出了一系列具有创新性的环境法学研究命题，采取了与以往环境法学者不同的研究视角与方法，对环境法的使命、特征、本质等基础理论进行了深入的研究，形成了较为鲜明的学术观点。例如，提出了“环境法应以义务为本位”、“环境法调整人与自然关系”、“应以生态保护为中心构建新的环境法”、“环境法属于社会法”等诸多新观点。

环境法学界通过多种形式的考察、研究和论辩，逐渐认识到从研究对象、研究范围、研究方法到思维模式，环境法与其他法学学科相比都有本质的不同，环境法学是不同于以往法学学科的一个独立的学科。更有学者注意到，人类社会要彻底解决环境危机，必须跳出传统法学的思维模式，这个跳出来的学科就是环境法学。② 以此为出发点，环境法学界开始致力于构筑环境法学独特理论体系的研究工作，同时对相关理论进行了探讨并发表了一系列研究成果。在此基础上，几年来的研究成果进一步弥补和丰富了环境法学理论体系的内容，从而使环境法学理论基础日渐夯实。

---

① 周珂、曹霞：《2005 年环境资源法学学术研究回顾》，《法学家》2006 年第 1 期。

② 参见徐祥民《从全球视野看环境法的本位》，载吕忠梅、徐祥民主编《环境资源法论丛》第 3 卷，法律出版社 2003 年版，第 1—22 页。

二　2000年以来中国环境法学研究存在的主要问题

通过对2000年以来公开发表的环境法学学术研究成果的梳理、归纳和分析，同时结合学界对此问题的研究成果考察，可以发现，2000年以来，中国环境法学研究存在着如下几方面的不足：

其一，现实中环境法学科受重视的程度有限，严重影响了环境法学研究人才的培养和环境法学地位的提高。

虽然环境法得到国家相关部门的“关爱”并被确立为法学的二级学科，但在实践中作为环境法教学与研究主体的各类大学却并未对环境法给予足够的重视：环境资源法课程，在全国数百个法学院中被列为核心必修课程的寥寥无几，在十大二级法学学科中只有军事法和环境法没有这个待遇。其原因在于传统法律学科过于强势，不愿让出必修课的课时，同时环境法必修课开设也缺乏专业性的师资力量。[①] 特别是在一些较晚设立法学专业的高等综合院校（原理工类院校比较明显），从事环境法教学的师资往往是临时拼凑的，许多非法学专业或非法学教学研究领域的“跨界学者”也成为环境法专业的研究生导师，这种状况直接影响了环境法学人才培养的质量，造成了专业研究人才的素质不佳；而环境法不能成为必修课也严重影响了环境法学教育的普及和环境法研究人才的后续培养，直接的后果是环境法学的重要地位始终难以得到真正的确立，同时导致对环境法学熟悉并有兴趣进行研究的“专业学者”群体难以迅速扩大。此外，学界对环境法学科的关爱不足，在研究课题的立项及研究生招生规模等方面也都有一些体现。

其二，环境法学界的专业研究者“科班出身”的人数相对较少，导致环境法学整体研究水准不高，并直接影响了研究成果的质量。

环境法学的学科交叉特点决定了该学科研究者群体扩张的可能性和成员的复杂性。目前中国环境法学研究者中有相当一部分人都是“跨界转行”从事环境法学教学和科研的，其中很多学者此前并未受过正规的法学教育或没有经过任何环境法学教学和科研的专业训练，本身不熟悉环境法，自学的成分居多，缺乏系统的法学理论知识和法律思维训练。有人曾对全国知名的53位环境法学者进行调查，发现其中约有一半学者的最后学历或者中间学历竟未涉及法学专业；而在中国环境资源法学会注册的一些学者或根本没有环境法学著

① 参见王灿发《对中国环境法的反思》，载高鸿钧、王明远主编《清华法治论衡（第13辑）·环境法：挑战与应对》，清华大学出版社出版2010年版，第21—32页。

述，或其著述被引用次数极少。[①] 研究者理论水平良莠不齐的状况直接影响了环境法学研究成果的质量：学术成果低级重复，缺乏创新、逻辑性和深刻性，理论性和专业性不足，甚至粗制滥造和抄袭，凑数现象严重，很少能够提出对学科发展和解决实践难题有价值的建议，诸如此类一系列问题的大量存在反映了环境法学研究成果在质量上和水准上的缺陷。如环境权研究论文 2000 年以后在核心期刊的发表率从 90 年代的 74.81% 下降到 12%；环境法学的研究成果至今还没有获得国家奖励，获得省部级奖励的科研成果也屈指可数；截至 2008 年年底，环境法学科的博士论文还没有一篇被评为教育部的百优博士论文。[②]

其三，研究内容的碎片化，系统性缺乏，受社会热点问题和国家政治导向性影响突出。

中国环境法学研究过于关注“热点”选题，有学者曾对此问题进行过考察并指出，“以改革环境行政管理制度为题者占选题总数的 22.55%，以可持续发展为题者就占 8.94%。占选题总数 7.23% 的环境民事法律制度研究中，绝大多数内容与绿色民法有关，而占选题总数 18.72% 的环境法总论选题则多与环境权研究有关。在中国加入 WTO 以后，选题中有关贸易与环境关系的选题也一时间猛增，有关论文竟占选题总数的 8.09%”[③]。此类情况在环境法研究的实践中还有很多，选题上的“跟风”和“碎片化”，使学者的研究难以深入和系统化，这已成为制约环境法学研究进一步发展的障碍。因为在研究精力有限的情况下，对热点问题的过度追捧，且收效“立竿见影”，加之，期间又夹杂着各个研究机构在学术研究方面量化考核压力的裹挟，学界已很少人愿意将自己的研究关注点转向“枯燥乏味”且“收效甚微”，但对环境法学学科体系建构具有重要意义的环境法理论。

除此之外，学界对政治导向问题的迎合也削弱了环境法学研究的客观独立性。近年来，随着“生态文明”官方话语权的确立及相关研究热的兴起，有关“生态文明”的话题，不仅成为官方话语体系的热门话题，学界也迎合着官方的节奏乐此不疲的追捧。囿于政治意图的学术研究可能会丧失学术本身的公正性及客观性，以至于偏离法学研究的基本规范和学术良知，甚至学界的推

① 参见汪劲《中国环境法学研究的现状与问题——1998—2003 年中国环境法学研究状况调查报告》，《法律科学》（西北政法学院学报）2005 年第 4 期。

② 参见王灿发《对中国环境法的反思》，载高鸿钧、王明远主编《清华法治论衡（第 13 辑）·环境法：挑战与应对》，清华大学出版社出版 2010 年版，第 21—32 页。

③ 汪劲：《中国环境法学研究的现状与问题——1998—2003 年中国环境法学研究状况调查报告》，《法律科学》（西北政法学院学报）2005 年第 4 期。

波助澜会使一些“恶法”的出现成为可能。当法律沦为政治的附庸，法对权力的制约功能会因此大打折扣。对环境热点问题的探究、对政治导向问题的关注并非不可，但凡事必有其限度，过犹不及，一窝蜂式的研究不可取。研究者应保持足够的清醒，固守基本的学术规范和良知道德、公平正义的底线，以客观公正态度和理性思维方式积极回应社会对“环境问题如何破局”的现实诉求。另外，研究范式的泛化，研究内容的“大而全”也是环境法学研究的问题之一。选题统摄的范围过大使相关具体问题的研究难以深入展开，有极大的可能导致研究成果针对性不强和学理性不透。

其四，对环境法学有别于其他法学学科世界品性和责任担当缺乏足够的认识，导致研究成果立意不高，缺乏方向性的价值判断。

环境法学研究首要之责是直面社会现实问题之解决及环境法学理论之夯实。但部分研究成果或是简单的逻辑重复，或是停留在应然判断或正当化论证的层面上，既没有深入研究个案，也缺乏一般性理论的提炼，这种浮皮潦草式的研究显然难以回应环境法研究本身目的价值的现实之需。此外，有的研究欠缺一以贯之的精神统领，在研究思路和研究方法方面缺少内在的价值定位和逻辑主线。在实践中表现为部分研究成果对所探讨的问题缺乏基本的价值定位，为了研究而进行研究。既缺乏对所研究问题在整个环境法学研究体系中的宏观定位，又缺乏对问题导向及解决路径的明确认知。

环境法学的研究具有显著的系统性和体系化的特点。对研究者而言，既要全面把握研究问题的整体架构，又要立足研究领域的特点作细致的规划。尤其在研究的范式方面不能偏离法学研究的规范化的研究路径，同时不能放弃环境法本身有别于其他法学学科的世界品性和责任担当的价值定位。既要关注所研究理论问题的代表性及之于环境法学科发展的基础地位，又不能对所研究的问题泛泛而谈，四面开花。以此避免当前某些研究成果既没有理论的高度，又缺乏解决问题的认识深度，处于“无灵魂”的低水平重复的尴尬窘境。值得欣喜的是，经过学界多年的不懈努力，中国环境法学理论体系的基本架构已初步形成，其基础理论的内容经过不断的完善也日渐丰满，为中国未来的环境法学研究提供了理论上的导引和可供遵循的研究路径。当下中国的环境法学研究正在逐步走出无措与迷茫，迈进深入研究与完善的历史发展阶段。

三 有关中国环境法学研究未来可能走向的探讨

21世纪以来，中国环境法学研究发展迅速，但是与发达国家的差距并未因此而进一步缩小。从当前环境法学界的研究状况来看，今后中国环境法学的研究还面临诸多现实问题。但总体而言，生态文明的建构方向及其环境法所应肩负的历史使命对促进环境法未来深入发展的价值指引作用初露端倪。

（一）制约中国未来环境法学研究的因素

诸如前文所述，中国的环境法学研究存在着诸多不足，诸如浮躁之风、重复研究、选题过大、缺乏学理性、逻辑性、系统性等问题。为此，尚需要学界为环境法学的健康发展付出更多的努力，以期除弊革新。未来中国环境法学研究能否取得成效，取决于两个关键问题：一是环境法研究者能否保持其自由独立的学术品格；二是学界能否立足时代发展的高度定位环境法学研究的发展方向以及构建和夯实环境法学独立学科地位得以确立的理论体系。淡化学者的身份，会丧失应有的洞见力、批判力和建构力，而缺乏研究的独立性，会增强环境法学术的伦理化、政策化和科层化倾向。①

如何恪守环境法学者身份的自觉性，一要提倡自主创新和首创精神，通过自省自觉的反思来建构环境法学研究应有的学术品格；二要自觉遵守职业操守，进行学术研究的自律和自爱。当然，创新不是对既有研究做历史虚无主义的简单处理，而是对已有的学术积累进行梳理和分析、批判与建构，不能背离法学研究的本源理论根基。对域外环境法学理论与制度成功经验的吸收和借鉴也不能生硬地照抄照搬，必须对其合理成分进行本土化的改造。

环境法学界恪守学术研究独立自主的研究品格，对促进环境法学研究匡正学风、提高研究成果的质量，进而推动环境法学的完善与发展具有积极的作用。如何保持环境法学研究的独立自主性，笔者以为：一方面要求环境法学研究者应扎根于法学研究的土壤，不受政治等其他因素的左右，不沦为道德教化的俘虏和信徒教育的工具。在任何情形下均能保持清醒的自主判断，用法学的思维，在环境法研究中展现法律本身所具有的公平、正义、自由等规范价值；另一方面对环境法研究本身，也要保持其独立的思辨思维和评判标准，以敬畏自然、尊重生命的人文关怀和天人和谐的价值理念直面社会诉求并做出环境法学者应有的社会指引和责任担当。只要学界秉持求真务实的信念和孜孜以求之精神，即有可能克制目前学风浮躁、功利主义甚嚣尘上的学弊，并以此督促学者们以求真务实之态度、自由独立之精神匡正学风，产出更多具有高水准的研究成果。

① 参见王小钢《中国环境法学 30 年发展历程和经验》，《当代法学》2009 年第 1 期。

（二）21 世纪中国环境法学研究的未来走向

在实施可持续发展战略和生态文明建设的时代背景下，中国环境法学界肩负着如何构筑以生态文明为价值核心的环境法学理论创新之重责，并以此推动中国环境法制的不断创新和完善为己任：一方面，中国环境法学界虽然已初步建构起环境法学的理论体系，但是理论体系的根基和架构尚需进一步夯实和完善，相关的理论研究与具体制度的建构、环境立法与环境行政的协调统一还需要经历一个逐渐适应与变革的过程；另一方面，可持续发展和生态文明观对环境法学基础理论提出了一系列革新要求，以期改变环境法学的理论研究与当下的制度实践之间的现实差距。

1. 环境法学基本理论的进一步创新、完善与独立学科地位理论基础的夯实

不可否认的事实是，现有的环境法学理论存在着不适应环境法治实践的现实需要、不符合生态文明的基本价值诉求的问题，滞后的环境法学基础理论观点、理论和认识至今仍然没有得到彻底消除和根本扭转。如何以生态文明为指导思想，重新审视以往的环境法学理论观点，继续已经开始的环境法学理论体系建设，将成为环境法学界今后研究的重大课题。① 当下，在人与自然的关系上，经济优先、人对自然享有权力的意识观念阻碍着理论重构和制度创新的进步，人们的这种根深蒂固的自私观念在短期内很难彻底根除。

在法学研究的具体路径上，如何解决法律移植和本土化改造之间的矛盾是环境法学理论研究的当务之急。与发达国家相比较，中国的环境法学研究在学术水平、范围广度和理论深度等方面都存在着一定的差距，并且有许多研究的空白，以法律移植为切入点来研究中国环境法的发展，能弥补中国法学理论与制度的不足，为中国环境法学和外国环境法学搭建交流的桥梁，② 但是这种法律移植研究应包含本土化的改造和创新，而不应该是生硬地照搬照抄。

环境法学研究的创新还体现在从权利本位向义务本位转变方面。有学者认为，为“适应生态文明的要求，环境法学界应该在已有的关于环境法的本位之争所取得的理论成果的基础上，继续研究环境法如何摆脱‘权利本位’论的影响，在立法实践和理论指导上彻底向‘义务本位’转变”③，在实践中，

---

① 参见徐祥民、胡中华《环境法学研究 30 年：回顾与展望》，《法学论坛》2008 年第 6 期。

② 参见王宏巍《法律移植与中国环境法学发展的新趋向》，《东北农业大学学报》（社会科学版）2011 年第 2 期。

③ 徐祥民、胡中华：《环境法学研究 30 年：回顾与展望》，《法学论坛》2008 年第 6 期。

这一转变必然需要对原有环境法律制度及规范进行修改，及赋予其新的内容，显然这也是未来环境法学研究的一个关注点。

在环境法学理论的创新研究中，环境法始终面临着独立地位可能被剥夺的危机：先是被归入经济法，后又有学者认为其属于行政法范畴，当前伴随“第三法域”——社会法的出现，环境法又被纳入社会法领域。可见，在一些学者看来，环境法始终是缺乏独立性的。主张环境法是独立法律部门的学者与主张环境法是社会法的学者意见相左并经常发生激烈的论辩，短时间看不出会有什么结论得出。环境法学能否维持独立的法学学科地位是一个不能、也无法回避的话题，因为这直接关系环境法的立法理念、制度安排等重大问题，甚至对环境法学研究的深入发展产生巨大影响。深入探讨并解决上述问题，应对社会法兴起的冲击，成为未来环境法学基本理论研究的一个重大课题。

2. 未来涉及环境法治建设的理论与实践研究的问题导向性会更加突出

在环境法制建设进程中，未来环境法学的研究将致力于解决几大具体问题：一是“无法可依”的困境。在中国一些环境立法中，过于宏观，缺乏对实体和程序制度的细节安排，这样的现实直接导致了法律缺乏可操作性，最终沦为一纸空文，没有大错，也没有大用。例如公众参与问题，在很多环境立法中都有相关的原则性规定，但多数规定都缺乏程序性制度设计和责任追究制度的保障。此外，与发达国家相比，中国环境立法尚存在很多的空白之处，这些立法的空白往往是某些重要立法的配套法规，欠缺这些立法会导致在法律运行的细节问题上无据可依，而上述立法通常直接涉及对权力运行的监督或对公民环境权的保障，并可能导致环境法律丧失应有的实效和法律权威。对这些问题开展法学理论研究并进行相应的制度设计应成为未来环境法学研究的基本任务之一。

二是解决“有法不依”的困境。中国环境法体系已经粗具规模，但是有法不依现象却十分普遍，直接抵消了环境法治已取得的成果积累，并因此造成了环境问题一直难以有效遏制的尴尬局面。学界在此方面已多有探讨，主流的观点是建议制定严格的监督制度，确立环境责任追究制，将政绩、官员升迁与环保绩效挂钩，改革环境管理体制等。显然，在“有法不依”现象没有得到有效制止之前，探讨解决“有法不依”问题的方略也是未来环境法学研究的导向目标。

三是解决“司法救济难”的困境。在环境权不能得到有效保障的情况下，公民可以通过行政或司法手段寻求救济：或提请行政复议，或提起民事、行政、刑事诉讼。在维护环境权的司法实践中，中国公民很难通过环境诉讼得到有效而及时的司法救济，学界进行了大量的研究，并积极主张借鉴外国立法模式建立环境公益诉讼制度，在人民检察院设立专门的环境检察处、科，但时至今日，这方面问题仍未得到解决，在维护环境权保护方面继续探求解决“司法救济难”问题将成为中国环境法学研究的另一重要命题。

当然，上述环境法学研究命题的提出并不能当然地概括出或推导出今后中国环境法学研究的全部问题指向，笔者也只是在抛砖引玉，希望能引起环境法学界对上述问题的关注，为未来中国环境法学的发展略尽绵薄之力。正如有学者指出的那样：对环境法学研究课题的探索，“关键在于我们有没有一双善于发现的眼睛，有没有足够的理论敏感和现实警觉，以及有没有科斯式的耐心和功力‘小题大做’，能够从常人看来不起眼的细微小事中，开创出意义深远的新进路、新范式来”①。

可以预见，二十一世纪的法学研究必将是环境法学的时代。当下，在生态文明建设的国家战略推动下，环境法学界应把握历史机遇，应以其自觉、自省和务实精神再续21世纪开篇时学术研究的辉煌战绩，在不断深化的环境法学研究之路上再创佳绩，完成时代所赋予环境法的“揭示生活问题的本相，警醒世人既有生活的痼疾”、“发现和发展出更加普遍和有效的治理原则”以及“开创一个新的法律（规范诉求）的时代，通过法律的推动和人们的自觉转换人类的行为方式和生活样法，进而推动文明的更新与发展”② 的历史使命。

---

① 汪劲：《中国环境法学研究的现状与问题——1998—2003年中国环境法学研究状况调查报告》，《法律科学》（西北政法学院学报）2005年第4期。

② 李义松、吴国振：《论环境法学研究的当代任务》，《河海大学学报》（哲学社会科学版）2008年第3期。

苏联检察机关垂直领导制建立史考略

——兼谈对中国的启示

田 夫①

摘 要 垂直领导制是列宁检察思想的核心原则，在由苏俄到苏联检察制度的发展过程中，切实遵守了该原则，该过程也是垂直领导制在苏联的建立过程。反思列宁的思想，参考苏联检察机关的垂直领导制建立史，可以为当下中国的检察改革提供重要参考——恢复垂直领导制，彻底解决检察权的地方化问题。

关键词 列宁信件 垂直领导制 法制的统一性 检察权的中央性

从历史角度看，中国检察制度源于苏联检察制度。尽管苏联已解体多年，而中国检察制度也面貌大改，但如果要追根溯源，苏联检察制度仍是绕不过去的历史。特别是，在党的十八届三中全会提出省以下地方检察院人财物统一管理的背景下，倡议检察机关垂直领导制的声音再度响起，而垂直领导制正是源于苏联且构成了苏联检察制度的核心所在。因此，考察苏联检察机关垂直领导制建立的历史，不仅具有历史意义，而且具有现实意义。

苏联检察机关垂直领导制的建立，是与苏联检察制度的建立相伴的。事实上，由于前者构成了后者的核心，甚至可以说，考察后者就是考察前者。

苏联检察制度滥觞于1922年建立的苏俄检察制度。该年5月20日，列宁曾为正在进行的苏俄检察制度建立事宜专门致信斯大林并转俄共（布）政治局，该信名为《论“双重”领导和法制》（本文简称“列宁信件”），它对社会主义检察制度产生了本质性的深远影响。

---

① 中国社会科学院法学研究所2010级博士后，中国社会科学院国际法研究所助理研究员。

一 对列宁信件的进一步理解

关于列宁信件本身，笔者曾有比较仔细的分析，这里只是在此基础上作出进一步的理解。[①] 概言之，列宁信件包括两个核心论点。第一个核心论点是反对检察机关的“双重”领导（“所谓‘双重’领导，即一方面受中央机关即相应的人民委员部的领导；另一方面又受地方的省执行委员会领导”[②]），主张垂直领导制（即“地方检察机关只受中央机关领导”[③]）。第二个核心论点是地方检察人员有从法制的观点对省执行委员会和所有地方政权机关的任何决定提出异议的权利；该权利在此后等质化地演变为检察机关的一般监督权，因此，为简便计，本文也将该权利称为一般监督权。第一个核心论点构成了第二个核心论点的体制基础和保障。

在论证第一个核心论点的过程中，列宁还提出了法制具有统一性、检察权不是行政权、检察权具有中央性三个重要论点来支持第一个核心论点。这三个重要论点之间相互的关系是，第一个重要论点分别直接决定了第二个和第三个重要论点。

在列宁信件的影响下，从苏俄到苏联，垂直领导制逐步建立。在某种意义上甚至可以说，苏联检察制度建立的过程就是列宁信件的效力由苏俄辐射到全苏联的过程。

二 垂直领导制在苏俄的建立

列宁信件对正在进行的苏俄检察机关条例立法最终产生了实质性影响。1922 年苏俄《检察监督条例》第 5 条规定了垂直领导制——“各省设检察长，直接隶属于共和国检察长，由共和国检察长从中央工作人员中或从地方领导机关所提出的候选人中任命。省检察长的免职、调动和停职，由共和国检察长实行”；第 11 条则规定了一般监督权——“各地方检察长的职权如下：（一）提请执行委员会撤销或变更该委员会或其所属各机关所发布的违法命令与决议；（二）通过共和国检察长，向人民委员会或全俄中央执行委员会主席团抗议上述的命令与决议”。

---

① 参见田夫《什么是法律监督机关》，《政法论坛》2012 年第 3 期。

② 《列宁选集》第 4 卷，人民出版社 1995 年版，第 701 页。

③ 同上书，第 704 页。

三 垂直领导制在苏联的建立

（一）苏联联邦制背景下列宁信件遭遇的新问题

列宁信件写于1922年5月20日，其时苏联尚未成立，列宁信件首先针对的是苏俄的检察制度，因此它讲的首先是“卡卢加省的法制”、“喀山省的法制”乃至“全俄统一的法制”；当然，列宁信件也蕴含着对未来苏联检察体制的构想，因为法制“甚至是全苏维埃共和国联邦统一的法制”①。然而，在苏联建立之前，奢望在苏联中央与各加盟共和国的检察机关之间建立起垂直领导制显然是不可能的。因此，尽管白俄罗斯、乌克兰等国的检察机关在1922年仿效俄罗斯建立起了垂直领导制，但这些国家各自的中央检察机关还是分别隶属于各自的政府与司法人民委员部。

但是，列宁信件毕竟指出了法制“甚至是全苏维埃共和国联邦统一的法制”，而苏联也如列宁所愿在1922年12月30日建立。在苏联中央与各加盟共和国之间建立什么样的检察体制，必将成为一个在苏联联邦制背景下如何回应列宁信件的重要问题。

（二）1924年苏联宪法下的检察体制

1924年1月21日，列宁逝世。在此前后的一段时期内，正是苏联宪法制定的关键阶段。1月31日，苏联第一部宪法正式得以批准。其第46条规定：“苏维埃社会主义共和国联盟最高法院检察长和副检察长，由苏维埃社会主义共和国联盟中央执行委员会主席团任命。”据此，苏联最高法院的检察机构建立。

由于苏联的建立，原来的各苏维埃共和国中央政府（如俄罗斯、白俄罗斯、乌克兰）就变成了联邦制下的加盟共和国政府。但是，苏联宪法丝毫没有涉及苏联最高法院检察机构与各加盟共和国检察机关之间的关系，这也就成为了一个悬而未决的问题。

在1922年至1936年间，偶有法律涉及苏联最高法院检察机构（1922—1933）、苏联检察院（1933—1936）与各加盟共和国检察机关之间的关系，比如1923年11月23日通过的《苏维埃社会主义共和国联盟最高法院条例》第22条在赋予苏联最高法院检察长和副检察长职权时规定：“苏联最高法院检察

---

① 《列宁选集》第4卷，人民出版社1995年版，第702页。

长有权通过各加盟共和国检察长调取一切有关最高法院应行讨论各种问题所必需的情报、资料和查询凭证，加盟共和国检察长对这项要求必须遵行。”对于这一类规定，需要全面看待。一方面，这一类规定在苏联最高法院检察机构、苏联检察院与各加盟共和国检察机关之间建立起了一定的领导关系；但另一方面，由于缺乏一个全面系统的规定，加上各加盟共和国内的检察体制并未改变，所以上述领导关系又比较薄弱。综合这两个方面来看，在1922年至1936年间，在苏联各加盟共和国国家层面的检察体制这一问题上，事实上存在的是由苏联最高法院检察机构、苏联检察院与各加盟共和国政府及其司法人民委员部共同领导的“双重”领导。恰如高尔谢宁描述的：“各加盟共和国的检察机关还继续处于共和国司法人民委员部的系统中。在大多数情形下加盟共和国的检察长是司法人民委员部的副部长。对加盟共和国的检察长还保留了一方面服从苏联检察长，一方面服从加盟共和国政府与司法人民委员部的隶属制度。”①

（三）苏联检察院的设立

1933年6月20日，苏联中央执行委员会和人民委员会通过的《关于设立苏联检察院》的决议规定，设立检察院的目的是“为了巩固苏联社会主义法制和为了保护公有制，使其免受破坏社会的分子的侵害”。12月17日，苏联中央执行委员会和人民委员会通过的《关于批准〈苏联检察院条例〉》的决议规定，撤销苏联最高法院检察机构。《苏联检察院条例》第2条规定：“苏联中央执行委员会所任命的苏联检察长，领导苏联检察院。苏联副检察长由苏联中央执行委员会主席团批准。”第3条规定：“苏联检察长向苏联人民委员会、苏联中央执行委员会和苏联中央执行委员会主席团负责。”自此，独立于最高法院的检察院建立。高尔谢宁指出：“以检察长为首的苏联检察机关的建立，曾达到了苏联检察机关之全部系统的集中。”②

为什么要建立独立于最高法院的检察院，这是一个有待思考的问题。列别金斯基写道：“1933年以前，在苏联还没有一个联合和领导整个检察系统的统一的中央检察机关。根据1924年宪法成立的苏联最高法院检察署在领导加盟共和国检察署方面的职权是非常有限的；加盟共和国检察长在自己的活动中隶属于加盟共和国中央执行委员会。由于检察署缺少一个全联盟的中央领导机关，就削弱了为实现和巩固苏维埃联盟统一的法制而进行的斗争。”③

---

① ［苏］高尔谢宁：《苏联的检察制度》，陈汉章译，新华书店1949年发行，第67页。

② 同上书，第66—67页。

③ 转引自谢鹏程选编《前苏联检察制度》，中国检察出版社2008年版，第62页。

根据《关于设立苏联检察院》的决议，并参考列别金斯基的观点，可以得出 1933 年苏联建立独立于最高法院的检察院的几点主要原因：第一，这是巩固苏联社会主义法制和保护公有制，使其免受破坏社会的分子的侵害的需要。第二，最高法院检察机构在领导加盟共和国检察署方面的职权非常有限，在最高法院之下的检察机构不可能成为一个“联合和领导整个检察系统的统一的中央检察机关”；相对于检察长由苏联中央执行委员会主席团任命的最高法院检察机构，检察长由苏联中央执行委员会任命的检察院具有独立的和更高的宪法地位。就中央层面而言，苏联检察院的建立与苏联最高法院检察机构的撤销，为将苏联检察院发展为一个统一的中央检察机关创造了条件。

（四）加盟共和国检察机关关于联邦宪法和法律的一般监督权的确立

《苏联检察院条例》秉承《关于设立苏联检察院》这一决议的内在精神，规定了苏联检察院的职权。其第 4 条第一项规定了苏联检察院的一般监督权——监督苏联、各加盟共和国各主管机关以及各地方政权机关的决议和命令是否符合于苏联宪法，苏联政府的决议和苏联政府的命令。第 5 条规定：“当发现苏联、各加盟共和国个别主管机关以及各地方政权机关的决议和命令不符合于苏联宪法、苏联政府的决议和苏联政府的命令时（第 4 条第一项），苏联检察院可以向各该上级机关抗议各机关及各地方政权机关的违法行为。苏联检察长向各共和国及各地方政权机关抗议非法的决议和命令时，通常都通过加盟共和国检察长实行。”严格地说，这里规定的并不是加盟共和国检察长的一般监督权，而是苏联检察院的一般监督权，只是在苏联检察院向各共和国及各地方政权机关抗议非法的决议和命令时，其一般监督权可以由加盟共和国检察长行使而已。但从发展的视角来看，这种由加盟共和国检察长行使一般监督权的做法却构成了赋予加盟共和国检察机关一般监督权的历史渊源。同时，需要说明的是，本文所论的加盟共和国检察机关的一般监督权，是指与苏联联邦宪法和法律相关的一般监督权，而非与加盟共和国宪法和法律相关的一般监督权；后一种一般监督权，早在苏联建立后各加盟共和国的相应立法中就已赋予加盟共和国检察机关。进一步地，只有加盟共和国检察机关与苏联联邦宪法和法律相关的一般监督权，才是本文应该关注的主题。

1935 年 5 月 11 日，苏联检察院颁布《关于加强对遵守革命法制的监督》的第 292 号命令。该命令对地方检察机关只是根据苏联检察院的指示才对地方政权机关的违法决议、命令和通令提出抗议这一现象表示批评，并指出：“对地方政权机关和主管机关的决议是否合法所实行的监督，是为社会主义法制而斗争的一种重大方式，是苏联检察机关条例所规定的检察机关的基本职能之一

（这一条例第 4 条第一项）。”上文已经指出，严格地说，苏联检察院条例规定的并不是加盟共和国检察机关的一般监督权，而是苏联检察院的一般监督权。但是，从第 292 号命令来看，1935 年的苏联检察院已经明显不满足于其本身的一般监督权，而是通过将苏联检察院条例第 4 条对苏联检察院一般监督权的规定从权力主体上进行扩大解释来得出结论——苏联检察院条例第 4 条第一项实质上已经规定了加盟共和国检察机关的一般监督权。该命令由此明确规定："各加盟共和国检察长要保证各人民委员部及与其相等的具有共和国性质的中央机关所发布的决议、通令和命令是否符合法律，进行实际而经常的监督并坚决抗议一切与法律有抵触的命令、通令和强制性的决议，并力求废除它们。边区、省和区检察长对于地方执行委员会及其各处所发布的决议、命令和通令是否合法，也应建立这样的监督制度。”如果说第 292 号命令从苏联检察院条例第 4 条对苏联检察院一般监督权的规定中引申出加盟共和国检察机关享有一般监督权这种解释还非常勉强的话，那么第 292 号命令的上述规定则毫无疑义地确立了加盟共和国检察机关的一般监督权。

（五）苏联检察系统垂直领导制的最终确立

前文已经指出，在苏联检察院建立的同时，各加盟共和国检察长在自己的活动中隶属于加盟共和国政府及其司法人民委员部这一状况并未改变。因此，尽管苏联检察院的建立有利于中央对加盟共和国检察机关的领导，但由苏联中央检察机关与各加盟共和国政府及其司法人民委员部共同领导加盟共和国检察机关这一“双重”领导的事实并未从根本上得以改变。

这种状况又持续了三年，1936 年 7 月 20 日，苏联中央执行委员会和人民委员会通过《关于设立苏联司法人民委员部》的决议，决议第二条规定："将各检察机关和侦查机关自各加盟共和国和自治共和国司法人民委员部系统中分出来，使其直属于苏联检察长。”12 月 5 日，全苏苏维埃第八次非常代表大会通过的《苏维埃社会主义共和国联盟宪法》第 117 条规定："各级检察机关独立行使职权，不受任何地方机关的干涉，只服从苏联总检察长。”至此，1922 年苏联建立后在加盟共和国检察机关之上事实上存在的“双重”领导状况被终结，垂直领导制形成。

垂直领导制的形成，与一年前确立加盟共和国检察机关一般监督权的苏联检察院第 292 号命令一并使列宁信件在苏联的联邦制结构下获得了新的生命。至此，该信的两个核心论点的效力从俄罗斯辐射到了全苏联。

从 1922 年苏联建立到 1936 年通过第二部苏联宪法的过程，不但是列宁信件中两个核心论点的效力逐步从俄罗斯辐射到全苏联的时期，而且是苏联检察系统形成的时期。诺维科夫认为："列宁阐明的原理，实际上为新型检察机关——最高监督机关和保证法制统一的机关的建立奠定了政治基础和理论基础。苏维埃检察系统形成时期（1922—1936 年）的特点是，探索检察机关这一法制的最高监督机关的最好的、最有效的组织形式和活动形式。"①

四 对中国的启示

回顾苏联检察机关垂直领导制建立史，尽管其间过程颇多曲折，但有一点是始终如一的，即承认列宁指出的垂直领导原则，并在制度实践中不断竭力实现该原则；尽管这一实践过程因为苏联的联邦制进程而耗时颇多，但理论与实务界却从未怀疑过列宁论点的正确性。

反观中国，垂直领导制的命运几经沉浮。新中国成立之初，曾短暂地实行过垂直领导制，旋遭改变；"五四宪法"和 1954 年检察院组织法再度确认垂直领导制，岂料好景不长，政治运动对检察制度运行屡加冲击，直至"七五宪法"正式废除检察院，垂直领导制在这二十年间运行的实效堪忧；"七八宪法"重建检察院后，未采垂直领导制；紧随其后的 1979 年检察院组织法立法说明则正式宣告垂直领导制在中国水土不服，至于理由却语焉不详甚至不成为理由；"八二宪法"与 1979 年组织法保持一致步调，中国检察制度进入后垂直领导制时代。

进一步地，在后垂直领导制时代，多年来，理论界与实务界围绕地方检察机关是否应该向本级权力机关负责并报告工作、是否应该受本级人民代表大会常务委员会监督、地方检察机关向本级权力机关负责并报告工作的含义及其效果等问题展开了广泛的讨论。但是，这些讨论似乎都还未彻底解决理论和实践中的问题，也似乎未取得实质性效果。这些讨论的核心，是地方检察机关与本级权力机关之间的关系问题。从逻辑上讲，如果地方检察机关与本级权力机关无关，这些讨论将在根本上化为乌有；如果地方检察机关与本级权力机关有关，这些讨论无疑还应继续深入。

回在列宁，在他那里，法制具有统一性、检察权不是行政权、检察权具有中央性这三个重要论点支撑起了垂直领导制；中国 1979 年检察院组织法承认了前两个重要论点，但未予承认第三个重要论点。② 而正如上文已指出的，在

① ［苏］诺维科夫：《苏联检察系统》，中国人民大学苏联东欧研究所译，群众出版社 1980 年版，第 13 页。

② 参见田夫《什么是法律监督机关》，《政法论坛》2012 年第 3 期。

列宁那里，第三个重要论点是由第一个重要论点直接决定的；换言之，只要承认法制具有统一性，就必然承认检察权具有中央性，而一旦三个重要论点都成立，那垂直领导制也就水到渠成了。同时，一旦承认检察权的中央性，也就很难说明地方检察机关作为中央设在地方的检察机关为何要向地方的权力机关负责。

因此，在十八届三中全会提出省以下地方检察院人财物统一管理的背景下，考察苏联检察机关垂直领导制建立史，本文主张，重新返回列宁信件的原意，经由必要的过渡性措施，在适当时候推动宪法和法律的修改，恢复垂直领导制，以彻底解决检察权的地方化问题，保障检察机关依法独立行使检察权。

苏俄刑法知识中国化及其反思

焦旭鹏[①]

摘　要　在中国当下的犯罪论体系之争中应考察"苏俄刑法知识中国化"之命题，以明确中国与苏俄的犯罪构成理论有何异同。"苏联刑法知识的中国化"之内容确实存在一些具体表现，但这并没有对中国的犯罪构成理论带来不同于苏俄犯罪构成理论的基础性、根本性或全局性影响，二者在构造原理和理论构成上大致相同。"苏俄刑法知识中国化"或"犯罪论体系的中国化"之命题因缺乏有效的事实依据，根本就无法成立。

关键词　犯罪论体系之争　苏俄刑法知识　中国化　反思

犯罪论体系之争是中国刑法学界目前的学术热点问题。在探讨四要件犯罪构成理论与三阶层犯罪论体系之前，首先应对苏俄刑法知识中国化的问题加以研究，有必要先行确定中国犯罪构成理论与苏俄的犯罪构成理论之间到底存在何种异同与关联，这样才能为其他的工作提供一个基本的认识起点。鉴于已有学者提出苏联的犯罪构成理论在引进中国之后已经中国化的观点，更有必要就此先行加以探讨。如果苏俄刑法知识或犯罪构成理论确已中国化并且成为根本不同的本土理论，那就意味着"刑法知识去苏俄化"的命题混淆了中国和苏俄犯罪构成理论，立论的核心对象在事实依据上就存在问题，命题自然无法成立。而如果两者的犯罪构成理论并无实质差异，不仅"刑法知识去苏俄化"的命题言之有据，而且考察苏俄犯罪构成理论的学术源流，其实也正是理解中国犯罪构成理论学术渊源的必由之路。

① 中国社会科学院法学研究所博士后，中国社会科学院法学研究所助理研究员。

一 苏俄刑法知识中国化的内容

苏俄刑法知识引进中国大致发生在1949年到1956年这一时段，主要是以翻译苏联的刑法学著作为主要方式，也有苏联专家来华讲授刑法课程。高铭暄教授认为："从1949年到1953年，是新中国刑法学的创建时期，这一阶段是以否定旧中国的刑法学、照搬苏维埃的刑法学为主要特征。"而"从1954年到1956年，是新中国刑法学的起步阶段"①。由于1954年10月中国刑法起草工作开始，对新中国刑法学起到重要促进作用。1957年下半年后由于"反右"运动扩大化，刑法学研究受到严重影响，1966年到1976年刑法学研究则基本停滞；由于受到法律虚无主义思想的影响，犯罪构成理论也受到批评成为无人敢问的禁区。1977年以后，中国刑法学迎来了恢复重建的历史机遇，四要件的犯罪构成理论重新取得权威地位。

苏俄刑法知识的中国化似乎应从1954年后的刑法学研究中去发现和考察，笔者主要关注的是犯罪论体系的中国化。这一时期，学者们围绕着犯罪的概念、犯罪的因果关系进行了讨论，就社会危害性是犯罪的本质特征、必然因果关系或偶然因果关系是否是刑事责任的客观依据发表了不同意见，但是似乎讨论并没有提出不同于苏联刑法学者有关于此的争论范围，并且苏联学者有关的讨论似乎更加丰富和深入。

1957年，毛泽东同志发表《关于正确处理人民内部矛盾的问题》一文，提出了两类矛盾的学说，这引起了刑法学界的广泛讨论。有学者认为犯罪现象中存在着两类不同性质矛盾，从而把两类矛盾学说引入刑法学领域。② 其中犯罪构成与两类矛盾问题成为一个重要学术议题。有关这方面的讨论显然不见于苏联刑法学而为中国刑法学所独有。

1977年以后中国刑法学进入复苏和繁荣阶段，除了对犯罪与两类矛盾问题、犯罪的因果关系进行继续的学术探讨外，较为集中地对犯罪构成进行了研究。

值得注意的是，针对犯罪的因果关系，学者提出了"高概率因果关系说"并进而发展为"一个半因果关系说"，认为只有高概率联系才是刑法中的因果关系，刑法上的因果关系范围应该等于全部（一个）必然因果关系加上一部

---

① 高铭暄：《新中国刑法科学简史》，中国人民公安大学出版社1993年版，第8页以下。

② 同上书，第25页以下。

分（半个）偶然因果关系。[①] 这一学术见解不同于苏联刑法学者的讨论，具有一定独特性，在中国刑法学界产生了较大的影响。

中国学者在向苏联学习刑法知识时仍有明确的主体意识，这一点应该给予肯定。宁汉林先生在1979年发表论文，在严肃批驳刑法科学中的法律虚无主义思潮之后，主张为犯罪构成理论恢复名誉，同时提出："我们的责任是吸取列宁、斯大林领导时期苏联刑法学者所创立的犯罪构成理论的积极因素，认真总结我国犯罪活动的规律和惩罚犯罪的规律，创立具有中国民族特色的犯罪构成理论。"[②] 宁汉林先生指出，中国的犯罪构成理论与苏联的犯罪构成理论存在重要不同，认为苏联列宁、斯大林时代的犯罪构成理论仍然留有资产阶级刑事社会学派影响的遗迹，强调犯罪主体的人身社会危险性，将行为社会危险性和人身社会危险性等量齐观，而中国1979年刑法的有关规定不考虑犯罪分子的个人情况，坚持了行为的社会危害性的立场，为创立不同于苏联的犯罪构成理论奠定了法律基础。[③]

高铭暄教授主编的1982年版统编教材把犯罪构成定义为中国刑法所规定的、决定某一具体行为的社会危害性及其程度而为该行为构成犯罪所必需的一切客观和主观要件的总和，犯罪构成包括犯罪客体、犯罪客观方面、犯罪主体、犯罪主观方面四个要件。[④] 这一界定，显然没有把犯罪主体的人身社会危险性作为犯罪构成理论要考虑的内容，而仅把行为的社会危害性作为犯罪构成理论的基础。

高铭暄教授也曾指出，中国刑法学者在学习苏联刑法知识的过程中并未机械照搬犯罪构成理论，而是弃其糟粕，取其精华。高铭暄教授以两个理论实例来对自己的观点加以说明，一是对于苏联刑法学界20世纪50年代流行的将犯罪概念与犯罪构成割裂开来的"二元论"观点的拒斥；二是对特拉伊宁在犯罪构成中不研究作为犯罪主体之一般主体而只研究刑法分则规定的特殊主体之观点的拒斥。[⑤] 高铭暄教授在新近的研究中又提出了中国的犯罪构成理论与苏联犯罪构成理论的典型区别，他认为"中国刑法学犯罪构成理论强调犯罪构成不仅决定社会危害性的存在，而且决定社会危害性的程度，从而在犯罪构成要件中引入定量因素，将对犯罪构成的认识提升到社会危害性的质与量统一的

---

① 参见高铭暄《新中国刑法科学简史》，中国人民公安大学出版社1993年版，第103页以下。

② 宁汉林：《反对刑法科学中的法律虚无主义倾向——犯罪构成理论浅谈》，《北京政法学院学报》1979年第1期。

③ 同上。

④ 参见高铭暄主编《刑法学》，法律出版社1982年版，第97页以下。

⑤ 参见高铭暄《刑法学原理》（第1卷），中国人民大学出版社2005年版，第450页以下。

高度”[①]。

何秉松教授1986年发表论文，提出建立具有中国特色的犯罪构成理论新体系，这也应当被视为是苏俄刑法知识中国化意义上一种学术努力。在何秉松教授提出的犯罪构成理论新体系中，强调毛泽东人民民主专政理论、两类矛盾学说、刑事政策策略思想的运用以及坚持唯物论辩证法、与中国实际相结合；主张犯罪构成不是负刑事责任的基础，而犯罪行为才是负刑事责任的唯一基础；认为任何犯罪行为都必须是行为符合构成要件与行为的社会危害性的有机统一，把犯罪构成分为行为主体和行为两大部分，把犯罪构成界定为是中国刑法所规定的构成某一犯罪所必须具备的关于行为和行为主体的诸要件的总和。这里四要件的犯罪构成理论被他改造为犯罪构成的行为要件、犯罪构成的行为主体要件两个部分。1987年何秉松教授提出以唯物辩证法为指导研究犯罪构成，将系统论方法引入犯罪构成理论中，提出犯罪构成是刑法所规定的、为构成某种犯罪所必需的各个要件组成的具有特定社会危害性的有机整体。[②] 这一见解批判了中国学者以及包括特拉伊宁在内的学者所主张的犯罪构成是主客观要件总和的观点，而代之以系统论思维下的“有机整体论”，但犯罪构成的要件又回到了客体要件、客观要件、主体要件、主观要件四个组成部分。在他后来发表的论文和专著中，[③] 又进一步改善和发展了系统论思维的运用，在提出“回到塔甘采夫去”的学术口号之后，他坚持了系统论的思维方法，又把犯罪构成改变为“犯罪主体—犯罪中介—犯罪客体”为基本结构的“犯罪构成系统论”。[④] 此外，何秉松教授将系统论思维又运用到法人犯罪的研究上，提出“人格化社会系统责任论”，将法人作为犯罪主体的地位明确下来。[⑤] 中国1997年刑法修订时对单位犯罪作了规定，在很大程度上终结了以往有关单位犯罪是否成立的学术争论。在苏俄刑法理论中，始终否定法人能够作为犯罪主体，而仅承认自然人的犯罪主体地位，这是中俄犯罪构成理论在犯罪主体上的重要区别。

在共同犯罪领域，中国刑法学者曾经就犯罪团伙的性质进行过比较集中的研讨，这是由于1983年下半年中国开展“严打”活动时提出了“犯罪团伙”

---

① 高铭暄：《关于中国刑法学犯罪构成理论的思考》，《法学》2010年第2期。

② 参见何秉松《对犯罪构成的哲学思考——论犯罪构成的概念》，《政法论坛》1987年第3期。

③ 参见何秉松《〈犯罪构成系统论〉导论》（上、下），《政法论坛》1993年第3、4期。

④ 参见何秉松、［俄］科米萨罗夫、科罗别耶夫主编《中国与俄罗斯犯罪构成理论比较研究》（中文版），法律出版社2008年版，第264页以下。

⑤ 参见何秉松主编《法人犯罪与刑事责任》，中国法制出版社1991年版。

这一概念，有必要在刑法理论上予以明确。[①]

二 苏俄刑法知识中国化的反思

“苏俄刑法知识的中国化”特别是“犯罪论体系的中国化”，本身就是应该予以仔细分析的一个概念。在中国刑法学者对这个术语的使用中，凸显了某种程度的主体意识，尝试摆脱对苏俄刑法知识单纯的被动接受，而是意图有所选择、有所突破，创造出不同于苏俄犯罪构成理论的中国本土刑法理论。经过前述研究我们可以发现，中国四犯罪构成理论与苏联的犯罪构成理论之间确实存在一定差异，但如何看待这种差异则有必要作进一步的理论反思。

从苏俄刑法知识中国化的内容来看，中苏犯罪构成理论的差异表现在较多方面：既涉及对犯罪构成理论的基础是行为社会危害性还是兼及人身社会危害性、犯罪构成是否表现了社会危害性质与量等理论逻辑起点上的差异，又涉及两类矛盾与犯罪构成等理论议题上的差异，还涉及系统论方法的运用与犯罪构成理论结构安排（犯罪主体—犯罪中介—犯罪客体三部分之有机整体的理论构造）、犯罪主体（法人是否是犯罪主体）、犯罪客观方面（一个半因果关系理论）、共同犯罪（犯罪团伙的性质）。不过，这种由中国学者指陈的与苏俄犯罪构成理论之间的差异到底应该怎样认识和评价仍须仔细研判。

与中国刑法学研究中引用国家领导人的论述（比如毛泽东的两类矛盾学说）相似，苏联刑法学者也引用国家领导人的论述来指导刑法学研究。比如斯大林曾发表题为《马克思主义与语言学问题》的著作，苏联学者就指出，“斯大林同志在语言学方面的天才著作，是所有苏维埃科学、包括苏维埃刑法科学在内的进一步发展的卓越基础”。该学者引用斯大林关于经济基础与上层建筑之间相互联系与制约的论断，提出“脱离阶级政治的实质内容来考察作为我们社会法权观点的苏维埃刑法理论的各种问题……”是不可取的[②]。这种政治话语对学术话语的侵蚀在中国刑法学者那里较早地受到反思和检讨，学者指出这种做法“明显地加剧了刑法学科政治化的倾向，用简单的政治分析代替精湛的法律分析，这无疑不利于刑法学理论的繁荣发展”[③]。

但是，对于官方意识形态中具体观点在刑法学中的运用不限于前述两类矛

---

① 参见高铭暄《新中国刑法科学简史》，中国人民公安大学出版社 1993 年版，第 133 页以下。

② 参见［苏］古梁斯基《苏维埃刑法理论中关于犯罪构成学说的几个问题》，载中国人民大学刑法教研室编译《苏维埃刑法论文选译》（第一辑），中国人民大学出版社 1955 年版，第 37 页。

③ 高铭暄：《新中国刑法科学简史》，中国人民公安大学出版社 1993 年版，第 20 页以下。

盾学说与犯罪构成的探讨，把系统论作为当代科学思维方式运用于犯罪构成理论的构造安排、把必然因果关系和偶然因果关系运用于犯罪因果关系的分析均在此列。学者曾经对“犯罪构成系统论”的观点提出批评，认为“借助系统论来研究犯罪构成理论除了具有把犯罪构成理论实现一种有条理的安排外，并没有真正在‘如何更准确地认定犯罪’这一问题上提供实质性的知识，其根本问题在于：尽管系统论强调系统要素之间的关联方式或结构，但这种关联方式或结构所依据的意义都无法由系统论提供——它也绝不可能对一切事物之要素间的关系作出特别规定”；“犯罪构成理论各构成要素之间的关系只能经由刑法教义学意义上的问题深究才可能有所推进”①。借助系统论对法人作为犯罪主体之地位进行的分析论证，也存在同样的问题。

关于必然因果关系和偶然因果关系，学者们的探讨也存在把哲学层面一般意义上的因果关系与刑法意义上的因果关系不加区分的问题，因此更多的是在事实层面上探讨因果关系，而忽视了刑法意义上因果关系的特殊性。引入概率的考量提出“一个半因果关系”，自然在理论上更进一步，但基本的思维方式仍依赖于必然性、偶然性的哲学观点，前述问题仍然存在。有学者于20世纪80年代还提出了“刑法因果关系的法律性”之命题，在相当程度上克服了前述问题，但分析仍借助必然性、偶然性的哲学概念来展开，② 未能彻底摆脱对哲学思维的简单套用。这种有关因果关系必然性与偶然性的分析方式至今在中国刑法学中仍然留存。③

宁汉林先生提出的中国犯罪构成理论拒斥了苏联犯罪构成理论强调人身危险性的成分，但他忽视了苏联的犯罪构成理论后来又有自己的发展变化，而成熟、定型的苏联犯罪构成理论与中国的理论一样，都把行为的社会危害性作为构造犯罪构成的基础。在1929年到1936年的苏联，由于法律虚无主义的影响，犯罪构成理论被废除不用；1936年苏联宪法颁行，学界后又批判了法律虚无主义，特别是1937年安·扬·维辛斯基院士指出“法院的任务就在于确定在被告人的行为中是否具备犯罪构成”，重新确立了犯罪构成对于法院定罪的重要意义，此后逐渐形成了以犯罪构成理论为核心的犯罪理论。④ 到了20世纪50年代，“苏联的犯罪构成理论已经定型化，形成了自己独特的犯罪构

① 焦旭鹏：《关于‘回到塔甘采夫’的刑法学反思》，载陈兴良主编《刑事法评论》第25卷，北京大学出版社2009年版，第121以下。

② 参见樊凤林主编《犯罪构成论》，法律出版社1987年版，第57页以下。

③ 参见高铭暄、马克昌主编《刑法学》，北京大学出版社、高等教育出版社2000年版，第84页以下。

④ 参见肖中华《犯罪构成及其关系论》，中国人民大学出版社2000年版，第31页。

成理论体系”，犯罪构成被定义为“苏维埃刑法规定的说明社会危害行为（犯罪）特征的诸要件的总和”[①]。直到今天，俄罗斯的学者仍然坚持大体相同的定义：“所谓犯罪构成，是指决定社会危害行为构成犯罪的所有主客观要件的总和。”[②] 中国刑法学者2000年出版的刑法教科书提出的犯罪构成概念则是：“犯罪构成，就是依照我国刑法的规定，决定某一具体行为的社会危害性及其程度而为该行为构成犯罪所必需的一切客观和主观要件的有机统一。”[③]

高铭暄教授提出中国的犯罪构成理论的特色在于，它不仅决定社会危害性的存在，而且决定社会危害性的程度，在犯罪构成要件中引入定量的因素，做到犯罪构成的质与量的统一；但是对比俄罗斯的犯罪构成理论后来的发展变化，尽管它契合了中国刑法对犯罪有数额犯、情节犯等定量规定的实际情况，可在犯罪构成理论的思路上似乎也并没因此形成根本性的超越。比如俄罗斯刑法学者也明确提出：“在刑法中，犯罪构成的各要件能够共同确定犯罪的社会危害性的本质、特点和程度，具有典型的、本质的、必要的和充分的特征。”[④] 社会危害性的“程度”也被俄罗斯刑法学者考虑到犯罪构成各要件之社会危害性的意义中去了。

在共同犯罪方面，中国刑法学者讨论了“犯罪团伙”的性质问题，但是“犯罪团伙”似乎并不是一个规范的刑法学术语，中国1979年刑法、1997年刑法均在规定共同犯罪时使用了“犯罪集团”这一概念，1997年刑法第294条又使用了“黑社会性质组织”的概念，以往有关“犯罪团伙”讨论中所指涉的对象，在很大程度上已经被这两个概念所吸收，“犯罪团伙”这一概念在刑法规定上始终没有被接受。从理论上来说，中国刑法学者在2000年仍然认为“犯罪团伙包括在犯罪集团和一般共同犯罪”[⑤]，但是在已有法律上的明确规定和明文术语情况下，这一概念的使用对于实践并无多大意义。在俄罗斯，从1903年的俄罗斯帝国刑法典开始，对犯罪的“团伙”就有规定，苏联时期的不同刑法文本也使用“团伙”这一术语，但是现在俄罗斯刑法的规定是“两个以上实行犯共同参与实施犯罪，是团伙犯罪”，这就意味着最简单的共

① 参见樊凤林主编《犯罪构成论》，法律出版社1987年版，第397页。

② ［俄］伊诺加莫娃—海格主编：《俄罗斯联邦刑法（总论）》，黄芳、刘阳、冯坤译，中国人民大学出版社2010年版，第35页。

③ 高铭暄、马克昌主编：《刑法学》，北京大学出版社、高等教育出版社2000年版，第52页。

④ ［俄］伊诺加莫娃—海格主编：《俄罗斯联邦刑法（总论）》，黄芳、刘阳、冯坤译，中国人民大学出版社2010年版，第35页。

⑤ 高铭暄、马克昌主编：《刑法学》，北京大学出版社、高等教育出版社2000年版，第175页以下。

同犯罪也是团伙犯罪，有组织集团的犯罪或犯罪团体实施的犯罪均可称为团伙犯罪。[①] 在俄罗斯，“团伙犯罪”作为法律术语和理论术语保存了下来，但其含义主要是就共同犯罪行为的类型或形式而言，这与中国刑法学者讨论“犯罪团伙”主要意指共同犯罪的主体还存在一些细微的差别。可见，尽管中国刑法学者讨论了“犯罪团伙”的性质，但对于这个并非法律术语的研究，并没有形成共同犯罪方面有价值的中国化理论。中国刑法与俄罗斯刑法在共同犯罪形式或类型上的差异，其实是由于各自刑法具体规定的差异造成的，但这种差异对共同犯罪理论构造原理的影响是非常有限的。

至此，笔者对中国刑法学者提出的“苏俄刑法知识的中国化”或“犯罪论体系的中国化”的内容进行了具体的、针对性的分析，比较了所谓“中国化”部分与苏俄刑法理论的差异到底何在及其理论上的独特性或实质贡献到底如何。我们不难发现，结论也许会令人失望：中国刑法学者的学术努力并没有创造出根本性的、不同于苏俄刑法理论的独特内容，甚至有时所谓的“独特性”内容也许恰恰是因为政治话语对刑法学术话语的入侵所带来的，在刑法教义学层面并无真正意义或知识增量的见解。

笔者在此还认为，有必要提供另外一种观察角度来估量前述“苏俄刑法知识中国化”或“犯罪论体系中国化”之内容的独立理论意义：那些存在的中俄理论差异较之于中俄理论共性，哪一方面对中俄犯罪构成理论构造的影响更具有基础性、根本性和全局性？

中国和苏俄犯罪构成理论的共性主要涉及犯罪概念和特征、行为论、犯罪构成的概念与结构、正当行为论、刑事责任论、共同犯罪论、罪数论、故意犯罪停止形态论等内容。

笔者主要依据中国和俄罗斯当下仍具有代表性的教科书之有关论述进行比较，而比较的时点则选择在当下这场犯罪论体系之争开始之年即2000年左右，显然此时的教科书观点对中俄的今天都仍具有重要影响。

在犯罪概念上，中俄犯罪构成理论都对法定的犯罪概念具有依赖性，而两国刑法均规定了混合的犯罪概念。中国1997年刑法第13条规定，一切危害国家主权、领土完整和安全，分裂国家、颠覆人民民主专政的政权和推翻社会主义制度，破坏社会秩序和经济秩序，侵犯国有财产或者劳动群众集体所有的财产，侵犯公民私人所有的财产，侵犯公民的人身权利、民主权利和其他权利，以及其他危害社会的行为，依照法律应当受刑罚处罚的，都是犯罪，但是情节

① 参见［俄］库兹涅佐娃、佳日科娃主编《俄罗斯刑法教程（总论）》（上卷），黄道秀译，中国法制出版社2002年版，第409页。

显著轻微危害不大的，不认为是犯罪。俄罗斯 1996 年刑法第 14 条规定，本法典以刑罚相威胁所禁止的有罪过地实施的危害社会行为，被认为是犯罪；第 14 条第 2 款规定，行为（不作为）虽然形式上含有本法典规定的某一行为的要件，但由于情节轻微而不构成社会危害性，即未对个人、社会或国家造成损害或构成损害威胁的，不是犯罪。①

在对犯罪的理解上，中国学者提出的犯罪基本特征是：（1）犯罪是危害社会的行为，即具有一定的社会危害性；（2）犯罪是触犯刑律的行为，即具有刑事违法性；（3）犯罪是应受刑罚处罚的行为，即应受惩罚性。② 俄罗斯学者提出的理解则是：（1）犯罪是行为，即表现为积极的作为和消极的不作为的行为；（2）犯罪是危害社会的行为；社会危害性是犯罪最重要的社会（实体）特征；（3）犯罪是有罪过的行为；（4）犯罪是刑事违法行为；刑事违法性是行为的法律属性（不同于它的社会属性）。③ 可见，社会危害性对于犯罪的理解具有的基础性意义在中俄的理论中是大体相同的。

在行为论方面，中俄学者都采危害行为论。

关于犯罪构成的概念，中国学者认为犯罪概念是犯罪构成的基础，犯罪构成是犯罪概念的具体化，所谓犯罪构成，“就是依照我国刑法的规定，决定某一行为的社会危害性及其程度而为该行为构成犯罪所必需的一切客观条件和主观条件的有机统一”④。俄罗斯学者的界定是：“犯罪构成——这是构成危害社会行为的客观和主观必要要素的体系，其要件在刑法典总则和分则刑法规范的处理部分中加以描述。”⑤

关于犯罪构成的结构，中国学者与俄罗斯学者一样，所提出的都是包括犯罪客体、犯罪客观方面、犯罪主体、犯罪主观四个方面要件的平面结构。

在正当行为论方面，中俄学者都讨论了正当防卫和紧急避险等行为，中国学者把正当行为理解为“客观上造成一定损害结果，形式上符合某些犯罪的

---

① 参见［俄］库兹涅佐娃、佳日科娃主编《俄罗斯刑法教程（总论）》（上卷），黄道秀译，中国法制出版社 2002 年版，第 126、152 页。

② 参见高铭暄、马克昌主编《刑法学》，北京大学出版社、高等教育出版社 2000 年版，第 46 页以下。

③ 参见［俄］库兹涅佐娃、佳日科娃主编《俄罗斯刑法教程（总论）》（上卷），黄道秀译，中国法制出版社 2002 年版，第 126 页以下。

④ 参见高铭暄、马克昌主编《刑法学》，北京大学出版社、高等教育出版社 2000 年版，第 52 页。

⑤ ［俄］库兹涅佐娃、佳日科娃主编《俄罗斯刑法教程（总论）》（上卷），黄道秀译，中国法制出版社 2002 年版，第 170 页。

客观要件，但实质上既不具备社会危害性，又不具备刑事违法性的行为”[①]。俄罗斯学者把正当行为称为“排除行为有罪性质的情节”，主张“如果情节的存在使表面上与犯罪行为相似的行为成为合法行为，甚至使某些行为成为对社会有益的行为，则这样的情节就是排除行为有罪性质的情节”[②]。

中俄学者都承认犯罪构成是刑事责任的唯一根据。

在共同犯罪论、罪数论、故意犯罪的停止形态等方面，中俄的理论也具有原理上的高度相似性。

由此我们不难发现，中国四要件的犯罪构成与苏俄四要件的犯罪构成，都是在社会危害性的基础上发展起来的理论体系，在理论结构、要件排列顺序等方面都是一致的，对于刑事责任的意义也是相同的。我们可以认为，虽然经过了数十年的独立发展，但中国的犯罪构成理论与苏俄的犯罪构成理论在构造原理和理论构成上大体相同。前述所谓犯罪构成理论的“中国化”内容，并没有对中国犯罪构成理论带来基础性、根本性或全局性的影响，而这样的影响恰恰不是由中俄犯罪构成理论的个别差异带来的，而是由二者之间的高度共性所决定的。

总体而言，“苏俄刑法知识的中国化”或“犯罪论体系的中国化”之命题缺乏有效的事实依据，根本就无法成立。

---

① 高铭暄、马克昌主编：《刑法学》，北京大学出版社、高等教育出版社 2000 年版，第 128 页。

② ［俄］库兹涅佐娃、佳日科娃主编：《俄罗斯刑法教程（总论）》（上卷），黄道秀译，中国法制出版社 2002 年版，第 438 页。

加速转型期中国两类腐败犯罪的发展趋向与治理方略

陈　磊①

摘　要　在犯罪学语境下，腐败犯罪依据结构差异可以类型化为权力占用型和权钱交易型两类。在经济社会转型的整体背景下实证地观察，可以发现：权力占用型腐败犯罪在不断下降，权钱交易型腐败犯罪在不断上升。加速转型期政府内部管理机制趋于完善、外部管理机制转型滞后、过剩经济导致市场主体寻租需要增加等制度因素决定了该时期腐败犯罪的发展动向。转变政府职能、完善市场机制、增加行贿成本、健全信用体系等措施是针对加速转型期腐败犯罪的治理方略。

关键词　加速转型期　腐败犯罪　权力占用型　权钱交易型　原因与治理

自21世纪初始，中国经济社会发展进入全面加速转型期。加速转型期中国的制度发展呈现出两个基本特点：一是政府内部管理机制逐步成熟和完善；二是经济体制在朝着现代市场经济转型迈进的同时，政府外部管理机制转型滞后，公权力对微观经济领域的干预过度。作为权力制度衍生物的腐败犯罪，不可避免会受到社会转型的影响。将腐败问题放入经济社会转型的整体背景下实证、类型地观察，针对腐败犯罪的现象特点及发展趋势，剖析出较之经验上“腐败越来越多、越来越重”更为具体、更为精确的结论，由此发掘出的原因以及提出的对策才更有意义、更有针对性、更具建设性。本文依据腐败犯罪在犯罪结构上的差异，将其类型化为权力占用型和权钱交易型两种基本类型，通

---

①　中国社会科学院法学研究所与最高人民法院中国应用法学研究所联合培养博士后，最高人民检察院检察理论研究所副研究员。

过对三级检察机关有关腐败犯罪的实证解读，揭示出加速转型期中国不同类型腐败犯罪的动向差异，在此基础上分析相应的背景原因以及治理方略。

一　腐败犯罪的两种基本类型与特殊发展动向

（一）犯罪学语境下腐败犯罪的类型划分

在犯罪学的语境下，腐败犯罪是贪污罪、挪用公款罪、受贿罪等刑法第八章贪污贿赂罪十二种罪名的统称。依据犯罪结构上的差异，腐败犯罪可以分为权力占用型和权钱交易型两种基本类型：权力占用型是利用公权力占有和挪用公共财物的腐败犯罪，主要是指贪污罪和挪用公款罪。犯罪结构是“公权力主体—公共财物”，犯罪发生在一个封闭的空间，公权力的内部管理机制指向财物，公权力主体只需利用公权力内部管理机制的缺陷即可实施以权谋财的行为。权钱交易型是利用权力寻租的腐败犯罪，主要是指贿赂犯罪。犯罪结构是“公权力主体—相对人的财物—公权力相对人”，犯罪发生在一个开放的空间，公权力的外部管理机制指向财物，公权力主体仅仅利用公权力外部管理机制的缺陷无法完成索贿或者受贿行为，还必须要有以“交易”为目的的公权力相对人的贿赂行为相依托。

权力占用型和权钱交易型犯罪结构上的差异，决定了二者在犯罪学意义上具有不同的犯罪特征，[①] 具体包括以下三点区别：

其一，是否存在关联犯罪不同。权力占用型在犯罪结构上具有封闭性，无论是贪污罪还是挪用公款罪，在公权力人与财物封闭的“交流空间”中，基本上不存在关联的犯罪。权钱交易型则具有“为他人谋取利益”的开放要件，这一要件导致受贿罪通常和其他的渎职型犯罪相关联，公权力人在实施为他人谋取非法利益的受贿行为过程中，谋取非法利益的行为本身又成立其他犯罪。

其二，客观危害不同。在刑法学上，贪污贿赂罪侵犯的法益都是职务行为的廉洁性、不可收买性，贪污罪、挪用公款罪与受贿罪相比，还侵犯了公共财产。[②] 由此似乎可以认为权力占用型的客观危害重于权钱交易型，然而在犯罪学上不能如此评价。实际上，权力占用型由于不涉及关联犯罪，其客观的危害

---

① 犯罪学上犯罪特征的差异不同于刑法学上犯罪特征的差异。后者是对构成要件进行的比较，目的是区分此罪与彼罪的成立；前者是对犯罪事实所进行的比较，目的是区分不同犯罪的犯罪现象、产生原因和治理对策。

② 参见张明楷《刑法学》，法律出版社2011年版，第1044页。

（包括直接危害和间接危害）要小于权钱交易型。每一个权钱交易行为的完成，往往意味着一项严重的渎职犯罪随之成立，意味着一个严重的危害后果同时产生。权钱交易型客观危害的严重程度，可以从“虹桥坍塌案”中林世元受贿 11 万元就被判处死刑、“郑筱萸案”中即使退回全部受贿赃物也被判处死刑立即执行等案件的判决依据上得窥一二。

其三，犯罪成本不同。犯罪成本的高低很大程度上取决于案件侦破的难易程度。权钱交易型较之权力占用型更具隐蔽性，因为它是“受贿人与行贿人”之间的“私下交流”，除当事人外一般不存在其他证人，而且受贿人和行贿人之间往往还有着同在一条船上的“战略同盟”关系，如果再考虑实践中形形色色隐蔽的行贿手段，那么贿赂罪的侦破和认定就更是难上加难。权力占用型则不同，无论是贪污罪还是挪用公款罪，都离不开共同的技术性行为——做“假账”。无论多么高明的假账，都难以抵御健全的审计会计制度的审查，现代化的审计会计制度为我们侦破假账行为提供了技术支持。两类案件侦破难度的差异，决定了权力占用型的犯罪成本低于权钱交易型。

（二）加速转型期两类腐败犯罪的发展动向

处于加速转型期的中国，腐败犯罪作为一个整体，在数量上呈现出不断上升的态势，这一现象已为大量的实证研究所证实。本文通过对全国检察机关 2001 年至 2010 年 10 年间关于腐败犯罪统计数据的梳理和分析，以及对江苏省以及常熟市检察机关反贪部门数字统计的分析，发现三级检察机关的统计数据反映出惊人一致的现象：随着经济社会的加速转型，权力占用型和权钱交易型在犯罪数量上呈现出不同的变化趋势——权钱交易型呈现上升态势，权力占用型呈现下降态势，而且愈是在基层，下降和上升的趋势愈是明显。权钱交易型成为腐败犯罪的重点和高发领域。来自全国的统计数据表明，自 2000 年以来的 10 年间，贪污罪、挪用公款罪的立案数一直在不断减少，而贿赂罪的立案数一直在不断增加。省一级和市一级的统计也反映出相同的趋势。江苏省检察机关反贪部门 2000 年立案查处的贪污案件占同期查处的职务犯罪案件总数的 36%，到了 2006 年这一比例降至 25%；贿赂案件所占比例则恰恰相反，由 2000 年的 40% 上升到了 2006 年的 65%。江苏省的地级市常熟市及其下辖区武进区，从 2000 年至 2006 年贪污罪和贿赂罪立案数的反向变化也是如此。[①]

① 参见卢志坚等《贪污案减少，贿赂案增多》，《检察日报》2007 年 2 月 2 日。

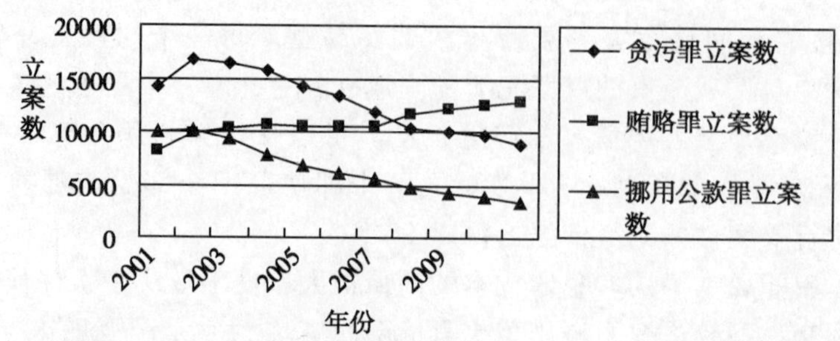

图1 全国检察机关2001—2010年贪污罪、挪用公款罪、贿赂罪立案数的比较图①

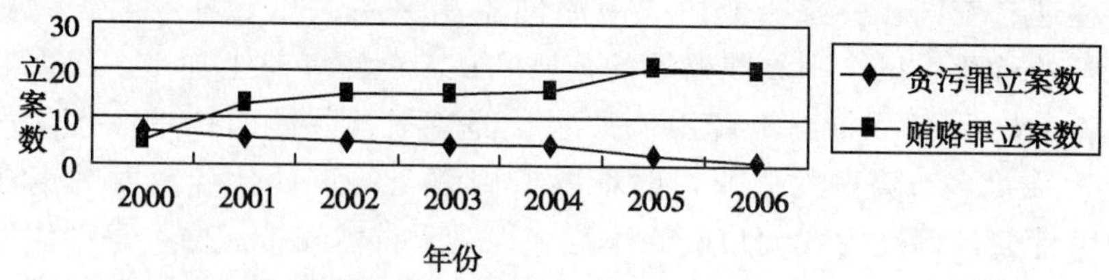

图2 常熟市检察机关2000—2006年贪污罪、贿赂罪立案数的比较图②

二 加速转型期两类腐败犯罪不同动向的原因探析

腐败根源于权力制度，不同社会发展时期的制度特点决定了该时期腐败犯罪的发展动向。加速转型期的制度特点有二个：一是政府内部管理机制趋于完善。七次政府机构改革和国有企业的改革改制，使得行政主体和国有企业主体大幅减少，政府内部管理机制更为规范，审计会计制度也在不断健全和完善，这些因素客观上增加了权力占用型实施的难度，从而导致权力占用型在加速转型期呈现下降态势。二是经济体制朝着现代化市场经济转型迈进，已经实现了由短缺经济转向低层次的过剩经济转变，今后相当长一段时期供过于求将成为市场的常态。③ 过剩经济使得市场主体寻租的需要增加。与此同时，政府外部管理机制转型滞后，公权力对微观经济领域的干预过多，政府承担了许多原本不该承担的经济职能，这就为市场主体寻租需要的实现提供了机会。政府外部管理机制和经济体制的转型脱轨造成了权钱交易型在加速转型期呈现上升态势。

---

① 此表根据《全国检察机关直接立案侦查案件情况统计表》相关数据统计而成。

② 参见卢志坚等《贪污案减少，贿赂案增多》，《检察日报》2007年2月2日。

③ 参见国家发改委宏观经济研究院课题组《中国加速转型期的若干发展问题研究（总报告）》，《经济研究参考》2004年第16期。

（一）政府内部管理机制不断完善

七次政府机构改革和国有企业的改革改制，使得政府机构内部管理机制更为规范。审计会计制度也在不断健全和完善。为了规范行政单位会计核算行为，保证会计信息质量，财政部于1998年颁布实施了《行政单位会计制度》。同时，地方上的许多县（市）成立了统一的行政结算中心，加强了监督制约，将白条和不正规的发票拒之门外。有些单位都只设财务结报员，不设财务会计，即使有会计，接触资金的机会也少了，更不可能有大额资金进出。[①] 这种“结报制”的方式在技术上减少了单位领导和财务人员实施贪污和挪用公款行为的可能性。这些因素都在客观上增加了权力占用型腐败犯罪实施的难度，从而导致权力占用型在加速转型期呈现下降态势。自1998年以来，审计署在全国范围内掀起了数次大规模的“审计风暴”，随着审计制度的不断完善和审计工作的深入开展，促使政府机构内部财务行为更加公开透明，也使得贪污犯罪、挪用公款犯罪的空间不断被压缩，从而增加了权力占用型腐败犯罪实施的难度和风险。

（二）不同类型腐败犯罪交替发展的关联性变化

腐败犯罪不同类型之间的关联性变化，促使公权力主体以权谋私的欲望和行为由权力占用型向权钱交易型倾斜。菲利曾提出著名的“犯罪饱和法则”来论证不同类型犯罪之间的关联性变化规律。利用这一法则，菲利阐释了犯罪的周期性波动规律，“随着自然条件和社会环境的变化，犯罪往往表现出下列波动模式，即在每年的财产犯罪和人身犯罪的变化中存在着一种交替：当一类犯罪上升时，另一类犯罪就下降。这是因为，促使财产犯罪下降的最有效和最易变的一般因素（食物丰富和气候寒冷），会使暴力犯罪和性犯罪的数量增加”。贪污、挪用公款行为的一个必要的手段就是做假账。从这个意义上讲，贪污、挪用是一项“技术活”，没有一定的财务水平不敢轻易作案，有时必须几人联手，一个人（领导或会计）“单打独斗”很容易暴露。而贿赂行为本身具有隐蔽性，行贿手段复杂多样，加上行贿者和受贿者之间的利益同盟关系，证据问题和行为定性问题成了困扰贿赂犯罪侦破和认定的两大难题。实施权力占用型的犯罪成本高于实施权钱交易型，行为人选择后者以满足谋取私利的欲望就成为很自然的一件事情。

---

① 参见卢志坚等《贪污案减少，贿赂案增多》，《检察日报》2007年2月2日。

（三）经济体制和行政管理体制转轨脱节造成权力寻租空间过大

经济体制朝着现代化市场经济转型迈进，过剩经济使得市场主体寻租的需要增加。而且，中国的市场因为刚刚开始兴起，在很多领域都有暴利的机会，这一点在房地产行业表现得尤为明显。中国的经济发展水平客观上为市场主体提供了寻租的可能。与此同时，政府外部管理机制转型滞后，公权力对微观经济领域的干预过多，政府承担了许多原本不该承担的经济职能，这就为市场主体寻租需要的实现提供了机会。最近 20 年中国虽然经历了六次大的行政体制改革，但是每次改革的落脚点都是在减机构、减人以及内部管理体制的完善上，而不是实现对政府经济职能的转变和外部管理机制的完善，有时候机构改革就是将权力从一个部门转到另一个部门，并没有改变权力对经济过度干预的现状。权力直接干预经济、插手具体经济事务的现象仍然十分突出，最明显的体现是微观经济领域行政审批制度的广泛存在。每一项审批权的存在，意味着政府掌握着一项市场行为的决策权或者资源分配权，也就意味着一个权力寻租空间的存在。政府外部管理机制和经济体制的转型脱轨造成了权钱交易型腐败犯罪在加速转型期呈现上升态势。

（四）信用约束机制缺失的制度诱因和行贿低成本的现实诱因

市场主体商业信用道德的缺少是权钱交易型呈现上升态势的制度伦理因素。市场经济的本质是“信用经济”。由于中国缺乏规范的商业信用体系制度，造成市场主体信用道德的普遍缺失，商业贿赂行为因此大行其道。据有关资料统计，中国的企业对贿赂客户的容忍率为 71.3%，对短斤少两的容忍率为 55.4%，对打不实广告的容忍率为 55%。[①] 在英美等信用体系发达的国家，商业贿赂行为相较而言就少得多，商业交易也规范得多。原因并不在于道德水平的高低，而是这些国家具有规范统一的市场信用体系，一旦某个人或者组织被知悉在商业竞争中利用行贿手段获利，那么在他的信用档案中就会留下“违背公平者”的人格烙印，从此再难获得商业交易机会。反观中国，同样是实行市场经济，由于缺乏有效的制度性信用约束机制，商业失信现象因此愈演愈烈。

行贿犯罪的低成本是促使市场主体向公权力人寻租的重要心理因素。据统计，上海市检察机关从 2000 年至 2003 年 7 月，立案查处的受贿案件有 700 多

---

① 参见姚志阳《建立社会主义市场经济下的信用体系的思考》，http：//www. law - lib. com/hzsf/lw_ view. asp？ no = 2462&page = 3。

件，单独立案侦查行贿案件 81 件、95 人。1998—2003 年 6 月，广东省各级法院受理一审受贿案件 968 件、1065 人，而行贿案件却只有 43 件、49 人。在 2001、2002 两年，江苏省检察机关立案查处受贿案件 1010 件、1022 人，行贿 87 件、87 人。[①] 贿赂犯罪是对向犯，受贿案件和行贿案件存在如此大的数字差异，并不是“被动行贿”和“自首立功情节”能够全部抵消的。从事实来看，在建筑、医药等商业贿赂多发的领域，行贿者并非“被迫”，而是“主动”，并且把行贿当成“拓宽”市场的一种必不可少的手段。与受贿相比，行贿在某种意义上是“源”。刑事政策“行贿非罪化”的倾向，使得市场主体维护规范的成本远远高于失范的成本。市场主体行贿可以获得交易机会，不去行贿反而难以在市场中立足，这种现实的困境促使市场主体选择行贿手段以获取市场利益，从而形成“劣币驱逐良币”的不良竞争现象。

三　加速转型期中国不同类型腐败犯罪的治理对策

加速转型期中国腐败犯罪呈现出的特殊发展态势，要求我们制定针对性的防控对策。对处于下降态势的权力占用型腐败犯罪的治理，应当继续完善政府内部管理机制。同时，应将腐败犯罪的控制重心放在处于上升态势的权钱交易型上。

（一）转变政府职能，建立有限有效政府

政府对经济的过度干预，是造成权钱交易型腐败犯罪的权力因素，但是政府又不能对经济放任不管，解决这一问题的关键是正确处理“政府与经济（市场）”的关系。西方经济学理论关于这一关系的论证，经历了亚当·斯密“守夜人”的政府、凯恩斯“全面干预”的政府、布坎南“有限有效”的政府三种学说和实践的发展演进。[②] 时至今日，布坎南的“有限有效”的政府，已经被证明是解决“市场失灵”和“政府失灵”现象最有效的理论。在中国，建立有限有效的政府，就是要区分政府权力的界限：在微观经济领域，即私权主体活动的领域，公权的干预范围要通过法律的形式予以严格界定，只有关系到国际民生的要素市场政府才可以介入，而且这种介入也应该是间接干预，并且应该引入经济市场的竞争机制。其他的微观经济领域，政府要予以退出，将

① 参见央视国际《行贿：权力缝隙中的毒瘤》，《央视论坛》2003 年 10 月 29 日。

② 参见张爱军、吕亚男《我国政府经济职能转变的理论借鉴及其定位》，《学术交流》2006 年第 9 期；曾康霖《政府干预经济及其在市场经济中角色的确定》，《经济学家》2007 年第 1 期。

公权对私权的影响力和权力寻租的可能性控制在最小的范围，最大限度地减少“政府失灵”的危害。具体的原则是“公民、法人或者其他组织能够自主决定的；市场竞争机制能够有效调节的；行业组织或者中介机构能够自律管理的；行政机关采用事后监督等其他行政管理方式能够解决的”，公权力都不要提前介入[①]。政府的主要精力应放在宏观经济领域，提供和改善攸关经济健康发展的公共服务，创造更多的就业岗位，健全社会保障制度等。

（二）完善市场机制，降低市场主体违法边际受益、提高违法边际成本

市场经济本身是“善”而非“恶”的制度，市场经济的发展客观上催生了具有独立主体利益需要的私权利人，而且随着经济的发展，市场进一步开放，市场主体会愈来愈多。因此，从私权利人的利益需要考虑，我们只能去完善市场机制，着力发展经济，而不是倒退到计划经济时代，那无疑是一种“饮鸩止渴”的做法。现阶段中国不成熟的市场机制为权钱交易型腐败犯罪尤其是商业贿赂犯罪供了广阔的空间和土壤。完善市场机制，要按照透明、公平、诚信的要求，健全工程建设项目招标投标制度，完善经营性土地使用权出让制度，规范和健全产权交易市场，完善政府采购制度等，最大程度地发挥市场在资源配置中的基础性作用，使商业贿赂无处可寻。同时，要进一步发展经济，努力实现在大部分经济领域不存在暴利的机会，让企业只能获得平均利润率，从而使商业贿赂无利可图。

（三）加大对行贿犯罪的惩治力度，提高行贿犯罪的犯罪成本

刑事政策“行贿非罪化”的倾向，一定程度上纵容了商业贿赂行为。从“成本—收益”的角度分析，行贿非罪化的直接后果是“行贿一只鸡，得到一头牛”。实践中，有相当一部分行为人把行贿当作拓宽市场的必要手段主动行贿，这是催生受贿行为的“源头”，行贿非罪化的现状使得我们对源头的治理难以做到有效和彻底。因此，要加大对行贿犯罪的惩治力度，提高行贿犯罪的犯罪成本。对于作为市场主体的私权利人而言，其行贿的目的在于获取正当竞争以外的非法利益，因此，惩治其商业行贿行为的最有效手段，莫过于设置资格刑和罚金刑，一旦行贿犯罪即永久性取消其市场主体资格，同时处以超过其违法所得数倍的罚金，这无疑是对希望通过行贿获利的行为人毁灭性的打击。

---

① 这一原则参考了《行政许可法》第 13 条关于行政许可事项的原则性规定。

（四）建立完善的市场信用体系，提升个人信用道德水平

商业贿赂行为作为市场经济中的一种失信行为屡禁不止，很大程度上是由于失信成本低、失信得利高，以及缺乏普遍的失信惩罚机制造成的。为了解决商业领域的信用缺失问题，最高人民检察院会同有关部门建立了行贿犯罪档案查询系统，行贿者一旦被记录进了高检“黑名单”，其社会信誉将会有所损害，在投标公共工程、参与政府采购等方面将会受到准入限制。目前这个查询系统的特点是“自愿，免费，没有强制性”，在一定程度上就放纵了许多“漏网之鱼”，与建设统一通用的市场信用认证系统的目标存在很大差距。治理商业行贿，在全社会范围内建立统一的市场信用体系，需要对行贿犯罪档案查询系统作出相应的完善，应当规定市场准入和市场交易“强制性查询”，实行“廉洁准入制度”，真正实现失信的人被社会和市场排斥的效果。

中国古代公案文学的现代法治价值及限度
——《窦娥冤》、《包公案》与西方涉法文学差异检视

戈含锋[①] 刘文岗[②]

摘　要　中国古代公案文学是我们在官方正统文献之外体认古人法律观念、了解中国法律传统的丰富资源，其重要性伴随着西方法律与文学运动的影响日益受到国内研究者重视。本文以《窦娥冤》、《包公案》等公案文学典型为例，从法律和文学两方面探讨其与现代法治价值的冲突与抵牾，进而分析其在中国法治发展中作为本土资源的可能意义和限度。从法律角度指出，此类文学中法律问题解决的个案化、随机性以及对道德和伦理的绝对服从等倾向使得其内含的法律思维和理念不足以为现代法律发展提供充足的智识支持；从文学角度通过对比中西方文学基本哲学基础和社会功用的差异进一步论证了上述观点。在此基础上认为，在中国法治化过程中，选择和吸纳古代法律文化传统、学习借鉴西方法治文明，对中国古代公案文学中的法律要素及其局限性予以科学充分的认识是应有的前提性准备之一。

关键词　程序正义　复仇　警察圈套　法理学意义

文学是生活的折射，在文学描写中，社会主流规范，包括法律构成了主人公命运发展的基本背景，成为诸多戏剧和文学作品关注的对象。中国古代文学史上，部分以描写法律运转状况而形成的文学作品——公案文学，成为大众法律意识的直接来源和我们法律文化传统的直接承载。了解中国古代法律状况，形象体认古代法律文化传统，应该重视此类文学作品的重要资源和文献价值。在国外，学术界兴起的法律与文学运动也凸显了文学作为法律分析资源的独特作用，其独到的解读法律视角、方法也为我们研究中国公案文学文本提供了丰

① 浙江大学博士后，天津科技大学讲师。
② 河南省镇平县人民法院法官。

富的方法论借鉴。[①] 同时，由于文本及文化差异，中国古代公案文学所体现的法律传统和理念迥异于西方，了解中国法律及传统法律文化，深入探讨公案文学所体现的法律认识和理念及其对于现代法治发展的可能意义和限度，仍然需要立基于中国文本。

一 中国古代公案文学及文本分析

中国古代公案文学作为古代社会法律生活的生动记述，有关研究主要从两个角度展开，一是基于特定描写考察古代法律的微观制度运行和构建；二是从相对宏观的背景和法律架构中对当时的法律功用进行分析。就现代法治背景下我们如何定位和吸纳传统法律文化这一目的来说，后者具有更大的作用。下面以部分古代公案文学中的经典文本为例，分析其法律理念的基本特征，进而确定其在现代法治中的可能意义与局限。

（一）《窦娥冤》与《包公案》

《窦娥冤》和《包公案》是形塑中国古代传统法律观念和认识的经典剧目。需要指出，艺术不同于生活，《窦娥冤》的枉法状态未必是当时社会的常态，公案小说中的清官作为一种理想化身，其断案方法也可能更反映了一种民间的期望，与当时司法模式不一定相符。但无论如何，当时的作者们不可能跨越自身生活的局限和框架，描绘出一个完全相异的法律世界来，因而其对于认识中国传统法律文化的生存和运作仍可以提供有价值的线索。

《窦娥冤》是关汉卿的经典剧目，其故事大概如下：

> 秀才窦天章因欠蔡婆婆钱财无力偿还，将七岁女儿窦端云（后改名窦娥）抵给蔡婆婆作童养媳后赴京赶考。窦娥长成后未几其夫去世，窦和蔡婆婆两人相守度日。一日蔡婆婆因讨债被债务人赛卢医诱自偏僻处正欲杀害，被光棍张驴儿父子救下。张父子得知蔡婆婆家婆媳两人守寡，就强行入住，欲图分别霸占婆媳两人。窦娥守节不从，张驴儿从赛卢医处敲诈来毒药想药死蔡婆婆后霸占窦娥，结果被张父误吃身亡。张诬陷窦娥药死其父乘机威胁，因窦不从而将之诉至官府。为免楚州太守桃杌对蔡婆婆的刑讯，窦屈认作药死公公，被判斩决。临刑前窦娥发出三桩誓愿，包括

---

① 参见［美］理查德·A. 波斯纳：《法律与文学》，李国庆译，中国政法大学出版社 2002 年版，第 13—270 页。

血飞悬练、六月飞雪以及楚州三年亢旱。最后窦娥之父窦天章来到楚州刷卷（清查案卷），窦娥鬼魂向父诉冤，最终报仇。张驴儿被处死，赛卢医充军，原太守桃杌免职永不叙用。①

《包公案》由多篇短篇故事集合而成，内容丰富，从多个侧面反映了当时审判断案的活动。包公作为小说极力讴歌的人物是当时普通民众对于执法官吏道德标准和公正期望的形象承载。但是，在中国传统道德屡经变迁和西方法治推行数十载的当下，从今人眼光再读这些反映了当时标准道德观和法律观的故事，可能会有不同的感受。下面摘取部分作为分析样本。

其一是《淫妇人插钉杀亲夫，陈土工验尸问杨氏》：

包公某日同胥吏去城隍庙行香毕，至白塔巷口闻有妇人哭夫，“其声半悲半喜，并无哀痛之情”。包公暗记在心，回衙传唤该妇人问讯，见其仍旧脸施脂粉，更加怀疑，就命土工陈尚验尸。陈尚勘验无果被包公责罚，其妻杨氏建议查看死者鼻孔，果见有两枚大钉钉入。由此确证了该妇人的杀人嫌疑。更戏剧化的是，包公得知陈尚是受其妻提醒后，进一步查明了陈尚妻杨氏也曾用同一手法害死其前夫。②

其二是《红牙球入帘牵真情，潘官人出门斩假鬼》：

京中官宦子弟潘秀，因红牙球投入对门刘长者家女儿花羞帘下，二人相识偷情，后潘秀别娶赵家女，花羞气闷而死。负责掩埋花羞的刘家仆人李辛因见花羞貌美，半夜开棺亲近，花羞苏醒后未告知其父母而嫁给李辛。某日半夜街上大火，花羞避灾误撞到潘家，潘开门以为是鬼魂，焚烧纸钱后花羞不走且斥责潘秀负心，潘提刀误杀花羞。天明后刘家发现女儿原未死而现被杀，诉至包公处。包公具榜文悬赏，称为了查明潘秀杀花羞一事，对原开棺使得花羞复生者给赏钱一千贯，李辛告首请赏。包公遂责李不合开坟，致令潘秀误杀，将李处斩，潘秀免罪。③

其三是《假奶婆借宿成好情，小婢女露言陷鱼沼》：

① 参见王季思主编《中国十大古典悲剧集》（上），齐鲁书社 1991 年版，第 3—32 页。

② （清）不题撰人：《包公案》，载宋涛主编《公案小说》，太白文艺出版社 2008 年版，第 34 页。

③ 同上书，第 79 页。

官员张英赴任外出，其妻子莫氏常携奴婢爱莲游华严寺，与寓居在寺的客人邱继修私通，张英半载后升任回家察觉，逼问爱莲说出后又将之杀死灭口，又借口让其妻取酒将其推入水塘淹死。莫氏入殓时，张以金饰华服厚殉，却待莫氏兄弟察看后令家人半夜开棺尽数拿走，再通知莫氏兄弟看后以铜饰步衣重殓。然后借故纠察盗贼，捕获邱姓客人送至包公处，且“面诉其情，嘱令包公尽快决修以完此事，便好赴任”。包公被爱莲托梦得知事情原委，将邱斩首，参奏张英“治家不正，杀婢不仁，罢职不叙”。①

（二）文本的分析

前述故事一方面与我们通常的道德感受仍有相当的重合，无论道德观如何变迁，我们仍然会认为窦娥是冤屈的，张驴儿是可恨的，包公是清廉的，私通是不对的。这也是这些文学作品在当下仍然被认同和流传，具有跨时空价值的原因。但是，可能读者还是觉得故事中有些道德观点和法律判断与当代有抵牾之处。从法律角度看，有些在当时被认为是完美、大团圆式的判决，在今天看则未必。分析这种差异和变化，有助于我们更客观地评价古代文学作品中的法律描写并准确定位其现代法律价值和意义。

评析前述文本中的法律运作与理念首先要确立标准。而作为一个当代作者去分析古代文本，标准只能是现代的，法律标准则更为聚焦，主要是指法治标准。虽然对法治的认识存在一定差异，但总体而言其作为现代社会的一种主导性价值观具有一些共性的内容，我们下面对其进行逐一分析。

1. 公案文学中的法律程序问题

现代法治理念的基本特点之一是强调程序的重要性，也即程序正义，从立法到法律适用，从案件侦破到审判执行，对程序的严格规范和界定构成了法律的主要特质。② 这与中国传统法律理念中重实体轻程序的浪漫主义情怀形成鲜明对比。

下面以现代法律程序要求为标准对比分析我国古文学作品中体现出的诸多程序特点或者说问题：

---

① （清）不题撰人：《包公案》，载宋涛主编《公案小说》，太白文艺出版社 2008 年版，第 44 页。

② 美国法官卡多佐批评在法律中区分形式与实质的试图，指出：“形式不是添加在实质之上、一条凸起的赘饰。它们是合成一体的。”“很多愚蒙无知的笨蛋……认为……形式不是实质，至少没有到实质绝对离不开形式的地步。”参见［美］本杰明·N. 卡多佐《演讲录——法律与文学》，中国法制出版社 2005 年版，第 112 页。

第一，“任何人不能做自己案件法官”与复仇的普遍运用。“任何人不能做自己案件的法官”是现代西方社会法律适用中公平原则的第一个要求，其在司法程序中广泛以“自然公平”的名义得以贯彻。[①] 在西方文学文本中很早就有体现。[②] 中国古代公案文学则向来对这个问题缺乏关注。《窦娥冤》中窦娥的冤情就是由其父亲窦天章做官后审查案卷（刷卷）平反，并使有关作恶者受到惩处。[③] 包公案《假奶婆借宿成奸情，小婢女露言陷鱼沼》中，官员张英诬与自己妻子私通的广东客人邱继修为盗贼，然后将其捆绑送至包公处时俨然衙门是自己开的做派——面诉其情，嘱令包公尽快处决邱某以完此事以便自己尽快上任（便好赴任）！而包公（实则为文章作者）也并未觉得有何不妥。

这种漠视程序正义的思维和习惯，实质上是一种复仇的思维方式和解决模式，与通过法律，由第三方主持解决争议的程序规则和理念有着质的不同。复仇是解决社会冲突的传统手段和主题，也正是自法律产生以来着力压制和引导的对象。即使如早期古巴比伦《汉谟拉比法典》的“以眼还眼，以牙还牙”，形似复仇，实质也是对复仇幅度的一种法律限制。现代法律更加排斥复仇的意义，其原因波斯纳有很好的论述：复仇是一个高成本和拙劣的社会控制体系，它妨碍劳动力的专业分工。它不是由一些人全职进行执法活动，从而让社区的其他人能够全职从事其他职业；相反，每个男人（因为复仇文化只给予妇女界限清楚的、附属的角色）都必须自己花一部分时间来作调查人、公诉人、法官、警察和执法者。复仇行为倾向于变得过于经常和过于野蛮，这既是因为这些行为源自感情，也因为复仇者是自己案件的裁判者，他对正确和错误的判断可能更倾向于自己的一面，难以“理性地行为”，等等。[④] 总之，“任何人不

① 参见［英］彼得·斯坦、约翰·香德《西方社会的法律价值》，王献平译，中国法制出版社2004年版，第112页。

② 如公元前6世纪古希腊著名悲剧《奥瑞斯特斯》（Oresteia）中就有女神雅典娜无法决定案情而组织陪审团的记载。

③ 有学者认为元代平反冤狱是廉访史的专门职责之一，窦天章“担任的正是廉访史的职务，故其为女儿屈死的冤案平反于法理、伦理都是讲得通的”，反映了研究者对基本程序正义法理——“任何人不能做自己案件的法官”的不了解。参见余宗其《中国文学与中国法律》，中国政法大学出版社2002年版，第134页。

④ 此外，复仇伦理还使大规模的协作很难出现。复仇文化在大家庭里能培养起强烈的忠诚，但是，小团体中强有力的忠诚会阻碍对部落、对城邦或者对民族形成更大的忠诚；复仇者的角色是个困难并危险的角色。每个男人都必须自己配备出色扮演这个角色所需用的技能和装备，而这会限制他从事正常生产活动的能力。而且，因为并不是每个人的能力都相同，所以复仇的责任可能会落到不是很适合进行复仇的人的头上，等等。参见［美］涅查德·A. 波斯纳《法律与文学》，李国庆译，中国政法大学出版社2002年版，第67—68页。

能做自己案件的法官”这一简单却根本的程序原则直接构成了对复仇的排斥，也由于前述原因，这种程序上的限定和认识对于并不完美的人类来说意义重大，并构成现代程序正义的基石之一。

在《窦娥冤》中，这种自己人办自己人，或者其现代名称“既当球员又当裁判”的案件获得的是一个公正的效果（实质是一个复仇的效果），其程序瑕疵就被忽略，隐而不显。试想，如果相反，是高俅审判高衙内的案件，我们马上就会意识到其中的不妥。但由于这里是窦天章做了官，窦娥又属冤死，读者或观众急迫的复仇愿望弱化了对程序的关注，此时正义的实现不是依托法律程序，不是法律程序本身运作的结果，而是依托权力和复仇。读者和观众获得的也不是对程序和法律作用的戏剧化强化和认同，而是一种复仇后的快感宣泄。需要指出，这种私力救济的描写在古代小说和戏剧中广泛存在，相当程度上说明“任何人不得做自己案件的法官”这一基本程序正义理念至少在当时人们的法律意识中是淡漠的，也正是这种从执政层到民众的淡漠，基于此理念之上的回避制度，补强证据规则[①]，以及任职回避制度等都无从谈起，整体的现代诉讼制度也无从构建。

第二，警察圈套、悬赏与断案上的“兵不厌诈”。在《包公案》中，包公悬赏寻找盗墓使得花羞复生的人（实为恩人）。称是为了查明潘秀杀花羞的事情而欲图对原开棺使得花羞复生的人给予赏钱，结果仆人李辛“告首请赏”，被包公斥责为“不合开坟，致令潘秀误杀”斩首。

这种做法近似于现代刑事制度中的警察圈套（entrapment），指警察、司法人员或者他们的代理人为了获得对某人提起刑事诉讼的证据，而诱使其实施某种犯罪的行为。[②] 是诱惑侦查[③]应用过当的一种指称，受犯罪指控的人可以以之为辩护理由，也就是说，被诱惑的人可以以此为理由对抗司法权力对自己的追究。作为现代法治社会限制和规范警察职能的重要制度设置，其在约束公

---

① 补强证据规则（corroborative evidence），指增强或担保主证据证明力之证据，其本身并不证明案件事实。如最高人民法院《关于民事诉讼证据规则的若干规定》第69条：下列证据不能单独作为认定案件事实的依据：……（2）与一方当事人或者其代理人有利害关系的证人出具的证言。参见陈立主编《刑事证据法专论》，厦门大学出版社2006年版，第188页。

② 参见储槐植《美国刑法》，北京大学出版社2005年版，第95页。

③ 诱惑侦查（encoragement）指侦查机关运用特定的技术策略，如警察或其代理人作出具有被害能力的表示（如在侦查诈骗案中使用），作出容易被害的情状（如在侦查强奸案中使用），作出有意参与犯罪的表示（如在侦查毒品案件中使用），以实现对特定案件，如所谓无被害人的犯罪，或者用常规方法难以侦破的犯罪的侦查。其使用过当，则可能构成警察圈套。参见陈立《美国有关警察圈套认定标准的争议及其启示：以拉塞尔案为视角》，载柳经纬主编《厦门大学法律评论》第6辑，厦门大学出版社2003年版，第381页。

权力，避免国家公信力受损，进而维护道德和社会基本信任方面具有重要作用。

而《包公案》中，使用这种方法的正是包公本人，且在无权力分工的情况下，这里并不存在审判者对侦查者——“警察”权力的监督，被追诉人在国家权力的大网中毫无制度化的抵抗权利。这种圈套式的诱捕充斥的是为了解决问题对手段的不加考虑，公权力行使的缺乏反思无所顾忌。[①] 是一种法律适用上的“兵不厌诈”和用“敌我矛盾”方式处理“人民内部矛盾”的做法，其适合于毕其功于一役的战争，却并不适合于作为生活常态，可能需要反复运用的法律处理。在法律事务中，我们（包括犯罪嫌疑人）对法律的信任构成了法律持续有效的保障。以失信于民的方式可以解决单个的案件，但其未来的施行效果则是堪忧的。

因此《包公案》的解决方式是个案性的，[②] 无法为未来指明方向，是为了实体正义而罔顾程序正义的表现，甚至一定程度是牺牲未来解决当下的饮鸩止渴。

此外，此种做法也不同于现代刑事侦查中的悬赏通缉。后者的悬赏是针对犯罪嫌疑人以外的人，即真悬赏，而非对罪犯本人的假悬赏真捉拿。早在春秋时期，悬赏即对犯罪嫌疑人之外的人与罪犯本人有了明确的区别。如《墨子·号令》中有关军中连坐法的规定：“卒民居城上者，各葆其左右，左右有罪而不智（知），其次伍有罪。若能身捕罪人若告之吏，构之。若非伍而知他伍有罪，皆倍其构赏。”此处“构”同“购”，意奖赏。对悬赏的积极回应，“能身捕罪人若告之吏”就被免除了连带责任，并受到奖赏，其奖赏主体是协助捉拿犯罪嫌疑人或提供线索的其他人，而非本案例中的犯罪嫌疑人本人。

许诺好处并暗示不判刑后待犯罪嫌疑人自投罗网，在现代法制中，从来没有直接针对犯罪人的如此诱捕。中国虽然尚处于法治建设阶段，对这方面重视

① 《包公案》中的悬赏捕获更准确可称为诱捕。对诱捕的研究较少，目前国内文献能查到的仅有一篇，且是关于国际法中有关引渡中的诱捕探讨。即王强军《“美国诱捕袁宏伟”案的法理缺失》，《法学》2008 年第 1 期。也有将诱捕等同于侦查诱惑的，而后者范围显然大于前者，这一界定是不合适的。

② 《窦娥冤》的结尾处理方式同样如此。例如即使窦天章刚看到窦娥的案卷，也仅是感叹“俺同姓之人，也有不畏法度的。这是问结了的文书，不看他罢”，后经窦娥冤魂诉苦，才得知而重新审理。这种法律运作描写和思维有利于单个剧目中观众的情绪调动和渲染，但只适合于当时当地，甚至特定的人，缺乏规模化、标杆意义的规则确立作用。参见王季思主编《中国十大古典悲剧集》（上），齐鲁书社 1991 年版，第 32 页。

不够，前些年也发生过类似性质的钓鱼执法事件①，但毕竟是少数，更重要的是，其已经受到多方质疑，而没有像《包公案》那样作为模范案例来进行标榜且“千百年来一直赢得普通百姓的敬仰”②。这其中我们看到的是法律的走向理性和国家对自身权力运行的克制，不再为了目的而不择手段，其进步性不言而喻。

第三，现代社会权力分工的强调与中国古代文学中审判者的缺乏分工和强势介入。基于人的能力和精力的有限性，分工被认为是更好解决问题的重要方式。古希腊戏剧中很早就产生了权力分工的思想萌芽，如公元前6世纪的著名悲剧《奥瑞斯特斯》（Oresteia）就借复仇女神之口指责太阳神阿波罗“你完全破坏了古代权力划分”③。相对而言，在中国古代社会里，社会与国家没有合理的分离和协调，没有形成政治权力之间合理配置与制衡的组织技术，官僚政治体制的皇权中心主义特征抑制了中国早熟的官僚政治体制朝着理想的方向发展。一方面是民间政治力量极度微弱情况下百姓对官僚机构——以清官为代表的几乎彻底依赖和完全信任，一方面是官员自身在实现正义过程中的缺乏分工进而满负荷运载。中国古代的官员无疑是相当辛苦的，如《淫妇人插钉杀亲夫，陈土工验尸问杨氏》中案件的发觉、侦破、审判到执行全部由包公一人所为（虽然有若干助手，但基本不具有决定性意义）。包公路过白塔巷听到当事人哭声半喜半悲，即凭此发现了案情，然后在先入为主的认识（该妇人一定有问题）下要求土工陈尚验尸，陈尚勘验未果便受到斥责。此时没有证据，包公并没有怀疑自己可能判断失误，而是坚持自己的认定。戏剧性的安排是，陈尚之妻恰好也做过此类谋害暗事，无意指点发现了证据所在，最终证明了包公的“料事如神”。

然而，戏剧中的百分之百成功，在现实中则不一定，甚至可能很少。例如在没有证据，逼出证据的刑侦环节，作为法官的包公其实已经没有了继续审判的必要，当事人有罪是先在于法官心中的。在这种毫无分工的案件解决链条和模式中，作出正确判断的概率应该不会太高。④ 这一过程中，我们看到的是能吏廉吏的强势介入，积极解决，是道德上的毫无问题和实际结果的问题可能很

---

① 指执法机关为了惩罚黑车而假扮路人求救，然后突袭罚款扣车等事件。参见陈静《上海闵行区“钓鱼执法”案宣判行政处罚决定违法》，http：//www. chinanews. com/gn/news/2009/11 - 19/1973916. shtml。

② 陈立主编：《刑事证据法专论》，厦门大学出版社2006年版，第147页。

③ 原句为“你完全破坏了古代权力划分，你灌醉古老的女神蒙骗她们”。阿波罗为了帮助为父复仇而弑母的奥瑞斯特斯，使追逐其的复仇女神陷入沉睡，奥瑞斯特斯暂时逃脱。参见（古希腊）埃斯库罗斯等《古希腊悲喜剧全集》，张竹明等译，凤凰出版传媒集团、译林出版社2007年版，第495页。

④ 判决结果也一般是将被告定罪，此时包公的角色主要是侦查者和公诉人，法官的角色仅是其前一环节的自然发展逻辑。

大。对相对不太能干的官吏来说，则可能是各个环节的顾此失彼，无暇应对，进而糊涂了断“葫芦提当罪衍”[①]，是道德和能力的一起损伤。

可以说，在中国古代有关文学文本中，程序的重要性始终没有引起当时国家机构和学者（包括小说家）的重视。从现代法治的观点来看，中国古代戏剧、小说中法律上的程序问题比比皆是。而正是这件程序外衣的千疮百孔导致实体正义的无法附丽，或者即使偶然附着其上，也是相当随机和个案化的。

2. 古代文学中的法律实体问题

程序问题有很多，我们结合文本材料只讲述上述部分。文本涉及的法律实体问题同样值得关注。[②] 在文本中我们还可以看出，在认定犯罪原因进而确定和分配事件当事人责任的规则和依据上，身份的不同进而基于其上的相异道德义务构成了决定性的要素。这与现代法律适用中弱化身份差异，强调犯罪原因与结果之间客观联系的思维有着相当不同。

首先看文本中的犯罪原因归结和证据认定。《红牙球入帘牵真情，潘官人出门斩假鬼》中潘秀误杀花羞，这一犯罪的原因被归结为“李不合开坟，致令潘秀误杀”，也就是说，潘秀杀死花羞是因为李辛盗墓使得花羞复生，如果李当初不盗墓，花羞干脆被活埋，就不会有后来被潘误杀的机会了。按照这种逻辑，当初引起花羞逃至潘门的大火同样是罪魁之一，应该查出是谁放火，或者失火。这里的荒唐（现代感觉?）不必论证。再看《假奶婆借宿成好情，小婢女露言陷鱼沼》中的犯罪结果与原因的推衍，包公对杀人者张英总结这次人命事件时说“你夫人失节该死，邱奸命妇该死，只爱莲不该死，若不淹死小婢，则无冤魂告你，官亦有的作，丑声亦不露出，岂不全美!”[③] 对张英犯罪结果中的两条人命认为只有“杀小婢值得追究”。犯罪原因最终被归结为“邱奸命妇”，邱姓客人为张英手中的两条人命承担了责任。

其次，关于当事人责任分配的主要逻辑和规则。《红牙球入帘牵真情，潘官人出门斩假鬼》案中对开棺使得花羞复生的李辛处斩，而对误杀花羞的潘秀则免予处分。从现代观点看，李辛有过也仅是盗墓，和误杀他人半斤八两，

---

① 王季思主编：《中国十大古典悲剧集》（上），齐鲁书社 1991 年版，第 21 页。

② 其实这一划分是基于论述的需要，对责任的分配和证据的确定其实某种程度上也可以认为是一个程序正义的问题。“许多人会告诉我们，当只有实质是重要的时候，如果被形式所困扰，不过是白白浪费时间。只要有人能告诉我实质在哪儿结束，形式又从哪儿开始，这也许是正确的。为了给物质世界的实质与纯粹的表象之间划一条分界线，哲学家们已经皓首穷经花费了数千年时间。我怀疑，要是他们试图给思想世界划一道类似的分界线，也不会更成功。”参见卡多佐《演讲录——法律与文学》，第 112 页。因而本文的划分同样是相对的。

③ （清）不题撰人《包公案》，载宗涛主编《公案小说》，太白文艺出版社 2008 年版，第 44 页。

何况盗墓还使得花羞复生，但二者责任却判若云泥。[①] 导致如此差异的根本原因就在于二者基于各自身份在封建等级结构中的不同道德义务。这一原因在《假奶婆借宿成奸情，小婢女露言陷鱼沼》中更能得出。朝廷命官张英因妻私通，先后连杀二人，为自己泄恨避丑，可谓丧心病狂。对妻子死后毫无情意和伪善的描写甚至比其杀妻行为都恐怖，为了掩人耳目，先给妻饰以金珠华服入殓，并请妻子娘家兄弟查看。然后半夜即命家人尽行剥去，然后伪为被盗，既陷害了其妻情夫，又节省了银子。残忍贪财淋漓尽致，但对其的惩罚却是，"被包公参奏为治家不正，杀婢不仁，罢职不叙"，作为对"杀小婢"的惩罚。而与其妻私通的邱姓客人，则被"是秋斩首"。其在被张英抓获以及包公审问时，为了情妇名誉，一直没有吐露实情，反而有一点人性。这种恶行和惩罚的天地悬殊居然没有被作者察觉，并作为歌颂清官的案例模板载入。原因也应该是，其身份地位与李辛相差无几，是一个贩珍珠的商人而已。

此处仅仅看审判者——包公给出的理由和判决，我们不光会觉得困惑，更可能会对包公公正的印象产生犹疑。当然小说不同于史实，但包公作为当时执法官吏道德标准和公正期望的形象承载，相当程度上体现了当时主流的法律评价和判断思路。这里我们需要从更深层面探寻理由，才能进一步理解当时古人的是非正义观念。

回到文本，我们可以发现，从现代刑法看应承担主要责任的犯罪嫌疑人潘秀和张英都是官宦身份[②]，而在当时，最后承担罪责的李辛和邱继修则具有社

① 从现代的法律视角看，潘秀是否真是"误杀"也是应该被详加考察的，作为一个法律判断过程，这点是决定罪责的关键。但小说并没有提及，这种忽略一定程度上意味着，潘秀是否要承担罪责，可能与其是故杀还是误杀没有太大关系。潘秀的"误"可能仅是作者为了引导读者认同包公（作者自己）这种责任分配的一个辅助理由而已。文学中的这种"诱导"体现在各个方面。如角色的命名，《窦娥冤》中的张驴儿，元曲《蝴蝶梦》中的盗马贼赵顽驴等，名字即暗示了其形象的反面。这种特征已经为文学评论家注意，如金圣叹评点《水浒》就指出潘姓的特殊，潘金莲出场后评注说，"姓潘妙，后又有姓潘人作对"，指潘巧云，都是不贞之妇；再如第四十八回"解珍解宝双越狱，孙立孙新大劫牢"中侵占解珍解宝兄弟俩大虫的毛太公出场，金圣叹即评点说，"姓便不佳"。参见（明）施耐庵、（清）金圣叹（批评）：《金圣叹批评本水浒传》，岳麓书社出版社 2006 年版，第 259 页，第 561 页。

② "话说京中有一富家，姓潘名源柳，人称为长者，原是官宦之家。有一子名秀"；"话说有张英者，赴任做官"。除这种身份外，人物角色的其他身份和特征也值得关注，如对潘秀仪容秀美，少负文名的强调等。作品中对此的多方渲染形成一个艺术策略——文学的特征是个案化的，美的、高贵的、有文采的在分配责任时更有偏袒的必要，相对而言，李辛等更为普通，更不可惜，这迎合了一般人的心理特征。例如即使伟大如雨果，《巴黎圣母院》中描写丑陋的敲钟人时，仍然竭力提升他的心灵美。否则其毁灭就不会如此震撼。文学作品中的这种功利主义式的考虑和判断比比皆是。在文学中，人并不仅仅因其是人就被予以平等的看待。他必然被分类：好人、坏人、主人、奴隶、漂亮的、丑陋的，等等，然后作者对其予以不同的命运安排。而在法律上，这种特征与其应承担的责任并无关系，反观现代法律，人人平等的内涵之一就是仅对行为本身进行评判，弱化身份差异，这正是康德"人是目的"之律令的典型践行。

会地位较低的共同特征——一个是花羞家的仆人，一个是贩珍珠的商人。李是仆人而与主人家小姐结合，尽管这种结合相当偶然，是盗棺使得小姐复苏，其自愿跟从的。邱作为一个古代的边缘群体（贩珠商人）而“奸命妇”，爱恋错了对象。因此，这里身份的差异才是决定案件犯罪原因和归责的决定性因素。李辛和邱继修的风化行为破坏了当时基于其身份的不同道德伦理要求和义务安排，构成对当时封建等级伦常的直接违背，案件事实反而在实质上并不起关键的决定作用！

因此，中国“古代法律可说全为儒家的伦理思想和礼教所支配”①。这与现代犯罪原因确定及责任分配中对事实的关注形成鲜明对比。古今法律理念的哲学认识论基础的不同是法律责任确定时产生如此差异的根本原因所在。现代法律运作直接受惠于现代科学以及实证主义思潮的推动，对事实的判断和追问构成归责和说理的基本依据。而伦理纲常名教则是古代的 DNA 技术，其对犯罪责任的认定和归结正如当代的事实证据，作为论证案件判决的合法性证明，都足以让生活其中的百姓心服口服。

从这个角度，我们就可以理解包公案中对事实证据的漠视和对道德伦理的强调，进而也可以理解很多按照现代眼光可能感到困惑的古代艺术文本，甚至官方文献。正是在当时的法律语境和断案结构中，包公确实是一个清廉（这个判断标准比较容易确定）和公正的好官，而不是一个胡乱联系，滥杀无辜的庸吏。然而如果将其断案理念和做法移植到现代场景，我们就可能会觉得难以容忍了。

此外，在前述文本中，我们还可以看出，当时违背伦理纲常的罪行严重性被认为要远大于侵犯财产权、生命权（如潘秀和张英的杀人罪责）的犯罪等。也体现了中国古代儒家化法律与现代法律理念和思维的不同之处。

当然，古代案例中对伦理纲常的关注也有值得借鉴的方面，古人在关注实体正义解决的过程中积累了丰富的智慧。这些在指引我们在程序框架内发挥司法能动性具有重要的价值。例如纪晓岚《阅微草堂笔记》中记载了一个故事：

> 吴冠贤为安定令时，有幼男幼女，皆十六七岁，并呼冤于舆前。幼男曰：此我童养之妇。父母亡，欲弃我别嫁。幼女曰：我故其胞妹。父母亡，欲占我为妻。问其姓，犹能记，问其乡里，则父母皆流丐，朝朝传徙，已不记为何处人也。问同丐者，是到此甫数日，即父母并亡，未知其始末，但闻其以兄妹相称。然小家童养媳，与夫亦例称兄妹，无以别也。

① 瞿同祖：《中国法律与中国社会》，中华书局 2003 年新版，第 353 页。

有老吏请曰：是事如捕风捉影，杳无实证，又不可刑求。断合断离，皆难保不误。然断离而误，不过误破婚姻，其失小；断合而误，则误乱人伦，其失大矣。盍断离乎？推研再四，无可处分，竟从老吏之言。①

此处判离更有利于伦常的维护，对两方主张都无证据情况下“两害相权取其轻”的司法选择无疑是充满智慧，值得我们现代人学习的。②

总之，古代的道德伦理纲常贯穿于法律运行的全过程，从证据的确定到罪责的归结，在侦破、审判、社会效果保障等各个环节都起到实质上的决定作用，其他方面的制度构建其实是附从于此的。而在现代法律运作实践中，证据的客观性更受强调，并构成排斥其他因素过多介入法律的重要屏障。这与近现代科学主义理念在社会科学领域的拓展有直接的联系。此外，伦常道德的作用在涉及人情世故的纠纷解决领域仍然有很多可以借鉴的地方，当然，此处古代伦常需要置换为现代的道德和世态考虑。

二 中西方涉法文学之间的理念差异

西方法律同样存在相当多对法律的描写，例如波斯纳在法律与文学运动中的经典论述就是基于大量此类文学描写而展开的。为了较准确地借鉴西方法律与文学运动的研究方法，全面探讨中国古代涉法文学之于现代法律的现实功用与意义，我们除了分析古今法律制度和理念的差异，还需要进一步探讨中西方涉法文学的区别。

（一）中西方涉法文学的不同认识论基础

文学作为一种重要的社会意识表达方式和展现人性的丰富平台，必然与其作者基于一定阅历而形成的根本哲学、人性观有关。对作者或者作品的哲学观进行分析也是许多文学研究者的兴趣所在。③ 同时，“哲学乃是社会生活与政

① （清）纪昀：《阅微草堂笔记》，中国华侨出版社 1994 年版，第 1006 页。

② 虽然现代更为强调法官的中立和保守，但毕竟一般来说“当法院面对一个关于复杂概念的含义或应用的争议或问题时，法院通常必须做出权威性的决定去解决争议或回答问题”。参见［澳］皮特·凯恩《法律与道德中的责任》，罗李华译，商务印书馆 2008 年版，第 16 页。这种关注判决效果的思维未必不是一个有价值的指导原则。古代法官这种智慧也是我们要学习的。限于篇幅此处不对这一问题继续展开。

③ 参见何乃英《泰戈尔哲学观初探》，《外国文学研究》1990 年第 4 期；冷成金《苏轼的哲学观与文学观》，学苑出版社 2003 年版，等等。

治生活的一个组成部分：它并不是卓越的个人所做出的孤立的思考，而是曾经有各种体系盛行的各种社会性格的产物与成因”[①]。因此，虽然文学主要是个体的成果，但中西方文学的整体差异性仍可作一对比。

首先，概而言之，中西方文学背后不同的哲学观和思维方式可以大体总结为对“真”和“善”的不同侧重。

中国哲学“与西方哲学不同。这在哲学的古代就表现出来了。古希腊、罗马的哲学家们大多数是自然科学家，他们惯于从世界本原去探讨人与自然的关系，而中国先秦思想家们讨论的是天人关系，即从王道、天命中引申出社会政治和伦理秩序，并论述其合理性”[②]。自希腊以降，苏格拉底就强调“认识你自己”，认为德性就是知识，柏拉图认为理念不仅是价值论意义上的“善”，并且是认识论意义上的“真”，“至少从苏格拉底开始，一直到柏拉图再到亚里士多德，都表明了一个看法，那就是人应该爱智慧（这也是哲学的本意）”，在人性上的求真思路绵延不绝，并且，“正是源自古希腊这种纯粹的普遍的理性精神，创生出了西方的科学和民主精神”[③]。

相对于西方，中国传统偏重于道德人伦范围，[④] 长期在中国社会观念意识和文化中居于统治地位的儒家思想相当强调人的道德，对德性的推崇远远超过了对知识的强调。在处理社会事务的技术中，很多法律问题被定性为伦理教化和御民方式问题，由此，“在许多公案中，似乎案件是否能公正、妥当处理，基本是甚或完全是一个道德的问题”[⑤]，道德水准成为解决法律问题的能力依据，道德也成为案件中分配责任的主要依据，这在我们前面探讨的公案文献中也有非常充分的体现。

其次，前述差异又进一步构成了中西方人性观的不同，进而构成了文学中对人，进而对法律的不同看法。

相对于西方对人性的客观分析，东方则致力于对人善良本性的培育和推崇。前者如马克思指出，“人的本质不是单个人所固有的抽象物，在其现实性上，它是一切社会关系的总和”[⑥]；后者则倾向于对人性的乐观相信，对圣人

---

① ［英］罗素：《西方哲学史》，何兆武、李约瑟译，商务印书馆 1963 年版，第 5 页。

② 李瑜青等：《人本思潮与中国文化》，东方出版社 1998 年版，第 93 页。

③ 孙利天、张岩磊：《哲学的人性自觉及其意义——中西马哲学会通的一个内在性平面》，《新华文摘》2011 年第 12 期。

④ 参见李瑜青等《人本思潮与中国文化》，东方出版社 1998 年版，第 67 页。

⑤ 苏力：《作为社会控制的文学与法律》，《北大法律评论》编辑委员会编《北大法律评论》第 7 卷第 1 辑，北京大学出版社 2005 年版，第 137 页。

⑥ 《马克思恩格斯选集》第 1 卷，人民出版社 1995 年版，第 56 页。

的信任与期望在中国传统政治文学中都是一个主要的基调。在社会问题解决中，西方随着基督教的传播和原罪论对人性的警惕，依靠制度而非人性（道德性）的观念确立，社会问题的解决过程受到更多重视。中国传统文化则强调具有理想人格的君子在尘世修炼的可能性以及对百姓的教化，[①] 这种思潮较之西方对人性的不信任更有利于对清官的期许，构成了东方文化中清官理念的坚实土壤。这一对人性的乐观态度在柏拉图哲学王身上稍见踪影，但在柏氏晚年即受到怀疑，在中国则绵延至今。

此外，除了道德的不完全信任，西方还存在对人能力的保守认识。从希腊亚里士多德起到近代的经验主义学派，一直到哈耶克强调的理性不及，都体现了这样一种对人类解决社会问题能力的克制态度。相对而言，东方对这个问题就较少探讨，在专制主义集权常年的控制与宣传中，对超自然以及社会地位中金字塔顶端的人物（皇帝）的存在与崇信，加之中国传统文化的非宗教性，更强化了这种对人解决问题能力的根本信赖。

如此，上述文化差异隐射在文学作品中，我们就能够看到包公（以其为代表的清官）作为人的无所不能与希腊神话中即使对天神判断是非能力也存在着的犹疑；[②] 中国文本中对善恶的明确宣告与希腊文本中处处皆是的道德难题及法律追问的对比。在这种情形下，东方的文本是对问题的回答，而西方文本则更多是提出问题。前者囿于作者的认识框架和社会背景局限，给出的答案往往不具有时空变换后的普适性，而后者则因此具有了波斯纳所谓的极为重要的法理学价值，相比回答，提问无疑具有更大的开放性。

（二）中西方法律文学作品的不同社会功用

相比于追问和提出，给出定论，明辨善恶，更容易实现对观众的教育。中西方文学作品由此在社会作用和功能定位方面也存在较大差异。

在西方文学（艺术）中，对“真”、“美”的追求始终较之“善”的教化更受关注。真理使艺术（文学）成为可能这一信念从古希腊开始即绵延不绝。无论是柏拉图对艺术的轻视，坚持艺术只是理念影子的影子，“对于真理没有

① 《论语·述而》：“圣人吾不得而见之矣；得见君子者，斯可矣。”

② 阿伽门农之子奥瑞斯特斯为父复仇弑母后逃避复仇女神追赶向女神求救，雅典娜如此回答，“事情太严重，任何凡人对它都难以判决，我也无权判决…我将组成一个永久的法庭，让一些陪审员起誓，审理凶杀案。你们需要召请证人，收集证据，为公正地审判提供有力的帮助。我去从我的邦民中挑选最优秀者，带来这里，公正地审理这案件，要他们牢记誓言，不违背法律”。参见（古希腊）埃斯库罗斯等《古希腊悲喜剧全集》，张竹明等译，凤凰出版传媒集团、译林出版社 2007 年版，第 480 页。

多大价值”，因而必须把诗人逐出他的理想国之外，还是亚里士多德为艺术的辩护，主张“诗人的职责不在于描述已发生的事，而在于描述可能发生的事，即按照可然律或必然律可能发生的事”，艺术与真理的联系都得到了不言而喻的确认，[①] 并且一直在近代也受到强调。[②]。

而“在中国古典文论中，文学艺术的教化功能通常被放在首位”[③]。早如《诗经》，其功用被解读为“一言以蔽之，曰：‘思无邪’”[④]。中国文学史上第一篇诗歌专论《毛诗序》“故正得失，动天地，感鬼神，莫近于诗。先王是以经夫妇，成孝敬，厚人伦，美教化，移风俗”，奠定了此后中国对文学功用的整体理解。近如新中国成立初大行其道的样板戏，乃至当下普法中的文学宣传，文学的这个面向在中国有着相当深厚的历史实践并延续当下。

以上差异和特征构成我们运用西方法律与文学运动的基本结论分析中国问题须关注的前提。

三　中国古代公案文学的现代法律意义

波斯纳在总结法律与文学运动，界定有关法律的文学文本对法律的意义和价值时否定了此类文学作品在具体法律教义学、微观制度研究上的价值，[⑤] 但对其在法理学上的意义和价值则大为推崇——“但是我们可以从一些文学作品中学到很多关于法理的知识”，甚至“实际上，认真挑选一些这样的作品就

① 参见朱国华《文学与权力：文学合法性的批判性考察》，华东师范大学出版社 2006 年版，第 4 页。

② 如奥斯卡·王尔德的一句名言“书籍没有道德与不道德之分。书只有写得好，或者很差。这就是一切”，奥登在纪念诗人叶芝时说诗歌不会让任何事情发生，等等。这些批评家坚持认为教益是宗教的作用而不是诗歌（文学）的作用。参见 Brooks, *A Note on the Limits of “History” and the Limits of “Criticism”*，转引自［美］理查德·A. 波斯纳《法律与文学》，李国庆译，中国政法大学出版社 2002 年版，第 405 页。当然，文学的教益作用在西方也受到相当关注，并由此引起波斯纳的批评，波氏将之归纳为“法律学术中的教益学派”，进行了细致的论述和反驳。详细可参见［美］理查德·A. 波斯纳《法律与文学》，李国庆译，中国政法大学出版社 2002 年版，第 405—459 页。

③ 朱国华：《文学与权力：文学合法性的批判性考察》，华东师范大学出版社 2006 年版，第 7 页。

④ 这里的“无邪”，是“归于正”，它包括了修身与“为邦”，这就牵涉了社会功用。可见，孔子论《诗经》，其着眼点主要在于社会功用，即它对修身养性与治国经邦的效用：一个是做人，一个是治国。参见徐志啸《论〈诗经〉的社会功用及其多重价值》，《江西师范大学学报》（哲学社会科学版）2003 年第 2 期。

⑤ “我们并不能从虚构文学作品中学到很多关于法律体系日常运作的知识，即使这些作品描述的是审判或正式法律体系中的其他活动。”参见［美］理查德·A. 波斯纳《法律与文学》，李国庆译，中国政法大学出版社 2002 年版，第 6 页。

几乎能够代替论证性的法理著作”[①]。

根据前面分析，波斯纳基于西方文本的这一判断和界定就具有相当的文化地域性。我们可以借用其从微观制度的法律教义学和更为宏观的法理学价值两个角度对中国文本进行探讨。

首先，对于中国古代公案文学中的微观制度描写，需要注意到其学术意义的有限性并对其记述的准确性予以确认。艺术的真实不一定等同于现实的真实。例如对中国古代法律制度重要内容——刑讯的描写，《窦娥冤》、《包公案》中几乎每次理讼折狱无不“刑求”[②]，似乎刑讯是一个没有太多限制的国家权力真空，而实际上，从西周时起就有“毋肆掠，止狱讼”的记载[③]，即对刑讯的国家规范；再如戏剧中常出现的先斩后奏，这种偶然的做法在现实中实际如走钢丝般危险，其坠落的可能性全寄托在君王的利弊权衡与喜怒有常上（一定是有常，否则包公的这种行为就完全是不理性的了）；有关审判形式仪仗的记录、侦查死伤的古代法医记录等更多服务于艺术效果而非历史真实；[④] 在戏剧冲突和人物命运推演中，剧情展开依据的绝不仅是法律程序的逻辑推演，而更是整个社会道德、伦理、规范的浓重缩影和冲突需要。小说戏剧作为充满了道德、人情和风俗全面的记载性也决定了从法律角度可能具有的不专业和不纯粹。

因此这些文学和剧本尽管为我们体认古人法律生活提供了很好的艺术再现，也是研究和考察法制史的重要参考，但其仅能作为考察的辅助提供一些粗略的、大体的推论和猜测线索，[⑤] 更为客观和科学的探讨，还需要去查找各朝

---

① ［美］理查德·A. 波斯纳《法律与文学》，李国庆译，中国政法大学出版社 2002 年版，第 6 页。

② 徐忠明：《法学与文学之间》，中国政法大学出版社 2000 年版，第 23 页。

③ 当然，由于整体制度构建的问题，这种个别的规定并不足以制止滥施刑讯的可能。有关其原因的详细探讨可参见徐忠明《法学与文学之间》，中国政法大学出版社 2000 年版，第 23 页。

④ 如窦娥去官衙时，“祗候作吆喝科”。参见王季思主编《中国十大古典悲剧集》（上），齐鲁书社 1991 年版，第 16 页。已经有研究者对这个问题进行了关注，指出了文学之真与事实之真的差别，而法律的重要特征之一即是关注现实而非虚拟。“当作者以非逻辑的方式构造故事、不以真实记录案例为目的进行写作时，而读者却偏要用逻辑去解读、推理，以还原历史、阐明道理，那么，他的整个立论的基础是不牢固的，必然会与作者原意南辕北辙。作为一个读者，不要混淆了艺术真实与历史真实的界限，不要错把文学故事当作现实生活中的事件。”参见陈建华《一次失败的跨学科研究：也评苏力的〈窦娥的悲剧〉》，国学网：http：//www. guoxue. com/lwtj/content/suli_ ypslddedbj. htm。

⑤ 学者中也有这方面的混淆和问题。例如《窦娥冤》中的太守桃杌，当上场起诉的张驴儿“做跪见”时，他也“孤亦跪科”，被祗候提醒“相公，他是告状的，怎生跪着他？”桃杌回答：“你不知道，但来告状的，就是我的衣食父母。”有学者据此总结说，这体现了地方官吏通过“诉讼费”来维系地方财政，养活自身的现象，由此推测出当时是要缴纳诉讼费的。参见苏力《作为社会控制的文学与法律》，《北大法律评论》编辑委员会编《北大法律评论》第 7 卷第 1 辑，北京大学出版社 2005 年版，第 137 页。其实这未始不可被认为是由于赃官们多了条财路，多了一种索贿的可能，与诉讼费并无必然联系。有关诉讼费的正式规定要从更加正规的规则和记录中去找。

代的律例案牍、法规条文，甚至考古资源。

其次，中国古代文学是否能够为现代法律的认识提供一种法理学上的价值，一如波斯纳对西方文本法理学价值的赞颂?[①] 答案是否定的。

原因在于，第一，从历史角度，中国现代法律发展走上了一条与古代传统迥然不同的道路，在现代化的整体推进中，法律精神与理念也更接近于西方。此类文学所体现的“中华法系”法律理念和思维已然隐退，中国古代文学的法律运行方式和理念与引介自西方的现代法律制度和理念相当隔膜，甚至存有抵牾；而相比我们的这一巨大变迁，西方文化虽也历经波折，但浸淫其中的基本人性认识和法律理念仍然一脉相承，并无中断。[②] 因此，不同于西方文学文本对西方法律的意义，中国古代文学的法律理念不足以为现代法律提供太多智识上的支持。

第二，中国文学的整体功能定位也对中国古代文学的法理价值存在影响和制约。在中国，文学的教育功能始终受到强调，加之统治者的大力推行（抑或强制），中国的文学整体始终以一种“社会控制手段”而存在着。功利主义和强权对道德和文学的联合“推进”，造成了中国的传统哲学以及文学或者“对道德的标准陈义太高，以致有时不合人情，容易生‘伪’”，或者“缺少为学术而学术（为文学而文学）的自由精神，缺少这种理性精神也就缺少相应的批判精神”；中国哲学重“悟觉”、“体验”，轻视精致的逻辑分析，以致从中很难生发出科学精神[③]。凡此种种，现代法治理性的大厦所需要的自由，限权（权力），以及重视规则理性的基石无从建立。

第三，在有关文学作品的案件解决中，道德模式的强势使得法律的方式实质上处于相当配角的位置，法律大多仅是在道德无法解决的环节，如刑讯、处决、流放等需要强力执行方面才显示出其存在的必要性来。案件的随机化解决和道德教化始终是被关注的主线，作者通过其人物的描写承担的主要是一个布道者和教育者的角色。窦娥是一个道德典范，包公则更像是一个道德法庭的裁判官和执行者，司法官的意味反而较弱。这与西方文本从古希腊开始即充满的关于道德与法律、复仇与限度、人定法与自然法等的思辨具有相当的差异，后

① 参见［美］理查德·A. 波斯纳《法律与文学》，李国庆译，中国政法大学出版社 2002 年版，第 6 页。

② 即使黑暗如中世纪，其宗教与社会经济政治结构同样孕育着现代西方法治理念的基本要素。详细可参看［美］伯尔曼《法律与宗教》的有关论述；中国也有这方面的分析与论述，如郑智航《中世纪西欧法律的内在逻辑与现代法律的开启》，《法制与社会发展》2011 年第 1 期。

③ 参见孙利天、张岩磊《哲学的人性自觉及其意义——中西马哲学会通的一个内在性平面》，《新华文摘》2011 年第 12 期。

者直到如今仍然是现代法理学要追问的主题。

因此整体而言，中国古代文学文本中的法律相当附从化和实用化，缺乏对法律的深层追问和法理学意义。而这正是波斯纳推崇西方涉法文本法理学价值的前提，其关于此类文本法理学功用的赞誉对中国文本是不适用的。

探讨后的结论似乎令人沮丧，但笔者并不是否认涉法文学文本的存在价值和意义，其是可以很好洞见当时历史、政治，甚至经济状况的分析资料，是我们了解中国古代法律，或者学习中国法制史的重要提示；相比于传统法制史研究，文学中的法律描写更贴近和关注于法的实施状况和过程，例如恩格斯曾说："在婚姻关系上，即使是最进步的法律，只要当事人在形式上证明是自愿的，也就十分满足了。至于法律幕后的现实生活是怎样的，这种自愿是怎样造成的，关于这些，法律和法学家都可以置之不顾。"① 而这些法律幕后的现实生活正是通过文学作品实现了很好的补足，是我们在官方正统法律文献之外体认古人法律思想、观念和感受的重要依凭。但是，对中国古代公案文学之于现代法律价值的限度同样更需要清晰的评价，这是我们研究古代典籍作品及认识其价值的前提。

① 《马克思恩格斯选集》第4卷，人民出版社1995年版，第69页。

大数据时代个人数据开发利用与人格权保护之衡平

齐爱民[1]

摘　要　大数据时代个人数据是信息社会的基本资源。行政机关收集个人数据的理论基础是社会契约论。在信息经济背景下，商业机构对个人数据的收集与处理势不可挡。波斯纳的隐私经济学理论是反对保护个人数据的最强有力的声音。社会对个人数据二次利用的态度决定了个人数据保护法的宗旨。个人数据保护法的宗旨是在维系信息社会个人数据资源的开发利用和人格权保护之衡平——在保障人格权不受非法侵害的前提下，促进个人数据资源的合法利用。

关键词　个人数据　信息资源　人格权　立法宗旨

一　个人数据是大数据时代的基本资源

大数据时代，数据成为新时代的石油和黄金，而80%的数据是个人数据，与个人生活和生命密切相关。个人数据是信息社会的基础资源，其开发和利用对于信息社会的进一步发展意义重大。个人数据资源的开发利用可以有效推进社会福利。政府可以利用掌握的个人数据进行准确的政策决策，可以利用收集来的个人数据预防和惩治犯罪，人们可以利用掌握的个人数据选举和罢免官员。个人数据资源的开发利用可以促进信用经济的形成。个人信用信息的开发和利用，是打造信用经济的前提。有无健全的征信体系，是市场经济是否走向成熟的重要标志。信用是现代市场经济有关商品流转和资金融通的核心，个人信用信息的收集与利用是经济运行的一个必备条件。个人数据资源的开发利用

① 中国社会科学院法学研究所博士后，重庆大学博士研究生导师、广西知识产权发展研究院院长。

为民众提供更多的消费便利和量身定制的服务。个人数据资源的开发利用有利于企业的自由竞争。信息自主是企业自由竞争的关键，个人数据保护法和商业秘密保护法结合，能够更有效地保护企业信息如客户名单等个人数据档案，防止其他企业对本企业掌握信息的不当利用。

随着个人数据处理规模的增大和自动化程度的增强，国家实施统治和商业机构开展运营越来越依赖于它，个人数据的自由流动（free flow of personal information）也就不可阻挡。而在个人数据被行政机关和商业机构大规模处理过程中，由于信息收集和对比的不正确导致个人权利和利益频遭侵害，如基于错误或过时个人数据的不当决策、就业机会或者福利待遇的丧失、日复一日的信息骚扰等。这些侵害将个人置于茫然无助的境地，他们根本无法知道是谁在侵害他们，而他们所知的仅仅是自己被侵害了，更为重要的是，即便他们知道了谁在侵犯他们，也没有可以直接援引的法律。在民众和人权组织的一片抗议声中，经济合作与发展组织（简称 OECD）率先于 1980 年通过《关于隐私保护和个人资料跨国流通指针》，随后，欧洲议会、欧盟以及联合国等国际组织和地区组织先后出台了个人数据保护的公约或指南，这些国际文件将个人数据保护立法的浪潮迅速推向全球。中国作为一个积极参与全球经济的开放国家，势必会对此种趋势予以反应。基于个人数据的资源性和权利性相结合的特性，针对中国的法律制度、文化以及社会经济发展的基本情况，厘清个人数据保护立法之宗旨，是我们制定有生命力的个人数据保护法的首要环节。

二 行政机关和商业机构对个人数据的开发利用

（一）社会契约论与行政机关收集个人数据

按照罗马法传统，整个人类社会可以分为政治国家（political state）和市民社会（civil society）两大领域，前者为公的领域，后者为私的领域。个人数据资源的开发利用遍及公私两个领域。个人数据的收集和共享，是国家等联合体赖以建立、维系和发展的纽带。社会契约论是西方政治文化传统的重要组成部分。卢梭的社会契约论的逻辑起点是一个假想的自给自足的自由人的国度，在这个国度，人生而自由平等，任何人都没有迫使他人服从的天然权威。社会秩序或制度并非源于自然或强力，而是建立在人民自由意志所订立的社会契约之上。自由人通过达成社会契约，形成公民社会。在公民社会中，公民失去了自由人的自由——放任的自由，换取公民的政治权利——政治自由。自然状态发展到一定程度就会使每个个人如果不集合起来就将面临毁灭，因而人类必须寻找一种结合的形式，既可以享有集体力量的保障，又能不丧失自由和平等。社会契约的要旨是订约的人无保留地将自身及其全部与政治结合体有重要关系的权利转让给集体，并同意接受“公意”的指导，条件是人人无例外地遵守该契约。由于结合者并非把自己奉献给任何个人，所以在订约后他仍然是自由的。这样“共和国”便产生了。也就是说，个人数据的让渡是国家等联合体赖以形成的基础。

（二）信息经济与商业机构收集个人数据

个人数据是信息商品中最为特殊的一种。个人数据的开发和利用已经开始在发达国家形成专门的行业。被收集起来的个人数据，制成个人数据档案，然后作为商品被出售给其他的商业机构，较为普遍的是给直销商。早在 20 世纪中后期，美国征信业（credit bureau industry）利用数据库技术和存储装置建起的信息系统，可以跟踪大约 8000 万个美国家庭有价值的信用和财务的信息。还有网站专门向没有戒心的儿童收集个人数据。在美国，联邦调查局于 1991 年公布了一群全国性的贩卖个人数据的公司。美国 Toysmart. com 在破产程序中，于 2000 年 6 月 8 日在华尔街日报（*Wall Street Journal*）刊登广告拍卖公司的所有财产，其中包括数据库和客户名单（databases and customer lists）。Toysmart. com 的此举遭到美国联邦贸易委员会（Federal Trade Commission）的起诉。在中国贩卖个人数据的例子也屡见不鲜。由于个人数据的巨大经济作用，收集与出卖个人数据已经在中国逐渐形成了一些地下行业。出售个人数据的行业已经形成金字塔形的产业链，其中，信息主体处于最底部，被作为免费的信息源；产业链的第二级是和个人数据密切相关的一些行业，它们将交易中收集到的个人数据作为副产品出售给专门出售个人数据的公司。出卖个人数据的行业主要包括房地产、汽车销售、邮寄、俱乐部，甚至医院和学校。[①]

犯罪集团也伺机利用个人数据实施犯罪。中国台湾高雄警方曾破获一宗大犯罪集团购买个人数据的案件。中国台湾一诈骗集团从一专门出售个人数据的公司购买了 1500 多万笔客户在金融机构填报的个人数据。这些被泄露的个人数据包括客户的姓名、信用卡卡号、收入状况，甚至还包括客户的职业、宗教信仰、医疗状况、子女就读等十分详细和具体的个人数据，其内容比户口普查的内容还要齐全。仅此一案，在中国台湾就有约 65% 的人已在犯罪分子面前成了“透明人”。这家专门“贩卖”客户个人数据的公司，是通过在银行、保险公司、证券公司的内线，取得客户的个人数据，然后把这些经过处理的个人

---

① 参见孙文玲《美线上隐私权保护最新案例》，《资讯法务透析》2000 年第 10 期。

数据贩卖给诈骗集团，诈骗集团遂以“中奖信函”、“中奖手机短信”、电话等方式对客户进行诈骗和恐吓。除此之外，目前中国台湾还有几家类似的大型“卖资料”的公司，每家公司所掌握的个人资料都在1000万笔以上。[①] 这些个人数据大多出售给直销公司。

无论我们的心情如何，我们不可以不知道事实已经发生——我们的个人数据早已进入政府或者商业机构的档案库或者数据库，我们早已失去控制我们个人数据的能力，留给我们的只有建立个人数据保护法这条唯一的路径。制定什么样的个人数据保护法，关乎国家经济发展，其宗旨非个人权利主张单方面所能确定。

三　波斯纳（Posner）的隐私经济学理论

反对保护个人数据的声音依然存在，其中最有力的是波斯纳（Posner）的隐私经济学理论。该理论认为，信息主体拥有其自身信息的产权，但是，这些产权在很多情况下应该被剥夺。他列举了以下情形：

（1）在个人数据有造假或重大隐瞒的情况下，其他人有发现和揭露这些虚假信息、发现隐瞒信息的合理利益。波斯纳以雇员向雇主隐瞒自己的严重疾病和未来的丈夫向妻子隐瞒自己的不育等为例予以了说明。

（2）在某些情况下，波斯纳认为不披露个人数据构成欺诈。

（3）从交易成本的角度考虑，应该剥夺信息主体的个人数据给他人。波斯纳以杂志订户名单为例进行了说明。相对于订户名单的价值远远低于获得所有订户许可使用的价值，因此我们应该把订户名单的产权划归杂志商。波斯纳认为事实上，美国法就是如此规定的。

（4）从信息主体出发，波斯纳认为社会应该要求一个人对其重大缺点进行全面和坦白的披露——一个不作伪君子的义务。[②]

波斯纳认为，如果强制披露会降低人们进行某些有益活动的动机，那么这些信息不应该被披露，这些信息的产权应划归个人；但是如果隐瞒信息会误导他人，进而降低社会产出，那么个人的信息产权应被剥夺。因此，人们仅仅对无损他们名誉的个人数据（正面信息）拥有产权，而对有损他们名誉的个人数据（负面信息）将失去产权，而不管这些个人数据实质的真假。真实的个

① 详见 http：//news. xinhuanet. com/it/2004－04/29/content_ 1446192. htm。

② 转引自［美］阿丽塔·L. 艾伦、理查德·C. 托克音顿《美国隐私法——学说、判例与立法》，冯建姝等译，中国民主法制出版社2004年版，第168—173页。

人数据，如果不披露会降低社会信任，也应披露，如患严重疾病，应该向雇主披露。波斯纳认为的第一、二种情况中混合了多种法律关系，如雇佣关系，婚姻法关系等，不仅仅是信息保护关系，在这些关系中，要求对方披露自己的个人数据往往有个人数据保护法以外的其他法律的直接规定和个人之间的约定。并且，此种情况并非信息社会个人数据收集的普遍情况，个人数据的商业开发利用才是最为普遍的情形。于是波斯纳列举了第三种情况。在第三种情况中，当信息主体的权利和信息处理者的权利发生冲突时，以经济分析为基本立场的波斯纳不得不选择信息处理主体的权利。在杂志订户名单例子中，我们会发现有两个权利主体，一个是杂志订户——信息主体，他们对自己的个人数据拥有人格权利；另一个是杂志商——信息处理主体，他对其获得的、已经形成信息档案的所有的订户的个人数据拥有财产性权利。这两种权利可以并存，但并非不悖，信息主体的权利是对信息处理者权利的限制，在两者发生冲突时，应首先保障信息主体的权利。波斯纳认为的第四种情形——不作伪君子的义务，和中国儒家对百姓的教化如出一辙。儒家的“君子慎独”，要求人在独处的时候，也应该做一个君子，正襟危坐、非礼勿视，更不要说做一些不愿为人知的事情。“君子慎独”几乎是中外所有反对者的基本理论武器。然而，人有七情，生活并非真空，此主张和现代人的幸福观念、生活体验和追求都相去甚远。总体上看，波斯纳有关信息提供对社会有益的观点值得肯定，但是其运用经济分析的方法看待个人数据，而不是从个人数据的固有价值出发定位个人数据保护的立足点值得商榷。

四 个人数据“二次利用”及其规制

社会对个人数据二次利用的态度决定了个人数据保护法的宗旨。个人数据的二次利用（second use），也称加值利用，指超出收集个人数据的特定目的而使用。个人数据收集的目的在于利用。一般讲，个人数据利用既包括按照个人数据收集目的使用，也包括更为复杂的二次利用。

欧盟对个人数据的二次利用持保守态度。欧盟认为，个人数据权是一项基本人权，因此，个人数据二次利用是应该严格受限的。1995 年《欧盟资料保护指南》是欧盟最主要的个人数据保护法，该法第 6 条规定，个人数据仅能用于个人同意的目的，或者当事人在个人数据被收集的时候知道或者应当知道的使用目的。据此可知，欧盟反对没有合法根据的个人数据二次利用。美国并不是将个人数据上的权利——隐私权作为基本人权看待，其个人数据立法的目的主要在于防止个人数据滥用。因此，在美国个人数据二次利用原则上是允许的。“在法律和据以获得信息的合同约定中没有禁止性规定时，即使未经本人同意，信息的二次使用一般也被认为是合法的。”① 这是美国社会对个人数据资源开发和利用的基本态度。根据美国宪法关于隐私的保护规定，既然信息是信息主体主动自愿提供的，它就丧失了隐私期待利益，因此，不能受到美国宪法的保护。个人数据的二次利用一般不被法律禁止。在保护力度最高的法律中，信息主体可以有效控制自己的个人数据，如美国《儿童在线隐私保护法》赋予家长以决定权，决定孩子的个人数据是否被首次收集、首次使用、二次利用以及存储。另外，美国法要求对敏感个人数据进行二次利用之时，必须获得信息主体的书面许可。这是对个人数据二次利用最严格的一种控制方式，体现了对敏感个人数据的特别保护。这种最高保护方式是个人数据保护的特例，主要应用范围是敏感个人数据和一些特殊领域的个人数据，如关于儿童的个人数据和治疗吸毒、酗酒的健康医疗信息。一般情况下，二次利用是不被法律禁止的，但需满足正当的使用观念。

对个人数据的二次利用的规制，有选入制度和选出制度两种制度。欧盟倾向选入制度（Opt In）。选入制度，又称明示同意制度，指只有在得到信息主体的明确同意的情况下，信息处理者才可以收集和使用其个人数据。按照此制度，信息处理者不能在默示的情况下收集和利用个人数据。法定的作为义务分配给信息处理者，即信息处理者要想进行个人数据的收集和利用必须主动向信息主体征求一个明确同意。美国更倾向于选出制度（Opt Out）。选出制度，又称明示禁止制度，指只有在信息主体明确表示禁止的情况下，信息处理者才不得收集和使用其个人数据。在此制度下，信息处理者是在默示的情况下收集和利用个人数据。法定的作为义务分配给信息主体，即信息主体要想自己的个人数据不被收集和利用，必须主动向信息处理主体表明自己的明确态度。美国有一些州和联邦的法律采取选出制度，其典型立法有：1974 年《家庭教育权和隐私法》和 1988 年《录像隐私保护法》。以上二法案均授权给信息主体可以明确要求信息处理主体不得披露其个人数据。以上两种制度，欧盟选择的选入制度对信息主体比较有利，它对信息处理者科以严格的作为义务；而美国选择的选出制度虽然对信息主体不利，因为它采取的做法是给信息主体科以严格的作为义务，但是此制度对信息的自由流动和有效利用有利。事实上，从整个社会来看，个人数据的自由流动和个人权利保护之间构成一对矛盾，而“同意”要求的实现是平衡这一对矛盾的支点，也是制约个人数据资源开发利用的瓶

① ［美］阿丽塔·L. 艾伦、理查德·C. 托克音顿：《美国隐私法——学说、判例与立法》，冯建妹等译，中国民主法制出版社 2004 年版，第 209 页。

颈。若完全主张选出制度，对个人权利的损害不但得不到遏制反而会呈现扩大化趋势。若严格贯彻选入制度，个人数据数据库的利用往往成为不可能，个人数据的自由流动将成为泡影。在美国，印制和发送1份征求信息主体同意的通知，成本为0.5—2美元，如果一份个人数据数据库里有20亿条不同种类的个人数据，其征求同意的成本就在10亿美元至40亿美元之间。

信息社会到来了，我们的个人数据不再属于我们。在信息社会，个人数据资源的开发和利用已经成为事实，任何企图阻止它的做法，都是违背信息社会的基本要求的。作为一种资源，个人数据属于政府和商业机构，属于整个社会。然而，我们的权利何在？

五　个人数据资源开发利用与人格权保护之衡平

事物往往具有两面性，个人数据就兼具社会经济资源和个人人格利益两种价值。

数据法的一个基本理念在于把数据作为一种基础经济资源来对待。也就是说，社会要求数据自由流动。为此，个人权利理应受这个目的限制。个人数据之上的权利，是一种新型的具体人格权。个人数据保护根源于国际人权文件和各国宪法关于保障人权的基本规范。制定个人数据保护法的基本目的之一是本着对人的尊重、对基本人权的尊重的温暖态度关爱个人数据，以制度确保社会不应仅以冰冷的物质的态度对待个人数据。保护个人数据的深层内涵是促进个人人格健全和维系人际关系和谐。然而，人们逐渐意识到围绕个人数据保护的问题是层出不穷的，如果过分强调隐私保护或者人格保护，个人数据被绝对地隔绝开来，亦将造成对信息自由的不当遏制和社会文明进程的萎缩。无论是英美法系的代表美国，还是大陆法系的代表德国，在制定个人数据保护政策与法律之初，就力求在信息流通和人格（隐私）保护之间寻求平衡：个人数据保护法的立法动机之一是促进个人数据资源开发和利用，使社会（主要是政府和商业机构）利用个人数据的行为合法化。之二是保护个人权利，限制个人数据利用者的权力（权利），防止行政机关和商业机构滥用个人数据。

制定个人数据保护法是全面保护个人数据的客观需要，也是推进国际贸易的客观要求，同时关系到国家的信息主权、文化主权以及经济发展。纵观从德国20世纪70年代率先由德国黑森州开始的个人数据保护的国际立法发展历程和与之相随的法学理论的演变，笔者认为，个人数据保护法的宗旨是在保护个人权利的基础上，促进个人数据的合理利用。中国制定个人数据保护法应维系信息社会个人数据资源的开发利用和人格权保护之衡平——在保障人格权不受非法侵害的前提下，促进个人数据资源的合法利用。从这个意义上讲，制定个人数据保护法，并不意味着把个人数据藏匿于保险柜，而是寻求一个动态的安全——个人数据资源开发利用中的安全，阳光下的安全。个人数据保护法的基本宗旨固然在于自然人人格利益的保护，但同时，个人数据作为信息社会的一种重要的经济资源，尤其对发展中国家的国际贸易来说具有重要的战略意义。故此，个人数据保护立法的另一要旨是对政府部门和商业机构处理个人数据的行为予以承认，在此基础上规范个人数据的商业利用，促使个人数据的合理利用，尤其是加强对国际贸易领域中个人数据的跨国流通的法律规制。

从网络安全服务看网络空间中的私权力

周　辉①

摘　要　本文从近些年来网络空间的几个典型商战案例出发，探析其中有关网络安全服务属性的问题，在此基础上分析网络空间中从私权利到私权力的演变逻辑，并以私权力的合法性为视角提出私权力的规制路径。

关键词　权力　权利　私权力　网络空间　网络安全

这是一个新时代，一个互联网的时代。正像克莱·舍基在《未来是湿的》中所指出的："只有当一项技术变得普通，而后普遍，直到最后无处不在而被人们视若不见，真正的变革才得以发生。"互联网已经是不可回避的"关键词"。

桌面互联网带来的冲击波尚未退潮，移动互联网业已风生水起。互联网技术日新月异的发展推动了政治、社会和经济生活全方位的变革。网络空间的治理是这个时代必须要面对的新问题，作为法律人我们应当有怎样的贡献？既有的学科路径能否满足回应这一挑战的需要？

一　网络安全服务

（一）网络安全服务与互联网信息服务

关注互联网发展的人，一定不会对"3Q 大战"②、"3 百大战"③、"3 狗

---

①　国家行政学院博士后。

②　腾讯 360 之争，http：//baike. baidu. com/link？ url = MIQpTx0 - RQR - ZGsFSOutPYzqYdWqp70rabZ1X1xyyFbr8ppAu5ANSlAfgffGIAN3T0K2MYkvzqAkTArLWZib08a4D5EjAZImzKXe44lq5mis2R9ns - TSiJ33MpKgUfvL。

③　3 百大战，http：//baike. baidu. com/link？ url = VpZ3gCaku0vFCMUP8huhHiFX_ tiTn0i4P - CrnK-VuLhs4ywc5RBrxoW2cZDRwR86XI5NK_ 9DDXG5isdSdPTM9Zq。

大战"[①] 感到陌生。三场大战燃起的硝烟至今未灭，其波及面之广，对互联网行业的影响之深远应是前所未有的。这三个案例的共同点就是360（北京奇虎科技有限公司）都参与其中。略有变化的是：在前两个案例中，360是以挑战者的身份出现的，指称两个竞争对手腾讯和百度滥用垄断地位，对应的，也被反指不正当竞争；在第三个的案例中，360没有再去指责相对弱势的搜狗存在垄断行为，而是挥起了反不正当竞争的大旗。

可是，为什么都有360卷入其中？除了商业运作策略的争议外，还有没有其他原因，或者说最基础的原因是什么？

首先，我们需要了解360的核心业务。

根据360网站上的自我介绍："作为中国最大的互联网安全公司之一，360拥有国内规模领先的高水平安全技术团队，旗下360安全卫士、360杀毒、360安全浏览器、360安全桌面、360手机卫士等系列产品深受用户好评，使360成为无可争议的网络安全领先品牌。"[②] 与广大用户的印象基本一致，360的核心业务就是网络安全服务。360就是以免费提供网络安全服务这一"颠覆式创新的模式，重新定义了互联网安全，改写了安全市场格局"[③]，击败众多网络安全服务领域的"前辈"竞争者，逐步"占据"大量桌面互联网用户和移动互联网用户的流量入口。

但是，根据其网站上提供的企业法人营业执照副本所载信息，北京奇虎科技有限公司（360系列产品的经营人）的经营范围包括两个方面，一是许可经营项目："因特网信息服务业务（除新闻、出版、教育、医疗保健、药品、医疗器械以外的内容）。"二是一般经营项目："技术开发、技术咨询、技术推广、网络技术服务；计算机系统服务；设计、制作、发布广告；销售通讯设备、电子产品、计算机、软件及辅助设备。"[④] 可见，这一核心业务并未在其营业范围中明确载明。

那么，网络安全服务在法律是怎样的一个业务类型呢？在《国民经济行业分类》（GB/T 4754—2011）中，"I信息传输、软件和信息技术服务业"是互联网行业所属的门类。该门类下的第64大类是"互联网和相关服务"，其中包括第6420类，即"互联网信息服务——指除基础电信运营商外，通过互联网提供在线信息、电子邮箱、数据检索、网络游戏等信息服务"；该

① "3狗大战"背后的恩怨情仇，http：//finance. chinanews. com/it/2013/09 - 26/5327080. shtml。

② 360公司简介，http：//www. 360. cn/about/index. html。

③ 同上。

④ 北京奇虎科技有限公司工商营业执照，http：//www. 360. cn/gongshangyingyezhizhao. html。

门类下的第 65 大类是“软件和信息技术服务业，指对信息传输、信息制作、信息提供和信息接收过程中产生的技术问题或技术需求所提供的服务”。从有关分类的说明来看，网络安全服务应放在第 65 大类“软件和信息技术服务业”下。

但是，在国家工商行政管理总局企业注册局发布的《新兴行业企业登记试行意见》（企函字［2012］4 号）中，将“信息安全服务”吸收为一类新兴行业的基础上，又做了细分：“从事互联网业务的，按照许可证件表述列入互联网信息服务（6420）；其他信息安全服务，列入新设的软件和信息技术服务业（6500）。”也就是说，虽然《互联网信息服务管理办法》并没有明确网络安全服务为一种互联网信息服务，但按照《新兴行业企业登记试行意见》，像 360 提供的这种网络安全服务仍被归类为“互联网信息服务”。

因此，结合 360 营业执照所载信息，其核心业务在规范意义上仍然是“互联网信息服务”。

（二）现实与规范之间

网络安全服务就其性质而言，肯定是一种技术服务，解决的主要是与网络安全相关的技术问题。因为经营者从事互联网业务而将其列入“互联网信息服务”是否存在“削足适履”的问题？

网络安全服务不同于一般的互联网信息服务。第一，从技术角度而言，360 安全软件相对于一般网络信息服务软件，处于更深的层级，可以影响其他更浅层级的软件而不受他们影响。第二，在功能意义上，它是比一般的互联网信息服务更为重要的服务类型，安全的互联网环境是正常提供和接受互联网信息服务的前提。第三，在用户选项上，它是比一般的互联网信息服务更为优先的服务类型。没有安全的互联网环境，就没有持续、稳定的互联网信息服务。理性的用户在配置桌面互联网或移动互联网应用软件时，一般会首先安装安全软件，而不是选择“裸奔”去接受互联网信息服务。第四，它相对一般的互联网信息服务具有更强的用户黏性。网络安全服务软件一旦渗入成功，只要保证良好的用户体验，如果没有外在的因素推动，普通用户一般会维持很高的忠诚度。

上述比较还仅是基于对网络安全服务的传统认知。目前，网络安全服务的内涵和外延已在不断拓展，“安全不等于杀病毒，在互联网时代它还意味着数据安全、隐私安全、账号安全、下载安全，以及电脑健康”①。网络安全服务

① 360 公司简介，http：//www. 360. cn/about/index. html。

实质上已经扩展为全方位“管家服务”；网络安全服务的提供者已成为互联网时代用户使用计算机和智能手机的的真正“管家”——协助用户作出选择的助手，或者某种意义上代替用户实施选择的代理人。

在“专业的”“管家”协助下，普通用户会依据其推荐意见，作出“自己的”选择。基于“数据安全、隐私安全、账号安全、下载安全以及电脑健康”的考虑，按照网络安全服务软件的“指导”，可能是在知情的或者是被视为知情的，也可能是不知情的情况下，普通用户会给自己的电脑做“体检”、锁定浏览器主页、修复“高危漏洞”、清理电脑中的“垃圾文件”和“恶评插件”、禁用或延迟启用不必在开机时运行的软件，甚至根据所谓的评级结果下载新软件、卸载旧软件。通过这一过程，此类网络安全服务软件可以很容易地渗入用户系统建立客户端口，从而进一步的“把控”桌面互联网、移动互联网的流量入口。

综上可见，在实际效果上，网络安全服务是迥异于一般互联网信息服务的。没有任何理由将其与后者混同；同时从事互联网业务和网络安全业务，更会凸显二者之间的差异。无视这一现实显然是不妥的。

（三）网络安全服务背后的权力现象

“3Q大战”的触发点是360系列安全软件之一的“360隐私保护器”曝光QQ“偷窥用户隐私”。360披露这一信息后，直接导致部分腾讯QQ用户的恐慌，引起腾讯的强烈不满，从而引燃“强迫用户二选一”的大战，最终带来了反不正当竞争和反垄断的诉讼。360能够挑战作为互联网巨头的腾讯，所凭借的就是其提供的网络安全服务较之于其他互联网信息服务的相对优势——360作为具有评价权力的一方，腾讯只能作为被评价的对象。这也是为什么在实力上远强于360的腾讯，面对此次商战显得被动的根本原因。

“3百大战”看似与360的安全软件属性关系不大，实则不然。在表面上，360与百度在此次纠纷中是围绕“robots协议”的相关问题展开攻防的。其实，“robots协议”不过是攻防的武器而已。为什么是360拿起这一武器与百度“华山论剑”呢？其他也提供搜索引擎服务的企业，拿起这一武器也能取得这么大的声势么？核心其实在于另外一个问题，即为什么360搜索引擎能够在短时间内谋取较大规模的搜索引擎服务的市场份额，而其他与百度竞争的搜索引擎无法做到？360搜索引擎的背后是360浏览器的鼎力支持，有人就指出，大部分使用360浏览器的用户，会将默认主页设置为hao360导航。360搜索在推出之后马上成为hao360导航的默认搜索引擎，便可以携其在桌面互联网入口上拥有的先天优势，占有一定的流量。[①] 360 浏览器的成长所借助的则是 360 安全卫士对桌面互联网入口的相对优势。换而言之，没有 360 安全卫士的市场渗透率的支撑，360 浏览器很难获得目前规模的用户，360 搜索引擎也就不可能具备在搜索引擎领域挑战百度的能力。因此，与“3Q 大战”类似，360 参与“3 百大战”所凭借的核心竞争力就在于它提供的网络安全服务。

随着在网络安全服务领域市场渗透率不断提升，在新的“3 狗大战”之际，360 已经成长为互联网行业的新巨头，故而也不便再挥起反垄断的大旗。引发“3 狗大战”的导火索也是 360 的网络安全服务。这一点可以从搜狗公司的指称中得到印证：“根据我们技术人员的初步判断，搜狗浏览器用户默认设置在用户不知情状况下的更改，与 360 安全软件有关。”[②] 比 360 是否修改了默认设置更重要的问题是 360 是否有能力这么做？显然答案是可以——更深层级的优势赋予了 360 系列安全软件这种能力。也就是说，除了直接进入软件程序进行修改，用户还可以通过 360 等安全软件去修改其他软件的设置。当用户出于专业判断能力不足、操作便利等原因直接通过 360 等安全软件的“一键”操作（由于此类安全软件使用界面具有高度的用户友好性，即便不是“一键”操作也会比直接进入程序内部选择修改更为便捷）来调整设置时，包括浏览器在内的其他软件就相对受制于此类安全软件了。在此类安全软件通过各种方式“激励”[③] 用户作出这种选择的情况下，这一形势就更加不可逆转。

上述案件揭示了这样一种现象：在网络空间中，由于某种优势（这三个案例中我们至少可以看到网络安全服务基于技术架构相对于其他互联网信息服务的优势），某些私主体取得了一种相对于其服务对象和竞争者的支配力量（power）——这种支配力量可以显著地“影响”服务对象的选择；在充分发挥这种优势的情况下（如将网络安全服务与其他互联网信息服务进行“优化组合”），可以间接地将其竞争对手挤出市场。

在桌面互联网和移动互联网领域，提供网络安全服务的不止 360 一家，产业巨头腾讯和百度目前也已步入这一领域（分别是腾讯的电脑管家、手机管家和百度的百度卫士、百度杀毒）。如果 360 有技术优势滥用的风险，那么腾讯和百度的风险岂不是也同样可能存在？360 单纯主打网络安全服务已然具备

---

① 参见《360 搜索流量大增有因 后期能否维持才是关键》，http：//www. admin5. com/article/20120821/453689. shtml。

② 参见《搜狗声明：搜狗浏览器用户默认设置被篡改与 360 有关》，http：//www. donews. com/net/201309/1858547. shtm。

③ 参见《看安全卫士 360 是如何利用数字激励用户行为的?》，http：//www. 20ju. com/content/V160231. htm。

如此大的力量。如果腾讯和百度这些已然成为网络巨头的企业再发展起网络安全服务，将之与其具有的其他优势资源整合，所可能产生的影响将更加不能低估。

所以，我们的视角决不能局限于360网络安全服务本身，要清醒地认识到网络安全服务，这是一个整体性的问题。网络安全服务绝不能视为一般的互联网信息服务，它与其他普通互联网信息服务的根本不同在于：前者较之后者更具有技术不对称的优势，在用户渗透率差别不大的情况下，与后者竞争时易产生地位不均衡的后果。

二　网络空间的私权力

（一）失衡与权力

上文有关网络安全服务性质的分析，让我们看到，在网络空间中，不同类型的服务之间是分层的。也就是说，在网络空间中，可能存在一种服务支配另外一种服务的情形。以具有支配性质的服务为基础，其提供者相对于其他提供者，乃至于其服务的接受者之间，都存在着优势的地位。这种优势地位的背后是一种新型的不均衡现象：由于技术架构的原因，私主体之间抽象意义上的平等关系被打破。打破这种既有均衡所凭借的不再简单的是传统的社会资源和经济资源，更多借助的是技术架构优势等资源。例如，360虽然在经济实力上与腾讯、百度相比还是小巫见大巫，但却能够硬生生地通过网络安全服务资源形成了不对称优势。

从360系列案件中所挖掘出来的网络安全服务背后的新型不均衡只是网络空间这一类现象的一个局部。让我们重温莱斯格在《代码2.0：网络空间中的法律》一书中所重复的那些关于网络空间“码法”的经典注解：“代码就是法律。”“不同的（网络空间）版本支持不同的梦想。我们正在选择，或明智地，或不明智地。”或者说，代码“决定了什么样的人可以接入什么样的网络实体……这些程序如何规制人与人之间的相互关系……完全取决于作出的选择”①。

网络空间架构是由代码编织出来的。一旦技术架构失衡，主体间的关系也会随之受到影响。网络安全服务只是其中的一种情形。在“3Q大战”中，腾

① ［美］劳伦斯·莱斯格：《代码2.0：网络空间中的法律》，李旭、沈伟伟译，清华大学出版社2009年版，第6—7页。

讯能够让用户进行“二选一”，凭借的就是腾讯能够拥有绝对的技术优势，可以控制服务是否提供、何时提供、如何提供。腾讯与其用户之间也是一种不均衡的关系。进一步地，淘宝网上，阿里巴巴能够制定《淘宝规则》的背后又何尝不是一种失衡的私主体间关系呢？再放大视角，微软黑屏事件中，微软与用户之间不均衡的地位更加明显，微软可以直接在用户的电脑上采取“维权”措施——这难道不就是以“权利”之名行“权力”之实吗？[①]

面对这些新问题，唯有接受变革，要站在既有学术路径资源的肩膀上，去建构解释和解决新问题的概念。笔者的选择是回到“权力”这一概念上。

韦伯指出：“权力意味着在一种社会关系里哪怕遇到反对也能贯彻自己意志的任何机会，不管这种机会是建立在什么基础之上。”[②]《布莱克维尔政治学百科全书》也持类似观点：“权力就是一个行为者或机构影响其他行为者或机构的态度和行为的能力。”郭道晖先生在其《权力的特性及其要义》中归纳提出了权力的本质要素：“权力是一种社会关系。某个主体能够运用其拥有的资源，对他人发生强制性的影响力、控制力，促使或强迫对方按权力者的意志和价值标准作为或不作为，此即权力。权力主体——权力拥有者通常是国家（称为国家权力，亦称‘公权力’），也可以是社会组织或某个群体，或公民个人（就是社会权力，多数属于‘社会公共权力’，也有的是‘私权力’）。”[③]可见，选择权力的视角，可以对前述不均衡现象作最直白的描述：一方具有相对另一方和另外几方的优势地位，一方具有主动打破既有均衡的机会、能力或资源——网络安全服务的背后是技术架构上的优势，微软黑屏的背后是其技术能力，《淘宝规则》的背后则是平台资源。

（二）从私权力主体到私权力

选择合适的表述离不开对现象本身的理解。

互联网开启了信息沟通和交流的新时代。这种信息沟通和交流蕴藏了巨大的商业价值。因此，在作为市场平台的网络空间里蕴含着无数商机。互联网市场就是在这种背景下蓬勃发展起来的。商业利益的追逐是推动互联网产业发展的重要动力。互联网市场的发展和繁荣与各种类型的互联网应用相互促进。在法律意义上，从市场因素的角度出发，网络空间是具有抽象平等地位的私权利

---

① 关于微软黑屏事件的进一步分析，参见周辉《当权利成为“权力”——评微软“黑屏”事件》，《网络法律评论》第14卷。

② ［德］马克斯·韦伯：《经济与社会》，林荣远译，商务印书馆1997年版，第81页。

③ 郭道晖：《权力的特性及其要义》，《山东科技大学学报》（社会科学版），2006年第2期。

主体交易、竞争的平台。

伴随着互联网应用的推广，越来越多的主体（既包括普通网民，也包括各类公权力主体；既包括自然人主体，也包括各类法人、非法人组织）参与到网络空间之中，赋予了网络空间越来越多的公共因素。在法律意义上，从公共因素的角度出发，网络空间是公权力主体和私权利主体对话、互动的平台。

在作为市场平台和公共平台的网络空间里，存在着两种传统类型主体：公权力主体和私权利主体。在逻辑上，我们可以分析三种类型的主体间关系：私权利主体间关系、公权力主体与私权利主体间的关系和公权力主体间关系。从目前的实践来看，公权力主体间关系在网络空间的体现还很少，在此就不作分析。

1. 私权利主体间关系

按照传统理论，私权利主体之间应当是抽象平等的竞争或者交易关系。但是，网络空间中拥有不同信息资源和技术资源的主体处于事实上并不相同的地位。传统的商业模式是：服务买方提供金钱作为对价，服务卖方提供服务。只要意思自治即可。在网络空间中，这一模式在某种意义上被颠覆了：服务关系不再清晰具体，享受服务的一方可以不支付对价而获取服务，提供服务的一方通过新的机制弥补成本、获取利润——推送广告、获取相对方信息等。[①] 在一些类型的服务关系中，双方技术、信息以及其他资源严重不对称，服务提供方对于是否继续提供服务、提供怎样的服务有着更大的裁量权，且在服务过程中还会从服务受用一方收集数据信息，更甚者能对服务受用一方如何使用服务产生导向性影响（最典型的例子就是上文阐述的网络安全信息服务）。在服务提供者和接受者之间就产生了这样的不均衡关系，随着影响的外化，还会对不同服务提供者之间的关系产生间接的影响，就像360系列案件中通过对用户行为和选择的“引导”所衍生的360与其他竞争对手之间的关系那样。再如，《淘宝规则》和《新浪微博社区公约（试行）》都针对特定对象设定了具有相应后果的行为规范。虽然这种规则没有法律授权，没有直接的法律后果，但是其仍具有可执行性。尤其是对于所调整的特定对象，如果违反了相关行为规范，则可能产生其难以接受的后果，而且这种后果在获得司法救济前，很可能为其造成实际的物质和经济损失。这就意味着部分私权利主体凭借其在网络空间中的优势地位和资源，在某些方面具备了相对于某些私权利主体的优势地位，有能

① 免费的背后是时间成本和流量的输出，这才是那些主打免费服务的互联网公司所谋取的利益所在。因为，从另外一个角度来看，增加关注时间可以带来广告收入——这对于注意力经济背景下的网络商业模式尤为重要。

力影响他们的选择乃至设定规则；相应的，其他私权利主体则在某种程度上沦为被影响乃至被支配的对象。这是私权利主体内部分化的第一种类型。

2. 公权力主体与私权利主体间的关系

公权力主体与私权利主体间的关系主要是从公共因素的视角进行分析。按照传统理论，公权力主体与私权利之间应当是管理、服务和监督关系。互联网虽然只是这种关系的新载体、新媒介，但由于网络空间互联性、匿名性、无国界性的特征，互联网环境下公权力主体对私权利主体的管制能力和效率大大下降。为了充分借助和利用部分私权利主体的技术资源、平台资源和信息资源优势，公权力主体将对私权利主体行为的管制委托给某些私权利主体实施——例如，将敏感词的控制交给相应的社区，赋予域名服务商 ICP 备案审查的初步审查权（由于行政机关后续的审查只是形式上的，在绝大多数情况下，这种初步审查基本就是最终的审查结果）。因此，私权利主体内部的第二种分化也成为现实。

两种分化形成的新型主体可以令其作用对象处于失去自主权、选择权的状态，应视作一种相对意义上的私权力主体。这类主体对应的权力，也相应的可称为“私权力”。“私”意味着权力的主体仍是私主体——其并未融入公权力主体的框架之中，只不过是私主体在某些情形下的另一身份；“权力”则表明在与其他私权利主体之间的法律关系中，其已经拥有了“哪怕遇到反对也能贯彻自己意志的机会”。

按照传统的法学理论，“公”主体一般对应的是权力、责任；“私”主体一般对应的是权利、义务。将“私”与权力结合起来，提出“私权力主体”和“私权力”的概念似乎有悖理论共识。但是，理论从来是来源于实践然后再去指导实践的，任何理论框架都不能够阻碍实践的发展。如前所述，在网络空间的法律关系中，无论是私权利主体之间还是公权力与私权利主体之间，有这么一类不同于传统公权力主体和私权利主体的、新的主体类型在演进和发展。从学科的稳定性和体系的完整性出发，固守现有的学科概念、理论框架和分析路径，并不能圆满地解释和回应网络空间的法律问题，也很难实现互联网背景下新的理论突破。毕竟，对传统的自信只会演变为对创新的傲慢与偏见。

互联网已打破“庙堂”与“江湖”的边界。权力与权利在网络空间中都有了新的丰富与发展。实现网络空间的善治，必须建立在对网络空间现实认知的基础上。私权力就是观察上述权力现象的新切入点。通过对私权力的观察，我们可以理解网络空间中被忽视的私主体间的分化现象及其不均衡现象；进一步地，通过对私权力的理解，我们还可以探索解决现象背后网络治理新问题的新路径。

三 私权力与合法性

在网络空间中，从私权利主体到私权力主体的分化演进，也是一种“新”秩序的诞生。这种秩序是网络空间私权利主体间关系自发演变的产物，其演变的基础除了政府的默认或缺场外，更重要的就是市场的驱动、技术的推进和网络框架结构本身。在某种意义上，这就是一种网络空间的自发秩序。

针对是否应将公权力引入网络空间中，激进的自由主义者一直采取抗拒的态度。极端的代表是美国社会活动家约翰·P. 巴洛。他在1996年就起草了一份“网络独立宣言”——主旨是网络空间拥有独立的“主权”，不受现实世界中公权力的干预。以私权力为驱动的网络自发秩序的演进，则让我们意识到，仅仅对公权力保持警醒是不够的。

（一）合法性命题

近代以来，有关权力的经典论述基本上都是围绕其合法性的批判与建构展开的。公权力本身蕴含着合法性的命题，即怎样的公权力才是合法的、怎样才能保证公权力的行使是合法的。私权力也面临着同样的追问。

从网络安全服务的情况来看，其中的私权力是有问题的，除了技术架构本身的逻辑，并没有什么合法的事由去解释为什么安全服务软件可以修改用户的设置、评价其他的软件。微软黑屏事件的情况也比较类似，作为有技术优势的微软，没有合法的资格去“裁定”盗版软件使用的存在，更不用说它可以采取“执行措施”影响用户的正常使用。维权沦为“强权”，私权利异化为“私权力”。似乎，私权力天然是要被否定的。

问题并不这么简单。要知道，私权力是一种自发秩序下主体间关系失衡的结果。自发秩序就意味着，网络空间的私权力有着自己的生成逻辑。这个逻辑带来的并不全是消极影响。比如，《淘宝规则》和《新浪微博社区公约（试行）》就以“软法”的形式填补了国家制定法的不足。这对于网络空间中法律规范的建构远滞后于实践的发展而言，具有特殊的重要意义。从国家治理和社会秩序的需求出发，这种类型的私权力所推动的“软法”就可能具有其合法性。

在公权力主体需要私权力主体配合实施治理的情况下，私权力就因为立法授权、行政委托而具备了合法性。比如，在2012年12月28日通过的《全国人民代表大会常务委员会关于加强网络信息保护的决定》中所规定的：“网络服务提供者应当加强对其用户发布的信息的管理，发现法律、法规禁止发布或者传输的信息的，应当立即停止传输该信息，采取消除等处置措施，保存有关记录，并向有关主管部门报告。”一方面，该条款可以视为对网络服务提供者的责任约束；但更重要的是，从另外一个角度来看，它也是一个授权条款——授权网络服务提供者对用户发布信息进行管理、可以采取必要的处置措施。再有，《侵权责任法》第36条第2款规定：“网络用户利用网络服务实施侵权行为的，被侵权人有权通知网络服务提供者采取删除、屏蔽、断开链接等必要措施。网络服务提供者接到通知后未及时采取必要措施的，对损害的扩大部分与该网络用户承担连带责任。”通常意义上，我们将之作为“避风港”条款来理解。但是，该条款何尝不能这样理解：授权网络服务提供者根据权利人的通知来裁定是否存在网络侵权行为并执行必要强制措施。有学者对于这一规则背后对隐私权和言论自由的限制持有抵制态度。

因此，不能全盘否定私权力的合法性，而应当采取一种客观的态度：正视私权力存在的现实，在对私权力细分的基础上，对有合法性基础的私权力设计如何防范其滥用的程序和规则。

（二）被损害的与被遗忘的

孟德斯鸠说过：“一切有权力的人都容易滥用权力，这是万古不易的一条经验。”网络空间中的私权力也同样如此。前文中的三场商战之所以引起舆论的密切关注，产生这么大的社会影响，并不在于这几家互联网巨头之间“论剑”有多么精彩，而在于普通用户的权益受到了广泛的影响——战场不在“华山”而是在普通用户的计算机上。

在网络空间中，私权力一旦被滥用，所危害的不仅仅是竞争秩序和竞争对手的利益，更严重的在于波及许多无知、无辜和无奈的用户的权益。由于网络空间技术架构的特点，侵权损害一旦发生，受影响的范围会涉及众多用户，数量甚至以百万计。也许对个体而言，可能是软件设置的修改、个人信息的泄露、虚拟财产的减损或其他利益的损失，貌似损害不会太大。但是，如果将损害的批量性和传播的即时性等网络空间的特性考虑进来，受私权力或私权力滥用损害的后果将会非常严重。

私权力为我们提供了一个认识网络空间侵权与维权的新视角。在私权力主体与普通私权利主体对峙之间，失落的是个体权益。公权力主体与私权利主体之间的张力尽管仍面临着这样那样的问题，但近现代以来的政治学、法学已经设计出参与、公开、程序、问责等诸多制度去尽力纾解。而私权力主体与私权利主体之间仍然缺乏相应的平衡制度。在私权力主体可能侵犯私权利主体权益的场域中，私权利主体的救济手段仍然相对有限，且显得那么苍白无力。“3Q

大战”、“3 百大战”、“3 狗大战” 的战火持续延烧，而微软黑屏事件却鲜见后话。其中的缘由不禁令人深思。三场大战之所以大且长，就因为其中涉及的都是具备私权力实力的网络服务提供者，尽管这几个网络服务提供者间存有不均衡的情况，但仍不至于过度失衡。反观微软黑屏事件的双方则是力量悬殊：在强势的一方实施私权力之际，弱势的一方几无还手之力——或者接受或者退出，基本没有第三个选择。这种态势的不均衡发展到一定程度，强势者甚至可以令具有公共话题价值的“冲突” 在公共舆论中消失、被遗忘。

因此，关注网络空间中私权力的合法性问题，不仅要考虑竞争关系中的私权力，也要考虑服务关系中的私权力；在考虑竞争关系中的私权力时，重心也应该置于其与私权利主体之间的关系上。

四 结论：私权力的规制路径

上文中业已指出，对于私权力必须先要做合法性拷问。没有合法性基础的私权力是一种赤裸裸的“暴力”，比如微软黑屏事件中对司法权的“僭越”和对用户私人空间的侵犯。针对这类私权力，要以权力制约权力，充分调动公权力资源——无论是立法、行政还是司法——进行约束和打击。在网络治理中的公权力必须坚守底线思维，面对“暴力”绝对不能懈怠，更不能不作为。

对于有社会需求的私权力行为，则要通过建立规范机制扬其长避其短。在网络空间中，除了按照既有的机制对越权、侵权行为进行事后制裁外，还可以通过三个维度的合法化机制建设，在损害发生之前，纾解私权力与私权利之间的张力。

第一个维度是以私权力运行为指向的公开机制建设。解决其中的信息不对称问题是确保私权力在运行过程中不被滥用的基础。充分公开私权力运行细节，确保相应的私权利主体享有充分的知情权。对于网络安全服务和网络信息服务而言，重点是充分披露有关默认设置的细节；对于《淘宝规则》的制定和实施而言，核心是规则制定的全过程公开；对于众多收集用户信息的网络服务提供者而言，这还意味着要专门设立独立的隐私政策网页，详细公开隐私政策内容。包括百度通知删除规则的公开，避风港规则背后是私权力的规制。

第二个维度是以私权力作用为指向的参与机制建设。私权力主体与私权利主体间地位的不平等，是私权力得以滥用的重要原因。解决这一问题，需要将私权利主体引入到私权力作用的过程中，建立正当程序，保障私权利主体对涉及自身的决策和规则制定的参与权。《淘宝规则》的修订、“避风港”中通知删除程序的细化、网络隐私政策的改动，都应建立可操作的参与机制。

第三个维度是以私权力实施为指向的用户教育机制建设。如果说，前两个维度来自对公权力规制机制的借鉴，那么这一维度则是网络空间中，针对私权力实施所必须特别设定的机制。单纯地加强私权力透明度建设未必能扭转私权力主体与私权利主体间的知识均衡。由于网络空间越来越复杂的技术细节的存在，普通私主体拿到有关信息后，也未必有理解的能力。比如，网络服务中不同设置的选项即便公开，没有相关的知识，私主体也无法作出正确的选择。美国著名的网络隐私问题专家，丹尼尔·索洛夫教授在新近的一篇文章就指出，通过自我管理实现隐私权的保障是不充分的。虽然以同意为核心的“隐私自我管理”建立在充分知情权的基础上，但是大量实证研究表明，复杂的隐私政策并不能被用户认真阅读和理解。普通用户受制于有限的专业能力，即便掌握足够的信息，也无法作出理性评估和正确决策。[①] 解决这一困境，就必须构建完善的用户教育机制，让用户知晓有关私权力行为对自己权益的确切影响的同时，也能作出对真正自己有利的合理选择。从另外一个角度来看，进行用户教育，也是在为参与充权，提升私主体的参与能力，提高参与机制的有效性。因此，用户教育对于私权力规制及相应的网络治理问题具有特殊的重要性。

从这三个维度出发展开的合法化机制建设，除了需要匹配相应的司法救济和执法保障外，还要立法和政策环节的协同配合，将有关机制要求落实为法律规范或者政策指引，实现过程性、系统性的网络治理。

在上述三个维度之外，针对不同的私权力现象，还应根据其特有的问题进行其他机制建设。以网络安全服务中的私权力为例，至少可以补充两个方面的机制：第一，实施网络安全服务这一基础业务与其他普通网络服务业务的分立，避免网络安全服务提供者既做裁判员，又当运动员；第二，鼓励网络安全软件在安全风险可控基础上将源代码开放，使透明度更有意义等。

① See Solove, Daniel J., “Introduction: Privacy Self-Determination and Consent Dilemma”, *Harvard Law Review*, May 2013, Vol. 126 Issue 7, pp. 1880 - 1903.

论个人信息的民法保护基础

——兼议其双重利益属性

刁胜先[1]

摘　要　个人信息的认定关键是能够识别信息主体，其民法保护基础在于确立个人信息权，以个人信息权益整体为客体，并在具体权利中表现出不同层面。个人信息权应定性为兼有“精神”与“物质”利益的双重性质人格权：在人格识别意义上，精神利益具有原始性、第一性，是信息主体内在的构成部分；物质利益来源于并依附于精神利益指向的主体本身，具有附属性、第二性。个人信息权是一种框架性人格权，应对姓名、肖像等传统具体人格在内的整个个人信息领域系统设计、统一调整。

关键词　个人信息　权益整体　双重性质人格权　框架性权利

一　引言

个人信息的法律保护是一个全球性的热点问题，许多国家与地区都有专门立法进行规范。在中国，刑法保护的制度设计已先行一步，就民法保护而言，首先应解决保护基础问题，即基于何种个人信息权利进行保护。依据识别性定义，个人信息是指可以直接或间接识别本人的信息的总和，包括一个人生理的、心理的、智力的、个体的、社会的、经济的、文化的、家庭的等方面；[2]或指那些能够据此直接指明或间接推断出自然人身份而又与公共利益没有直接关系的私人信息。[3] 由于个人信息在现实中表现出精神与物质双重价值，故对

---

① 西南政法大学博士后，重庆邮电大学法学院副教授。

② 参见齐爱民《拯救信息社会中的人格——个人信息保护法总论》，北京大学出版社 2009 年版，第 95 页。

③ 参见刘德良《个人信息及法律保护》，http：//www. civillaw. com. cn/article/default. asp? id = 42444。

其上的权利众说纷纭，典型有：所有权说、隐私权说、基本人权说、人格权说、人格权与财产权全面保护说。这些学说在不同层面、不同深度揭示了个人信息的民法内涵，成为后续理论深挖的坚实基础，目前的分歧主要集中在“人格权”与“财产权”的定性归属上。

其中，“人格权说”认为，个人信息体现的是一般人格利益，应采人格权保护模式，德国法为代表。① 个人信息的收集、处理或利用直接关系到信息主体的人格尊严，因此信息主体对其拥有人格权。中国著名的信息法学者齐爱民教授赞同此说，但认为其上应建立区别于其他具体人格权的专门人格权制度，即“个人信息控制权”，简称“个人信息权”，指个人信息本人依法对其个人信息所享有的支配、控制并排除他人侵害的权利，包括信息的决定权、保密权、查询权、更正权、封锁权、删除权和报酬请求权。② 该说既突出个人信息的特殊性，又兼顾其精神与物质双重利益，认识较为全面。“人格权与财产权全面保护说”为刘德良教授所主张，认为个人信息的权利保护应据其功能或价值而定：个人信息具有维护主体人格利益的价值或功能时，应给予人格权保护；具有维护主体财产利益的价值时，则给予财产权保护；同时兼有双重功能的就同时给予双重保护。

笔者认为，个人信息民法保护基础可采用“个人信息权”这一称谓，其性质宜归为人格权与基本人权范畴，但其认识基础、特殊性质、保护范围等尚值深入剖析，笔者拟作尝试。

二 认识基础：个人信息与个人信息价值——权利客体与对象之争辩

关于权利客体与对象的认识，学界素有分歧。个人信息权的客体是个人信息还是个人信息价值，关系到该权利的性质确认与权能设计。多数学说都直接以个人信息为权利客体进行讨论，但刘德良教授认为，信息财产权的客体是信息的商业价值，而非信息本身，并指出权利对象不是权利客体；个人信息应当

---

① FEDERAL DATA PROTECTION ACT of December 20, 1990 (BGBl. I 1990 S. 2954), amended by law of September 14, 1994 (BGBl. IS. 2325). http://www.datenschutz-berlin.de/gesetze/bdsg/bdsgeng.htm.

② 参见齐爱民《个人信息与知识产权——个人信息数据库上的权利与限制》，载吴汉东主编《中国知识产权蓝皮书》，北京大学出版社 2009 年版，第 409 页。

得到财产权保护也是因其具有潜在的商业价值。[①] 按此逻辑，个人信息上的民事权利可以被设计为个人信息人格权和个人信息财产权，所保护客体分别是个人信息的人格价值与财产价值，分别适用既有的人格权与财产权保护模式。

对权利客体，学界主要有五种学说：利益本体说、权利对象说、权利义务人说、行为说和顺位或层次说。拉伦茨主张后者，认为权利客体使用于两种意义，一指支配权或利用权的标的，此为第一顺位的狭义权利客体；二指权利主体可以通过法律行为予以处分的标的（权利和法律关系），为第二顺位权利客体。[②] 王泽鉴先生也持此种观点。[③] 笔者认为，"权利义务人说"把人本身作为客体，抹杀了主体与客体的根本区别，显不足取；其余各学说均从不同角度、不同层面论及权利客体的性质，尤其是"顺位或层次说"为客体界定提供了开阔而严谨的逻辑方法。不难发现，各种客体学说均围绕权利对象展开，而在对象的进一步认识上发生了分歧。笔者认为，民事权利客体是权利义务主体对其权利对象的法力指向，可笼统称为法益，即法律利益，不同时期表现为权利对象的整体或者不同层面，其重要意义是不断揭示权利义务对对象的法力指向，并提炼出该指向的共同基因以找出权利类型的设立基础，进而引导具体权能的设计。比如，具体的某物及其使用价值、交换价值作为客体使用，在区别物权体系内的所有权、用益物权与担保物权时因意义重大而被使用；但当物权与债权、人身权、知识产权等并列使用时，具体物的具体价值层面因不足以将其互相区别而被自然搁置，所以"物"被抽象出来并被使用。这就是人们为满足需要而赋予权利客体以区分功能，并不断提高抽象认识能力的逻辑过程。该过程一直处于持续的动态发展中，权利客体与权利种类也一直在相应层次上互训互动。但同一社会背景下，认识呈相对稳定的状态，如农业社会物权客体之"物"、工业社会的工业产权客体之"智力成果"等。而每当社会转型，新事物出现，人们的认识就会被重新考验，并以新的认识去修正已有认识（激进倾向）或以已有认识来框定新的认识（保守倾向）。"信息"作为新的客体，至少就面临被纳入"无形物"或独立成类的两种选择。

因此，个人信息及其价值都可为权利客体，只是相应权利的权能内容与位阶层次有别而已。对于个人信息权在传统分类体系中的地位和权能内容的设计，涉及个人信息本身的利益属性与权利的法力指向：利益属性上，其精神利

---

① 参见刘德良《信息财产权之异见》，载吴汉东主编《中国知识产权蓝皮书》，北京大学出版社 2009 年版，第 417—419 页。

② 参见［德］拉伦茨《德国民法通论》，王晓晔等译，法律出版社 2003 年版，第 377—378 页。

③ 参见王泽鉴《民法总则》，中国政法大学出版社 2001 年版，第 205 页。

益与物质利益并存；但在法力指向上，不同学说得出不同结论。“个人信息控制权说”侧重保护人格利益，同时以“报酬请求权”的权能设计来保护其物质性利益，以求个人信息权成为人格权之一员。“人格权与财产权全面保护说”则将个人信息权的法力直接指向个人信息的不同价值层面，可产生出个人信息人格权和个人信息财产权；恰如同一物的交换价值与使用价值分别成为担保物权与用益物权的法力指向或共同成为所有权的整体指向，人们对个人信息与物的认识在这里发生了有趣的相似。但物权体系的成功经验是否一定适合个人信息权的构建呢？毕竟，担保物权与用益物权仍属物权这一家族框架，而个人信息人格权与个人信息财产权分属两个权利体系、两种保护模式，其属性与权能并不相同。个人信息本身应否作为一个整体还是其精神利益与物质利益分别独立成为客体，关键是看个人信息上两种利益的内在联系，以及对个人信息权利属性与位阶层次的法律评价、价值选择与技术设计。笔者赞同“个人信息控制权说”，着眼于个人信息利益整体、将其上的精神与物质层面统一纳入人格权保护，具体理由在后文展开。

三　权利性质：精神、物质双重性质人格权——人身、财产二元标准之反思

由于个人信息权兼有精神与物质利益属性，在传统人格权与财产权之间必选其一或一分为二各寻归属均显不妥，故有必要从“人身、财产”二元标准谈起。

（一）反思：“人身、财产”二元标准的内涵解读

通说认为，民事权利按客体的利益性质分为人身权与财产权，人身权包括人格权与身份权，与人身不可分离、不具有直接的财产内容，属精神利益范畴、与财产权对立；财产权指具有一定物质内容并直接体现为经济利益的权利，包括物权、债权等。在“非人格即财产”的二元思维模式下，似乎只能将个人信息权分离出个人信息财产权与个人信息人格权，不然难以恰当处理个人信息体现的双重利益；或者只能忽略或淡化其物质利益以纳入传统人格范畴求得保护。但是，这种矛盾对立的二元标准是否适用于今天日益丰富复杂的权利诉求呢？

从民法史看，自罗马法以来，“人格与财产相对峙”的二元区分虽然沿用至今，但我们借此界分人格权与财产权的一个根本标准在于：对象是否永久地

外在于主体，而非指二者在精神利益与物质利益上的矛盾对立。[①] 但是，由于一方面，“自罗马法以降，法律将外在于人的事物与金钱价值相联系并与人的伦理价值相对立”；另一方面，“在近代人文主义思想影响下，人的伦理价值在法律中被看成是内在于人的事物”，所以在这两个要素作用下，近代民法中无从产生“人格权”概念。而20世纪各国民法典确立的“人格权”，一个重大变化就是（逐步地）将对人格的伦理性价值的某些“内蕴式”保护改变为“外在式”的权利保护，（部分）人格权被逐渐法定化。正是人对自己不断的认识与发现，这种“外在化”的存在不但表现为法定权利，还直接表现出物质利益，将来源于人之内在的人格利益延伸至不同的载体。其实，法学家基尔克（O. Gierke）早在其1895年出版的《德国私法》一书中就确认了人格利益具有精神性价值与物质性价值的双重性质，[②] 笔者深以为是。人格内在于人而产生，这个事实并不能说明人格利益的属性只能是精神性的，因为人本身的伦理性存在就是精神与物质的统一体，而人格、人格利益与人格权等都是在不断发展的概念，更是被人自己不断认识和发现的内容，其物质性价值已在现实生活中不容忽视与否定。举个极端而现实的例子：面临绝境，母亲将自己的血液肉体作为食物喂养孩子，直至自己牺牲孩子得救，能说此时母亲的人身不具有直接的物质利益吗？能说母亲此举是反伦理的吗？恰恰相反，这正是母亲伦理价值的实现和其人身直接物质利益的体现；但该物质利益并不因此而成为可以等价替代的“物”或“财产”，因为母亲甘于献身的无私母爱已将其超越为伦理性存在，正如康德所述：“一样有价格的东西，可以用另外一种等价物来替代它；而超越所有价格，亦即不可能有等价物的东西，才有它的尊严。”[③]

笔者认为，民事权利的传统分类标准将人身与财产预设为对立不容的矛盾关系，一方面，是将人格利益等同于精神利益、财产利益等同于物质利益的误读所致，并从根本上远离了罗马法以来“是否外在于人”的标准，因为从物质利益到财产还有一个法律化的过程，二者是两个不同的概念；另一方面，该种理解与界定已遭现实诘问：人身一定不具有物质性价值吗？财产一定不具有精神性价值吗？其实，姓名、肖像等人格已表现出一定的物质利益，具有人格象征意义的纪念品等特殊物也体现出人格意义。[④] 生活中，“物质利益”的来

① 参见石毅《论人格权的起源及本质》，硕士学位论文，中国政法大学，2006年。

② Cfr., Vincenzo Zeno-Zencovich, Personalita (diritti della), in Dig. disc. priv., Sez. civ., XIII, p. 432. 转引自薛军《人格权的两种基本理论模式与中国人格权立法》，《法商研究》2004年第4期。

③ 转引自［德］卡尔·拉伦茨《德国民法通论》（上册），王晓华等译，法律出版社2003年版，第46页。

④ 参见易继明、周琼《论具有人格利益的财产》，《法学研究》2008年第1期。

源包括人身利益、物、智力成果与债等，并适用人身权、物权、知识产权与债权等不同保护模式；“精神利益”来源于主体内在人格所具有的伦理价值，其载体一般不受限制，可以是物、智力成果和人身行为等，但都应纳入人身权加以保护。黑格尔论证“人格权本质上就是物权”时指出，“人有权把他的意志体现在任何物中，因而使物成为我的东西。……每一个人都有权把他的意志变为物，或者物变为他的意志……”① 据此，具有精神意志性的人格利益是可以表现为物质性的东西，如肖像可表现为肖像画而具有物质利益，或者物质性东西是可以内含精神意志性的人格的，如结婚纪念照内含有当事人以特定肖像形式来纪念爱情等精神方面的人格利益。从事实出发，人格利益包括精神与物质两个层面，这是对人格利益属性认识的自然回归。“进行制度设计时，压倒一切的考虑是生活的需要，而不是理论的逻辑要求”②，因为生活本身对权利的诉求是永远都无法被抹杀的。生命、身体等物质型人格由于关乎人格主体的本体性存在，所以对其物质利益的支配受到严格的限制，如中国法律中生命、身体绝对不能买卖，而只能在器官捐赠、人身损害等事后按法定标准获得物质补偿。但不能因此就否定物质型人格具有精神利益与物质利益双重属性，因为这是事实判断与价值选择两个问题，正如国土所有权禁止买卖并不能说明国土不具有物质利益一样，恰恰说明其物质利益特殊而要特别对待。姓名、肖像等抽象型人格由于可以与人格本体分离，所以在一定的外化条件下，其中部分权益可因主体的自主自决而被让渡出来，比如明星对特定商家在特定广告上许可其使用自己的姓名而获得一定物质收益、模特允许画家为自己制作肖像画并出售而收取物质报酬等，但是姓名使用者、肖像画家或肖像画购买者并不因此就获得明星的姓名权或模特的肖像权。在归属上，人格权的归属只能属于主体本身，能够让渡的只能是符合特定条件的部分权益——只有该部分权益外化为广告和肖像画等商品的一部分并随之交易时才能被让渡，而不是单独成为商品，并且该部分权益的终极处分权仍然由权利主体掌控，所以，人格本身并没有被让渡而成为商品。

（二）定性：个人信息权是兼具精神利益与物质利益双重性质的人格权

笔者认为：个人信息具有物质价值并需要保护，不一定非要财产化并设立财产权来进行；否则，依其逻辑，具有人格象征意义的特定纪念物品上也可设

① 转引自［德］康德《法的形而上学原理》，沈叔平译，商务印书馆 2001 年版，第 52—53 页。

② 蔡立东：《论法人之侵权行为能力——兼评〈中华人民共和国民法典（草案）〉的相关规定》，《法学评论》2005 年第 1 期。

立物之人格权了。因为中国2001年的《最高人民法院关于确定民事侵权精神损害赔偿责任若干问题的解释》确认，该种特定纪念物品上存在精神利益、因侵权行为而永久性灭失或者毁损的可以主张精神损害赔偿。其实，个人信息与人身的分离并不同于物之财产、知识财产与人身的分离，其“分离”并不彻底，因为“分离”在外的个人信息之价值并不是独立于、相反是来源于信息主体的人格。在人格识别意义上，个人信息的精神利益具有原始性、第一性，是信息主体内在的构成部分；物质利益来源于并依附于精神利益指向的主体本身，是尊重和维护主体精神利益的物化形式，具有附属性、第二性。以信用信息的价值为例：信用从产生时起就与人格紧密相关，并作为人格的重要内容受到保护，尽管其财产意义和经济价值在现代经济中得以彰显，但这种彰显恰恰是以其人格属性为前提和基础的，离开信用与特定主体的结合，这种价值将无从发挥。[①] 实质上，个人信息从未根本上与信息主体分离，而只是可以传播共享。因此，“个人信息直接商品化”而可“出售”仅是一种表象甚至是黑市交易，个人信息获得者决不能像支配物一样去支配别人的个人信息，因为个人信息只有一个归属主体——信息主体，否则，会出现一人沦为他人权利客体的“人将非人”的历史倒退。所谓“出售”，只是对其物质利益或精神利益在特定时空进行的许可使用，并且极大地受制于信息主体个人化的意思自治，在终极意义上由信息主体自主自决地支配和控制，多数国家个人信息保护法中确立的目的原则、收集限制与使用限制原则，尤其是限制对第三人进行传输等规定都包含此意。至于二次开发后，个人信息可借助物质载体或电子载体而成为物质财产产品（如纸质肖像画）、知识财产（如著作权之客体的绘画作品）或信息财产产品（如计算机在线交易的电子肖像画、数据库）等的内容，表现出物质价值，但是借助这些载体的个人信息之价值除了来源于个人信息本身外，还与二次开发者投入的劳动有关，因此个人信息本身不构成商品，而只是成为商品的一部分内容。物之财产、知识财产与信息财产的交易虽由权利主体意思自治，但其价值不受特定个人人格之需的限制，而是依据市场标准来定，并可与普通等价物等价交换或者替代、可转移归属于法人与非法人组织等其他民事主体。但是，个人信息不能如此。

因此，所谓“个人信息财产权”通常就是“个人信息许可使用收益权”，在制度选择与设计上，该权利不宜成为独立于个人信息人格权的财产权。一则，个人信息被许可使用，不完全是对经济利益的追求，有时也包含信息主体的精

① 参见高燕《个人征信中信息失真的民事法律责任》，《内蒙古社会科学》（汉文版）2010年第5期。

神利益，比如出于扬名、获得更多认同，或因公共利益而自愿、合理、法定地无偿许可使用，而更多时候精神利益与物质利益合在一起难以分辨，且精神利益始终是第一考虑因素。二则，被许可使用人的使用权，更多是债权性使用，且是人身性质的债权，其对抗效力、处分范围等都受到信息主体的极大限制，很难获得一般财产权的支配地位，即使有财产权之名，也难有其实。三则，个人信息财产权可以自由转让、永远继承，会出现受让别人的个人信息财产权并进行继承等，这样信息主体对自己的个人信息在生前死后都可能完全失控，在继承中还会产生信息禁锢、阻碍信息自由、进一步侵蚀个人信息应有的公共产品功能等问题，这与多数立法仅保护活着的自然人之个人信息的立法不符，也有悖于个人信息保护法的宗旨：实现个人信息的人格权保护与利用自由之平衡。

所以，将个人信息权定性为人格权，既可保护其精神利益与物质利益，又可避免立法上将其分插入人格权与财产权两个体系，以维护个人信息的统一性并节约立法资源。还可针对性设计其特有权能，以摆脱既有财产权与传统人格权权能单一的限制。比如，许可使用和收益等能动权能对个人信息上的精神利益与物质利益都适用，统一设权可省去实践中分辨二者的麻烦。

四　保护范围：一般个人信息与所有个人信息——框架性人格权之定位

个人信息作为信息人格，并非始于今日，只是随着社会的向前推进与人自身的日益完善，其精神性与物质性等自有内涵的真实展现日渐丰富，以至于在信息社会显现出“惊涛拍岸，卷起千堆雪”之壮阔景象。学界对此逐渐达成基本共识：设立个人信息权以保护个人信息不被随意侵犯，但具体保护范围仍存争议。比如，齐爱民教授认为“应该在个人信息之上建立区别于其他具体人格权的专门的人格权制度”①，并以“识别”和“可以处理”作为个人信息构成的实质要素与形式要素，因为“个人信息保护立法的目的在于弥补传统人格权法保护的空白，而不是取而代之”。笔者称此为“补充保护式范围”，相对于具体、特别人格权言，个人信息权属于一般人格权，对传统人格权起补充作用。但刘德良教授认为，“个人信息包括但不限于以文本或数据形式存在的个人信息，还包括个人名字、声音、形象或肖像，乃至对个人行为的跟踪、记录”，是“据以能够直接或间接识别自然人的身份而又与公共利益没有直接关系的一条或一组信息的集合”，应对其确立“全面保护的指导思想”。笔者

① 齐爱民：《论个人信息的法律保护》，《苏州大学学报》（哲学社会科学版）2005年第3期。

称此为“全面保护式范围”。“补充保护式”可以很好地突出被传统人格权忽略的人格利益，针对性强，保护力度和效果好，但未突出“一些传统的具体人格本身是信息”的特点，不利于从立法上整合和统一规范个人信息，故失之过窄。由于传统人格中的姓名、肖像、隐私等信息与一般个人信息的区别不是在任何时候都很分明，有必要统一纳入个人信息进行考虑。“全面保护式”则失之过宽。刘德良教授主张“那些与人格尊严没有直接关系的个人信息，就不应该成为人格权保护的对象，而应该只给予其财产权保护”是很敏锐的见解，但此时个人信息的物质价值既然没有来源于或依附于个人的人身，而与其他具有物质利益的非个人信息并无区别，那还有必要称为“个人信息”吗？“个人信息”之“个人”应指该信息与识别指向的“个人人身、个人尊严”等相互关联之含义。对具有间接识别作用的个人信息之判断，应采动态的、相对的标准：哪怕是同一信息，在一定个案中属于个人信息，在另一个案中就不一定属于个人信息，关键在于是否起到识别作用。所以，应严格把握“识别”标准，不宜随意扩大个人信息范围。

笔者认为，个人信息权应定位为一种框架性人格权，对各种具体人格利益在内的所有以信息形式存在的人格利益进行整合，以为个人信息提供一套清晰明确、系统协调的保护机制。由于个人信息保护法是围绕个人信息保护而产生的领域法，内容没有明显的部门法特征，很难归入传统部门法，[①] 因此个人信息权与其他权利的保护范围出现交叉、重复都是难免的。比如，对与传统隐私权、肖像权等保护交叉重复的隐私信息、肖像信息，可通过法律竞合等法律适用规则与法律解释来解决。另外，个人信息权不宜为一项具体人格权。[②] 因为具体人格权的内涵与外延都比较确定，有自己独立的内容，但是个人信息的外延并不确定，而会因不同时代、不同地区的伦理价值而有变化，即使在同一时空，也会因信息主体与个案差异而有区别，目前各个国家与地区的立法界定差异较大也源于此。同时，个人信息侵权案中，传统的隐私、肖像、姓名等具体人格权保护范围与其他个人信息常常混为一体、难以分辨，有时也没有必要进行机械区分，只要保护到位即可。再者，不同领域的个人信息之保护范围也存在较大区别，比如公务领域、银行、保险、医疗卫生、社会保障等，所谓“具体人格权”之“具体”很难操作。法律只做一个框架界定，可为更多具体情况留下空间，以避免个人信息保护之遗漏。

---

① 参见齐爱民主编《个人资料保护法原理及其跨国流通法律问题研究》，武汉大学出版社 2004 年版，第 37 页。

② 参见洪海林《个人信息的民法保护》，法律出版社 2010 年版，第 242 页。

中国互联网电视制造商间接侵权责任的主观构成要件研究

王　哲[①]

摘　要　本文围绕中国互联网电视产业高速发展中出现的问题进行分析，特别以互联网电视制造商的间接侵权责任为切入点，重点分析其主观构成要件。在梳理研究文献和相关法规的基础上，以实务层面在处理间接侵权责任问题上从共同侵权到过错与控制力角度的状况变化，阐述针对中国互联网电视制造商间接侵权责任的处理方式选择。探讨互联网电视制造商构成间接侵权时主观层面的两个关键环节：一是其是否“知道”侵权存在，二是其在知道侵权存在后是否“未及时采取移除措施”。

关键词　互联网电视　间接侵权　主观构成要件

引　言

互联网电视作为近年来新兴的一种电视类型，是一种利用宽带有线电视网，集互联网、多媒体、通信等多种技术于一体，向家庭互联网电视用户提供包括数字电视在内的多种交互式服务的崭新技术，被视为像电视、视频、音频等基于互联网协议的多媒体服务形式。自2013年互联网企业大举进军彩电市场，乐视、小米等纷纷推出互联网电视产品，给传统彩电行业带来震撼冲击并引发系列变革。中国互联网电视产业在得到空前发展的同时，互联网电视制造商也频繁由于侵权问题被推到风口浪尖，从首例互联网电视侵权案中TCL集团的败诉引发互联网电视产业发展的反思，到乐视、小米盒子等系列案件中法院审判思路与适用规则的转变可以窥见中国对于互联网电视产业发展的政策变

① 浙江大学法学院博士后。

化。中国《著作权法》、《信息网络传播权保护条例》（以下简称《条例》）及网络著作权司法解释的有关规定区分了作品提供行为和网络服务提供行为，分别对应于直接侵权和间接侵权。互联网电视制造商属于网络内容提供者时应承担直接侵权责任，在理论和实务上均无争议；互联网电视制造商属于网络服务提供者时，如何认定其构成间接侵权，属于此类案件的重点和难点。

一 共同侵权理论作为互联网电视制造商侵权责任理论基础存在的问题

（一）共同侵权理论及其应用

共同侵权通常是指侵权行为人为两人或两人以上共同侵害他人合法民事权益造成损害的，侵权行为人应当为此承担连带责任。在中国《侵权责任法》出台之前，无论是理论界还是实务界，针对网络环境下的侵权问题，均采取“共同侵权”理论来解释和说明，即网络服务提供者与网络用户承担连带责任的理论依据是共同侵权理论。《最高人民法院关于审理涉及计算机网络著作权纠纷案件适用法律若干问题的解释》（以下简称《解释》）、《条例》中的相关规定均涉及共同侵权作为网络服务提供者承担连带责任的基础。[①] 在互联网电视制造商面临的侵权责任承担上，实务中主要依据共同侵权理论且具有示范性引导，由以下案例可略知中国在网络侵权领域的责任承担及认定标准。本文以此为基础探讨在中国《侵权责任法》出台后对侵权理论基础的重新界定和解读，以及未来法律适用与改革可能的发展方向。

百度作为中国搜索引擎的第一品牌，提供音乐、视频等搜索链接服务，但百度为侵权网站的音乐作品设立深度链接的行为，并不是实际侵权网站希望得到的帮助，百度也无意为侵权网站扩大其侵权后果提供帮助。法律若将双方认定为存在“共谋”，将是对当事人实际意图的非真实反映。尽管法律并不要求总是“如实”反映生活事实，但原则上法律概念应尽量与生活认识保持一致，除非确有必要使法律用语偏离生活。[②] 又如在中凯公司诉数联公司著作权侵权案中，法院认为：网络用户在 POCO 网上擅自发布电影作品供其他用户下载的

① 《解释》第 4 条规定：“……明知网络用户通过网络实施侵犯他人著作权的行为，或者经著作权人提出确有证据的警告，但仍不采取移除侵权内容等措施以消除侵权后果的……追究其与该网络用户的共同侵权责任。”《条例》第 23 条规定：“网络服务提供者为服务对象提供搜索或者链接服务……明知或者应知所链接的作品、表演、录音录像制品侵权的，应当承担共同侵权责任。”

② 参见王轶《民法原理与民法学方法》，法律出版社 2009 年版，第 144—151 页。

行为，侵犯了原告对该电影作品依法享有的信息网络传播权。被告数联公司尽管未直接实施侵权行为，但其教唆、帮助用户实施了上述侵权行为，依照中国《最高人民法院关于审理涉及计算机网络著作权纠纷案件适用法律若干问题的解释》第3条，应当与直接实施侵权行为人共同承担侵权责任。[①] 目前的司法实务中，共同侵权理论已被广泛视为网络服务提供者承担连带责任的理论基础。[②] 深入分析此类纠纷，将其视为共同侵权中的帮助侵权并不合理，由于网络服务提供者与网络公众之间未有事先商量与共谋，很难以共同侵权作为理论基础进行分析。[③]

共同侵权理论规定侵权责任的成立应以“共同的意思联络”为必要，基于此解释中存在的问题是：实务中存在大量的情形是无意思联络的网络服务提供者与网络用户能否构成共同侵权，且共同承担侵权责任。就互联网电视制造商作为网络服务提供者而言，其作为提供链接工具的制造商，其并不存在与网络用户之间的事先共谋、策划与分工等内容，是否需要就网络用户的侵权行为，与之共同承担侵权责任。中国《侵权责任法》第36条作为“互联网专条”，首次对网络服务提供者的侵权行为作出了规定，即网络用户、网络服务提供者利用网络侵害他人民事权益的，应当承担侵权责任。网络服务提供者依据第36条第2款、第3款的相关规定承担连带责任。由于该条中未规定共同侵权理论作为责任承担理由，且未直接认定网络服务提供者与网络用户之间承担侵权责任的依据，即给予责任承担理由预留了解释空间。

（二）实践中的应然选择

目前理论界也开始从间接侵权理论、公共政策理论等角度予以解释网络服务提供者与网络用户之间承担侵权责任的理论基础。奚晓明认为网络服务提供者因为实施了间接侵权行为而承担连带责任，并非直接侵权。[④] 杨立新在此基础上认为网络服务提供者承担连带责任并非是基于共同侵权行为，而是基于公

---

① 参见上海市第一中级人民法院［2006］沪一中民五（知）初字第384号民事判决书。同时该案于2008年被评为“上海法院知识产权司法保护30年典型案例”之一。

② 例如上海市高级人民法院［2008］沪高民三（知）终字第62号民事判决书；广东省广州市中级人民法院［2006］穗中法民三初字第179号民事判决书。

③ 相似纠纷诸如七大唱片公司诉百度公司音乐搜索服务著作权侵权案（北京市第一中级人民法院［2005］一中民初字第7965、7978、8474、8478、8488、8995、10170号民事判决书）。

④ 参见奚晓明主编、最高人民法院侵权责任法研究小组编著《〈中华人民共和国侵权责任法〉条文理解与适用》，人民法院出版社2010年版，第265页。

共政策考量而规定的连带责任。[①] 即出于保护被侵权人合法权益和公共利益的需要才规定为连带责任，从而便于被侵权人直接起诉网络服务提供者以保护自己的合法权益。徐伟则认为应否定网络服务提供者的连带责任，改采按份责任，即网络服务提供者仅需要对自己的行为造成的后果承担自己责任，其责任与网络用户的责任相分离。[②] 本文试从间接侵权角度切入，探讨互联网电视制造商的侵权责任构成及其责任承担问题。

（三）互联网电视制造商构成间接侵权的关键问题

优朋普乐公司诉 TCL 集团和迅雷公司案（以下简称 TCL 案）是中国首例互联网电视制造商侵权案，其判决具有示范性与先导性意义。大致案情如下：

2009 年初，TCL 公司推出一款带有互联网功能的电视机，用户可以使用该款电视机访问互联网，通过操作电视机互联网访问控制面板，搜索、下载或在线播放影视节目，优朋普乐公司以 TCL 集团涉嫌侵犯著作权为由将之诉至法院。TCL 案中的争议焦点集中在作为互联网电视制造商的 TCL 集团是否需要承担侵权责任？对于互联网电视制造商身份的界定，一审法院认为：原告及相关被授权人并未将涉案电影作品制作为种子文件且通过网络发布，据此认定搜索结果出现的种子文件的来源地址提供的视频文件应属未经许可传播的侵权作品。[③] 二审法院在对 TCL 集团的行为进行法律定性时，将 TCL 集团的涉案行为进行合理区分：其一，生产销售互联网电视机的行为；其二，为用户提供播放内容（链接）的编辑、整理行为。[④] 法院判决其侵权的法律依据是 TCL 集团股份有限公司、深圳市迅雷网络技术有限公司等有合理理由知道所链接的作品为侵权作品，主观上具有过错，就此承担共同侵权责任。

二　互联网电视制造商“知道”侵权的认定问题

在现行的法律框架下，以是否直接提供权利人的作品将信息网络传播行为区分为作品提供行为与其他网络传播行为，而其他信息网络传播行为是以其技术、设施提供网络中间性服务的行为，即是一种提供服务而非直接提供作品的行为。对于实施作品提供行为的主体一般称为网络内容提供者，而提供网络中

① 杨立新：《〈侵权责任法〉规定的网络侵权责任的理解与解释》，《国家检察官学院学报》2010 年第 2 期。

② 参见徐伟《网络服务提供者连带责任之质疑》，《法学》2012 年第 5 期。

③ 参见北京市第二中级人民法院民事判决书［2009］二中民初字第 17910 号。

④ 参见北京市高级人民法院［2010］高民终字第 2581 号民事判决书。

间型服务的主体一般称为网络服务提供者。[①] 对互联网电视制造商而言，在判断互联网电视厂商是否构成网络内容提供者或网络服务提供者时，同样应当以其依托不同的运营模式所实施的具体行为作为判断标准，即其是否实施了直接提供作品的行为或者为他人实施信息网络传播行为提供了信息存储空间、链接等服务。

（一）何为“知道”侵权

“实际知晓”即为“明知”。网络服务提供者的明知规则运用于互联网电视行业，就是互联网电视制造商明知网络用户利用其网络实施侵权行为，而未采取删除、屏蔽或者断开链接等必要措施，任凭网络用户利用其提供的网络平台或链接实施侵权行为，对被侵权人造成损害，对于该网络用户实施的侵权行为就具有放任的间接故意。[②] 也就是说，若互联网电视制造商不知道特定的侵权行为，则不构成间接侵权行为，无须承担连带责任。从中国的立法进程看，表述上经历了“明知”到“知道”再到“知道或应当知道”，并最终确定为中国《侵权责任法》中的“知道”。[③] 因此对于“知道”的理解存在不同的观点，较为典型的是认为“知道”包含了“明知”和“应知”两个层面。[④] 当然，大多数学者所持的观点是知道即指“明知”。[⑤] 实务中存在的问题是：由于中国一方面借鉴了美国《数字千年版权法》（以下简称“DMCA”）中的通知移除条款，该条款第二部分明确命名为“在线版权侵权责任的限制法”，对网络服务商在从事特定活动时的版权侵权责任作了限制。[⑥] 另一方面中国《侵权责任法》中网络服务提供者在“知道”的前提下承担连带责任的归责原则与这一免责条款矛盾，进而引发了实务操作上存在的困难与问题。

本文写作基于学界的通说，将“知道”侵权区分为“明知”和“应知”

---

① 参见林子英、苏志甫《网络播放设备著作权法律问题的调研报告》，《电子知识产权》2013 年第 11 期。

② 参见徐伟《网络服务提供者连带责任之质疑》，《法学》2012 年第 5 期。

③ 参见奚晓明主编、最高人民法院侵权责任法研究小组编著《〈中华人民共和国侵权责任法〉条文理解与适用》，人民法院出版 2010 年版，第 263 页。

④ 参见全国人民代表大会常务委员会法制工作委员会编《中华人民共和国侵权责任法释义》，法律出版社 2010 年版，第 194—195 页。

⑤ 参见张新宝、任鸿雁《互联网上的侵权责任：〈侵权责任法〉第 36 条解读》，《中国人民大学学报》2010 年第 4 期；杨立新《〈侵权责任法〉规定的网络侵权责任的理解与解释》，《国家检察官学院学报》2010 年第 2 期；王利明主编《中华人民共和国侵权责任法释义》，中国法制出版社 2010 年版，第 159 页；江平、费安玲主编《中国侵权责任法教程》，知识产权出版社 2010 年版，第 71 页。

⑥ See U. S. Copyright Office Summ ary of the Digital Millennium Copyright Act of 1998，p. 1.

两个层面，其中对认定“明知”侵权有两种方式，分别是自认和直接证据证明；认定“应知”即在没有直接证据的前提下进行认定，主要是基于“红旗标准”的判定和从证据规则角度提出的设想。

（二）认定“知道”侵权的方式

1. 直接认定方式

直接认定方式是从已有证据和互联网相关关联证据来证明“知道”侵权存在，具体适用中国《侵权责任法》第 36 条第 2 款规定的“通知移除制度”[①]来进行说明。

第一种观点认为通知移除制度的立法宗旨是网络服务提供者免除其侵权责任的条款。参照美国“DMCA”确立的“避风港规则”，《条例》第 20 条规定了相关规则。[②]“DMCA”规定“通知删除”程序的首要目的，在于鼓励网络服务商积极拓展新市场而不担心因此承受的著作权责任，以提高网络的效率、品质和范围。[③]《条例》规定避风港规则的目的在于限制搜索服务商的侵权责任，提供搜索或者链接服务的网络服务提供者应进入避风港。[④]即中国设立“通知移除”规则的基本价值取向在于支持并促进网络技术的发展。在中国现行立法、司法实践中也普遍将这一规定适用为免责条款，包括《条例》第 20—23 条的规定是以免责条款的思路进行的制度设计。[⑤]此外，《北京市高级人民法院关于网络著作权纠纷案件若干问题的指导意见（一）》中也提到了关于通知移除制度的适用。[⑥]《条例》中关于网络服务提供者明知侵权事实存在，或者接到权利人发出符合规定的通知后立即移除侵权信息或断开侵权信息链接的，

---

① 通知移除规则在中国又被称为“通知删除制度”、“通知取下规则”、“避风港规则”、“通知规则”等。

② 《信息网络传播权保护条例》第 20 条：网络服务提供者根据服务对象的指令提供网络自动接入服务，或者对服务对象提供的作品、表演、录音录像制品提供自动传输服务而并未选择并且未改变所传输的作品、表演、录音录像制品和未向指定的服务对象提供该作品、表演、录音录像制品并防止指定的服务对象以外的其他人获得的，不承担赔偿责任。

③ See S. Rept. No. 105 - 190, p. 2, 8.

④ 参见陈锦川《如何确定提供搜索服务的网络服务提供者对侵权链接应承担的责任》，http: // bao j. iipr. gov. cn/ipr/b aoji/ info/Article. jsp? a_ no = 210635& col_ no = 788& d ir = 200805。

⑤ 《信息网络传播权保护条例》第 23 条：网络服务提供者为服务对象提供搜索或者链接服务，在接到权利人的通知书后，根据本条例规定断开与侵权的作品、表演、录音录像制品的链接的，不承担赔偿责任；但是，明知或者应知所链接的作品、表演、录音录像制品侵权的，应当承担共同侵权责任。

⑥ 该意见的一部分直接以“网络技术、设备服务提供者的免责条件”作为标题。该标题项下的 10 个条文是根据将《条例》第 20 条至第 23 条解读为免责条款的思路来详细说明相关规则。

可免除侵权赔偿责任，该内容基于“DMCA”，但是其是以网络服务提供者承担严格责任为前提设计的，不同于“DMCA”的设定前提。

比较中国《侵权责任法》和《条例》的差异性，前者没有从免责条款的角度，而是从归责原则层面进行设定。两者的差异具体体现在：第一，性质不同，《侵权责任法》第36条第2款是归责条款，而“避风港规则”为免责条款；第二，主观要件不同，“避风港规则”针对不同类型的网络服务提供者规定了不同主观要件，《侵权责任法》第36条第2款未直接规定主观要件，但接到通知后应该就是明知。第三，构成要件内容不同，除主观要件外，“避风港规则”还规定了其他免责条件，《侵权责任法》第36条第2款的归责要件只有间接总结出的明知主观要件。①

第二种观点认为互联网电视制造商作为网络服务提供者之一，其侵权责任采用过错责任原则。中国《侵权责任法》第6条规定，中国侵权责任一般采取过错责任原则，若无特别规定时仍遵循一般规定，就互联网服务提供者侵权问题，学界普遍认为采取过错责任原则。王利明认为：“我国《侵权责任法》第36条虽然没有明确规定采用过错责任，但是从条文的解释来看，可知其采用的是过错责任。根据《侵权责任法》第36条第1款……该条在文字上没有出现‘过错’，似乎是采严格责任，但实际上第36条第1款要结合第6条第1款来适用，过错责任属于一般原则，只要法律没有例外规定的，就都应适用该原则。因此不能说，该条采纳了严格责任。”② 张新宝等认为在网络侵权行为中，网络服务提供者承担的是过错责任，即只有网络服务提供者存在过错的时候才承担侵权责任。③ 杨立新和吴汉东均认为：过错是网络服务提供者承担责任的基础。④ 但《侵权责任法》第36条第1款提出：“网络用户、网络服务提供者利用网络侵害他人民事权益的，应当承担侵权责任。”有学者认为采无过错责任原则，“凡条文明示‘过错’要件者，为‘过错责任’；条文未言及‘过错’要件者，为‘无过错责任’”。由于第36条第1款条文表述中的“‘利用’一词并不能排除行为人不知是侵权信息的情况，不应理解为必定是

① 参见蔡唱《网络服务提供者侵权责任规则的反思与重构》，《法商研究》2013年第2期。

② 王利明：《侵权责任法研究》（下卷），中国人民大学出版社2011年版，第121页。

③ 参见张新宝、任鸿雁《互联网上的侵权责任：〈侵权责任法〉第36条解读》，《中国人民大学学报》2010年第4期。

④ 参见杨立新《〈侵权责任法〉规定的网络侵权责任的理解与解释》，《国家检察官学院学报》2010年第2期；吴汉东《论网络服务提供者的著作权侵权责任》，《中国法学》2011年第2期。

‘过错’的体现。基于这样的认识，第36条第1款应该是无过错责任”[①]。徐伟认为：从立法技术上讲，第36条第1款所表达的确实是无过错责任，但从立法原意和立法目标上把握，其是立法表述上的瑕疵，是立法时的一个失误，而并非立法者有意为之。因此，对《侵权责任法》中网络侵权的解释应为过错责任原则。[②] 在司法实务上，如“环球唱片公司与阿里巴巴公司侵犯著作权纠纷上诉案”中，法院认为：“具有过错是网络服务提供者承担侵权责任的条件。……阿里巴巴公司怠于尽到注意义务、放任涉案侵权结果的发生的状态是显而易见的，应当认定阿里巴巴公司主观上具有过错。”[③]

2. 间接认定方式

间接认定方式是借助诉讼法中的推定规则来证成互联网电视制造商的主观知道，从而推定其“明知”。网络服务提供者的明知规则，就是网络服务提供者明知网络用户利用其网络实施侵权行为，而未采取必要删除、屏蔽或者断开链接必要措施，任凭网络用户利用其提供的网络平台实施侵权行为，对被侵权人造成损害，对于该网络用户实施的侵权行为就具有放任的间接故意。网络服务提供者的这种放任侵权行为的行为，在侵权行为造成的后果中，就有网络服务提供者的责任份额，其应当承担连带责任。

伴随2006年《条例》通过，从“新力唱片公司诉济宁之窗公司案”[④] 到“慈文影视公司诉海南网通公司案”[⑤] 司法态度的转变，可以看出中国法律实务界对认定网络服务提供者主观过错时所持态度的变化：从最初的“严格责任”到“应知”成为认定网络服务提供者主观过错的重要方式。中国最高人民法院副院长奚晓明指出对网络服务提供者过错的认定包括明知和应知两种方式。[⑥]

对网络服务提供者而言，应知要求的提出从某种程度上说是对其自由的限制，根据民法实体性论证规则，对主体自由的限制负有论证正当性的义务。[⑦] 目前学界关于“应知”的判定主要从以下两个方面展开：

第一种观点是以“红旗标准”为中心，认为要求网络服务提供者应尽到

---

① 刘晓海：《侵权责任法“互联网专条”对网络服务提供者侵犯著作权责任的影响》，《知识产权》2011年第9期。

② 参见徐伟《通知移除制度的重新定性及其体系效应》，《现代法学》2013年第1期。

③ 北京市高级人民法院［2007］高民终字第1190号。

④ 参见最高人民法院［2005］民三他字第2号批复。

⑤ 参见［2009］民提字第17号，《中华人民共和国最高人民法院公报》2010年第5期。

⑥ 参见奚晓明《当前我国知识产权司法保护的政策与理念》，《知识产权》2012年第3期。

⑦ 参见王轶《民法价值判断问题的实体性论证规则——以中国民法学的学术实践为背景》，《中国社会科学》2004年第6期。

合理的注意义务，不能对非常明显的侵权视频采取不闻不问的鸵鸟政策。[①] 中国大陆的相关案件审理中已开始适用“红旗标准”，以“成功多媒体诉阿里巴巴案”为例，成功公司发现阿里巴巴公司未经许可，擅自在其经营的中国雅虎网站上提供某电视剧集的在线播放服务。由于网站编辑在对该剧进行宣传和推介时，不可能意识不到这部正在热播的完整电视剧是未经许可而上传。鉴于阿里巴巴公司为涉案电视剧提供信息存储空间服务的时间正是该电视剧在北京地区首轮播放期间，且其在用户上传涉案电视剧后在其网站的电视剧栏目的首页上对涉案电视剧进行宣传和推介，故认为阿里巴巴公司的上述行为具有主观故意，“红旗标准”中的“主观要件”和“客观要件”同时具备。因此法院认为：被告的行为“具有主观故意”[②]。有学者认为 TCL 案超越了“红旗标准”本身，体现在无法适用“红旗标准”认定被告侵权的前提下，法院在审理时采用灵活变通的措施，通过三个关键事实间接证明被告的主观过错。[③]

第二种观点则是从证据规则角度出发提出的设想，即可以从诉讼法/证据法中获取解决实体法中主观状态判断困难的理论资源与解决路径。[④] 推定性规则从事实推定转化为被立法层面所接受，从而实现对事实推定的法律化，可以成为法律推定。推定的效果便在于由可证明的基础事实来推定出推定事实的真实性。[⑤] 鉴于实务中对于“应知”认定的困难，同时难以单独依靠实体法进行判断，在司法实践中结合证据规则来研究实体法上的主观过错，将证据法和实体法有机结合与协调，一方面可以有效避免实体法在处理问题时“复杂化”的局面，另一方面又可以充分明确地指导司法实务。

需要注意的是，结合对于网络服务提供者的一般性规定，包括中国在内的绝大多数国家普遍遵循网络服务提供者对网站中的相关内容不负有审查义务的原则。从美国的《数字千年版权法》中关于审查义务的规定，[⑥] 欧盟的《电子商务指令》，[⑦] 到中国台湾地区《著作权法》第 90 条之 10，[⑧] 都明确规定网络服务提供者不负审查义务。即互联网电视制造商对视频内容等不负有一般性审

① 参见王迁《视频分享网站著作权侵权问题研究》，《法商研究》2008 年第 4 期。

② 参见北京市第二中级人民法院民事判决书［2008］二中民终字第 19082 号。

③ 参见王迁《超越“红旗标准”——评首例互联网电视著作权侵权案》，《中国版权》2011 年第 6 期。

④ 参见徐伟《网络服务提供者侵权责任理论基础研究》，博士学位论文，吉林大学，2013 年。

⑤ 参见江伟主编《民事证据法学》，中国人民大学出版社 2011 年版，第 137 页以下。

⑥ See 17 U. S. C § 512 (m).

⑦ See Directive 2000/31/EC of the European Parliament and of the Council of 8 June 2000 on certain legal aspects of information society services, in particular electronic commerce, in the Internal Market, article 15.

⑧ 参见章忠信《著作权法逐条释义》，五南图书出版公司 2010 年版，第 243—244 页。

查义务。基于此，无论在立法层面还是在司法层面，中国一方面强调不审查，一方面又对网络服务提供者提出“应知”的要求，这两者之间本身就存在矛盾。

三 互联网电视制造商负有“及时移除”侵权内容法律义务的原因分析

有的国家尝试采用网络实名制来克服难以确定用户身份的问题，但实施过程也暴露出对个人隐私和自由的威胁。中国当前司法大环境是同案不同判，加之互联网环境下难以确定侵权用户的真实身份，因此实施该项举措的客观条件与环境均不成熟。鉴于受害人难以直接向实施该侵权行为的网络用户主张权利，从最大化保护受害人利益角度出发进行的制度设计要求网络服务提供者承担责任。经典案例如美国 Sony 案的判决，该案中美国最高法院提出：“只要产品能够具有一种潜在的实质性非侵权用途，产品的制造商和销售商就不用承担帮助侵权责任。”①

（一）过错角度分析

过错责任是认定网络服务提供者侵权责任的主流观点，即互联网电视制造商承担责任的依据是对网络上的侵权在主观上存在过错。美国的 DMCA 虽然规定了网络服务提供者承担侵权责任，但同时规定了一系列的免责事由，避免其在包括不知道侵权存在和未从侵权中获利两个条件下承担侵权责任。② 德国则强调在违反注意义务的前提下须承担侵权责任。③ 从世界范围看，各国普遍认同对于通知删除规则的适用，即互联网电视制造商承担侵权责任是由于其在接到通知后知晓自身侵权的前提下，未采取移除侵权内容的行为。“红旗标准”、美国“Grokster”案以及中国《侵权责任法》第 36 条第 2 款的相关标准和规定引申出的内容都支持互联网电视制造商侵权责任的归责基础在于过错。

总而言之，归责基础的推论是基于网络服务提供者在收到移除通知后负有移除相关侵权内容的义务这一前提。

中国理论界通常以“共同侵权”来解释，认为网络服务提供者知道侵权

① Sony Corp. of America v. Universal City Studios, 464 U. S. 417, (1984), p. 442.

② DMCA 第 512 (c) 条.

③ 参见全国人大常委会法制工作委员会民法室编《侵权责任法立法背景与观点全集》，法律出版社 2010 年版，第 393 页。

存在时，其未及时采取措施表明了其与直接侵权用户存在共同意思（过错），故承担连带责任。以上推理可知这一解释并不合理，因为在现实层面网络服务提供者与侵权用户间的主观状态不符合共同侵权的构成要件，共同侵权理论的解释无法成立。过错理论无法解释归责基础上预设的前提，即互联网电视制造商需要负有移除侵权内容的法律义务。

由于过错理论预设了网络服务提供者存在移除相关内容这一义务前提，故无法从根本上论证网络服务提供者承担侵权责任的基础。目前虽然在中国司法实务界常以该理论作为审判依据，但理论上缺乏对其正当性和完整性的论证。

（二）控制力理论角度分析

控制力理论认为网络服务提供者对网上侵权内容具有控制力，若其未有效控制这些内容，则需要承担侵权责任。控制力理论预设的前提是主体间事实上的不平等。[①] 控制权作为一种请求权，即雇主要求劳动者按前者规定的方式输出自己的劳动力达成后者希望的劳动效果的权力，控制者对被控制对象的行为能产生重要影响，这一事实强化了控制者对被控制对象行为承担责任的正当性。[②] 司法实务中以美国 Napster 案为例，法院审理依据是 Napster 拥有判断定位搜索引擎上是否存在应用相关侵权内容的能力，并可以屏蔽用户对其系统的访问。对侵权内容和侵权行为具有控制能力，从替代责任角度出发须承担侵权责任。[③] 在互联网电视制造商关于网络侵权的分析中，由于前者对网络用户的控制关系并不存在，网络用户的自由选择和决定权亦超越了控制权本身。市场竞争带来的结果往往不是约束，而是不断优化和扩大网络用户的自由选择空间，即互联网电视制造商对网络用户行为的影响远远小于控制力理论中所预设的控制者对被控制对象的影响。从某种程度上说，以控制力角度解释具有一定的正当性，体现在该理论追求的目标在于对侵权行为的事前预防上，即通过控制力理论来正当化控制人的侵权责任，进而促进控制人积极采取措施以避免被控制对象实施侵权行为。

鉴于各国在立法上都未设定网络服务提供者的一般性审查义务，有学者认为网络服务提供者的控制力理论着眼于对侵权后果的事后消减，而并非着眼于对侵权行为的事先预防，[④] 即网络服务提供者在知道侵权内容存在后负有的移

① 参见尹飞《为他人行为侵权责任之归责基础》，《法学研究》2009 年第 5 期，第 45—46 页。

② 参见徐国栋《论民事屈从关系——以菲尔麦命题为中心》，《中国法学》2011 年第 5 期。

③ A&M Records, Inc. v. Napster, 239 F. 3d 1004 (9th Cir. 2000), pp. 1023 - 1024.

④ 参见徐伟《网络服务提供者侵权责任理论基础研究》，博士学位论文，吉林大学，2013 年。

除相关内容的义务是源于其控制力，当然，这个范围也以控制力为限。

对互联网电视制造商而言，其承担侵权责任的来源，一方面是受害者无法从直接侵权人（网络用户）处实现正当化诉求，如赔偿损失，或者能够实现，但需要以高成本来换取较低的回报，因此受害人往往不会寻求以此种方式实现救济；另一方面基于互联网电视制造商可能拥有较低成本的控制力，面对侵权局面出现造成的损失，受害人最易寻求的救济来源即为互联网电视制造商。由于难以做到事前预防，通过这种事后救济避免损失的进一步扩大似乎是目前实务中最易实现的救济方式。

四　结论

网络环境下的著作权保护随着互联网产业的发展而产生，作为作品传播的一种新途径，互联网电视在推动产业发展中扮演着重要角色。互联网电视行业的发展既要适应政策上的要求，又要妥善解决好影视作品的版权保护问题。从主观层面分析互联网电视制造商的侵权责任构成，首先探讨共同侵权理论无法作为网络服务提供者侵权责任的理论基础。其次重点分析作为重要网络服务提供者之一的互联网电视制造商构成间接侵权主观要件的关键问题：一是解决如何认定“知道”侵权，厘清目前理论界和实务界较为混乱的界定；二是分析认定“知道”侵权的两种方式，在直接认定方式中特别阐述了通知移除制度和过错责任原则，在间接认定方式中，一方面以“红旗标准”为中心，认为要求网站尽到合理的注意义务，另一方面从诉讼法/证据法中获取解决实体法中主观状态判断困难的理论资源与解决路径。最后对互联网电视制造商负有“及时移除”侵权内容法律义务进行原因分析，分别从过错理论和控制力理论两个角度阐述说明。鉴于各国在立法上都未设定网络服务提供者的一般性审查义务，倾向于网络服务提供者的控制力理论着眼于对侵权后果的事后消减，而并非着眼于对侵权行为的事先预防。从互联网电视产业到整个网络环境下产业的协调发展，需要对网络服务提供者侵权责任认定采取统一且有效的判定规则，这也是目前中国法律中较为欠缺的部分，在研究中需要在过错责任归责的前提下设计相关的侵权责任认定标准。

二　依法治国与司法改革

司法改革的“体制决定论”
——从司法机关人财物省级统管切入

支振锋[①]

摘　要　在司法改革问题上，理论界和实务界长期以来存在着简单化的“体制决定论”倾向。这种认识忽略了司法作为一个政治与社会系统的复杂性，简单化地认为中国司法的种种问题，皆源于未能建立起具有独立性的司法制度；相应的，只要建立了司法独立制度，就能解决司法公正、司法权威等一系列问题，实现社会正义。虽然这种认识有其洞见，但对其他国家司法制度运转实效的比较考察表明，独立的司法制度主要是社会正义的必要但不充分条件。以此发现为视角，可以更好地理解十八届三中全会《中共中央关于全面深化改革若干重大问题的决定》中关于司法改革的一系列战略部署。

关键词　司法改革　司法独立　体制决定论　制度实效　省级统管

引　言

中共十八届三中全会《中共中央关于全面深化改革若干重大问题的决定》（以下简称《决定》）提出“推进法治中国建设”，其中司法改革的方面是重要内容。此次司法改革的特征是什么，将会产生什么样的影响？

基于此种问题意识，本文的第一部分将会对现有的认识进行简单梳理，指出学界与理论界对司法独立性的执着，固然是解决中国当前司法问题的必然，但却隐含着一种值得深思的“体制决定论”的倾向；而在此基础上，第二部分以司法的独立性为切入点，对司法制度在不同国家的运转实效进行一个经验的考察，并指出其所表现出来的高度离散性；第三部分则进入中国语境和具体

---

① 北京大学博士后，中国社会科学院法学研究所副研究员。

问题，从十八届三中全会《决定》中规定的司法机关人财物省级统一管理切入，指出其可能的制度目标与存在的困境；第四部分是一个简单的结论，指出制度与体制在政法工作中是起到提纲挈领性的重要作用的基础性设计，但也必须认识到不存在一抓就灵的制度万能药，而应该充分认识到真实问题的复杂性，解放思想、实事求是，具体问题具体分析，只有如此才能取得所预想的制度目标与理论突破。

一　“体制决定论”的理论渊源

司法是社会正义的一道重要防线以及司法独立，似乎已成全球性的共识。但问题的复杂性在于，强调司法机关之独立性的司法制度固然是人类司法文明的重大进步，但它最初却是在西方国家——先是英国，然后是美国，进而是其他一些西欧国家——产生并确立的，因此被深深打上了西方文明的烙印，并被视为主要是西方的贡献。也因此，作为重要的政法制度与理论，它就不可避免地具有意识形态性质，或本身就成为意识形态的一部分，并作为一种价值观而被西方在全球强力推广。特别是，在西方的政治、军事与经济优势下，这种制度及其所承载的意识形态又具有了特别的意味，被作为国际通例与西方列强的强国秘术而引入包括中国在内的发展中国家。

但是，以风雨飘摇之弱国引进强国之制度，往往易导致吊诡与悖理。就法治建设而言，就有两个极端：一方面，此种之引进，并非对西方法治有所精研之后的理性抉择，相反，更多是作为强国秘术引进以为疗救国家“疾病”的药方，最初并非为了“依法治国”，而是为了“以法强国”；①另一方面，形成对西方法治与法学的迷信，不加反思，机械照搬。②两个极端，实则一体两面：一种非理性的盲从，不是解放思想与实事求是的具体问题具体分析，而是盲从于某种“包治百病”的“万灵丹”的迷信。其在司法制度上的表现，就是对某种司法制度模式的刻板而僵硬的照搬，形成某种意义上的“体制决定论”。

具体而言就是，长期以来，中国在司法改革与司法制度设计的问题上，一直流行着某种意义上的体制决定论。这种体制决定论逻辑清晰，层层递进：由

① 参见支振锋《知识之学与思想之学——近世中国法理学研究省思》，《政法论坛》2009 年第 1 期；支振锋《变法、法治与国家能力——对中国近代法制变革的再思考》，《环球法律评论》2010 年第 4 期。

② 参见支振锋《西方话语与中国法理——法学研究中的“鬼话”、“童话”与“神话”》，《法律科学》2013 年第 6 期。

于一系列冤案、涉诉上访以及司法腐败的客观存在，当前中国司法公正与司法权威一直难以树立；而之所以出现这种种问题，原因就是没有建立起“独立”的司法；而“独立”的司法之所以久难倡行，关键不在于其自身，而在于政治上的不民主甚至专制主义等所谓的“体制”问题。这里的民主，不言而喻，就是西式的普遍选举、三权分立与多党政治，以及相应的司法独立制度。比如，在西方学者看来，正是由于一党领导的政治体制，导致越南法院更愿意执行党的政策而不是法律，从而导致法治不畅，司法不能独立，① 社会正义不能实现。对中国的认识也有些类似，比如，有一些西方学者认为中国的司法与法院改革受到政治的控制，因此导致司法独立难以实现。② 在拉美、中东，情况也是同样，正是那里不断涌现的非民主的强人政治，阻碍着司法独立制度的建立与有效运行。

从某种意义上说，这可能是富有洞见的观察，因为事实上，司法制度运转比较好的国家，大多都保持了较好的“独立性”，而且绝大部分具有西式民主的特点；司法制度运转不好的国家，大多也的确是由于遭受了不当的政治干预或者其他形式的干预。但问题的关键在于，这种体制决定论在实践中真的完全成立吗？司法独立是否必须以西式民主为前提，两者之间是否存在必然的因果关系？有了司法独立，司法制度就一定能够运转良好，实现社会正义吗？进而言之，对中国来说，只要实现了司法机关的“独立”，真的能够立即消除中国司法制度之沉疴，解决司法中所存在的种种问题，树立司法权威、保障司法公正、实现社会正义吗？

而如果要回答这些问题，单纯的纸面上的理论是不足的。我们必须走出书斋，超越书本，进入真实的经验世界。因此，在文章的下一部分，我们将对司法独立制度在全球的运转实效进行经验性的比较考察，看那些建立了“独立”司法的国家，其司法制度运行的实际效果如何。

二 司法制度运转实效的离散性

首先我们必须承认的是，在西方国家的强势理论输出与直接或间接地介入

① See Penelope Nicholson, “Judicial Independence and the Rule of Law: The Vietnam Court Experience”, Vol. 3, *Asian Law Journal* (2001).

② See Stanley B. Lubman, *Bird in a Cage: Legal Reform in China after Mao*, Stanford University Press, (1999), pp. 250 – 297; Donald C. Clarke, “Power and politics in Chinese Court System: The Enforcement of Civil Judgments,” No. 1, *Columbia Journal of Asian Law 10*, (1996), pp. 1 – 92.

下，[①] 司法独立制度逐渐在全球各国普遍建立。基于各国宪法规定的统计表明，联合国 193 个会员国中，90% 以上都建立了具有不同程度“独立性”的司法制度，其中美洲接近 100%，非洲即将达到 100%，欧洲约 93%，亚洲也在 70% 以上。[②] 在西方国家的主导下，联合国和一些国际组织也通过了一系列主张司法独立的宣言。在不少发展中国家，追求“独立”的司法已成许多法律人和知识精英的信仰和神话，形成了司法独立的体制决定论。但这些国家“独立”的司法制度运转如何呢？值得探究。

司法制度的运转实效虽然不易判断，迄今为止，也并无专门的指标或者标准对不同国家的司法制度进行评估，但近年来一些国际组织所发布的指标和数据库，包含了有参考价值的工具性指标。通过一些量化的技术手段，不同国家司法制度的实效可以在大体上得到呈现。比如，世界银行针对全球 215 个经济体 1996—2011 年的数据进行评估所发布的“全球治理指标”（Worldwide Governance Indicators），[③] 其中就有法治的指数；[④] 另外，世界经济论坛以及经合组织，也都发布了有关于全球司法状况的数据。利用这些数据，我们会得出一些重要的发现：

第一，15 年来，世界各国的司法状况虽然总体有所改善，但发展中经济体与发达经济体的差距却依然如故。如果我们以传统上的西方发达经济体、发展中经济体和最不发达经济体为三个对比组，可以发现，在其中的“法治”（司法是其重要方面）指标上，数年来各个国家和地区的得分与百分位变化幅度并不大，基本保持稳定，发展中国家以模仿西方为目标的司法改革，始终难以达到西方的标准。

第二，大多数已经建立起司法独立制度的转型国家，其司法制度运转并不理想。根据全球治理指标，随机挑选 2011 年度 GDP 前 10 名的大型经济体，可以发现，发展中国家只有中国、俄罗斯、印度和巴西。其中，法治指标得分最高的巴西为 0.01，最低的俄罗斯仅为 -0.78，印度为 -0.1。而其他 6 个发

① See Asia Pacific Judicial Reform, *Searching for Success in Judicial Reform: Voices from the Asia Pacific Experience*, Oxford University Press, 2009, pp. 4 - 5.

② 数据来源于《世界各国宪法》编辑委员会编译《世界各国宪法》（欧洲卷），中国检察出版社 2012 年 10 月版；以及《世界各国宪法》编辑委员会编译《世界各国宪法》（非洲卷），中国检察出版社 2012 年 10 月版。具体统计方法请参见支振锋《司法独立的制度实践：经验考察与理论再思》，《法制与社会发展》2013 年第 5 期。

③ 参见世界银行官方网站，http://info.worldbank.org/governance/wgi/mc_chart.asp。

④ 这个指标主要“观察执法人员对社会制度的信心和服从程度，重点关注合约执行、财产权、警察、法庭的质量，以及犯罪和暴力行为发生的可能性”。因此，其中显然是包括法院司法的。而且，作为“法治”的一部分，司法独立在其中表现出例外的可能性并不大。

达国家中，除意大利得分最低为0.41外，分数最高的为英国的1.67，日本也有1.27。而在人口最多的前20个国家，同样是法治指标，2011年度得分最高的依然是老牌发达国家和日本，转型国家除巴西的0.01和土耳其的0.08外，其他统统为负，而且，差距还非常之大。

第三，司法独立制度与西式民主体制并无必然的因果关系。长期以来，西方国家多以其多党政治、普遍选举、三权分立的民主体制为标榜，并主张司法独立是这个体制的内在部分。但数据指标显示，实际情况并非完全如此。饱受西方“不民主”指责的新加坡，2011年度得分为1.69，从1996年到2011年的15年里，得分最低也在1.27，最高达1.76。中国香港特别行政区也是如此，2011年得分为1.54，而且回归中国之后得分一直呈上升状态，1996年年末回归时为0.75，之后一路攀升，在2002年达到1.24，在2005年最高曾达1.61。两者得分甚至高于绝大多数西方发达国家。可见高质量的司法独立并不以西式民主为前提，两者也没有必然的因果关系。

无独有偶，世界经济论坛发布的《全球竞争力报告2012—2013》[①] 对司法独立和司法效率的排名，也大体与此相符。印度司法独立为第45名，司法效率为第59名（简称为45/59，下同），俄罗斯为122/124。其他明星转型国家表现也通通欠佳，波兰为50/111，匈牙利72/117，捷克为75/115，斯洛伐克为115/140。而同样对比鲜明的是，新加坡为20/1，中国香港为12/6。也就是说，即便后发国家建立起了独立的司法体系，其运转也很少能够达到作为榜样的法治发达国家水平。可以说，大部分第三世界国家所建立起来的司法独立制度，都表现不佳。司法腐败、难以获得公正的审判、司法效率低下、案件拖延严重、诉讼代价过高，成为绝大多数第三世界国家司法的常态，哪怕它们已经建立起西方式“独立”的司法制度。

当然，良好运转的司法制度与经费投入之间，还有着耐人寻味的关系。根据对近年来人均司法支出的统计，折合成美元，新西兰为85.1美元，芬兰为63.2美元，荷兰为77.9美元，瑞士为172.6美元，挪威为66.7美元，英国为38.7美元，[②] 美国仅联邦法院系统（不计州法院系统）人均支出就达到23.2美元。[③] 但问题在于，昂贵的“独立”并不必然导致正义。不少发展中国家在

---

① See http://www3.weforum.org/docs/WEF_GlobalCompetitivenessReport_2012-13.pdf.

② 数据来源于“经济合作与发展组织”（OECD）官方报告《司法表现及其决定因素：跨国视角》，*Judicial Performance and Its Determinants: A Cross-country Perspective*, http://www.oecd.org/eco/growth/FINAL%20Civil%20Justice%20Policy%20Paper.pdf。

③ See http://www.uscourts.gov/FederalCourts/UnderstandingtheFederalCourts/AdministrativeOffice/DirectorAnnualReport/annual-report-2012/fiscal-year-funding-cost-containment-initiatives.aspxJHJfunding.

司法上的投入并不低，但其司法表现并不好；而即便在西方发达国家，司法的"独立"也并不意味着必然导致正义。在美国，号称司法独立，但司法依然不能摆脱政治的操弄，[①] 金钱堂而皇之宰制着司法，[②] 审判不依事实，刑事司法体系昂贵而失败，[③] 甚至令人发出"审判的死亡"[④] 的惊呼。美国曾有官方报告指出，这套司法效率低下，昂贵笨拙："在过去的30年里，我们的法律制度已经承载了太多无谓的资源消耗和拖沓的诉讼。当前法律制度的许多征兆表明，它已经不再服务于其快捷的实现正义和保证结果公正这个目的。相反，法律制度对资源不节制的损耗，确实给美国社会带来了巨大的、难以承载的成本。每年美国政府在民事司法系统上的间接花销，保守地估计已经达到了3000亿美元。"[⑤] 其他如英国、德国、意大利、日本等国家，司法制度也同样弊端丛生，多年来也都在不断地推行各自的司法改革。

因此，超越西方司法教科书进入真实经验世界的探索，我们便可发现，发达国家的司法独立制度运行更好，但在转型国家，司法即便"独立"了，运行也并不好；而且，实证考察还表明，司法制度的良好运转，与西方标榜的多党政治、三权分立、普遍选举，虽然可能有一些正相关性，但却并无必然的因果关系。[⑥]

三　人财物省级统管的目标与困境

对同一个司法制度（如果我们承认"独立"的司法制度并不是僵硬的概念，而是以其独立程度而具有弹性空间的话）在不同国家的制度绩效进行考察之后，再去看待中国的司法制度改革及其路径决策，就会有不同的视角与启发。

---

① See Michael A. Bailey, *The Constrained Court: Law, Politics, and the Decisions Justices Make*, Princeton University Press, 2011, pp. 1 - 16.

② See Jed Handelsman Shugerman, *The people's court: pursuing judicial independence in American*, Harvard University Press, 2012.

③ See William T. Pizzi, *Trials without Truth: Why Our System of Criminal Trials Has Become an Expensive Failure and What We Need to Do to Rebuild It*, New York University Press, 1999, pp. 1 - 13.

④ Robert P. Burns, *The Death of the American Trial*, The University of Chicago Press, 2009, pp. 1 - 7, 112 - 136.

⑤ "Proposed Civil Justice Reform Legislation: Proposed Legislation: Agenda for Civil Justice Reform in America", *60 University of Cincinnati Law Review* (1992), p. 997.

⑥ 更详细的考察与研究，请参考支振锋《司法独立的制度实践：经验考察与理论再思》，《法制与社会发展》2013年第5期。

毫无疑问，无论是对于学者还是实务部门，只要关心中国的司法改革者，都一定会为十八届三中全会《决定》“确保依法独立公正行使审判权检察权”的部署而深受鼓励。虽然《中华人民共和国宪法》第126、131条已经规定，“人民法院依照法律规定独立行使审判权，不受行政机关、社会团体和个人的干涉”，“人民检察院依照法律规定独立行使检察权，不受行政机关、社会团体和个人的干涉”，但实际上，人民法院和人民检察院的审判权与检察权却一直受到各级党委和政府及相关领导干部的不当干扰，而由于人财物受制于同级党委和政府，作为“在地方的国家法院”在很大程度上成为了“地方的法院”，很难在审判中保持其独立性，确保“依法独立行使审判权”。正如孟建柱同志所指出的：“近年来，社会上反映比较多的是司法机关的人财物受制于地方，司法活动易受地方保护主义的干扰，影响法制统一，损害司法权威。”① 这也是司法机关饱受诟病的地方化问题，而地方化的实质是“不独立”。

因此，非常显然的是，十八届三中全会《决定》关于司法改革的部分，是对十八大报告“进一步深化司法体制改革，坚持和完善中国特色社会主义司法制度，确保审判机关、检察机关依法独立公正行使审判权、检察权”论述的继承和延伸。尤其是《决定》中“改革司法管理体制，推动省以下地方法院、检察院人财物统一管理，探索建立与行政区划适当分离的司法管辖制度”的论述，更是对十八大报告的进一步细化与具体化，而无论是“人财物统一管理”，还是与行政区划的适当分离，都剑指司法的地方化，其制度目标无异就是确保司法机关依法独立公正行使职权。作为一个全面深化改革的《决定》，我们有理由认为决策者对此应该具有了大体的共识与相对清晰的思路。

然而，根据本文第三部分的经验考察，最为关键的问题在于：第一，这种司法管理体制改革措施能够顺利推行吗？第二，即便司法机关真的能够“独立”行使职权了，就能够实现我们所期待的司法公正、社会正义吗？当然有此可能，但相反的结果恐怕也至少会有同样的出现几率。因此，我们还必须继续探索。

而目前来看，即便这种以确保司法机关宪法权力得以真正实现的改革措施，若要顺利推行，也并不是没有障碍和困境的。

第一方面是宪制障碍。一方面是宪法障碍，中国现行《宪法》第59条第2款规定：“县级以上的人民代表大会选举并且有权罢免本级人民法院院长。”也就是说，中国地方法院院长都是由同级人大选举和罢免的，那么，从人事任

---

① 孟建柱：《深化司法体制改革》，《人民日报》2013年11月25日第6版。

免上来讲，县市级地方法院的人事如何统一管理呢？另一方面是实际的运作障碍，中国在人事任命上一直实行的是条块结合的体制，虽然法律很少有明文规定，但在实际上具有宪法意义。能够管住人，则人、事两全；只管住事，管不住人，则两头皆空。鉴于此，自20世纪90年代以来，为了应对地方保护主义、部门保护主义的抬头，最高法院和上级法院开始强化最高法院对全国各级法院、上级法院对下级法院在组织人事任命、审判、行政装备等事务上的纵向一体化领导。这最突出的表现在地方法院院长的任命上，块块中的上级党委行使决定权，条条中的上级法院和本级党委，分别行使协管、建议任免权，由此条条与块块的关系形态日显复杂。[①] 在这种情况下，县市级法院院长的任命，是否统一收归省级党委和省级高院党的干部组织部门考察、考核与任免？

第二个方面是现实困境。孟建柱指出："我国是单一制国家，司法职权是中央事权。考虑到我国将长期处于社会主义初级阶段的基本国情，将司法机关的人财物完全由中央统一管理，尚有一定困难。应该本着循序渐进的原则，逐步改革司法管理体制，先将省以下地方人民法院、人民检察院人财物由省一级统一管理。地方各级人民法院、人民检察院和专门人民法院、人民检察院的经费由省级财政统筹，中央财政保障部分经费。"[②]

但除此之外，我们还面临着其他需要克服的困境。一是地区差异问题，由于地区经济发展程度的差别，中国南北、东中西地区之间呈现巨大的差异，根据调研，[③] 在中部以东，以及东南部发达省份，或者西部某些经济发展程度还不错的省份，法院的经费问题都已经基本得到解决，有比较好的保障。在这种情况下，实际上法院要求的是经费有保障就行，并不太关心经费由谁来保障，反而担心省级统管之后经费会被平均数拉平，导致法官待遇降低；而对于西部或者边疆某些经济欠发达的省份而言，法院经费较为紧张，省级统管可能会在一定程度上缓解法院的经费问题。二是如何与行政区划相分离？调研发现，由于法院向同级人大报告工作，已经导致了当前法院与人大之间的复杂关系。比如，有很多人大代表是企业家或者商人，不少人大代表在法院有案件发生，结果导致许多人大代表以投反对票来要挟法院，要求必须判其胜诉。[④] 那么，在法院与行政区划分离之后，如何处理人大对法院的监督问题？三是法官后顾之忧的解决。法院虽然可以与行政区划适度分离，但它们必须坐落在某些特定的

---

① 参见刘忠《条条与块块关系下的法院院长产生》，《环球法律评论》2012年第1期。

② 孟建柱：《深化司法体制改革》，《人民日报》2013年11月25日第6版。

③ 根据作者2013年12月对中部省份HNA省ZMD市中级人民法院研究室主任的电话访谈。

④ 根据作者2013年5月在南部边疆省份HNB省CM县人民法院的调研访谈。

行政区划内，那么，对于法院的某些后勤保障而言，比如基建、家属就业、就医、上学（比如孩子择校），甚至水电煤气等的使用上，仍然需要驻地政府的配合与协助。在去地方化之后，法官的后顾之忧如何解决，也是值得关注的问题。

第三个方面是法院自身的问题。一方面，固然党委政府或者某些领导干部会不正当干预法院的判决，但调研中发现，在法院判案过程中，法院内部领导对法官的干预，以及上下级法院的干预实际上更为严重。这里面有两种途径，一个是上级法院领导或法官，以及本法院内部领导基于某些不正当因素而进行的打招呼、写条子甚至下命令等不正当干预；另一个是案件请示制度，在遇到某些“疑难”或“敏感”案件时，下级法院法官由于自身业务素质不够，或者不愿承担责任，而向上级法院请示如何裁判。这两种情况，都导致裁判难以独立作出，也在实际上破坏了法律所规定的审级制度：既然裁判是基于上级法院的意思作出的，上诉还有什么意义？两审终审，实际上变成了一审终审。

另一方面，是法院内部后勤管理的行政化问题。这个问题更为复杂，我国对法官的人事管理实际上是内在矛盾的。在强调法官的专业化与职业化的同时，法官不仅有职称，而且还有行政级别，实际上是按照普通公务员的方式来进行管理的。结果导致法院行政化，法官的地位、待遇与荣誉不是根据其专业素质来衡量，而是根据其行政级别来确定；个别地方的法院行政化严重，导致本来应该为法官审判服务的行政辅助人员，却因为掌握了后勤行政管理权，以及具有更高的行政级别，成了法官的领导，地位凌驾于本应作为法院主角的法官之上，导致法院内部评价体系的“倒挂”，形成不正当的激励机制。[①] 实际上，如果我们略微留心，就可以发现，很多“落马法官”倒下的原因不是因为裁判，而是因为后勤基建中的行贿受贿，这些法官也往往都带“长”。

所以，就中国目前的情况来看，一方面，落实宪法、十八大报告及三中全会《决定》关于“确保依法公正独立行使审判权检察权”的部署还有很长一段路要走；另一方面，即便实现了这一点，甚至司法机关具备更大程度上的“独立”性，也只是最终实现司法公正、树立司法权威的一个重要方面而已。单纯“独立”这一点，并不足以确保理想目标的实现。我们还必须继续探索别的方面。

---

① 作者在HNB省高级人民法院以及其他地区法院的调研中，都发现，法官总是抱怨受后勤行政人员的“气”。严重挫伤法官的工作激情和职业荣誉感。

信息社会中的法院变革

吕 芳[1]

我们所处的信息化时代，带给我们社会方方面面的变革。我们称我们的社会为信息社会，意味着信息社会是一种新型的社会型态。就人类历史的线性发展阶段看，有学者指出，按照历史唯物主义的文化形态学理论，人类社会的演进过程包括三个阶段：人的依赖性阶段、物的依赖性阶段、自由个性阶段。与之相对应，依次出现了三种社会形态：自然经济所支撑的农耕社会、商品经济所支撑的工业社会、知识经济所支撑的信息社会。[2] 信息社会可算作后工业化社会，或者利奥塔所谓的“最发达社会”[3]。其突出的特征是社会的计算机化、信息化，以及高度的商品化和市场化。所谓信息化，是以信息技术广泛应用为主导，信息资源为核心、信息网络为基础、信息产业为支撑、信息人才为依托，以法规、政策、标准为保障的综合体系；[4] 中共中央办公厅、国务院办公厅印发的《2006—2020 年国家信息化发展战略》将信息化定义为：充分利用信息技术，开发利用信息资源，促进信息交流和知识共享，提高经济增长质量，推动经济社会发展转型的历史进程。因此，本文将信息化技术主导下的新型社会，称为信息社会。

一 法院信息化建设

法院的信息化建设开始并不晚。鉴于法院的上下级科层式行政化管理传统，以最高法院颁布的系统内规定为指南，法院信息化建设的步伐大致可以追溯到 2002 年，当时最高人民法院颁布了《人民法院计算机信息网络系统建设

---

① 中国社会科学院法学研究所博士后，国家法官学院教授。

② 参见喻中《社会主要法治理念的文化形态学透视》，《甘肃社会科学》2012 年第 3 期。

③ ［法］让·弗朗索瓦·利奥塔：《后现代状态》，车槿山译，生活·读书·新知三联书店 1997 年版，第 3 页。

④ 参见《国民经济和社会发展第十个五年计划信息化重点专项规划》。

管理规定》和《人民法院计算机信息网络系统建设规划》。2005年，最高人民法院在其印发的《国家“十一五”规划期间人民法院物质建设规划》，明确了人民法院信息化建设的总体目标。2007年，最高人民法院又发布了《关于全面加强人民法院信息化工作的决定》，强调了信息化在法院工作中的重要战略地位和作用。至2012年，法院信息化建设基本上初具模型。考虑到不同地区的差异，尽管存在各种问题，一个大致的判断是：法院的信息化道路，是从电脑的办公化使用发展到庭审化使用。①

“以江苏省徐州市两级法院近十年的信息化建设来看，徐州市中院下属有10个基层法院和20个派出法庭，2002年徐州市各家基层法院开始着手进行网络信息机房的建设工作，2003年中心机房建设完成并投入使用，徐州将迎来网络信息时代的革命；2004年徐州各家法院先后安装了法院综合信息系统，这标志着徐州法院系统的审判工作进入了电脑流程化时代；2005年徐州又进行了审判大楼与办公大楼的安保庭审监控录像系统的建设工作，2006年庭审安保监控录像的正式投入使用实现了徐州地区庭审监控的网络化；2007年标准型科技法庭的建设，实现了庭审活动的全程录像、庭审点播、庭审远程观摩的功能；2008年的网络庭审直播和QQ网络视频开庭，使得庭审活动更加公开透明化；2009年的高清视频会议系统的建设与应用，对法院系统的业务信息沟通起到了重要的作用；2010年对简约型法庭的‘三同步’改造，实现了庭审同步录音录像、同步记录、同步显示庭审记录工作；2011年档案管理的电子化实现了办公自动化的网上归档、网上调卷和借阅，方便了司法人员档案利用和当事人查阅。目前，徐州有9个基层法院已与省高院和市中院建成了统一高速的三级网络平台，20个派出法庭也完成了远程立案、远程签章和远程庭审等局域网络建设工作，徐州的法院信息网络框架基本形成，资源整合取得初步成果，大大方便了三级法院之间的统计信息沟通。网络信息技术已成为法院管理系统的‘血脉’，为推动法院审判执行工作增添了腾飞的翅膀。但是，由于诸多原因法院信息化建设存在着认识上有误区、发展不平衡、利用率低下以及不能实现信息化管理与法院自身管理的有效对接等诸多问题。”② 截至2012年，全国法院信息化工程建设所采用的路径基本与徐州中院类似，包括：办公信息化、审判管理信息化、法庭建设信息化、队伍建设信息化、执行机制信息化。完成的任务包括：各类管理软件的开发、局域网络建设、广域网络建设、

① 这正符合信息化的基本概念：信息化是指培养、发展以计算机为主的智能化工具为代表的新生产力，并使之造福于社会的历史过程。

② 徐丽：《基层法院信息化建设问题初探》，中国法院网。

信息安全系统建设等。即将信息化作为一种新的技术手段，以提高审判工作和法院其他工作的现代化水平为目标，比较流行的说法是“打造数字化法院”。

当然，这种打造过程并非一帆风顺。从最高人民法院一位负责此项工作的人员撰文看来，信息化工作在不同法院表现并不一致。“根据最高法院的相关调查，目前全国法院负责信息化工作的部门包括行装处、技术处、办公室、研究室、计算机办公室、自动化办公室、机关服务处等，之所以这么随意，原因在于有的法院没有认真落实最高法院有关信息化机构及人员编制的文件要求，有的法院领导对信息化很不重视，甚至将其视为可有可无的工作。”① 除此之外，有研究者调查发现，在法院信息化建设过程中，出现了以下一些问题：第一，法官可能填写与审判实践不相符的虚假审判信息，而“审判管理信息的不真实，将从根本上制约法院信息化建设的成败”；第二，法院信息化可能会导致过分监督，从而影响司法活跃，“通过电子平台、显示器对法官的过分监督，可能使法官只考虑如何应付领导的监督，进而影响法官运用自己的知识和经验独立判案，抑制了司法活跃”；第三，通过电子平台将信息公开，可能会影响司法权威，“过度依赖于信息化平台，过度关注、过度尊重民意也可能会影响司法公正和司法权威”；第四，对“机器判案”的质疑。②

法院以信息化为主题开展的各项工作，存在各种问题在所难免，因为对新技术的学习与实践必然有一个长期的实验性过程。不过，不容回避的是，对于计算机、网络的使用，法院总体而言是持谨慎态度的，并将其作为一种新的管理工具。甚至于出现了“信息茧房”现象：我们只听我们选择的东西和愉悦我们的东西。“如果公司建立了信息茧房，就不可能兴隆，因为其自己的决定将不会得到内部的充分挑战。如果政治组织的成员——或国家领导人——生活在茧房里，他们就不可能考虑周全，因为他们自己的先入之见将逐渐根深蒂固。”③

2012 年前后，法院的信息化建设有了新的转型，那就是与司法公开这一目标性司法改革价值相关联。

二　信息化背景下的司法公开

司法公开一直是司法的重要价值指标。从 20 世纪 80 年代末期司法改革以

---

① 廖元勋：《对法院信息化工作的几点思考》，《人民司法》（应用版）2008 年 11 期。

② 参见马叶敏、郭叶《法院信息化建设初探》，《法律文献信息与研究》2012 年第 2 期。

③ ［美］凯斯·R. 桑斯坦：《信息乌托邦》，毕竟悦译，法律出版社 2008 年版，第 8 页。

来，中国化审判一步步被塑造成具有深刻矛盾功能的机构活动：专业化的精英活动与为民的民主活动。在笔者看来，将司法公开作为新的改革亮点或者着力点，就是对司法改革之后所产生矛盾的一种平衡。

2009 年 12 月，最高人民法院公布了《关于司法公开的六项规定》、《关于人民法院接受新闻媒体舆论监督的若干规定》，之后又出台了《关于全面推进司法公开的工作方案》等制度规定。为了健全司法公开运行机制，就像新闻报道所总结的：“一是推进信息化建设，为司法公开提供技术支撑。充分利用 LED 电子显示屏、数字化法庭、互联网等现代化条件和信息平台，对审判过程进行有效的监督和管理，使司法公开坐上科技‘快车道’。二是加强宣传和沟通，为司法公开搭建良性互动平台。建立健全‘两制度一预案’即新闻发布会制度、媒体记者采访接待制度、新闻突发事件应急处置预案，规范法院接受新闻媒体舆论监督工作；大力开展以‘阳光司法’为主题的活动，进一步拉近法院与老百姓的距离，增进群众对法院工作的理解支持。”①

法院真正将审判公开与网络化司法知识传播密切联系起来，则是最近的事情。最高人民法院分别于 2013 年 10 月和 2014 年 8 月，召开了两次全国各高级法院院长参加的信息化工作会议，院长周强参会讲话并在不同场合多次强调法院审判要有“互联网思维”②。最高人民法院已于 2013 年启动审判流程公开、裁判文书公开和执行信息公开三大平台建设。在前期工作基础上，2014 年 7 月颁布的“四五改革纲要”对借力信息化，深化司法公开工作提出了更高的要求。(1) 完善庭审公开制度。建立庭审公告和旁听席位信息的公示与预约制度。推进庭审全程同步录音录像。规范以图文、视频等方式直播庭审的范围和程序。(2) 完善审判信息数据库，方便当事人自案件受理之日起，在线获取立案信息和审判流程节点信息。(3) 继续加强中国裁判文书网网站建设，严格按照“以公开为原则，不公开为例外”的要求，实现四级人民法院依法应当公开的生效裁判文书统一在中国裁判文书网公布。(4) 整合各类执行信息，方便当事人在线了解执行工作进展，实现执行信息公开平台与各类征信平台的有效对接。

最高法院最新发布的《人民法院第四个五年改革纲要》提出，要坚持以

---

① 彭跃进、余辉华：《人民法院深入推进司法公开意义重大》，中国法院网。

② “信息技术的飞速发展深刻改变着人类社会。要运用互联网思维，努力建设公正、高效、廉洁、为民的现代化法院。”5 月 23 日，在最高人民法院党组中心组学习（扩大）会上，最高人民法院党组书记、院长周强指出，要充分认识推进信息化建设的重要性，增强责任感和紧迫感，坚持以问题和需求为导向，全面推进最高人民法院和全国各级法院的信息化建设。参见徐隽《周强谈推进信息化：法院建设要有互联网思维》，《 人民日报 》2014 年 05 月 26 日第 11 版。

法官为中心、以服务审判工作为重心，建立分类科学、结构合理、分工明确、保障有力的法院人员管理制度。笔者将这一方案解读为法官精英化的最终定位。由此，法院之前所倡导的人民陪审员、诉调对接、巡回审理等司法民主制度有的可能会被加以程序化限制，有的则可能会淡化或弱化。而新的转型，显然需要借助信息化这种技术手段。在司法改革的新时期，法院以司法公开为窗口，通过新的规范和自我规范技术的注入，让作为诉讼基本原则之一的审判公开，变得更为直观，更加易于接近，从纸上的审判公开演变为活生生的审判公开，从而让审判行为从之前在封闭性空间（主要意指在法院审判大楼这个封闭的空间）“秘密”性（主要意指法官自由裁量的心证过程）地产生判决结论，趋向在新的开放性空间（主要意指网络）“公开”性（主要意指法官所有的庭审行为都被观看）地生产兼具合法性、正当性的裁判结果以及司法知识。这是一种新的技术机制（网络机制）在发挥权力的功效，从而建构起新的权力技术机制；也是司法知识新的再生产与再消费循环，司法知识的供应者和使用者与知识的这种关系，越来越具有商品的生产者和消费者与商品的关系所具有的形式，即价值形式。

如以微博形式进行庭审直播。微博是一种为确保分散性信息为公众所知晓的方法，是之前为人们广泛使用的博客的新形式。与博客类似，“博客领域可以被视作以中国大型市镇集会，或者一系列这种集会。这里多人的出场尤其重要。如果无数人维持自己的博客，他们就应该能够充当事实检查员并且补充信息资源——博客领域使得感兴趣的读者能够找到广泛的选择和事实”①。美国著名法律经济学研究者、法官波斯纳也曾说过：“互联网使得人们即时共享（因而纠正、提炼和引申）博客们带来的理念和意见、事实和画面、新闻与学术。”② 尽管以微博方式进行庭审直播并非规定性司法改革动作，但正是由于上述原因，很多法院愿意在这个领域内进行创新。“‘两微两网’是烟台中院官方微博、微信以及网上裁判文书、网上公正热线的简称，是烟台中院司法公开‘同心圆’工程的基础平台。市民可以通过登录烟台法院网，点击微博链接，关注烟台中院的官方微博——公正烟台，也可以通过扫描微信二维码，关注烟台中院的公众微信平台。市民还可以点击网上裁判文书，查看公布的判决书、裁定书，并可以通过网上公正热线，向烟台中院咨询案件、发表意见、提出建议等。”③ 法院积极打造的官方微博，与博客具有共同特性：“它提供各种

① ［美］凯斯·R. 桑斯坦：《信息乌托邦》，毕竟悦译，法律出版社 2008 年版，第 202 页。

② http：//www. becker - posner - blog. com/archives2004/12/introduction_ to_ 1. html.

③ 参见烟台法院网相关报道。

主张、视角、大话、洞见、谎言、事实、错误、感觉和胡扯。"[①] 因此，其应该注意的导向是：以一种可以纠错和真正具有创造力的方式与公众交换理由和信息非常重要。因此，法院微博应致力于提供真实的法院活动，而非剪辑或美化的法院生活。

三　信息社会与新型司法知识生产

信息社会与之前社会形态最大的不同在于知识的转向，"知识只有被转译为信息量才能进入新的渠道成为可操作的"，而可操作的知识就可以成为商品化的对象，"知识的供应者和使用者与知识的这种关系，越来越具有商品的生产者和消费者与商品的关系所具有的形式，即价值形式。无论现在还是将来，知识为了出售而被生产，为了在新的生产中增殖而被消费：它在这两种情形中都是为了交换。它不再以自身为目的，它失去了自己的使用价值"[②]。知识的转型，不仅使知识和权力勾连起来，也带动技术、职业、空间与文化的重大变革。以计算机、互联网为媒介的信息社会，使知识有了新的生产、传播、聚合的方式和渠道，其中包括与法院审判有关的司法知识，由此也撬动了法院一直以来独享的、封闭化的、具有神秘色彩的审判权力，法院在审判权力可能被"分享"的隐忧下，以"司法公开"为手段，希望通过自己的信息平台，以司法知识新的再生产与再消费循环，建构起新的权力技术机制。

（一）审判权力独立运行

审判权是国家权力，由法院的法官在审判过程中行使。在信息化社会未成形之前，这种权力具有单一性、强制性、集中支配性，信息化社会催生了审判权的新特点——弥散性，也就是说，审判权的实践运作与一般的群众联系起来，即权力通过一种网状的组织被运用和行使。以网络为最突出的例证，网络将先前从公众视野中被隐藏的司法产品——裁判过程和结果——置于开放与公共的语境中，从而融合了所有公众，包括精英和一般老百姓。这种新型的权力关系，必须有新型的权力技术加以规制，否则就会严重破坏我们尚在脆弱期的法治。如之前的许霆案、李昌奎案、天价过桥费案、唐慧案，我们可以列举很多这样的案例，这些案件由于公众通过网络的不适当参与，实际上在很大程度

---

① ［美］凯斯·R. 桑斯坦：《信息乌托邦》，毕竟悦译，法律出版社 2008 年版，第 204 页。

② ［法］让·弗朗索瓦·利奥塔：《后现代状态》，车槿山译，生活·读书·新知三联书店 1997 年版，第 3 页。

上造成了法院将原来法律所赋予的独有的审判权被迫与公众共同分享。无论是二审，还是发回重审，抑或再审，法院不愿承认的是，最终审判结果都并非法院独立行使审判权的单独行动，而是一系列复杂的行动和关系使然。由此造成的可怕后果，不仅仅是云南高院某位副院长所谓的“杀人的狂欢”，而且更为严重的是审判独立的形同虚设。网络公开庭审显然是信息化时代法院所采用的新的权力技术手段。借用福柯的说法，这些技术以自己特有的理性为特征，它们可以构成有利于权力施行的有特色的特定方式，从正面引导，并始终使自己处于控制地位，从而消解公众对审判的非理性参与以及某种意义上的“公众裁判”，以实现审判行为“决定（公众）个体的行为，以及使他们从属于某种目标或控制”。①

网络庭审直播、庭审产品——裁判文书上网、执行网络化改革等新的审判执行公开方式，其定位是展现和讲述，公众可以通过一对一的观看与学习，通过视觉的方式，在重新组织的空间里，来调节自己的行为方式。因为审判的权力已然清清楚楚地交给公众，即网络化公开技术可以呈现出这种权力是属于公众的，公众认为自己观看的行为本身就是一种审判权力参与行为，同时还在行使监督权。正如比较早开始庭审直播的浙江省鄞州法院在官方网站上不断滚动出现的宣传文字“点击键盘，实现您对诉讼的全程参与”所描述的那样，通过建立“一站式”服务的诉讼导引服务中心、完善网上送达、实行庭前证据交换制度、在法院网站滚动播出开庭公告、推行网上审委会、制定类型化案件裁判标准、规范裁判文书上网等一系列举措，实现立案公开、送达公开、证据交换公开、公告公开、案件研讨公开、实体裁判公开、文书公开、执行公开，与其说法院网络公开审判的所有程序和实时直播，目的在于将人民规训成屈服的、异己的、强迫的权力对象，不如说它是在“诱骗”普通民众成为权力的共谋。这种新的技术本质在于把民众看作是主体而不是客体，从而不仅可以谋取他们对判决结果的支持，而且也会让其放弃对法院独立审判的无理性干涉与妨碍。

（二）司法公信获得提升

一直以来，中国司法以“人民司法”为中国式主题，“为人民司法”也与为人们提供满意的司法服务共生。然而，现实是，100 个诉讼案件中，99 个裁判令当事人满意，1 个不满意，就可能演化成公众对法院审判的全盘否定。这

① 参见［法］米歇尔·福柯《规训与惩罚》，刘北成、杨远婴译，生活·读书·新知三联书店 2009 年版。

后面隐含的，是群众对司法信任的危机。司法公信力低下，势必引发司法低权威，二者互为因果，共同成为司法改革道路上的重大障碍。如何化解，是法院必须面对的问题，而新的技术机制也正在提供新的解决路径。

笔者研究发现，公众对法院最为严厉的批评是司法腐败，其次是同案不同判（即相同人不相同对待，所谓司法不公）。当然还有其他很多层面的批评，使得公众对法院裁判的合法性与正当性产生怀疑。

针对第一个问题，阳光是最好的防腐剂，透明化无疑是解决之道。新的透明化，首先是庭审的全方位公开。当所有的审判过程都没有剪辑地、实时地呈现在公众的眼前，审判者的一切行为都因为技术化的手段而受到监视、监听、记录，并被有心人存储，因此也极易被最终证明是无辜的而获得清白的身份。长此以往，不仅能够防止腐败，法官也易获得清白。在新一轮法院改革方案《人民法院第四个五年改革纲要中》，也专门提出，依托现代信息化手段，建立主审法官、合议庭行使审判权与院、庭长行使监督权的全程留痕、相互监督、相互制约机制，确保监督不缺位、监督不越位、监督必留痕、失职必担责。根据此改革精神，有些法院提出应对合议庭评议的所有过程进行录音、录像，建立信息化档案，以“使每个评议人都能够畅所欲言，为自己发言真实地负起责任，切实提高责任心”①。法院自愿将所有的审判行为，包括审判结果形成过程暴露于摄像机、录音机、网络的监视中，其对法院自身带来的影响有待观察，但它能够创生出意想不到的资源，就是原有社会关系网络（包括司法信任）重新定位、运行的坚实基础。其次，透明度与“数字”、“指数”等信息的要素密切勾连。仍以鄞州法院为例，早在2009年，鄞州法院就开始分期实施“数字法院”工程，建成25个集计算机网络、视频技术、多媒体图像、自动控制、数据库“五位一体”的标准化数字法庭，建立远程视频室，打造档案电子查阅平台，实现所有开庭的案件全程录音、录像、电子存档，让公正“可定格”、“可再现”、“可复制”。还有一个例子是浙江高院2013年委托社科院法学所做的“阳光司法指数测评”，测评包括审判公开、立案庭公开、裁判文书公开、执行公开和保障机制5个板块。大量的数字、数据、指数，可以让法院及时发现某些影响司法公正的事情正在发生，从而找寻原因，“为司法公开把脉”。正如浙江高院在新闻发布会上所提出，要求“各级法院不要纠结于排名，而应进一步查缺补漏，做到边测评、边对照、边整改、边提高”②。

---

① 笔者参与的一次司法改革讨论会上一位法官的发言，未发表。

② 《全国首部阳光司法指数测评报告昨亮相》，浙江法院新闻网。

针对第二个问题，裁判文书上网，以及之后可能会实行的整个裁判卷宗的公开，是规范同类案件同样判决的法宝之一。作为专业技能掌握者，法官面临上网公开自己裁判的文书而被同行或大众评判的压力，势必对于裁判文书的写作加倍重视，参阅其他法官的同类裁判，也一定成为最佳选择。假以时日，信息化集成的海量裁判文书，实际上成为法官今后判决的一种预测，由此带来的裁判统一标准也会逐步形成。

（三）教化公民司法理性

新的信息化、网络化等技术方式带来的公开审判行为，其所带来的革命性变革在于，将中国审判从法院专业化权力的象征转变成一种教育公民而服务于国家的集体利益工具，这就增加了法院的其他功能——教育。这种功能的实现有别于之前的“送法下乡”、“社区普法”等偏离审判权职能本质的活动，而是紧密依托法院审判职能，通过网络空间这一看似无形的建筑形式，让观看庭审直播或者法院其他公开物的人们主动地消费司法知识，于是观众会逐渐认识到，他们已然成为司法知识的主体而不是司法管理的客体。这将为把公众转化为守法的、理性的、自我规范的公众提供一种机制。这也是之前单纯的普法教育力所不及的。在当今社会，有的人一辈子都不会与法院发生任何的关系，但这并不意味着这些人对司法知识不产生兴趣。如有人在观看庭审直播时，会惊叹“法院的速录员好牛”，即使是对于如此细小环节的发现，也可以演变成对司法的信任和遵从。因此，法院通过信息化平台建设，以一种技术的提升，引发司法知识的迅速传播。这种司法知识是正当化的司法知识，并非之前为了被动迎合民众的需要，而是教育大众，以提高他们司法知识水平，培养一般意义上的司法理性，并针对不同的受众，当事人、律师、法学研究者、普通群众等，提供分类化的知识。法院作为一个组织，之前通过传统媒体公开相关信息，如《人民法院报》，之后通过网络，如法院网，再如开通法院微博，目前是强调信息平台的建设。

四 余论

有学者说，回望三十多年的改革历史，我们可以发现，引领改革不断往前走的最根本的东西，其实不是利益，而是思想。[①] 信息社会，引领我们改革的还有知识。自有的思想市场与知识市场，是信息社会发展的必要基础。互联网

① 参见吴敬琏等《改革是最大政策》，东方出版社 2014 年版。

的信息使人们可以更快地使用分散的、广泛的知识，进行随意的自由表达和信息的自由传递。这不仅带来法院新的权力技术方式的使用，也对立法者提出了新的要求。如法院信息化建设中，电脑立案、电子签章、电子送达、庭审同步直播等被广泛采用，而如何规范这些信息化手段，其法律效力如何确定，权利义务责任关系的平衡等问题，民事、刑事、行政三大诉讼法均没有涉及。所以，首先应该修改三大诉讼法，当然还包括其他与网络密切相关的法律，如知识产权类法律法规等。

我国法院考评制度的反思与前瞻

钟　莉[①]

摘　要　针对法院和法官的考评机制是在中国法院管理的发展过程中孕育而生的。本文对于现行的法院绩效考评机制从概念的使用、考评目标的定位、考评主体的设置以及考评结果的使用等四方面进行反思。在反思的基础上笔者提出应当从理顺审判权力关系出发，进一步思考解决目前问题的可行途径。

关键词　法院考评　法官考评　绩效

2014 年 7 月，最高人民法院发布了《人民法院第四个五年改革纲要（2014—2018)》（以下简称“四五纲要”），作为指导未来五年法院改革的纲领性文件，“四五纲要”专门针对法院考评制度提出要求：“改革法院考评机制，废止没有实际效果的考评指标和措施，取消违反司法规律的排名排序做法，消除不同审级法院之间的行政化。”[②] 这是中国法院考评制度发展中的一次重大改革。回顾改革开放以来法院考评制度的发展历程，最高人民法院在 1999 年颁布的《人民法院五年改革纲要》（以下简称“一五纲要”）中第一次以法院改革纲领性文件的形式正式提出了审判管理制度改革的基本任务。随后，《人民法院第二个五年改革纲要（2004—2008)》（以下简称“二五纲要”）进一步提出，要“改革法官考评制度和人民法院其他工作人员考核制度，完善考评方法，统一法官绩效考评的标准和程序，并对法官考评结果进行合理利用。建立人民法院其他工作的评价机制”。由此“绩效考评”的概念在法院系统内被正式提出。而在 2009 年最高人民法院《人民法院第三个五年改

---

① 中国社会科学院法学研究所博士后。

② 《2014 年 7 月 9 日 10 时第三次全国人民法庭工作会议暨全国高级法院院长座谈会专场新闻发布会》，中国法院网，http：//www. chinacourt. org/article/subjectdetail/id/MzAwNEiuMIABAA% 3D% 3D. shtml。

革纲要（2009—2013）》（以下简称为“三五纲要”）强调要“改革和完善审判管理制度。健全审判管理工作机制。研究制定符合审判工作规律的案件质量评查标准，建立健全以案件审判质量和效率考核为主要内容的审判质量效率监督控制体系，以法官、法官助理、书记员和其他行政人员的绩效和分类管理为主要内容的岗位目标考核管理体系”①。可见，从“一五纲要”到“四五纲要”，法院考评问题都一直被关注和重视，如何对法院和法官进行考评，是亟待研究的理论问题。

在司法实践层面，各地法院为积极寻求审判管理的创新与突破，建立各自的绩效考评机制已成为法院管理创新的重要工作。在运作了一段时间后，对中国法院考评理论研究与实践的现状进行一番反思，梳理和总结尚存的问题，并进一步思考法院考评制度可能的发展方向，也显得十分必要。

一　反思一：语词使用的混乱

在考察法院绩效考评制度过程中，首先要面对的是概念的使用问题。查阅已有的研究成果可以发现，目前表达法院绩效考评含义的概念有“法院绩效”、“司法绩效”以及“审判绩效”等。从相关研究内容可以看出，“法院绩效”和“司法绩效”基本在同一含义上使用②，而“审判绩效”则基本专指在案件审理方面的绩效表现，可以理解为“法院绩效”的一个下属概念。在表达方式上还出现了法院考评、法官考评（或考核、评估）、审判质效评估等。关于“评估”、“评价”、“考核”、“考评”的用法，从字面上已较易区分，大体可理解为“考评”，即“考核与评价”之意，只是由于使用者的习惯而选择使用。

此外，“绩效”一词是一个需要特别指出的概念。这个从人力资源管理中诞生的词汇③，穿越了企业管理领域，进入了公共（政府）管理领域④，并渗

---

① 《人民法院第三个五年改革纲要（2009—2013）》，《中华人民共和国最高人民法院公报》2009年12期。

② 笔者认为这两个概念并不能简单等同，区别在于“司法绩效”是对整个司法体制及其质量的一种评价，它贯穿整个司法运作过程，而“法院绩效”则仅针对法院这个机构，且更侧重于对工作结果的评估。

③ “绩效”的概念可以追溯到20世纪初期泰勒（Frederick W. Taylor）在《科学管理原理》中关于时间、动作与差异工资制的研究。参见蔡立辉《政府绩效评估：现状与发展前景》，《中山大学学报》2007年第5期。

④ 政府绩效评估是在“新公共管理运动”中逐步发展起来的一种新型的政府治理方式，相关内容参见卓越《公共部门绩效管理》，福建人民出版社2004年版。

透到法院管理的视阈之中。但在这三个领域中，绩效的内涵不是也不应该是完全相同的。在企业管理中，绩效强调成本与收益的对比；[①] 在政府管理中，绩效更侧重于结果及效率；[②] 而在法院管理中却是一个“包含了质量、效率、效益的综合性词组”[③]。《法官法》中没有绩效的提法，使用的是“法官考核”，最高人民法院的“二五改革纲要”中出现了“绩效考评”的提法，其针对的对象是法官。最高人民法院领导在各种会议中也多次用到绩效考评的提法。[④] 而在司法实践中，各地法院纷纷展开工作考核及评比活动，并在总结经验的基础上出台了一系列的绩效考核规范性文件。[⑤] 目前，绩效考评已成为中国法院系统内广泛接纳和积极开展的工作，因此本文也采纳了绩效考评的提法，以体现对实践做法的尊重和与司法文件表述的接轨。

另一个与“法院绩效考评”相近似的概念是“案件质量评估”[⑥]，由于最高人民法院已经出台了《关于开展案件质量评估工作的指导意见》，因此这两个概念的区分已十分明确。“案件质量评估”和“法院绩效考评”是审判管理工作中两项并行不悖的必要措施，两者的关系用最高人民法院副院长沈德咏的描述即需要统筹兼顾，“质量评估作用的发挥要靠绩效考核的实施，绩效考核的实施要与质量评估有机结合”[⑦]。质量评估起到的是“风向标”似的导向作用，而绩效考核则是检验工作的“狼牙棒”。

以上分析可知，法院绩效评估还是一个在司法实践中产生的新生事物，因此在目前的讨论中出现诸多概念的不统一甚至混用的情形，这也从一个侧面说明，关于法院绩效考评的理论研究尚且不足，对绩效考评概念的内涵还缺乏完整、准确和统一的认识。

二 反思二：绩效考评目标的定位

根据绩效管理的一般理论，绩效管理中包含绩效目标设置、目标实施、绩

① 参见付亚和、许玉林《绩效管理》，复旦大学出版社 2008 年版。

② 参见卓越《公共部门绩效管理》，福建人民出版社 2004 年版。

③ 张军：《人民法院案件质量评估体系理解与适用》，人民法院出版社 2011 年版，第 6 页。

④ 最高人民法院原院长王胜俊在每年召开的全国高级法院院长会议的讲话中曾多次使用“绩效评估”、“审判绩效”等提法。

⑤ 网上随意搜索就可以查找到很多以“绩效考核管理办法”命名的法院规范性文件。

⑥ “案件质量评估”和“案件质量评查”是两个不同的概念。“评估”针对的是整个审判体系中的案件，由一套统一的指标体系进行评价，最高人民法院对此有明确的规定。而“评查”针对的对象则是具体个案，没有规定统一的案件评价标准，实践中通常以法院专项活动的形式开展。

⑦ 沈德咏：《在全国法院案件质量评估工作电视电话会议上的讲话》，载张军《人民法院案件质量评估体系理解与适用》人民法院出版社 2011 年版，代序。

效考核、绩效考核结果运用和绩效信息反馈等主要环节，这些环节互为依托，相互交织构成一个循环体系。其中绩效目标的设置是绩效管理的起点和关键，在绩效管理中有着特别重要的意义。[①] 因此，应当对法院绩效考评的目标定位进行科学的阐释，才能有效推行法院绩效考评工作的开展并使之发挥正确的作用。

要设定一个组织的绩效目标，必须先考察该组织的核心职能和首要任务，一个组织最重要、最广泛的职能和最根本的任务必须与其绩效目标相一致。[②] 那么法院的核心职能和首要任务是什么呢？若以《人民法院组织法》的规定为例，我们可以看到该法第 3 条明确指出："人民法院的任务是审判刑事案件和民事案件，并且通过审判活动，惩办一切犯罪分子，解决民事纠纷，以保卫无产阶级专政制度，维护社会主义法制和社会秩序，保护社会主义的全民所有的财产、劳动群众集体所有的财产，保护公民私人所有的合法财产，保护公民的人身权利、民主权利和其他权利，保障国家的社会主义革命和社会主义建设事业的顺利进行。"分析组织法的规定，人民法院的工作职能至少包含三个方面：（1）审判职能；（2）审判所附随的保护、调整、维护及监督等职能；（3）保卫政权的政治职能。可见，中国的法院从来不是单纯的审判机构，它还需要肩负着保卫专政及保障政权有效行使的政治任务。随即而来的问题是，多元化职能和目标的设定有可能导致价值选择的冲突。审判职能和政治职能之间可能存在矛盾冲突的地方，审判追求的法律至上和政治要求的专政至上代表的本来就是不同的价值取向。可见，绩效目标的定位实际关涉的是价值取向的选择，而要进一步厘清这个问题，其背后需要的是对"我们究竟需要怎样的司法"这个问题的回答。

当我们横向比较一下其他国家的法院绩效考评机制时，会发现绩效目标的定位是一个更加值得我们深思的问题。以美国为例[③]，虽然美国各州的法院司法绩效测评方式不尽相同，但是考核对象都是针对法官个人，考核内容大体都包括法官的法务能力、正直性、沟通能力、司法品性、业务绩效几个方面，而

---

① 参见卓越《公共部门绩效管理》，福建人民出版社 2004 年版，以及魏四新、郭立宏《我国地方政府绩效目标设置的研究——基于目标设置理论视角》，《中国软科学》2011 年第 2 期。

② 参见祁光华、张定安《我国公共部门绩效管理问题分析》，《中国行政管理》2005 年第 8 期。

③ 对于美国法院绩效考评制度的介绍可参见最高人民法院司法改革小编、韩苏琳编译《美英德法四国司法制度概况》，人民法院出版社 2008 年版，张军《人民法院案件质量评估体系理解与适用》，人民法院出版社 2011 年版，以及佟季、袁春湘《美国和加拿大司法绩效评估的实践及启示》，《人民法院报》2011 年 11 月 5 日等。

且进行绩效考评的目的几乎完全相同，目的之一是帮助法官自我提高，之二是供法官留任选举作参考。针对法院的考评机制也有，即从 1987 年开始实施的美国刑事法院性能标准，这一标准是美国州司法中心和司法协助局开展 TCPS 研究计划的组成部分，其目标之一是评估法院作为一个公共事业部门其计划和工作的透明度，以及报告公共财产在州法院系统的使用情况，不涉及具体案例的评价。可见美国法院在设定法院绩效考评的目标时，视角和中国考评机制完全不同，针对法官的考评目的不是用来考核或奖惩法官，而针对法院的考核目的也不是用来比较法院性能或工作的优劣。与此形成鲜明对比的是，中国法院开展的绩效考评的主要目的就是“学先进，找差距，求进步”①。考察美国的司法绩效考评机制我们不难发现，这套机制是针对法院性质及职能中的一部分进行的考核。对于法院的属性我们可以作这样的简单描述，即法院首先是一个公共部门，其次它是一个行使审判职权的公共部门。由此，美国在进行司法绩效考评时是针对法院作为一个公共财政支出的公共部门的属性来进行考核的，而对于法院的审判职能即案件的审判质量方面却很少进行直接的评判。而中国的绩效考评目标正好相反，侧重于对审判职能行使状况的考核，对于法院公共部门的基本属性基本不涉及。法院属性与绩效目标的确立的关系及中美两国考评机制的本质区别如图 1 所示：

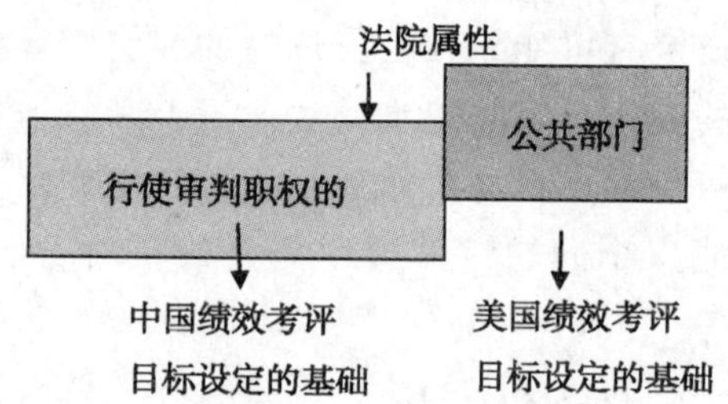

图 1 中美两国考评机制的本质区别

出现这一差异的原因可以部分归结为，由于有对“司法独立”基本价值理念的高度认同，因此西方国家（特别是英美法系国家）对法院审判职能的考评显得十分谨慎。而由于缺乏司法独立的理念根基，且面临着司法的信任危机，在中国法院考评目标的设定中审判职权的行使质量和效果自然成了关注的

① 连倩：《学先进，找差距，求进步——昆区法院召开 2009 年全面绩效考核工作集体谈话交流会》，昆仑区法院网。事实上，近年来各地法院也都有类似的报道，广东省法院还开展了长达三年的“争当全国法院排头兵活动”。

重点。①

对绩效考核目标认识的差异会直接导致考评制度在运作过程中产生一些不良倾向，可能出现侵害审判独立，忽视审判规律，扭曲法官的裁判行为等弊端，而这正是中国法院绩效考核制度发展所必须正视的问题。在“四五纲要”中专门提出“废止没有实际效果的考评指标和措施，取消违反司法规律的排名排序做法，消除不同审级法院之间的行政化”的要求，就是对考评制度中存在的这些问题的正视和反思。

三　反思三：绩效考评主体的设置

从各地法院实际推行的绩效考核做法来看，目前法院绩效考评的对象有两类，一类是个人绩效，包括法官和法院综合部门的人员，另一类是法院及法院各职能部门（包括业务庭和其他政工、财务、后勤等职能部门）的组织绩效。其中对本院工作人员及本院职能部门进行考核由该法院自己组织开展，而对法院整体绩效进行考核则一般由上级法院作出。由此，可以看出现行法院绩效考评的体系架构及考评主体的安排大致如图2所示：

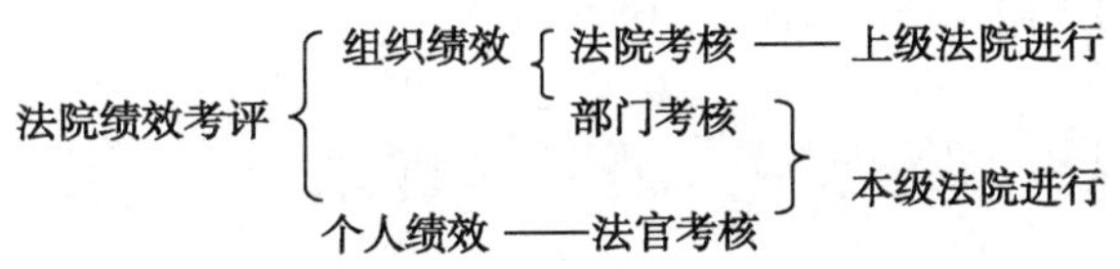

图2　法院绩效考评的体系架构及考评主体

绩效考评的主体解决的是谁来进行考评的问题。根据《法官法》的规定和最高人民法院的要求，各地法院大都成立了法院绩效考评委员会，没有成立考核委员会的法院，也成立了考核领导小组，用以领导和组织法院的绩效考评工作。② 可见，目前的考评机制中考评主体以法院内部机构为主，考评方式则有内部考评和上级考评两种。根据绩效管理的一般理论，考评主体的选择会影响考评的有效性，考评主体选择不当，可能使考评缺乏客观性与公正性，因此如何科学合理地设置考评主体是值得进一步思考的问题。

---

① 对于审判权能否成为绩效考评的对象，理论上是有不同争论的。中国台湾地区在司法实践中出现过“关于法院考评制度是否违宪”这一问题的激烈争论。参见苏永钦《法官该不该考核》，载苏永钦《司法改革的再改革》，月旦出版社1998年版，以及林宇光《论法官考绩制度——现行法治及其兴革》，硕士学位论文私立东海大学法律学研究所，2004年。

② 参见沐润《法院绩效考核机制的评析及其完善》，《云南大学学报》2012年第3期。

目前的考评主体设置方式容易产生两个弊端。其一，法院及法官的绩效评定仅依靠单一的内部评估主体会影响评价的准确性，这种体制内的考评方式容易造成考评结果的外部认可度不高；其二，上级法院对下级法院进行考核，会在一定程度上形成行政管理上的领导关系，有加强上下级法院之间行政化、集权化管理的趋势。为克服这些弊端，建立“多元化考评主体模式”① 是可以考虑的思路之一。由于司法活动具有专业的特殊性，确立法院组织内的评估主体有其必要性，但体制内的评价者应在一定程度上与被评价者有所隔离，以保证评价的客观和公正。② 此外，由于司法是对利益冲突的裁判，司法过程的亲历者有权利对司法的运行作出评价，因此诉讼参与人有资格成为司法绩效的评估主体，这也是作为程序参与者和结果承担者对司法过程和结果的直观评判。多元化的考评主体尤其是作为外部考评主体的诉讼参与人的介入，对司法公正有着积极的意义。客观地说，也有法院在开展考评工作中已经意识到了这一点，部分法院开始尝试聘请院校专家、人大代表等参与到法院考评工作中来，还有的法院委托专门的社会调查机构展开对法院满意度的调查。③

绩效考评主体的设置如何有效地引入外部考评主体，如何从传统的内部考评主体向多元化考评主体转变，并形成多元化评估主体间的良性互动，还需要从理论与实践相结合的角度进一步加以研究。

四　反思四：绩效考评结果的使用

要使绩效考评机制在实践中产生效果，关键是要将奖惩措施与考评结果挂钩。纵观当下法院开展绩效考评的实际情况，对绩效考评结果的使用出现了“冰火两重天”的局面。一方面，考评结果被处处运用。根据考评对象的不同，考评结果可分为法院考核结果、部门考核结果和法官考核结果。实践中，不少对法院的考评结果一般以法院排名的方式出现④，对部门的考核则以内部

① “多元化考评主体模式”在政府绩效评估中已经提出并有所讨论，参见耿相魁《我国地方政府绩效评估体系缺陷与健全对策》，《理论研究》2011 年第 1 期。

② 实践中，有些法院在实践中采用了聘请退休法官参与案件质量评查的方式，有一定的借鉴意义。

③ 例如 2011 年 8 月，广东省法院委托广东省省情调查研究中心开展了“人民群众对法院工作满意度”调查。参见《广东省高级人民法院年工作报告——2012 年 1 月 15 日在广东省第十一届人民代表大会第五次会议上》，广东法院网。

④ 从有关法院的新闻报道可知，各地法院均以各种形式开展法院综合绩效考核的排名，并以此为依据评选优秀法院，而各地方法院也以自已在本地区法院中的排名来衡量工作开展的好坏。

通报的方式出现[①]，对法官的考核则可能落实为遴选、晋升、奖惩、岗位调换及辞退等各种形式。[②] 因此，我们可以看到部分法院评比之风盛行，各种层次、不同方式的评比似乎使绩效考评找到了最佳着力点。但风光评比的背后却也有着各种迫于压力的无奈之举，有的法院为“优化”考核指标进行虚假数据信息的填报，也有的法官因各种考核背负上了沉重的负担。[③]

而另一方面，部分法院的绩效考评也出现了考核与奖惩脱钩的情况，有的法院尴尬地提出了“考后怎么办”的问题[④]，由于没有建立切实可行的考核结果使用机制，没有与公务员年度考核、岗位安排、职务任免、晋职、晋级和各项常规的队伍管理措施挂钩，绩效考评的实施出现了奖惩乏力，激励导向作用不佳的局面。面对这些不同状况，我们需要反思如此绩效考评结果的使用方式是否合理和恰当。

由于考评结果的使用方式直接影响着绩效机制的运作效果，结果的不当使用会导致在目标实现过程中出现异化行为。因此，进一步规范绩效考核的奖惩措施，尤其是规范奖惩的力度和影响范围，细化奖惩的方式及标准是当下迫切需要思考的难题。

除上述反思问题外，如何更为科学地设置评估指标体系，如何合理地运用评估手段和方法都是值得进一步探讨的问题。由于中国法院绩效考评制度已有初步的实践经验，这为深入的理论探讨做好了铺垫，也让我们有了据此前瞻的基础。

五　发展前瞻：理顺权力关系

中国法院绩效考评机制是在审判管理的不断发展中，根据司法实践的需要创设发展起来的，因此有必要从审判管理的背景来审视法院的绩效考评机制。

回顾中国审判管理改革的历程不难发现，审判管理改革措施的推进有其阶段性，每个阶段的关注重点有所不同。1999 年“一五纲要”提出审判管理改

① 实际上部门考核最重要的作用是作为部门领导考核评优的依据。

② 根据《法官法》及相关规定，法官考核结果作为对法官奖惩、培训、免职、辞退以及调整等级和工资的依据，因此这种奖惩挂钩方式是有法律依据的。

③ 据《南方周末》报道，2010 年 3 月，湖南省某基层法院法官刘某自杀并留下遗书称“工作压力大，很累，不如死了算了，再见!”有同事分析其自杀与其近期有案件被上级法院发回重审有直接关系，“过于严密细化的数据，比如上访率、息诉率、上诉率、发回重审这些指标来考核他们的工作，这让法官常常喘不过气来”。参见覃爱玲《法官自杀触痛业界》，《南方周末》2010 年 4 月 7 日。

④ 参见新平县委政法委《新平法院关于建立健全法院干警绩效量化考评体系的调研报告》，云南政法网。

革的基本任务之后，最先开展的举措是审判流程的改革。而在随后的“二五纲要”时期，法院审判管理制度改革的重心逐渐由原来的案件流程管理制度改革向强化案件质量管理方向转变。[①] 到2011年，最高人民法院下发了《关于完善人民法院审判权与审判管理权运行机制的意见（征求意见稿）》，审判权与审判管理权的关系问题已提上改革议事日程，“两权改革”开始被重视。“四五纲要”中更是提出了建立具有中国特色的社会主义审判权力运行体系，进一步突出了审判权力的核心地位。

梳理审判管理改革的发展历程，一条暗含的改革逻辑隐约浮现：从相对表面化的程序技术问题的处理，到质量核心问题的把握，再到深层次权力配置问题的调整，审判管理改革经历了由表及里、层层深入的过程。审判管理改革的暗含逻辑如图3所示：

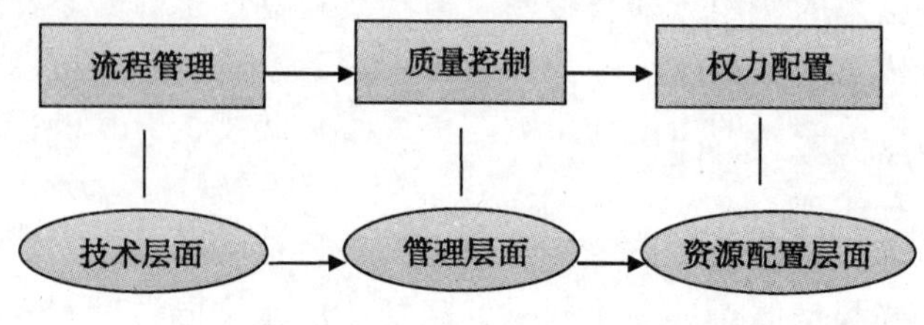

图3 审判管理改革线路图

沿着这条改革线路，审判管理改革已经进入深水区，而实际上前面改革中出现的种种困难和疑惑都可以随着权力配置的确定得以释明和厘清。因此，理顺审判活动中的权力关系是化解现有问题和把握法院绩效考评正确发展方向的关键所在。

本文针对法院考评制度提出了一些问题和思考，但具体的完善方案和措施还有待从理论与实践相结合的角度进一步研究。

① 参见龙宗智《审判管理：功效、局限及界限把握》，《法学研究》2011年第4期。

法院人事制度改革的争点分析

朱　峰①

摘　要　法院人事制度改革是本轮司法改革的亮点、难点，也是关键点。从目前中央公布的一系列司法改革文件和试点法院的司法改革方案来看，在当前着力推进的法院人事制度方面的改革措施中，法官遴选委员会、法院工作人员分类管理、法官员额制引发了更多的社会讨论。但是当前社会各界对这些基础性和制度性措施的文本解读和设计构想不尽相同。本文拟对其中的一些争点问题进行分析，并试图提出一个既于法有据又切实可行的解决方案。

关键词　法官遴选委员会　法官岗位管理　法官员额制

党的十八大以后，司法改革的规划和实践在紧锣密鼓中不断推进。本轮司法改革的总体目标是确保审判独立、实现司法公正②，中心任务是着力解决影响司法公正和制约司法能力的深层次问题。司法改革着力解决的深层次问题是指什么？从宏观上讲，一是司法管理体制问题，一是司法权力运行机制问题。长期以来，中国司法管理体制囿于地方化和行政化的管理模式，致使司法权力运行偏离司法规律，最终造成现有司法供给能力一方面不能满足人民群众对司法公正的需要，另一方面也无法适应中国推进国家治理体系和治理能力现代化

① 朱峰，中国社会科学院法学所与最高人民法院中国应用法学研究所2012级联合培养博士后，现任职于山东法官培训学院司法理论教研中心。

② 党的十八大报告和十八届三中全会决定都重申了人民法院独立审判的宪法原则。2012年12月，习近平总书记在首都各界纪念现行宪法公布施行30周年大会上指出，要依法公正对待人民群众的诉求，努力让人民群众在每一个司法案件中都能感受到公平正义。他在其后的一些重要会议上的讲话，如在2013年1月全国政法工作电视电话会议上和2013年2月中共中央政治局就全面推进依法治国所举行的第四次集体学习中的讲话，都体现出党中央对加强司法公正的高度重视。审判独立和司法公正这两大目标相辅相成，审判独立的终极目标是司法公正，司法公正的重要保障是审判独立。中国的司法改革具有双重目标，这意味着我们的审判独立不是为独立而独立，而是为公正而独立。独立本身不是价值，而只是手段。

的要求。由此可见，现有落后的司法管理体制成为影响司法公正和制约司法能力的“罪魁祸首”，理所当然地成为本轮司法改革的首要对象。

自20世纪90年代初期，审判方式改革开启中国司法改革之门以来，最高人民法院在“二五”和“三五”改革纲要中都曾提出过司法管理制度改革的若干措施，例如实行法院人员分类管理、实行法官单独序列管理、改革法官遴选程序、试点建立法官员额制度等。时至今日，这些改革措施仍跃然于司法改革方案之上，并被明确为司法改革的基础性和制度性措施。但从二十余年法院系统自主改革的总体成效来看，法院在属于自我管理事项范围内（如审判方式、审判制度、诉讼费制度等方面）的改革卓有成效。但当改革涉及其他部门的管理事项时，法院则无能为力或收效甚微。最典型的是法院人事管理制度方面的改革举步维艰，突出表现在某些法官政策即使只是微调，在实践中也难以落实，如2007年7月31日国家人事部、财政部联合发出的《关于实行法官审判津贴的通知》，以及2010年5月14日中央组织部、人力资源和社会保障部与最高人民法院、最高人民检察院曾联合下发的《关于切实解决法官、检察官提前离岗、离职问题的通知》，在实施中都不同程度地受阻。

本轮司法改革与以往最大的不同在于，将司法权明确为中央事权，本着“外去地方化、内去行政化”的改革思路，从法院管理的核心要素——人财物管理入手，通过省级统管的渐进式改革路径，努力突破司法地方化与行政化的窠臼。从目前中央公布的一系列司法改革文件和各试点法院的司法改革方案来看[①]，当前着力推进的法院人事制度方面的重点改革措施有五项（如图1所示）。

其中前三项改革措施在实践推进过程中引起了更高的关注。目前社会各界对这三项措施的文本解读和设计构想不尽相同。加之全国各地法院的法官人力资源配置基本情况存在差别，因此试点法院形成的司法改革方案达到“可复制、可推广”的要求有相当的难度。鉴于此，中央政法委和最高人民法院相继提出司法改革要坚持从实际出发，充分尊重基层首创精神，不能搞“一刀切”。但是如果各地法院在这些基础性和制度性改革措施上不能齐步走，那么司法改革的结果又会使司法权再次降格为地方事权，作为过渡性路径的“省级统管”会为将来的“中央统管”制造难题。这就违背了本轮司法改革的既定原则和方向。本文拟对其中的一些争点问题进行分析，并试图提出一个既于

① 主要是指党的十八届三中全会《关于全面深化改革若干重大问题的决定》（以下简称《决定》）、中央全面深化改革领导小组第三次会议审议通过的《关于司法体制改革试点若干问题的框架意见》（以下简称《改革框架意见》）、《上海市司法改革试点工作方案》（以下简称《上海改革方案》），以及最高人民法院公布的《人民法院第四个五年改革纲要（2014—2018）》（以下简称“四五”改革纲要）。

法有据又切实可行的解决方案。

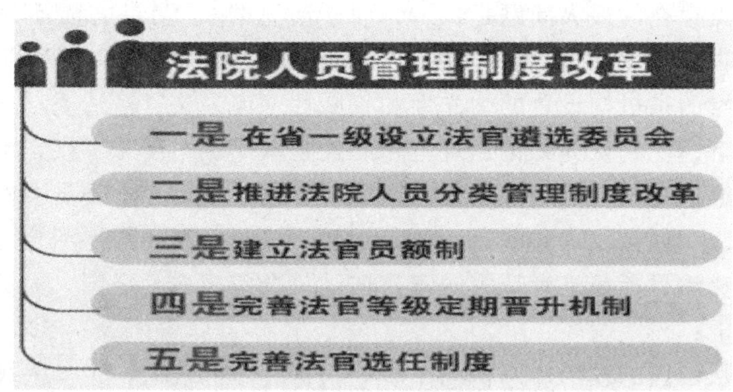

图1 当前法院人事制度的重点改革措施

一 法官遴选委员会的归属

本轮司法改革的最大亮点是实行省以下法院人财物的省级统一管理。就“人”的管理而言，具体措施是在省一级设立法官遴选委员会。但是，法官遴选委员会的机构设置归属于谁？是省级法院、省级政府还是省级人大？法官遴选委员会的职能定位是什么？是制定规则机构还是执行规则机构？笔者认为，法官遴选委员会的归属决定了其权限范围，因此归属问题是首要问题。目前在归属问题上有三种观点：

一是主张法官遴选委员会从属于省级法院。例如桑本谦教授认为，基于省级司法机关在管理地方司法机关方面久已形成的权威和信息优势，省级法院最有可能在争夺管理权力的政治博弈中胜出。① 二是主张法官遴选委员会从属于省级政府。《上海改革方案》中提出在市级组建法官遴选委员会。三是主张法官遴选委员会从属于省级人大常委会。例如傅郁林教授认为，法官遴选委员会下辖于省级人大常委会之下风险最小也最名正言顺。②

这三种观点反映出设置法官遴选委员会的不同价值取向。前两种观点以效率和效益为价值取向，更看重的是省级法院的管理优势和省级政府在整合各种社会资源推进司法改革方面的能力优势。尤其是第二种观点，也符合司法改革的政策精神，即司法改革必须“根据中央统一部署，在党委和政府统一领导

① 参见桑本谦、赵耀彤《“司法独立”的冷思考》，《财经》2014年05月11日。

② 参见傅郁林《司法改革必须打包 单项推进会致结构失衡》，《新京报》2014年07月02日。

下，加强指导协调，最大限度地凝聚共识，形成推进试点工作的整体合力”①。而这两种观点存在的最大问题是，一方面于法无据②，另一方面不符合“外去地方化、内去行政化”的改革思路。第三种观点则以审判公正和独立为价值取向，更注重的是机构设置的中立性和权威性。但是法官遴选委员会设立于人大常委会之下，笔者认为无论从规范角度还是从实证角度来考察，都无法满足我们对法官遴选委员会的理想定位。通过考察国外法官遴选委员会的制度设计与运行机制，我们会发现它的设置与各国政治体制密切相关。综合考虑中国的政治体制和法治目标，笔者认为法官遴选委员会应当成为全国人大的专门委员会。理由如下：

首先，从中国的政治体制格局来看。根据宪法的规定，中华人民共和国的一切权力属于人民。人民行使国家权力的机关是全国人民代表大会和地方各级人民代表大会。国家行政机关、审判机关、检察机关都由人民代表大会产生，对它负责，受它监督。这就形成了中国特有的以人大为最高权力机关的“一府两院”政治体制。由此可见，在中国，国家机关权力的实质来源是人民，而形式来源是人民代表大会。并且根据中国宪法和法律的规定，目前中国法官选举或任免由同级人大及其常务委员会负责。因此，将法官遴选委员会设置于全国人大和省级人大之下的做法既具有实质合法性又符合形式合法性。

其次，从人大与法官遴选委员会的职能来看。司法权是中央事权，这意味着包括审判人力资源在内的司法资源应由国家统一管理。国家如何统一管理？一言以蔽之，依法管理。因此，法官遴选委员会的重要职能是：研判、制定与执行法官选任、晋升的实体规则与程序规则。这些规则既不属于行政法规，也不属于司法解释，只能以法律的形式出现。在中国，只有人大及其常委会才有制定法律的权限。人大制定的法律、法规，作出的决议和决定，“一府两院”必须执行和实施。由此可见，人大的职权范围更适合于法官遴选委员会工作的开展。

最后，从组建专门委员会的经验来看。为加强最高国家权力机关的工作，全国人民代表大会设立若干专门委员会。③《地方组织法》第30条规定：“省、

① 参见中共中央政治局委员、中央政法委书记孟建柱在司法体制改革试点工作座谈会上的讲话。

② 2014年2月28日，习近平主持召开中央全面深化改革领导小组第二次会议并发表重要讲话。他强调，凡属重大改革都要于法有据。在整个改革过程中，都要高度重视运用法治思维和法治方式，加强对相关立法工作的协调。全国人大常委会法工委研究室负责人也表示，今后立法将对改革起到引领作用，先立法、后改革，确保一切改革举措都在法治轨道上进行。

③ 现包括：民族委员会、法律委员会、财政经济委员会、教育科学文化卫生委员会、外事委员会、华侨委员会、内务司法委员会、环境与资源保护委员会、农业与农村委员会。

自治区、直辖市、自治州、设区的市的人民代表大会根据需要，可以设法制（政法）委员会、财政经济委员会、教育科学文化卫生委员会等专门委员会。”因此，无论是全国人大还是省级人大依法都可以设置专门委员会。有人认为，法官遴选委员会可以下辖于全国人大常委会，但是根据《地方组织法》第53条规定“常务委员会根据工作需要，设立办事机构和其他工作机构”，人大专门委员会和人大常委会工作委员会在权力层次、领导成员产生的权限和程序、职权范围、领导体制与工作方法等方面均存在差异。[①] 并且从规范性程度上来看，前者的法律规定更为明确和具体。因此，法官遴选委员会作为人大专门委员会的方案，不仅使它在制度安排上有所参照，而且使它在运行上更多地体现出中立、权威、多元、专业、透明的特性。[②]

二 法官岗位的特殊管理

长期以来，中国对法官沿用普通公务员管理模式，既不能充分体现司法职业特点，也不利于建设正规化、专业化和职业化的司法队伍。并造成一线审判人力资源出现双重流失现象，即外部流失和内部流失，而内部流失主要是指法院内部的行政性调动，使大量审判岗位法官转向非审判岗位法官。鉴于此，中央全面深化改革领导小组第三次会议通过的《改革框架意见》和《上海改革方案》都提出对法院工作人员实行分类管理，对法官实行有别于普通公务员的管理制度。根据这一政策导向，有人认为，法官、检察官等法律专业系列将与行政官的公务员系列渐次分离。[③] 还有人认为，法官将从公务员序列中脱离，建立单独的法官序列。[④] 简单地说，就是未来法官不属于国家公务员了。但是这种文本解读与司法改革的实践并不相符。2014 年 2 月 27 日，法院工作人员分类管理和法官职业化改革在深圳正式启动。根据此前深圳市委常委会通过的《深圳市法院工作人员分类管理和法官职业化改革方案》，法官将直接作为第四类别公务员[⑤]，单独按照法官职务序列进行管理，以法官等级定待遇。而《上海改革方案》则明确规定法官是国家公务人员，但其职业属性与普通

---

① 关于两者的不同，详见李东《人大专门委员会和人大常委会工作委员会的异同》，人民代表网，http：//www. rmdbw. gov. cn/2011/0318/50006. html。

② 参见何帆《法官遴选委员会的五个关键词》，《人民法院报》2014 年 6 月 27 日。

③ 参见季卫东《司法改革如何破局》，《中国改革》2014 年第 6 期。

④ 参见王丽娜《司法改革重塑法官制度》，《财经》2014 年第 20 期。

⑤ 2010 年，深圳在全国率先推行公务员分类管理改革，把公务员分为综合管理类、行政执法类和专业技术类，这次法院人员分类管理改革将公务员细分出第四个类别——法官。

的国家公务员不同，对法官实行单独职务序列管理。从两个试点法院的方案来看，法官仍属于国家公务员系列，但是公务员管理模式将从过去单一的身份管理模式转变为多元的岗位管理模式，而法官则适用于特殊的岗位管理模式。

法官应否纳入公务员范围？关于这个问题的争议由来已久，并在中国立法上有所变化。① 世界各国的法官人事管理模式也不尽相同，例如英国、美国、法国的法官不属于国家公务员序列，德国、日本的法官则属于国家公务员序列。中国现行《公务员法》之所以将法官纳入公务员体系，主要是考虑到公务员的范围需要同现阶段干部管理体制相符合，同民主政治发展进程相适应。通俗地讲，《公务员法》的管理对象是“干部”，明显带有身份管理的倾向。② 法官当然属于干部身份，并且这种干部身份既有利于保持法官与其他机关干部的整体一致性，也有利于保持法官与其他党政机关干部之间的交流使用。如果未来中国法官职业在党内的位置得不到进一步提升的话，那么保持这种干部之间交流使用无疑是非常必要的。但是，《公务员法》第 3 条规定：“法律对公务员中的领导成员的产生、任免、监督以及法官、检察官等的义务、权利和管理另有规定的，从其规定”，因此，根据特别法优于一般法的法律适用原则，关于法官的管理制度应当优先适用《法官法》，只有其规定不明确的情况下，才可参照适用《公务员法》。因此，法院人事制度改革要做到有法可依，首先应该对《法官法》的相关条款作出修改。

在本轮司法改革中，《改革框架意见》和《上海改革方案》都强调在法院人事制度改革上应当坚持的原则和底线是“党管干部原则”。《上海改革方案》中规定：坚持党管干部原则与尊重司法规律相结合，落实“统一提名、党委审批、分级任免”的制度安排，改革现有法官、检察官管理制度，形成全市法官、检察官省级统管的管理新格局，打造高素质的司法队伍，有效减少外部干扰，提高司法公信力。问题是，为什么要坚持党管干部原则？党管干部原则如何与尊重司法规律相结合？

---

① 1993 年国务院制定的《国家公务员暂行条例》中，法官不是直接属于公务员管理的范畴，而是“参照管理”。2006 年《公务员法》颁布，将法官纳入公务员体系。在《公务员法》的立法过程中，围绕法官、检察官是否是公务员，争论激烈。一种观点认为，不宜将司法人员尤其是法官纳入公务员的范畴。理由主要是，这种做法明显有悖于法官职业的特性和法官角色的科学定位，这种泛公务员的立法倾向不利于法官制度的改革。也有一种观点认为，法官、检察官应该列人公务员范围。主要理由是，法官、检察官与其他各类机关的工作人员一样，在履行职责、工作方式等方面都有自己的特点，但都是国家公职人员，在人事管理方面有着共同的特点和要求，完全可以用一部基本的法律来规范。参见《中国改革报》，http：//www. crd. net. cn/ShowNews. asp？ NewsID = 1831。

② 在目前中国社会体系中，正常从业人员分三种身份：农民、工人、干部。这三种身份归属不同的部门管理：农民归农业部管理，工人归劳动局管理，干部归人事局管理。

中国司法改革的目标之一是保障审判独立，这与西方国家的司法独立有着明显的不同。司法独立的精义之一是司法独立于政治，更明确地说是独立于政党政治。事实上，司法独立于政党的理想迄今为止在各国的法治实践中都没有实现。在两党制和多党制国家，法官在其职业生涯中有意淡化其政党身份和政见偏好，其实是为了最大可能地规避政治风险。但是，无论在法官选任还是在具体案件审理上，我们还是会看到政党意志的痕迹。中国的审判独立必须坚持和依靠党的领导，一方面是因为坚持党的领导是中国历史形成的特有的宪制体制。坚持党管干部的原则，是巩固党的执政地位和贯彻党的政治路线的一项重要保障；另一方面是因为法院天生不具备政治资源优势，因此它就更需要谋求政治资源的支持，否则就会面临在政治上继续被边缘化的风险。在政党制国家，无论是一党制还是多党制国家，执政党具有掌控国家政治资源和经济资源的极大优势。即使是在今天司法独立得到确立和保障的英美法系国家，司法在国家体制中的地位都经历了从不重要到重要，从不独立到独立的历程。这其中的制胜法宝是什么？美国的经验这样告诉我们：美国最高法院很幸运的是拥有一些政治机敏的舵手，在为最高法院谋得和推行司法审查权的过程中，又没有将政治对手逼得太甚。[①] 在当今美国，法院的重要性恰恰在于它的“可被利用”：行政权依靠它去抵制立法权的侵犯，立法权依靠它抵制行政权的进攻，公民则依靠它落实宪法上对公权的限制与对私权的保护。这样，司法独立不仅得到了政治上的支持，而且得到了民众的信赖。

综上所述，司法改革并没有改变中国法官的社会身份即干部身份，而重点改革的是法官的管理方式。对法官的特殊管理，首先体现在严格的法官选任方式上。在党管干部与尊重司法规律相结合的原则下，法官遴选委员会和党的组织人事部门的职能要有所分工。按照现有改革设想，法官遴选委员会是一个面向社会、有专业人士组成、具有广泛代表性的机构。里面既有经验丰富的法官代表，又有法学专家和律师等社会人士代表。[②] 因此，法官遴选委员会主要是从专业能力角度对法官人选进行审查考核。对法官人选的政治素养、廉洁自律等方面的考察把关则由党的组织人事、纪检监察部门负责，最终由人大依照法律程序分级任免。在此过程中，我们不免有这样的疑虑：法官职业的本性是独立（法官地位）、超然（法官行动）、理性（法官思想）[③]，党管干部原则会对

---

① 参见任东来、胡晓进《在宪政舞台上：美国最高法院的历史轨迹》，中国法制出版社 2007 年版，序言第 4 页。

② 参见贺小荣《法官员额制不能简单论资排辈》，《新京报》2014 年 7 月 28 日。

③ 参见怀效锋《法官行为与职业伦理》，法律出版社 2006 年版，序言第 2 页。

法官地位上的独立和行动上的超然构成干预，从而使法官的理性成为一种政治理性，而非法律理性。司法实践中的确存在个别以党的名义对个案审判进行干预的现象，但这并不是干预审判独立的主要矛盾，而且这些现象完全可以通过建立干预司法备案制加以规制。

对法官的特殊管理还体现在特殊的法官职业保障上。本轮司法改革中，法官人事制度改革的目标是实现法官“单独序列、单独管理、单独保障”。单独序列，笔者认为，如前所述并不是指特殊身份，而是指特殊岗位。法官岗位不应是行政岗位，而应是专业技术岗位。法律实践是一门超越简单劳动的复杂技艺。[①] 因此应当建立一套符合这种岗位特点的评价体系及职业保障制度。

三 法官员额的利益取舍

本轮司法改革的另一个亮点是法官员额制。在人民法院“二五”和“三五”改革清单中，都曾经要求确定法官员额。人民法院“四五”纲要则首次提出建立法官员额制，对法官在编制限额内实行员额管理，确保法官主要集中在审判一线，高素质人才能够充实到审判一线。这项有利于法官职业化建设的制度，在实践中却备受争议。尤其是当《上海改革方案》抛出“33%”的法官员额比例后，可谓一石激起千层浪。从社会各界对此方案的反应来看，各方能够普遍认同此方案的价值，即法官应当精英化，但却接受不了这一事实，尤其是绝大多数法官们认为这一方案是一种缺乏实证调研和论证分析的激进变革方案。[②] 事实证明，法官员额制不仅关乎价值问题，更关乎利益问题。那么，这一方案真的是“拍脑袋”形成的决策吗？笔者以某省三级法院的审判人力资源情况为例，揭示一下“33%”的现实依据在哪里。

截至2013年10月，某省三级法院工作人员总数为21000余人，按照上海的试点方案——把法院工作人员分为法官、司法辅助人员、行政管理人员三类，分别占队伍总数33%、52%、15%的员额比例——来计算的话，该省法官总数应不到7000人。而实际上，该省具有法官资格的有13000余人，约占法院工作人员总数的63%。其中，在审判业务部门的法官有10000余人，约占法院工作人员的48%，约占法官实有人数的78%。但是，办案主力主要集中在35岁到50岁之间，这一年龄阶段的法官不到9000人，约占法院工作人

---

① 参见胡玉鸿《法律实践技艺的定位、标准与养成》，《法学》2012年第9期。

② 参见Samgreat《激进变革下的隐忧——从上海司改方案谈起（一）》，http://weibo.com/p/1001603736410946405280。

员的43%，约占法官实有人数的70%。这些法官中又有约30%的法官担任着不同部门的领导职务（庭长及庭长以上行政职务），实际上已经脱离审判一线工作。这样粗略算来，一线办案法官在法院工作人员中的比重还不到30%。然而，“33%”的方案之所以难以推广，症结在于这场改革从一开始就承载着不同的利益诉求，法官们作为被改革的对象，更希望通过司法改革确立其职业保障。

提高法官职业保障，包括政治保障和经济保障，这是当前法官最为强烈的现实诉求。在行政化管理体制下，法官待遇与行政级别相挂钩，这就造成了基层法院法官和同级法院内的一线法官办案多、政治待遇低、工资水平低的不合理分配现象。人民法院“四五”改革纲要提出，完善法官员额制及法官等级定期晋升机制，确保一线办案法官即使不担任领导职务，也可以正常晋升至较高的法官等级。这样，“职级晋升”成为“行政晋升”之外的另一种激励机制。而深圳的法官职业化改革似乎也让法官们看到了通过“职级晋升”实现“高薪”的希望。于是，法官职级成为法官们趋之若鹜的职业标签。从《法官法》颁行到《公务员法》颁行的这五六年时间内，法院系统曾推行过法官等级制度。但是当时的法官等级评定标准主要是“行政职级及任职期限”和“工作年限”。这使得法官等级成为行政职级的另一种换算。由此而造成的现实问题是，在该省三级法院中，具有法官等级资格的法官有9400余人，约占法院工作人员的45%。其中三级法院副庭长及其以上职务具有法官等级的法官平均约占法院工作人员的32%。

一线办案法官约30%，副庭长以上领导岗位的法官约32%，《上海改革方案》的“33%”是指哪个群体？问题是，现有一线办案法官并非都符合高素质法官的标准；在行政管理模式下，许多高素质的法官已流向法院领导岗位；而现有法院领导岗位的法官也并非都来自高素质法官。那么按照“33%”的要求，我们不能搞简单的论资排辈，而是要按照从新确定的高素质法官的标准进行大洗牌。什么是高素质法官？这些标准在理念中容易形成，在实践中却必须被量化。即便这些量化标准被制定出来，这些高素质法官是否能在审判中发挥出其应有的效能？这不只是一个规范层面的问题，还是一个文化层面或心理层面的问题。我们完全可以相信，“33%”的高素质法官配备相当的司法辅助人员，的确可以提高办案的质效。在某一基层法院，法院给一位民事办案能手配备了6名法官助理，这一团队的年均结案量近600件，而且无一上诉、上访。并且还出现了老百姓“挂号”等待这位法官审理案件的情况。与《上海改革方案》不同的是，这6名法官助理是法院从外部招录来的，而不是从法官中“转业”来的。在笔者参与举办的一次法官职业化建设研讨会中，一位

40余岁的法官坦言："如果让他给其他法官做助理，他不甘心；如果让其他法官给自己做助理，恐怕他上班时间连口水都喝不上了。"这反映出"不患寡而患不均"、"损有余而补不足"的传统文化影响下形成的倾向于"吃大锅饭"、"搞平均主义"的民族心理特质对"大洗牌式"的司法改革的抵制。

当然，上海并不准备将"33%"的法官员额一步到位，而是设置了3—5年的过渡期。从某省的法官情况来看，在不延长法官退休年龄的情况下，未来5年内将有1000余人退休；未来10年内将有2500余人退休。我们看出，在停止法官选任的情况下，未来10年内仅依靠退休的途径是无法实现"33%"的法官员额比例的，因为按照该比例计算，该省法官岗位现已超编了6000余人。于是，有人以"中国法官太年轻"为由提出了让年轻法官先转为法官助理的动议。据此，该省40岁以下法官都将面临着被转为法官助理。而这些法官恰恰是接受过系统法学教育的专业型法官。尤其是现在法官队伍正面临着40岁以下法官断层的问题。这就意味着在未来10年中，如果不通过社会遴选的方式充实法官队伍，那么法院将面临着严峻的"青黄不接"问题。

由此可见，法官员额制不是简单地做"减法"，现有法官精英化的改革思路在实践中也未必能建奇功。正像有的学者指出的那样，中国司法方面积累的问题太大，恶性循环越来越严重，要实现本轮司法改革内容，恐怕需要十几年乃至更长时间。[①] 中国法官必须走向精英化，而当下我们应该完成法官职业化的一些基础性和制度性工作。

首先应对法院内部内设机构实行大部制改革，精简综合管理部门，实现审判部门与综合管理部门的分离，将审判人力资源配置向审判业务部门倾斜。其次应理顺审判权运行机制，改革法院内部的请示汇报制度、审判委员会制度，完善主审法官、合议庭办案机制，最大可能地发挥专业性审判组织的审判效能。最后完善法官选任机制和法官岗位评价体系，通过划定一些"硬杠杠"提高法官入职门槛和确立法官岗位淘汰机制。一言以蔽之，当前司法改革的主要任务是通过明确法官岗位评价体系和完善审判权运行机制盘活现有审判人力资源。

① 参见张明楷《刑事司法改革的断片思考》，《现代法学》2014年第2期。

庭前会议制度的适用与建构

——以京沪两地的庭前会议实践为视角

李　斌[①]

摘　要　庭前会议作为新刑诉法规定的一项承接审前和审判程序的中间程序，发端于国外的庭前准备程序，并在中国基层司法实践中有着十余年的试点运行，对其正式入法后实施过程中京沪两地的实践运行状态进行分析，发现其适用范围较窄，距离所承载的公正和效率价值尚有一定差距。未来庭前会议制度的完善应从充实内容和解决关键问题两方面入手，内容除涵盖现有的庭审程序性问题外，还应关注羁押必要性审查等程序问题，并重点对积极抗辩理由审查、辩诉交易、刑事和解、证据开示、争点整理、变更指控罪名等实体问题加以解决；而制度构建中的被告人参与保障、庭前会议主持者身份、庭前会议效力等关键问题也同样需要明确。

关键词　庭前会议　实证调研　庭前准备程序

近来一系列热点案件中都频繁出现了“庭前会议”这个新词，如刘志军案通过庭前会议使正式庭审缩短到了半日，李某某轮奸案在未开庭之前已经召开了两次庭前会议，薄熙来案也是通过庭前会议解决了一系列程序问题。庭前会议制度，在新刑事诉讼法中一经确认，便得到实践的热情拥趸，其到底为何物，要解决何种问题，实践运行状态又是怎样？本文结合京沪两地的司法实践，对庭前会议制度的现状和未来加以勾勒。

一　中国庭前会议制度适用现状

2012 年修订的刑事诉讼法中规定了庭前会议制度，将其作为开庭审理前

① 中国社会科学院法学研究所博士后，北京市人民检察院第二分院检察官。

的准备程序，以解决诸如回避、证人名单、非法证据排除等与庭审有关的事项。可以说这一制度的创设与重视法庭审理效率、提高控辩双方的参与程度乃至控辩平等原则等密切相关，虽然刑诉法短短一条两款的立法语言并未向我们描述出庭前会议制度的细节设计，但纵观域外以及中国司法实践中的不同试点，可以看出庭前会议制度是诉讼程序科学化的一条必由之路。

（一）庭前会议制度的雏形

中国的庭前会议最早是以庭前证据开示制度出现的，即2001年发端于山东省寿光法院的庭前准备程序，其主要的功能在于明确证据焦点，为庭审的集中进行作准备，经控辩双方对需要相互公开拟在庭审中使用的证据发表意见，最终做出《证据展示报告单》，列明双方无争议和有争议的证据，待到庭审时，对无争议的证据，仅需宣读证据的名称与证明的事项，法官再次确认无争议后，即可直接认定证据，法庭调查的重点集中在双方有争议的证据上。紧随其后在北京海淀检察院也进行了证据开示的试点，在2002—2003年为期一年的试点中，海淀检察院主要是通过与北京市律师协会签订的《证据开示协议书》，以此为基础，由控方及辩方（仅覆盖了少部分的律所）对部分案件进行证据开示、交换意见，将有（无）争议的事项记入证据开示笔录，由公诉人将相关证据清单提交法院。① 从上述二者的早期试点情况来看，虽然庭前会议的主持机关不同（寿光模式为法官、海淀模式为公诉人），但二者主要解决的问题都是证据的开示、整理，对于其他程序性事项未过多涉及。这可以视为庭前会议的早期雏形。

（二）新刑诉法实施后京沪两地庭前会议制度的适用

2013年刑事诉讼法实施以来，北京、上海两地均开展了庭前会议制度的适用，如北京市12个区级、分（中）级司法机关制定了《庭前会议工作规范》等，占全市23个司法区域的半数以上。司法者热衷于建章立制，昭显了该项制度对司法实践的重要性，但从实际适用的角度看，效果并不理想。2013年全年，京沪两地分别有81件、40件公诉案件召开庭前会议，分别占两地同期公诉案件的1.2%、0.6%②，虽然从绝对数量上看已有一定规模，但占总体案件比例不高，适用不够广泛。

---

① 中国人民大学诉讼制度与司法改革研究中心：《中美“证据开示理论与实务专题”研讨会纪要》，载何家弘主编《证据法学论坛》第8卷，中国检察出版社2004年版。

② 数据均来源于两地公诉工作报告。

由于资料所限，本文未能对全部涉及案例进行调研，而是选取了两地在刑诉法实施前后适用庭前会议制度的首个或典型案例，共计 18 个,[①] 对其进行实证分析，也可起到管中窥豹的作用。18 个案例均为一审案例，其中 17 件为一审刑事案件，另有 1 件为适用强制医疗程序的案件，从审级来看，中院一审的有 8 件，基层法院一审的 10 件，虽然从绝对数量来看，中级法院适用庭前会议略多，但由于中院一级受理案件的数量要远远小于基层法院，故从比例来看，中院适用庭前会议制度的比例要高于基层法院，这也是庭前会议适用范围所决定的。从涉嫌案由来看，主要集中在破坏社会主义市场经济罪和破坏社会管理秩序罪两章，单纯的侵财型、人身型犯罪比较少见，也即经济犯罪中由于案情复杂、定性疑难、证据繁多，具有比普通刑事案件更大的适用庭前会议制度的空间。具体情况参见附表 1。

第一，启动的主体集中在检方和法院，辩方尚无发言权。18 件案件中检方提请召开庭前会议的有 11 件，另外 7 件均为法院依职权启动，没有一件案件是辩方提出申请。这一方面与制度设计有关，同时也反映出在新制度磨合期，检法等司法机关具有更大的主动性和积极性，辩方由于自身地位限制，往往只能进行试探性动作，而启动决定权归属于法院，检法的配合天性以及与辩方的对立性，也决定了法院更倾向于同意检方的申请，而忽视辩方申请。

第二，提起原因多为案情复杂、证据繁多、非法证据排除申请等主流原因，但也存在多种非主流因素。《最高人民法院关于适用〈中华人民共和国刑事诉讼法〉的解释》（以下简称《刑诉法解释》）中对庭前会议的范围进行了列举：有排除非法证据申请的、证据材料较多、案情重大复杂的、社会影响重大的，并辅以兜底条款——“需要召开庭前会议的其他情形”，从实践案例来看，上述三类明确列举的情形占了绝大多数，共计 14 件（77.8%）；属于非法证据排除申请、证据材料较多、案情重大复杂等三种情形，分别有 6 件、3 件、5 件,[②] 其他情况则种类繁多，包括被告人不认罪、案件专业性强（涉及非法行医中因果关系的判定、侵犯商业秘密行为的认定）等问题，甚至 1 件案件中法院拟改变公诉指控，为令控辩双方尤其是辩方调整辩护方向，而在庭前会议中将拟改变定性情况予以说明；还有 1 件强制医疗程序因为是该地区首

---

① 资料来源于首都检察网、上海市检察院内网中关于庭前会议的情况反映、调研分析等，查询截止时间截止到 2013 年 12 月 31 日，详情见附表。

② 由于每件案件中可能同时存在案情复杂、证据繁多、社会影响大等因素，故该部分统计按照提起原因综合统计，总数超出了案件数。

例特别程序案件，为做好庭审准备，法院也选择了召开庭前会议的方式，召集被提请人的法定代理人及被害方的诉讼代理人，就案件的程序问题、案件争点进行了明确；另外1件则是被告人欲出售自家房产进行退赃，售房过程需要被告人签字，故法院召集被告人及其妻子、辩护人、公证人以及公诉人，在庭前会议中完成了售房公证，并以此取得了被告人退赃的量刑情节证据。

第三，庭前会议中均有辩护人出席，被告人出席率仅为五成。《刑诉法解释》中规定召开庭前会议，根据案件情况，法院“可以”通知被告人参加，这是选择性规定而非强制性规定，也导致实践中被告人出席庭前会议的比例不高，样本中共有9件案件有被告人出席，占全部案件的50%。需要说明的是，样本案例中辩护律师出席率达到百分之百的统计结果与司法实践中的总体情况并不一致，根据上海市的统计，2013年全年40件召开庭前会议的案件中，辩护人参加庭前会议的35件，占87.5%，尚有一成以上的案件没有辩护人的出席。没有律师的案件也召开了庭前会议可以说是中国特有现象。之所以出现这种统计样本和实践运行的一定差异，一个重要原因就是绝大多数检察机关愿意公开的庭前会议资料、报道，都应是合法、合理的，否则也就没有公开、宣传的必要，从这个角度也可以看出辩护人的出席应为原则，也合乎平等武装的法理。[①] 除控辩双方之外的其他出席人员类型较多，除被害人（3件）、诉讼代理人（3件）外，还有3件案件中分别有法定代理人（强制医疗程序）、被告人家属（售房退赃）、公证人（售房退赃公证）参加，具有一定的特殊性。

第四，庭前会议中解决的问题集中在程序方面，同时对案件争点明确、证据质证意见等实体问题也有涉及。《刑诉法解释》中对庭前会议解决问题的范围进行了列举，主要是对管辖、回避、是否调取新证据、出庭人员名单、非法证据排除申请、是否公开审理等程序性问题的解决，另外也可对证据材料进行初步质证、归纳。实践中的庭前会议也基本上遵循上述范围规定，涉及程序问题的最多，将近六成，共计10件；其次是涉及非法证据排除申请的，将近半数，共计8件；对案件证据进行初步梳理、质证的有6件，占1/3；明确举证方式的有4件。另外还有《刑诉法解释》中未明确规定的情况，如有8件案件（44.4%）进行了案件事实、定性争议焦点的明确，1件案件解决了售房退赃问题，1件案件涉及在案扣押、查封财产的处理问题，最为特殊的1件是法院拟将公诉机关指控的挪用资金罪改变定性为职务侵占罪，而罪名变更可能影

① 杨宇冠教授建议，鉴于中国国情，可在法院配备专门的公共律师，几个案子的庭前会议可集中进行，公共律师代表所有的律师参加会议。这样便能解决没有律师而需要召开庭前会议的问题。

响辩方工作，“为保证庭审顺利进行，法院召开了庭前会议，就变更的诉讼主张予以告知，明确了庭审辩论的主要方向”。上述实践运行样态是否超出两高规定的范畴，有待商榷。

二 域外庭前准备程序的对比借鉴

新刑诉法规定的庭前会议制度并非独创，与域外相关制度渊源颇深。两大法系的主要国家均在刑事诉讼中确立了庭前程序，包括庭前审查（解决能否开庭审判、是否符合起诉条件等问题）、庭前准备（为庭审顺利进行做好准备）两大部分，中国的庭前会议制度与域外的庭前准备程序在功能设置、价值取向上有趋近之势，它山之石，可以攻玉，对域外庭前准备程序进行借鉴，可以更好地帮助中国庭前会议制度成长。根据诉讼模式的不同，可以将域外庭前准备程序模式分为三类，一是以英美为代表的当事人主导型模式，二是以法德为代表的法官主导型模式，三是以日本为代表的混合型模式。①

（一）以英美为代表的当事人主导型模式

以英国的庭前准备程序为例，主要是由法官召集控辩双方在确定的日期举行答辩及指示听证会（plea and directions hearing），听证会的主要目的是明确被告人是否进行有罪答辩，如果是有罪答辩，法官可以直接对被告人判刑，必要时也可为准备判刑前的报告而休庭；如果是无罪答辩，法官则要明确为开庭所必要的准备工作将何时完成，确定最终的审判日期。在听证会上，控辩双方的律师需要将以下内容答复给法官：案件中的争议问题；影响被告人或证人的人和智力或医疗上的问题；将向法庭作证的证人数目；展示物或表格；控方证人准备出庭的顺序；可预见的法律要点、证据可采性问题及其法律渊源；不在犯罪现场的证明；预计审判要花费的实践；证人和律师都能够出庭的日期；未成年人要通过录像或电视同步转播作证的申请。② 对于案情复杂的案件，在听证会中还可以决定举行由出庭法官主持的“开庭前的预备听证会”（preparatory hearing），在此听证会上，控方需陈述案情，并说明证据情况，被告人通常要求回答对于控方陈述案情的异议点，以及对证据可采性和适用相关法律要点的看法。无论是预备听证会还是答辩及指示

① 参见龙宗智《刑事审判制度研究》，中国政法大学出版社 2001 年版，第 153—162 页。

② 参见麦高伟主编《英国刑事司法程序》，姚永吉译，法律出版社 2003 年版，第 294 页。

听证会，其目的都是帮助控辩双方简化、明确之间的争议问题，从而提高正式庭审的效率。

（二）以法德为代表的法官主导型模式

德国的庭前准备程序，集中规定在《德国刑事诉讼法典》第 213 条至第 225 条，明确了庭前准备程序的主要内容：确定开庭审理日期；由审判长依职权调取的其他作为证据的物品；依据被告人的查证申请，决定是否传唤证人、鉴定人参加庭审或收集其他证据；宣布法庭组成人员，及时向控辩双方告知所传唤的证人、鉴定人姓名、住处；处理管辖权变更等问题。①

（三）以日本为代表的混合型模式

日本的庭前准备程序又称庭前整理程序，是在法官的主导下，对控辩双方的争点和证明方法进行整理，然后制订审理计划，以保证法庭审理迅速而连续的进行。庭前整理程序中的主要内容包括：允许追加、撤回或者变更诉因；展示证据；要求当事人双方表明在庭审时所预定提出的主张，整理争点；请求调查证据；在请求调查证据时应当标明证明的宗旨和询问的事项；确认有关请求调查证据的意见；决定调查证据或驳回调查证据的请求；对已经决定进行调查的证据，确定调查的顺序和方法；对证据调查提出的意义，作出处理和决定；确定或者变更庭审的实践；决定有关庭审的其他必要事项。②

通过梳理上述不同类型的庭前准备程序，可以看出由于各国刑事诉讼模式不同，造成庭前会议制度的价值理念、诉讼主体地位、适用方式、详略程度乃至重点、焦点的不同，如职权主义模式下，庭前准备的侧重点集中在法官对证据的收集调查和保全上，而在当事人主义模式下，庭前准备程序的重点集中于听取被告人的答辩、证据开示以及对争点整理、证据整理上。但同样基于对公正和效率的共同追求，各国准备程序在功能上、具体的准备事项和准备内容上有着许多共同的特点，主要措施都是进一步深化庭前准备程序，在庭前准备程序中消除可能造成审判中断和拖延的因素，利用准备程序的灵活性形式，缩短正式审判的期限，以减少程式化审判下巨大的诉讼投入，从而达到加速审判，提高审判效率的目的。

---

① 参见李昌珂译《德国刑事诉讼法典》，中国政法大学出版社 1995 年版，第 91—95 页。

② 参见陈光中主编《21 世纪域外刑事诉讼立法最新发展》，中国政法大学出版社 2004 年版，第 269 页。

三 庭前会议的功能解析

（一）庭前会议对程序问题的重点解决

庭前会议应当集中解决审理中可能出现的程序性问题，这是学界及司法实务中的一致看法，[①] 而且从京沪两地的实践看来，大部分庭前会议都对诸如回避、管辖、出庭证人名单确认、是否调取新证据等程序问题进行了解决，但还有一些关键的程序性问题并未得以明确或者重视。

1. 保证顺利开庭的程序性问题的解决

程序性问题的解决是庭前会议的一个主要功能，实践中半数以上（10 件，55.6%）的案件在庭前会议中解决了如回避、管辖、出庭证人名单确认、是否调取新证据等程序问题。这些程序性问题之所以要在庭前会议中解决，一方面是为了开庭所必要的，如开庭时间、审理程序等，另一方面也是为了避免在庭审中由于程序性问题而中止，从而拖延诉讼。因此在庭前会议中，需要确定控辩双方是否对管辖问题存有异议，确定控辩双方都方便的开庭时间，并对被告人是否认罪问题进行查明，以明确可否适用被告人认罪的简易程序审理。但需要说明的是，庭前会议的主要功能在于解决庭审的效率问题，因此往往适用于案件较为复杂、证据材料庞杂的情形，对于事实较为清楚、证据简单、被告人认罪的简易程序案件往往无须召开庭前会议。另外，还要对审判组织成员名单、拟出庭证人名单等进行明确，前者涉及是否回避的问题，后者涉及法庭依职权决定出庭证人范围问题，故如留待庭审阶段解决，往往需要中止审理，故纳入庭前会议的范畴，由法官在听取控辩双方意见的基础上，作出决定，能有效避免庭审的拖延。最后，还有一些涉及新媒体时代庭审特点的细节需要经过庭审会议协商，如是否允许媒体公开报道、是否实行多媒体质证、庭审的举证质证方案是分组举证还是罗列举证、量刑程序与定罪程序是否分别进行等，都需要在控辩双方一致同意的情况下作出决定，避免以往法官单方联系的不透明和效率低下，能够在一次庭前会议就将庭审的全部细节敲定。

2. 证据调取、保全

证据的保全和调取是控辩双方尤其是辩方的一项重要权利，由于证据存在易湮灭性，故事先的保全或者调取，有助于证据体系的完善。在庭前会议中，在法官的主持下，控辩双方就证据调查的范围和顺序协商一致，如果不能协商

① 参见《“庭前会议——控辩审三方研讨会”会议纪要》，吉林长春，2012 年 11 月。

一致则由法官决定证据调查的范围和次序，以便法庭审理的有序进行，避免因证据调查范围和顺序的不确定，导致在法庭审理中申请调取新的证据、通知新证人出庭而带来的审判中断。另外，如果庭前出现证人患严重疾病、出国以及可能存在拒绝作证、作伪证可能等情形的，控、辩方可以在庭前会议中提供相应证据材料（包括事先采证的理由，需要采证的证人的名称、住址，以及证言与待证事实的关系和采集证言的提纲），申请证据保全，法官在听取对方当事人意见后，作出是否采取保全措施的决定。

3. 非法证据排除

作为实践中庭前会议的主要功能之一，非法证据排除程序的启动较为多见，共占全部样本的1/3（6件，33.3%）。在具体启动步骤上，大体分为两种，一种是辩方提出非法证据的申请，控方直接举证，当场出示并宣读从看守所调取的被告人入所体检表、检查笔录、询问笔录等材料，播放审讯录像，进行实质性的证据合法性辩护；第二种是控方针对辩方的排除申请，不进行实质辩论，只提出辩论准备，如建议庭审时通知侦查人员到庭作证、作证时对证人进行保护等措施，非法证据排除的举证、质证留待正式庭审解决。庭前会议中非法证据排除的效果也分为两类：一是证据当场被法院认定非法证据排除或者当场驳回辩方申请；二是法院不对证据的合法性作出结论，留待庭审时认定。

作为保证法庭不被非法证据污染的一个重要程序，两大法系均在庭前准备程序中明确了对非法证据的排除内容，如德国对非法证据的排除是中间程序的主要功能之一，英国的答辩和指导听证程序以及听证程序中都规定证据可采性的判断是法官的主要任务之一。① 鉴于中国新刑事诉讼法采取了证据全部移送的起诉模式，同时检察机关指控犯罪角色也导致其对有罪证据的过多重视和依赖，因此在审前，对于非法证据进行排除，以尽早地明确控方证据体系是否完备、指控是否有足够依据以及让被告人尽早摆脱诉累，都具有重要意义。因此庭前会议中的一个重要问题就是启动非法证据排除程序，一旦辩方提出存在刑讯逼供等非法取证情况的，控方应当及时进行答辩、搜集整理证据，在庭前会议中控辩双方对是否非法取证问题的质证、答辩，需要最终法官对此作出结论性认定，即如果认为系刑讯逼供或者不足以排除怀疑的，对涉及的证据不应采纳，如果认为不构成刑讯逼供等非法取证，则该份证据可以在正式庭审时使用，辩方如无正当理由，不得再次启动非法证据排除程序。如果因非法取证理由被法官认定，导致该份证据无法采信，从而导致公诉方的指控体系不能成立的，公诉方可以尽早提出撤回起诉、变更起诉的要求。

---

① 参见韩红兴《刑事公诉案件庭前程序研究》，博士学位论文，中国人民大学，2006 年。

4. 羁押必要性的审查

目前调研的案例中尚无一例有关羁押必要性审查内容的庭前会议，一方面与该制度细密化程度不高、司法人员认知度不高有关，另一方面也是羁押惯性导致法院容易忽视这一问题并拒绝辩方的申请。羁押必要性审查作为刑事诉讼法新规定的一项内容，不仅包括捕后审查起诉、侦查阶段的羁押必要性审查，还包括对生效判决作出前，一、二审法庭审理期间的羁押必要性审查，刑事诉讼法规定审查的主体是人民检察院，虽然未对具体的建构作出规定，但法庭审理阶段的羁押必要性审查更要结合审前证据固定情况、被告人妨害诉讼风险的查明等综合予以考虑，如台湾学者认为“于公诉案件，案件既已至审判阶段，则被告人不易湮灭、伪造、变造证据或勾引共犯、证人，故于侦查阶段，以刑事诉讼法条第 76 条第 3 款为原因所为之羁押，于审判阶段，殊不应盲目继承之。亦即，关于羁押之要件，于审判阶段甚至可能有变化，故审判阶段，羁押之主体既属法院，则关于有无羁押要件存在，法院殊应发挥其主体性而为独立判断，绝不能受检察官之影响，而为惰性羁押”①。而庭前会议就给予了控辩双方主张是否有羁押必要的机会和场所。一般而言，辩方提起否认羁押必要性的请求，控方举证予以反驳，如果法庭经综合判断采纳不羁押意见的，即可作出不羁押的初步决定，同时需提交检察机关的相应监督部门审查，后者可以批准该决定并送交相关部门执行。

（二）庭前会议对实体问题的选择性解决

无论是高法的《刑诉法解释》还是高检的《刑事诉讼规则》，均将庭前会议审查的范围限定在程序和少量实体问题（证据开示）上，原来曾出现在《刑事诉讼规则》讨论稿和征求意见稿中的“对诉争焦点的审查”已被悄然取消，这也为实践中能否对实体问题尤其是诉争焦点进行审查埋下了伏笔。从庭前会议的域外立法以及现有的司法实践来看，为了达致提升庭审质效的目的，“虽然庭前会议不能够对案件实体问题的解决作出最终处理决定，但仍可围绕被告人刑事责任的有无轻重等问题进行准备活动”②，从而对部分实体问题进行整理明晰。

1. 积极抗辩理由的审查

实践样本中没有发现在庭前会议中辩方提出被告人未达犯罪辩护理由的案

---

① 黄东熊：《刑事诉讼法论》，转引自韩红兴《刑事公诉案件庭前程序价值的反思》，《法律适用》2007 年第 7 期。

② 闵春雷、贾志强：《刑事庭前会议制度探析》，《中国刑事法杂志》2013 年第 3 期。

例，仅有为数不多的几例是针对犯罪数额的计算、犯罪事实的定性，而不是罪与非罪问题，更没有被告人未达法定责任年龄、不在犯罪现场等积极辩护理由的出现。中国流水化作业的刑事诉讼模式，加之公诉人被赋予的客观公正义务，虽然能够很大程度上保证公诉案件质量（有罪判决率高达98%以上），但基于案件总数的庞大，也会产生数量可观的无罪错案，而且就中国的司法实践来看，检察机关为了逃避超期羁押的责任，对不符合起诉条件的被告人滥行起诉的现象也并不鲜见。这些都昭示着案件审理不能仅靠控方的一己力量，要充分重视辩方职能的发挥，才能有效实现案件审理的公正，其中有可能决定被告人无罪的积极抗辩理由，如精神疾病、未达法定刑事责任年龄、不在犯罪现场等，需要辩方能够尽早提出，以避免后续的庭审对被告人的不当影响。由此，在庭前会议中，如果辩方掌握了有关被告人无罪的证据，应当及时向法官提出，并由公诉人进行质证，如果认为无罪证据成立的，公诉方可以通过撤回起诉等方式及时终结诉讼，如果认为无罪证据不成立的，法官可以作出决定，该证据将不得在庭审中再次使用。

2. 辩诉交易、刑事和解的庭前解决

样本中的案例绝大部分都属于疑难复杂的经济案件（17件，94.4%），往往缺乏直接被害人，故缺乏刑事和解适用的空间，而公诉证明标准的提高，也限制了辩方以证据不足为由要求降格指控的可能。但是，作为缓解司法资源的有限性和案件数量之间矛盾的重要途径，辩诉交易不再是英美法系的专利，在大陆法系国家也广泛吸纳了辩诉交易的合理内核，创设了本国特色的辩诉协商程序。虽然此次刑诉法修改并未将辩诉交易入法，但实践中存在的认罪协商、认罪答辩等有着顽强的生命力，同时也符合了世界司法潮流。辩诉协商程序基于控辩双方意思的一致性，因而能有效减少冲突，从而提高诉讼效率、节省诉讼资源，因此如果在公诉程序中控辩双方就定罪和量刑问题达成协议（涉及认罪答辩程序的构建，在此不予以展开），在庭前会议中，法官可就控辩双方达成的协议进行审查，主要是审查辩方的自愿性以及协议内容的合法性，如予以认可的，则庭审中可略去法庭调查、法庭辩论，直接进入最后的量刑辩论程序。

另一方面刑事和解制度是此次修法的一个亮点，被告人与被害人和解的达成、和解协议的制作以及后续的从宽处理都体现了公权力对私权的尊重和保护，因此在庭前会议中，法官对于符合刑事和解条件的案件，要重点审查是否有和解的可能，必要时应当吸纳被害人参加庭前会议，听取被害人意见，对于双方有和解意向的，应依法主持和解，作出的和解协议在庭审中可以直接作为证据使用，如果之前已经和解、存在和解协议的，庭前会议主要审查和解的自愿性和协议的合法性，对符合法律规定的和解协议也应予以确认，庭审中作为证据使用。

3. 证据开示、争点整理

样本中进行证据开示、争点整理的比例仅次于程序性问题和非法证据排除问题，分别有6件和8件，占全部案件的33.3%和44.4%，而且大部分进行证据开示、争点整理的案件大大促进了庭审效率的提升，如一件案件的庭审原来要进行三天，通过庭前会议，控辩双方的证据开示、质证、争点总结，最终正式庭审只要半天就完成了。要使控辩双方能够相互知悉证据，达到平等武装，其中最为重要的就是证据开示，这也是传统意义上庭前会议的主要内容。在法官主持下，控辩双方基于对全案证据材料的掌握，可以分别提出有（无）异议证据清单，一经法官确认，对于无异议的证据控辩双方不得在法庭中再行申请证据调查。在法庭审理过程中，对经双方同意的证据，适用传闻证据例外规则，只予以宣读即可作为证据使用。这样可以节约审判时间，使法庭集中调查双方有争议的证据。同时，证据开示也要避免成为法官协助控方了解辩方辩护思路的手段，一般不应进行质证，除非是证据能力问题（如是否为非法证据），对异议证据应留待审理阶段解决。

在证据开示的基础上，庭前会议的一个重要功能就是对争点进行整理，虽然正式立法和司法解释中没有对此予以明确列举，但从效率和保证庭审质量的角度，对争点的归纳、梳理也应是庭前会议的一个重要内容，而且也得到了实践样本的确认，将近半数的案件进行了争点整理活动。争点整理，既包括对证据的整理又包括案件事实、法律问题争点的明确，目的就是加速审判、提高诉讼效率、保障庭审的集中和迅速审理。在庭前会议中，法官可以让公诉人就指控的要点进行说明，然后由被告人或辩护人就指控予以答辩，双方可以进行有限的辩论，经双方协商，对没有争议的事实记录在案，明确双方争议的焦点。在法庭审理过程中，对双方没有争议的事实不再进行实质性的调查，对双方争议的要点进行重点审理。

4. 指控罪名的变更

由于中国司法解释赋予了法院变更公诉指控的权力①，而不是严格的不告不理原则，就会使得控辩双方在庭审中争辩的罪名与法院心中确认的罪名大相径庭，法庭的争辩已经不能起到说服法官的作用，庭审流于形式，尤其是在轻罪改重罪的场合，更是严重剥夺了辩方的辩护机会。对于法院是否有权变更公

① 即最高法《刑诉法解释》第241第1款第2项规定：起诉指控的事实清楚，证据确实、充分，指控的罪名与审理认定的罪名不一致的，应当按照审理认定的罪名作出有罪判决。

诉指控这一基础理论问题，暂不置喙，在法院保留变更起诉权的前提下，如何提高控辩双方尤其是辩方的辩护质量，仅靠庭审是解决不了的，或者是只能造成庭审的中断，因此无论是从公正的角度还是从效率的角度，将变更起诉问题放在庭前会议中解决更为恰当。如德国刑事诉讼法第 207 条第 2 款第 3 项规定在中间程序中，对行为的法律认定与起诉书有歧义，可变更其法律评价然后准许进行审判。[①] 实践中也发现了一例法院因拟变更指控而召开庭前会议的案例，通过提前告知控辩双方新的辩护方向，确保了辩方防御权的行使，取得了较好的庭审效果。

四 庭前会议制度构建中的关键问题

中国刑事诉讼法的修改秉承了尊重和保障人权的基本原则，进一步加强辩方权利、缩小控辩差距，从而促进审判的公正性，同时效率问题也是刑事程序中不容忽视的重要方面，迟来的正义非正义，在审前羁押率高达 90% 的司法现状下，迅速审判、快速结案、避免拖延是保障被告人、犯罪嫌疑人人权权利的必由之路，庭前会议的制度构建也应建立在公正与效率的价值追求之上。

（一）被告人参与权的保障

对于庭前会议中辩方参与人员的范围，一直存在不同意见，实践样本中被告人的出席率也刚刚五成，如海淀模式的庭前证据开示中就排除了被告人的参与，仅辩护律师能够参与其中，由此也就产生了被告人参与权的问题。否定者认为，被告人参加庭前会议不是必需的，而应由法官裁断，只有当案件存在重大事实争议、有必要听取被告人意见时，才需要被告人参加庭前会议；[②] 而肯定者则认为，律师的辩护权是基于被告人的自我辩护权而产生的，因此其行使不能代替被告人的自我辩护权。我们认为，被告人及其辩护人的共同参与，才能使庭前会议基本形成控辩平等的规模，单纯要求律师从专业、技术的角度参与庭前会议，剥夺被告人的参与权是有违辩护的本来意义的。被告人参与庭前会议并发表意见的一个关键前提就是其对于案件证据材料能否知悉、掌握，刑诉法赋予了辩护律师在审查起诉阶段核实证据的权利，这里的核实证据不仅仅指向证人、被害人等的核实，还应包括向被告人本身核实证据，也就是说被告

① 参见闵春雷《刑事庭前程序研究》，《中外法学》2007 年第 2 期。

② 参见闵春雷、贾志强《刑事庭前会议制度探析》，《中国刑事法杂志》2013 年第 3 期。

人有权知悉指控自己犯罪的公诉证据，不得以侦查卷宗属于“侦查秘密”为由，排除被告人的知情权，而且被告人作为案件事实的亲历者，更了解各项证据的真伪、证明力，其提出相应主张，是辩护律师施展辩护意见的基础，因此庭前会议中的证据开示、证据调取、保全等，都应吸纳被告人的参与。其他庭前会议的内容，如程序性问题的解决、非法证据排除等，被告人作为当事人一方，更应参与其中。另一方面，如果被告人没有委托辩护人的，其专业素养缺乏制约了庭前会议参与的能力，更应对其指定辩护。

（二）庭前会议的主持者是否独立

纵观域外的庭前准备程序，为了防止审判法官提前介入案件、形成先入为主的审判印象，主持准备程序的法官往往是独立于审判法庭之外的预审法官。国内讨论庭前准备程序尤其是庭前会议的论点中，也多主张审查法官与审判法官彻底分离，庭前审查程序由专门的审查法官主持，理由同样是为了解决控方全案移送导致的审判法官“实体审”问题，杜绝出现审判法官先入为主、先定后审的现象，具体主持主体的设计，有的认为应当为法官助理，[①] 有的认为应从现有的法官队伍中选择，只是不同程序中的法官行使不同的诉讼职能，[②] 还有的认为应当由立案庭法官来行使庭前审查权。[③] 上述观点的出发点是好的，但同时也应当看到庭前审查中法官权利和责任重大，其所进行的工作会直接关系到人权保障、诉讼公正与效率等一系列重大诉讼价值能否得到实现，而且相关职能的履行也与审判职能密不可分（如争点整理，证据开示、保全、调取等），因此在现阶段法院人力资源较为缺乏、法官素质有待大幅度提升的司法现状下，单独强调庭前程序的独立性并不具有太强的现实意义，目前可以规定由案件的承办法官或者合议庭的其他成员作为主持人，可以更加高效、高质的完成庭前审查的任务。这也得到了实践的印证，全部样本中法院的主持人均为案件的承办人或者审判长、合议庭其他成员，在最高法《刑诉法解释》中也将主持召开的主体限定为“审判人员”，各地出台的庭前会议适用细则中也均规定庭前会议由法官主持，且一般为该案的承办法官。

---

① 参见王春花、卢东晓《建立刑事诉讼证据开示制度的探索与思考——山东省寿光市法院刑事证据开示试点工作经验》，《人民司法》2005 年第 5 期。

② 参见张静《构建独立多功能的庭前审查程序——以遵循司法规律为视角》，《行政与法》2011 年第 12 期。

③ 参见潘金贵《我国建立刑事预审程序的若干问题研究》，载徐静村主编《刑事诉讼前沿研究》第 3 卷，中国检察出版社 2005 年版。

（三）庭前会议的效力明确

《刑诉法解释》中规定庭前会议的全过程应制作笔录。实践中各地出台的庭前会议实施细则也均规定庭前会议笔录通过签字确认、无特殊情况不得反悔。但样本中也不乏辩方忽视庭前会议中双方已形成的共识，在庭审中重复发表质证意见或重复进行非法证据排除申请的情形，由于庭前会议笔录效力尚未明确，尤其是违反庭前会议中达成一致的事项，也容易导致控、辩双方出尔反尔，削弱庭前会议的价值。各国对于庭前会议记录的效力、参加人可否反悔等问题，基本上都采取了尊重态度，如美国《联邦刑事诉讼规则》规定审前会议中达成一致的事项由法院予以记录，被告人或其律师所作的承诺应由其签字，否则不能在庭审中作为不利于被告人的证据。[①] 日本刑事诉讼法也规定庭前准备程序中进行的事项，由书记官制作笔录，并在正式审理时予以宣读，具有效力。[②] 另外从设立庭前会议的立法初衷来看（解决庭审拖延、效率等问题，并提前关注被告人辩护权的实现），都应遵从公正与效率并重的原则，因此庭前会议中的活动应当以文字固定，并在参加人签字后，具备确定效力，控、辩双方反悔无效，记录中与庭审有关的内容应在法庭调查前予以宣读。

附表1　　京沪两地庭前会议制度适用案例

地区	姓名	案由	提起方	提起原因	参与人	解决问题
北京怀柔	刘某 赵某天	诈骗	检方	案情复杂、被告人不认罪、翻供、被害人情绪激动、数额大	辩护人 被害人	程序问题达成一致、对案件事实和证据形成初步意见、明确争点、对冻结查封财产处理达成一致、证据初步质证
北京一分院	朱某坤	虚开增值税专用发票	检方	案情复杂、证据种类繁多、证人多、数额大	辩护人 被告人	程序问题、非法证据排除、证据初步质证、举证方式
北京朝阳	简某兵 胥某勋	侵犯商业秘密	法院	专业性强	辩护人	程序问题、非法证据排除、管辖、出庭名单、举证重点、明确争点

① 参见宋世杰等《外国刑事诉讼法比较研究》，中国法制出版社2006年版，第472页。

② 参见宋英辉、刘兰秋《日本1999年至2005年刑事诉讼改革介评》，《比较法研究》2007年第4期。

续表

地区	姓名	案由	提起方	提起原因	参与人	解决问题
北京房山	刘某连	非法行医	法院	专业性强	辩护人 当事人 诉讼代理人	程序问题、证据质证
北京东城	杨某某等7人	介绍卖淫	检方	证人多、账目多、数额大	辩护人 被告人	程序问题、证据质证、犯罪数额异议及说明
北京延庆	桑某某	组织领导传销活动	检方	涉案人员多、证据多	辩护人	程序问题、证据质证（自首）、举证方式
北京丰台	朱某凤等多人	销售假冒注册商标的商品罪	检方	相对复杂、辩护人对部分证据异议	辩护人	瑕疵证据的说明及补正
北京房山	被告单位：北京市房山A医院及被告人王某清等人	合同诈骗罪、帮助毁灭、伪造证据罪	检方	证人多（多为同类证言）	被告人 辩护人	犯罪数额异议及说明、举证方式
北京二分院	程某某	运输毒品	检方	非法证据排除申请	被告人 辩护人	非法证据排除申请、控方提出侦查人员出庭、证人保护
北京一分院	班某升 陈某银 陈某斌	诈骗	法院	非法证据排除申请	被告人 辩护人	启动非法证据排除程序、法官驳回排除申请
北京一分院	祝某亮	贪污、挪用公款、挪用资金案	法院	法院拟改变定性，为辩方提供辩论空间	辩护人	变更诉讼主张、明确辩论方向
北京一分院	王某奇	受贿	检方	被告人出售房产退赃，需签字、公证	被告人及其妻 辩护人 公证人	房屋出售、退赔证明作为量刑证据
北京二分院	李某源等6人	职务侵占	法院	非法证据排除申请	被告人 辩护人	启动非法证据排除程序
北京二分院	任某信	挪用公款	法院	非法证据排除申请、观摩庭	辩护人	启动非法证据排除程序
上海闵行	赵某杰	职务侵占、虚开增值税专用发票	检方	案情复杂，被告人拒不认罪，辩护人做无罪辩护	辩护人 被害人及其代理人	程序问题、证据质证、明确争点
上海徐汇	某某	合同诈骗罪	检方	案情重大复杂	辩护人	程序问题、对犯罪事实、定性发表意见

续表

地区	姓名	案由	提起方	提起原因	参与人	解决问题
上海黄浦	朱某文	抢劫、强奸	法院	本市首例申请强制医疗特别程序案件	法定代理人及诉讼代理人	程序问题、明确争点
上海二分院	戴某	贩卖毒品	检方	非法证据排除申请	辩护人被告人	启动非法证据排除程序

刑事简易程序庭审机制实证研究

魏化鹏[①]

摘　要　新《刑事诉讼法》扩大了简易程序的适用范围，从理论上讲，适用简易程序审理的范围已扩大到可能判处二十五年有期徒刑以下刑罚的案件，由于中国简易程序庭审缺乏对认罪"事实证据"即认罪自愿和真实性的有效审查机制，无疑增加了错判的风险，简易程序中的被告人，因自愿供述罪行，对从轻处罚往往抱有极大的期许，但中国刑事简易程序庭审量刑信息匮乏，控辩双方无法针对有价值的量刑信息展开实质性辩论，被告人亦无法在庭审中感受到因认罪带来的量刑优惠。

关键词　刑事简易程序　事实证据　量刑裁判

一　问题的提出及研究现状

在中国当下的刑事司法领域，刑事程序的改革不容忽视。刑事和解入法、简易程序适用范围的扩大、未成年人司法方兴未艾、量刑程序规范化改革引人注目，刑事司法的变革层出不穷，这些变革多以自下而上的方式演进，由司法实践催生立法规范，所带来的不仅是制度层面的变化，其对司法理念和执法方式产生的冲击亦不容小觑。新《刑事诉讼法》在简易程序方面的规定即是重要一例，它糅合了以往简易程序和普通程序简化审的内容，在立法层面确立了新的简易程序运作规范。简易程序适用前提有三，一是案件事实清楚、证据充分的；二是被告人承认自己所犯罪行，对指控的犯罪事实没有异议的；三是被告人对适用简易程序没有异议的。其中，被告人自愿认罪占据着重要的地位，

---

① 中国社会科学院法学研究所与最高人民法院中国应用法学研究所联合培养博士后，上海政法学院讲师。

在简易程序庭审中，倘若被告人对犯罪事实和罪名供认不讳，法庭即可直接进入量刑裁判阶段。

简易程序中的被告人，因自愿供述罪行，对从轻处罚往往抱有极大的期许，他们对案件关注的焦点不是定罪（罪名）而是量刑（刑期），他们更关心被判处刑期的长短以及被科处该刑期的理由。显然，只有将量刑设定为简易审案件庭审的重心，充分保障控辩双方的量刑参与权，才能在有限的时间内充分释法说理，使当事人双方明了量刑的理由，进而增强裁判的可接受性，以期在事实层面上提升司法的公信力。新《刑事诉讼法》第193条规定：“在法庭审理过程中，对与定罪、量刑有关的事实、证据都应当进行调查、辩论。”这不仅昭示着庭审量刑需要以公开和透明的方式进行，赋予了庭审量刑的相对独立性，同时也蕴含了对当事人量刑参与权的保障，显而易见，传统的庭后行政化量刑方式已非法律所鼓励。

“以量刑为重心的简易程序庭审研究”主要着眼于庭审的“事实证据”①审查和量刑裁判程序。新《刑事诉讼法》将简易程序的案件范围扩大到“基层人民法院管辖的案件”，中国基层法院受理的刑事案件中，90%属于被告人认罪案件，这就意味着绝大多数被告人认罪案件都将适用简易审，这在提高审判效率的同时，无疑也增加了错判的风险，简易程序的运作将成为公众审视刑事司法公正的窗口，将简易程序庭审作为研究对象，具有重要的现实意义。本着学术规范原则，笔者在进行此项研究之初，对与简易程序庭审相关的国内外研究成果进行了梳理，这些既有的学术成果主要集中在以下三个方面：

第一是对“两简程序”的整体运行情况、启动方式、审理的效率和质量、律师辩护情况进行分析。这方面的代表性作者及著作有，左卫民教授的《简易刑事程序研究》，高一飞教授的《刑事简易程序研究》，马贵翔教授的《刑事诉讼结构的效率改造》、《刑事简易程序概念的展开》等。

第二是对被告人认罪案件处理程序进行研究，其中涉及简易程序庭审的相关内容。樊崇义教授的《论中国特色被告人认罪案件诉讼程序的构建》一文认为：“我国被告人认罪案件在被告人认罪自愿性与真实性的保障方面存在问

① 简易程序庭审的“事实证据”主要是指在简易审案件的庭审中，被告人自愿认罪所供述的，法官据以裁判的犯罪事实。《美国联邦刑事诉讼规则》第11条（f）规定：“法院在受理有罪答辩时，应当审查该答辩的事实基础，如果不能认为该事实存在，就不能根据该答辩宣告判决。”美国刑事法学界将在诉辩交易过程中，将被告人自认的犯罪事实称为“事实基础（factual basis）”，本文出于语言表述的清晰，将我国简易审案件中被告人自愿供述的犯罪事实称为“事实证据”。

题”①，孙长永教授等在《认罪案件办理机制研究》一文中提及：“相关配套制度不完善，难以保证犯罪嫌疑人、被告人认罪的自愿性。”② 可见，学界已关注到对认罪“事实证据”进行审查的必要性。郭明文的《被告人认罪案件处理程序研究》（西南政法大学博士论文），从比较法的角度较为全面地论述了英美法系国家的有罪答辩和认罪处理程序、德国的快速审判程序、法国的立即出庭和简易审判程序、意大利的快速审判程序、日本的简易审判程序、俄罗斯的被告人认罪案件速决程序等。

第三是对适用简易审案件的“事实基础”审查机制进行研究。这方面的研究主要集中在国外刑事法学界，国内的学者鲜有论及，如日本田口守一教授在《有罪答辩与真实主义》一文中探讨了夏威夷州控罪答辩制度中对认罪“事实基础”审查的程序；③ 德国的比凯尔（Johannes Bickel）教授撰文指出：“有罪答辩是基于通过自白表示同意的方式终结程序”；美国的达比（Markus Dirk Dubber）教授认为，要强化法院在有罪答辩制度中的监督机能，并指出要区分自白的任意性和有罪答辩的任意性。④

上述研究存在以下三方面需要完善之处：一是，国内学者研究视野仅停留在简易程序庭审的整体运作层面，对细节问题研究不够深入。如缺乏对简易审案件庭审“事实证据”审查机制的研究。二是，对国外简易程序量刑听证的具体操作关注不够。三是，由于中国和英美法系国家被告人认罪的原因有别，⑤ 导致简易程序庭审对认罪“事实基础”审查的侧重点有差异，同时英美法系学界对简易审量刑裁判程序的研究主要集中在量刑听证程序上，中国的简易程序量刑是以庭审的方式公开进行，具有诉讼化特征，两者的差别比较明显。

为了对简易程序的庭审进行深入研究，有必要对新《刑事诉讼法》实施以来简易审案件庭审的现状进行梳理，笔者选取了S市S区、C区和P区基层

① 樊崇义：《论中国特色被告人认罪案件诉讼程序的构建》，《人民检察》2008年第14期。

② 孙长永、曾军、师亮亮：《认罪案件办理机制研究》，《西南政法大学学报》2010年第2期。

③ 参见［日］田口守一《刑事诉讼的目的》，张凌、于秀峰译，中国政法大学出版社2011年版，第107—122页。

④ Markus Dirk Dubber, “American Plea Bargains, German Lay Judges, and the Crisis of Criminal Procedure”, 49 Stan. L. Rev. 547 (1997).

⑤ 在中国刑事诉讼程序中，认罪作为“悔罪情节”影响量刑，认罪态度好可获得量刑减轻，中国绝大多数被告人认罪均基于此原因，这在英美法系国家被称为“无条件的自白”，即被告人不通过与追诉方的交易，只凭被告人的意思进行答辩，被告人通过这种答辩完全放弃了自我负罪拒绝特权、接受陪审团审判的权利等被告人的权利。而英美法系国家90%以上的刑事案件是通过答辩交易完成的，即被告人认罪的前提是与追诉方进行的答辩交易。

人民法院进行了调研，主要以观摩不同类型[①]简易审案件庭审、查阅卷宗和访谈的方式进行。

二 刑事简易程序庭审的实证分析

任何事物都具有量和质两个方面。在社会研究中，相应地存在着定量研究与定性研究两种不同的探讨方式。定性研究是用文字来描述现象，而非用数字和量度；定量研究则与此相反，是用数字和量度来描述的，而不是用语言文字。量表测量、问卷调查、结构式访问、结构式观察等是定量研究中常见的资料收集方法；参与观察、无结构访问等，则是定性研究中主要的资料收集技术。定量研究的结果在概括性、精确性上特征明显，定性研究则以其资料的丰富性、细致性和理解的深入性与定量方法相对照、相补充。[②] 对简易程序庭审的实证分析同样须应用定性和定量相结合的方法，选取新《刑事诉讼法》实施之前的简易程序和普通程序简化审的相关数据作为对比参照系，可以审视修法前后简易程序庭审的若干细微变化；通过对“脱离真实的事实”定罪的简易审极端案例进行考察（如河南天价过路费案），可以深入探讨简易程序庭审涉及的理论问题，从某种意义上，考察简易程序庭审的实务应当优先于考察极端案例。

通过对简易程序庭审进行调研发现，除了公诉人出庭参加公诉和拟判处三年以上有期徒刑的组成合议庭进行审判外，庭审的其余相关细节[③]并未发生太大的变化。诚然，公诉人出庭支持公诉导致庭审结构发生了变化，使得控辩双方在庭上针对有争议的事实和证据进行辩论成为可能，但这一变化的效果如何，还有待进一步探讨。就简易程序庭审的现状而言，依然存在以下三个方面的问题，这些问题如果不能在司法实践中有效地解决，简易程序制度变革的初衷就很难如愿以偿，公平和效率之间的张力依旧无法平衡。

（一）刑事简易程序庭审缺乏对认罪“事实证据”的有效审查机制

我们在调研中发现，在简易程序的庭审中，书记员宣读法庭纪律之后，主审法官首先对被告人身份进行核实，接着是对被告人的前科进行调查，然后询

① 以触犯的罪名分类，包括盗窃案件、故意伤害案件、交通肇事案件、醉酒驾驶案件、团伙犯罪案件等；以判处的刑期分类，包括拟判处三年以下有期徒刑的审判员独任审判案件，拟判处的有期徒刑超过三年的合议庭审判案件。

② 参见风笑天《社会学研究方法》（第三版），中国人民大学 2012 年版，第 11—14 页。

③ 文中所指的简易程序庭审细节包括庭审节奏、庭审重心、庭审诉讼环节。

问被告人何时因本案被采取强制措施、起诉书副本在何时收到等，再者就是对被告人诉讼权利的告知。这些内容仅仅是对被告人自身情况的审查和权利的告知，与犯罪事实本身并无太大关联。法官对被告人认罪的自愿性与真实性的审查主要在法庭调查之初进行，整个审查过程基本上由四句话构成："被告人xxx，公诉人宣读的起诉书听清楚没有?""被告人 xxx，你对起诉书指控的事实及罪名有无异议?""你是否自愿认罪?""自愿认罪可能产生的法律后果，是否清楚?"如果该案有辩护人出庭，法官会增加询问辩护人对起诉书的事实和罪名是否有异议。庭审法官对认罪"事实证据"的审查采用问答的方式进行，被告人和辩护人仅需回答是或否，这样的形式性审查并未触及犯罪事实本身，也未就认罪的自愿性和真实性作深入的探究，假如被告人系自愿代替他人认罪[①]或者受外力胁迫认罪[②]，如此简单的审查方式很难对其进行甄别和过滤。在司法实践中，"非真实性认罪"的情形时有发生，[③] 如名噪一时的"河南天价过路费"案，大家对此案的关注的焦点多集中在高速公路收费标准是否合理，以及应否以无期徒刑来惩罚逃费者，很少有人关注该案的被告人之一时建锋涉嫌顶替其弟时军锋认罪的细节。

2010 年 12 月 21 日，时建锋因涉嫌非法购买伪造的武警部队士兵证、驾驶证、行驶证和军用车牌照等证件，为自己运送沙石的两辆货车骗取高速公路通行费共计 368 万余元，河南省平顶山市中级人民法院以诈骗罪判处时建锋无期徒刑，剥夺政治权利终身，并处罚金 200 万元，追缴时建锋违法所得一切财物。此案披露后引起强烈社会反响，平顶山市中级人民法院 2011 年 1 月 14 日决定，启动再审程序。2011 年 1 月 15 日，时军锋投案自首，并交代了时建锋是顶替他人狱等和案件有关的重要情况，时军锋称，他哥哥时建锋是顶替他人狱的，案发后曾有人向他承诺，时建锋很快可以被放出来，他曾经向有关部门工作人员行贿。2011 年 12 月 15 日，河南"天价过路费"案当庭判决，被告人时军锋犯诈骗罪，判处有期徒刑 7 年，罚金 5 万，被告人时建锋犯诈骗罪，判处有期徒刑两年零六个月，罚金 1 万。[④]

---

① 自愿代替他人认罪可能是受经济利益的驱使，也可能源于情感的纠葛，在司法实践中俗称"顶包"案件，此情形多发生于交通肇事案件、醉酒驾驶案件、团伙犯罪案件中。

② 受外力胁迫认罪多发生在刑讯逼供或变相刑讯逼供的场合，包括不适当的长期拘禁，变相折磨人的肉体和精神等。

③ 笔者在 S 市调研过程中，分别在 C 区和 P 区基层人民法院发现两起"顶包"案件，一起是在庭审时被发现，另一起是在被告人服刑时被发现，因该两起案件并没有被媒体曝光，本着学术研究的原则，笔者在文中未公布此两起案件的具体情节，仅作为"自愿性非真实认罪"极端案例进行探讨。

④ 《被判无期徒刑的河南农民时建锋的弟弟投案自首，称时建锋是顶替人狱》，http://news.xinhuanet.com/legal/2011-01/15/c_ 12985141.html。

该案的一审判决书显示，时建锋对检察机关指控的犯罪事实及罪名均无异议，并当庭认罪、悔罪，请求法庭从轻处罚。在开庭审判中，时建锋未聘请辩护律师，法院判决后，也未提起上诉。从该案的案情和判决结果看，我们至少能够得出这样的结论：本案的从犯涉嫌顶替主犯的罪行。该案的顶包行为直到一审判决作出后，因主犯的自首才被司法机关察觉，在审判前的侦查和审查起诉阶段，公安机关和检察院并没有发现从犯的顶替行为，一审判决时，法官也未能在法庭调查阶段察觉被告人的虚假口供。虽然再审程序的启动及时纠正了错误，但该案无疑对司法的权威和公信力产生了较大的冲击。"非真实性认罪"如果未被发现，会使真正的犯罪人逍遥法外，进而使其产生侥幸心理，这是对司法权威的玷污和司法公信力的极大伤害。"非真实性认罪"若在庭审时被发现，虽然可能导致程序的倒流，对司法资源造成一定的浪费，但从保护被害人的权益和维护司法尊严的角度出发，实有极大之必要。中国刑事简易程序庭审缺乏对认罪"事实证据"的有效审查机制，随着被告人认罪案件简易审案件范围的扩大，这方面的隐患会愈加凸显。

（二）刑事简易程序庭审未凸显出量刑的重要性

自 2013 年 1 月 1 日新《刑事诉讼法》实施以来，各地司法机关积极探索简易程序的诉讼模式，如简易程序起诉模式，[①] 建立简易审案件在公安、检察、法院三机关的专人办理制度，对简易审案件实行简化审结报告、简化讯问笔录、简化审批程序、简化出庭工作等，这些制度探索在一定程度上保障了简易审案件的快速高效办理。虽然简易程序的制度探索林林总总，但简易程序庭审的诉讼环节依旧是沿袭修法前法庭调查、法庭辩论、被告人最后陈述的构造，以庭审耗费的时间作为参照系，我们可以看出，拟判处三年以下有期徒刑的审判员独任审判的案件，庭审所花费的时间一般在 10 分钟左右，拟判处有期徒刑超过三年的合议庭审判案件，庭审耗时一般在 20—30 分钟不等。法庭调查和法庭辩论环节所占的时间[②]比约为 6∶4，即法官将庭审 60% 的时间用在对被告人身份核实和诉讼权利的告知以及定罪事实的举证、质证上，因为自愿认罪，被告人对这些事实与证据基本上不持任何异议，这些时间基本上是公诉人在宣读起诉书、对被告人进行讯问、出示相关证据。从时间配置上看，法

---

① 探索集中公诉模式、类型化公诉模式等。

② 在认罪案件的庭审中，被告人在最后陈述的环节基本上不发表意见，所以此环节所占用的时间可忽略不计。

庭辩论的环节在庭审中明显居次要地位，法庭辩论环节本是公诉人对量刑进行说理，辩护人和被告人提出从轻和减轻量刑情节的场域，在如此短暂的时间内，剔除公诉人发表公诉意见的时间，留给辩护律师和被告人的时间已寥寥无几，由于案外量刑情节[①]的匮乏，律师所发表的量刑辩护意见多围绕着犯罪事实本身进行，基本上是在重复法庭调查环节的内容，如“被告人系初犯，犯罪的主观恶性不大，认罪、悔罪态度较好，请求法庭从轻处罚”。在没有辩护律师参与的法庭辩论环节，由于被告人自身法律知识的欠缺，无法为自己进行有效的辩护，他们大多选择放弃辩护，即使发表辩护意见，也多为对某些犯罪事实情节的重复或请求法庭从轻处罚。此时的法庭辩论，演变为公诉人的独角戏，时间也会被大大的压缩。

从上述的分析可以看出，中国刑事简易程序庭审无论是在诉讼环节的时间配置上，还是在具体的诉讼内容上，均未凸显出量刑的重要性。这既有量刑信息匮乏，大量有利于被告人的案外量刑情节无法进入庭审视野的客观原因，也存在法官和公诉人对量刑不够重视的主观因素。量刑在刑事简易程序庭审中地位的弱化，使得被告人无法主动参与量刑程序，法庭对其的裁决只能被动地接受，大多数被告人无法感受到认罪给其带来的刑罚优惠。

（三）刑事简易程序的审判组织有待完善、公诉机关案多人少的矛盾突出

新《刑事诉讼法》实施以来，法院对简易程序审判组织究竟适用合议庭还是法官独任审判基本上是根据可能判处的刑期长短决定，即对可能判处三年有期徒刑以下刑罚的，可以组成合议庭也可以由审判员独任审判，对可能判处有期徒刑超过三年的，应当组成合议庭进行审判。

但在刑事审判实践中，简单地将可能判处刑期的长短作为决定审判组织的依据，似乎有失科学性与合理性。拟判处三年以下有期徒刑的案件案情也具有复杂的因素，在调研中我们发现一起适用简易程序审理的非法拘禁案，4 名被告人均拟判处三年以下有期徒刑，该案由审判员独任审判，由于该案被告人较

① 案外量刑情节包括被告人方面的因素和涉及被害人以及社会方面的因素，涉及被告人方面的因素主要有被告人的年龄、前科劣迹、生活经历、健康状况、家庭环境、生活状况等；涉及被害人以及社会方面的因素包括对损害的赔偿、道歉的努力、和解的成败、被害人感情的强弱、社会情况的变化、有关法规的变动等。刑事司法实践中，侦查机关往往重定罪事实的收集，轻量刑信息的收集，在量刑信息方面，对于法定量刑情节的证据都很少收集，更遑论案外酌定量刑情节了。由于没有配套的制度，部分酌定量刑情节在收集上确实存在着困难。适用简易程序审理的案件的审限只有 20 天，即使是可能判处三年以上有期徒刑，审限可以延长至一个半月，法院自行补充调查或辩护人申请调查量刑事实所花费的时间可能会超出此审理期限。

多，案情较为复杂，庭审持续了一个多小时，相较于适用合议庭审理的简易程序案件（庭审一般持续20分钟左右），该案无论在案情还是在庭审的耗时上，均可称之为复杂。同理，拟判处三年以上有期徒刑的案件案情并不一定复杂，如当街行凶杀人未遂被群众扭送，该案事实清楚，证据确实充分，目击证人证言确凿，被告人认罪，拟判处的刑期在三年以上，但案情却并不复杂，确无组成合议庭审理之必要。

从理论上讲，适用简易程序的范围已扩大到可能判处二十五年有期徒刑以下刑罚的案件，立法机关为了确保简易程序庭审的准确性，防止错案的发生，规定了适用简易程序审理的公诉案件，人民检察院应当派员出席法庭支持公诉，公诉人一律出庭支持简易审，使基层检察院公诉部门的工作量大增，即使对起诉方式进行了多样化的改革探索，案多人少的矛盾在短期内仍无法改观。

表1　S市S区人民检察院和人民法院2010—2012年提起公诉和审判案件数①

诉讼年度／案件数量	2010年	2011年	2012年
提起公诉	1124件（1586人）	1235件（1795人）	2010件（2724人）
简易程序	662件（841人）	754件（998人）	1392件（1670人）
普通程序简化审	246件（401人）	277件（467人）	359件（655人）
普通程序	216件（344人）	204件（330人）	259件（399人）

表1是笔者对S市S区基层人民检察院和人民法院近三年提起公诉案件数量和一审刑事案件数量的统计，从中我们不难发现：刑事公诉案件呈逐年递增的趋势，2011年较2010年增长了9.8%，2012年较2011年增长了62%；S区基层人民法院适用两简程序审理的刑事案件数量也呈递增趋势，2011年较2010年增长了13.5%，2012年较2011年增长了69.8%。仅凭这两组数据，我们可以作出这样的推断，基层人民法院适用简易程序审理案件数量的增长率大于刑事公诉案件的增长率。如果公诉人对简易程序的案件一律出庭支持公诉，其工作量的增加在70%以上。

① 表格括弧中的数据为涉案的人数。

表 2　S 市 S 区人民检察院和人民法院 2013 年 1—4 月提起公诉和审判案件数①

提起公诉	521 件（683 人）
简易程序（独任制）	403 件（488 人）
简易程序（合议制）	49 件（71 人）
普通程序	69 件（124 人）

表 2 的数据显示，在新《刑事诉讼诉法》实施之初的四个月内，S 区基层人民法院适用简易程序审理案件的数量占刑事公诉案件的 86.7%，其中适用独任制审理的简易程序案件数占 77.3%，适用合议制审理的简易程序案件数占 9.4%。基层检察机关公诉部门人员配置的增长远远赶不上案件数量的激增，以东部沿海地区某基层检察机关为例，一位专职办理简易程序案件的公诉人一天平均要出十四个简易庭，而且只有助理检察员以上的公诉人才有资格出庭，法学硕士毕业后在检察机关工作一年以上，法学本科毕业后在检察机关工作两年以上才具备出庭的资格，基层检察机关公诉部门人员流动性较大也加剧了案多人少的矛盾。即使各地积极探索多元化的公诉模式，由于不同类型公诉案件定罪与量刑思维存在差异性，简易审案件要达到优质（确保不出错案，量刑适当）与高效（司法资源的节省）办理的初衷，尚需时日。

三　刑事简易程序庭审“事实证据”审查机制

根据新《刑事诉讼法》，法院适用简易程序的前提条件是被告人自愿认罪，对于适用简易程序不持异议，并且案件“事实清楚，证据确实、充分”。这就意味着被告人在这种程序中放弃了无罪辩护，法院仅仅通过阅卷就对犯罪构成要件事实形成了内心确信，而不再持有合理的怀疑。因此，法院基本上就不再组织定罪裁判程序，简易程序所要解决的核心问题就是被告人的量刑问题。② 简易程序实质上属于针对被告人的量刑裁判程序，但我们不能因此忽视对认罪“事实证据”的审查，立法虽然规定了公诉人必须出席简易程序庭审，但并没有要求辩护律师必须出庭，中国刑事辩护率一直较低，非控辩式的法院单方的书面审查模式，亟待完善对认罪自愿性和真实性的审查机制，诚如对被告人定罪是量刑的前提一样，认罪自愿性和真实性的审查是简易程序量刑的基

① 表 2 是中国东部沿海地区 S 市 S 区基层人民检察院和人民法院在新《刑事诉讼法》实施后的四个月内，提起公诉刑事案件数量以及适用独任制和合议制简易程序的数量。

② 参见陈瑞华《刑事司法裁判的三种形态》，《中外法学》2012 年第 6 期。

础。可以说，自愿性和真实性审查是简易程序实现公平正义的基石，简易程序量刑裁判的前提是对认罪"事实证据"进行审查。

（一）简易程序庭审"事实证据"审查的核心——口供

口供是指被追诉者在刑事诉讼过程中就其涉嫌或被指控的犯罪事实或其他案件事实向公安机关、人民检察院、人民法院所作的有罪陈述。[①] 被告人认罪在侦查、公诉、审判阶段均体现在口供中，表现形式分别是"讯问笔录"、"提讯笔录"、"庭审笔录"，记录被告人供述的笔录名称因地区不同可能有所差异，我们一般通称为"讯问笔录"。在基层人民法院审理的刑事案件中，被告人的口供具有相对稳定性，被告人认罪反复的情况较少，被告人能够始终如实供述主要犯罪事实的情况占 90% 以上。当然，在刑事司法实务中也会有少数被告人供述会出现反复，口供反复主要存在以下四种情形：（1）在公安机关如实供述，在检察机关翻供；（2）在公安机关如实供述，在检察机关翻供，在审判机关又能自愿认罪；（3）在公安机关、检察机关如实供述，在审判机关翻供；（4）自始不能如实供述。在第（3）种情况中，如果一审宣判后被告人上诉，被告人在二审中如实供述犯罪事实的情况占有相当比例。在公安机关不认罪，在审查起诉或者审判阶段认罪的情况基本没有。口供出现反复的情况主要源于被告人的心理变化，基层人民法院审理的一般都是犯罪情节轻微、多发的刑事案件，被告人在公安机关接受讯问时，慑于法律的威严一般都能够如实供述，但随着时间的推移，在经过漫长的侦查、审查起诉阶段后，有时会受同监室成员或律师的影响出现认罪反复的情况。由于简易程序庭审中绝大多数被告人的口供具有稳定性，所以此时对认罪"事实证据"的自愿性和真实性进行审查具有可操作性。

（二）虚假口供的类型化及成因分析

简易程序庭审对"事实证据"审查的目的是发现和过滤虚假口供，确保认罪的自愿性和真实性。从心理学的视角来看，虚假供述（false confession）是指供述者对自己未曾犯下的某项犯罪行为进行供认。[②] 通过对多个案例的分析，美国著名司法心理学研究者 Kassin 和 Wrightsman 将有罪的虚假供述分为

---

① 参见闫召华《口供中心主义—我国口供规则及其实施问题研究》，博士学位论文，西南政法大学，第 26 页。

② Kassin, S. M. & Gudjonsson, G. H., "The psychology of confession evidence: A review of the literature and issues", *Psychological Science in the Public Interest*, 2004 (5), pp. 33 - 67.

三种类型：自愿型虚假供述、强迫顺从型虚假供述和强迫内化型虚假供述。[①] 分析此三种虚假口供的成因，有助于廓清认罪“事实证据”审查的重点。

1. 自愿型虚假供述（voluntary false confessions）的成因

Wrightsman 教授认为，自愿型虚假供述是指未经引诱而作出自我归罪的供述。美国学者 Ricard 经过研究，犯罪嫌疑人之所以自愿作出自我归罪的供述，主要有以下原因：一是对名声、社会重视的病态追求所致。在现实生活中，有些处于社会边缘的人，因其极度甚至病态渴求个人的名声和社会的重视，会承认某些具有社会影响力的案件为其所为。二是出于对亲戚或朋友的保护，这就是俗称的“顶包”案，最为常见的情形是长辈替晚辈顶罪，下级替上级顶罪。三是通过自我归罪，实现对以前实施的不法行为的自我惩罚。人们在实施了犯罪行为之后，由于受到良心的拷问而产生自责感，当内心的愧疚无法排解时，有些人希望通过承认别人实施的犯罪行为，以接受法律的惩罚去消解内心的愧疚感。四是通过对一个较小的犯罪行为的自我归罪以避免更严重的惩罚。在某些案件的侦破中，被侦查人员锁定的犯罪嫌疑人，为了防止侦查深入导致自己的重大罪行被发现，企图通过对一个较小的犯罪行为的虚假供述去转移侦查人员的视线。[②]

2. 强迫顺从型虚假供述（coerced-compliant false confessions）的成因

强迫顺从型虚假供述是指无辜者出于某种工具性目的（逃避某种令人厌恶的处境、各种明示或暗示的威胁、获得或明或暗的各种好处），对于审讯人员要求其作出的供述勉强同意而作出的陈述。[③] 刑讯逼供是导致强迫顺从型虚假口供的主要原因，除此之外，美国学者研究认为：“心理强制的审讯情景因素与犯罪嫌疑人的个人因素的结合也是导致强迫性虚假供述的重要原因。”[④] 审讯情景因素主要体现在以下两个方面：一是审讯的隔离性；二是审讯的强制性。审讯的隔离性即长时间隔离带来的疲惫、无助与对睡眠、食物和其他生理需求的剥夺相结合，损害人们作出复杂决定的能力。隔离还增加了羁押性审讯的逼迫性（尤其经过长时间羁押的情况下更是如此），从而

---

① Kassin, S. M. & Wrightsman, L. S., “Prior confessions and mock juror verdicts”, *Journal of Applied Social Psychology*, 1980 (10), pp. 133 – 146.

② Ricard P. Conti., “The psychology of false confessions”, *the Journal of Credibility Assessment and Witness Psychology*, 1999 (2), p. 1.

③ 参见吴纪奎《无辜者认罪的成因分析——基于美国司法实践的阐释》，《贵州警官职业学院学报》2009 年第 1 期。

④ Richard A. Leo., “Miranda's revenge: Police Interrogation As a Confidence Game”, *Law and Society Review*, 1996 (30), pp. 259 – 288.

增强了犯罪嫌疑人的逃避动机。审讯强制性一方面是指审讯环境的强制性，包括控制犯罪嫌疑人活动的自由和与外界联系的权力，面对警察的权威所产生的服从压力以及审讯环境的不确定性所造成的压力；另一方面是指审讯方式的强制性，包括变相肉刑对犯罪嫌疑人心理产生的影响和以心理强制为主要特征的讯问策略。①

3. 强迫内化型虚假供述（coerced-internalized false confession）的成因

强迫内在化虚假供述是指无辜且脆弱的犯罪嫌疑人由于受到高度暗示性和诱导性审讯策略的影响，相信自己实施了所指控的犯罪行为而作出的陈述。②与自愿型虚假供述者不同，强迫内在化虚假供述者不会主动作出虚假供述，其之所以作出虚假供述是由于受到高度暗示性和诱导性审讯策略的影响；与强迫顺从型虚假供述不同，强迫内在化虚假供述者在审讯的最后阶段真诚地相信自己实施了指控的犯罪行为。

（三）简易程序庭审“事实证据”审查机制

在中国刑事程序中，对认罪“事实证据”的审查表面上存在两道防线，首先是在审查起诉阶段，公诉人对证据不足的案件，可以退回补充侦查；其次是庭审时法官对认罪自愿性的形式性审查。鉴于虚假供述形成原因的复杂性和种类的多样性，中国现有的非法口供排除规则、翻供印证规则和口供补强规则均不足以防止法官错误地采纳不可靠的口供，无法有效地甄别诸如“自愿型虚假口供”和“强迫内化型虚假供述”。为了防止虚假供述即虚假认罪的“事实证据”被错误采纳，必须依据供述真实性判断的一般原理，制定一个更为科学有效的认罪“事实证据”审查机制。

在美国的刑事司法领域，法院在受理有罪答辩时，规定应当审查该答辩的“事实基础”，如果不能认为该事实存在，就不能根据该答辩宣告判决。对有罪答辩“事实基础”的审查不仅包括对被告人、检察官、辩护律师的质问，在必要时还要仔细推敲有关答辩达成的合意（plea agreement），仔细分析提交的案卷或者预审笔录以及警察的证言，要求检察官和辩护人说明案件内容等，法院只要认为“被告不是要对荒诞无稽的事实进行有罪答辩”即可，这就意味着“事实基础”是可以被认定的，如果不能确认认罪“事实基础”的存在，就不能据此进行宣判。在被告人承认有罪的情况下，必须当面接受法官的质

① 参见许永勤《审讯情境的强制性特征及其对嫌疑人供述行为的影响》，《中国人民公安大学学报》（社会科学版）2011 年第 1 期。

② 同上。

问，而不能采取录像审理。①

中国侦查中心主义的诉讼构造青睐于对案件客观真实的追求，所以对认罪“事实基础”的审查应采取实质性审查，被告人认罪需要提交纸质文书，里面应详细列举和认罪“事实证据”相关的内容，法官在简易程序庭审中可就该内容对被告人进行质问，如：“是否有人为了让你认罪而对你进行了威胁、强制或者给你施加压力？你是否是按照自己的自由意思作出认罪？”“是否有人以你的认罪为条件与你作了某种约定？”被告人和辩护人此时要起立，被告人在必要时可听取辩护人的说明再进行回答，法官最后可要求被告人用自己的语言讲述犯罪的经过，如：“你说自己有罪，你是否可以用你自己的语言讲述你所做的一切？”如果存在虚假口供，特别是替人顶罪的情形，被告人对犯罪经过的讲述和卷宗记载的犯罪事实在细节上就可能存在出入。只要法官认为被告人是在充分知道该情况的基础上进行的认罪，这就意味着“事实证据”是可以被认定的，如果不能确认“事实证据”的存在，就不能据此进行宣判。

简易程序的法官可尽量简化传统庭审对被告人身份核实和诉讼权利告知的内容，代之以对认罪“事实证据”的审查。在公诉人简要宣读起诉书后，如控辩双方对定罪的事实和证据无异议，无须在法庭调查环节进行举证、质证，传统的法庭调查环节就被法官对认罪“事实证据”的审查替代。

四 刑事简易程序庭审的重心——量刑裁判程序

由于简易程序适用的前提是案件的事实清楚、证据充分，且被告人及辩护人作无罪辩护，被告人和辩护人对犯罪事实基本上没有异议。所以在简易程序的庭审中，针对定罪事实的法庭调查和辩论环节可以省去，把重点放在对被告人认罪的自愿性审查上，在对犯罪事实和被告人认罪的“事实基础”进行审查后，庭审随即进入量刑裁判程序。法庭应将审理的重点放在那些可能发生争议的量刑事实上。量刑裁判程序由于不涉及定罪问题或定罪问题已经解决，控、辩、审三方的行为主要是围绕着被告人量刑问题展开，为了最大限度地查清和被告人有关的量刑事实，此时的法官已不再消极，由于不涉及行为的定性问题，此时的检察官也不再负有严格意义上的“证明责任”，而仅有行为意义上的“举证责任”，检察官不仅要提出刑重的证据和意见，还要提出刑轻的证据和意见，对那些控辩双方有争议的量刑情节虽然仍以辩论的方式进行着，但

① 参见［日］田口守一《刑事诉讼的目的》，张凌、于秀峰译，中国政法大学出版社 2011 年版，第 108 页。

此时的辩论已不具有对抗的性质，当控辩双方尽其所能仍无法证明某量刑事实的真伪时，法官可作出“存疑有利于被告人”的裁决，也可以依职权亲自或委托第三方进行核实，当法官在庭审中发现控辩双方都没有提及的量刑事实，这些量刑事实对被告人刑罚具有一定的影响时，法官同样可以依职权进行核实，量刑裁判程序中的所有活动都是围绕着量刑事实进行，所要达到的目的是最大限度地查清量刑的事实和情节，以确保刑罚的合理性。

基于此，笔者将简易审的量刑裁判程序的指导思想概括为“以协作追求量刑的公平”。在此，“协作”是量刑程序的主旋律，辩论只是为了更好地查清量刑事实和情节的一种手段，其对抗性已经被弱化，这里的对抗已不是“对抗式”意义上的对抗，这里的协作既包括控辩双方的协作，也包括法官与控辩双方的协作，控辩方协作的方式是尽量举出证明被告人刑罚轻重的量刑情节，法官的协作方式是对控辩方无法辨明或遗漏的量刑情节进行庭外补充核实。在简易审案件的量刑裁判程序中，控辩方参与是介入程序的方式，其参与的内容是在量刑信息提供上的协作，以获取最大化的量刑信息，目标是达到量刑的公平。

由于简易审的量刑裁判程序对量刑事实和情节进行了充分的举证、质证，最大限度地尊重了控辩双方的量刑参与权，凸显了庭审量刑的重要性，庭审的量刑说理充分，被告人能够切身感受到刑罚作出的过程和基于认罪所带来的刑罚优惠。以量刑为重心的简易程序庭审，其审判组织应以案情的复杂程度为标准确定适用法官独立审判还是合议庭审判，对于那些法官独立审判的简易程序案件，公诉机关可以不派员出庭支持公诉，为公诉人减负，让其将更多的精力投入到案情复杂的简易程序案件和被告人不认罪案件中来。

轻微刑事案件快速办理的经验与启示
——以北京地区诉讼实践为视角

于同志[①]

摘　要　轻微刑事案件快速办理机制的探索，对推动刑事案件繁简分流，加快轻微刑事案件流转，整体提升刑事诉讼质效，有着重要的现实价值，并对刑事速裁程序的科学构建具有启示和借鉴意义。

关键词　轻微刑事案件　速裁程序　改革

一　北京探索轻微刑事案件快速办理机制概况

2010年以来，北京市按照中央关于深化司法体制改革的总体部署，紧密结合首都实际，探索启动了“认罪轻微刑事案件依法快速办理机制”。即对案情简单，事实清楚，证据确实、充分，犯罪嫌疑人、被告人认罪的轻微刑事案件，公、检、法机关密切配合，在依照法定程序、确保办案质量的前提下，简化工作流程，缩短办案期限，确保案件整体能在30日内完成从刑事拘留、提起公诉到审判的全过程，并合理扩大拘役等轻微刑罚的适用。

轻微刑事案件依法快速办理机制的启动，主要基于以下方面：首先，从近年来首都地区社会治安形势看，与全国的总体情况基本一致，严重刑事犯罪被遏制住，明显下降；但轻微刑事违法犯罪比较高发，有增无减，公安、检察、法院等机关面临巨大的办案压力。如何创新工作机制、整合司法资源、提高办案效率是政法各家要共同解决的问题。以北京法院为例，全市法院结案总量从1978年的1万余件增长到40余万件，法官人均结案157件，排名全国第一，是全国法院人均的3倍，人员编制的增加远远赶不上案件增长的速度，司法资源已经达到高度紧张的临界点。其次，从犯罪构成看，全市犯罪人员中流动人

① 中国社会科学院法学研究所与最高人民法院中国应用法学研究所联合培养博士后，北京市高级人民法院法官。

口约占75%，男性约占85%，盗窃、伤害、诈骗、寻衅滋事等轻微犯罪占总量60%。轻微刑事犯罪数量大，加之犯罪人多为外省籍人员，不敢轻易取保，大量羁押在看守所。如果案件办理的周期过长，不仅会导致看守所人满为患，还容易形成大量的已决犯与未决犯混押，难以有效开展教育矫治工作，遏制重新犯罪问题。[①] 最后，对轻微刑事犯罪适用刑罚存在罪责刑失衡问题。尽管轻微刑事犯罪占总量的六成以上，但是轻微刑罚的适用不能与之匹配。比如，最能体现刑罚轻缓化的拘役刑种，在刑法分则353个条文中有263个条文配置了拘役刑，占75.2%，但是2009年全市判决拘役890人，仅占判刑总数的3%。究其原因，主要是一般刑事诉讼程序审前羁押时间较长，造成轻微刑事案件审前羁押时间主导判决结果。据统计，犯罪人员中73%为青壮年人员，80%为外省籍人员，与犯罪行为不相适应的刑罚不仅难以起到有效惩罚改造作用，反而容易造成家庭解体、失去工作，加深了他们对社会的对抗心态，成为威胁社会和谐稳定的潜在隐患。总体看，“面对人口剧烈流动和社会转型期带来的轻微犯罪行为，行政拘留太轻、刑事处理太慢、劳动教养太重的问题始终困扰着执法一线”[②]。

2003年3月，最高人民法院、最高人民检察院、司法部联合制定了《关于适用普通程序审理“被告人认罪案件”的若干意见（试行）》，对“被告人认罪”的普通刑事案件审判程序进行了进一步的简化；随后，还联合出台了《关于适用简易程序审理公诉案件的若干意见》，对如何贯彻实施简易程序作出了较为详细的规定。鉴于司法实践中尚有若干具体的程序性问题需要明确，2007年北京市高级人民法院与有关部门联合会签了《关于简化适用刑事普通程序审理被告人认罪案件事实细则》，后又制定了《关于快速办理犯罪嫌疑人、被告人认罪的轻微刑事案件的意见》。在此基础上，2010年以来，北京市决定对案情简单，证据充分，犯罪嫌疑人、被告人认罪且可能判处三年以下有期徒刑、拘役、管制或者独立适用附加刑的轻微刑事案件，启动快速办理机制，确保在刑事拘留的30日内完成案件的侦查、起诉和审判工作。具体如下：

1. 在案件适用范围方面，主要适用于下列依法可能判处三年有期徒刑以下刑罚的犯罪嫌疑人、被告人认罪的案件；未成年人或者在校学生涉嫌犯罪的

---

① 例如，改革之前的2008年，北京市看守所混押的已决短刑犯占到看守所关押总数的20.8%，情况严重的海淀区看守所已决犯甚至占到40%以上。

② 北京市政法委课题组：《关于北京市探索轻微刑事案件快速办理以及发挥拘役刑教育矫治作用的情况报告》。

案件；七十岁以上的老年人涉嫌犯罪的案件；怀孕、哺乳自己未满一周岁婴儿的妇女涉嫌犯罪的案件；主观恶性较小的初犯、过失犯；因亲友、邻里等之间的纠纷引发的轻微刑事案件；当事人双方已经就民事赔偿、化解矛盾等达成和解的刑事案件；具有中止、未遂、自首等法定从轻、减轻处罚或者免除处罚情节的案件以及其他轻微刑事案件。同时明确下列案件不适用快速办理机制：复杂的共同犯罪案件；证据认定、法律适用有分歧的案件；当事人有缠诉倾向的案件；审查中有揭发检举线索需要核实的案件；需要进行刑事和解的案件；需要退回补充侦查的案件；需要请示汇报的案件，以及属于最高人民检察院《关于依法快速办理轻微刑事案件的意见》第5条规定情形的案件（即危害国家安全犯罪的案件、涉外刑事案件、故意实施的职务犯罪案件以及其他疑难、复杂的刑事案件）。

2. 在程序设置方面，公安机关法制部门在审批强制措施过程中，对发现的符合条件的轻微刑事案件，在批准刑事拘留的同时提出启动快速办理意见，报经本单位主管领导审批同意后，立即通知预审部门，并制作补充证据清单，交侦查部门或预审部门在规定的时间内完成查证工作。公安机关将案件移送检察机关审查逮捕或起诉时，制作《快速审理建议书》，并在卷宗封首加盖“快速办理”印章，提示检察机关及时启动快速办理机制。检察机关完成审查起诉后向法院发出《快速审理建议书》；如果检察机关在提前介入审查案件过程中发现符合快速办理条件，则向公安机关发出《快速移送审查起诉建议书》，建议适用快速办理机制。同时，实行“两简化，四集中”，加快办案流程。即简化案件审查报告的撰写和简化案件的审批流程；公安机关相对集中移送案件，审查起诉时相对集中告权和讯问犯罪嫌疑人，检察院相对集中提起公诉，法院相对集中进行审理。

法院探索建立“立案无耽搁、起诉当天送、案件当庭判、执行及时送”的工作机制。具体说，在立案环节，开辟立案绿色通道，最大限度压缩案件移转时间，确保提起公诉的案件当天立案、当天移交刑事审判庭；在审判环节，建立专案专办工作制度，对符合条件的案件指定专人或专门合议庭承办，在法庭使用、警力配备、时间安排等各方面为案件集中开庭创造条件，同时要求此类案件原则上当庭宣判；在交付执行环节，与监管机关密切配合，在判决生效后最短时间内送达执行法律文书，将罪犯交付执行，确保充分的教育矫治时间。

3. 在保障当事人诉讼权利方面，重视保障犯罪嫌疑人、被告人的程序选择权，办案机关要充分说明适用快速办理机制的条件及法律后果，确认其是否认罪和同意适用；强调保障辩护律师依法履职，在充分保障律师行使阅卷权、会见权的前提下加快工作进度，辩护律师提出异议或拟作无罪辩护等情形下，及时终止快速办理机制。同时，具体庭审程序不简化，按照法律规定进行，确保被告人的法定诉讼权利不受实质影响。

对适用快速办理机制的案件，因情况发生变化需要转为正常程序的，案件当时所处机关有权作出终止程序决定，在卷宗封首上加贴红色“终止快处程序”标识，及时将案件转化为正常程序办理。

4. 在创新工作机制方面，在人员编制没有增加的情况下，强调向配合要警力，向科技要警力，向创新要警力，努力提升办案工作效率。比如，公安机关侦查、预审部门与鉴定部门沟通，在分局设置现场鉴定办公区，实现对小额、简单价格鉴定意见的现场出具，并探索研究建立价格鉴定的互联网远程送鉴和鉴定意见出具机制。检察机关实行远程提讯。法院实行看守所远程视频开庭等。同时，加强公、检、法机关的协调配合，及时研究解决新办案模式下的证据收集、运用以及量刑建议等方面的问题，共同提高工作质效。

5. 在办案时限分配方面，一般情况下，公安机关在 10 日内完成侦查和移送审查起诉工作，检察机关在 6 日内完成审查起诉工作，法院则在两周内完成审判宣判工作。

6. 在刑罚适用方面，对轻微犯罪人员合理扩大拘役等轻刑的适用，做到“少判，判少”。据统计，2013 年全市法院判处拘役、管制及单处附加刑的罪犯已达 11043 人，比 2009 年的 5967 人，增加了 5000 余人。同时，为解决已决犯与未决犯混押的问题，加强对短期徒刑犯、拘役犯等的教育矫治，通过整合司法资源，将闲置的劳教场所改造成“北京市第三看守所分所”，集中代为执行短期犯和拘役犯。

二　轻微刑事案件快速办理机制的现实效果

北京市探索轻微刑事案件快速办理机制，是在不突破现行法律规定的前提下，深化刑事司法体制和工作机制改革的具体尝试，“急一线之所急、想一线之所想、解一线之所需”，切实解决了困扰实际的突出问题，取得了良好法律效果和社会效果。

（一）整体提升了刑事案件的办案质效

一方面，通过繁简分流能够优化资源，提升效率，办案机关可以腾出更多的时间和精力去办理重大复杂案件。公安机关近两年命案破案率达到 97.8% 和 98.1%，侦破绑架案件连续五年实现 100%。检察机关轻微刑事案件办案效率提高3陪，平均时限缩短至5天左右，最快的结案仅用一天。全市法院刑事法官人均办案80件，但专门办理轻微刑事案件的三人办案组全年结案达到1200件，海淀、丰台法院平均审判周期为9天，最快的仅4天。同时，适用快速办理机制的案件明显呈现息诉服判率高、上诉率低、改判发回率低的特点。另一方面，通过推进过程中的培训、交流、座谈和实地考察，锻炼了一批专家型的侦查员、预审员、法制员、公诉人和法官，推进了专门审理轻微刑事案件的预审组、公诉处和审判庭组的建设。一线办案人员付出了汗水和辛劳，但换来的是首都社会长久的和谐稳定。

（二）有力推进了宽严相济政策的实施

过去，部分轻微刑事案件办理按照既定程序从刑事拘留、逮捕、预审、公诉到审判，判前羁押时间短则半年，长则一年以上，再加之延期审理的情况，判前羁押时间则更长，最终造成判前羁押时间决定判决结果，不仅违背罪刑相适应原则，侵犯被告人的合法权益，也有损司法机关的执法公信力。而对轻微刑事案件启动快速办理机制，做到快侦、快诉、快判、快执之后，则显著提高了办案速度，加快了案件流转，缩短了判前羁押时间，从而确保对轻微刑事案件被告人有判处较轻刑罚的实际条件。据统计，2013年判处拘役的人数与2009年相比增长6倍多。这对遏制“刑期倒挂”现象，正确贯彻宽严相济政策起到重要推动作用。

（三）有效拓展了轻刑犯刑罚执行空间

轻微刑事案件快速办理改革中注重落实刑罚宽缓化。对短期徒刑犯和拘役犯，该判处缓刑的依法判缓，并同社区矫正加强衔接。判处实刑的则不分外地本市，不分男女，只要余刑在20天以上的一律从看守所移送至北京市第三看守所分所统一、集中执行，强化教育矫治。“三看分所”2009年6月挂牌至今累计收纳短刑犯6000余人、拘役犯4000余人，从学会洗脚讲卫生、学会礼貌多沟通开始，逐渐由抵触、仇视、冷漠转变为积极、乐观和平静，通过行为矫治、心理矫治实现了释放时100%由入所时的“红色对抗”转为绿色，通过烹饪、汽修、园艺、按摩、书画装裱等劳动技能培训，实现了释放后的96%的再就业率，通过与社区矫正的衔接和安置帮教有效控制了再犯罪率。

三　轻微刑事案件快速办理机制的启示意义

2014年6月27日第十二届全国人民代表大会常务委员会第九次会议通过

了《关于授权最高人民法院、最高人民检察院在部分地区开展刑事案件速裁程序试点工作的决定》，提出："在北京、天津、上海、重庆、沈阳、大连、南京、杭州、福州、厦门、济南、青岛、郑州、武汉、长沙、广州、深圳、西安开展刑事案件速裁程序试点工作。对事实清楚，证据充分，被告人自愿认罪，当事人对适用法律没有争议的危险驾驶、交通肇事、盗窃、诈骗、抢夺、伤害、寻衅滋事等情节较轻，依法可能判处一年以下有期徒刑、拘役、管制的案件，或者依法单处罚金的案件，进一步简化刑事诉讼法规定的相关诉讼程序。"关于如何简化相关诉讼程序以及如何具体建构中国的刑事速裁程序，目前尚有较大研讨空间。就北京市探索的轻微刑事案件快速办理机制而言，以下几方面值得特别关注。

（一）确立公检法等办案部门整体推进的思路

刑事诉讼是由公安、检察、法院及刑罚执行部门参与完成的司法活动，推行轻微刑事案件速裁程序，不能依靠哪一家独自进行。北京市的探索之所以能够取得较好成效，正是在党委统筹协调下，各办案机关各有要求、共同努力的结果。从中国近些年的实践探索及理论研究看，更为关注审判环节的繁简分流问题，"无论是简易程序还是普通程序、简化审程序，其程序省减的重点都是对审判阶段若干程序的简化。然而，司法实践表明，审判阶段仅占刑事诉讼全流程的一小部分，诉讼程序的拖延和损耗主要集中在审前阶段，尤其是程序审批和程序交接阶段。因此，刑事案件的快速办理，应当更多地关注审前程序的改造"①。试想一下，审判前的侦查、审查起诉等环节耗时过长，经年累月，即便是一天内完成审判工作，仍不可能真正实现轻微刑事案件的"速裁"。审前程序的低效率，将会消解轻微刑事案件速裁程序的实质意义。

目前试点的刑事速裁程序主要针对检察机关和法院。有学者认为："由于侦查阶段承担了调查取证、抓捕犯罪嫌疑人的重任，其程序无需过多简化。"②但是，刑事速裁程序的意义显然不应局限于起诉和审判环节，至少应就可能适用的案件类型而对侦查环节提出具体的工作标准和时限要求，否则实际中办理轻微刑事案件仍会"提速难"。

（二）协调处理好程序的刚性与柔性的关系

所谓程序的刚性，一要明确各办案机关的工作标准和要求，一旦确立下

① 孟昭文等：《轻微刑事案件快速办理的现状分析》，《法学》2010 年第 3 期。

② 仇飞：《专家解读轻微刑事案件速裁试点》，《法制日报》2014 年 7 月 16 日。

来，应当严格执行，不能随意降低标准。比如，具体规定各自的办案时限，并要求在规定时限内完成诉讼任务。二要对案件适用条件和范围作统一的界定，各办案机关对此要作相对一致的理解和掌握，操作中不能随意进行。对一些明显需要较长办理时间的案件，比如故意伤害案件中附带民事赔偿没有解决的、被害人要求伤残鉴定的，这两项工作一般耗时较长；又如部分盗窃、信用卡诈骗的案件，在退赔、退赃等关键性问题上证明材料不足，如果随意进入快速办理程序，容易造成后续工作的被动，既无助于效率提高，又不利于案件办理质量。

所谓程序的柔性，是指按照实事求是的原则，办案机关一旦发现案件不符合速裁程序适用的条件和要求，应当及时作出决定，将案件转为简易程序或普通程序办理。为此，要建立轻微刑事案件速裁终止制度，对终止的条件和程序要作出明确规定。速裁程序的柔性与刚性之间并不矛盾，“刚性”指的是工作标准和要求，“柔性”则指实现该工作标准和要求的具体方式方法，应当将两者协调统一起来。

（三）合理确定案件适用的条件和范围

顾名思义，速裁程序只适用于轻微刑事案件，并不适用于全部刑事案件。所谓轻微刑事案件，需要满足实体法和程序法两方面的要求。从实体上看，应当是依法只能判处较轻刑罚的案件。“较轻刑罚”的标准如何掌握？1996 年刑诉法对简易程序适用设置的标准是三年有期徒刑以下刑罚的案件。2012 年刑诉法则将简易程序的案件范围扩展到判处有期徒刑及以下刑罚的案件。如果套用现行的简易程序适用案件范围，则显然不合适。从北京市的实践看，快速办理机制主要针对常见高发的轻微刑案件，如交通肇事、危险驾驶、民间纠纷引发的轻伤害、涉案数额较小的盗窃、诈骗等侵财案件以及情节轻微的妨害公务、寻衅滋事等案件，其中不少行为人还具有从轻、减轻处罚情节，如未成年人、自首、坦白等。在实际量刑上主要是处一年有期徒刑以下刑罚。所以，将轻微刑事案件快速办理机制的适用对象限于依法可能判处一年有期徒刑以下刑罚的案件，有一定的合理性。从案件数量看，北京地区近年来判处三年有期徒刑以下刑罚的罪犯数占到总量的 80% 以上，判处一年有期徒刑以下刑罚的罪犯数已接近总量的 50%。所以，通过刑事速裁程序以及简易程序可以将绝大多数刑事案件快速消化掉。

从程序方面看，能够快速办理的轻微刑事案件，应当是事实清楚，证据充分，犯罪嫌疑人、被告人自愿认罪，适用法律没有争议的案件。对于事实、证据疑难复杂的案件，犯罪嫌疑人、被告人不认罪或者对事实、证据认定有异议的案件，以及法律适用有争议的案件，均不宜适用速裁程序。此外，犯罪嫌疑人、被告人与被害人或者其法定代理人、近亲属没有就赔偿损失、恢复原状、赔礼道歉等事项达成调解或和解协议的案件，审查中有揭发检举情节需要进一步核实的案件等亦不适用速裁程序。

（四）进一步简化诉讼程序和工作流程

北京市的探索实践是在严格依照法律规定的程序和要求，通过“自我加压”，在法定的时限内加快办理流程实现轻微刑事案件的快速办理。从实际看，由于法律标准不降、程序不简，一线办案人员面临很大压力。“自我加压”虽然短期内可以实现轻微刑事案件的快速办理，但从建立长效机制的角度，根本之道还在于从立法上进一步简化诉讼程序和工作流程。从目前中国刑事诉讼程序设置看，虽然繁简分流机制存在，有着普通程序与简易程序之分，但是最大的问题是两者的界限不明，特别是具体程序设置上没有真正将二者区分开来，除了审理时限不同外，在庭审构架、证据标准、辩护制度、送达时限、文书制作、上抗诉制度等重要方面基本适用统一标准，由此导致案件繁简分流不彻底、不到位，严重制约着轻微刑事案件的办理效率。由于针对的是犯罪嫌疑人、被告人认罪并自愿从简处理的轻微刑事案件，在构建速裁程序时应当注意从立法上适当简化诉讼程序和工作流程。

1. 扩大适用非羁押强制措施。适用速裁程序的案件都是社会危害性轻、人身危险性小的案件，多数依法可以不作羁押处理。所以，在刑事速裁程序的设置上应当树立一种理念：“对于符合取保候审、监视居住条件的犯罪嫌疑人、被告人，应当取保候审、监视居住。”一般将适用羁押措施作为例外情况考虑。要探索建立不经逮捕直接起诉制度，在保障诉讼顺利进行的前提下，对部分轻微刑事案件实行“拘留—判决”的诉讼模式。这样不仅利于对犯罪嫌疑人权利的保障，还有助于提高诉讼效率。

2. 社会调查程序前置。相当多的轻微刑事案件依法可能宣告缓刑或者判处管制，按照刑法的规定，需要就行为人再犯罪的危险及其对居住社区的影响进行调查评估，此项工作如果在审判环节做，势必影响到审判效率。试点的刑事速裁程序提出在审查起诉环节，由检察机关委托司法行政机关进行社会调查工作并出具评估意见。从实际看，这项工作完全可以前置到侦查环节。公安机关在收集证据时可一并进行必要的社会调查，或在移送审查起诉时即委托司法行政机关进行社会调查，以进一步提高诉讼效率。

3. 开庭通知、送达期限灵活规定。送达期限一直是制约开庭日期确定、影响轻微刑事案件快速办理的突出问题，应当规定“送达期限不受刑事诉讼法规定的限制”。但要设置被告人收到起诉书后到开庭审理之前的最短时限，以保证被告人及其辩护人必要的准备时间。

4. 简省法庭调查和辩论程序。既然适用速裁程序的案件属于事实清楚、证据充分的轻微刑事案件，如果被告人认罪并同意量刑建议和适用速裁程序，在保证被告人最后陈述权利的同时，完全可以且有必要将庭审程序中的法庭调查及法庭辩论程序予以简化、省略。

5. 建立值班律师制度。从轻微刑事案件快速办理实践看，当事人一旦委托律师参与辩护，自然需要一定的时间进行委托和辩护准备工作。建立由法律援助机构指派律师在办案机关值班制度，法律援助机构可以在人民法院、看守所派驻法律援助值班律师，犯罪嫌疑人、被告人申请提供法律帮助的，由值班律师提供辩护服务，由此会提高诉讼效率。为保证值班律师快速介入案件及辩护质量，可以在刑事速裁程序中推行证据展示制度，简化律师会见、阅卷程序，保障犯罪嫌疑人、被告人对自己的行为和证据情况有一个全面的了解，进而实现意志的充分自由。

6. 探索轻微刑事案件集中审判制度。通过对实践中各地法院探索的“集中开庭”、“打包审理”等行之有效的庭审模式进行吸收和改造，从而确立对轻微刑事案件的集中开庭、当庭宣判机制。

7. 使用格式化文书。试点的刑事速裁程序提出“起诉书可以简化”、“使用格式化文书”，不仅如此，公安机关建议适用速裁程序的案件，移送审查起诉的文书同样可以简化。这些举措将会大大提升轻微刑事案件办理的效率。

8. 探索一审终审制度。目前民事诉讼法确立了“小额诉讼”的一审终审制度。就像该制度确立面临较大争议一样，轻微刑事案件速裁程序实行一审终审制度也必然会有分歧意见。但是，两者的情况并无本质差异。只要充分保证被告人的知情权和程序选择权，并不意味着对其诉讼权利的侵犯。实际上，被告人在刑事速裁程序中放弃一定的诉讼权利，还会获得依法从宽处理的“补偿”。

9. 压缩交付执行时限。刑诉法规定了十日的交付执行期限，可以进一步压缩。对于适用缓刑、管制等非监禁刑的罪犯，在做好社区矫正衔接工作的情况下，完全可以实现当日宣判、当日交付居住地司法所执行。对适用短期监禁刑的罪犯及时送交执行，也有利于对其教育矫治。

（五）尊重和保障犯罪嫌疑人、被告人的程序选择权

刑事速裁程序的实行是建立在限制犯罪嫌疑人、被告人一定诉讼权利的基

础之上的，从诉讼法治的角度，尊重和保障其程序选择权是“不能简化的权利”[①]。这也是保证司法公正的底线。在刑事速裁程序中保障犯罪嫌疑人、被告人的程序选择权，一个重要的前提就是要求公安机关、检察机关、人民法院充分履行告知义务，确保犯罪嫌疑人、被告人获得与之相对等的信息知悉和辩护自由，从而可以根据其自身真实意思作出程序选择，愿意放弃一定诉讼权利而选择可能对其从宽处理的速裁程序。

（六）制定刑事速裁程序的专门证据制度

由于中国刑事诉讼法未能区分重罪和轻罪的证据证明标准，且证明标准不具体，导致实践中公安、检察和法院对具体案件的证据标准把握时常出现分歧，从而影响案件的办理。由于适用速裁程序的案件属于犯罪嫌疑人、被告人认罪的轻微刑事案件，其证据的证明标准应当明显低于重罪案件，两者不能混同，此为其一。其二，为解决公安机关参与刑事速裁程序的特殊性，可以借鉴一些地方制定诸如“轻微刑事案件快速办理证据收集指引”的做法，明确适用速裁程序的类型化案件证据收集、审查的标准和要求，乃至形成具体的“操作指南”，这样既可以使轻罪案件证明标准与重罪案件证明标准相分离，也有助于规范和统一公、检、法三家对证据标准的把握，使轻微刑事案件真正实现快速流转。

（七）进一步推进轻微刑事案件适用刑罚轻缓化

如前所述，刑事速裁程序的实行是以限制甚至剥夺犯罪嫌疑人、被告人一定的诉讼利益为前提的。为了维护诉讼的公正性和利益的平衡，就应当给予其适当的“补偿”。在一些国家的刑事诉讼立法中，对选择适用特别程序的犯罪嫌疑人、被告人往往予以一定的减刑激励。在中国，当然不能对自愿适用速裁程序处理的犯罪嫌疑人、被告人予以“法外开恩”。这就需要在立法上明确“适用速裁程序办理的案件，可以依法从宽处罚”，无论是公安、检察机关所提出的量刑建议，还是人民法院的具体判决，都应当体现从宽处罚的精神，以作为对认罪的犯罪嫌疑人、被告人选择有利于节约国家司法资源的速裁程序而放弃更为耗费资源的普通程序的一种补偿和激励。

① 高一飞：《不能简化的权利——评刑事简易程序中的国际人权标准》，《现代法学》2002 年第 4 期。

辩护律师侦查阶段调查取证及证据开示义务问题研究

——基于新刑诉法实施后律师“调查取证难”问题的思考

韩　旭[1]

摘　要　新刑诉法实施后，律师“会见难”、“阅卷难”问题在实践中得到了一定的缓解，但是律师“调查取证难”问题依然未有明显改观。一是侦查阶段辩护律师能否调查取证在制度层面并不明确，实践中辩护律师普遍不愿调查取证；二是新刑诉法在加强辩护权保障的同时，对辩护人也设置了新的义务，即对收集的“三类”无罪证据应当予以开示，但因相关程序规范缺失，该项制度在实践中并未得到有效实施。针对上述问题，本文拟从新刑诉法实施中存在的问题入手，提出实务上应采取的应对措施以及制度完善的建议。

关键词　侦查阶段调查取证　无罪证据开示　程序保障

一　引言

党的十八届三中全会决定在“推进法治中国建设”部分提出：“完善律师执业权利保障机制和违法违规执业惩戒制度，加强职业道德建设，发挥律师在依法维护公民和法人合法权益方面的重要作用”，将完善律师执业权利保障机制作为人权司法保障的重要内容。辩护权是律师执业权利中基础性、核心性权利，律师辩护权保障机制完善与否直接决定着律师执业权利保障的整体状况。笔者近期对新刑诉法实施以来律师辩护权保障状况的调研发现，律师“会见难”、“阅卷难”问题在实践中得到了较好的解决，但是律师“调查取证难”问题依然未改变，律师仍然视调查取证为畏途，在办理案件中普遍存在着

① 中国社会科学院法学研究所博士后，四川省社会科学院法学研究所研究员。

“不能取证”、“不愿取证”和“不敢取证”的问题，导致整体性辩护质量不高，被告人获得有效辩护的权利未能实现。在辩护权利得不到保障的情况下，刑诉法关于辩护人开示无罪证据的义务性规定也沦为“纸上谈兵”。基于此，本文拟从新刑诉法实施中存在的问题入手，通过对法条含义及其精神的解读，提出实践中应采取的应对措施以及制度完善的对策建议。

二 辩护律师在侦查阶段的调查取证问题

（一）实践状况

根据笔者的调研情况看，新刑诉法实施后律师调查取证难的问题并没有得到改观，律师在侦查阶段主要以被动接受当事人及其家属提供的物证、书证为主，因顾虑执业风险，在实践中律师普遍比较谨慎，一般不敢在侦查阶段以积极方式行使调查权。与律师“会见难”、“阅卷难”问题的根本解决不同，“调查难”的问题，应当说尚无根本变化。[①] 尤其是对言词证据，更是普遍不敢进行调查。在立法和司法解释对辩护律师侦查阶段调查取证权并不明确的情况下，如果案件确实需要调查取证，大部分律师也不会选择在案件侦查期间进行调查，而是等案件进入审查起诉或者审判阶段才着手调查（自行调查或者申请取证）。除了法律和解释性文件规定不明确所导致的法律依据不足外，辩护律师还担心调查取证可能妨碍侦查活动的正常进行而被定性为“干扰诉讼活动的行为”追究法律责任。对此，刑诉法和解释性文件都有相应的责任后果的规定。例如，《刑事诉讼法》第 42 条第 1 款规定：“辩护人或者其他任何人，不得帮助犯罪嫌疑人、被告人隐匿、毁灭、伪造证据或者串供，不得威胁、引诱证人作伪证以及进行其他干扰司法机关诉讼活动的行为。”《公安机关办理刑事案件程序规定》第 53 条规定：“辩护人或者其他任何人在刑事诉讼中，违反法律规定，实施干扰诉讼活动行为的，应当依法追究法律责任。”

如果辩护律师在侦查期间“消极怠工”，不能、不敢、不愿调查取证，那么不仅有违“辩护人的职责”，而且被追诉人获得有效辩护的权利也无法得到保障。如此一来，辩护的职能作用便会大打折扣，不仅不利于辩护制度的健康发展，也不利于冤假错案的防范。

---

① 参见龙宗智《新刑事诉讼法实施：半年初判》，《清华法学》2013 年第 5 期。

（二）操作中应注意的问题

尽管对侦查阶段辩护律师有无完全的调查取证权问题在认识上尚存在一定分歧，但是基于立法和解释性文件的规定，实践中辩护律师对“三类”特殊证据进行调查取证应该不存在法律上的障碍。对于“三类”证据以外的证据材料辩护律师在调查取证时可采取以下处理方式：

首先，对于侦查阶段涉及的程序事项，辩护律师有权自行调查取证。对于侦查人员侵犯犯罪嫌疑人人身权利的行为和其他侦查违法行为，律师有权调查收集侦查违法的证据材料。例如，律师在会见嫌疑人时可以对其因遭受刑讯逼供而留下的伤痕进行拍照固定、对目击证人等了解情况的人进行调查或者调取体检报告等。否则，空口无凭，律师又怎能行使“代理申诉、控告”的权利？当提出排除非法证据的申请时，又何以能够“提供相关线索或者材料”？

其次，对于涉及案件实体问题的证据材料，可区别证据性质采取不同的调查方式。对于物证、书证、视听资料、电子数据等稳定性较强的有利于辩护的实物证据，辩护律师可以既采取自行调取的方式，也可以采取申请取证的方式（主要是指自行调查取证不能顺利进行的情形）；而对证人证言、被害人陈述等反复性、易变性较大的言词证据材料，原则上采取申请公安、检察机关调取的方式取得。但是如果具备以下两项例外，辩护律师也可直接调取：一是“无罪证明”的例外（主要是刑诉法规定的“三类”特殊证据）；二是“情况紧急”的例外，当有利于嫌疑人的证据材料面临灭失的危险或者辩护律师不及时调取日后将难以获得的。例如，关键证人、被害人罹患重病行将死亡或者准备出国、移居国外等。

（三）制度完善的对策建议

鉴于刑诉法及其解释性文件对侦查阶段律师调查取证权规定不明确所带来的实践问题，下一步应当从制度规范上明确律师在侦查阶段的调查取证权，通过对刑诉法相关规定作出调整，从而实现法条之间的衔接和统一。为此，可考虑将《刑事诉讼法》第 41 条的规定修改为：“辩护律师经证人或者其他有关单位和个人同意，可以向他们收集与本案有关的材料，也可以申请公安机关、人民检察院、人民法院收集、调取证据，或者申请人民法院通知证人出庭作证。辩护律师经公安机关、人民检察院或者人民法院许可，并且经被害人或者其近亲属、被害人提供的证人同意，可以向他们收集与本案有关的材料。”由于中国公、检、法三机关实行分工负责的诉讼体制，绝大多数案件侦查工作由公安机关负责，因此通过在法条中增加“公安机关”的规定，不但明确了公安机关的职责，而且使辩护律师调查取证的权利更加清晰，从而较好地解决目前法律解释和适用中存在的混乱问题。

考虑到近期修改刑诉法可能性不大的现实，可以先通过对部门解释性文件的修改，确认辩护律师在侦查阶段的调查取证权，并规范法律的统一适用。为此，建议对《人民检察院刑事诉讼规则（试行）》和《公安机关办理刑事案件程序规定》中的相关规定作适当修改。具体修改方案如下：一是将《人民检察院刑事诉讼规则（试行）》第51条的规定修改为：“在人民检察院侦查、审查逮捕、审查起诉过程中，辩护人经证人或者其他有关单位和个人同意，可以向他们收集与本案有关的材料，也可以向人民检察院申请调取证据；辩护人收集到有关犯罪嫌疑人不在犯罪现场、未达到刑事责任年龄、属于依法不负刑事责任的精神病人的证据，告知人民检察院的，人民检察院相关办案部门应当及时进行审查。”二是对《公安机关办理刑事案件程序规定》第40条的规定作出修改，可在前四项内容之后增加一项作为第五项，即“对与辩护有关的事项进行调查取证”。

三　辩护律师对“三类证据”的开示问题

（一）实践中存在的问题

现实中，对于律师收集到的上述“三类”证据，公安、检察机关通常都比较重视，一般都会进行审查核实。[①] 但是，由于控辩双方在诉讼中处于直接对立的地位和对抗的状态，以及辩护律师对公权力行使的不信任，有些情况下，一旦过早暴露了自己取得的有利于被追诉人的证据，将对辩护方的防御活动造成不利影响，甚至严重妨碍辩护目的之实现。例如，侦控机关有可能利用职权对作出有利于被追诉人证言的证人施加影响，造成证人改变证言或不敢向法庭作证，从而使被追诉人一方在向法庭举证时处于被动。[②] 实践中发生的案

---

① 《公安机关办理刑事案件程序规定》第55条第2款规定：“对辩护律师收集的犯罪嫌疑人不在犯罪现场、未达到刑事责任年龄、属于依法不负刑事责任的精神病人的证据，公安机关应当进行核实并将有关情况记录在案，有关证据应当附卷。”《人民检察院刑事诉讼规则（试行）》第51条规定：“在人民检察院侦查、审查逮捕、审查起诉过程中，辩护人收集的有关犯罪嫌疑人不在犯罪现场、未达到刑事责任年龄、属于依法不负刑事责任的精神病人的证据，告知人民检察院的，人民检察院相关办案部门应当及时进行审查。”

② 参见韩旭《被追诉人取证权研究》，中国人民公安大学出版社2009年版，第149页。

例已经反复证明了这一点。我国著名刑事辩护律师田文昌曾遇到过一个案子，律师调查到了被告人没有达到刑事责任年龄的证据，侦查机关就千方百计把律师提交的证据一个个否定。“北海案”中，就是由于辩护律师发现了被告人不在现场的证据，结果当地警方把律师和证人全都抓了，迫使证人改变证言，一定要证明被告人在犯罪现场。[①] 究其原因，还是侦查人员的观念问题：有罪推定的思维、打击犯罪的偏好以及对律师的不信任。实践中，律师一旦提交了犯罪嫌疑人不在犯罪现场或者未达法定刑事责任年龄的证人证言，侦查人员本能地会怀疑律师在“弄虚作假”、制造“伪证”。为了避免给自己和证人带来麻烦，律师普遍不愿意进行证据调查，即使展开调查收集到了“三类”无罪证据，也不愿意主动提供给公安、检察机关。这大概是该项制度在实践中面临的最大问题。

除此之外，还有两个问题应当予以关注：一是辩护人“告知”的内容和方式。在告知内容上，是笼统告知辩护人已经收集到了某类无罪证据这一客观事实还是需要详细告知该无罪证据的来源、收集时间、具体内容等相关信息？在告知方式上，是采用口头形式告知证据内容还是将书面证据材料复印后提交给公安、检察机关？这些在法律和解释性文件中均不明确，执行中各行其是也就在所难免。

二是当辩护人不履行告知义务时应否承担责任以及承担什么责任。虽然法律以“应当”这一义务性规范要求辩护人及时履行告知义务，但是当辩护人不告知或者不及时告知时法律和解释性文件均没有规定相应的不利后果。例如辩护人将在侦查或者审查起诉阶段收集到的无罪证据“秘而不宣”，直到开庭审理时才提出，搞所谓的“证据突袭”，此时该项证据是否允许在法庭上出示？由此造成的庭审停滞，拖延辩护人是否应当承担责任？如果应当承担责任，该如何追究辩护人的责任？在上述法律规范缺失的情况下，辩护人的“告知义务”只具有象征意义，在实践中可能异化为一项权利。

（二）操作中应注意的事项

一是辩护人的告知方式。当辩护人收集到“三类”证据后，应当将该证据材料的复印件提供给公安、检察机关，原件由辩护人留存，以备诉讼之用。事实上，有些地方联合出台的实施性文件，也是采取此种做法，要求辩护人将

---

① 参见田文昌、陈瑞华《刑事辩护的中国经验》（增订本），北京大学出版社 2013 年版，第 414 页以下。

“三类”证据提供给公安、检察机关。①

二是办案机关的核实审查程序。根据解释性文件的规定，办案机关在得知“三类”证据后应当进行审查核实。为了防止办案人员通过施加压力改变证据内容，办案人员在核实审查证据时，应当允许辩护人在场监督，办案人员询问证人、被害人等相关人员应当遵循法定程序，不得在法定地点以外进行询问，不得对证人进行威胁、引诱、欺骗或者采取羁押、变相羁押等强制性措施。对于审查核实情况及其结果，办案机关应当及时告知辩护人。

三是客观理性看待辩护人提供虚假证据的问题。既然辩护人提供的“三类”证据需要办案机关审查核实，就说明辩护人提供的证据材料并非都是真实的，否则就没有必要进行核实了。这就意味着，现实中辩护人提交的证据既可能是真实的，也可能是虚假的。一旦辩护人提交的“三类”证据被办案机关确认为虚假，那么辩护人将可能面临《刑法》第306条妨害作证罪的指控。尽管中国《刑法》第306条第2款规定：“辩护人、诉讼代理人提供、出示、引用的证人证言或者其他证据失实，不是有意伪造的，不属于伪造证据。”但是，在实践中辩护律师因提交给司法机关的证据是伪造的或虚假的而被追究妨害作证罪的案件也不在少数。前几年，因妨害作证罪被判刑的北京女律师薛辉在法庭上就发出了“律师取证都是通过别人，难道别人给的假证据，都算作律师伪造证据吗”② 的疑问。律师向公安司法机关提交的证据材料，其来源一般有两种：律师自行调查取得的；被追诉人家属取得或制作后交给律师，由律师代为转交给司法机关。这两种情况下都有可能发生律师提交给公安司法机关的证据材料失实的情况。在前一种情况下，证人可能基于主观或客观原因而向律师提供了虚假证言，特别是在被追诉人家属事先已经串通好证人作假证言，然后再安排律师前去调查取证，这等于是为律师设套；而在后一种情况下，被追诉人家属将取得的明知是虚假证据材料甚至是伪造的证据材料交给律师，由律师代为转交，律师可能被蒙在鼓里。上述两种情况下，辩护律师其实是被当事人家属欺骗和利用，成了委托人达到不法目的的工具。因此，尽管辩护人向职权机关提交的证据是虚假的，客观上也妨碍了诉讼的正常进行，但是由于其主观上不明知，更没有伪造或帮助伪造证据的客观行为，公安司法机关就不应追究律师伪证罪的责任。实践中，有的被追诉人家属或证人迫于侦控机关强大

① 例如，2012年12月6日，北京市司法局、北京市高级人民法院、北京市人民检察院、北京市公安局联合制定的《关于保障和规范律师刑事诉讼辩护的若干规定》第29条规定：“辩护律师收集的有关犯罪嫌疑人、被告人不在犯罪现场、未达到刑事责任年龄、属于依法不负刑事责任的精神病人的证据，应当及时提交办案机关。”

② 参见王殿学、张太凌《为“救”当事人，律师成被告》，《新京报》2008年1月19日。

压力，为保自身安全不惜将责任全部推卸给辩护律师，要么被追诉人家属声称是辩护律师指使制造伪证，要么证人一口咬定是律师教唆、引诱的结果，致使律师遭到刑事追诉，面临灭顶之灾。那么，律师该如何防止和化解这种来自被追诉人家属和证人的潜在风险呢？首先，辩护律师要提高风险防范意识，与被追诉人家属和证人谈话出言要谨慎；其次，要规范调查取证行为，会见当事人和证人应有两名律师参加，以相互证明，必要时邀请见证人在场见证，或者对会谈过程全程录音或录像，以保留必要的证据。笔者研究发现，近年来在追究律师妨害作证罪的案件中，一个共同特点就是调查取证的主体只有该律师一人，一旦对是否存在妨害作证行为发生争议，很难为自己进行辩驳和证明，从而加大了被追究妨害作证罪的几率，作为教训应该引起律师界的高度警惕。

四是辩护人未尽告知或者及时告知义务的处理。对辩护人违反“三类”证据告知或及时告知义务的行为，在现有法律框架内可考虑给予一定的制裁：其一，批准延期审理。对于庭前没有展示而在庭审中突然提出的证据，如果公诉人提出需要进行必要的证据准备而申请法院延期审理的，法院应当批准延期审理，并根据情况规定适当的准备期限，待进行必要准备后再恢复法庭审理。其二，由办案机关向辩护律师所在的律师协会或者当地司法行政部门进行通报，并建议司法行政部门给予相应的纪律处分。在相关法律修改前，可以通过对《律师法》第 49 条第 1 款第 4 项中的“妨碍对方当事人合法取得证据”的扩大解释，将辩护律师未尽“及时告知”义务的行为解释为“妨碍对方当事人合法取得证据”的情形。依据该条规定，由设区的市级或者直辖市的区人民政府司法行政部门给予停止执业六个月以上一年以下的处罚，并可以处五万元以下的罚款。其三，对因没有及时告知“三类”证据导致诉讼拖延或者被追诉人遭受不必要羁押的，被追诉人及其他诉讼参与人可以请求给予一定的经济赔偿。需要注意的是，对辩护律师违反证据开示义务的行为，不能使用证据禁止的制裁措施。这一措施主要是针对控方违反义务的情形，对辩护人违反开示义务一般不适用该种方式。因为刑事诉讼的主要目的是准确查明真实，尤其是防止无罪之人被错判有罪，所以不能因为辩护人在法庭审理时出示了审前程序中应当开示却没有开示的能够证明被告人无罪的证据而将该无罪证据排除在法庭之外，从而使无辜被告人被错误定罪。有学者也认为：“对于被告人事实上是无辜的案件，如果因为辩护律师未能及时开示被告人无罪的证据而将被告人定罪判刑，这种结果无论如何也不能称其是公正的。”①

① 陈卫东等：《辩护律师诉讼权利保障和证据开示问题调研报告》，载陈卫东主编《“3R”视角下的律师法制建设》，中国检察出版社 2004 年版，第 209 页。

（三）制度完善的对策建议

一是立法应尽快确认律师在侦查阶段拥有调查取证的权利。根据法理学的基本原理，权利与义务之间具有一致性，没有无义务的权利，也没有无权利的义务。在强化辩护律师证据开示义务的同时，必须赋予其相应的权利，从而实现权利与义务的协调统一。

二是明确“三类”证据的开示时间和开示方式。将《刑事诉讼法》第40条规定的“应当及时告知”修改为“应当在收集到上述证据后3日内告知公安机关和人民检察院，公安机关和人民检察院可以查阅、复制”。以此将“及时告知”这一弹性较大的规定，通过设置法定的期限使之具有制度刚性，同时将“查阅、复制”作为辩护人向侦控方开示证据的法定方式，不仅在实践中更具有可操作性，而且体现了控辩双方在证据开示手段、方式上的对等性。

三是对侦控机关审查核实无罪证据的程序进行规制。为了查清案件事实，防止冤假错案的发生，法律上应当规定办案机关在获知“三类”证据后负有审查、核实的义务。同时，为了保障审查核实证据程序的客观公正性，应禁止办案机关单方面接触人证，确立侦控机关审查核实证据时辩护人的在场权。此外，按照对照原则和程序应答性要求，对审查结论，办案机关应当及时告知辩护人，对审查结论所依据的证据材料，辩护人有权查阅、复制。

四是明确要求侦控机关应当将辩护人提交的“三类”证据以及审查核实材料附卷备查。这一方面可以保障辩护人收集的无罪证据能够作为诉讼证据使用，避免毁弃、隐匿证据现象的发生；另一方面可以进一步接受后续程序的审查，为追究相关人员的责任提供依据，有利于增强办案人员的工作责任心。

五是对违反证据开示义务的辩护人应当予以纪律惩戒。立法上应当明确，辩护律师在法定期限内未履行证据告知（开示）义务的，公安机关、人民检察院应当及时通知其所属的律师协会，由律师协会给予相应的纪律惩戒。唯有如此，才能保障证据开示制度的贯彻落实。在刑诉法修改前，可考虑由公安部、最高人民检察院、司法部等部门联合出台司法文件，对律师违反证据开示义务的行为及其责任追究等事项作出规定。

司法改革背景下的侦查讯问制度完善

郑　曦[①]

摘　要　司法改革背景下，“完善人权司法保障制度”成为基本目标。而就侦查讯问制度而言，现有的法律规定尽管仍有不足之处，但确实取得了长足的进步。然而目前困扰侦查讯问的司法实践与法律文本存在鸿沟的问题，尤其是刑讯逼供现象尚未禁绝的问题，值得我们的充分重视。但是从增权和限权的角度出发，继续中国侦查讯问的法治化建设，这一制度的完善仍是大有希望的。

关键词　侦查讯问　保障权利　限制权力

侦查讯问关系到被追诉人权利的保障和政府权力的运作，是刑事诉讼中极为关键的环节，即便在侦查手段越来越发达的今日，侦查讯问的重要地位仍不可撼动。侦查讯问的结论在很大程度上决定了后续侦查方向的确定和侦查措施的采取，甚至在一定程度上直接决定了案件的最终结果，不能不让人对其有充分的重视。在侦查讯问中，被讯问人权利的保障和侦查权力的行使既有冲突又能调和，二者的相互作用关系贯穿整个侦查讯问过程，并成为侦查讯问制度构建和完善无可回避的核心考虑因素。在当前司法改革背景下，进一步完善侦查讯问制度，尤其加强对被讯问人权利的保障，符合十八届三中全会公报“完善人权司法保障制度”的精神。

一　刑诉法修改给中国侦查讯问制度带来的进步

修改后的刑诉法在一片争议声中通过[②]，褒扬者有之，贬损者亦有之。笔

---

① 中国社会科学院法学研究所博士后，北京外国语大学法学院讲师。

② 参见姚冬琴《刑诉法大修内幕：四位亲历者讲述修法 10 年博弈》，《中国经济周刊》2012 年第 12 期。

者以为从整体上看，新法较之以往有许多亮点，其进步之处是值得肯定的，但由于各种原因，新法的不足之处也是客观存在和不容回避的，具体到侦查讯问程序也是如此。侦查讯问及其相关制度最为显著的亮点在于规定了反对强迫自证其罪条款、全程录音录像制度和非法证据排除规则。

反对强迫自证其罪是现代法治国家刑事诉讼的基本原则，不但适用于侦查讯问阶段，而且适用于整个诉讼程序。联合国《公民权利和政治权利国际公约》等一系列国际公约和法律文件中也均以“不被强迫作不利于他自己的证言或强迫承认犯罪”[①] 或类似表述将此原则作为刑事司法准则加以规定。中国曾在相当一段时间内否认此原则，修改后刑诉法将其规定于第五章“证据”之下的第50条中，尽管并非规定于第一章“任务和基本原则”之中，但由于该条文是适用于一切证据的收集方式的，仍有一定的提纲挈领作用，故而自然可以被认为是侦查讯问的基本原则之一，因此是一个巨大的进步。根据该原则，从讯问人的角度看，在侦查讯问中其不得向被讯问人施加肉体和精神的压力以迫使其作出自我归罪的供述；而从被讯问人的角度看，其没有向讯问人承认有罪和提供有助于其追诉被讯问人犯罪相关证据的义务。

修改后的刑事诉讼法采纳了以往试点实验和司法解释的经验，将全程录音录像作为防范刑讯逼供等非法讯问行为的保障手段。将全程录音录像正式规定于刑诉法中，至少有两方面的益处。其一，从保证讯问合法和保护被讯问人权利的角度看，侦查讯问中全程录音录像制度最重要的意义就在于防止刑讯逼供。其二，从侦查讯问者的角度看，由于翻供是常见的现象，以全程录音录像记录讯问过程，可以证明其讯问行为的合法性，避免被追诉人以此为理由推翻供述。根据学者的统计，在一些检察院审查起诉的案件中，有高达40%以上的案件被告人就主要犯罪事实和部分犯罪事实翻供，并常辩称系警察威逼利诱所致。[②] 这些翻供的案件中固然确实有讯问违法的情况，但也不排除被追诉人无中生有的现象。因此正如最高人民检察院原副检察长王振川所说的：“对讯问犯罪嫌疑人实行全程同步录音录像，将有利于及时固定证据，防止犯罪嫌疑人翻供……避免犯罪嫌疑人诬陷干警，加强对干警的保护。”[③] 故而侦查讯问中实施全程录音录像对于讯问人和被讯问人而言均有一定的好处，加之其成本

① 《公民权利和政治权利国际公约》第14条第3款。

② 参见陈卫东《刑事诉讼法实施问题调研报告》，中国方正出版社2001年版，第176页。

③ 唐述权：《讯问嫌疑人将全程录像 明年全国所有检察院施行》，《京华时报》2005年9月10日。

不高①，因此其推行过程中应当会相对顺畅。

非法证据排除规则中对侦查讯问意义较大的主要是非法言词证据排除规则。修改后的刑事诉讼法将非法言词证据排除规则纳入国家基本法律中，不但明确规定了该规则本身，而且对该规则的排除主体、实施方式、排除程序、证明责任分担等具体问题作了规定。尽管目前中国的非法言词证据排除规则还存在一些问题，例如具体概念不明确、排除范围受限等，但法律基本的态度是明确的：严禁警察或其他侦查主体的非法取证行为，以违法手段取得的言词证据不能用作被告人定罪的依据。这样的规定有助于铲除警察或其他侦查人员实施非法讯问的动机、保护被讯问人的权利并为其提供权利受损后的救济途径、保证司法的正直性和维护司法的权威。

二 现有规定的不足

应当承认新修改的刑事诉讼法在侦查讯问程序方面取得的上述进步，但也绝不应讳言其存在的缺陷和不足。具体而言主要有以下几个问题：

第一，回避沉默权问题。沉默权是从反对强迫自证其罪原则中衍生出来的，也是该原则的应有之义。然而中国无论学界还是实践部门，向来对沉默权和反对强迫自证其罪原则的关系存在不同看法，对于确立沉默权制度颇持疑虑态度，尤其在发现以英国为代表的一些法治国家近年来在沉默权问题上出现了回缩趋势后，这种疑虑更是大大增加。正因如此，尽管此次刑诉法修改明确规定了“不得强迫任何人证实自己有罪”②，却以沉默对待作为反对强迫自证其罪题中应有之义的沉默权。对于沉默权是否为修改后刑诉法实际肯认的问题，有学者认为其实为反对强迫自证其罪原则的暗含之义，甚至一些来自立法机关的学者型官员也对此持肯定态度。但问题在于，在修改后《刑事诉讼法》第118条仍然规定了犯罪嫌疑人面对讯问的如实回答义务的情况下，认为沉默权已经为中国法律所实际规定的观点未免有点过于乐观了。而且退一步说，即便这种“暗含之义”确实存在，面对如实供述义务这一条文障碍和“坦白从宽、抗拒从严”的传统政策，恐怕也难以在实践中得到真正有效执行。在笔者看来，沉默权制度的确立是中国侦查讯问程序和整个刑事诉讼制度走向法治化和

① 从中国检察机关近年推行讯问录音录像制度的实践来看，一套简易录音录像设备全部费用只需1万元左右；即便是按照最高人民检察院发布的相关规则，建立一套现代化的、高技术水准的讯问录音录像系统一般也不超过40万元。参见陈永生《论侦查讯问录音录像制度的保障机制》，《当代法学》2009年第4期。

② 《中华人民共和国刑事诉讼法》第50条。

文明化必然要经历的步骤，与其逡巡犹豫、半推半就，何不拿出壮士断腕的气概，明确建立谨慎的、有例外的沉默权制度。

第二，“如实回答”义务与反对强迫自证其罪原则存在冲突。修改后《刑事诉讼法》第118条规定犯罪嫌疑人在受到讯问时仍有如实回答义务，这一规定与1979年《刑事诉讼法》第64条和1996年《刑事诉讼法》第93条的内容几乎完全一致。既于第50条规定反对强迫自证其罪原则，又在第118条规定犯罪嫌疑人的“如实回答”义务，二者是否存在矛盾之处呢？笔者认为，第118条的“如实回答”的规定以“应当”一词确定了该条文的义务性规范性质，否定了犯罪嫌疑人对侦查人员的提问有决定是否回答的权利，实际上与反对强迫自证其罪原则具有逻辑上的冲突：反对强迫自证其罪原则的核心含义即在于任何人均可以免受强迫而提供任何有可能陷己于罪的证据或信息，而第118条的规定则要求被讯问人对侦查人员的提问有如实回答义务，则该义务即是施于被讯问人身上的强迫力量，从而令其陷入陷己于罪和如因未履行如实回答义务而被认为认罪态度不好而被从重处罚的两难境地。正如学者所言，这一规定是双重义务的要求，“一是回答讯问的义务；二是如实回答的义务。前者剥夺了嫌疑人拒绝回答、保持沉默的权利，后者则否定了嫌疑人自愿回答的权利，等于承认了嫌疑人负有配合侦查的义务”①。第118条表明法律只承认对“与本案无关的问题”有拒不回答的权利，而对于其他问题均有回答义务，实际上是否定被讯问人享有沉默权；而如前文所述，沉默权是反对强迫自证其罪原则的应有之义，因此规定“如实回答”义务必然对反对强迫自证其罪原则的严格贯彻造成伤害。

第三，指定居所的监视居住下讯问规则的缺失。此次刑诉法修改，指定居所的监视居住制度引起了人们的普遍关注。这是因为指定居所的监视居住具有“半羁押”或者“准羁押”的性质，一旦运用不善，极容易导致被监视居住人权利受到损害。然而修改后刑诉法对于指定居所的监视居住下讯问规则几乎完全没有规定，不能不被认为是一大缺失。这种“准羁押”状态下的侦查讯问，由于其封闭性特征十分明显，如果没有相关的完善规则加以规制，则存在发生刑讯逼供的重大风险，甚至可能成为侦查机关规避看守所内进行讯问的种种规则的法律漏洞。因此笔者赞同“在指定居所内对犯罪嫌疑人的讯问应当参照上述看守所有关规定进行，如讯问必须在指定的居所内进行、依法进行录音或

① 陈瑞华：《论被告人口供规则》，《法学杂志》2012年第6期。

者录像等"[①] 的意见。

第四，侦查讯问时律师在场权的缺失。修改后刑诉法未能纳入侦查讯问时律师在场制度，不能不被认为是一个重大的遗憾。律师于侦查讯问时在场，本来相较全程录音录像制度更能够防止侦查机关以非法方式进行讯问，并且其能够随时为被讯问人提供法律帮助，对于被讯问人权利的保障益处更大。正因如此，许多国家和地区均有关于侦查讯问时律师在场的规定。但此次刑诉法修改未能将该制度规定进来，主要的原因在于两个方面。其一，侦查机关和侦查人员对于讯问时律师在场给侦查讯问带来的变化心存疑虑。在许多侦查人员看来，讯问时律师在场会给他们以讯问方式寻找案件"突破口"带来阻碍，担心因律师在场使得被讯问人不"好好供述"。[②] 这种忧虑显然还是以获得口供作为侦破案件的主要手段的传统侦查方式给侦查机关带来的对讯问时律师在场制度的心理障碍，这表明讯问时律师在场权的制度与侦查方式的转变有着密不可分的关系。第二，律师制度的制约导致律师本身对侦查讯问时在场制度的热情不高。中国目前不但律师总体数量有限，而且律师的区域分布极不平衡，其中从事刑事辩护的律师更少。现实的情况是，刑事案件的辩护率本身尚且极低，倘若在全国范围内推行律师讯问在场制度，其可操作性尚有疑义。另外由于讯问时在场大大增加了律师的工作量，加之中国夜间讯问现象极为普遍，律师对讯问时在场制度也难有很高的积极性。基于这两方面的因素，目前中国未能确立侦查讯问时律师在场制度，可以看作人权保障理念向现实妥协的结果。但承认现实的困难并不意味着否定应然的状态，随着法律现代化的进程和法治环境的改善，尤其是在侦查讯问中的人权保障意识得到进一步强化之后，这一制度最终是应当而且必然会被建立起来的。

三　刑讯：实践中的困境与出路

"要理解中国法，显然有必要在法律规则和法律制度之外作一番探究。"[③] 这一方法对于我们研究中国侦查讯问程序的现状时非常适用。法律文本上的进步让我们欢欣鼓舞，不足之处也有可完善的途径，但现实与法律文本之间的鸿

---

① 陈光中、于增尊：《关于修改后〈刑事诉讼法〉司法解释若干问题的思考》，《法学》2012 年第 11 期。

② 参见樊崇义、顾永忠《侦查讯问程序改革实证研究》，中国人民公安大学出版社 2007 年版，第 175 页。

③ Stanley B. Lubman, *Bird in a Cage*: *Legal Reform in China after Mao*, Stanford University Press, 1999, p. 35.

沟却值得我们十分警惕。司法实践中有法不依、违法讯问的现象仍然存在，尤其是刑讯逼供的现象时有发生，成为实践中一些错案发生的重要原因。

传统讯问习惯的流毒，加上刑讯带来减轻司法人员工作负担而迅速取得犯罪嫌疑人口供以满足追诉需要的“好处”，使得刑讯时至今日仍是司法实践中挥之不去的阴霾。更为可悲可怖的是，“创新精神”在刑讯逼供中得到了充分的发挥，各种“与时俱进”的刑讯手段不断被曝光，强烈地挑战了人们的良心底线。从传统的拳打脚踢、罚跪背铐，到杜培武案中的悬空吊挂、警棍电击，[①] 到李久明案中的手指脚趾捆绑电线、以摇式电话机电击嫌疑人，[②] 再到赵作海案中的“喝药水”、“头上放鞭炮”，[③] 刑讯的方式不断花样翻新，令人瞠目结舌。在这样的刑讯手段下，被追诉人不得不违心地作出有罪供述，甚至对于故意杀人这样的重罪指控也只能被迫承认，不禁让人想起狄仁杰对武则天所说的那句话：“向若不承反，已死于鞭笞矣”[④]。历史在经过千年后似乎又走了一个轮回，刑讯致冤的惨剧仍在发生，而这些错案的发现和平反却常常需要通过“亡者归来”、真凶落网这样的小概率事件才能实现，不能不使人心酸哀叹。

面对司法实践中刑讯逼供的现象，有关部门并非没有察觉，也并不是没有采取行动。以最高人民检察院为例，曾多次组织清查刑讯逼供违法行为的专项整治工作。为防范刑讯逼供，2009 年 4 月以来，最高人民检察院还联合有关部门先后开展了全国看守所监管执法专项检查活动、全国监狱“清查事故隐患、促进安全监管”专项活动和全国看守所安全大检查活动，[⑤] 规模不可谓不大，力度不可谓不强。另外，最高人民法院、最高人民检察院和公安部等相关部门，为了禁止刑讯逼供现象，也出台了不少司法解释或法律文件，下发了相关的部门规定。公安部监管局局长赵春光曾信心满满地表示，五年来全国看守所内未发生一起刑讯逼供事件。[⑥] 如中国政法大学顾永忠教授所言，中国的刑讯逼供行为最近几年在明显减少，尤其是新修改的刑诉法实施以来，公安机关

---

① 参见最高人民法院刑事审判第三庭编著《刑事证据规则理解与适用》，法律出版社 2010 年版，第 355 页。

② 参见裴智勇《最高检公布 3 起严重侵犯人权犯罪案》，《人民日报》2005 年 7 月 27 日。

③ 参见赵洪杰《赵作海首度面对媒体》，《南方日报》2010 年 5 月 12 日。

④ 《旧唐书·列传第三十九》。

⑤ 参见王全宝、章文《监所检察改革：要给老百姓以真相》，《中国新闻周刊》2011 年第 9 期。

⑥ 参见《公安部起草首部看守所法，公安部监管局局长：5 年来全国看守所无刑讯逼供》，《郑州晚报》2014 年 4 月 30 日。

强力推行新法关于禁止刑讯的规定并取得了很好的效果。[①] 根据十二届全国人大常委会第三次会议发布的数据来看，2013 年上半年全国刑讯逼供案件比上年同比下降 87%。然而大幅度的下降并不意味着彻底的禁绝，全国人大常委会的数据表明，实践中刑讯逼供的现象仍有发生。尤其值得注意的是，刑讯逼供出现了由公安机关向检察机关转移的倾向，正如中国人民大学陈卫东教授分析指出的："贯彻落实《刑事诉讼法》最好的是公安机关，看守所的管理变化最大。退步的是检察机关，在职务犯罪中，刑讯逼供现象越来越突出，已经超过了公安。"[②] 这一现象应当引起我们的足够重视。

刑讯难以禁绝，原因是多方面的。其一自然是数千年传统讯问模式对当前侦查人员思维方式的影响。长期以来"鞫狱以刑求"、"棍棒底下见真言"的讯问观不是说剔除就能立即剔除的，在一些侦查人员看来，不"上手段"是问不出实话的，刑讯虽坏却是必要的。其二是对犯罪嫌疑人定位有偏差。由于有罪推定观念的影响，加上侦查人员身处追诉角色而形成的"屁股决定脑袋"式的思维方式，受到刑事追诉的犯罪嫌疑人在一些侦查者看来几乎就等同于有罪之人，对其行刑甚至被认为是"替天行道"、伸张正义，使得实施刑讯之人在道义上所承受的负担似乎得到了减轻。其三，刑讯在减轻侦查人员工作强度和迅速获得犯罪嫌疑人认罪供述方面有着其他侦查手段所无法比拟的优势，尤其在当刑事案件发生率较高和侦查机关破案压力增大的情况下，刑讯"简单快捷、见效明显"，让侦查人员颇有"弃之可惜"之感。而相比刑讯的种种"好处"，目前实施刑讯的"成本"并不算高：尽管刑法规定了刑讯逼供可能导致刑事处罚，而刑事诉讼法和其他诸多法律也均有禁止刑讯之规定，但由于侦查的秘密性和封闭性，加上其他某些客观原因，真正因刑讯而受到追究仍是低概率事件；即便受到追究，除非是引起广泛影响的特殊案件，导致的不利后果也是较小的；而倘若重大刑事案件因此得以破获，受奖升官的现实利益和心理满足感带来的刺激是巨大的。如此计算了"筹码"和"赔率"之后，"赌徒心理"驱使下的刑讯现象自然难以得到遏制。其四，侦查人员可能对刑讯产生心理依赖感。"刑讯逼供行为的发生是个体心理与外界环境相互作用的产物"[③]，刑讯如果不能得到及时制止，可能如毒品一般给侦查人员带来心理的快感，令其"上瘾"，以病态心理排斥其他侦查方式。正因为刑讯的成因是多

---

① 参见王峰《新刑诉法"临床"一周年》，法制网，http：//www. legaldaily. com. cn/Lawyer/content/2014 -03/17/content_ 5366933. htm（2014 -9 -7）。

② 同上。

③ 郝川：《"赵作海案"深层症结的理性分析》，《西南大学学报》2011 年第 3 期。

方面的，之前有关机关仅以运动式或下发文件方式遏制刑讯，自然难以见效。即便在刑诉法修改通过之后，以一系列规定求禁止刑讯的今日，要真正实现禁绝刑讯，依然是“徒法不能以自行”①，不但需要全社会长时间的持续努力，还需要政府多管齐下地采取综合手段严厉打击刑讯行为。更重要的是，要通过保障权利的路径限制公权力滥用，才能根治刑讯的发生。

四　侦查讯问制度的完善：增权与控权

以讯问方式求口供，是人类自有文字可考的历史以来刑事司法运作的基本样态之一，至今仍是世界上任何一个国家或地区刑事侦查所不能忽视的，甚至在可预见的未来相当长一段时间内，它仍将与刑事司法如影随形。合法恰当地运用侦查讯问手段，可以增加侦破案件的手段，尤其在一些严重而其他证据不足的案件中，合法合理地使用侦查讯问是犯罪控制这一刑事诉讼基本目标实现的重要途径之一。然而倘若侦查讯问未能以正当方式进行，讯问中充斥着强迫供述的行为，则可能导致被讯问人不得不作出非自愿甚至不实的供述，以致可能使无辜之人受到错误的起诉、定罪和处刑；另一方面，非正当的侦查讯问会使程序公正价值受到严重冲击与损害，甚至影响公众对司法公正和正义的信心，从而令司法权威遭遇危机甚至被否定。因此侦查讯问究竟在刑事司法中发挥什么样的作用、扮演何种角色，关键在于其是否被以合法、正当、文明、法治的方式使用。

在追求侦查讯问正当化、文明化的道路上，现代西方各主要法治发达国家都曾走过艰难的历程。正如人类社会任何方面的点滴进步一样，侦查讯问每一丝一毫的现代化发展印记都浸染着遭受严酷刑讯的被讯问人的血泪。欧洲各国讯问历史悠久，经历了从原始讯问到口供主义结合合法刑讯的讯问模式、再到现代法治国家讯问方式的缓慢变革。美国由于其历史较短，其立国之初即已站在资本主义精神广泛传播的较高基础上，故而其侦查讯问程序未曾经历残酷的原始状态，但其形成今日之形态亦非一蹴而就之事。而在中国，古代数千年的讯问历史基本可以看作一部刑讯史，这种传统对现今的侦查讯问仍有流毒之害。即便时至今日，政府与民众均已深知刑讯之恶，法律严厉禁止刑讯，但刑讯仍然时有发生。

中国遭遇此种运用非法侦查讯问手段而导致的困境，从其制度构建的基础上看，主要是侦查讯问程序本身的核心矛盾出现激烈冲突：一方面，以公安机

---

① 《孟子·离娄上》。

关为代表的侦查机关出于追诉犯罪的基本角色定位，迫切需要通过取得被讯问人的有罪供述而侦破案件，并将程序推进至下一诉讼环节；而另一方面，作为被讯问人的犯罪嫌疑人，自我保护基本是其天然的本能，通常情况下其是绝不愿意主动向侦查机关提供将可能导致陷己于不利境地的有罪供述和线索的。倘若在双方力量尚基本平衡的状态下，冲突和角力的结果尚未必导致一方意志受到剧烈压制而无法“坚守阵地”，刑讯也难以有其生存空间；然而在中国目前侦查权力明显强大且监督制约机制尚有不足的现实下，令被讯问人与侦查机关“平等对抗”，无异于使仍是幼童之大卫在手中连石子都没有的情况下孤身与歌利亚近身肉搏，未待交锋恐怕胜负已现，讯问者棍棒一挥，被讯问人已然举手投降了。此外由此核心矛盾导致其他一系列衍生矛盾，如侦查讯问秘密性、封闭性与侦查行为透明化要求之间的冲突，侦查讯问自有的天生强迫性特征与自白任意性法律要求的悖反，侦查讯问技巧、策略的普遍运用与侦查讯问“正直性”要求的鸿沟等，也都使中国的侦查讯问程序面临困难局面。

如何改变侦查讯问程序控辩双方力量失衡而导致被讯问人身处“不想供述却不能不供述”困境的司法现实，彻底禁绝侦查讯问中的刑讯逼供和非法取证现象，实现侦查讯问的法治化和文明化，是中国侦查讯问程序目前面临的最大难题。这些年来，立法机关、司法机关和社会各界都为解决这一难题做着不懈的努力，刑诉法的修改、相关证据规则和司法解释的颁布、司法机关和执法机关的检查整治行动，都使得刑讯逼供和非法取证现象得到了一定程度的遏制。正如一些身处一线的基层侦查人员所坦言：“现在讯问要想再像以前那样弄，已经不太容易了。”进步是显著的，然而近些年来发生的一些错案仍然提醒我们，刑讯仍然未被禁绝、非法取证仍时有发生。

参考和借鉴西方侦查讯问程序法治化进程，笔者认为欲改变中国侦查讯问的现状，无非两个途径：一曰增权，一曰限权。所谓增权，增加的是公民个体用于防御和对抗公权力的权利，哪怕该公民已经涉嫌刑事犯罪、受到国家追诉而在侦查讯问中处于被讯问人地位。增加权利既包括应有而未有权利的赋予，也包括法律已有规定但实践中未能充分实现的权利的保障，即既要从无到有、又要从虚到实。具体而言，首先自然是要实现对被讯问人基本权利如生命、安全、健康等的充分保障，至少需达到中国已加入或签署的国际法律文件所要求的人道标准。其次则是赋予被讯问人必要的防御性权利并促使此种权利的有效实现，给予辩方以与强大公权力机关对抗的矛与盾，是平等对抗原则的基本前提，即便不欲赋予其金甲铁铠、赤霄泰阿，也应当令大卫出战时至少手持石块和甩石机弦。其中最为重要的是不受强迫自证其罪的特权和辩护权，尤其是其获得律师辩护权利的保障，因为这些权利在被讯问人的防御性权利体系中具有最为核心的地位，其有效运用也最具有对抗公权力的现实效果。最后则是完善被讯问人的救济性权利，令其在权利受损的情况下有弥合伤口、寻求恢复的途径。而所谓限权，限制的是公权力机关及其工作人员在侦查讯问中所掌握的权力，因为即便此种权力本身具有正当性和合理性，倘若无监督制约措施，权力自身的扩张性也必然导致对正当合理边界的突破，而成为吞噬个人权利的怪兽，甚至最终毁掉权力本身的行使者。限权无非两条路径，以权利限制权力或以权力限制权力；其中公权力对侦查讯问权力的监督和制约既可以是以内部方式自上而下进行的，也可以是由专门法律监督机关行使的，更应有来自国家司法机关的审查和控制。

在笔者看来，能做好增权和限权两条，则实现侦查讯问的法治化、正当化应当是大有希望的。行文至此，笔者不禁想起20世纪30年代曾任美国总检察长的乔治·伍德沃·维克沙姆（George W. Wickersham）的至理名言：“只有当法律值得尊重时人们方会尊重法律，实施司法的方式常常比司法本身更为重要。”① 对中国侦查讯问程序而言，这句话应当成为时刻敲响的警钟。

① See Richard A. Leo, *Police Interrogation and American Justice*, Harvard University Press, 2008, p. 41.

我国非法证据排除规则的改革路径

刘静坤①

摘　要　刑事诉讼法和司法解释现已初步确立非法证据排除规则，但实践中规则的实施仍然面临诸多难题。为确保非法证据排除规则落到实处，有必要进一步明确非法证据的范围，从侦查、起诉、审判、辩护等方面入手系统地完善非法证据的排除程序，提高刑事诉讼的人权保障水平。

关键词　非法证据　排除规则　排除程序

中央十八届三中全会《关于全面深化改革若干重大问题的决定》明确要求："完善人权司法保障制度。……严禁刑讯逼供、体罚虐待，严格实行非法证据排除规则。"非法证据排除规则是刑事司法领域人权保障水平的试金石，也是防范冤假错案的重要制度保障。为严格实行非法证据排除规则，需要检视司法实践中面临的突出问题，从完善刑事诉讼证据制度和推进刑事司法体制改革的角度系统地提出改革方案。

一　我国非法证据排除规则概况及实施效果

2010 年，"两高三部"出台"两个证据规定"，其中，《关于办理刑事案件排除非法证据若干问题的规定》（以下简称《非法证据排除规定》）初步确立了非法证据排除规则。《非法证据排除规定》共计 15 条，主要包括两方面的内容：一是实体性规则，重点对非法言词证据的内涵和外延进行了界定，并规定相应的法律后果；二是程序性规则，将有关非法取证的问题纳入诉讼中程序裁判的范畴予以解决。②

---

① 中国社会科学院法学研究所博士后，最高人民法院刑三庭法官。

② 参见张军主编《刑事证据规则理解与适用》，法律出版社 2010 年版，第 290 页以下。

2012 年修改后刑事诉讼法吸纳了《非法证据排除规定》的主要内容，在立法层面正式确立了非法证据排除规则：对非法言词证据和非法实物证据作出了界定，并分别确立了强制排除和裁量排除的原则；规定公检法三机关均是排除非法证据的主体；当事人申请排除非法证据应承担初步的提供证据责任，人民检察院承担证明取证合法性的证明责任；对确认或者不能排除非法取证的情形，应当依法排除相关证据。[①]“两高”出台的司法解释对刑事诉讼法的相关规定尤其是排除程序作出进一步细化。

2013 年，立足中央政法委《关于切实防止冤假错案的规定》，最高人民法院出台《关于建立健全防范刑事冤假错案工作机制的意见》（以下简称《防范冤假错案意见》），进一步明确了非法证据的范围，规定：“采用刑讯逼供或者冻、饿、晒、烤、疲劳审讯等非法方法收集的被告人供述，应当排除。除情况紧急必须现场讯问以外，在规定的办案场所外讯问取得的供述，未依法对讯问进行全程录音录像取得的供述，以及不能排除以非法方法取得的供述，应当排除。”

应当说，我国现已确立较为系统的非法证据排除规则，尽管其中有的规定面临一些争议，但基本上能够适应司法实际需要。各界普遍认为，严格实行非法证据排除规则，有助于确保程序公正，避免冤假错案发生。实践表明，非法证据排除规则的确立与实行，对公安司法机关及其办案人员产生了积极影响，人权保障和程序公正意识逐步深入人心，非法取证情形有所减少，办案质量有所提高。

但仍有一些地方反映，实践中存在所谓“非法证据排除难”问题，与之相关的还有非法取证遏制难、排除非法证据后无罪判决难，以及非法证据认定标准不统一、非法证据排除申请随意性大、证据合法性调查程序不规范等问题。[②] 上述问题表明，非法证据的范围和排除程序有待进一步明确，在此基础上，非法证据排除规则在实行中面临的体制机制性制约有待进一步解决。

二 非法证据排除规则面临的难题剖析[③]

关于非法证据排除规则的重要性，各界已基本达成共识，非法证据排除

① 参见张军主编《新刑事诉讼法法官培训教材》，法律出版社 2012 年版，第 201 页以下。

② 参见《重庆市高级人民法院关于非法证据排除规则实施状况的调研报告》，《人民法院报》2013 年 12 月 5 日。

③ 参见刘静坤《非法证据排除“难”在哪儿》，《人民法院报》2014 年 7 月 15 日。

难可能主要不是认识层面的原因所致，而是更多地涉及深层次制度问题。尽管刑事诉讼法明确规定，重证据，重调查研究，不轻信口供，但现阶段“口供中心”的观念和做法仍然在一定范围内和一定程度上存在，实物证据尤其是科学证据的收集和运用尚未得到足够重视。一些案件的证据体系主要是以口供为基础所构建，如果口供被认定为非法证据进而予以排除，整个证据体系就将变得十分薄弱，以至于达不到证据确实、充分的法定证明标准。换言之，对那些以口供为定案基础的案件，人民法院排除口供证据后，在案证据不足以认定被告人有罪，依法应当做出证据不足、指控的犯罪不能成立的无罪判决。然而现阶段由于各种因素的影响，人民法院对一些定罪证据不足的公诉案件，又面临着所谓无罪判决难的问题。可见，非法证据排除难，实际上与公诉案件无罪判决难存在着密不可分的内在关联。从制度层面看，只有破解人民法院依法独立行使审判权面临的体制机制性问题，才能从根本上解决上述难题。

认识到非法证据排除与案件实体处理结果之间的关联，有助于我们理解非法证据排除难的根本原因所在，但这并不意味着这两个难题非要一起解决或者只能同步解决。对于实体和程序之间的关系，我们传统上在诉讼过程中往往更加重视实体，偏重于以案件的实体处理结果为中心，习惯于将案件的所有问题都在最终一揽子解决，未能认识到程序性问题的特殊性，这使得案件的程序性问题往往与实体性问题捆绑在一起，程序性问题的处理受制于案件的实体处理结果，以至于抹杀了程序自身的独立价值，导致了轻视程序乃至所谓程序失灵等问题。实际上，以证据合法性争议为代表的程序性争议，应当通过独立的程序性裁判予以解决，只有这样才能彰显程序自身的重要价值。同时，证据合法性争议涉及证据的资格，属于庭审证据调查的先决性问题，基于司法证明的基本原理，只有对证据的合法性争议做出处理后，才能对相关证据进行调查、质证。这方面，英国处理证据合法性问题的预先审核程序值得我们积极借鉴。只有将非法证据排除与案件的实体性处理剥离开来，通过独立的程序性裁判制度予以解决，并且在庭审证据调查之前做出处理，才能确保非法证据排除规则落到实处。

非法证据排除规则的实施效果，还与规则自身的设计有一定的关系。许多国家的非法证据排除规则都规定了两种排除模式，即强制排除和裁量排除。例如英国《警察与刑事证据法》规定，对采用压迫方式（包括刑讯、不人道或者有辱人格的待遇以及使用暴力或者以暴力相威胁）获得的被告人供述，以及根据被告人供述当时的环境，相关人员的言行可能导致该供述不可靠的，对该供述实行强制排除；综合考虑案件所有情形包括获取证据的情形，采纳该证据将严重影响诉讼公平性的，对该证据实行裁量排除。不难发现，上述规定本身并不足以为办案法官提供具体明确的指导，因此有待于法官基于个案情况作出裁量处理。英国法官在确定是否排除非法证据时享有广泛的裁量权，这不仅要求法官具备较强司法能力，能够妥善处理正当程序与犯罪控制之间的均衡关系，更要求法官具有较高司法权威，其对证据合法性所作裁决能够得到控辩双方认可和接受。相比之下，我国现阶段司法环境有待进一步优化，对非法证据的认定和排除，如果更多地由人民法院基于裁量权作出处理，基于前述制度层面的原因，可能导致人民法院在实践中面临较大裁判压力。尽管非法证据排除规则的司法适用不可避免地涉及裁量权的行使，但毫无疑问，相对具体和明确的规则在实践中更加便于操作，执行阻力相对较小，因此立足司法实践需要，有必要对已有的非法证据排除规则作出进一步细化的规定。实际上，为确保下级法院严格实行非法证据排除规则，英国上诉法院也通过一系列判例明确了强制排除和裁量排除的适用标准，为审判提供必要的依据指引。

非法证据排除规则的实施效果，也与配套实施制度紧密相关。非法证据排除规则解决的是证据合法性问题，但其目的不仅在于依法排除非法证据，更重要的是以之为基础推动取证、起诉等制度的改革。取证程序的法治化、规范化程度越高，对证据合法性问题的争议越少。例如在英国，为确保供述自愿性和合法性，警察机构推行了讯问同步录音录像制度，该制度对减少口供证据合法性争议发挥了重要作用。尽管警方最初也对推行讯问同步录音录像制度持抵制态度，但随着时间推移，警方已经充分认识到遵守讯问规则，推行讯问录音录像等制度，不仅是对犯罪嫌疑人合法权益的保护，也是对警察自身的保护，以至于一些警察机构希望对所有案件犯罪嫌疑人的讯问都进行同步录音录像，“在镜头下讯问”已经成为警方普遍欢迎的工作方式。我国刑事诉讼法和相关规范性文件已经初步确立讯问同步录音录像制度，有必要借鉴国外经验积极全面推行该项制度。

尽管非法证据排除面临上述诸多难题，但中央十八届三中全会发布的《关于全面深化改革若干重大问题的决定》明确要求，严格实行非法证据排除规则。根据中央改革部署，有必要在刑事诉讼法和相关规范性文件基础上，进一步优化完善非法证据排除规则，同时建立健全相关配套实施制度，以严格实行非法证据排除规则为切入点，进一步明确证据规格、证明责任和证明标准，统一公、检、法各机关对上述问题的认识，有效遏制非法取证，确保办理刑事案件的质量。

三 完善非法证据的范围和认定标准

刑事诉讼法和相关规范性文件虽已确立非法证据排除规则，但其中有些规定仍然比较原则，一些法官尤其是基层法官在理解和运用时仍然面临一定困难，因此，有必要进一步明确和细化。

（一）区分非法证据的类型以及相应的排除方式

借鉴国外经验，对于不同类型的非法证据，有必要适用不同的排除方式。尤其要将非法取得的言词证据与实物证据区别对待，从而平衡刑事诉讼惩罚犯罪与保障人权的双重价值取向。①

首先，基于对基本人权（宪法权利）的法律保护，刑事诉讼法规定，对于采用刑讯逼供等非法方法收集的言词证据，实行强制排除。在此基础上，为确保供述的自愿性，有必要增加规定：对于采用非法的威胁、引诱、欺骗方法收集的供述，依法予以排除。对于非法的威胁、引诱、欺骗方法，要注意区分其与合法的侦查策略之间的关系。

其次，对于严重违反法律规定收集的证据，有必要区分情形处理：对于严重违反法定程序收集的实物证据，实行裁量排除，刑事诉讼法对此已有具体规定；对于严重违反法定程序收集的言词证据（包括在规定的办案场所外讯问取得的供述、未依法对讯问全程录音录像取得的供述），《防范冤假错案意见》要求实行强制排除，一些人对此有不同意见，但立足目前的司法实践，此类“严重且实质性地”违反法定程序收集证据的情形，无法确保供述可靠性，应当实行强制排除，但可考虑规定相应的例外情形。

最后，对于收集程序、方式存在瑕疵的证据，实行裁量排除，无法补正或者作出合理解释的，不得作为定案的根据。《办理死刑案件证据规定》对此已有明确规定。

（二）明确非法言词证据的认定标准

实践中，围绕非法证据的认定，争议最多的当属非法言词证据，尤其是被告人供述。在已有规定的基础上，有关供述证据的排除规则仍有需要完善之处。

---

① 参见沈德咏《中国刑事证据制度改革与发展需要处理好的几个关系》，《中国法学》2011 年第 3 期。

第一，对疲劳审讯的界定。《防范冤假错案意见》将疲劳审讯界定为非法取证方法，需要进一步明确疲劳审讯的含义。借鉴英国《执法守则》的规定，有必要从单次讯问时长、能否在夜间讯问、两次讯问的时间间隔等方面作出限定，或者选一种方式保障犯罪嫌疑人、被告人的休息时间，即可考虑规定每天保证犯罪嫌疑人、被告人不少于八小时的连续休息时间。

第二，对重复性供述的处理。如果被告人及其辩护人主张，没有第一次遭受刑讯逼供的影响，被告人不会作出后续的重复性认罪供述，因此申请法院排除所有的认罪供述，人民检察院就需要提供证据证明，第一次刑讯逼供对被告人所造成的影响在此后的各次讯问中已经消除，否则就将影响到所有认罪供述的可采性。如果诉讼阶段发生变更，且在讯问前充分告知诉讼权利，之前非法取证行为对重复性供述的影响已经消除的，此类重复性供述可以考虑作为证据使用。

第三，对“毒树之果”的处理。各国对“毒树之果”的处理方式各不相同，例如美国原则上予以排除，同时确立若干例外情形，而英国则更加偏重考虑证据可靠性问题，原则上不予排除，但两国的处理方式都与陪审团制度密切相关，无法直接借鉴。对非法讯问获取的实物证据是否排除，有必要采取更加务实的态度，即使排除也有必要参照刑事诉讼法对非法实物证据的排除规则，即实行裁量排除，同时需确立相应的例外情形。

四 规范审判阶段对非法证据的排除程序

在实行陪审团审判制度的国家，通常是在庭审阶段通过预先审核程序（即“审中审”）的模式处理证据可采性问题。我国虽不实行陪审团审判，但证据合法性属证据资格问题，仍然有必要通过专门程序处理。刑事诉讼法和相关规范性文件已经初步确立非法证据排除程序，为法院排除非法证据提供了依据指引。[①] 但实践中仍面临一些问题，有必要进一步完善相关程序。

第一，庭前会议对排除非法证据申请的审查及处理程序。庭前会议环节，控辩双方可以对证据合法性问题交换意见，并达成合意处理结果。人民法院对证据合法性存在疑问的，可以建议人民检察院收集证明取证合法性的证据。人民检察院认为排除非法证据后在案证据达不到法定证明标准的，可以申请撤诉。

第二，庭审中对排除非法证据申请的处理方式和效力。法庭经审查对证据收集的合法性没有疑问，可以驳回被告人及其辩护人的申请。如无新线索或者

① 参见南英主编《刑事审判方法》，法律出版社2013年版，第252页以下。

材料，再次提出申请的，法庭可不再进行审查。当事人对处理结果不服的，可以在上诉程序中提出异议。

第三，庭审阶段启动证据合法性调查程序的时间和要求。《非法证据排除规定》要求对证据合法性问题先行调查，最高法院司法解释规定，根据具体情况，可以在法庭调查结束前一并调查。鉴于证据合法性涉及证据资格问题，有必要限定法庭调查结束前一并调查的情形。需要强调的是，对于被告人及其辩护人提出的排除非法证据申请，如果法庭经审查对证据收集的合法性没有疑问，决定不启动专门的调查程序，可以对该证据进行宣读、质证。如果法庭决定启动专门的调查程序，那么，无论是先行调查还是法庭调查结束前一并调查，都必须首先解决证据的合法性问题，不得先对证据进行宣读、质证。

第四，人民检察院对证据合法性的举证要求。为减少法庭排除非法证据的裁判压力，需要进一步明确人民检察院举证证明取证合法性的要求。同时，在现有司法解释规定的基础上，有必要明确侦查人员应当出庭的情形、出庭的要求以及不履行相关职责的法律后果。可考虑规定，当事人及其辩护人、诉讼代理人对讯问笔录、健康检查笔录、讯问录音或者录像等证明证据收集合法性的证据材料提出异议，公诉人不能作出合理解释的，应当通知侦查人员出庭作证。对于证据合法性面临的争议，由侦查人员出庭说明情况，应当成为一种常态。侦查人员出庭，应当说明收集证据的过程，并对违反法定程序收集证据的情形作出合理解释。

第五，法庭对证据合法性调查结果的处理方式。最高法院司法解释规定，人民法院对证据收集的合法性进行调查后，应当将调查结论告知公诉人、当事人和辩护人、诉讼代理人。有必要明确法庭对排除非法证据申请的处理方式、告知调查结论的时间和方式等。可考虑规定，法庭对证据收集的合法性进行调查后，应当当庭作出是否排除相关证据的决定；必要时可以宣布休庭，对证据进行调查核实，再次开庭时宣布决定。

第六，二审法院对排除非法证据申请的处理方式。最高法院司法解释规定，二审人民法院在特定情形下可以对证据收集的合法性进行审查，并依法作出处理。有必要明确人民检察院、被告人能否单独以证据合法性争议提出抗诉、上诉，以及控辩双方二审期间提出之前掌握的证据材料能否采纳等。可考虑规定，人民检察院、当事人及其法定代理人在第一审期间未申请排除非法证据，在第二审过程中提出申请的，第二审人民法院不再进行审查。但在第一审结束后才发现相关线索或者材料的除外。同时可考虑要求，人民检察院在第一审期间收集的与证据收集合法性相关的证据材料，未按照法律规定移送、出示的，在第二审过程中不得出示。

需要强调的是，现阶段一些法官尤其是基层法官对非法证据排除规则不是十分熟悉，在实践中对非法证据排除规则的运用水平也不是很高。有必要通过发布典型案例和加强培训等方式加强对下指导，提高法官对非法证据排除规则重要性的认识，确保各级法官尤其是基层法官了解国外非法证据排除规则的经验和做法，理解我国非法证据排除规则的规定和精神，在实践中熟练运用非法证据排除规则，进而充分发挥非法证据排除规则的预期功能，提高办案质量，有效防范冤假错案发生。

五 规范侦查取证的程序和证据要求

刑事诉讼法规定，侦查、起诉、审判阶段都应当依法排除非法证据，但现阶段侦查取证程序尤其是讯问程序仍然有待规范，类似于国外将犯罪嫌疑人与警察有效隔离的程序机制尚未建立，同时侦查取证的职业化、规范化、专业化水平也有待提高。需要强调的是，相比于在非法取证情形发生后依法排除非法证据，有效防范非法取证情形无疑是更为合理（经济）的选择。[①]

第一，进一步规范侦查讯问程序。中央政法委《关于切实防止冤假错案的规定》明确要求："讯问犯罪嫌疑人、被告人除情况紧急必须现场讯问外，应当在规定的办案场所进行；犯罪嫌疑人被送交看守所羁押后，讯问应当在看守所讯问室。侦查机关不得以起赃、辨认等为由将犯罪嫌疑人提出看守所外进行讯问。"上述规定有必要进一步贯彻落实。同时，有必要进一步规范讯问时间方面的要求，禁止疲劳审讯；落实重大刑事案件讯问全程同步录音录像制度；探索建立重大刑事案件讯问时值班律师在场制度。

第二，完善侦查阶段预审职能，建立侦查取证监督机制。刑事诉讼法规定，公安机关经过侦查，对有证据证明有犯罪事实的案件，应当进行预审，对收集、调取的证据材料予以核实。目前侦查阶段预审职能弱化甚至缺失的现象严重，为督促侦查人员依法取证，有必要完善预审职能。借鉴国外做法，预审人员不仅应当进行事后的证据合法性审查，更应当对侦查取证的合法性进行同步监督；发现非法取证情形，应当依法纠正。同时要明确预审人员的法律职责，如果故意或者因严重过失未能纠正非法取证行为，未能发现非法证据的，应当依法追究责任。

第三，加强侦查人员专业培训，提高取证人员职业化水平。有必要借鉴国外做法，实行侦查人员专业等级制度，要求命案等重大刑事案件由适格的侦查

---

① 参见刘静坤《非法证据排除制度重在防范非法取证》，《人民法院报》2014 年 8 月 14 日。

人员负责开展侦查、讯问、现场勘查等工作。同时要加强对取证程序和出庭等方面的培训，确保侦查人员胜任出庭的要求。

第四，明确侦查阶段排除非法证据的程序。《公安机关办理刑事案件程序规定》规定，在侦查阶段发现有应当排除的证据的，经县级以上公安机关负责人批准，应当依法予以排除。该规定并未明确具体的排除程序。虽无相关统计，但仅凭公安机关自查自排非法证据，难度较大。有必要增加犯罪嫌疑人、辩护人在侦查阶段申请排除非法证据的程序，该申请应向侦查机关预审部门提出。对侦查机关处理结果不服的，有权向同级人民检察院申诉。人民检察院对申诉应当及时进行审查，认为可能存在以非法方法收集证据情形的，应当要求公安机关进行说明，公安机关应当作出书面说明。

六　强调人民检察院对证据合法性的把关职责

《人民检察院刑事诉讼规则（试行）》（以下简称《检察院规则》）规定了审查批准逮捕、审查起诉环节，人民检察院对证据合法性的审查和处理程序，以及对当事人及其辩护人、诉讼代理人申请排除非法证据的程序。但实践表明，人民检察院未能充分发挥证据合法性和案件质量的把关职责，与刑事诉讼法的要求仍有一定差距。

第一，人民检察院应当加强对证据合法性的审查，不能将非法证据作为起诉的依据。排除非法证据后在案证据达不到确实、充分证明标准的，依法不能起诉。同时，《检察院规则》规定，办案人员在审查逮捕、审查起诉中经调查核实依法排除非法证据的，应当在调查报告中说明。被排除的非法证据应当随案移送。有必要删除“被排除的非法证据应当随案移送”的规定。

第二，人民检察院有必要加强对羁押必要性的审查。对被告人辩称遭到刑讯逼供，提出无罪辩解的案件，人民检察院应当就羁押的必要性进行严格审查，制作书面审查意见。对不需要继续羁押的，应当建议释放或者变更强制措施。

第三，《检察院规则》规定，对于提起公诉的案件，被告人或者辩护人对讯问活动的合法性提出异议，并提供相关线索或者材料的，人民检察院可以将讯问录音、录像连同案卷材料一并移送人民法院。有必要修改为“人民检察院应当将讯问录音、录像移送人民法院”，便于人民法院审查供述的合法性。

第四，根据刑事诉讼法的规定，人民检察院在提起公诉后应当全面移送与证据合法性有关的证据材料。实践中一些人民检察院仍然有选择性地移送证据材料，有必要规定上述做法的法律后果。

七 保障犯罪嫌疑人、被告人的辩护权

2012年《刑事诉讼法》修改，强化了犯罪嫌疑人、被告人的辩护权，但律师行业普遍反映，目前刑事辩护仍然面临诸多难题，有待认真研究解决。同时，实践中存在的辩护质量不高甚至无效辩护问题，也应当引起高度重视。

为确保被告人的程序异议权和公平审判权，有必要赋予犯罪嫌疑人、被告人及其辩护人在侦查、审查起诉阶段申请排除非法证据的权利。同时，依法保障被告人及其辩护人在一审、二审和复核审阶段的调查取证权、申请调取证据权、提出异议权等权利。

对于命案等重大刑事案件，无论是当事人委托的律师还是承担法律援助义务的律师，都要严格按照法律规定履行辩护职责。对于严重不负责任或者怠于履行职责的情形，应当给予必要惩戒。

结 语

非法证据排除规则的有效实行，依赖于法院的公正和权威，因此，要抓住此次司法改革的历史性契机，坚持审判中心和庭审中心的基本理念，以严格实行非法证据排除规则为切入点，推动提高刑事诉讼的法治化、规范化水平。

法治中国背景下看守所立法的基本问题

程　雷①

摘　要　2013年10月全国人大常委会将看守所法列入未来本届人大的立法规划当中，看守所法起草工作逐步启动。作为犯罪嫌疑人、被告人刑事羁押的唯一合法场所，看守所是展示一个国家法治文明程度的重要窗口。起草看守所法是落实宪法、立法法规定的直接体现，是法律体系自身实现协调一致和进一步提升刑事司法人权保障水平的必然要求。看守所立法过程中应当处理好看守所法与看守所条例的关系，明确起草主体，广泛借鉴国际经验，搭建科学、合理的立法框架。而看守所管理体制的合理优化是看守所立法的重大问题，需要首先加以明确。

关键词　看守所　看守所法　看守所条例　看守所管理体制

在我国，看守所作为刑事羁押机关负责羁押刑事诉讼中被拘留、逮捕的犯罪嫌疑人与被告人，并负责余刑在三个月以下的罪犯刑罚执行。② 根据刑事诉讼法的授权，看守所是所有被追诉人审前羁押的唯一合法地点③，且考虑到审前羁押是常态、取保候审为例外的现有国情，看守所中流转的在押人员数量庞大，加之较长时间以来看守所完全封闭，其中的人权保障状况一直都是国内外人士的关注焦点。法治的要义之一就是约束公权、保障私权，由于关系到被追诉人这一刑事司法系统中弱势群体的权利保障，看守所的法治文明程度成为了展示国家法治文明的重要窗口。

看守所在中国法治历史进程中出现可以上溯至清末法律改革时期，中国共

---

① 中国社会科学院法学研究所博士后，中国人民大学法学院副教授。

② 参见《中华人民共和国刑事诉讼法》（以下简称“刑事诉讼法”）第83、91、253条。

③ 笔者使用“羁押”一词指代拘留、逮捕后被剥夺自由的状态，在刑事诉讼法当中“羁押”并非独立的强制措施，刑事诉讼法使用“羁押”一词多指拘留、逮捕后自由被剥夺的延续状态。

产党在新民主义主义革命、抗日战争、解放战争时期已经开始设置并运转看守所这一羁押场所。新中国成立后，看守所一直作为审前羁押的唯一合法场所伴随着新中国法治进程历经起伏、缓慢发展。2009 年初以云南省晋宁县看守所发生"躲猫猫"事件后，看守所在押人员非正常死亡问题在随后一段时期内成为了社会公众关注的焦点。公众的关切、权利保障观念的弘扬促使着人们开始审视看守所法治化问题，并首先暴露出看守所法律依据严重匮乏的现状。截至目前，规范看守所运行的法律依据仍然是国务院于 1990 年颁布的《中华人民共和国看守所条例》（以下简称"看守所条例"），这部古董级的行政法规早已无法承担起推进看守所法治化进程的全新历史使命，看守所立法已成为历史发展的客观需要。2013 年 10 月十二届全国人大常委会公布了未来五年立法规划，在 68 件法律草案规划中，看守所法名列其中。① 由于看守所立法相关问题，理论界与实务界关注有限，对于立法的意义、框架以及解决的主要问题都缺乏必要的准备与讨论②，本文拟就看守所法起草中的若干基本问题抛砖引玉，谈些初步的意见，期冀能够引发更多的讨论，推动看守所法起草工作能够早日纳入立法审议环节以进一步提升看守所法治化水平。

一 立法背景简要回顾

新中国成立至今，审前犯罪嫌疑人、被告人的羁押监管都是由看守所负责执行的，看守所隶属于公安机关被认为是新中国羁押监管体制的特色所在。③新中国成立初期，公安机关管辖的看守所负责羁押押依法逮捕、拘留的反革命和其他刑事犯罪的人犯，同时监管判处徒刑两年以下、不便送往劳动改造管教队执行的罪犯。而人民法院管辖的看守所，主要关押普通刑事案犯和公安机关移送起诉的案犯及已决待转出的案犯。在这段短暂的历史时期内，看守所按照诉讼阶段被分为公安机关管辖和法院管辖两种，前者负责羁押特殊犯罪类型（即反革命罪）的审前在押人员以及处于侦查、起诉环节的在押人员。1950 年 11 月，遵照中央人民政府政务院指令，法院管辖的看守所全部归并公安机关管辖，羁押公安机关、检察院、法院逮捕、拘留的人犯及监管刑期较短的已决

---

① http：//www. npc. gov. cn/npc/zgrdzz/2013 - 12/12/content_ 1816288. htm，访问时间 2014 年 5 月 3 日。

② 或许是基于这个方面的考量，立法机关将看守所法的起草在立法规划中归为了第二梯队，并不属于"条件比较成熟、任期内拟提请审议的法律草案"，而是属于"需要抓紧工作、条件成熟时提请审议的法律草案"。

③ 赵春光：《中国特色社会主义看守所管理机制综述》，《公安研究》2013 年第 12 期。

犯，1954 年公布的《中华人民共和国劳动改造条例》进一步明确了这种管理体制，规定“看守所以中央、省、市、专区、县为单位设置，由各级人民公安机关管辖”①。而在公安机关内部，1997 年刑侦体制改革之前的绝大多数时间里②，在公安机关内部机构设置上，实行看守所与负责审讯的预审部门合二为一的体制，即公安预审监管部门既负责羁押，也负责讯问和侦查，属于典型的侦押合一。同一部门同时承担起羁押监管与侦查犯罪两种相互矛盾的职能导致看守所成为了打击犯罪的第二战场，羁押成为了服务侦查办案的工具，严重违背了拘留、逮捕这两种强制措施的本意与价值追求，同时也制约了监管工作的正常发展，羁押监管工作成为了公安工作中的边缘领域，发展空间与机会长期匮乏，队伍的正规化、硬件的现代化、执法工作的规范化等方面都远远落后于时代发展的需要。

在这段历史发展过程中，尚有两项标志性事件需要略作交代。其一，早在 1983 年我国进行监管体制改革时，监狱就移交给当时新成立的司法部管理。在改革方案起草过程中，中央政法委就曾经考虑过将看守所与监狱一同移交给司法行政部门管理，但考虑到当时的“严打”以及司法部刚刚成立的情况，一时难以承担起监狱与看守所两部分监管职能，最终的决定是先将监狱交由司法行政部门管理。③

其二，1990 年 3 月 17 日国务院颁布了《中华人民共和国看守所条例》，这部 52 个条文的行政法规仍是迄今为止最为主要的看守所执法法律规范依据，随后公安部于 1991 年 10 月 5 日发布了《看守所条例实施办法（试行）》作为实施细则辅助规范看守所的执法工作。

早在 2000 年前后，公安部就已开始着手研究修改 1990 年制定的《看守所条例》以适应刑事法治不断发展的客观需要。2008 年 12 月，中央第二轮司法改革方案中，明确提出“完善看守所相关立法，进一步健全检察机关对看守所的监督机制”④，并将其作为一项司法改革任务分配给公安部牵头落实，国务院法制办等机构协调配合。显然完善看守所法律规范在当时已经成为决策者

① 赵春光：《中国特色社会主义看守所管理机制综述》，《公安研究》2013 年第 12 期。

② 1997 年起公安部推行侦查与预审合一的刑侦工作机制改革工作，除北京、天津、广东等少数省市外，绝大多数省市公安机关的预审部门被合并至侦查部门当中，随着预审部门的撤销，监所管理部门开始独立于侦查办案部门。需要指出的是，这种独立于办案部门的调整并非主动、有意识的改革看守所管理机制的举动，相反这一结果的达成纯粹属于预审与侦查职能合并后的副产品。

③ 杨明：《整治“牢头狱霸”的困境与出路》，载《民主与法制时报》2009 年 4 月 28 日。

④ 程雷：《看守所法律规范的修改与完善》，载卞建林、候建军主编《深化刑事司法改革的理论与实践》，中国人民公安大学出版社 2010 年版，第 71 页。

的工作重点之一，但从当时司法改革任务的分配角度来看，“完善看守所立法”指的就是修改看守所条例，而非起草看守所法，这一点从公安部、国务院法制办作为负责机构，而立法机关工作部门全国人大法工委并没有介入这一分工特点不难推断出来。

2009年云南晋宁看守所在押人员李荞明被牢头狱霸殴打致死，看守所声称系在押人员玩躲猫猫游戏致死，这一非正常死亡事件以及之后媒体的高度关注改变了我国看守所发展的历史。躲猫猫事件及其之后曝光的多起看守所内非正常死亡事件，推动着看守所体制改革与立法工作逐步纳入决策部门的视野，也愈发引起了社会各界的普遍关注。自2009年以来历年“两会”上均有人大代表、政协委员就侦押分离与起草看守所法两大问题提出议案。①

侦押分离涉及看守所体制变革，即将看守所由公安机关划归司法行政机关管理，这一意见被视为彻底革除看守所多年累积弊端的唯一出路。在截至目前已经开展的三轮中央司法体制改革过程中，虽然这种意见多次被论证，但始终并未纳入到改革方案中，即使十八届三中全会公布的《中共中央关于全面深化改革若干重大问题的决定》当中，在勾勒未来五年司法改革的蓝图时也只字未提看守所改革问题。而人大代表、政协委员提案的看守所立法事项被立法机关纳入到未来五年的立法规划当中，成为了当下推动看守所法法治化的重要着力点。

避免管理体制变革同时选择立法的方式回应社会公众对看守所法治化的期待，决策者的主要考虑是基于2009年躲猫猫事件之后看守所系统开展的一系列广泛且深入的自我革新与完善。公安部主导下的这场看守所自我革新运动涉及警力配备与人员素质、执法观念、场所硬件建设、工作机制完善、人权保障制度的健全等方方面面。五年来这种以回应体制质疑为着眼点的外在压力型自我革新已经初见成效，在一定时期内回应并阻隔了体制变革的呼声②，同时也为看守所立法创造了条件，一系列机制改革形成的新做法、新制度迫切需要固定、上升为法律。

---

① 相关媒体报道可参见 http://www.china.com.cn/news/zhuanti/2010lianghui/2010-03/11/content_19580372.htm；http://news.sina.com.cn/c/2009-03-11/043015289007s.shtml；http://www.legaldaily.com.cn/zt/content/2013-03/15/content_4279611.htm?node=41851；http://epaper.jinghua.cn/html/2011-03/14/content_640060.htm，访问时间2014年5月3日。

② 这方面的相关媒体报道可参见 http://www.china.com.cn/policy/txt/2011-12/18/content_24182313.htm；http://www.chinapeace.org.cn/2013-04/08/content_7238100.htm，访问时间2014年5月3日。

二　起草看守所法的必要性

（一）法律保留原则与立法法的要求

法治国家公权力运行的基本原则之一就是贯彻法律保留原则，即公权力主体唯有法律的明确授权方可对公民权利加以限制与剥夺。我国立法法在很大程度已经明确体现了法律保留原则的要求。《立法法》第 8 条在划定立法机关专属立法权时规定，限制人身自由的强制措施以及诉讼制度只能制定法律，同时该法第 9 条在规定授权立法事项时，明确禁止对限制人身自由的强制措施、司法制度可以授权国务院进行立法。看守所作为刑事羁押的执行机关，其执法活动是对刑事诉讼法中的拘留、逮捕两种强制措施予以执行，是强制措施制度的组成部分，同时也应当视为诉讼制度与司法制度中的一种活动。看守所的监管工作本质上是对公民人身自由的剥夺，是对人身自由权及其附属的相关隐私权、人格尊严等宪法基本权利的干预。根据法律保留原则以及立法法的规定，只有根据全国人大及其常委会制定的法律方可实施相应的干预私权利的执法行为。特定历史时期起草与执行的国务院《看守所条例》作为执法依据，已经不再符合建设法治国家的客观要求，起草看守所法是落实宪法、立法法规定的必然选择。

（二）保持立法体系协调一致的要求

法律体系作为一个统一整体应当保持体系自身的完整与协调。在我国目前的法律体系中，规范已决犯羁押管理的监狱法早在 1994 年就已经制定并颁布执行，2012 年 10 月立法机关对其进行了第一次修订。而对于未决犯羁押管理的看守所时至今日仍然仅依据行政法规予以规范，法律体系的协调性严重不足。无论是从未决犯的总量，还是从未决犯权利易受侵犯的角度来看，未决犯羁押法律规范的重要性都是要高于已决犯的。相应的对未决犯羁押管理的法律规范密度与严格程度都应当相应提高，而目前法律体系中对看守所与监狱二者的差别对待作法恰恰相反，法律体系中不同关联法律之间的配置严重失衡。

另一方面，看守所法律规范涉及不少重大诉讼制度，比如检察监督、在押人员表现纳入量刑考量、诉讼期限的管理等。这些诉讼制度规范和影响着人民法院、人民检察院的刑事司法工作，而在行政法规中规定人民法院、人民检察院的诉讼职能与诉讼行为是不适当的。[①]

法律体系的协调一致原则进一步要求支架性部门法需要相应的关联配套法律予以衔接、配合，看守所法律规范是刑事诉讼法的重要配套法律。2012年刑事诉讼法修正过程中进一步明确了看守所在刑事诉讼中的职能定位并赋予看守所多项配合刑事诉讼进行的全新职能。如看守所是拘留、逮捕后羁押犯罪嫌疑人、被告人的唯一合法地点；羁押后的讯问应当在看守所内进行；看守所是律师会见的安排机关，等等。这些服务诉讼职能的落实需要进一步提升看守所的规范化程度与法治化水平。从这个角度观之，起草看守所法是实施新刑事诉讼法的必然要求。

（三）落实尊重和保障人权原则、提升人权保障水平的重要支点

2004年宪法修正时在第33条增加规定"国家尊重和保障人权"，2012年刑事诉讼法修改过程中在第2条立法任务中再次重申了这一宪法诫命并在诸多具体条款中体现了刑事司法中对人权保障价值的弘扬。看守所中的人权状况恰恰是一国刑事司法人权保障水平的衡量标尺之一，能够折射出一个国家法治文明的进程。看守所对于审前被羁押者的管理本质上是对公民人身权、财产权、隐私权等一系列基本权利的干预，同时看守所作为犯罪嫌疑人、被告人审前等候审判的主要地点，必然涉及诉讼权利的行使与保障问题，诉讼程序的各种行为后果都可以在看守所中有所反映，因此看守所是被追诉人实体权利与诉讼权利保障的重要场所，是落实国家尊重和保障人权原则的重要基点。正是体认到这一点，国际社会与我国政府近年来都高度关注看守所人权保障状况。从国际层面来看，联合国通过了一系列保障被羁押人权利的国际公约与准则，包括《公民权利和政治权利国际公约》第10条、联合国《禁止酷刑和其他残忍、不人道或有辱人格的待遇或处罚公约》、《囚犯待遇最低限度标准规则》、《保护所有遭受任何形式拘留或监禁的人的原则》等。在国家层面来看，自2009年起我国政府先后发布两期国家人权行动计划，其中"被羁押者的权利"均作为公民权利和政治权利的重要组成部分用较大篇幅予以了强调。[②]

2009年以来开展的看守所系统改革推出了诸多保障在押人员权利的新机制，强调"保障被监管人合法权益是公安监管工作的基本出发点和落脚点"。[③]

---

① 陈卫东：《刑事诉讼法修改后应尽快制定看守所法》，《法制资讯》2012年第11期。

② 详见中华人民共和国国务院新闻办公室：《国家人权行动计划（2009—2010年）》、《国家人权行动计划（2012—2015年）》。

③ 赵春光：《中国特色社会主义看守所管理机制综述》，《公安研究》2013年第12期。

这些人权保障机制包括逐步推行床位制，实现在押人员一人一铺，有效防范牢头狱霸，改善在押人员居住环境；健全完善了新入所在押人员体检制度，看守所收押犯罪嫌疑人、被告人时必须提供社会医院出具的体检报告，同时实行提讯后体检制度，防范刑讯逼供；实行在押人员权利义务告知制度，在押人员入所后在规定的时间进行口头与书面告知，让在押人员知悉其在押期间的权利、义务；建立讯问不得影响在押人员饮食和必要休息的相关制度，保障在押人员的人身权利；禁止强迫劳动，在在押人员自愿的前提下可以进行不影响在押人员身体健康、不影响监管安全的劳动项目；对于患有严重疾病、羁押时间长或者未成年的未决在押人员通过单向视频与家属会见。[①] 这些人权保障机制的推行亟待通过制定看守所法的方式加以固定并制度化，融入这些人权保障色彩颇强的各项机制后，看守所法将大大提高看守所人权保障水平，更为全面、细致地落实国家尊重与保障人权的宪法原则。

三 起草看守所法的基本思路

（一）与现行看守所条例等法律法规的关系

在现行看守所条例等相关法律法规的基础上起草看守所法更为简便、易行，能够较快地推动看守所法的立法进程，这也是目前立法起草的主要工作方式。这种立法工作方式基本上是可行的，也为之前的多部法律案起草实践所验证，但需要注意的是，看守所条例制定年代过于久远，近年来虽有大量规范性文件予以了补充，以看守所条例为起草蓝本的参照应当适度。同时，需要明确看守所法作为刑事诉讼法的配套法律，必须与刑事诉讼法及其他法律渊源保持协调一致。因此现行法规、规范性文件均应当比照刑事诉讼法及其相关法律的立法精神和条文规定进行去伪存真、去粗存精式的筛查之后，方可吸收到看守所法草案当中。

（二）起草主体

十二届全国人大常委会立法规划中将看守所法的“提请审议机关或牵头起草单位”确定为国务院，考虑到国务院法制办承担着众多立法草案起草或提请审议工作，具体的起草单位事实上会落实给看守所的主管部门公安部负责。但根据立法法的相关规定，立法规划中的国务院只是法律案提案机关或者

① 赵春光：《中国特色社会主义看守所管理机制综述》，《公安研究》2013 年第 12 期。

法律草案的牵头起草部门，其工作性质系立法环节中的前期准备工作，在进入立法程序后，全国人民代表大会或全国人大常委会作为立法机关，必须按照立法法规定的程序对提请审议的法律案进行审议，后者才是立法过程中的核心环节。二者是立法建议权与立法权的关系。由公安部事实上起草看守所法草案始终难以摆脱部门立法的质疑，立法中体现部门利益本身无可厚非，关键是各种利益诉求在立法博弈环节中的充分展示与均衡吸纳。从这个角度来看，公安部起草的看守所法草案在其草案起草阶段以及后续立法机关及其工作机构审核、审议期间，应当广泛、充分听取相关部门与社会公众的意见，特别是考虑到看守所是保障诉讼顺利进行的重要场所，其职责安排与刑事诉讼中所有的专门机关均会产生关联，其权限设置关系到犯罪嫌疑人、被告人诸多基本权利的保护。鉴于这部法律案事关刑事诉讼法的顺利实施和尊重保障人权的宪法原则之落实，立法机关及其工作机构对国务院草案应当审慎审核，特别是要力戒照单全收。

四　国际视野与中国问题

作为一个法治后发国家，在建设国家的过程中不可避免地要借鉴国际社会的各种优秀经验，法律移植与引鉴是我国多数部门法发展的基本路径，看守所法也不例外。而当下理论界与实务界对看守所法治化的国际经验知之甚少，这无疑将会成为看守所法起草过程中的一项消极因素。另一方面，中国的实践与问题始终是立法的基本着力点，然而由于长期以来看守所的高度封闭性，理论界与社会公众对看守所的法治状况及需要解决的问题了解有限，如果这种状况在立法过程中仍然延续，则可以预见的是理论界根本无法为立法工作提供足够的智力支撑，且立法论证过程也会充满了社会各界的盲目、粗浅的批评，进而将影响到看守所法起草工作的科学性。

如果粗略地就国际范围内看守所法治化发展状况作一评价①，笔者认为联合国与欧洲羁押标准是我国看守所应当着重关注并认真加以吸收和借鉴的。其中联合国《囚犯待遇最低限度标准规则》与欧洲委员会发布的《欧洲监狱规则》② 是两项最为全面与重要的国际规范文件，尽管二者并非国际公约，不具

① 绝大多数国家审前羁押的地点都是监狱，并没有类似于我国看守所式的专门羁押场所，而西方国家的监狱虽然同时关押已决犯与未决犯，但二者是被分区域分类隔离关押的。

② Council of Europe Committee of Ministers RECOMMENDATION REC (2006) of The Committee of Ministers to Member States on the Europe Prison Rules, Adopted by the Committee of Ministers on 11 January 2006 at the 952nd meeting of the Ministers's Deputies.

有法律的强制执行力，但其中的多项关于保障在押人员羁押处遇与规范管理的建议已经成为全球范围内的重要参照系。透过上述两项国际准则的规定，检视我国关于看守所相关法规、规范性文件，我们可以列举出如下几项重大差距，可作为看守所法起草工作中的重点问题加以考虑：（1）在押人员住宿实行床位制，即一人一床；[①]（2）在押人员饮食的要求为营养丰富、烹调可口、及时供应；[②]（3）羁押场所内的医生应当本着更为独立的地位，承担更加丰富的职能，包括提供精神科、牙科的专业医疗服务；[③]（4）在戒具使用方面，铁链或脚镣不得用作戒具，手铐、拘束衣等戒具仅限于明确的例外情形下方可使用；[④]（5）提供教职人员，组织宗教仪式，提供宗教书籍以保障在押人员的宗教信仰自由；[⑤]（6）与外界联系的权利包括在审前阶段会见家属，在任何情况下该项权利不得被彻底剥夺；[⑥]（7）监所中立原则，即看守所与监狱应当与军队、警察或者其他侦查机关相分离；[⑦]（8）看守所尊重和奉行无罪推定原则，在押人员被视为无罪的人并享有相关待遇。[⑧]（9）监所应当接受政府机构和独立机构的定期巡视与检查。[⑨]

参照国际通行做法，看守所管理体制是需要特别加以分析与说明的问题。在英联邦国家普遍由司法部管辖审前羁押机构与判决后服刑的监狱，[⑩] 比如在英国，皇家监狱管理局（the Her Majesty Prison Service）管理审前未决犯的羁押，该监狱管理局是司法部的一个组成部门。[⑪] 在澳大利亚，各州的审前犯罪嫌疑人羁押机构均隶属于州司法部下的矫正署（Corrective Services），与侦查

① 《囚犯待遇最低限度标准规则》第 19 条以及《欧洲监狱规则》第 21 条。

② 《囚犯待遇最低限度标准规则》第 20 条。

③ 《囚犯待遇最低限度标准规则》第 22、25—26 条以及《欧洲监狱规则》第 42—45 条。根据上述准则，监狱与看守所中的医生作为独立的专业人士不仅负责在押人员的身体健康与疾病诊治，还有权监督羁押场所内食物提供、卫生状况、衣物被褥、禁闭与人身约束措施的采取等方方面面涉及在押人员健康的事宜。

④ 《囚犯待遇最低限度标准规则》第 33 条。

⑤ 《囚犯待遇最低限度标准规则》第 41—42 条以及《欧洲监狱规则》第 29 条。

⑥ 《囚犯待遇最低限度标准规则》第 37 条以及《欧洲监狱规则》第 24 条。

⑦ 《欧洲监狱规则》第 71 条。

⑧ 《囚犯待遇最低限度标准规则》第 82（2）条以及《欧洲监狱规则》第 95.1 条。

⑨ 《囚犯待遇最低限度标准规则》第 55 条以及《欧洲监狱规则》第 92—93 条。

⑩ 西方国家通常情况下笼统使用监狱（prison）一词指代羁押场所，既包括审前监狱，也涵盖了判决后罪犯服刑的监狱，这一用语习惯不同于我国，我国区分看守所与监狱的语词使用方式很难在西方国家找到对应物。在本部分笔者的论述中，不再拘泥于上述语词差异，特此说明。

⑪ http：//www. justice. gov. uk/downloads/publications/inspectorate - reports/hmipris/thematic - reports - and - research - publications/remand - thematic. pdf，访问时间 2014 年 6 月 8 日。

机构没有任何隶属关系。[①] 而英联邦的其他国家包括新西兰、加拿大采用的对审前羁押机构的管理体制与英国、澳大利亚基本相同。

在欧洲大陆法系国家，尽管与英美法系在诉讼模式上存在较大差异，但对待未决犯羁押场所的设置问题，却与英美法系国家表现出极大的相似性。作为整个欧洲国家羁押管理的基本指南，欧洲委员会部长会议于 2006 年发布的《欧洲监狱规则》被视为欧洲羁押管理的基本标准得到了绝大多数欧洲国家的遵行。[②]《欧洲监狱规则》第 71 条规定审前与判决后的监狱管理体制时明确要求，羁押管理机构应当独立于军队、警察和刑事侦查部门。各个欧洲国家的具体实践基本上遵循了这一要求，比如《荷兰行刑原则法令》（Dutch Penitentiary Principles Act）第 1 条、第 8 条规定司法部长决定监狱（含审前监狱）的设置与规则制定，换句话说，在荷兰审前羁押机构隶属于司法部管理。在意大利、瑞典，也是由司法部，而非警察部门或者刑事侦查部门管理审前羁押机构。[③] 基于对侦押分离原则的强调，欧洲预防酷刑委员会的相关结论还进一步要求羁押机构不再负责侦查在押人员在监狱以外的犯罪，针对拉脱维亚政府过去的错误做法，欧洲预防酷刑委员会建议其改革监狱体系，因为监狱负责侦查的现状不利于保护在押人员免受非人道待遇且容易引发虐待。[④]

侦查部门或警察部门同时管理羁押机构的体制在国外也例外性存在，美国部分乡镇布局的地区就是很好的例子。比如与纽约、华盛顿等大城市不同，在洛杉矶地区，治安官部门（Sheriff Department）负责本地区的警务工作，但同时也管理着审前羁押场所（Jail），该治安官部门除负责地方治安、犯罪侦查、紧急情况的处置等治安工作之外，还负责法院中的法警工作与羁押场所的运转

---

① 关于澳大利亚首都区域、南威尔士州、维多利亚州、西澳大利亚州的情况，可分别参见 http://www.cs.act.gov.au/act_corrective_services；http://www.correctiveservices.nsw.gov.au/；http://www.corrections.vic.gov.au/home；http://www.correctiveservices.wa.gov.au/prisons/default.aspx，访问时间 2014 年 6 月 18 日。

② Council of Europe Committee of Ministers RECOMMENDATION REC（2006）of The Committee of Ministers to Member States on the Europe Prison Rules，Adopted by the Committee of Ministers on 11 January 2006 at the 952nd meeting of the Ministers's Deputies.

③ 关于两国的情况可依次参见 http://www.giustizia.it/giustizia/it/mg_2371.wp；http://www.kriminalvarden.se/sv/Other-languages，访问时间 2014 年 6 月 8 日。

④ CPT Report to the Latvian Government on the Visit to Latvia Carried out by the European Committee for the Prevention of Torture and Inhuman or Degrading Treatment or Punishment（CPT）from 3 to 8 December 2009，CPT/Inf（2011），Par. 26，转引自陈卫东、Taru Spronken 主编《遏制酷刑的三重路径——程序制裁、羁押场所的预防与警察讯问技能的提升》，中国法制出版社 2012 年版，第 396 页。

与管理。[①] 该地区的审前羁押场所洛杉矶地区监狱就是全美最大的审前羁押机构。羁押机构的治安官与负责刑事案件侦查的警察或其他侦查官员相互独立，治安官由民众选举产生，警察首长经任命产生，二者之间无隶属关系，分属治安官部门下不同的机构。这一例外性的体制设置与美国联邦制及地方治安维护的历史演进习惯直接相关，具有浓厚的历史性、地方性特色。

另外一个与侦押分离的国际趋势反向而行的例外国家是日本，日本《刑事收容法》第 15 条第 1 款授权可以在附属于警察官署的看守所或称之为警察留置所执行审前羁押，警察看守所被称之为“代用监狱”，在日本的刑事司法实践中被广泛使用。[②] 但这种做法在日本始终存在巨大的争论，赞同说认为警察看守所数量众多，且从警察机关内部架构的角度来看，负责侦查的警察部门与负责看守所的警察部门分别隶属于警察署刑事课与警察署总务课，且从方便侦讯与会见的角度来看，可以由法官裁量羁押的地点是在警察系统之外的拘留所还是在警察系统的看守所；反对说认为，代用监狱导致犯罪嫌疑人始终处于侦查当局的控制下，因此很有可能出现逼供情况，逮捕场所原则上应当放在拘留所，代用监狱只是例外。[③]

通过对上述侦押体制的国际作法进行粗略的考察，我们大致可以发现侦押分离是国际趋势，主要途径是体制上将侦查部门与羁押部门分开，隶属于不同的政府部门。在例外情形下，极少数国家或地区基于历史原因或者地方特色由警察部门管理审前羁押的执行机构，但要么通过警察机构内不同主管部门的分立机制是实现了由职能到人员的侦押分立，要么饱受各种争议而被要求附加法官同意、内设机构相互独立等制衡条件从而实现羁押机构中立化的法律定位。

从中国问题的角度入手，看守所立法首先要解决的重大问题包括两个方面，一是看守所如何获得足够的政府资源与社会资源，以便切实履行法律赋予的各种职责；二是实践中已经开始推行的良好改革举措如何上升为法律，并确保能够在经济社会发展极不均衡的特有国情下得到大致相同的贯彻执行。国际经验显然没有对这些特有问题给出答案，需要在起草法律过程中仔细考量并作出相应的决策。

---

① http://ceo.lacounty.gov/forms/Color/Princ%20Admin%20Color.pdf，访问时间 2014 年 6 月 8 日。

② 田口守一：《日本刑事诉讼法》，张凌、于秀峰译，中国政法大学出版社 2010 年版，第 61—62 页。

③ 参见上注。原译文中的拘留所不属于警察部门，类似于我国的监狱，笔者在此保持引文原始性，但需要略作说明。

五 看守所法的主要框架

看守所法的框架设计直接决定着法律规范内容的全面性与科学性。现行看守所条例的体例是按照管理在押人员的工作流程的时序编排的，章节依次为收押、警戒与看守、提讯与押解、生活卫生、会见通信、教育奖惩、出所、检察监督等。这种体例编排方式的优点在于符合日常监管工作的实际与操作顺序，易于实务人员掌握与接受。缺陷在于管理法的思维过于浓厚，对在押人员权益保障的相关规定易被边缘化。站在人权保障观念日益弘扬，遵循无罪推定原则以及衔接一系列国际准则的大背景下，笔者认为看守所法的章节框架应当在看守所条例的基础上作出调整。首先，在押人员处遇与权利应当单独作为一部分加以详细规定，涵盖羁押条件、食宿、医疗健康、衣物被褥、劳动、文体活动、与外界的联系、宗教自由等问题。这部分内容不应当与看守所的管理规定合二为一。其次，应当增加规定看守所透明公开机制和官方与社会机构与人员的定期巡视机制，增强看守所的透明度，接受多种形式的外来监督。再次，应当增加特殊人群监管的特别规定，对于未成年人、女性在押人员、艾滋病等传染病人、精神病人的关押及权利保障应当设置专节作出符合其各自人身特点的特别规定。最后，结合现行看守所条例体例中的合理因素，可以将看守所法的章节设置划分为五个主要部分：看守所的设置与人员；羁押流程中的管理（包括入所、提讯提解、奖惩、出所等）；在押人员的权利与处遇；特殊人群的监管；对看守所的监督、巡视与投诉处理程序。

六 看守所的管理体制

由于长期以来缺乏规范羁押场所的专门法律，看守所的管理体制在相关法律中并无明确规定，[①] 刑事诉讼法并无直接条文明确看守所的管理体制，有关看守所诉讼配合职责的条文规定尽管有助于帮助人们部分理解看守所与公安机关的关系，但总体上看，对看守所是否隶属于公安机关这一问题并未给出确定无疑的答案。

---

① 除1994年出台的《监狱法》明确了监狱的管理体制为司法行政机关主管之外，目前各类剥夺自由的羁押场所的管理体制普遍缺少法律的明确规定，比如《治安管理处罚法》第103条仅规定对于行政拘留的，由公安机关送达拘留所执行，但对本条中拘留所与公安机关之间是否存在隶属关系并无进一步规定；再比如《中华人民共和国禁毒法》第41条规定的强制隔离戒毒在强制隔离戒毒所执行，但同时授权国务院另行规定强制隔离戒毒所的设置、管理体制和经费保障。

2012 年刑事诉讼法修正过程中，从立法用语的文义解释角度来看，事实上已经传递出将看守所与公安机关相互区别的意味。《刑事诉讼法》第 34 条将律师会见在押当事人的安排机关规定为“看守所”，区别于 1996 年《刑事诉讼法》第 96 条规定的律师会见应当经侦查机关批准。其余的七个涉及看守所的刑事诉讼法条文也均一律明确、直接表述看守所的诉讼主体地位，没有任何一个条文冠之以“公安机关看守所”之称谓。①

立法者区别侦查机关与看守所的立法意图从其他法律的起草过程中也能探窥一二。比如 2010 年 4 月全国人大常委会在修订《国家赔偿法》第 17 条时，将旧法中的赔偿义务机关“行使侦查、检察、审判、监狱管理职权的机关及其工作人员”修改为“行使侦查、检察、审判职权的机关以及看守所、监狱管理机关及其工作人员”。这一条文的修正显示出立法机关明确区分看守所与侦查机关的立法意图。

联系到前文讨论的看守所职能定位问题，更有助于印证看守所中立于侦查机关的立法旨趣。看守所系审前羁押执行机关，平等服务于诉讼各方以配合刑事诉讼的顺利进行，其本质上只能是一个中立的服务机构，不承担任何控辩审职能。②

或许是基于长期的历史传统与思维定式，我国的看守所自产生之日起就隶属于承担侦查职能的公安机关，1990 年国务院《看守所条例》第 5 条明确规定，“看守所以县级以上的行政区域为单位设置，由本级公安机关管辖”，这一规定进一步强化了公安机关主管看守所的管理体制。显然，从不同性质的诉讼职能应当分别由不同主体承担的诉讼规律、心理学规律出发，质疑这种管理体制合理性的观点具有合理的根据，当然需要认真考虑并加以回应。

作为主管看守所的公安机关也认识到看守所中立于侦查部门、侦查机关是看守所职能充分履行的必经之路，羁押与侦查职能不可混淆，羁押不能成为服务于侦查破案的工具也成为了近年来看守所系统改革的一个方向。比如围绕着

---

① 有观点进一步认为，由《看守所条例》第 2 条规定“看守所是羁押依法被逮捕、刑事拘留的人犯的机关”，可以得知看守所是一个机关，而明显不同于公安机关内设部门，且在刑事诉讼实践中，看守所的正式名称为“某某省（市、县、区）看守所”，并非“某某公安局看守所”，看守所出具的法律文书都是以看守所而非公安机关的名义出具的，参见顾永忠《论看守所职能的重新定位——以新〈刑事诉讼法〉相关规定为分析背景》，《当代法学》2013 年第 4 期。笔者认为，这种解释方式具有一定说服力，特别是从实践样态出发的分析更能够凸显出看守所相对独立于公安机关的事实，但相关的解释学论证仍然需要继续深入，对于看守所的法律文书及公章、门牌的内容以及财政拨款与账户单列等实践操作形态的形成依据与发展过程需要进一步深入研究。

② 也有学者从保障在押人员权利的角度对看守所中立化的必要性进行了论证，参见陈光中、汪海燕《论刑事诉讼中的“中立”理念》，《中国法学》2002 年第 2 期。

看守所中立化问题，公安部内部规范性文件为进一步加强羁押与侦查职能之间的相互监督，明确规定市、县两级公安机关看守所工作和侦查工作原则上由不同的领导同志分管；[①] 为进一步防范办案部门将在押人员提解处所实施刑讯逼供等非法取证行为，公安部规范性文件要求因侦查工作需要提解出所的，只能限于“辨认罪犯、罪证或者起赃”三个合法事由且必须持有县级以上办案机关领导的书面批示方可办理。[②] 类似的改良举措进一步强化了看守所中立于办案部门的相对独立地位，加强了对侦查职能的制约。

当然这种中立化改革进程仍然处于进行时，现有的工作机制当中仍然存在不少有悖于看守所中立化的规定、做法，最为突出的问题就是赋予看守所深挖犯罪的职责并进行严格的等级化考核、评定。根据目前公安部对看守所等级评定的考核规定，评定为优秀等级即一级看守所的必备条件之一为“深挖犯罪工作机制健全，成效显著”，在“考核性标准”中明确深挖犯罪共占6分，包括三个部分，即建立深挖犯罪工作机制；线索的登记、传递、督办等工作由专人负责；本年度有通过深挖犯罪获取线索破获刑事案件的战果。[③] 从实践情况来看，2008年中国法律年鉴公开数据显示，当年全国公安监管部门共深挖犯罪线索60多万条，从中破获刑事案件30余万起，占同期全国公安机关破案数的12.6%。[④] 看守所承担深挖犯罪的职能是长期以来侦押合一体制的自然延伸，混淆了侦查与羁押两种职能的合理界分，将看守所作为打击犯罪的第二战场会引发看守所羁押管理规定实施中的诸多变形，看守所对侦查部门的制约作用荡然无存。[⑤] 法律赋予看守所的基本职责被置之一旁，看守所侦查犯罪可以说是逾越了刑事诉讼法的授权范畴，违反了职权法定原则。这一问题的根源与公安机关管理看守所的管理体制直接相关，并进而引发了多年来社会各界呼吁改变看守所管理体制的改革动议。[⑥]

从实然而非应然、改革的有效性而非合理性角度观之，笔者认为看守所中立化的改革未来出路有两个方案可供考虑：

---

① 《公安部关于进一步加强和改进公安监管工作的意见》（公通字［2009］36号）。

② 《公安部监所管理局关于严格依法办理因侦查工作提解犯罪嫌疑人出所手续问题的通知》（公通字［2010］118号）。

③ 《公安部看守所等级评定办法》（公通字［2003］22号）第9、18条。需要说明的是，该规范性文件虽然近年来有过修订，但关于深挖犯罪的内容并无变化。

④ 转引自高一飞、聂子龙：《论我国看守所立法》，《时代法学》2012年第4期。

⑤ 有学者进一步分析了看守所承担侦查职能过程中使用狱侦耳目导致冤假错案的问题，包括晚近曝光的浙江张氏叔侄冤案均与看守所开展侦查有一定关联，详见顾永忠《论看守所职能的重新定位——以新〈刑事诉讼法〉相关规定为分析背景》，《当代法学》2013年第4期。

⑥ 高一飞、陈琳：《我国看守所的中立化改革》，《中国刑事法杂志》2012年第9期。

方案一为从中央到地方成立隶属于各级人民政府的羁押总局主管看守所工作，其职能为强制措施的执行，独立于各级公安机关。[①] 这种方案相较于将看守所交于司法行政机关的改革方案，能够比较妥善地避免基层司法行政机关编制、工作效能等方面的局限性。[②] 当然，这种改革方案涉及新增机构问题，其弊端在于机构编制等改革成本问题。笔者认为，从综合利用国家司法成本的角度来看，未来这一机构可以合并监狱、强制戒毒所、强制医疗机构、社区矫正机构以及人民法院的执行部门，将所有司法执行功能打包赋予该机构，既有助于解决司法执行中存在的不少职能划分混乱、公信力低下等长期遗留问题，也可以最大限度地充分利用诉讼资源。

方案二为县市两级看守所实行省级人民政府统一管理，为县市两级看守所中立行使羁押管理职权进一步创造条件，抵御地方公安机关侦查破案的压力。这一改革方案参考了当下正在进行的新一轮司法改革中为解决司法地方化问题而提出的省以下检法两家人财物实行省级管理的改革思路。相较于第一种方案而言，并未改变公安机关管辖看守所的现状，但通过县市两级看守所的人财物实行省级公安厅（局）统一管理，无需体制变革即可实现看守所中立化的改革目标。

---

① 关于这种方案的详细论证可参见陈卫东、Taru Spronken 主编《遏制酷刑的三重路径：程序制裁、羁押场所的预防与警察讯问技能的提升》，中国法制出版社 2012 年版，第 160—161 页。

② 关于将看守所交司法行政机关管理的观点相关争论及评析，参见孙皓《看守所规范化研究》，博士论文，中国人民大学，2013 年，第 203—307 页。

中国司法鉴定机构行业协会管理体制的改革与完善

裴兆斌[①]

摘　要　我国司法实践中暴露出来的司法鉴定质量不高、鉴定意见相互冲突等问题，从根本上说都与司法鉴定管理制度的不完善有关，为此，必须系统梳理司法鉴定管理体制等核心构成要素，从而进行相应的研究，制定和完善相应的制度。本文探讨了加强我国司法鉴定机构行业协会管理体制的背景、我国司法鉴定机构行业协会管理体制存在的问题，最后提出了完善我国司法鉴定机构行业协会管理体制的四点建议。

关键词　司法鉴定　鉴定机构管理　改革

一　加强我国司法鉴定机构行业协会管理体制背景

2005 年通过的《全国人民代表大会常务委员会关于司法鉴定管理问题的决定》（以下简称《决定》）将司法鉴定的行政管理权赋予了司法行政机关，并取消了人民法院和司法行政机关内部的司法鉴定机构设置，做出了侦查机关内部鉴定机构不得对外接受委托鉴定和鉴定人、鉴定机构登记管理等规定。这对于加强鉴定人和鉴定机构的管理，适应司法机关和公民、法人、其他组织诉讼的需要，保证诉讼活动的顺利进行，理顺我国目前的司法鉴定管理体制具有重要的现实意义和指导意义。至此拉开了中国司法鉴定体制改革与创新的帷幕。

司法鉴定在我国有着悠久的历史，最早的司法鉴定活动产生于距今两千余年的奴隶社会，在周朝就有了为诉讼服务的伤害鉴定，有史料记载以来，我国

① 华东政法大学博士后，大连海洋大学文法学院副教授。

古代司法鉴定的一个显著特点是以法医检验为核心的鉴定活动。到了唐宋时期，我国古代司法鉴定已经发展较为完善。清末变法修律时对司法鉴定又作出了较为具体的规定，如1928年的中华民国刑法对司法鉴定的具体规定，这是现代意义上的司法鉴定制度在中国的最早尝试。中华人民共和国成立后，我国的司法鉴定制度有了实质性的发展。五六十年代公、检、法机关根据当时的法规和办案的需要，在公安机关设立了鉴定部门和制定了鉴定工作细则，直到改革开放以后，随着科学技术的不断发展和司法实践的需要，一大批各种类型的司法鉴定机构先后建立，极大地促进了我国司法鉴定事业的发展。

一段时间以来，我国的司法鉴定机构一直存在较为混乱的局面，主要体现在：鉴定人和鉴定机构的等级制度不统一；司法鉴定资源配置不合理、资源重复；司法鉴定从业人员掌握的标准和条件不统一；从事司法鉴定的人员专业技能和道德素养参差不齐；司法鉴定与审判工作职能不分，存在自侦自鉴、自诉自鉴、自审自鉴，影响了判决的公正性；司法鉴定结论质量不高，虚假鉴定等，影响了执法的公正性。这些问题的存在，阻碍了构建和谐社会的进程，影响了司法鉴定的客观性、科学性、准确性，诸多重复鉴定、多头鉴定出现于案件之中。很多案件因为鉴定问题久拖不决，不同程度地损害了当事人的合法权益，也影响了司法活动的公正与效率。这些情况的存在，制约了我国司法鉴定工作的顺利发展，引起了有关部门的高度重视，推进了司法鉴定机构协会管理体制的改革。司法鉴定机构协会管理制度改革是依法治国的需要，是司法理念和诉讼制度的需要，是司法过程复杂化和综合化的需要，是科学技术发展和市场经济体制的需要。司法鉴定体制以科学性和法律行为基本性质，以合法性、中立性、客观性为基本属性。要保障司法鉴定的可靠性和公信力，就必须确保司法鉴定的中心地位、鉴定人身份的独立性、司法鉴定程序的公开性和鉴定活动的科学性。建立统一的司法鉴定管理体制、制定统一的司法鉴定基本规范、建立司法鉴定信息监控系统，是司法鉴定机构行业协会管理体制改革至关重要的内容。

我国现有的司法鉴定管理体制定型于20世纪80年代的计划经济时期，与当时的社会发展需要基本相适应，当时的司法监督体制也发挥了重要作用。随着社会主义市场经济体制的建立与完善，社会科技不断进步，社会中存在的矛盾和纠纷也因利益的多元化而逐渐增多，司法实践中大量出现专门领域的难题，这就使得诉讼中鉴定的应用愈发频繁。而与社会发展相适应的人民群众的法律意识的不断提升，司法鉴定的需要也在广大人民群众中滋生，越来越多的人希望依托客观中立的鉴定结论为自己赢得权利。但我国现有的司法鉴定管理体制具有的分散性特点造成了司法鉴定服务的种种弊端，具体表现有：

（1）司法鉴定从业人员的业务水平及专业素养良莠不齐；（2）司法鉴定从业人员缺乏统一的执业准入条件；（3）缺乏统一健全的司法鉴定管理体制，鉴定机构系统混乱；（4）司法鉴定程序及技术标准没有统一规定；（5）司法鉴定工作的完善缺乏统筹计划与规划。在这样一些弊端下，司法鉴定行业的发展缺乏良好的秩序，发展前景堪忧。一方面，越来越多的群众反映重复鉴定、多头鉴定等违规鉴定的行为，严重干扰了司法活动的正常秩序，破坏了司法权威；另一方面，现阶段的司法鉴定资源配置不够科学，没有遵循资源优化配置的市场经济规律。

党的十八大召开以来，司法鉴定管理工作作为司法体制改革的重要组成部分对于实现社会公平正义具有重要意义。司法鉴定机构协会的建立，对于提高鉴定质量、提升公众满意度具有积极的影响。建立司法鉴定机构协会主要有两方面的理由：第一方面，仅靠国家司法行政部门对司法鉴定机构的管理无法适应司法鉴定活动本身所具有的专业性特点，行业专家相对于国家司法行政部门能够在司法鉴定机构的审查、司法鉴定行业标准的制定、司法鉴定人的资质等方面做出更正确的决定，行业协会的建立对于行政机关登记管理的缺陷能够起到弥补的作用。第二方面，当同一鉴定事项由不同鉴定机构得出不同鉴定结论时，需要一个客观中立且专业性强的中间组织对鉴定结论评估，有效解决矛盾。行业协会无疑是这一中间组织的最佳形式，行业协会中的众多行业专家会对产生矛盾的鉴定事项进行讨论研究评估，综合考虑鉴定设备、鉴定人水平等因素，解决矛盾问题。

综上所述，司法鉴定协会专业委员会的设立能够解决司法鉴定管理中专业性较强的问题。司法鉴定协会应履行其他行业协会的职责，主要包括两方面：第一，日常业务管理职责，具体包括组织从业人员定期培训和交流，定期开展司法鉴定工作经验交流会，对司法鉴定人员的执业纪律及道德不定期检查等等；第二，管理监督职责，包括了对司法鉴定人员执业活动的监督，对司法鉴定机构的行业规范的监督，等等。这些职责能够使司法鉴定协会更好地保障司法鉴定人合法权益。

司法鉴定协会的建立意义十分重大，首先司法鉴定人的自我管理、自我约束和自我教育方面的问题在司法鉴定协会的工作下能够得到很大提升，这不仅减轻了法院的工作负担，也减轻了司法行政部门的负担；其次，弥补了现有司法鉴定行业规则的不足。2005 年颁布的《决定》第 12 条被称之为鉴定业务规则，这个条文规定了鉴定人和鉴定机构从事司法鉴定业务，应当遵守法律、法规，遵守职业道德和职业纪律，尊重科学，遵守技术操作规范。所谓职业道德和职业纪律、技术操作规范，都应当属于行业规则，由司法鉴定协会予以明确并加以保障。再次，辅助完成了司法鉴定标准体系的建立。我国现有的司法鉴定标准体系具体包括了程序、管理、技术等方面的标准都没有统一的规定，而司法鉴定行业协会的建立，对于标准体系的建立起到了推动作用，凡涉及专业技术领域的问题都可以通过行业协会进行整合，长此以往能够形成统一的科学的司法鉴定标准，使司法鉴定工作依法、有序进行，让司法鉴定活动为建立和谐社会和进一步改革开放做出应有的贡献。

二　中国司法鉴定机构行业协会管理体制存在的问题

从我国现有的司法鉴定机构管理体制来看，鉴定人的意见常常与鉴定机构的意见相左，二者经常发生矛盾和冲突，这严重阻碍了鉴定的公正性和科学性，深入分析其原因，司法鉴定机构管理体制存在的问题主要有：

其一，司法鉴定行业管理职能缺位。我国司法鉴定管理实行的是行业管理与司法行政管理结合的模式。[①] 从《司法鉴定机构管理办法》第 4 条和《司法鉴定人登记管理办法》第 4 条可以看出，行业协会没有行政管理权，只能靠行业自律的办法对鉴定行业进行管理，行业协会的行政管理不能等同于行业主管部门的行政管理。由于两个办法对此都没有具体规定，行业协会对司法鉴定机构没有行之有效的硬措施。行业协会因为缺少法律法规的授权，所以不能发挥行业管理已有的作用。司法鉴定行业管理职能的缺位，主要体现在：没有建立行业协会对司法鉴定技术问题的评判机构，由于法官对技术性问题无法评判，很多时候不得不依赖于司法鉴定意见。如果司法鉴定人的技术性错误或技术性鉴定意见对当事人的合法权益造成损害，法官由于错误的司法鉴定造成了错误判决，必然影响到司法审判的公信力和司法鉴定的公正性。再者由于司法鉴定的标准和技术规范不统一。不同的鉴定机构采用不同的标准和技术规范对同一证据做出的鉴定结果差之千里，怎能令人信服？再者法律责任方面由于法律法规没有赋予行业协会管理部门考核监督职能，所以对违反技术规范的鉴定行为缺乏责任追究，从《司法鉴定机构登记管理办法》第 38 条和第 41 条的规定可以看出，司法鉴定机构的法律责任仅限于违反资质和职业道德的追究，从而导致司法鉴定机构只要程序上不违法，可以犯技术上的错误，对其责任无需追究。司法鉴定行业协会管理体制由于其职能的缺陷，必然导致行业内监督检查等必要措施的实施和对责任人的法律责任追究。很大程度上制约了司法鉴定机构行业协会职能，不能使其充分发挥出对行业内的管理作用。

---

① 张永泉：《论民事鉴定制度》，《法学研究》2000 年第 5 期。

其二，对司法鉴定机构、鉴定人的行业准入审查缺乏行政管理的权利。《司法鉴定机构登记管理办法》第4条的规定体现了我国的司法鉴定机构——行业管理与行政管理相结合的管理制度，而在实务中，这种管理制度就是以行政管理为主的管理制度，这与司法鉴定机构的专业性严重不符。只有行政管理缺少行业内的主管部门管理是不够的，这样的管理很难达到管理的目的。司法鉴定机构审核登记的门槛比较低，又没有明确的技术标准，决定了鉴定质量不高。《司法鉴定机构登记管理办法》准入条件的第4条、第5条、第6条均为技术标准，规定指出司法行政机关应组织专家，对申请人从事的司法鉴定业务必备的仪器设备和检测实验室进行评审。由于我国的司法鉴定业务涉及的范围太广，如果没有行业主管部门参与，又缺乏评审的行业标准，专家的评审完全可能流于形式，于是便降低了鉴定机构准入的门槛。如果协会具有对司法鉴定业务在技术和人员上有特殊的要求和明确的标准，就不会使一些司法鉴定人和鉴定机构蒙混过关，也不可能让不合格的司法鉴定申请人获得行政许可。作为司法鉴定行业协会缺失了必要的行政审核的权利，就无法对申请司法鉴定机构和司法鉴定人进行全面、专业的审查，避免那些没有资质缺乏专业技能的机构和个人混进司法鉴定行业来。司法鉴定人作为专家证人①就应该是行业内的专家，不论理论和实践知识都在常人之上，光凭学历和从事过相关工作，或学历和技术职称很高，但缺乏相关的实践经验都不能称为专家，司法鉴定人的行业准入资格门槛过低②，《司法鉴定人登记管理办法》对此没有硬性规定。

其三，司法鉴定机构本身所具有的行业特殊性也存在着一定的问题，影响司法鉴定的统一管理。主要表现以下几方面：第一，司法鉴定机构发展的数量和质量呈现不均衡的特点，司法鉴定机构在布局和设置上缺乏科学的系统规划；第二，在经济利益的驱逐下，无鉴定资格的鉴定人员作出鉴定结论并由有鉴定资质的人员签字，不按鉴定标准收费的现象屡见不鲜；第三，司法鉴定机构接受管理的意识不强，司法鉴定机构已经形成了重视委托机关、轻视管理机关的传统，对于委托机关的要求总能热心耐心地满足，而对于管理机关的包括

---

① ［日］谷口安平：《程序的正义与诉讼》，王亚新、刘荣军译，中国政法大学出版社1996年版，第265页。

② 需要指出的是，“具有专门知识的人”并不一定与学历、学术背景等直接相关。在H. Maudsly v. the Proprie to Rsof Strata Plan案件中，原告聘请的专家证人是一位大学物理学教授，而被告聘请的是一位多年从事铺设地板工作的普通工人。在双方发表专家意见之后，法官经过比较分析，最终采纳了那位工人所发表的意见。其理由是：“该工人长期从事铺地板工作，经验丰富，对于地砖防滑性的了解远胜于缺乏实践经验的大学物理教授，后者的意见只是从实验室里演算出来的理论结果。”参见丁丽玮、戴志昌《英美法系专家证人资格研究》，《湖北警官学院学报》2013年第7期。

监督、检查在内的规范化管理却不积极；第四，欠缺长足发展的考虑，只重视眼前利益。实务中存在一部分司法鉴定机构成立的目的是为了与其他有资质的机构攀比或者增加原有行业资质的分量，并不是真正为了潜心做司法鉴定研究工作，这些机构成立的动机在一定程度上影响着司法鉴定机构的统一规范管理。司法鉴定行业的多头管理问题仍然无法有效解决。司法鉴定机构行业协会在多头管理中是引发管理体制改革的重要原因，因此在 2005 年推出《全国人民代表大会常务委员会关于司法鉴定管理问题的决定》，并确立了统一司法鉴定管理体制，但实际上多头管理、重复管理的问题仍没有得到妥善解决。依据《决定》和《司法鉴定机构登记管理办法》、《司法鉴定人登记管理办法》，司法行政机关建立了三大类国家名册具体包括了法医、物证、声像资料等，并且以权威媒体为平台向社会公众公告。同时公安部门在其系统内建立了鉴定组织体系和鉴定管理体系。除此之外，还有由主管部门或相关行业协会推荐的专业机构和名册等，这些体系之间的规范同样给司法鉴定统一管理带来阻碍。

其四，司法鉴定机构的外部执业环境也不完善，同样成为司法鉴定统一管理存在的困难。一方面，司法鉴定的使用与管理之间的衔接不够连贯，从委托到取证再到质证和采信，各个环节之间的衔接不够紧密出现脱节问题。在审判机关和司法行政部门之间的协调配合不够流畅，信息反馈机制和工作协调机制的缺失导致了不协调的局面。能够掌握司法鉴定机构和司法鉴定人员的具体执业活动的审判机关并不是司法鉴定机构的管理机关，如审判机关能够掌握鉴定机构出庭质证情况、司法鉴定机构接受委托的数量、鉴定结论的采信率等具体问题，司法鉴定行业协会也在一定程度上掌握司法鉴定机构存在的问题，但二者都不能够对司法鉴定机构行使监督权，即使发现鉴定机构存在的问题，也无权对其进行行政处罚。而事实上的司法鉴定机构行政管理机关对这些具体问题又无法掌握，这就出现了管理的矛盾。另一方面，现有的制度保障没有涵盖司法鉴定人在经济补偿和人身安全方面的内容，这也是司法鉴定管理跟不上的原因所在。2005 年的《决定》出台后，确立了“一部两院”的协商机制，司法行政部门负责对面向社会服务的司法鉴定做指导工作，而这一机制运行起来还不够完善。司法实务中，司法鉴定机构一般是以挂靠的形式存在，缺乏必要的技术监督、劳动保障、人员管理等部门的支持。司法鉴定人员的福利待遇、社会保障问题目前还没有可遵循的制度和政策，这对我国司法鉴定统一规范管理产生不利影响，甚至阻碍了我国司法鉴定事业的发展。这使得关于司法鉴定人员出庭质证等方面的制度十分必要，才能更好地提高司法鉴定质量水平。对司法鉴定人员的监管包含众多方面，如不具备从业资格的鉴定人员从事鉴定业务的情形，鉴定人员超业务范围作出鉴定结论的情形，鉴定人员无正当理由拒绝鉴定或出庭的情形，鉴定人员不按技术标准、程序规则、技术规范做鉴定的情形，鉴定人员违反鉴定原则与当事人之间存在不正当利害关系的情形，鉴定人员违反行业纪律收受回扣或介绍费的情形，鉴定人员进行虚假宣传的情形等等，如果能够在这些方面都能够严肃对待，严格处理违规行为，才能使司法鉴定机构行业拥有良好的执业秩序。当司法鉴定机构存在过错行为并造成损害时，应启动过错责任追究机制对其追求民事赔偿责任和行政责任，落实责任追究，使涉及司法鉴定的信访投诉率下降，维护司法鉴定的公信力，促进社会和谐稳定。

三　中国司法鉴定机构行业协会管理体制的完善

我国目前的司法鉴定管理体制存在着分散性的特点，由司法部、公安部（国家安全部）和最高人民检察院分别实行独立的司法鉴定管理体制，三者各自形成鉴定系统，这样导致了重复鉴定、多头鉴定的问题无法得到有效解决，同时由此产生的司法腐败和司法不公也对司法鉴定功能的发挥、社会的稳定与发展存在着严重威胁。但我国现有的司法鉴定资源不充足的实际，对已经设立的司法鉴定机构又不能够撤销，因此，建立行业协会管理与行政管理相结合的双重管理模式，是解决当前司法鉴定管理体制难题的有效途径。司法鉴定应独立于公安机关的侦查职能、检察机关的控诉职能和法院机关的审判职能，这是我国司法鉴定机构行业协会管理体制改革的最终目标所确定的，即帮助、服务于司法机关作出公正判决。

其一，加强司法鉴定机构协会建设，让司法鉴定工作健康持续发展。积极开展资质等级、质量评估，促进司法鉴定机构加强仪器设备配置等硬件建设，不断提高司法鉴定技术保障能力，提高司法鉴定的科学化水平。积极加强司法鉴定机构规范化建设，引导鉴定机构加强业务管理、人员管理、质量管理等内部管理活动，进一步规范司法鉴定执业行为，完善司法鉴定协会管理，优化人员结构。司法鉴定人是司法鉴定活动的实施主体，要坚持司法鉴定人年轻化、专业化、职业化的发展方向，严把司法鉴定人准入关，健全和完善司法鉴定人退出和淘汰机制，不断优化司法鉴定人年龄、知识、专业结构。通过行业协会推荐、机构申报的方式，将在行业内有影响力的权威专家型人员吸纳到司法鉴定人队伍，不断提高司法鉴定的社会影响力和公信力。建立健全司法鉴定人助理制度，积极将专业技术人员纳入司法鉴定人后备队伍，建立后备人才梯队，为司法鉴定队伍的专业化、职业化打下人才基础。司法鉴定行业协会还要加强与职称评定管理部门的沟通协调，健全和完善司法鉴定专业技术职称、任职资格评审制度，努力为司法鉴定行业培养高素质、专业型人才。完善司法鉴定行业协会体制，提高司法鉴定队伍素质，是推动司法鉴定事业发展的主体和关键。要以建设一支“信念坚定、业务精通、维护公正、恪守诚信”的司法鉴定队伍为目标，积极组织开展职业道德和执业纪律教育，引导司法鉴定人牢固树立服务大局、依法诚信、客观公正、执业为民的执业理念。大力加强专业技术教育，利用岗前培训、转岗培训、学术交流、理论研讨等多种形式和途径，培养一批司法鉴定各领域技术骨干和业务带头人，形成一批司法鉴定权威专家，努力打造出一支高素质司法鉴定人队伍，真正成为司法机关和人民群众信任和满意的司法鉴定机构，为促进司法公正、维护社会公平正义提供坚强保障。

其二，健全司法鉴定行业协会体制，使司法鉴定更好地为审判服务。从长远利益的角度出发，加强与法院沟通联系不断，建立管理与使用相协调的运行机制。定期开展专项执法检查，对经检查不符合申报条件的鉴定机构限期整改，整改仍无法达到标准的依法予以撤销或注销。一经发现司法鉴定活动中出现违法违规行为，必须进行严格处理或处罚。同时选出典型的代表机构予以重点扶持，发挥模范带头作用，带动司法鉴定整个行业向专业优势突出、具有明显特色的方向发展。规范法律法规、行政规范和技术规范是不足够的，司法制度和程序规范也要跟上。司法鉴定行业协会管理体制的完善还在于建立一个科学的评价机制，实施行之有效的评价方式即包括了鉴定机构内部评价、司法鉴定行政管理部门的评价和第三方评价。建立和完善司法鉴定行业管理部门的评价机制，司法鉴定行业主管部门和行业管理协会应该有明确的分工，行业管理协会对司法鉴定意见可以做基础性、权威性评价，但司法鉴定具有准司法性的性质，特别是有争议的鉴定意见，应该由行业主管部门慎重地做出具有法律效力的科学评判。完善司法鉴定行业协会管理体制，建立统一的行业主管部门，司法鉴定技术标准，建立技术操作规范冲突的处理机制。完善司法鉴定行业管理部门考核、监督、处罚职能，建立司法鉴定人业务考核机制。在现实法律法规中司法鉴定行业协会没有法定的管理权无权考核监督，靠行业自律，因此建立司法鉴定机构及司法鉴定人业务监督考核机制就越发显得十分重要。完善司法鉴定行业管理相关辅助制度，也是十分必要的措施之一。具体的辅助制度应包括司法鉴定机构的准入、管理与程序的统一，这是司法鉴定机构行业协会实现中立的必然要求。

其三，鼓励中介性质的鉴定机构向独立型、专门型的方向发展。从我国目前司法鉴定机构的实际情况来看，中介性质的鉴定机构数量并不在少数，类型也多种多样，包括了资产评估事务所、工程造价事务所、会计师事务所等等，这些中介性质的鉴定机构都符合了中立性的要求而得到热捧。但这些机构并不能称之为严格意义上的司法鉴定机构，因为这些机构的鉴定业务只是辅助性业务。对于此类的鉴定机构鼓励向专门型鉴定机构发展，并且设置有效的优胜劣汰机制，定期对那些不从事鉴定业务的鉴定机构进行清理，对于鉴定质量较差的鉴定机构实行淘汰。

其四，对于民办司法鉴定机构进行大力扶持和鼓励。这类鉴定机构的优势在于注重鉴定人的专业知识和技能特长，并且更加强调服务性和公益性，是深受人民群众喜爱的鉴定机构类型。此类鉴定机构打破了国家、事业单位垄断鉴定业务的局面，其鉴定结论更能体现客观中立性，并能够为当事人委托，受当事人的高度信任。民办司法鉴定机构是严格意义上的独立法人，不需要国家投资，是自愿组合的形式，尽管其起步较晚，在人员数量及机构规模上都还不是很壮大，但它是面向社会服务的司法鉴定机构的理想形式，应当受到鼓励和扶持，待其规模化发展，必将为我国司法鉴定事业做出卓越贡献。

其五，建立权威性、专门性的司法鉴定机构。目前司法部规定的执业类别是 13 类，而司法实务中的司法鉴定类别远远超过这 13 类，有的省市甚至已经达到了 20 类。随着司法鉴定需求的不断扩大，司法鉴定数量逐渐增多，综合性的司法鉴定机构相对于专门性权威性的司法鉴定机构在鉴定任务的完成上可能不占太多优势，单一的鉴定系统无法胜任所有的鉴定工作。依据社会分工的发展规律，司法鉴定机构的专门性转变成为必然。例如上海在此类型的司法鉴定机构上具有相对的优势，其拥有了众多专门性的司法鉴定机构，如毒品毒物司法鉴定中心、声像资料司法鉴定中心、知识产权司法鉴定中心，等等。这些专门的鉴定机构能够更好地为当事人服务，并且以高质量的标准完成鉴定工作。而从国外及香港的司法鉴定机构管理的成功经验来看，在鉴定仪器设备的先进性上多下功夫也能够提高公信力和权威性。如我国香港特区政府设立的政府化验所，其具有独立的地位，不隶属于任何机关、组织，其所作出的鉴定结论具有较高的信服度。

结　论

综上所述，我国司法鉴定机构行业协会管理体制的改革与发展，是人民的诉求，是时代的呼唤，是我国法治建设的需要。我国的司法鉴定机构行业协会体制改革需建立统一管理体制，需要坚持科学方法，只有这样才能推动司法鉴定的健康发展，司法鉴定必须主动适应当今时代科学发展的要求，转变发展理念，拓宽发展思路，以正确的思想为指导，在发展观理念上走出认识的误区，踏上司法鉴定良性可持续发展的新轨道。

商谈视野下的程序品格

段厚省[①]

摘　要　我国当前的司法实践面临着欠缺社会共识的现实问题。为此，有必要思考一种能够促进裁判共识的民事诉讼构造观，并在此基础上修改和完善既有的民事诉讼程序。为达成此一目的，我们可以哈贝马斯之法律商谈理论为基础，确立一种能够促进诉审之间展开商谈的民事诉讼程序构造观。在这样的民事诉讼构造观之引导下所建构的程序，将会促进当事人之间以及当事人和法官之间进行的理性论辩，使得当事人所表达的基于其个人认识所形成的正义观和法官所表达的规范的正义观之间能够展开对话，形成关于个案处理的共识性正义。法官在此共识性正义的基础上所作出的裁判，将会有效吸收当事人乃至社会的不满情绪。真正达到社会和谐的境界。为使诉审商谈能够真正充分地展开，应为民事诉讼程序设定平等、自由、理性和自治的基本品格。

关键词　诉审商谈　程序品格　平等　自由　理性　自治

在人类进入民主社会后，政府由人民选举，法律由民选的议会制定，再也没有人能够享有独裁的权力。然而司法裁判领域却有不同，法官少有人民直选者，且任期很长，非有宪法规定之重大事由，不得被弹劾。司法的人民主权性质，始终模糊不清。在诉讼程序的建构方面，审判权一直居于优势地位，诉权则地位卑微。占据审判权地位的法官，则以独白式的裁判来体现其权威。虽然在所谓当事人主义的诉讼构造下，两造双方对于诉讼程序的进行不再完全处于被动，但是法官的优越地位并未受到动摇，而当事人双方的所谓攻击与防御，也无非是为法官的裁判提供资料，独白式的裁判传统始终未受实质性动摇。当然，就一般抽象的意义而言，法官是国家法律的具象化，而法律乃由民选的立

① 中国社会科学院法学研究所博士后，复旦大学法学院教授。

法机关制定，代表人民意志，当事人之具体纷争，不得违背法律所设定的秩序，法官的优势地位因此而来，并无与法治相悖之处。但是具体纷争之当事人，也属人民的一分子，他们内心的法律感与正义观，在本质上与体现人民意志的法律是一致的，因此程序并无排除他们就规范适用问题发表意见的正当理由。且当事人对其具体纷争的事实和利益感受最深，又将直接承受裁判所安排的利益和责任之结果，基于私权自治精神，裁判本应更多地尊重和体现当事人的意见。但是若当事人的意见仅仅是供法官参考，法官对于当事人的具体利益仍然握有独白式的决定权，则私法自治的法治精神又如何体现呢？且法官所代表的主要是规范正义和抽象的一般正义，而当事人所表达的主要是个案正义。若坚持法官独白式的裁判，难免以规范正义和一般正义来排除个案正义，使得个案的处理难以最大可能吸收当事人不满，也使得当事人对于规范正义和一般抽象的正义观有畏而无敬，难以产生亲近感。基于以上认识，笔者曾经提出，以哈贝马斯提出的法律商谈理论为基础，确立诉审商谈主义的民事诉讼构造观。[①] 这一构造观主张让包括当事人和法官在内的程序参与者都能够充分表达意见，并在充分表达意见的基础上进行论辩，以论辩消除冲突，以论辩产生真理，产生妥协，从而形成共识，最终在共识的基础上形成裁判。诉审商谈主义的民事诉讼构造观之意义在于，它意味着裁判不再是法官的独白，而是各方通过论辩和商谈所达成。在这样一种论辩的过程中，当事人尽可以充分表达其对个案正义的观点，而法官则充分表达规范正义或者一般正义的观点，各方经过充分论辩，最终必然会形成一种共识，这种共识的意义在于，它是规范正义或者一般正义与个案正义的整合，是社会公共利益与当事人私人利益的整合，因此裁判既体现规范正义和一般正义，也体现了个案正义，既维护了社会公共利益，也维护了当事人的私人利益。

作为诉审商谈主义之理论基础的哈贝马斯的法律商谈理论，乃是其更为严谨庞大的商谈理论的一个部分。哈贝马斯的商谈理论，与罗尔斯之正义观一样，都是以西方伦理学、政治学和法学中最为倚重的契约理论作为方法，也就是以特定情境下之参与者通过商谈或论辩所达成的共识作为正义的标准。商谈理论的核心是商谈理性，而商谈理性又是对其之前所提出的交往理性的具体展开。交往理性以言语行为有效性的四个要件为其内容。这四个要件包括表达的可领会性、陈述的真实性、表达的真诚性、言说的正当性等。而这种交往理性又在尊重参与者追求自身利益的目的、参与者地位平等以及享有表达自由的前

① 参见段厚省《诉审商谈主义论纲》，《上海交通大学学报》2011 年第 5 期；《论诉审商谈的程序构造》，载《中国人民大学学报》2012 年第 4 期。

提下才能展开。因此，我们可以说，以交往理性作为其内核的商谈理论，除了要具备哈贝马斯所说的言语有效性的四个要求外，还必须以尊重参与者追求自身利益的目的、参与者地位平等以及享有表达自由作为其基本的条件。笔者所提出的诉审商谈主义，既然是以商谈理性作为基本的方法论，因此也必须以言语行为有效性的四个要件为其主要内容，且以尊重参与者追求自身利益的目的、参与者地位平等以及享有表达自由作为其基本的前提。此外，无论是罗尔斯还是哈贝马斯，他们的理论都将反思理性作为一种基本的前提。罗尔斯在论证他所假设的原初状态时曾说："体现在这种原初状态的描述中的条件正是我们实际上接受的条件。或者，如果我们没有接受这些条件，我们或许也能被哲学的反思说服去接受。"① 而哈贝马斯则提出了"反思的交往形式"的概念，并且说"这种反思的交往形式，就是要求每个参与者采纳每个其他人之视角的论辩实践"。② 从该两位学者使用"反思"这一语词的语境来看，他们之所谓反思，乃是指站在自我之外的他者的立场来对自我的立场和观点进行反思，也就是我们常说的换位思考。通过进一步的考察，我们可以发现，无论是罗尔斯对"无知之幕"的假设，还是哈贝马斯对理想言谈情境的要求，其目的都是为了给契约或者商谈的参与者提供一个可以反思的环境或者条件，以使最后所达成的契约或者商谈所获取的共识，从任何一个参与者的视角来观察都能够获得支持。基于以上的分析，我们可以认为，反思的理性也是商谈能够顺利展开并获取成果的前提条件之一。

基于以上分析，我将尊重参与者追求自身利益的目的、参与者地位平等、参与者具有表达意见的自由、商谈理性和反思的理性，作为诉审商谈程序的基本品格。也即，至少应当具备了上述几个方面品格的程序，才是诉审商谈的程序。笔者在这里使用品格一词，因为我们所建构的程序是否符合上述若干方面的要求，决定了这个程序是否有资格被称作诉审商谈的程序，就好像一个直立行走的动物，只有其具备了人所应具备的品格，才能够被称作人。笔者在这里没有使用特征一词，是因为特征乃是显现于外的东西，虽然有可能在一定程度上反映事物的内在本质，但其本身却不是事物内在本质的组成部分，而品格则是事物内在本质的组成部分。上诉几个品格中的尊重参与者追求自身利益的目的，以诉讼的视角来看，就是对当事人私权自治的一种尊重，为了表述上的简便，我将之改称为自治，也就是对当事人利益自治的尊重。又，笔者在这里将

① ［美］罗尔斯：《正义论》，何怀宏等译，中国社会科学出版社 1988 年版，第 11 页、第 19 页。

② ［德］哈贝马斯：《在事实与规范之间——关于法律和民主法治国的商谈理论》，童世骏译，读书·生活·新知三联书店 2003 年版，第 274 页。

自由界定为表达意见的自由，因此其与自治的概念并不重复。由于自由和自治都只能在地位平等的前提下实现，所以平等在这里应当被优先阐述。至于商谈理性和反思理性，我准备将它们都放在理性这一概念下展开。基于此，笔者在下面所要阐述的诉审商谈的程序品格，就分别是平等、自由、理性和自治。

一 平等

（一）诉审不平等的事实状态

就我国来看，虽然在现实的社会和政治生活实践中，人与人之间尚未完全实现平等，但至少在法律这种社会建制的基本框架中，平等和自由已经成了经常性的表述。例如，根据现行《宪法》第 33 条规定，中华人民共和国公民在法律面前一律平等；根据现行《宪法》第 35 条、第 36 条和第 37 条规定，公民有言论、出版、集会、结社、游行、示威、宗教信仰以及人身自由等。但以上所谓平等，乃是就法律共同体之成员间关系而言。在私权利和公权力之间，是否也应当使之具有平等地位，则仍然是一个有待讨论的问题。迄今以来的所有法学和政治学著述，都没有将私权利与公权力平等相待。若从传统契约理论的思维展开思考，那么公权力本是来源于具有平等地位之个体的私权利，是个体通过契约将其私权利的一部分让渡与国家，基于此，在私权利与公权力发生冲突时，本应将公民未让渡的私权利置于优先地位。因为个体之所以将部分私的权利让渡与国家，其目的无非是为了保障私权利的实现，公权力不过是保障私权利的工具而已，自应以私权利的保障作为其目标。而从另一方面考虑，即使公权力来源于个体之让渡，但是其目的是为了保护全体社会成员共有的利益，从而也是对每一个体利益的维护，而个体之私权利仅为某一个体私人利益的体现，自然要服从于代表全体社会成员之公共利益的公权力。就以上分析来看，无论执哪一端，私权利与公权力之间都不是一种平等的关系。自由主义强调个体利益，自然追求私权优先；集体主义强调公共利益，自然追求公权力优先。而从人类历史发展的实践来看，公权力从来都是优于私权利的，它是力量庞大的利维坦，纵使公权力行为是错误的，私权利也没有能力来对抗。

诉权与审判权之间的关系，类同于私权利与公权力的关系。所谓诉权，虽为公法上权利，但却是为保护私权而设，是在私权遭受侵害时，或当事人之间就私法上利益发生争议时，请求国家公权力介入，以使遭受侵害的私权得到救济，或者使当事人之间的争议获得解决。而介入私权争议的国家公权力，就是审判权。审判权作为一种公权力，无论是从自由主义的立场观察还是从集体主义的立场观察，都与代表私权的诉权不相平等。从历史的角度来看，审判权在事实上又一直是居于优势地位。而且，就公权力介入私权纷争的原因来看，它也应当是具有更加强势的地位的。我们可以想一想，当事人在私权发生争议时，为什么会求助于审判权的介入？其原因无外乎是审判权作为一种公权，有国家力量的保障，可以强制性解决纠纷。因此，从诉权和审判权产生的那个时候开始，它们之间在地位上就是不平等的，诉权的地位天然地弱于审判权，审判权的地位天然地强于诉权——若诉权具有审判权的强制力，则它也不必求助于审判权；若审判权仅具有诉权之力量，恐怕它也没有能力来强制性解决私权之间的纠纷。

（二）商谈程序对于诉审平等的要求

可是我们想一想，在司法裁判领域的商谈中，当事人和法官当然都是扮演着参与者的角色，若只有当事人之间的地位平等，或者在合议制下，同时亦有法官之间的平等，但是却无诉权和审判权之间的平等，那么在当事人和法官之间又怎么可能展开论辩？若缺少了当事人和法官之间的论辩，仅有当事人之间的论辩，那么司法裁判领域的所谓商谈，还能够称得上是商谈吗？法官若没有参加商谈，或者仅仅是当事人之间商谈的主持者，那么由法官所做出的裁判当然还是独白式的裁判。而哈贝马斯关于司法裁判领域的商谈理论，恰恰就是要打破法官独白式的裁判这样一种可能仅具有裁判之确定而欠缺裁判之合理可接受性的司法裁判活动。因此哈贝马斯之商谈理论，其在司法裁判领域的展开，必然要以诉权和审判权之间的地位平等作为前提。基于诉审平等对于商谈的先决性意义，若要在我国建构成诉审商谈的民事诉讼程序，那么这个程序首先要做到的，是确保进入程序的诉权和审判权，处于平等的地位。

（三）解决问题的思路

根据以上分析，诉权和审判权之间不平等的历史事实与传统观念，与商谈理性对于诉审间平等的理想要求之间，似乎存在着明显的冲突。若这个冲突不能解决。那么诉审商谈的理想将难以真正转化为程序的构造。但是这个问题的解决，也许并没有我们想象的那样难。我们可以先思考这样一个问题，就是审判权的强势地位，一般会以何种样态呈现？经过思考，我们会发现，审判权的优势地位，其体现无非有二：一是指挥程序的展开，二是裁判结果的强制性实现。就程序指挥来看，其在本质上乃是为了确保参与各方对于商谈秩序的遵守，主要是要求当事人各方表达意见的言语行为必须符合正当性的要求。审判权在此一方面的优势地位，若能谨慎把持，则不会影响到商谈各方获得充分表达意见的机会，也不意味着审判权应当具有优于其他商谈参与者的言语上的特权。换言之，审判权指挥诉讼的活动，其在本质上不是就案件的实体问题和程序问题展开商谈的活动，而是一种确保商谈顺利展开的活动。审判权一方面参与商谈，另一方面又担负着维持商谈秩序的责任。这两种活动，在观念上是可以分开的。就裁判结果的强制性实现来看，裁判结果乃是商谈的成果，不是商谈本身，因此审判权在商谈结果的实现上的优势地位，已经是在商谈之后了，因此也不应当影响到参与各方在商谈程序进行中对其意见的充分表达。经过以上分析，我们可以得出这样的结论，就是审判权的优势地位不是体现在商谈之中，而是体现在商谈之外，因此我们完全可以在商谈之内实现诉审在地位上的平等，而同时又不影响到审判权既有的优势地位。

二 自由

这里所说的自由，是商谈的参与者充分表达意见的自由。因为按照哈贝马斯的观点，商谈者以达成共识为目标的交往行为，除了表达的可领会性和言说的正当性外，还必须符合表达的真实性和表达的真诚性这两个要求，若是参与者没有表达的自由，那么表达的真实性和表达的真诚性就不可能获得满足，共识也就不可能达成。在诉审商谈的程序构造中，诉权和审判权都应当享有充分表达意见的自由。此一自由在内涵上，至少应当包含独立、开放和宽容这样一些内容。

（一）独立

所谓独立，乃是指行使审判权之法官的独立和代理当事人行使诉权的律师在执业上的独立。在现代西方的法治文明中，司法独立已经成为一种常识。而无论人们对于司法独立做如何理解和诠释，这种独立的要求最终都将体现为法官在履行审判职责上的独立。若法官在履行职责的时候不独立，而处在法庭之外的力量的操控之下，他就不能够自由地表达意见，或者他若要自由地表达意见，则会给他带来严重的职业风险。就此来看，在像我国这样高度组织化的司法系统中，法官们距离在法庭上自由表达意见的理想要求，似乎还很遥远。但是诉审商谈主义引导下所建构的合理而精致的程序，将会为他们提供保障，以使他们可以自由地表达意见。除了法官之外，作为当事人代理人的律师，其在履行代理职责的时候，也应当享有独立的地位。这种独立不仅仅是独立于他所代理的当事人，还包括其职业的自由不受管理者的非法干预。就当下我国的情况来看，律师在执业上所受的一些限制，比我们能够想象到的要严重得多，这种限制除了体现在刑事诉讼中外，也体现在民事诉讼中。在民事诉讼中，律师们被禁止代理群体性案件，被禁止代理一些维权类的案件，即使在被允许代理的情况下，他们在调查取证以及向当事人提供法律帮助上也障碍重重。司法行政部门严厉要求律师必须顾大局和讲政治，律师们稍有不慎，就会落入公权力所设的陷阱，或者受到公权力的粗暴对待，时刻面临着执业上的风险。在这种情况下，律师们如何才能够自由地表达意见呢？

（二）开放

传统的民事程序构造观，往往强调程序的封闭性。这种封闭性，一方面是要求程序将庭审进程与法庭之外的联系切断，意图营造出一个不受任何外部干扰的程序环境。程序之外的种种资源，哪怕是有助于纠纷解决，也被禁止进入程序。另一方面是要求法官和当事人必须严格按照程序法的规定展开诉讼行为，不得有任何对于程序的自我诠释和缺陷弥补。没有程序法的许可，严禁法官和当事人从事一些诉讼上的行为。例如在程序法没有明确规定的情况下，禁止当事人之间达成诉讼契约；程序法没有规定的证据方法，禁止当事人运用等。一般而言，程序具有一定的封闭性有其合理性。因为一方面，如果不能为当事人和法官建构一个封闭的空间，那么当事人行使诉权的行为以及法官行使审判权的行为，就容易受到各种程序之外的因素干扰，从而导致程序法所追求的法官独立公正裁判案件的目标无法实现。另一方面，若允许当事人和法官自由地进行各种非程序法所明确规定的行为，就有可能使得程序所追求的纠纷解决的稳定性、可预期性以及不可逆性等价值功能招致贬损。但是，程序的封闭应当是有限的和有选择的封闭，那些阻碍程序目标达成的因素，固然应当被排除在程序之外，而那些有助于程序目标达成的因素，则不应当被排除在程序之外。比如，那些有助于案件事实真相之发现或者有助于个案正义实现的因素，例如一些具有地方性的知识、具有行业性的知识，以及当事人和法官的经验与智慧，就应当视纠纷解决的需要，允许其被纳入程序中来。以期最大可能地促进商谈成果的达成。换言之，程序法所表达的乃是规范的正义，而规范正义之外的正义观以及有关正义的表述，既然与规范的正义一样引导着当事人乃至法官的日常生活实践，那么就应当允许它们也参与商谈，和规范的正义一起，为实现裁判的确定性与合理可接受性的目标做出贡献。

（三）宽容

程序的开放性必然同时要求程序的宽容性。开放意味着当事人的诉讼行为和法官的审判行为与程序法的命令不一定会始终保持一致，但是这种不一致的行为所要追求的目标却与程序所要追求的目标一致。此种情况下，当事人和法官为追求程序目标而做出的偏离程序要求的行为，应当受到容忍。例如，当事人的诉讼请求也许并不准确，但是程序要给其纠正的机会；当事人诉权的要件也许并不齐备，但是程序要给其补足诉权要件的机会；当事人提供的证据方法也许并非程序所明确规定，但只要不是程序所明令禁止的，就应当给予当事人举证和质证的机会；或者当事人因缺乏律师帮助而不了解程序的要求，进而可能有导致失权的风险时，那么程序应当尽量宽容当事人的一些瑕疵诉讼行为，同时法官应当通过阐明权的行使而给予其充分的指导，使其有机会弥补诉讼上的行为瑕疵。总之，程序应当设立容错机制，允许当事人和法官犯错误；并应当设立纠错机制，不因为当事人和法官行为瑕疵而将其排除在程序之外，或者因此终止程序的进行。对话者不因程序的严苛而动辄得咎，不因一句话或一个动作而遭受不利益，也不因对程序存在误解或者不解而遭受惩罚，这样才能使论辩充分展开，才能促成商谈取得成果，并尽量保证该成果乃是程序所要追求的最佳成果。

三 理性

（一）商谈理性

在前面提到哈贝马斯的理论时，笔者曾经指出，哈贝马斯的商谈理性乃是以他之前提出的交往理性为其内核，而交往理性包括言语行为的四个有效性要件。或者说，理性的商谈者，他的言语行为应当符合言语行为有效性要件的要求。基于此，诉审商谈程序的理性品格，就是要求这一程序能够促使当事人行使诉权的行为和法官行使审判权的行为，尽量符合言语行为的有效性要件。根据我在前面的介绍，言语行为的有效性要件，包括表达的可领会性、陈述的真实性、表达的真诚性和言说的正当性。下面我将按照上面这四个要件，依序阐述诉审商谈之理性要求。

1. 表达的可领会性

关于表达的可领会性，首先当然是要求诉审双方在程序的进行中使用相同的语言和文字。对于具有不同母语的当事人和法官，程序法应当为其提供适当的翻译，而对于不会书写的当事人，除了应当为其提供以言辞方式表达意见的充分机会外，还应当为其提供书写与记录方面的条件。但当事人之间以及当事人和法官之间不能共享某种语言的情形，毕竟是少数。在一般的情况下，当事人和法官会共享某种语言，他们因为共享某种语言，也共享着以这种语言为代表的历史和文化。又因为共享着相同的语言和文化，因此也共享着某些思维方式和行为方式。所以在他们之间，无论是言语的表达，还是动作的表达，一般都具有相互的可领会性。例如对一些典故、方言、成语、谚语和歇后语的含义，他们会有着共同的理解和诠释，即使对于一些意义分歧的语词，一般也能够借助于特定的环境或者在表情与动作的辅助下，被交往的对方领会；对于某种动作所要表达的意义，共享文化的当事人和法官之间一般也会有着共同的把握。就此而言，在诉审之间实现表达上的可领会性，并无太大难度。但是，在其他一些更加专业的情形，情况就不一样了。这样的情形，主要体现在对法律语言和经验法则的表达和运用上。

就法律语言的表达和运用方面，我国一些法官似乎受德国法系的法律思维影响较多，在庭审过程中有着使用所谓“法言法语”的偏好。所谓法言法语，并无神秘之处，无非是一些法律规范和法教义学上的概念而已。这些概念在法律领域有着特定的含义，法官熟知，而当事人也许并不了解。这样就会在诉权和审判权之间产生交往上的障碍。于此情形，一方面应给予当事人获得律师帮助的机会；另一方面也应当加强法官的阐明义务，使其用当事人可以理解的语言，来对法律专门术语进行诠释，以使当事人能够充分而准确地把握法官的意义表示。这种阐明上的范围，还应当扩及对法律规范的阐释上，这些法律规范，包括程序法上的规范和实体法上的规范。对于一些程序法上的规范，例如要求当事人的起诉必须符合诉权要件的要求，在当事人不知的情况下，应当令法官予以阐明，使当事人在充分领会后，补足要件，而不是对当事人的瑕疵起诉直接予以驳回。而对于一些实体法上的规范，当事人当然也有可能不知或者误解。例如有的当事人因为不了解实体法上的规范，在提出诉讼请求时，并未言明其规范上的依据，也即不知自己应当主张何种实体法上权利；而在另一些情况下，当事人可能因为误解实体法上的规范意旨，而错误主张了权利。在这样的情况下，法官均应适当阐明，引导当事人在正确理解法律的基础上主张合适的权利，而不应当沿袭法律神秘主义之弊，对当事人诉讼行为上的错误以及因为该错误而可能招致的不利漠不关心。

就经验法则的表达和运用而言，较之法律规范的言语沟通，存在的问题更加复杂。经验法则既涉及事实领域，也涉及规范领域，它应当是具有主体间性的一些认识论规则和行为规则。但是，即使是生活在相同文化传统中的人，其不同个体的经历也不完全相同，他们对于世界的认识和行动选择的依据，因此也有不同。因此法官所谓的经验法则，与当事人所说的经验法则，就会存在不同的理解。在这种情况下，法官在运用经验法则推断事实时，就应当慎之又慎。最重要的是，法官所选择的经验法则，应当是当事人所接受的经验法则，且法官对于所选择的经验法则的理解，应当与当事人对于该经验法则的理解，保持一致。否则，法官就是在强迫当事人按照法官的行动选择来决定他的行为方式。

2. 陈述的真实性

当事人和法官陈述的真实性，一直是程序法所追求的目标，尤其在发现事实的领域，就更是如此。证据法上关于举证和质证的一系列安排，例如所谓传闻证据排除规则、最佳证据规则以及相关性规则等，都是对于当事人陈述的真实性要求。关于这一点，已经无需赘述。但是，当事人乃利益相对的双方，他们之间的很多争议，不仅仅涉及利益安排的分歧，也有可能是关于事实认识的分歧。传统的程序构造理论承认当事人之间分歧的存在，且以攻击防御来比喻当事人之间的言语行为，并试图通过当事人之间对抗性的言语行为，来期待事实真相渐渐浮出水面。但是交往行为要求当事人的事实陈述行为，一开始就应当是真实的，至少是当事人认为真实的。因此，诉审商谈的程序构造，应当尽量抑制当事人的虚伪陈述行为，通过对于伪证行为的惩罚，以及对于程序法上诚实信用原则的要求，来促使当事人的陈述真实性。陈述的真实性，也应对法官提出要求。除了禁止法官恣意擅断外，更要求法官对于案件事实的认定，遵循证据裁判原则，并有充分说理。在采法官自由心证的情况下，应为自由心证设定要件，包括：须综合全案所有证据资料进行判断，不得断章取义；所有定案证据须经过庭审质辩；推理判断不得违背科学定理、定律、法理及生活常理；判决必须叙明理由，包括对证据采信及不予采信的依据；判决须具有可预测性，是根据法庭调查及法庭辩论可以预测的结果，等等。对于当事人和法官陈述真实性的要求，除了基于事实领域外，还应基于法律领域。例如，对于当事人而言，应禁止其恶意诉讼和诉讼欺诈行为；对于法官而言，应禁止其故意曲解法律，或者故意误导当事人错误选择诉讼行为或者错误处分程序上或实体上的利益，等等。

3. 表达的真诚性

诉讼虽然是为了解决当事人之间的纠纷而展开，但也正是由于双方当事人之间存在利益上的纷争，所以他们相互之间的言语行为往往带有一定的策略性，不仅有可能是不真实的，也有可能是不真诚的。当然，当事人之间也并非不想达成共识，只是每一方都希望对方妥协，而以己方的主张作为共识的基础。若是当事人的言说行为不够真诚，那么就会令法官产生误解，使得最后的裁判不是在各方共识的基础上达成，将会给裁判的确定性埋下不稳定的风险。在民事诉讼的实践中，除了当事人外，即使是法官这样代表规范正义的参与者，为了能够实现纠纷解决的目的，也有可能会做出策略行为，而使其言语表达行为不够真诚。例如我国司法实务中经常发生的所谓“以判压调”的现象，就是法官言语行为不真诚的一种表现。尤其在时下强调调纠解纷的司法政策要求下，一些法院的调解活动已经发生了异化，法官在解纷的调解目的下，还隐藏着其他的目的，包括迎合执政党的维稳政策，规避裁判风险和职业风险等。这种调解的异化，使得法官的言语行为也常常带有一定程度上的虚伪性。另外，在司法环境不够透明廉洁的情况下，一些影响法官裁判的庭外因素在发挥着实际的作用，而这些因素又不能在裁判文书中体现出来，所以法官往往进行虚伪地说理，导致裁判结果与裁判说理之间欠缺关联性，或者法官在裁判文书中根本就拒绝说理或者故意说理不足。尤其在二审裁判中，二审法官往往没有对案件进行重新审理的诚意，他们虽然对案件也进行了开庭审理，但是对于当事人在二审程序中所表达的意见根本就不愿意听取，而是在走完过场后直接维持原审裁判。这样，不仅二审法官的言语行为不够真诚，实际上整个二审程序都带有很大的虚伪性，或者说这样的二审程序从一开始就是对当事人的一种欺骗，而不是对原审裁判错误的救济。基于这样的认识，在民事诉讼程序的构造中，应当重点强调并保证法官言语行为真诚性的要求，尤其要注意避免使上诉审程序沦为欺骗当事人的谎言。

4. 言说的正当性

所谓言说的正当性，乃是要求当事人和法官之言语行为，都应当符合既有法律的要求，至少不应当违背既有法律规范的禁止性规定。笔者在前面讨论程序的自由品格时，指出程序应当开放和宽容，但是这种开放和宽容，不应当违背法律规范的禁止性规定。对于当事人之诉讼行为正当性的要求，传统民事诉讼程序已有体现。例如我国现行民事诉讼法关于当事人妨碍民事诉讼的行为描述，以及对妨碍民事诉讼的强制措施的规定，都是为了确保当事人行使诉权的行为符合正当性要求。而刑法、法官法以及程序法对于法官行使审判权的行为的一些要求，例如对法官职业道德的要求和对法官枉法裁判的禁止，则是为了确保法官之审判行为符合正当性要求。我国民事诉讼法上关于法官违背程序之裁判可成为上诉或者再审的理由这样的规定，也是为了促使审判权的运作，符合正当性要求。然而我国当下诉权和审判权各自在司法裁判领域的实践表现，与既有建制性规范的表述并不一致。就诉权而言，拒绝服从确定裁判，不断进行申诉和上访，或者以一些法律所禁止的行为来表达意见，显然与言说正当性的要求不相符合。而就审判权来说，像调解前置和强迫调解、互争管辖或者推诿管辖、随意将应当使用普通程序审理之案件以简易程序进行审理、合议审理流于形式、随意推出一些所谓的改革措施等，都是违背言说正当性要求的表现。基于此，我们在建构诉审商谈的程序时，恐怕需要为保证诉权和审判权在商谈时的言说的正当性，提供更多的程序性保障。

（二）反思理性

笔者在前面已经指出，对于反思理性，我们可以用换位思考这样的概念来表达其含义。根据反思理性的要求，我们的任何观点，若要能够被他人接受，恐怕都应当经受不同立场之他者的视角检验。反思的理性在司法裁判领域具有某种特别的意义。我们知道，当事人相互之间之所以会有争议，就是因为他们站在各自的立场，对于某种利益安排产生了不同的看法。他们对于争议事实和争议应当适用的法律规范，都是站在各自不同的立场来认识和解读。若当事人之间能够相互站在对方的立场来看待问题，也许他们之间的争议就会得到解决。所以反思的理性对于参与司法中商谈的当事人来说，其实非常重要。这是其一。其二，在当事人所代表的诉权和法官所代表的审判权之间的商谈，同样也需要反思的理性介入。在日常的司法实践中，我们常常会遇到这样的情形，就是法官认为他的裁判对于事实的认定和对于规范的适用，都是正确的，是经得起考验的；而当事人却对裁判仍然不满，意欲通过上诉或者再审程序予以改变。我想，在这样的情形下，他们最需要做的，也许就是秉持着反思的理性，各自站在对方的立场上再对裁判进行一次检验。若法官能够站在当事人的立场，以当事人的视角观察问题，也许就能够体会到当事人的切肤之痛，然后会以一种不同的态度来处理纠纷。而当事人若是能够站在法官的立场，以法官的中立视角来看待问题，也许就能够体会到法官的困难处境，从而以一种不同的态度来看待其权益。我们说诉审商谈主义的目的乃是打破法官独白式的裁判传统，这里所说的法官独白，实际上就是法官未能以反思的理性来看待作为裁判对象的争议。为什么诉审商谈主义要强调打破法官的独白，而不是强调当事人的反思，乃是因为法官居中裁判，兼听两造意见，有着不受当事人立场左右的中立地位、专业能力和控制权力，但是对于法官的独裁立场，当事人无法予以强制性改变，他们只能试图说服法官，而无法强制法官站在自己的立场看待问题。所以，诉审商谈主义的程序构造，就要在反思的理性引导下，建立强制法官站在当事人立场看待问题的规则，以使法官的裁判能够经受住反思理性的检验，并以这种检验来证实裁判不是法官的独白，而是诉审之间商谈的共识性成果。

四 自治

笔者在这里以自治来表达尊重商谈的参与者追求自身利益的目的这样一种

要求。民事诉讼是解决当事人之间私权纷争的程序，因此，首先应当尊重当事人追求自身利益的目的。在诉审商谈的司法活动中，当事人参与到程序中来，其首要的目的，恐怕是维护私权；而要维护私权，还需要程序上的权利的保障。因此，从尊重当事人追求自身利益的目的出发，诉审商谈的程序首先应当尊重当事人维护私权的目的，进而尊重当事人处分私权的行为。为尊重当事人处分私权的目的，对于当事人为处分私权而对自己程序上权利的处分，当然也应当予以尊重。其次，为了达致维护私权的目的，程序还应当赋予当事人充分的表达意见的机会，并且设定相应的保障机制。在讨论尊重当事人追求自身利益之目的时，应对当事人所追求的利益做较为开放的解释，例如当事人为了维护公共利益而要求进入诉讼程序时，程序不应当以目的错误予以拒绝。就此我们是否可以考虑，只要当事人所追求的利益不损害国家利益、公共利益和第三人利益，程序即应当以宽容的姿态予以接纳。

在尊重当事人追求自身利益之目的时，还要尊重国家设立民事诉讼制度的目的，此一目的乃是程序法之规范目的，应当由法官代为表达。关于民事诉讼目的，各国并不一致，例如英美法系以纠纷解决为民事诉讼的目的，大陆法系之德国传统民事诉讼目的是私权维护，我国民事诉讼目的则以维护私法秩序为主。[①] 在一般情况下，国家设立民事诉讼的目的，与当事人参与民事诉讼的目的并无冲突。例如民事诉讼制度若以解决纠纷为目的，则纠纷的解决应当在当事人之私权获得维护的基础上达成；若民事诉讼制度以保护私权为目的，则其本身已经与当事人参与诉讼之目的相合；若民事诉讼以维护私法上秩序为目的，则私法本身即为保护当事人私权，维护私法秩序当然同时亦对当事人私权的维护。但是，在我国的司法实践中，法官在审判案件时，往往还有一些隐藏的目的，例如前曾提及的法官迎合执政党和政府阶段性政策的目的、规避裁判风险和职业风险的目的等，甚至法官还可能企图通过审判而实现一些违法目的，这些目的当然不可被允许参与到诉审商谈中来。而程序法应当以相应的机制建构，将这些隐藏目的予以隔绝，使之不能影响到诉审间为达致正当目的而进行的商谈。

以上是就诉审商谈程序应当具有的四个基本品格所进行的大略讨论。这些基本的品格，应当像血液一样，沁入到程序规则之中。当然，在整体的程序规则体系中，一些规则对某一种品格体现较为直接明显，另一些规则可能对另外一种品格体现较为明显，而其他一些规则可能只是间接地体现了前述某种或者

---

① 参见段厚省《民事诉讼目的：理论、立法与实践的背离和统一》，载《上海交通大学学报》2007 年第 4 期。

某些程序品格，或者只有在与其他的程序规则一起结合，方能看出其品格所在。但从总体上看，诉审商谈的程序建构，应当较为周到全面地兼顾独立、自由、理性和自治这四个方面的程序品格。

论虚假民事诉讼的本质与危害

杨锦炎①

摘　要　虚假民事诉讼的判断标准为当事人之间是否存在利益冲突。恶意串通是虚假诉讼的必要前提，造假行为是其必要但非充分条件。虚假诉讼最大的危害在于导致诉讼机制失灵，既侵害了司法机关的正常活动，也侵害了诉讼外第三人的合法权益。虚假诉讼对民事诉讼理论与实践都构成了巨大冲击，值得深入研究。

关键词　虚假诉讼　虚构冲突　诉讼结构　基本内涵

近年来，虚假诉讼②成为立法、理论和实践中的热点问题，广受关注。立法上，2012 年我国《民事诉讼法》（以下简称新民事诉讼法）再次修订，首次对虚假民事诉讼作出了规定③。浙江、广东等省高级人民法院早在几年前就已经出台了防范和打击虚假民事诉讼的专门规定。而 2013 年年初房地产调控的“国五条”出台后，网络上更是流传各种通过虚假诉讼来规避调控的“攻略”。理论界则从 2000 年以来陆续有不少相关理论研究成果面世。尽管如此，但仍有几个基础性的问题未予明确，需要展开学术探讨：何谓虚假民事诉讼？虚假民事诉讼具有哪些特征？哪些行为属于虚假民事诉讼？也即虚假民事诉讼的内涵、外延何在。这是本文研究的起点。

---

①　中国社会科学院法学研究所与最高人民法院中国应用法学研究所联合培养博士后，北京市社会科学院助理研究员。

②　虚假诉讼可以包括虚假民事诉讼、虚假刑事诉讼、虚假行政诉讼等，本文为叙述方便，特指虚假民事诉讼。

③　新《民事诉讼法》的相关条文包括：第 112 条“当事人之间恶意串通，企图通过诉讼、调解等方式侵害他人合法权益的，人民法院应当驳回其请求，并根据情节轻重予以罚款、拘留；构成犯罪的，依法追究刑事责任”；第 113 条“被执行人与他人恶意串通，通过诉讼、仲裁、调解等方式逃避履行法律文书确定的义务的，人民法院应当根据情节轻重予以罚款、拘留；构成犯罪的，依法追究刑事责任”。此外还包括诚实信用原则、检察监督的范围扩大到当事人的民事诉讼活动、调解书成为再审的对象等新规定。

一 何为虚假民事诉讼

对于虚假民事诉讼内涵的界定，目前主要有两种思路：一种思路是从文义入手，分析什么是“虚假”，将凡是“不真”的诉讼都归为虚假诉讼。例如，有人认为“在《汉语字典》中，虚假指：‘假的，不真实的；与实际不相符的，’由此可见虚假诉讼，就此本质而言应是整个诉讼都是假的，是与客观实际不相符的。”[①] 从对立面的“真”出发，推断出什么是“假”。这种思路建立在这样一个假定的基础上：我们无法知道什么是假的，除非我们知道什么是真。但这一假设明显有悖于基本的人类经验，“‘不得杀人’这一道德禁令无需以任何完美生活图景为前提。它只是建立在这样一个平凡的真理之上：如果人与人之间互相残杀，任何可以想象的愿望的道德便都无从实现”。同样，对于很多的社会规则和社会制度，“我们无需尝试断然宣布完美的正义是什么样子，也可以知道什么是显失公允的”。[②] 而且并非只要存在虚假行为的诉讼就是虚假诉讼。这一定义无法说清到底要“假”到什么程度，才达到“整个诉讼都是假”的界限？

另一种思路，则是当前大多数学者沿用的，从描述“构成要件”入手界定虚假民事诉讼的概念。笔者称之为“构成要件式的定义”，典型的表述如“虚假诉讼是指双方当事人为了牟取非法的利益，恶意串通，虚构民事法律关系和案件事实，提供虚假证据，骗取法院的判决书、裁定书、调解书的行为”。[③] 通过描述法律构成要件（主体、主观方面、客体、客观方面）的方式来界定某一行为，倒也符合我国法律人的思维习惯。比如刑法学上的“犯罪构成要件”理论；民法上“侵权行为构成要件”、“合同生效要件”等理论；民事诉讼法上的“要件事实”理论、证明责任理论中的“法律要件分类说”等都体现了构成要件的思维方式。

但虚假诉讼的这种定义方式也具有一定的局限性。首先是“计划赶不上变化”。随着时间的推移，行为人的行为模式和手段不断推陈出新，外延不断扩大，概念将难以涵盖。这跟刑法领域中出现的新型盗窃、诈骗行为不断突破传统盗窃、诈骗罪的含义一样，虚假诉讼的这种定义也会被新出现的虚假行为

① 付志强：《从刑法视角谈虚假诉讼行为之界定及定性》，法律教育网 http：//www. chinalawedu. com/new/16900_ 173/2009_ 9_ 17_ ji15691938401719900214196. shtml，2013 年 4 月 30 日登录。

② ［美］富勒：《法律的道德性》，郑戈译，商务印书馆 2005 年版，第 14—15 页。

③ 肖建华：《论恶意诉讼及其法律规制》，载《中国人民大学学报》2012 年第 4 期。

模式所冲破。其次是无法表现虚假诉讼的本质。因为，构成要件是“仅仅由客观的、记述的要素所组成的东西。所谓‘客观的要素’，是指通过五种感觉就能够认识其存在的要素”。[①] 外在要素只是某种内在品质的表现形式而已。抓住虚假诉讼外在构成要件所表现的内在品质才能把握虚假诉讼的本质特征。这是通过构成要件的描述所不能达到的。再次，虚假诉讼“构成要件式的定义”在现实中遭遇界定不周延问题。典型的情形就是在第三人诉讼[②]中，两方当事人恶意串通、伪造证据，损害第三方当事人的利益。这种情况下，明显存在双方当事人恶意串通、虚构民事法律关系和案件事实、提供虚假证据、欺骗法院的行为，由此，“构成要件式定义”认为应属于虚假诉讼。据此，有学者认为虚假诉讼包括两种情形，即“在两极之诉中，原被告串通欺诈案外第三人的利益；在三面诉讼中，两极联合起来诈害第三极”[③]。但是，这种界定是错误的，因为第三方与联合的双方仍然存在真实的冲突。

要准确界定虚假诉讼，不妨从一个全新的角度来思考。将虚假诉讼与真实诉讼比喻为一把标尺上的两个区间，标尺底端到顶端的区间为具备诉讼表面要素[④]的所有诉讼。（如下图）

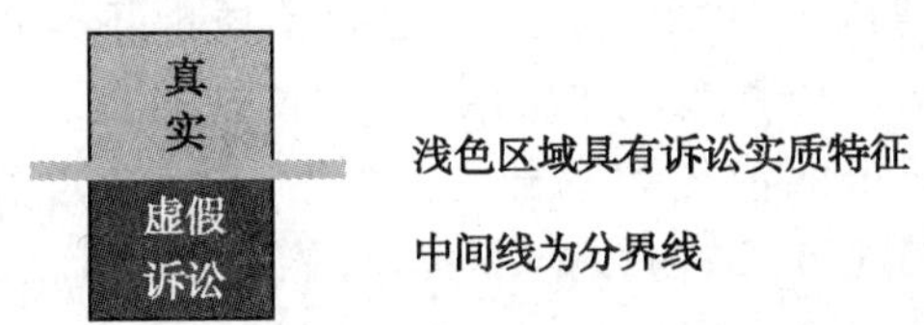

虚假诉讼与真实诉讼关系图

底端以上到一条确定的分界线之间的区间为具备诉讼表面特征但不具备诉讼实质特征的诉讼，该区间的诉讼为虚假诉讼；分界线以上到顶端的区间为真实诉讼。因而，问题的关键就是在虚假诉讼与真实诉讼之间划出一条分界线，该分界线充当虚假诉讼与真实诉讼之间的关键堤坝，越过堤坝，则转换了性质。笔者认为，该分界线可确定为“利益冲突”：凡是当事人之间具有利益冲突的诉讼，均为真实诉讼；凡是不具备利益冲突的诉讼，均为虚假诉讼。

我们知道民事诉讼是一个利用“当事人两造对立，法院居中裁判”的

---

① ［日］西原春夫：《构成要件的概念与构成要件的理论》，载《法律科学》2007 年第 5 期。

② 这种诉讼有原告、被告、第三人三方主体，有学者称之为“三面诉讼”。见陈桂明、李仕春《诉讼欺诈及其法律控制》，载《法学研究》1998 年第 6 期。

③ 陈桂明、李仕春：《诉讼欺诈及其法律控制》，载《法学研究》1998 年第 6 期。

④ 如两造当事人、居中裁判的法院、运行的诉讼程序、开展的诉讼行为等。

“等腰三角形结构”① 来解决纠纷的过程。

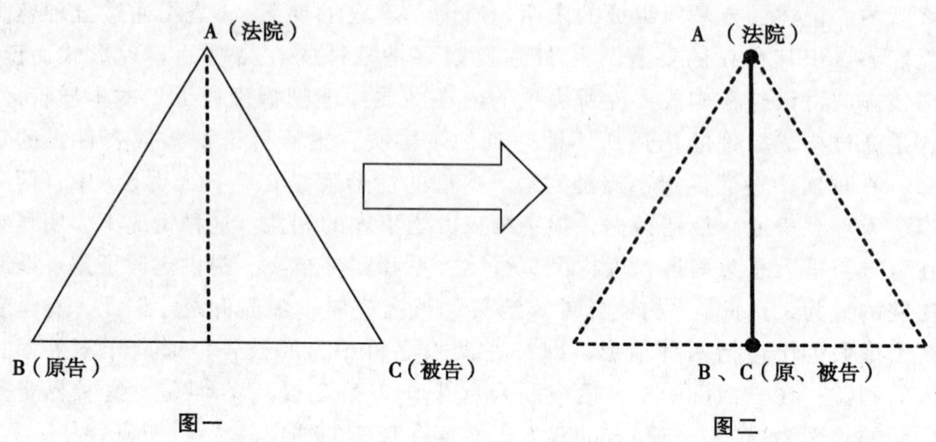

图一　　图二

这个结构的基础是当事人之间的利益冲突和对立，因为只有原、被告双方是对立的（如图一所示），A、B 两点才是分开的，三角形结构才会成立。如果原、被告之间没有利益冲突（如图二所示），则 B、C 两点是重合的，三角形结构演变为线形结构，A、B、C 三者之间实质上不是诉讼法律关系。诉讼正是利用三角形结构发现真实、解决纠纷。“两造对抗，居中裁判”的三角形结构，是诉讼顺畅运行的前提和基础。因此只有诉讼当事人之间存在利益冲突，这个“等腰三角形”结构才能真实存在，这个诉讼才是真诉讼。此时，即使某一方当事人使用了虚假的证据，虚构了相关事实，甚至动用各种手段伪造了一个完全不存在的民事法律关系，但这一系列造假行为都是服务于对抗的，是为了在对抗中获胜而造假。民事诉讼“两造对立、法院居中裁判”的“等腰三角形”结构依然没有改变，这样的诉讼仍然是真诉讼。

在原被告双方无利益冲突和对立的情形下，程序所表现出来的三角形结构是当事人之间“周瑜打黄盖”式的串通表演。诉讼中的冲突是两个当事人与法院之间“表演与反表演”的冲突，而不是当事人之间的纠纷。因而举证、质证等一系列发现真实、解决纠纷的机制在这场虚构的诉讼中将全部失灵，诉讼无法发挥其定分止争的基本功能。

二　虚假民事诉讼的外在特征

当事人之间无利益冲突的诉讼就是虚假民事诉讼。对这一内涵的理解要把

① 也有人主张是“等边三角形”结构，这并不影响本文的分析。

握以下几个特征：

1. 虚假诉讼以双方当事人相互串通为前提

（1）必须有相互串通的行为

无利益冲突是虚假诉讼的本质，而虚构事实、伪造证据、虚假陈述等一系列造假行为，都是虚构的“冲突外观”而已，服务于掩盖无利益冲突的本质。无利益冲突的当事人，想要虚构“冲突外观”，必须相互串通，否则无法完成法庭上的表演。因此，相互串通是无利益冲突者虚构“冲突外观”的前提，是不可或缺的中介和桥梁。从这个角度看，虚假诉讼必然是当事人相互串通的诉讼。

（2）必须是全体诉讼当事人之间的串通

当事人之间的串通必须是全体当事人之间的相互串通。在只有原被告之间的诉讼中，是双方当事人相互串通；在有第三人参加的诉讼中，则是原被告和第三人均相互串通。上文所说的“三面诉讼”，可能会出现原告、被告、第三人三方主体之间的任何两方相互串通、虚构事实，损害第三方主体利益的情形。但这种诉讼并不是虚假诉讼，因为不是全体当事人相互串通。该情形下，民事诉讼“等腰三角形”的结构依然存在，诉讼发现真实、解决纠纷的机制并未失灵。

2. 造假行为是虚假诉讼的必要但非充分条件

（1）造假行为是虚假民事诉讼的必要条件

虚假诉讼中，必然会存在“冲突外观”，比如伪造证据、虚构事实、虚假陈述、虚构整个实体法律关系等一系列造假行为。如果不存在这些冲突的外观，就无法实现欺骗法院的目的，虚假诉讼则不会成立。但具备造假行为并不必然导致虚假民事诉讼。

（2）造假行为不是虚假民事诉讼的充分条件

虚假诉讼中的造假行为，既可能伪造全部证据、虚构全案事实，也可能是真假混杂的，既有真证据、也有假证据。在真实的诉讼中，同样存在着虚假行为。造假行为的多少，不是衡量该诉讼是否属于真假诉讼的标准。“构成要件式定义”的错误就在于将虚假诉讼中虚构“冲突外观”的行为作为认定虚假诉讼的标准。比如司法实践中存在的诉讼当事人在诉讼中采用伪造证据、虚构事实等手段损害对方当事人利益的诉讼。有人称之为“诈害型恶意诉讼”①。在该类诉讼中，虽然存在当事人伪造证据、虚构事实的行为，但因为具有真实的利害冲突，并不属于虚假民事诉讼。

---

① 肖建华：《论恶意诉讼及其法律规制》，载《中国人民大学学报》2012 年第 4 期。

3. 虚假诉讼最大的危害在于导致诉讼机制失灵

虚假诉讼的危害不在于对法院的欺骗，因为民事诉讼对虚假行为具有一定包容性。从民事诉讼“真实完全义务”的要求就可以看到这一点。真实完全义务“并不要求当事人陈述所有客观的真实。……此义务仅限于消极地禁止当事人陈述其明知虚伪的事实”；而且真实义务并没有直接有效的制裁，而只是影响法官心证而已，因为“直接进行客观真实的认定较进行困难的主观真实违反的认定要来得有效率，对违反真实完全义务并无直接的制裁规范”。[①]之所以对虚假行为有一定的包容，当然可能是对现实的妥协，诉讼中双方当事人利益对立，为利益最大化而虚构事实、隐瞒真相是人性使然，不可避免；但更为重要的是，面对虚假行为，民事诉讼有一种“制度自信”——通过当事人相互对抗、举证质证和交叉询问等制度装置，诉讼程序完全可以去伪存真，最大可能地发现真实。因此，诉讼程序对一般的欺骗行为具有甄别功能，产生错判的概率较低，即使出现错判，也是诉讼制度可以承载的成本。

虚假诉讼的真正危害在于导致诉讼机制失灵。在虚假诉讼中，由于虚假诉讼中不存在利益冲突，破坏了诉讼的三角形结构，导致建立在当事人对抗基础上的真实发现机制基本失灵，对虚假行为的“免疫力”基本丧失，法院做出错判的概率上具有高度必然性。诉讼成了错案的生产线。而诉讼除了有发现真实的功能之外，还具有确认真实的功能，法院认定为真实的事实具有法律约束力[②]。虚假行为被诉讼程序“漂白”，穿上了合法的外衣，产生诉讼外的危害结果。而这一切，无法通过其他诉讼程序予以监测和制约。所以，虚假诉讼最大的危害性在于导致诉讼程序失灵，造成法院错判的高度必然性。

4. 虚假民事诉讼侵害了双重法益

既然虚假诉讼不存在真实的利益冲突，那么，虚假诉讼的行为者就不可能有解决纠纷的目的。其诉讼上的目的是双重的：诉讼内的目的是欺骗法院做出裁判、执行等行为；诉讼外的目的是获取其他不当利益。诉讼内目的是直接目的，只能在诉讼内实现，诉讼外目的是间接目的，需在诉讼结束后实现。虚假民事诉讼侵害的法益也是双重的：在诉讼内，产生了法院错判的结果；在诉讼外，产生损害案外第三人利益的结果。由此可见，虚假诉讼侵害了双重法益：司法机关的正常活动和诉讼外第三人（包括国家）的合法权益。而前一个法益更具有根本性。

首先，从损害产生的环节上看，妨害法院司法活动，危害法院权威的结

---

① 黄国昌：《民事诉讼理论之新开展》，北京大学出版社 2008 年版，第 33—34 页。

② 例如，法院判决认定的事实具有在后一诉讼免予证明的效力。

果，发生在诉讼之内，与虚假行为的联系更加紧密。其次，从诉讼内损害结果和诉讼外损害结果的损害程度看，前者更具有严重性。司法机关正常活动的重要性要大于公私财产或其他权益的损失，因为“法治取决于甚至可以说等同于法院的公信力。……摧毁公众对法院的信任，也就摧毁了法治的基础”①。

侵害了双重法益，也是虚假诉讼区别于“诈害型恶意诉讼”的重要方面。一是在“诈害型恶意诉讼”中，诈害方当事人的诉讼目的是单一的，只有诉讼内目的，而没有诉讼外目的。二是两种诉讼内目的在内容上也不相同。虚假诉讼的诉讼内目的是合谋欺骗法院，无对抗性；而诈害型恶意诉讼的诉讼内目的是赢得诉讼使对方受损而我方获益，建立在对抗的基础上。三是在利益的实现方面，虚假诉讼的利益实现，不在本诉之内，行为人在本诉中既不收获程序利益，也不收获实体利益。而诈害诉讼中，行为人在诉讼内收获利益。

三　虚假民事诉讼对民事诉讼理论与实践的冲击

虚假民事诉讼近年来愈演愈烈，对民事诉讼造成了较大冲击，暴露了民事诉讼识别虚假诉讼理论的缺失，实践中造成了民事诉讼的程序失灵。

（一）虚假诉讼暴露了民事诉讼“纠纷识别”理论空白的事实

“无纠纷则无诉讼”，民事诉讼的基本前提假设是当事人之间存在纠纷。民事诉讼的理论架构和程序设置，都基于这个前提和基础。当事人之间的利益对抗和相互冲突，是诉讼在程序上得以提起和推进的动力，也是发现真实、解决纠纷等诉讼制度功能得以发挥的基础。民事诉讼建立在“对抗制法理”基础上的系列制度，要想发挥正常的功能，必须确保进入到民事诉讼中的案件是真实的纠纷和冲突。但民事诉讼却没有识别某个案件是否属于真实纠纷的理论和制度。虽然诚实信用原则理论为规制当事人乃至法院的不当诉讼行为提供了一定的理论支撑，但明显是不够的，而且在如何识别虚假诉讼方面并无太大作为。虚假诉讼恰恰是利用了民事诉讼理论上的缺陷，利用其对虚假诉讼“免疫功能缺失”的特点，虚构“冲突外观”，破坏诉讼的“等腰三角形结构”，冲击了民事诉讼的基本功能，导致民事诉讼对抗制、发现真实等系列装置的失灵。这暴露了民事诉讼“对抗制法理”的理论短板，暴露了民事诉讼没有纠纷存否的甄别机制的缺陷。

笔者认为，建构虚假诉讼识别与规制制度的理论基础，至少需要从以下三

① 吴玉萍：《诉讼欺诈行为定性研究》，载《中国刑事法杂志》2005 年第 4 期。

个方面进行理论开拓和理论整合：一是从虚假诉讼行为的恶意性出发，挖掘诚实信用原则的理论资源，为虚假诉讼识别与规制制度提供理论支撑；二是从虚假诉讼的非对抗性特征入手，探讨非对抗性法理在民事诉讼中的引入，以非对抗性法理弥补对抗性法理的缺陷；三是从法院职权的角度入手，发掘程序性制裁理论，为虚假诉讼识别与规制提供理论支撑。这三大理论的相互整合，由此而形成的理论互补，对于虚假诉讼的识别和规制制度的科学构建起到至关重要的作用。这是虚假诉讼识别与规制问题研究的重要理论意义

（二）虚假民事诉讼在实践中导致“程序失灵”

虚假民事诉讼的现实危害在于，其利用诉讼程序“纠纷识别系统”的缺失，虚构“冲突外观”，恶意利用程序，导致民事诉讼“程序失灵”。这体现在诉讼结构的颠覆、真实发现功能失灵、纠纷解决功能异化、法院错判常态化等方面。

1. 民事诉讼结构的实质破坏

民事诉讼以“等腰三角形”结构体现和保障诉讼中当事人的平等和法院的中立[①]。双方当事人与法院在三角形结构中，提出争议、寻找证据、相互质证、发现真实并适用于法律，解决纠纷。等腰三角形的诉讼结构是诉讼公正的有效保障。这一“等腰三角形结构”的成立以当事人之间的对立冲突为基本前提，否则三角形的两个底角将会重合，三角形关系将演变为法院与当事人之间的线形关系，民事诉讼结构被颠覆，诉讼程序被异化。虚假诉讼中并无真实的对立与冲突，双方当事人之间恶意串通虚构了形式上的“等腰三角形结构”用于掩盖实质上的线形关系。民事诉讼结构被实质上破坏，法院与当事人角色出现混乱，法院与当事人关系在实质上的错位和扭曲，导致诉讼程序系列功能的异化和程序的失灵。

2. 民事诉讼真实发现功能的失灵

民事诉讼是人类为解决当事人之间的冲突纠纷而设置的程序装置，其前提假设进入诉讼的当事人之间是对立关系。民事诉讼正是利用当事人之间相互对抗、相互竞争来发现真实。因此，辩论主义原则将案件事实问题的形成权交由双方当事人来完成，法院受当事人自认的约束，不轻易启动职权调查证据。双方在相互对立的基础上，为摆脱败诉风险，而提出主张、举证质证、发现真实，法院根据当事人提供的事实和证据，认定事实并适用法律解决纠纷。但是，在虚假诉讼的情形下，双方当事人之间的对抗是虚假的，由此导致民事诉

① 汤维建：《论诉中监督的菱形结构》，载《政治与法律》2009 年第 6 期。

讼通过对抗来发现真实的系列机制失灵，法院根据诉讼证据和质证情况做出的事实认定，是双方当事人“表演”的结果，直接影响法律的适用以及案件判决的准确性。

3. 法院错判的常态化

在当事人对抗状态下的民事诉讼，其真实发现机制正常发挥其应有的功能，因此，民事诉讼就对抗状态下的造假行为是具有一定免疫力的。因而，在存在真实对抗的诉讼中，法院出现误认和错判的几率较低。法院错判只是异常事件、偶发事件、零星事件。但是，在虚假诉讼中，由于诉讼结构的破坏、真实发现机制的失灵等原因，造成法院错判的常态化。只要这种案件进入到诉讼中，被发现的难度就非常大，法院做出错判的可能性就非常高。而一旦法院做出相关判决和裁定，当事人的虚假行为就被法院判决裁定“包装”和“漂白”，获得了法律效力，被成功武装为损害案外人利益的工具。虚假诉讼对民事诉讼制度的冲击是根本性的，其危害性也是十分严重的。

也正是因为上述原因，对虚假诉讼的研究就具有独特的理论意义和实践意义。有人仅从虚假诉讼主观上的恶意性出发，将虚假诉讼纳入恶意诉讼一并解决。[①] 但这种尝试仅仅看到虚假诉讼的外在特性，而没有认清虚假诉讼的内在机理。因此所提出的虚假诉讼规制机制，只是建立在国外做法的简单借鉴上，缺乏系统性，也没有坚实的理论基础。认清虚假诉讼基本内涵和主要特征，对虚假诉讼的识别机制和规制机制基础理论的建构，具有基础性作用，不可忽视。

---

① 肖建华：《论恶意诉讼及其法律规制》，载《中国人民大学学报》2012 年第 4 期。

农村基层调解组织的救济困局与破解路径

——土地征收视域下的研究

章彦英[①]

摘　要　作为排解民间纠纷的基层群众性自治组织，农村基层调解组织有助于及时化解矛盾、节约救济成本、有效修复争议双方的关系，对推进平安中国、法治中国建设起着独特的作用。而在当前我国的土地征收实践中，其救济功能远未得到实现，甚至已陷入某种程度的救济困局。应注重农村基层调解组织的预防功能，从主观上强化调解员的事前救济意识，激发其调解积极性；对调解组织进行适当的结构调整，强化其现有的解纷功能；完善相关法律规定，拓宽其救济空间，并达成基层调解与其他救济途径的有效衔接，顺利实现对当事人的权利救济。

关键词　土地征收　农村基层调解组织　救济困局　破解路径

一　农村基层调解组织及其救济功能解读

《中华人民共和国宪法》第111条第2款明文规定，应在居民委员会、村民委员会这类“基层群众性自治组织”之中，设立人民调解等委员会，以调解民间纠纷，协助维护社会治安。《中华人民共和国民事诉讼法》第16条第1款则将人民调解委员会的性质明确为“在基层人民政府和基层法院指导下，调解民间纠纷的群众性组织”。农村的人民调解组织即以村委会为单位建立，是基层自治与司法的一个特殊环节，本身就有多元化的特点，很容易根据社会治理的需要加以改造、重构和整合，作为最重要和基础性的公益性纠纷解决机制发挥作用[②]。包含村民调解小组、村级人民调解委员会、乡（镇）人民调解

---

① 浙江大学博士后，山东财经大学法学院教授。

② 参见范愉《纠纷解决的理论与实践》，清华大学出版社2007年版，第395页。

委员会三级网络的农村基层调解组织就其性质而言，正是我国农村专门排解民间纠纷的基层群众性自治组织。随着基层行政权对村民委员会的逐步渗入，这类组织已不可避免地蒙上了某种程度的行政色彩，加上其地利之优势，在当下的平安中国、法治中国建设中起着一份独特的作用。

从理论上讲，由于农村基层调解员多为本乡本土之人，贴近百姓，根植于基层，得地利、人和之便，遇有纠纷可及早介入加以解决，这类调解既能及时化解争议双方当事人之间的纠纷，避免矛盾的进一步升级或激化，又因无需太多公共资源的投入而节约救济成本，并因多采用“动之以情，晓之以理”的调解方式而同时起到“化干戈为玉帛”、有效修复争议双方关系的作用。众所周知，“和为贵”乃中华民族的传统美德和处世哲学，这一点在聚族而居的农村社会体现得尤为明显。我国自古就有乡治调解、宗族调解、行会调解、亲邻调解的法文化传统，民间遇有争端，往往首先考虑以“情”解决，其次是“礼”，然后是“理”，最后才诉诸“法”，讲求协调、平衡、中庸；排斥对立、差异的价值取向和思维模式①。源于该传统的农村基层调解制度在社会生活实践中也确实发挥了显著的解纷作用。“大量实证研究表明，非讼文化和调解方式在很多国家早已存在，调解不仅在传统社会具有重要的纠纷解决和社会功能，而且在任何时代、任何国家都是最常用的纠纷解决方式，有着旺盛的生命力。”② 其调解的范围包括一般的民事纠纷和轻微的刑事纠纷，由调解员通过调解说和，化解矛盾，解决争端。调解所依据的规范、所采用的具体手段、所遵循的程序等多有非正式性、灵活性、多元性的特点，可以最大限度地节约当事人的救济成本，具有其他解纷途径所不具备的独特优势。调解主要依靠的是基层调解组织，一般由乡、村两级人民调解组织主持进行。从村民委员会到乡（镇）、区县的各级调解能够在不同层级上替代诉讼，其相互之间及其与法院之间的合理衔接将远比单纯诉诸司法更为合理可行。同时，调解组织还能对调解协议的履行进行督促或监督甚或介入，不仅可排除诉讼之累，还可减少执行之风险，符合社会公共利益。

二 土地征收中农村基层调解组织面临的救济困局

我国当前正处于经济高速发展期，随着城市化建设进程的加快，农村集体

① 段晓梅、王向华等：《论人民调解在农村存在的根源及其制度完善》，《渭南师范学院学报》2006 年第 1 期。

② 范愉：《纠纷解决的理论与实践》，清华大学出版社 2007 年版，第 325—326 页。

所有的土地大量被征收。在频繁的土地征收过程中，被征地农民的合法权益严重受损，群体性暴力事件层出不穷，各种社会矛盾日益凸显。土地征收事关被征地方的核心利益——土地权利，而在权利保护上征地方和被征地方是完全平等的，为了权利保护目的对土地征收纠纷进行调解，由此成为可行的解纷方式。而且，相比司法、行政等其他救济方式，民间调解对于土地征收纠纷的解决其实成本更低、效率更高，也更为便利。在土地征收纠纷中，有相当一部分是被征地农民与其所属集体经济组织之间因补偿金分配问题而发生的纠纷，另一部分则是被征地的集体经济组织和被征地农民与征地方之间因征收补偿标准、补偿安置方案等产生的纠纷。上述纠纷的牵涉面甚广，作为排解民间纠纷的基层群众性自治组织，农村基层调解组织若能在其中发挥其独特的救济优势，则有助于及时化解相关矛盾，有效修复争议双方的关系，从而在较大程度上避免因纠纷处理不当而引发群体性冲突甚至暴力事件，维护社会的和谐稳定。然而，遗憾的是，在农村基层调解显见的优势背后，存在着相当大的局限性。在我国的土地征收实践中，农村基层调解组织的救济功能远未得到充分的发挥，甚至可以说已陷入某种程度的救济困局。

首先，在土地征收启动前，基层调解组织的预防性救济功能很难得到体现。土地是农民的头等大事，土地征收启动前，即将失去土地的农民往往不同程度地怀有某种抵触心理甚至敌视态度。这种负面的情绪若未得到及时的消解和宣泄，很可能会为其后的矛盾冲突埋下伏笔。一旦累积到一定的程度，后果也许不堪设想。实践证明，对一些问题比较尖锐、冲突容易升级的纠纷，坐等事发后再进行调解的做法是不足取的①。农村基层调解组织得天时、地利、人和之便，在这一阶段本应具有发挥作用的空间，可以尝试通过走访、推心置腹的交谈等方式，舒缓和改变不良的态度和情绪，防患于未然，将矛盾消灭于萌芽之中，从而也降低未来的救济成本。然而遗憾的是，由于主、客观多方面的原因，基层调解组织恰恰在这一阶段常常选择保持沉默，怠于发挥其主观能动性，对潜在的问题很少积极主动地予以关注，以致这些日后可能诱发冲突甚至暴力事件的问题难以被及时发现并妥善解决，农民无法得到任何针对性的劝解或疏导，其权利救济的最初始阶段几乎处于真空状态，错失了预防纠纷发生的良机。

其次，在实施土地征收的过程中，基层调解组织的纠纷解决功能无法顺利实现。我国《土地管理法实施条例》第25条之规定，征地补偿、安置争议不影响征用土地方案的实施。也就是说，征收程序一经启动，即使被征收人不满

---

① 王迪：《双重指标考核体制下的基层运作——以社区调解为例》，《学术论坛》2014年第2期。

补偿、安置方案，征收行为照常进行，并不因为被征收人的不满受到任何阻滞。无论被征地农民与其所属集体经济组织之间，抑或征收方与作为被征收方的农民和集体经济组织之间就征收发生何种争议，均无法有效阻止土地征收的进行。这种“轻”补偿安置，“重”征地权的次序安排，实际上取消了征地相对人以土地作为唯一谈判手段的筹码，导致相对人失去了寻求合理补偿权利的有力支撑①，从而也就失去了约束征地权的可能。而对因此发生的争议，主要还是以行政裁决的方式加以解决，在很多场合下司法救济尚不可得，且争议解决期间征收照常进行，被征收人只能眼看着损失一步步造成却无计可施，十分被动和无奈。基层调解组织此时即使有心解决问题，在争议双方之间进行必要的调停，为农民提供必要的救济，恐怕也因其层级较低而力有不逮，难以有所作为，无法避免不必要的损害的发生或者阻止损害的进一步扩大。

再者，在土地征收结束后，对于权利受到损害的被征收方，基层调解组织的事后救济明显缺少说服力。一般来讲，基层自治组织的威信越高，调解的社会效果越好，在遇有争议时，当事人就越乐意首先求助于调解。但必须看到的是，随着法治进程深入，村民的独立意识增强，传统权威就受到了冲击，村干部利用传统权威说服调解的能力和依据会受到质疑②。况且土地征收纠纷中的很大一部分涉及补偿金的分配，而补偿金的分配与基层组织有着直接的关系。试图解决此类纠纷的基层调解组织因通常与纠纷的一方当事人存在利益关系或附属关系，甚或其本身就是土地征收补偿纠纷的一方当事人，恐有挟私的嫌疑，无法得到被征收农民的信任，其立场处于尤其被质疑的状态，难以有效发挥解纷功能，及时化解当事人之间的矛盾冲突。在有些特殊情况下，因土地征收导致的群体性纠纷如果不能得到及时的处理，会很容易升级为治安、刑事案件、大规模械斗乃至公共安全事件，而持续多发的社会冲突又很容易使转型中的社会陷入无序状态，乃至引发社会危机，后果殊为严重。

三　上述救济困局产生的主要原因

其一，在主观层面上，农村基层调解组织本身以及相关部门均未正确认识调解组织应当起到的纠纷预防功能，对未来可能发生的纠纷疏于防范。域外主要国家如美国、德国等国的立法、司法实践均表明，为了降低救济成本，提高

---

① 李红波：《现行征地程序缺陷及其改进研究》，《经济体制改革》2008 年第 5 期。

② 徐国辉：《农村法治进程对农村调解的影响分析》，《吉林公安高等专科学校学报》2009 年第 4 期。

救济效率，救济的内涵应当延展至权利存在的最初阶段，防患于未然，将纠纷尚未发生时的事前预防措施纳入其中。而我国一般将“救济”归于纠纷解决的范畴，很少关注预防环节，加之各级主管部门对调解工作的重视程度也不够，支持力度有限，农村基层调解组织的防范功能尤其被忽视，影响了调解组织的工作积极性，调解员在实践中有时难免会敷衍塞责，消极怠惰。

其二，在法律层面上，相关法律存在缺陷，限制甚至阻塞了农村基层调解组织发挥救济功能的空间。由于我国是成文法国家，没有普通法与衡平法之分，法律上并无“禁令救济”这一概念，对于即将发生或者正在发生的违法征收行为，目前仍然缺少针对性的违法阻却制度，无法防止损害的发生或扩大。而且，由于法律规定了诸如“补偿安置争议不影响征收的正常进行”、“复议不停止执行”、“诉讼不停止执行”等原则，在被征收人申请行政机关对相关争议进行裁决、申请行政复议甚或提起诉讼的情况下，征收行为照常进行。即使该行为此后被裁定为违法，损害也已然形成，无法逆转。2011 年 1 月 1 日正式付诸实施的《中华人民共和国人民调解法》虽以专章对调解程序和调解协议做出了明确规定，改善了基层调解制度，有利于农民利益诉求的表达和包括征地矛盾在内的各种矛盾冲突的解决，但囿于土地征收相关法律的规定，土地征收一旦启动，在行政救济、司法救济尚且乏力的情况下，作为民间性救济的基层调解自然更是作用空间有限，无力回天。

其三，农村基层调解组织层级较低，缺少必要的权威性和约束力，调解员文化水平普遍较低，法律知识比较贫乏，或者调解经验不足，调解失之简单粗暴，使调解组织的解纷能力在不同程度上被弱化。在人员配备等方面，某些村或乡镇甚至根本就没有设立民调委员会，或者虽然设有民调委员会，也并没有配备有经验的调解人员，使这一组织形同虚设，化解纠纷的能力薄弱，以致在纠纷发生时，无力为农民提供必要的救济。况且土地征收纠纷具有其特殊性，冲突的双方当事人之间可能为管理和被管理的关系，并非处于平等的地位，自身并不具备必要权威的农村基层调解组织在调解时必然力不从心。而且，在调解过程中，由于冲突的双方往往处于实际并不对等的地位，可能因此出现强势的征收方对被征收方的胁迫、欺诈等不法行为，甚至导致压服的结果出现，违背了双方合意这一根本宗旨。凡此种种，非但不能达成预期的救济效果，反而会使救济偏离正常的轨道，驰出法律所能容许的范围之外，造成不必要的额外损害。

其四，农村基层调解与其他救济途径之间尚不能做到有效衔接，难以保证解决效果。各救济途径之间的有效衔接显然可以最大程度节约救济资源，提高救济效率。然而，在整个土地征收过程中，由于缺少法律的明确规定，当被征收人以征收不具有公益性、补偿标准欠缺合理性等为由诉诸法院时，民事审判庭往往不予受理，司法救济在上述层面尚不可得，征收仲裁亦于法无据，专门性救济机制缺位，以致在农村基层调解无效的情况下，权利受到侵害的被征地农民并不能顺利得到司法、行政等其他类型的有效救济，无法从常规的制度资源中实现利益的满足。得不到法律救济的农民有些试图通过上访来维权，却大多在反复的上访之后无果而终，其救济成本大幅增加，却很难得到适当的救济。有些维权无望的农民在绝望之下便铤而走险，诉之于非常规的、极端的手段来“讨回公道”，进行所谓的“自救”，导致诸多触目惊心的后果，令社会矛盾更加激化，最终成为影响社会和谐、危及社会稳定的不安全因素。

四 破解救济困局、实现农村基层调解组织救济功能的可能路径

其一，注重农村基层调解组织的预防功能。应从主观上强化调解员的事前救济意识，通过提高其补贴水平等方式，激发其调解积极性，使其将预防矛盾纠纷作为维护社会稳定的头等大事来抓，主动深入田间地头，及时发现可能导致矛盾纠纷的潜在因素，提前做好思想工作，采取有效措施予以防控，防止矛盾纠纷的产生①。同时，可考虑在专职的调解员中设立专门的心理疏导小组，扩大其工作覆盖面，由其发挥本乡本土、天时地利之优势，在征收尚未启动、矛盾冲突尚未发生之前介入，有针对性地进行沟通和疏导，做到早发现、早预防、早处理，努力将矛盾消灭于萌芽状态，防患于未然，从源头上维护农村的稳定，尽量避免冲突的发生，从而降低救济成本，并更为有效地实现对当事方的权利救济。当他们在土地征收过程中受到不公正的对待并因此与他们向来敬畏的“官方”发生纠纷时，没有多少人会希望把事情“闹大”，他们甚至也不敢奢望能够获得完全公正的对待，只要差不多就满足了。这个时候基层调解组织的工作就显得特别重要。如果调解员能够及时与他们进行沟通，听取他们的抱怨，了解他们的要求和底线，尔后与征收方进行必要的沟通，尽可能说服征收方理性地考虑农民的合理要求，力争以到位的工作，使双方在相互体谅的基础上达成一致意见，使农民在最短的时间内得到适当的救济，避免矛盾扩大。如果这一步能够得到基层调解组织的认真对待，即使调解最终并没有达到预期效果，基层调解组织的及时介入与适当调解也会使被征收方感受到自己的权益

① 参见李长健、卞晓伟等《我国农村纠纷解决中的人民调解制度研究》，《河北科技大学学报》（社会科学版）2010 年第 1 期。

还是被关注、被重视的，至少可以起到安抚被征地农民的愤懑、缓解其对立情绪的作用，农民心中的怨气会在一定程度上得到舒解，从而避免事情朝着极端的方向发展并导致恶劣后果的出现。

其二，强化农村基层调解组织现有的解纷功能。有学者认为，在基层调解组织并不被信任的情况下，基层调解或民间调解作为土地征收纠纷的解决方式似乎并无优势，在很多时候甚至并不适宜①。本文则认为，这一观点其实低估了基层调解应当可以起到的作用，若对基层调解机构加以适当调整，就可以消除这种顾虑，使调解工作得以正常进行，从而使矛盾在最早的阶段就能得到缓和甚至解决，基层调解就仍然能够在征收纠纷解决中发挥不可替代的作用。首先可以考虑优化人员结构，加强调解员队伍建设，增设群众调解员，由农民自行选举或推荐产生，使那些群众威信高、处事能力强、处事公允、调解经验丰富的普通村民有机会作为调解员参与对纠纷的调解，以保证调解的质量。其次，可以考虑对调解员实行调前培训和调后奖励，适当增加其活动经费并提高其报酬和误工补贴，以提高其工作积极性。同时，尽量减少多头管理、过度干预，给农民自我管理、自我调适的机会和空间，发挥其主动性，从心理上增加其对解决方案的认同感，从而促进和解的达成，降低救济成本。再者，完善调解组织结构，发挥乡镇一级调解组织的部门管理与纠纷解决双重职能，提高调解的成功率，上级政府部门并应建立适当的疏导通道，在调解遭遇障碍时及时引导和疏通，避免事态扩大。

其三，完善相关法律规定，拓宽农村基层调解组织的救济空间，并达成基层调解与其他救济途径的有效衔接。首先可以考虑建立相应的违法征收阻却制度，使农村基层调解组织在土地征收过程中也可以发挥作用。在社会公众广为认同，且基层救济能够有效发挥作用的情况下，政府应提供足够的空间，由基层调解组织对争议双方依据法理、情理进行调解，让当事人多一些谋求共识的机会，将纠纷化解于尽可能早的时段，避免损失的进一步扩大甚或造成不可挽回的损失。与此同时，将农村基层调解与行政救济、司法救济有机衔接起来，促进基层调解这类民间性救济与行政性救济、司法性救济之间形成协调互动的关系，先由农村基层调解组织进行调解，尽可能将矛盾消灭在初始阶段，在基层调解无效的情况下，再转而利用其他救济方式，引导争议双方更为经济有效地解决矛盾纠纷。可以考虑以作为司法管理机构的基层司法所为核心，将其与基层法庭统合为具有准司法性质的基层司法调解中心，令其承担行政性调解、协调与信访事件的处理，还可承担部分法律援助与救助的职能，与基层调解组

① 参见邓晓静《农村土地征收补偿纠纷及其救济机制》，《山东警察学院学报》2008 年第 5 期。

织相互协作、相互衔接，为农民提供必要的救济。对一些复杂的涉法涉诉纠纷，可以考虑与当地法院联合进行调处，既节省当事人的诉讼成本，又在一定程度上减轻法院的压力。在当事人不接受调解结果的情况下，由司法机构行使最终的处理权，使当事人在其他方式无法提供适当救济的情况下还拥有最后的权利保障。但即使最终不得不走司法程序，只要仍旧存在调解的可能性，就应向当事人晓以利害，告知其诉讼风险，讲明调解解决的特点与优势，在征得其同意后进行必要的调解，促使双方本着互谅互让的原则达成一致。

反思“调解优先”
——以调解案件执行难为视角

季凤建[①]

《中华人民共和国民事诉讼法》第93条规定，“人民法院审理民事案件，根据当事人自愿的原则，在事实清楚的基础上，分清是非，进行调解”。根据这一规定，最高人民法院于2008年确立了“调解优先，调判结合”工作原则。[②] 2010年6月7日，最高人民法院正式发布《关于进一步贯彻“调解优先、调判结合”工作原则的若干意见》，首次确认“在处理案件过程中，首先要考虑用调解方式处理；要做到调解与裁判两手都要抓，两手都要硬；不论是调解还是裁判，都必须立足于有效化解矛盾纠纷、促进社会和谐，定分止争，实现法律效果与社会效果的有机统一”。解释性意见，将调解提升到优先适用的地位。2011年4月22日，中央社会治安综合治理委员会、最高人民法院、最高人民检察院、国务院法制办、公安部、司法部等十六部门又联合印发了《关于深入推进矛盾纠纷大调解工作的指导意见》，再次明确“坚持调解优先，依法调解，充分发挥人民调解、行政调解、司法调解的作用”。这一文件，将法院的“调解优先”纳入多部门“大调解”的工作机制中。法律及相关文件对调解在处理纠纷中的重要地位作了充分肯定，并最终确立了民事案件的“调解优先”。在“调解优先”指导下，各地法院纷纷加大调解力度，理由在于：“成功的调解，既能满足当事人解决纠纷的要求，又能满足当事人追求公正的要求；成功的调解既可以减轻当事人的诉累，解决当事人诉讼难的问题，

---

① 中国社会科学院法学研究所与最高人民法院中国应用法学研究所联合培养博士后，北京市延庆县人民法院法官。

② 孙佑海、吴兆祥、黄建中：《〈关于进一步贯彻“调解优先、调判结合”工作原则的若干意见〉的理解与适用》，载《人民法司法》2010年第15期，第16页。

又可以节省大量司法资源。”① 另据全国法院司法统计公报显示，一审民事案件调解结案数自2009年起连续多年多于判决结案数，而2013年调解结案数超过判决结案数达53万（详见图1）。

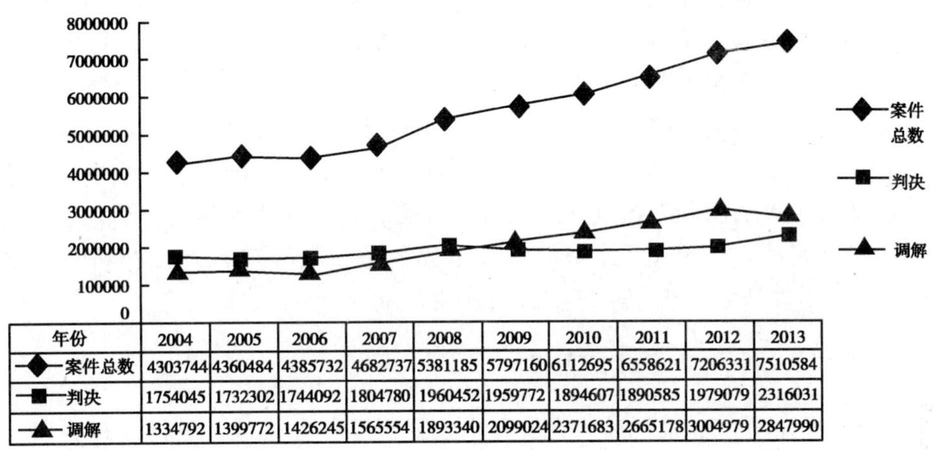

年份	2004	2005	2006	2007	2008	2009	2010	2011	2012	2013
案件总数	4303744	4360484	4385732	4682737	5381185	5797160	6112695	6558621	7206331	7510584
判决	1754045	1732302	1744092	1804780	1960452	1959772	1894607	1890585	1979079	2316031
调解	1334792	1399772	1426245	1565554	1893340	2099024	2371683	2665178	3004979	2847990

图1　全国法院一审民事案件总数、调解数、判决数（2004—2013年）

数据来源：《最高人民法院公报》（2005—2009年第3期，2010—2014年第4期，最高人民法院办公厅）、《中国法律年鉴》（2005—2013年第11部分统计资料，中国法律年鉴社）。

一　“调解优先”的理论争议与实践困境

（一）“调解优先”的理论争议

“调解优先”确立后，理论界就不断有讨论和争议。有人认为，“大调解”工作体系已成为我国有效化解各类社会矛盾的重要手段之一；在全国范围推行“大调解”工作体系，是基于对其本质属性、内生动力以及发展诉求的科学认知的结果；作为我国独有的司法制度，“大调解”工作体系的构建应注重经验与理性的互动，应与司法能动紧密结合起来。② 但也有人认为，强调“调解优先”将使审判权的运行偏离宪法的规定，从而破坏国家权力的分工，这不利

① 王胜俊：《全面加强法院调解工作 推动法律工作科学发展——在全国法院调解工作经验交流会上的讲话（2009年7月28日）》，载最高人民法院办公厅编《社会主义司法理念教育参阅材料——王胜俊院长讲话选编》，2011年8月，第212—213页。

② 黄萍：《“大调解”工作体系的法理解读》，载《法学杂志》2010年第12期。

于我国的法治建设。[①] 更多的人则对“调解优先”及“大调解”进行了反思：有人认为，应理性看待“调解优先、调判结合”，要警惕“调解=案结事了”、“判决=案结事不了”的简单思维方式，层层加码的调解指标，以及法官群体中的调解偏好和过度调解的现象，加剧了法院调解所固有的形式化，导致损害案外人利益的虚假民事诉讼大行其道。[②] 还有人认为，应注意从边际成本收益的视角全面理解和把握审判和调解在不同地区和不同层级法院的社会效用，充分发挥不同法官不同的判决或调解才能，重视判决相对于调解的制度收益，应避免意识形态化地强调判决或调解的优先性和单一评价标准；应采取多种措施改变相关行为人的激励，促进纠纷的有效解决，但必须注意避免能动司法可能引发的不利司法实践和后果。[③] 但是理论界的争议仅限于从理论分析角度对“调解优先”进行的分析，缺乏实践的证明。

（二）“调解优先”的实践困境

“调解优先”广泛推行后，在实践中也遇到了一些挑战。具体表现为以下两个方面：

一方面，“调解优先”推行，未能减轻执行工作压力。从十年来统计数字看，全国法院一审民事结案数、判决结案数、调解结案数、民事执行收案数均呈现逐年上升趋势（详见图1）；但民事执行收案数与案件总数、判决与调解总数趋势基本一致（详见图2）；而从执行数与调解加判决总数比率[④]看，多年来又保持了较为稳定的趋势（详见图3）。也就是说，自“调解优先”推行以来，并未出现因调解结案数上升而执行收案数大量下降的趋势，执行工作压力依旧。

另一方面，调解结案案件存在执行难问题。具体表现为：调解案件的当事人大多未自动履行[⑤]；绝大多数当事人对调解书申请强制执行；调解结案案件与判决结案案件一样，有相当一部分难以实际执结。以对某法院2009年至2013年间以调解方式结案的12198件案件执行情况为例，仅428件为调解后

---

① 范电勤：《“调解优先、调判结合”的宪法审视》，载《法学》2012年第8期。

② 肖建国：《理性看待理性看待“调解优先、调判结合”》，载《郑州大学学报》（哲学社会科学版）2011年第6期。

③ 苏力：《关于能动司法与大调解》，载《中国法学》2010年第1期。

④ 执行案件收案数与（一审民事判决结案数+调解结案数）之比。

⑤ 司法实践中，当事人自动履行的，表现为民事审判庭主动立案并以自动履行形式结案的执行案件，简称自执案件。

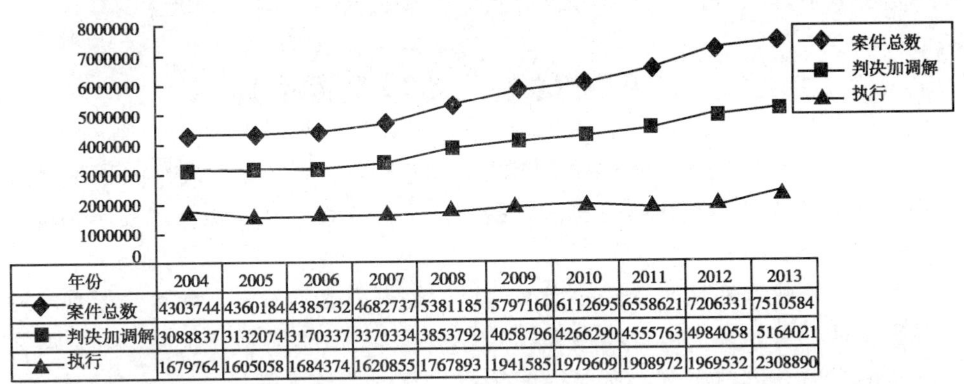

年份	2004	2005	2006	2007	2008	2009	2010	2011	2012	2013
案件总数	4303744	4360184	4385732	4682737	5381185	5797160	6112695	6558621	7206331	7510584
判决加调解	3088837	3132074	3170337	3370334	3853792	4058796	4266290	4555763	4984058	5164021
执行	1679764	1605058	1684374	1620855	1767893	1941585	1979609	1908972	1969532	2308890

图 2 全国法院一审民事案件总数、判决加调解数、执行数（2004—2013 年）

数据来源：同图 1。

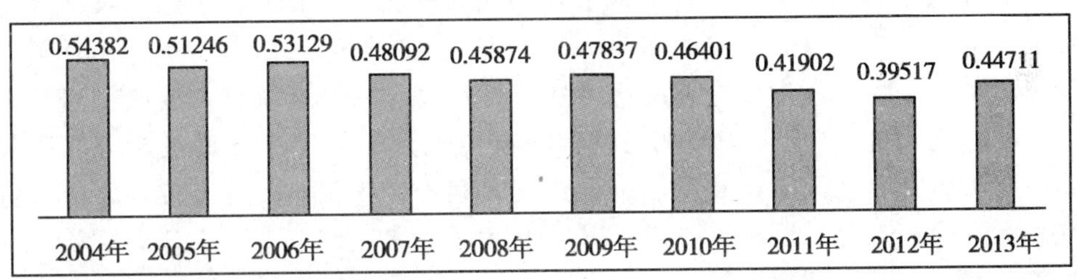

图 3 全国法院民事执行案件数量与一审调解加审判结案总数比率（2004—2013 年）

数据来源：同图 1。

自动履行执结的（3.5%）；在 10367 件申请强制执行的案件中[①]，自动履行执结的仅 3612 件（29.61%），强制执行执结的 936 件（7.68%），本次执行程序终结的 2751 件（22.55%），其他执行完毕执结的 1281 件（10.5%），和解并执行完毕执结的 545 件（4.47%），因申请执行人撤回执行申请而执结的 598 件（4.9%），其他情形 637 件。这一统计数字表明，当事人对调解结案案件的自动履行率不及 30%，而该院判决结案案件的自动履行率为 27.86%，两者相比没有明显区别；但是，调解书本次执行程序终结比率（22.55%），高于判决结案案件的本次执行程序终结比率（21.46%）。该法院统计数字表明，调解结案案件与判决结案案件比在执行时并没有明显优势。

“调解优先”推行未减轻执行工作压力，调解结案案件自动履行难、难以实际执结，客观上使“调解优先”预设的“有效化解矛盾纠纷、促进社会和

① 另有 1403 件没有申请执行。

谐，定分止争，实现法律效果与社会效果的有机统一”的目的落空。

二 “调解优先”难以贯彻的原因

之所以“调解优先”在实践中难于贯彻，根本原因在于执行过程中暴露了调解结案案件存在的种种问题，导致难以执行或难以实际执结。具体表现在以下几个方面。

其一，有些调解结案案件的当事人对调解书内容不了解，导致执行难。通过调研发现，有相当一部分当事人虽然按法定程序在调解协议上签了字，但往往对调解书的具体内容（尤其是能够实际执行的调解内容）并不能真正理解，如有的当事人就对调解书确认的履行给付义务的时间及方式存在误解。以申请执行人张某某与被执行人闫某某离婚纠纷一案为例，该案调解书确认：“被告闫某某自二〇一三年十一月起每月给付张某某抚养费三百元，至张某某十八周岁止，每年履行一次。二〇一四年一月十五日之前履行二〇一三年十一月至二〇一四年十二月共计十四个月的抚养费，此后每年一月十五日之前履行当年十二个月的抚养费。”但由于调解后法官没有向被执行人闫某某详细解释，闫某某拿到调解书后又没有认真阅读，导致闫某某误以为每年一月十五日之前履行前一年度的抚养费，后经工作，闫某某方才同意按照调解书的内容提前给付抚养费。

其二，有些调解书内容有瑕疵，导致不能得以实际履行，导致执行难。以申请执行人张某某与被执行人李某某抚养费执行一案为例，该案调解书确认：“被告李某某自二〇一三年十月起每月给付原告张某某赡养费二百元，于每月五日前履行。”法院作出该调解书的时间为2013年10月24日，而张某某于2013年10月25日即申请强制执行2013年10月份的赡养费。该案中，由于调解书确认的2013年10月赡养费的给付时间为2013年10月5日前，导致作出该调解书之日（2013年10月24日）被执行人李某某就已经未按调解书的内容给付赡养费19天了。正由于调解书内容出现严重瑕疵，被执行人李某某对法院执行行为有强烈抵触情绪，且坚决不同意交纳执行费。后经工作，申请执行人撤回执行申请并负担了执行费。

其三，有些调解书内容不合法，双方在执行过程中又无法达成和解协议，导致无法执行。根据《中华人民共和国民事诉讼法》第96条规定，调解达成协议，必须双方自愿，不得强迫。调解协议的内容不得违反法律规定。有时，在进行调解时过于强调双方当事人自愿并根据双方的意思作出调解书，而忽视了调解书的内容不得违反法律的规定。如申请执行人刘某某与被执行人张某探望权纠纷一案，调解时刘某某表示张某可随时探望和接走双方之子张某某，法官未经审查，即作出调解书确认：“被告张某享有随时探望和接走双方之子张某某的权利，原告刘某某予以协助。”调解书发生法律效力后，刘某某因张某迟延支付抚养费拒绝了张某的探望，张某申请强制执行。由于调解书确认的张某行使探视权的方式不符合《中华人民共和国婚姻法》第 38 条第 2 款关于“行使探望权利的方式、时间由当事人协议；协议不成时，由人民法院判决”的法律规定，双方在执行过程中又达不成探视协议，故只能依法驳回张某的执行申请，并告知其另行起诉确定探视权。实践中，如果调解书内容不合法，只能由执行法官进行调解，若达不成调解协议，当事人又无法自行和解，调解书无法实际执行，只能请当事人另诉或申请再审，这大大浪费了当事人的诉讼时间，实质上侵犯了当事人的合法权利。

其四，有些案件调解程序违法，调解书被撤销或改判，导致无法执行。一般情况下，调解双方对调解协议的内容不会产生异议。故有时在审理过程中，法官会放松程序性审查，从而导致调解书因程序违法被撤销，进而中止调解书的执行。比如侯某某与贺某某、邵某某、杨某某民间借贷纠纷一案，双方于 2012 年 9 月 6 日达成调解协议，法院当日作出民事调解书。调解书发生法律效力后，侯某某申请强制执行，执行过程中发现邵某某的授权委托书系贺某某填写，邵某某未参加诉讼，后经确认此案调解程序违法，只能中止执行，经再审于 2013 年 10 月 15 日撤销调解书。由于调解程序违法，调解书被撤销或改判，导致难以执行的案件数量也占不调解书少比率。

其五，对调解与判决关系的把握出现偏差，过于重视调解，为调解的执行设置了前提性障碍，导致无法执行。有人认为，强调调解优先，那就是要做到能调解的就调解，不能调解的最好也调解结案，总之，能调解就不判决。这种观念，实际上是对“调解优先”的误解。如申请执行人李某某与被执行人房某某抚养费纠纷一案，调解书确认：“在原告李某某将户口迁出被告房某某地址后十日内，被告房某某一次性给付原告李某某抚养费人民币五万元。”由于户籍迁移涉及户口管理的问题，而该问题的解决又存在现实的障碍，导致李某某申请执行后无法实际执行。若该案以判决形式结案，确定被告房某某一次性给付李某某抚养费人民币五万元，则不会出现无法执行的问题。

其六，过于强调审判、执行分离，导致无法实际执结。有人认为，执行权运行改革首先要区分审判权和执行权，确定执行权的权力范围，明确与执行有关的各类事项中，哪些应当通过审判程序解决，哪些应当通过执行程序解决。原则上，实体问题应当通过审判程序处理，而程序问题应通过执行程序处理。[①] 在这一思想的指导下，在推进执行权改革过程中，却出现了新的问题，即审判和执行工作割裂，导致审判归审判、执行归执行，审判不顾执行。[②] 这一做法，实际上割裂了执行与审判逻辑上的连续性与等同性。[③] 过于强调审判、执行分离，审判庭过于重视调解工作及提高调解率，而不关注调解书能否得以履行，导致很多当事人利用调解转移财产或逃避执行。而从对审判庭的考核上，又几乎不重视考察调解书的自动履行率，导致大量调解书无法得以实际执结。

三　完善“调解优先”

为了完善“调解优先”，解决调解案件执行难问题，有必要采取以下几个方面的对策。

其一，确立并推行即调即执工作原则。根据《中华人民共和国民事诉讼法》第98条规定：“下列案件调解达成协议，人民法院可以不制作调解书：（一）调解和好的离婚案件；（二）调解维持收养关系的案件；（三）能够即时履行的案件；（四）其他不需要制作调解书的案件。对不需要制作调解书的协议，应当记入笔录，由双方当事人、审判人员、书记员签名或者盖章后，即具有法律效力。”对于当事人可能即时履行的案件，比如一次给付就能解决全部纠纷的侵犯人身权利、财产权利案件，促使当事人在达成调解协议后即时履行，不制作调解书，在当事人即时履行后再结案。这种做法，虽然延长了审判时间，但可以真正实现定分止争并使案件得以实际履行，避免调解书作出后当事人反悔不履行、后申请强制执行、浪费司法资源的不良现象。为此，应当将即调即执确立为新的工作原则，暨将“调解优先、调判结合”原则提升为“调解优先、调判结合、即调即执”。

其二，确立当调则调、当判则判原则。自从“调解优先”推行以来，各地法院均较为重视调解案件，调解率高是不争的事实，但是由于过分重视调解，导致有些法官不轻易判决，有的法官甚至不顾当事人的诉累，反复重复调解，迫使当事人只能接受调解，这种做法实质上构成了对当事人合法权益的侵

① 童兆洪：《我国执行体制和机制的创新与完善》，载齐奇主编《执行体制和机制的创新与完善》，人民法院出版社2008年10月版，第20页。

② 江苏省南京市中级人民法院课题组：《法院立案、审判、执行工作相协调的调查与研究》，载齐奇主编：《执行体制和机制的创新与完善》，人民法院出版社2008年版，第162页。

③ 最高人民法院执行局：《法院执行理论与实务讲座》，国家行政学院出版社2010年版，第70页。

犯，也违反了《中华人民共和国民事诉讼法》第99条关于“调解未达成协议或者调解书送达前一方反悔的，人民法院应当及时判决”的规定。为此，必须确立当调则调、当判则判原则，及时依法判决，从而避免因调解导致的对当事人合法权益的侵犯。

其三，建立立案、审判和执行的衔接机制。一般来说，从调解书的送达至当事人申请强制执行，都有一个时间差，在这个时间差内，有些恶意被执行人会转移财产、逃避履行给付的法律责任，故审判阶段查清义务人身份及财产状况非常重要，这能够方便执行阶段查找被执行人和可供执行财产，为案件的实际执行打下良好基础。而这就需要立案、审判与执行之间建立良好的沟通、衔接机制：对标的巨大的案件，在立案、审判阶段提醒当事人做好诉前、诉中及诉后保全，以避免因诉讼期间导致的损失；对立案、审判阶段了解的被执行人的身份、财产等信息，及时通知执行机构，以确保实际执行。只有立、审、执紧密衔接密切配合，才能实现调解书的自动履行，才能避免把“案结事不了”的矛盾推给执行法官。①

其四，加大对调解书的监督力度。2011年3月10日，最高人民法院和最高人民检察院发布了《关于对民事审判活动与行政诉讼实行法律监督的若干意见（试行)》，该《意见》第三条规定：“人民检察院对于已经发生法律效力的判决、裁定、调解，有下列情形之一的，可以向当事人或者案外人调查核实：(一）可能损害国家利益、社会公共利益的；（二）民事诉讼的当事人或者行政诉讼的原告、第三人在原审中因客观原因不能自行收集证据，书面申请人民法院调查收集，人民法院应当调查收集而未调查收集的；（三）民事审判、行政诉讼活动违反法定程序，可能影响案件正确判决、裁定的。”但某法院连续多年没有一件检察机关对调解书的当事人及案外人进行调查核实的实例。从全国的状况看，2013年全国法院审结一审民事案件751.1万件（详见图1)，但检察机关依法对生效裁判、调解书提出抗诉或再审检察建议的才15538件，对审判中的违法情形提出检察建议的才18398件，对民事执行活动中的违法情形提出检察建议的才41069件。② 这说明，检察机关对民事案件监督的比率还不及百分之一，相比实践中，调解书因程序或内容违法而在执行阶段不能执行的比率，还有很大的差距。因此，亟待加强检察机关对调解书的监

① 肖宏：《关于立案、审判、执行的协调与配合》，载齐奇主编：《执行体制和机制的创新与完善》，人民法院出版社2008年版，第66页。

② 曹建明：《最高人民检察院工作报告——2014年3月10日在第十二届全国人民代表大会第二次会议上》，最高人民检察院网站，http://www.spp.gov.cn/tt/201403/t20140318_69216.shtml，访问时间：2014年7月28日。

督力度。

其五，重新确立调解考核体系。审判质量效率考核体系会对审判人员选择结案方式起到很大的引导作用，如果过分追求调解结案率这一单一标准，调解案件的执行问题由于与审判人员业绩关系不大而不容易引起重视。[①] 因此，应当重新确定对案件调解的考核体系，将调解协议的即时履行率、调解书的自动履行率、调解书的申请执行率以及因调解书不能强制执行而驳回执行申请率等纳入对案件调解的考核体系中，从而真正贯彻“即调即执、当调则调、当判则判”原则。

四 结语

“全面推进依法治国是党的十八大的重要战略部署，它标志着中华民族依法治国伟大事业进入了新的历史时期。”[②] 从最高人民法院“调解优先”工作原则确立以及十六部门力推“大调解”工作机制到现在，才几年的时间，当前的实践却暴露了调解案件执行难这一问题，这或许又是一种“实践反对理论”[③] 的现象。而这种状况的存在，可能超出了推行“调解优先”工作原则和“大调解”工作机制的预想，顶层政策设计遇到了司法实践的反对。这也充分说明，在推进依法治国、进行司法体制改革过程中，在做好顶层设计的同时，也必须及时听取基层实践的反馈。否则，顶层设计出发点虽好，也不会带来良好的实践效果，甚至导致司法实践中对当事人权利的实质性侵犯，这就有违建设法治中国与全面推进依法治国的初衷。

---

① 夏志宏：《浅议调解案件执行难的原因及对策》，中国法院网，http：//www.chinacourt.org/article/detail/2010/05/id/410212.shtml，访问时间：2014 年 7 月 28 日。

② 最高人民法院中国特色社会主义法治理论研究中心编：《法治中国——学习习近平总书记关于法治的重要论述》，人民法院出版社 2014 年版，第 1 页。

③ 刘国庆：《实践反对理论——对〈比较刑事诉讼法〉中部分观点的置疑》，载《西部法学评论》2011 年第 1 期。

中国与东盟“反恐”警务合作规范与模式

张品泽①

摘　要　恐怖活动犯罪对中国与东盟构成共同威胁的现实，迫使双方积极寻求警务合作。中国与东盟“反恐”警务合作规范（文本）较为丰富，从近期宣言、声明、备忘录和协议，到早期联合国“反恐”公约、双边司法协助和引渡条约，构成双方“反恐”警务合作主要规范（文本）、重要规范和基础规范。以“反恐”主体、依据、目的和方式等要素为标准，中国与东盟“反恐”警务合作呈现不同模式，而各种模式下的利弊，急需双方权衡与改善。

关键词　中国与东盟　反恐　警务合作　规范　模式

一　引言

中国与东盟在饱受恐怖主义犯罪危害的同时，相互间也存在诸多“反恐”共同利益。有研究者指出：“第一，中国和东盟地理位置的特殊性决定了东南亚恐怖袭击不可能使中国独善其身，反之，中国发生的恐怖主义事件也会对东南亚国家产生一定影响。中国与东盟的缅甸、老挝和越南有边界接壤，与东盟的菲律宾、马来西亚、文莱和印度尼西亚隔海相望，中国和东盟国家双边人员来往频繁，又加之中国和东盟国家边界管理控制较弱，恐怖分子可能利用这些情况在中国与东盟之间流窜，危害双方的利益。”② “第二，中国人在东南亚分

---

① 中国社会科学院法学研究所博士后，中国人民公安大学法学院副教授。

② 例如，新疆“7·5”暴力事件后，大约22名维吾尔族人逃到柬埔寨，试图向联合国驻柬难民事务高级专员公署寻求政治庇护。2010年6月，公安部宣布破获一起重大的恐怖组织案件，该案件线索就来源于这一批被遣返回中国的维吾尔族人。参见王君祥《中国—东盟反恐合作策略探析——兼论“军事反恐”与“刑事反恐”的差异》，《东南亚研究》2011年第3期。

布广泛，往往成为当地恐怖组织的袭击目标。”① “第三，东南亚的恐怖主义袭击将给中国—东盟国际大通道建设这一共同战略利益造成威胁。”②

2014 年，云南昆明“3.1 恐怖事件”表明：“三股势力正在通过西南边境向东南亚地区渗透，这是一个令人不安的新趋势。”③ 而“恐怖活动日趋分散的网络化与个体化，为各国‘反恐’带来了新的挑战，相互间的合作势在必行。单一国家以单独工作的形式来打击恐怖主义（尤其是跨国恐怖主义），是难想象的，也是难以实现的。”④

在应对恐怖活动犯罪过程中，迫切需要不同国家警察（人员）机构开展合作，实施联合预防和打击。这种以预防和打击犯罪为目的，由不同主权国家警察机构，根据彼此间签订或加入的国际规范（文本），所开展的信息或技术交流、联合侦查或演习、物资援助、设立合作机构等活动，理论上称为国际警务（警察）合作，又简称为警务（警察）合作。⑤ 2002 年《中国与东盟关于

---

① 2001 年 6 月 20 日，中国电力技术进出口公司承建的菲律宾—灌溉工程项目的工作人员张忠强被“五角大楼”绑架恐怖组织武装分子劫持。2004 年 8 月 15 日，两名中国商人在泰国南部街头销售床上用品时遭到当地暴徒枪击。2010 年 8 月发生的菲律宾人质事件，导致中国香港 8 名公民遇害。参见王君祥《中国—东盟反恐合作策略探析——兼论“军事反恐”与“刑事反恐”的差异》，《东南亚研究》2011 年第 3 期；刘稚《云南国际大通道建设与中国国家安全》，《学术探索》2003 年第 9 期。

② 国际大通道是指经中国云南连接中国大陆与东南亚、南亚及其以远地区，以通信为先导、公路为基础、铁路为骨干、航空为辅助、水运为补充、集多种运输方式和信息网络于一体的综合传导体系。与中国接壤的东南亚金三角地区贩毒严重，而恐怖主义资金非常重要的来源就是毒品犯罪，恐怖主义犯罪和毒品犯罪的勾结定会恶化大通道建设的周边环境，不利于大通道建设的预期目标。参见王君祥《中国—东盟反恐合作策略探析——兼论“军事反恐”与“刑事反恐”的差异》，《东南亚研究》2011 年第 3 期；张金平、李宝林《东南亚恐怖主义的国际性及对云南国际大通道建设的影响》，《云南行政学院学报》2005 年第 4 期。

③ 张立伟：《中美两国应该在反恐领域进行更深的合作，并主动与东盟建立战略互信，推动包括安全在内的全面合作》，《21 世纪经济报道》第 6 版，2014 年 3 月 14 日。

④ 王江：《跨国反恐：国际合作优于单个行动》，《中国社会科学报》第 B02 版，2013 年 9 月 11 日。

⑤ 有关国际警务合作定义，国内外均有不同看法。如弗雷德里克·雷米尔（Frederic Lemieux）曾这样界定警务合作：“通常来讲，警务合作涉及两个或更多的警察实体（包括私人和公共的机构）为了分享罪犯情报、执行调研和逮捕嫌疑犯而展开的有意识或无意识的互动，国际警务合作是一种能够跨越国家和地缘政治边界分享罪犯情报的动态机制。” See Frederic Lemieux, *International Police Cooperation: Emerging issues, theory and practice*, (UK) Devon: Willan Publishing, 2010. 在我国，有人认为：“国际警务合作，是指不同国家的警察机关之间，根据本国法律或者参加的国际公约，在惩治国际性犯罪、维护国际社会秩序领域互相提供援助、协助配合的一种执法行为。它是一种跨越国界的警察事务交流，也有人称之为国际警察合作，从一定意义上说，也是一种警察外交。”参见向党《国际警务合作概论》，中国人民公安大学出版社 2005 年版，第 1 页。还有人认为，“将国际警务合作定义为一种为了警察相关公务需要而进行的‘互动行为’更为合理，这种互动包括信息交流、联合执法，警务人才的跨国培训等等。”参见张青磊《中国与东盟警务合作的障碍及解决路径分析》，《北京警察学院学报》2013 年第 3 期。

非传统安全领域合作联合宣言》以来，“反恐”即成为双方警务合作的重点之一。当前，有关中国与东盟“反恐”警务合作研究领域，多数集中于东盟（东南亚）各国恐怖主义现状、原因、趋势及措施等内容，少数研究者在论及中国与东盟间非传统安全领域合作时，稍涉及反恐合作。个别研究者论述中国与东盟间“反恐”合作时，也非专门研究“反恐”警务合作。① 因而，探索中国与东盟间“反恐”警务合作机制的规范（文本）依据和模式，具有一定的理论与现实意义。

二 中国与东盟“反恐”警务合作主要规范（文本）

（一）“反恐”警务合作规范（文本）类型

自“9·11”事件之后，出于对上述事（现）实基础的认同，中国与东盟之间分别以宣言、联合声明、备忘录以及协议等多种形式确立有关“反恐”警务合作的规范（文本）关系（详见表1）。值得注意的是，此前，中国与东盟各国已在双边间签订了一些司法协助或引渡条约（详见表2），且分别加入或签署了有关联合国“反恐”公约（详见表3），因此，中国与东盟间“反恐”警务合作，已经具有一定的规范（文本）依据。为了充分发挥不同类型规范（文本）的作用，有必要加以分析，区别对待。

表1 中国与东盟宣言、声明、备忘录、协议②

规范时间	规范名称	规范主题	规范形式	规范作用
2002年11月	《中国与东盟关于非传统安全领域合作的宣言》	非传统安全	宣言	正式启动了在反恐领域的全面合作

① 以中国、东盟、“反恐”、警务合作等关键词，检索中国知网后发现：2002年至今有关40篇学术（毕业）论文中，多数集中于东盟（东南亚）各国恐怖主义现状、原因、趋势及措施等内容，少数研究者在论及中国与东盟间非传统安全领域合作时，稍涉及反恐合作。目前，专门论述了中国与东盟间反恐合作的研究成果，仅有1篇发表论文和1篇硕士毕业论文，且均是从多角度论述反恐合作，而非专门研究反恐警务合作。

② 方军祥：《中国与东盟：非传统安全领域合作的现状与意义》，《南洋问题研究》2005年第4期；聂会翔：《中国与东盟警务合作现状与前景》，《东南亚纵横》2007年第5期；王君祥：《中国—东盟反恐合作策略探析——兼论“军事反恐”与“刑事反恐”的差异》，《东南亚研究》2011年第3期；孙康、朱耀顺：《论中国与东盟非传统安全合作的现状、问题及对策》，《现代商贸工业》2012年第3期；郭坤泽、孔大为：《东盟与中国、东盟与中日韩打击跨国犯罪部长级会议召开》，《中国警察网》、《人民公安报》2013年9月19日，http：//www.cpd.com.cn/epaper/rmgab/2013－09－19/01b－2.html。

续表

规范时间	规范名称	规范主题	规范形式	规范作用
2004 年 1 月	中国与东盟《非传统安全领域合作备忘录》	非传统安全	备忘录	再次将反恐合作确定为双方的合作重点之一
2004 年 7 月	《中国与东盟成员国总检察长会议联合声明》	打击跨国犯罪	联合声明	检察和公安在调查取证、缉捕和引渡罪犯、涉案款物追缴返还等领域提供最大限度的司法协助
2005 年 8 月	东盟与中、日、韩 3 国《关于加强东盟与中日韩首都警察局合作的北京宣言》	地区反恐警务合作	宣言	在地区反恐合作等问题上达成了九点共识，是中国与东盟间“反恐”警务合作专门性规范
2009 年 11 月	中国与东盟“10 + 1”打击跨国犯罪部长级会议重新修订《非传统安全领域合作备忘录》	打击跨国犯罪、非传统安全	备忘录	将防范和打击恐怖主义犯罪列为双方非传统安全问题合作的第一位，开展最充分的法律合作。
2011 年 11 月	《纪念中国与东盟领导人峰会联合声明》	跨国犯罪	联合声明	再次重申了要加强在联合反恐、打击跨国领域犯罪等领域的合作
2012 年 8 月	《中国政府和马来西亚政府关于打击跨国犯罪的合作协议》	跨国犯罪	协议	建立双边间打击跨国犯罪关系
2013 年 9 月	《第三届东盟与中国打击跨国犯罪部长级会议暨纪念东盟与中国建立部长级执法合作关系 10 周年的联合声明》	跨国犯罪	联合声明	进一步强调打击跨国犯罪执法合作

表 2　　中国与东盟成员国双边引渡和司法协助条约①

签署时间	条约国家	条约名称	条约内容
1993 年 8 月 26 日	泰国	《中华人民共和国和泰王国引渡条约》	引渡
1999 年 2 月 9 日	柬埔寨	《中华人民共和国和柬埔寨王国引渡条约》	引渡
2001 年 10 月 30 日	菲律宾	《中华人民共和国和菲律宾共和国引渡条约》	引渡
2002 年 2 月 4 日	老挝	《中华人民共和国和老挝人民民主共和国引渡条约》	引渡
1998 年 10 月 19 日	越南	《中华人民共和国和越南社会主义共和国关于民事和刑事司法协助的条约》	民事和刑事司法协助
1999 年 1 月 25 日	老挝	《中华人民共和国和老挝人民民主共和国关于民事和刑事司法协助的条约》	民事和刑事司法协助

① 王君祥：《中国东盟打击跨国犯罪刑事合作机制探析》，《河北法学》2008 年第 12 期。

续表

签署时间	条约国家	条约名称	条约内容
2000 年 7 月 24 日	印度尼西亚	《中华人民共和国和印度尼西亚共和国关于刑事司法协助的条约》	刑事司法协助
2000 年 10 月 16 日	菲律宾	《中华人民共和国和菲律宾共和国关于刑事司法协助的条约》	刑事司法协助
2003 年 6 月 21 日	泰国	《中华人民共和国和泰王国关于刑事司法协助的条约》	刑事司法协助

表 3　　中国与东盟成员国共同参与的国际“反恐”公约①

颁布时间（序号）	公约名称	加入或签署国名	加入或签署时间	公约主题
1963 年（1）	《关于在航空器上实施的犯罪和某些其他行为的公约》	中国加入	1978 年 11 月 14 日	有关航空器恐怖活动
		越南、泰国、新加坡、文莱、缅甸、马来西亚、老挝、印度尼西亚、菲律宾、柬埔寨加入	不详	
1970 年（2）	《关于制止非法劫持航空器的公约》	中国加入	1980 年 9 月 10 日	有关航空器恐怖活动
		越南、泰国、新加坡、文莱、缅甸、马来西亚、老挝、印度尼西亚、菲律宾、柬埔寨加入	不详	
1971 年（3）	《关于制止危害民用航空安全的非法行为的公约》	中国加入	1980 年 9 月 10 日	有关航空器恐怖活动
		越南、泰国、新加坡、文莱、缅甸、马来西亚、老挝、印度尼西亚、菲律宾、柬埔寨加入	不详	
1973 年（4）	《关于防止和惩处侵害应受国际保护人员包括外交代表的罪行的公约》	中国加入	1987 年 8 月 5 日	有关外交代表恐怖活动
		菲律宾、文莱加入	不详	

① 限于资料，有关东盟各国加入或签署表中公约情况，截至 2001 年 7 月 3 日。参见联合国大会第五十六届会议暂定项目表项目 179《消除国际恐怖主义的措施》，2001 年 7 月 3 日。http://search. un. org/search? q = % E6% 96% 87% E8% 8E% B1% E3% 80% 8A% E5% 85% B3% E4% BA% 8E% E5% 9C% A8% E8% 88% AA% E7% A9% BA% E5% 99% A8% E4% B8% 8A% E5% AE% 9E% E6% 96% BD% E7% 9A% 84% E7% 8A% AF% E7% BD% AA% E5% 92% 8C% E6% 9F% 90% E4% BA% 9B% E5% 85% B6% E4% BB% 96% E8% A1% 8C% E4% B8% BA% E7% 9A% 84% E5% 85% AC% E7% BA% A6% E3% 80% 8B&output = xml_ no_ dtd&client = UN_ Website_ Chinese&num = 10&proxystylesheet = UN_ Website_ zh&oe = UTF - 8&ie = UTF - 8&Submit = % E6% 90% 9C% E7% B4% A2&inlang = zh - CN&ulang = zh - CN&sort = date% 3AD% 3AL% 3Ad1&entqrm = 0&ud = 1&exclude_ apps = 1&site = un_ org.

续表

颁布时间（序号）	公约名称	加入或签署国名	加入或签署时间	公约主题
1979 年（5）	《反对劫持人质国际公约》	中国加入	1992 年 12 月 28 日	有关劫持人质
		菲律宾、文莱加入	不详	
1980 年（6）	《核材料实物保护公约》	中国加入	1988 年 12 月 2 日	有关核材料恐怖活动
		印度尼西亚、菲律宾加入	不详	
1988 年（7）	《制止危害航海安全的非法行为公约》	中国加入	1991 年 8 月 20 日	有关航海恐怖活动
		菲律宾、文莱签署	不详	
1988 年（8）	《制止危害大陆架固定平台安全的非法行为议定书》	中国加入	1991 年 8 月 20 日	有关大陆架固定平台恐怖活动
		菲律宾、文莱签署	不详	
1988 年（9）	《制止在国际民用航空机场进行非法暴力行为的议定书》	中国加入	1998 年 11 月 4 日	有关国际民用航空机场恐怖活动
		新加坡、文莱、缅甸、泰国、柬埔寨、越南加入	不详	
		菲律宾、印度尼西亚、马来西亚签署	不详	
1997 年（10）	《制止恐怖主义爆炸国际公约》	中国加入	2001 年 11 月 13 日	有关恐怖主义爆炸
		菲律宾签署	不详	
2000 年（11）	《制止向恐怖主义提供资助国际公约》	中国加入	2006 年 2 月 28 日	有关向恐怖主义提供资助
		东盟各国不详	不详	

（二）“反恐”警务合作主要规范（文本）：宣言、声明、备忘录和协议

无论是分析规范（文本）围绕的主旨，还是考察其发布的时代背景，均可以发现，上述表一列举的系列“文本”，是当前中国与东盟“反恐”警务合作的主要依据。其中，2002 年 11 月，第六次中国与东盟（10 +1）领导人会议期间，双方发表的《中国与东盟关于非传统安全领域合作联合宣言》（以下称“非传统安全合作宣言”），意义非凡。一方面，以“非传统安全”为标签，启动了双方“反恐”合作机制，规划了双方合作特定领域合作机制，奠定了“反恐”警务合作的基础。另一方面，顾及双方在联合国宪章、多边和双边条

约等层面的规范（文本），[①] 以及东盟成员国间有关规范（文本）。[②] 2004 年 1 月，中国与东盟《非传统安全领域合作备忘录》（以下称“非传统安全合作备忘录”）的签订，进一步表明，中国与东盟“反恐”警务合作是以“非传统安全”为依托的“综合性警务合作”，尽管“反恐”被视为双方合作的重点之一，但并非第一位的。在“非传统安全合作宣言”第 2 条“合作重点和形式”，以及“非传统安全合作备忘录”第 1 条“目标”中，均一致明确要求双方将“打击毒品犯罪”作为双方警务合作的第一位，“反恐”则列为继“贩毒、偷运非法移民包括贩卖妇女儿童、海盗”之后的第四位。[③]

考虑到上述宣言、声明、备忘录、协议在国际法中约束性效力较低，无论对于“反恐”演练，还是出现恐怖活动犯罪后的实际行动，均难以提供有力的保障。因而，双方应以此为基础，进一步积极磋商，达成具有较高国际法效力的规范（文本），如，“反恐”多边公约或双边条约。

（三）“反恐”警务合作临时规范（文本）：《北京宣言》

值得注意的是，除了 2005 年 8 月，东盟与中、日、韩 3 国，共同发布的《关于加强东盟与中日韩首都警察局合作的北京宣言》（以下称“北京宣言”）之外，表一列举所有规范（文本）均未对双方“反恐”警务合作“定位”做

---

① 如，该“宣言”第 2 条“合作重点和形式”中第（二）项要求双方，“在深化其他的多边和双边合作基础上，1. 加强信息交流；2. 加强人员交流与培训，促进能力建设；3. 加强在非传统安全领域的务实合作；4. 加强对非传统安全问题的共同研究；5. 探讨其他合作领域和方式。”第 3 条“参与和组织”第（一）项要求：“中国与东盟将尽可能利用现有的机制，包括东盟打击跨国犯罪部长会议和高官会，开展合作，并根据联合宣言的宗旨和原则制定中长期合作规划，指导双方合作”。第 4 条要求：“为落实本联合宣言，可根据联合宣言的宗旨和原则，制定具体的合作协议。”

② 如，该“宣言”的“序言”部分特别载明：满意地注意到中国与东盟在非传统安全领域已经开展的合作和取得的成果，包括 2000 年的《东盟和中国禁毒行动计划》，2001 年中国、老挝、缅甸和泰国四国禁毒合作部长会议及其发表的《北京宣言》，以及中国与东盟国家通过双边渠道开展的各种合作；欢迎 1997 年东盟打击跨国犯罪部长级会议发表的声明、2001 年东盟领导人发表的反恐联合声明、2002 年东盟反恐特别部长会议联合公报和柬埔寨、印度尼西亚、马来西亚、菲律宾四国的《情报交流与建立联系程序协议》；确认在遵守《联合国宪章》、《东南亚友好合作条约》体现的和平共处五项原则和其他公认的国际法准则的基础上开展合作。

③ 参见《中国与东盟关于非传统安全领域合作联合宣言》第 2 条“合作重点和形式”第（一）项：“现阶段合作重点为打击贩毒、偷运非法移民包括贩卖妇女儿童、海盗、恐怖主义、武器走私、洗钱、国际经济犯罪和网络犯罪等。”；《非传统安全领域合作备忘录》第 1 条“目标”：“双方将根据参与国国内法律、法规，制定务实战略，提高参与国单独和共同处理贩毒、偷运非法移民包括贩卖妇女儿童、海盗、恐怖主义、武器走私、洗钱、国际经济犯罪和网络犯罪等非传统安全问题的能力。”

任何改变。稍有不同的是，“跨国犯罪”成为替代“非传统安全”的关键词。[①] 既表明了双方合作的领域更加明确，也显示双方间“反恐”警务合作需要按照共同打击跨国犯罪一样开展合作。

“北京宣言”的不同之处，首先表现为，合作主权国家突破了中国与东盟间“10+1”双方模式，加入了日本和韩国，呈现出“10+1+1+1”多国模式，且将具体执法合作主体限定为首都警察局。其次，“北京宣言”将“反恐”合作放于首位，且增加了对“洗钱”犯罪的合作打击，以及“大型国际体育盛会安保”、“突发性、群众事件处置”、“城市交通执法”、“首都的外国人安全管理”等方面合作。显然，是中国主导启动的“为2008年奥运会安保”“量身打造”的警务合作规范（文本）。[②] 就此而言，该规范尽管将“反恐”至于首要位置，但免不了成为中国与东盟间“反恐”警务合作的临时规范（文本）依据。该规范除了其自身约束力（法律效力）较低之外，还将诸多与“反恐”毫无关系的内容（如“大型国际体育盛会安保”、“突发性、群众事件处置”、“城市交通执法”、“首都的外国人安全管理”等）还写入其中，属于典型的“应景之作”。其临时性显而易见。

因而，我国应从《北京宣言》的实施效果中获取经验，进一步尝试以中国某些“恐怖活动犯罪”发生几率较大或已经发生的城市（如昆明）为主体，发展与东盟成员国对应城市间“点对点式的紧密型反恐合作关系”。[③]

三　中国与东盟“反恐”警务合作重要规范（文本）

（一）司法协助条约

从国际法角度看，双边条约不仅是主权国家间确立权利义务关系的主要形

① 该关键词变化，分别可以从2004年7月《中国与东盟成员国总检察长会议联合声明》、2009年11月中国与东盟“10+1”打击跨国犯罪部长级会议重新修订《非传统安全领域合作备忘录》、2011年11月《纪念中国与东盟领导人峰会联合声明》、2012年8月《中国政府和马来西亚政府关于打击跨国犯罪的合作协议》，以及2013年9月《第三届东盟与中国打击跨国犯罪部长级会议暨纪念东盟与中国建立部长级执法合作关系10周年的联合声明》等规范（文本）中，轻易发现。

② 黎晗：《东盟及中日韩合作13国首都警察局签署〈北京宣言〉》，“中新网”2005年08月18日14：22，http：//www.chinanews.com/news/2005/2005－08－18/26/613576.shtml/。

③ 如，我国黑龙江省公安厅与俄罗斯联邦的两个地区内务局签订的《中国黑龙江省公安厅与俄罗斯联邦滨海边疆地区内务局合作协定》和《关于建立中国黑龙江省公安厅与俄罗斯联邦哈巴罗夫斯克边疆地区内务工作联系的协议》。李淑华：《中外反恐警务合作的障碍分析及策略应对》，《中国人民公安大学学报》2009年第3期。

式，还因为其较之“宣言”、“声明”、“备忘录”等规范（文本），具有明显的“约束力”优势，而在国际规范（文本）体系中“举足轻重”。从表2中，可以发现，中国与某些东盟成员国，在引渡和司法协助方面，已经签署了双边条约。其中，泰国、菲律宾和老挝三国与中国合作规范（文本）更为充分，既签署了引渡条约，又签署了司法协助条约。反之，据笔者获取的资料，截至目前，尚有部分东盟成员国与中国未建立引渡或司法协助方面的双边条约关系，如马来西亚、缅甸、新加坡、文莱。这也使得中国与该“四国”间“反恐”警务合作设置了障碍。从整体上看，也影响了中国与东盟区域间“反恐”警务合作效果。因而，“四国”与中国应当本着积极态度，创造时机，尽快签署有关双边条约，完善警务合作规范（文本）体系。

应当认识到表2中列举的引渡和司法协助条约，对于“反恐”警务合作存在某些功能上的不足。对于司法协助条约而言，其适用范围往往均限定于“诉讼”领域内，双方警察依据条约分别所拥有的权力，也仅限于诸如“调取证据和获取有关人员的陈述”，“提供法律文件和其他有关司法记录”，“提供法律文件和其他有关司法记录”，“查找和辨认人员”，“执行搜查和扣押请求，并移交书证物证”，“采取措施移交犯罪所得”，“请求证人作证”等。① 除了泰国之外，其他东盟成员国与中国的司法协助条件均为“9·11”之前，中国与东盟间合作“反恐”的局势尚不凸显，因而，在条约中未将“反恐”警务合作作为司法协助考虑因素。不同的是，中国与泰国于2003年6月签署的司法协助条约中，其适用范围大大拓展，一方面，在第1条“适用范围”第（一）向中规定，“向对方提供最广泛的相互司法协助”，以及“无论该协助是由法院还是由其他机构请求或提供”。另一方面，在第1条第（二）项中列举了12项具体司法协助方式，增加了之前中国与其他东盟成员间司法协助范围之外的新手段，如“进行司法勘验或者检查场所或者物品”、“查询、搜查、冻结和扣押”、“采取措施查找、冻结、扣押和没收犯罪所得”、“通报刑事判决或裁定和提供犯罪记录”、“交换法律资料”等。② 值得注意的是，上述新增的诸多司法协助方式，其适用主体几乎均为警察。为“反恐”警务合作，提供了极大的便利和可靠的规范（文本）依据。因而，今后，无论中国与其他东盟成员国缔结此类条约，还是进一步修订完善中国与越南、老挝等国于

① 参见《中国和印度尼西亚刑事司法协助条约》（2000年7月），第1条“适用范围”；《中国和越南民事和刑事司法协助条约》（1998年10月），第1条规定的司法协助“范围”则更狭小和简略，在刑事司法协助方面，仅包括“送达文书”和“调查取证”。

② 参见《中国和泰国刑事司法协助条约》（2003年6月）第1条。

"9.11"前签署的司法协助条约，上述中、泰间司法协助条约，均不失为重要的参考样本。

（二）引渡条约

引渡属于广义上的刑事司法协助，因为"国家间的刑事司法领域的协助是在引渡犯罪的人的基础上逐步发展起来的。"[①] 因而，中国与某些东盟成员国间的引渡条约，对于"反恐"警务合作，也存在上述功能上的不足。尽管引渡条约为及时惩罚恐怖活动犯罪提供了有效的规范（文本）依据，但是，随着恐怖活动犯罪形式、方法手段的变化，预防与制止恐怖活动，仍需要中国与东盟在"诉讼"外的密切警务合作，而引渡条约对此则难以提供有效的规范（文本）支持。况且，引渡制度由来已久，[②] 不同国家间签署引渡条约时免不了相互借鉴，且为了引导各国间引渡条约的规范性，1990 年联合国发布了《引渡示范条约》，因而，时至今日，不同国间的引渡条约的基本框架、内容，已趋为相似。该现象在中国与东盟某些成员国间的引渡条约中，足见一斑。因而，无论对于中国与东盟成员国已经签署的引渡条约，还是未来拟签署的引渡条约，"反恐"警务合作开拓的空间难以较大突破。当前，在引渡制度上有较大借鉴意义的是，"以相互承认逮捕令为基础的逃犯移交制度"。如，"欧洲逮捕令"、"英联邦国家间的签注逮捕令制度"，以及"澳大利亚与新西兰之间的特殊安排"、"意大利与西班牙之间的特殊安排"。[③]

四 中国与东盟"反恐"警务合作基础规范（文本）

（一）联合国"反恐"公约的作用

相对于表 1 和表 2，表 3 中的联合国"反恐"公约具有显著的权威性和影响力，属于中国与东盟"反恐"警务合作的基础性规范（文本）。其一，这些公约不仅涉及恐怖活动犯罪的主要形态，而且这些规范发布的时间较早，成为多数地区性多边"反恐"公约，以及双边"反恐"条约或多边、双边"反

---

① 成良文：《刑事司法协助》，法律出版社 2003 年版，第 12 页。

② 早在两千多年前的罗马法中，就存在类似"引渡"的术语。国家间引渡罪犯的实践可以追溯到 13 世纪。参见黄风《国际刑事司法合作的规则与实践》，北京大学出版社 2008 年版，第 3 页；［英］詹宁斯·瓦茨：《奥本海国际法》（修订）第一卷第二分册，王铁崖等译，中国大百科全书出版社 1998 年版，第 339 页。

③ 参见黄风《引渡问题研究》，中国政法大学出版社 2006 年版，第 6—13 页。

恐”宣言、备忘录、声明、协议的主要依据。如，东盟各国于2007年签订的《东盟反恐公约》，便以上述联合国“反恐”公约中列举的恐怖活动犯罪为依据，认定其东盟各国恐怖主义犯罪的范围，“主要包括：劫持航空器罪、危害民用航空安全罪、侵害应受保护国际人员罪、劫持人质罪、核材料犯罪、危害海上航行安全罪、危害大陆架上固定平台罪、恐怖主义爆炸罪和资助恐怖主义罪等9种犯罪”。[①] 其二，联合国“反恐”公约几乎都规定，主权国家在打击、惩罚或防范恐怖活动犯罪过程中，司法协助和引渡的内容，这也恰是上述中国与东盟成员间签署的“反恐”条约的规范（文本）渊源。其三，对于恐怖主义宣扬的极端思想，实施的反人性、反人类暴力行径，联合国“反恐”公约起到了在世界范围内谴责、制止以及惩罚的积极倡导作用。进一步凸显世界大多数国家反对恐怖活动犯罪的基本立场，无疑是中国与东盟“反恐”警务合作规范（文本）应当坚持的基本原则。

（二）联合国“反恐”公约的参与

就加入或签署情况而言，中国的态度最为积极，参加了表3中列举的所有公约。与中国持相似态度的东盟成员国菲律宾，除了2000年《制止向恐怖主义提供资助国际公约》，因资料未能查询到东盟成员加入或签署情况外，也加入或签署了表三中时所有公约。文莱则同菲律宾相似，除了未加入或签署《核材料实物保护公约》和《制止恐怖主义爆炸国际公约》两项外，也均加入或签署了表三中其他大多数公约。其他东盟八个成员则几乎一致加入或签署有关航空安全四项“反恐”公约，而对其他领域（诸如航海、大陆架固定平台、劫持人质、核材料、爆炸等）的“反恐”公约，则无意关注。一定程度上，可看出东盟成员国对待“反恐”警务合作，既有明显的差异性，也有显著的一致性。

可见，中国与东盟开展“反恐”警务合作时，可根据中国与东盟成员国加入或签署联合国“反恐”公约的情形，考虑两个方面规范（文本）优势。其一，如果需要同东盟成员国分别开展“反恐”警务合作时，可优先考虑较多加入或签署联合国“反恐”公约的菲律宾和文莱。因为，该两国同中国一样，几乎都是联合国“反恐”公约的加入或签署国。其二，在具体领域开展“反恐”警务合作时，优势考虑“航空安全”领域，因为，东盟成员国几乎均加入或签署了该领域的联合国“反恐”公约。

---

① 王君祥：《〈东盟反恐公约〉——区域合作反恐法律机制及评析》，《东南亚纵横》2009年第7期。

五 中国与东盟“反恐”警务合作模式

在共同应对恐怖活动犯罪方面，中国与东盟存在诸多共同利益，且有共同可依据的规范（文本），但双方间警务合作实践仍处于起步阶段，且面临较多困境。[①] 近年来，双方间“反恐”警务合作有所发展，不过，总体合作思路和框架仍未有较大突破。为把握该现状，推进发展，有必要从“模式”角度展开研究。中国与东盟“反恐”警务合作模式究竟如何？何种模式更有利于实现双方或多方警察部门“反恐”共同目标？

笔者认为，凡是以主权国家间共同遵循的规范（文本）为依据，为实现“反恐”共同目标，不同国家警察部门联合活动的方式，即可称为“反恐”警务合作模式（以下简称“反恐模式”）。因此，“反恐模式”由四个要素构成：要素一，主体：不同主权国家警察部门；要素二，依据：双方或多方警察部门遵循共同的规范（文本）；要素三，目的：实现双方或多方警察部门共同设定的目标；要素四，方式：双方或多方警察部门的联合活动。分别以此四要素为标准，中国与东盟“反恐模式”将呈现不同形态。

（一）“多边反恐模式”和“双边反恐模式”

以“反恐”主体（要素一）为标准，“反恐模式”可分为“多边反恐模式”和“双边反恐合作模式”。前者是指两个以上主权国家间，或主权国家与区域同盟国间，以共同遵循的规范（文本）为依据，为实现“反恐”共同目标，而由警察部门联合活动的方式。后者区别在于，合作主体仅限于两个主权国家。按照该分类方式，中国与东盟“反恐模式”即属于“多边反恐作模式”。根据2012年8月签订《中国政府和马来西亚政府关于打击跨国犯罪的合作协议》，中国与马来西亚“反恐模式”则属于“双边反恐模式”。通常情况下，就达成合作模式的难度而言，“多边反恐模式”大于“双边反恐模式”；不过，就“反恐”效果或影响力而言，前者则会大于后者。当前，中国与东盟应当充分认识到“多边反恐模式”的难度，基于能

① 如，有研究者认为，“中国与东盟警务合作从大的方面讲，主要面临以下障碍：（一）问题驱动下的警务合作而非完善机制主导下的合作是中国与东盟警务合作中存在的最大障碍；（二）合作形式单一，不利于中国与东盟警务合作的深入发展；（三）国家利益不同，减缓了中国与东盟警务合作的步伐；（四）政治信任度不高，地区认同意识淡薄，造成中国与东盟警务合作的机制化进程缓慢；（五）东盟国家平衡外交战略造成域外大国势力的介入，制约了中国与东盟警务合作的发展”。参见张青磊《中国与东盟警务合作的障碍及解决路径分析》，《北京警察学院学报》2013年第3期。

够获得的较大的"反恐"效果考虑，应及时发现合作过程中遇到的困难，完善协调机制。

(二)"紧密型反恐模式"和"松散型反恐模式"

以"反恐"依据（要素二）为标准，可分为"紧密型反恐模式"和"松散型反恐模式"。前者是指合作方依据共同参与或缔结的公约或条约，为实现"反恐"共同目标，而由警察部门联合活动的方式。后者区别在于，合作依据是共同发布宣言、声明或签署备忘录、协议。公约和条约在国际法上具有较强的约束力，而宣言、声明或备忘录、协议，对参与或签署方来说几乎没有国际法上的拘束力。在"紧密型反恐模式"中，主权国家需要履行公约或条约法定义务，积极参与反恐活动，相互间合作关系密切；反之，在"松散型反恐模式"中，主权国家无需履行国际法上的义务，完全由各方基于信誉和共同利益考虑，而决定是否参与合作，相互合作关系松散或不确定。如，依据《东盟反恐公约》而形成的东盟成员国间的"反恐模式"，以及依据关于打击恐怖主义、极端主义和分裂主义的《上海公约》形成的中国与俄罗斯等五国间的"反恐模式"，均属于"紧密型反恐模式"。中国与东盟如果仅依据上述表 1 中规范（文本）而开展反恐警务合作，则属于"松散型反恐模式"，其"反恐"效果显然不如"紧密型反恐模式"。因而，中国与东盟反恐警务合作要想取得满意的效果，只能向"紧密型反恐模式"转化。

(三)"打击跨国犯罪反恐模式"和"专项反恐模式"

以"反恐"目的（要素三）为标准，"反恐模式"可分为"打击跨国犯罪反恐模式"和"专项反恐模式"。前者指合作方以共同遵循的规范（文本）为依据，为实现"打击跨国犯罪"共同目标，而由警察部门联合活动的方式。后者是为实现"反恐"共同目标。从规范（文本）和实践两面来看，"打击跨国犯罪"是中国与东盟警务合作的主要目的，"反恐"仅是重要目的之一。因而，中国与东盟"反恐"警务合作，应当属于"打击跨国犯罪反恐模式"为主，"专项反恐模式"为辅。

1. 从规范（文本）来看，其一，上述表 1 列举的中国与东盟间有关"宣言、备忘录、联合声明或协议"，是"反恐"警务合作的主要规范。该类规范中，除了 2005 年《北京宣言》是地区性反恐专项规范之外，其他均属于"打击跨国犯罪反恐模式"为主题的规范。即"打击跨国犯罪"规范（文本）占该类规范的绝大多数，是表明当前"反恐"警务合作，属于打击跨国犯罪"反恐模式"为主导的依据之一。有的规范（文本）以"非传统安全合作"

方式表述，[①] 有的则直接以“打击跨国犯罪”冠名。因前文第二部分第一项，已做了详细分析，此处不再重述。其二，上述表2所列的双边司法协助和引渡条约，是中国与东盟部分成员国间“反恐”警务合作的重要规范。就其涉及适用范围来看，均为所有刑事犯罪，并未专门针对“恐怖活动犯罪”，[②] 因而，该类规范作为打击多种形式的跨国犯罪依据的可能性更大，较大程度上可以看作“打击跨国犯罪反恐模式”的规范基础，同时，也足以表明中国与东盟部分成员国间的“专项反恐模式”缺乏此类规范的有力支持。其三，上述表3所列的联合国“反恐”公约，是中国与东盟“反恐”警务合作的基础规范。就其适用范围来看，更符合“专项反恐模式”规范依据，然而，值得注意的是，东盟成员普遍加入或签署的公约，集中针对“航空”领域，对于其他领域（包括航海、劫持人质等）的公约，加入或签署者寥寥无几（主要为菲律宾和文莱）。考虑到“武装袭击、爆炸、纵火及绑架是东南亚恐怖活动的主要手段”，[③] 因而，东盟参与以“航空”领域为主的联合国“反恐”公约，难以作为中国与东盟“专项反恐模式”的规范基础。

2. 从实践看，“打击跨国犯罪反恐模式”同样也是中国与东盟“反恐”警务合作的主导模式。如，2013年9月16日至18日，在“第三届东盟与中国（10+1）”和“第六届东盟与中日韩（10+3）打击跨国犯罪部长级会议”上，与会代表一致认为：“10年来，中国与东盟携手打击跨国犯罪，多次开展联合执法行动，有效打击了拐卖人口、电信诈骗、经济犯罪、毒品犯罪等本地区突出的犯罪活动。……今后10年，双方将坚持完善合作机制建设，多措并举打击跨国犯罪，相互给予最大限度的执法合作，……中国已成为唯一与东盟建立打击跨国犯罪部长级会议机制”。[④] 又如，2011年10月5日，湄公河惨案发生之后，中、泰、老、缅四国认为，“有必要加强四国执法部门在湄公河流

---

① 至于“非传统安全”，《中国与东盟关于非传统安全领域合作联合宣言》序言部分和第1条；《非传统安全领域合作备忘录》第1条。《中国与东盟关于非传统安全领域合作联合宣言》和《非传统安全领域合作备忘录》均一致将其定义为“贩毒、偷运非法移民包括贩卖妇女儿童、海盗、恐怖主义、武器走私、洗钱、国际经济犯罪和网络犯罪等”，所引起的安全问题。

② 如，《中国和泰国刑事司法协助条约》第1条“适用范围”第1项：“双方同意，根据本条约的规定，就刑事方面的侦查、起诉以及其他诉讼程序。”《中国和柬埔寨引渡条约》第1条：“引渡义务。缔约双方有义务根据本条约的规定，相互引渡在缔约一方境内发现的被通缉人员，以便在缔约另一方境内就可引渡的犯罪对其进行起诉、审判、判处或执行刑罚。”

③ 贺磊、孙倩：《东南亚地区恐怖活动现状评析》，《传承》2012年第14期。

④ 郭坤泽、孔大为：《东盟与中国、东盟与中日韩打击跨国犯罪部长级会议召开》，《中国警察网》、《人民公安报》2013年9月19日，http：//www. cpd. com. cn/epaper/rmgab/2013 - 09 - 19/01b - 2. html。

域的执法安全合作，并采取有效措施打击危害本流域安全的跨国犯罪活动。"① "2011 年 12 月 10 日，中、泰、老、缅四国湄公河联合执法首航仪式在云南西双版纳关类港举行。"② "公安部有关部门负责人表示，本次中老缅泰四国联合巡逻执法首航开创了中国与周边国家执法安全合作的新模式。……四国执法安全部门将共同组织实施联合行动，打击危害湄公河流域安全的犯罪。"③

由于当今的恐怖活动犯罪多数具有跨国犯罪因素，且某些跨国犯罪与恐怖活动犯罪结为一体，相互依托，④ 因而，"打击跨国犯罪反恐模式"对"反恐"具有一定积极意义。不过，因"反恐"警务合作，比打击其他跨国犯罪警务合要求更高。当前"专项反恐模式"处于辅助地位的局面，必然会使其解决"反恐"合作障碍的能力下降，而"反恐"合作低效或失败的可能性则相应增大。考虑到"东南亚的恐怖组织与'基地'组织有着密切的联系"，⑤ 以及中国近期恐怖活动犯罪的猖獗，且由西部向南部城市（如昆明）扩散的趋势，因而，中国与东盟应充分认识到"专项反恐模式"的优势，从规范和实践两方面调整"专项反恐模式"的地位，更大程度实现"反恐"共同目标。

（四）"行动反恐模式"和"言论反恐模式"

以"反恐"方式（要素四）为标准，"反恐模式"可分为"行动反恐模式"和"言论反恐模式"。前者指合作方以共同遵循的规范（文本）为依据，为实现"反恐"共同目标，而以警察部门行动的方式开展联合活。后者区别在于以警察部门言论的方式开展联合活动。前者模式中的"行动"主要指，"联合反恐演习"、"反恐技能培训"、"反恐机构（组织）设（成）立"、"反恐物资援助"、"反恐实际案例"等，以合作方警察部门的集体行为为特征的举措；后者模式中的"言论"主要指，"反恐会议"、"反恐学术研究"、"反恐规范（文本）发布"等，以合作方警察部门的书面、口头语言为特征的意

---

① 参见《湄公河惨案—百度百科》，http：//baike.baidu.com/view/6626198.htm？from_id=6900794&type=search&fromtitle=%E6%B9%84%E5%85%AC%E6%B2%B3%E6%83%A8%E6%A1%88&fr=aladdin。

② 孙康、朱耀顺：《论中国与东盟非传统安全合作的现状、问题及对策》，《现代商贸工业》2012 年第 3 期。

③ 《四国湄公河联合执法首航成功，开创安全合作新模式》，《中国新闻网》2011 年 12 月 13 日 20：42，http：//www.chinanews.com/gn/2011/12－13/3529587.shtml。

④ "恐怖主义往往与海上劫掠、毒品交易，以及非法武器买卖等跨国性犯罪活动紧密联系，因为以上'黑金'犯罪既能为恐怖势力开辟更为广阔的滋生空间，还可以为其提供可资利用的财政及装备来源。"张鹏：《"9·11"事件后欧盟与东盟反恐合作初探》，《欧洲研究》2008 年第 4 期。

⑤ 施晓慧、李宁、马菲：《东南亚反恐有待加强合作》，《人民日报》第 5 版，2014 年 4 月 7 日。

思表达。

目前，中国与东盟间呈现为“言论反恐模式”为主，“行动反恐模式”为辅。一方面，表1中所列中国与东盟间的多次会谈，以及发布的宣言、声明，签署（修订）的备忘录和协议，均表明相互间对言论“反恐”较为积极。另一方面，除了上述中、泰、老、缅四国湄公河联合执法行动之外，人们在媒体报道中很少获悉有关中国与东盟联合反恐行动。相对于东盟成员国之间，或中国与上海合作组织成员之间的“反恐”行动（演习），大为逊色。中国与东盟双方，如果不能够坚守“言必行，行必果”的承诺，那么，所期待的“反恐”收益，必将大打折扣。

美国裁判说理之管窥与启示
——从阅读费尔南德斯案的两份司法意见书来考察

罗　灿[①]

摘　要　美国裁判说理是当今世界裁判文书说理的主要种类之一，本文试图通过阅读费尔南德斯案的加利福尼亚州上诉法院和联邦最高法院的两份司法意见书，来具体考察美国裁判说理的情况。在简要介绍费尔南德斯案的基本情况后，笔者实证分析得出美国裁判说理的主要受众是当事人，接下来澄清法律审的裁判说理并非完全与事实无关。在判决理由部分，美国裁判说理依据判例法、制定法等，使用类比推理、演绎推理等进行多重论证。在附带意见部分，附议意见展示了不同论证角度，异议意见展示了不同论证结果。最后，笔者总结了美国裁判说理具有充分回应控辩主张、充分公开法官意见、说理方式灵活多样、说理空间制度保障等主要特征，但是也具有一些缺陷。美国裁判说理应该能够对我们增强裁判文书说理性、深化司法体制改革有所启示，值得借鉴和思考。

关键词　说理　司法意见书　判决理由　附带意见

一　案件的基本情况

沃特·费尔南德斯（Walter Fernandez）纠集四人在洛杉矶“流浪者团伙”的地盘上抢劫了科斯塔。警察在接到报警后驱车到了流浪者聚集的小巷，并在路人的指引下，看到一个人跑进了一栋房子，随后听到尖叫声和打斗声。警察寻声敲门，罗姗妮·罗哈斯开了门，手里抱着婴儿，鼻青脸肿，衣服上有血迹。罗哈斯告诉警察刚刚打过架，警察要求彻底搜查房间以保护她，费尔南德斯出现在门口反对警察进门。警察怀疑费尔南德斯殴打过罗哈斯，将他从房间

① 中国社会科学院法学研究所博士后，最高人民法院司法改革办公室调研处干部。

带走。科斯塔指认费尔南德斯是抢劫他的人，警察将费尔南德斯带回到警察局。一个小时后，警察告诉罗哈斯费尔南德斯被捕，询问是否同意入室搜查，罗哈斯表示了同意。经过搜查，警察在房间内找到了“流浪者团伙”的刀、弹药等。罗哈斯四岁的儿子还将费尔南德斯藏起来的一把短猎枪给了警察。

费尔南德斯被指控犯有抢劫、人身伤害、非法持有火器、非法持有猎枪、非法持有弹药。在一审过程中，费尔南德斯在开庭前就提出动议，请求法庭排除在房间里找到的证据，但遭到了法庭的拒绝。费尔南德斯又对非法持有火器和弹药提出无罪申诉。陪审团认定费尔南德斯构成抢劫罪和伤害罪，初审法院判处其 14 年监禁刑①。加利福尼亚上诉法院维持原判。加利福尼亚最高法院驳回了费尔南德斯的上诉。费尔南德斯再向美国联邦最高法院提起上诉，联邦最高法院批准了调卷令。2014 年 2 月 25 日，阿利托大法官代表多数意见撰写司法意见书，维持加利福尼亚上诉法院的判决②。

美国宪法第四修正案规定：人民的人身、住宅、文件和财产不受无理搜查和扣押的权利，不得侵犯。除依照合理根据，以宣誓或代誓宣言保证，并具体说明搜查地点和扣押的人或物，不得发出搜查和扣押状。几个判例确立了适用第四修正案的若干法律规则。1974 年的马特洛克案确立了第三人同意原则，即共同居住人的同意可以使警察的无证搜查合法。1990 年的罗德里格斯案又确立了表见授权原则，即警察入室无证搜查时，具有理由相信某人是该住宅的共同居住人之一，只要该人同意授权，无证搜查就是合法的。2006 年的伦道夫案确立了第三人同意原则的例外情形，一个共同居住人在场并同意入室搜查，另一个共同居住人在场并表示反对，则警察的入室无证搜查是无效的。

费尔南德斯及其辩护人认为，本案应该适用伦道夫案所确立的规则，警方的行为属于非法搜查，取得的证据应该予以排除。加利福尼亚州上诉法院和美国联邦最高法院的司法意见书主要就是针对上述上诉理由进行论证说理。在阅读这两份司法意见书的过程中，笔者对美国刑事裁判文书说理有一些体会和感悟，就此与大家分享。

---

① 遵循先例原则使初审法院的司法意见书没有法律约束力，因而美国初审法院一般不公开司法意见书，法官个人有权决定公开与否，如果决定不公开，只要制作即决判决或备忘录司法意见书即可。可能正是因为如此，笔者多方寻找该案的初审法院司法意见书未果。

② 美国的裁判文书包括即决命令（summary orders）、备忘录意见书（memorandum opinions）、完整司法意见书（full-dress opinions）等，笔者认为，将 judicial opinions 翻译成“司法意见书”更为恰当。加利福尼亚州上诉法院关于费尔南德斯案的司法意见书下载请登录 http：//appellatecases. courtinfo. ca. gov/search/case/mainCaseScreen. cfm？dist = 0&doc_ id = 2024460&doc_ no = S205218，美国联邦最高法院关于费尔南德斯案的司法意见书下载请登录 http：//www. supremecourt. gov/opinions/13pdf/12 - 7822_ he41. pdf。

二 文书受众的主次及其对说理的影响

裁判文书的受众范围及其排序在很大程度上影响裁判文书的说理风格。换言之，裁判文书向谁说理决定法官怎么写裁判文书。一般来说，裁判文书的受众包括当事人，上下级法院法官、律师、法学学者等法律职业共同体成员，法治新闻媒体人，以及其他社会公众。当然，不同类型案件的受众对文书说理的预期也可能不同，例如相比于杀人犯罪的农民工，金融犯罪的企业高管更希望裁判文书说理专业一些。但是，一般来说，由于利益关注点和法学知识水平存在差异，不同受众对裁判文书说理风格的预期也不同，当事人和社会公众更倾向于从裁判文书简明通俗的语言了解纠纷是怎么解决的，而法律职业共同体人员更偏向于从裁判文书专业精致的语言明白规则是怎么建立的。

国内有的学者认为，英美法系法律制度围绕上诉审司法而展开，遵循先例的传统使法官更加注重上级法院的意见，对下级法院今后处理类似案件的影响以及对同级法院的示范意义，而非普通公众的意见，所以判决书的主要受众，至少对于上诉审法院来说，不是案件的当事人以及关心此案的社会公众，而是法官等法律实务者①。实际情况的确如此吗？就裁判文书受众的主次来说，美国的法官和学者大都认为，意见书的受众首先是当事人，其次才是上下级法院法官等②。值得注意地是，虽然不同层级的法院之间存在职能差异，例如，审理费尔南德斯案的洛杉矶高等法院（即初审法院）、加利福尼亚州上诉法院以及联邦最高法院，在法院管辖、审理范围等方面均有不同，但是，每个法院司法意见书的主要受众都是当事人。

费尔南德斯案的两个司法意见书都是围绕其上诉理由展开的，这从意见书针对上诉理由直接所用词汇数量就可见当事人理所当然是主要受众。加利福尼亚州上诉法院的司法意见书共 13386 个词汇，其中完全是针对费尔南德斯四个上诉理由的讨论（Discussion）有 9561 个词汇，占到 71.43%。美国联邦最高法院的司法意见书共 10155 个词汇，分为判决理由和附带理由两部分，阿利托大法官撰写的多数意见 5772 个词汇，其中 III 部分完全针对费尔南德斯两个上诉理由的讨论有 2076 个词汇，占到多数意见的 35.97%。另外，加利福尼亚州上诉法院意见书的事实陈述，以及联邦最高法院 I 部分的事实陈述和 II 部分

---

① 王贵东：《判决书受众》，《人民论坛》2010 年 32 期。

② 参见 Federal Judicial Center 2013，“Judicial Writing Manual：A Pocket Guide for Judges（Second Edition）”。

的历史梳理，也都是为后面的讨论作铺垫。其中，加利福尼亚州上诉法院的司法意见书中事实陈述使用了 2943 个词汇，详细列举了控方主张的事实及其证据和辩方主张的事实和证据，而联邦最高法院的司法意见书中事实陈述使用 1124 个词汇来介绍了法院认定的事实。

从上面数据可见，针对上诉理由的说理所占比例在联邦最高法院司法意见书中相对较低。如果说加利福尼亚州上诉法院的法官着眼于在事实基础上从具体层面处理个案的法律适用，那么可以说联邦最高法院的法官更多地倾向于从抽象层面明确个案的法律适用。造成这种差异的主要原因就在于，联邦最高法院更加注重明确适用宪法及其修正案的适用原则，关注司法意见对未来司法的意义，乃至在历史上的地位。从某种程度上说，这种差异也是由于裁判文书的次要受众不同，相比加利福尼亚州上诉法院司法意见书的次要受众，联邦最高法院司法意见书的次要受众要广泛得多，甚至代表了整个美国司法机构的立场。

三　裁判说理与事实无关？

美国刑事二审是法律审，上诉审法官集中审理有争议的法律问题，因此，司法意见书的说理主要集中在法律适用上。

在加利福尼亚州上诉法院，费尔南德斯的第三项上诉理由是，现有证据无法证实其伙同他人实施团伙抢劫。法官在司法意见书中首先指出，事实认定需要证据支持，一是存在实质证据，二是排除合理怀疑。其次，法官根据案件事实列举了一系列有罪证据：费尔南德斯曾向科斯塔声称自己是“流浪者团伙”的成员之一、其纠集其他人合伙抢劫科斯塔、其身上有团伙的标志文身、在其住处搜到了团伙装备、其住处在“流浪者团伙”的地盘上等；同时认为，即使没有找到其他同伙，现有证据足以形成完整证据锁链。再次，法官认为，虽然费尔南德斯否认自己具有伙同他人抢劫的故意，但是根据行为人的行为和语言可以推定其主观状态，费尔南德斯在光天化日之下反复提到“流浪者团伙”就显示其主观上是以团伙名义行事。

在加利福尼亚州上诉法院，费尔南德斯的第四项上诉理由是，初审法院没有排除警察的证言是错误的。针对该上诉理由，法官首先概述了相关事实，接下来才进行了分析。警官奇里托的报告证实：罗哈斯告诉警察，自己与费尔南德斯共同居住，曾因怀疑费尔南德斯与另一个叫瓦内萨的女孩有染而生气；案发当天，费尔南德斯殴打了罗哈斯；罗哈斯四岁的儿子也证实了这点。而罗哈斯的证言证实：她告诉警察，自己与瓦内萨在案发当天早上发生了打斗并受伤，在警察入门之前，她与费尔南德斯只发生了争吵但没有动手。费尔南德斯在初审法院就提出动议，请求排除警方的报告，采纳罗哈斯的证言。法官拒绝了费尔南德斯的动议，认为罗哈斯的儿子仍然能够证实罗哈斯受到了费尔南德斯的殴打。法官接下来在分析中介绍了判例法和制定法的相关情况，只要行为人能够举证证明警方错误行为"可能"发生而非"可信"发生就应该排除之，但是初审法院没有审查警察奇里托的个人档案，应该再予以审查；如果个人档案没有任何问题，原判决应该予以恢复，如果个人档案存在问题，应该将该档案公开，允许被告人申请重新审理。因此，法院附条件地部分改判。

由此可见，加利福尼亚州上诉法院的司法意见书在某种程度上对我们的几个传统观点提出了挑战。第一，长期以来，我们往往认为，美国的上诉审是法律审，文书说理仅仅只限于法律适用，与事实无关。但是，从这份意见书看来，情况可能并非完全如此。费尔南德斯的第三项上诉理由是团伙犯罪证据不足，究竟属于事实认定问题还是法律适用问题呢？即使是法律适用问题，也无法完全脱离事实认定进行说理。第二，对于证人证言发生改变的，究竟如何采纳和采信？我们以前一般认为应该采取最优证据原则，或者根据全案情况进行综合甄别认定，但是现在看到上诉法院的做法是必须调查警察个人档案后再作决定，也就是附条件地改判，可见对控方所提交的警方证据是非常慎重的。在这种情况下，上诉法院确实没有突破法律审的范畴，改变初审法院认定的事实。毕竟，纠正事实认定差错只是上诉法院主要责任的附带。[①] 第三，美国的上诉审不仅涉及实体问题，而且涉及程序问题。刑事诉讼程序往往涉及刑事诉讼法和宪法中的被告人人权保障。关于程序的文书说理主要集中于证据是否能够采用，当然也就与事实紧密相关，正如波斯纳法官所言："上诉审审查初审法院的纯法律争点之确认时，就是全审（即上诉法院可以完全推翻初审法院解决法律争点的办法），而不是尊崇，即重视其决定。"[②]

四 判决理由的多重论证

美国初审法院实行独任审判，司法意见书撰写由独任法官负责。上诉法院通常由三名法官组成合议庭来审理案件，联邦最高法院由九名大法官组成合议庭审理。评议结束后，由其中一名法官代表多数人来撰写判决理由（ratio dici-

① ［美］理查德·波斯纳：《波斯纳法官司法反思录》，朱苏力译，北京大学出版社 2014 年版，第 144 页。

② 同上书，第 178 页。

dendi)，对以后法院审理案件具有法律约束力①。

在向加利福尼亚州上诉法院和联邦最高法院的上诉理由中，费尔南德斯均提出，其在场时已经表示反对，这种反对直到其不再反对为止仍持续有效，且警察的逮捕导致其不在场，罗哈斯的单方同意不能让无证搜查合法，根据伦道夫案确立的规则，搜查取得的证据应该予以排除。

加利福尼亚州上诉法院首先驳回了该上诉理由，接下来才进行说理。在说理的依据上，加利福尼亚州上诉法院主要是判例法，通过比对本案与伦道夫案、马特洛克案，以及其他相关判例，认为本案不能适用伦道夫案所确立的规则。需要指出的是，在识别过程中，法官也提及了判例对宪法文本的解读。与之对应，在说理的方法上，加利福尼亚州上诉法院基本上采取了类比推理，通过识别待决案件与判例的异同，否定了本案应该适用伦道夫案的规则。美国学者伯顿将类比推理分为三个步骤：（1）基点的确定。对于待决案件首先是要确定所要适用的判例，也就是具有最权威的基点。（2）识别相同点和不同点。（3）作出判断。寻找相同点和不同点是最重要的部分②。加利福尼亚州上诉法院的说理轨迹大体如此，但是过程更为复杂，将待决案件划出了若干要素点，逐一反复地与判例进行多次比对，最后进行总结才得出结论。

与之相比，联邦最高法院的多数意见部分也是首先驳回了该上诉理由，接下来进行说理，但是说理更加充分。

在III的A部分，阿利托大法官认为，伦道夫案的附带意见认为，如果“有证据表明警察为了避免可能的反对让租户离开”，共同居住人的同意才是不够的。该附带意见应该被理解为，第三人同意不能使无证搜查合法的原因在于，警察没有客观合理根据，主观上故意让反对者离开。在本案中，警察让费尔南德斯离开住宅具有合理根据，只有将他带走，罗哈斯才能在没有威胁的情况下与警察交谈。由于合法逮捕等原因没有在场可以视为因其他原因而没有在场。因此，伦道夫案所确立规则的核心应该是客观合理性，也就是说，具有客观合理根据的搜查都是合法的。

在III的B部分，阿利托大法官认为，首先，反对持续有效的论据不符合“普遍接受的社会期待标准”或“传统上的社会习惯”，根据日常生活经

① 参见马迁《试论美国法院判决书的查阅利用及借鉴意义》，《河南司法警官职业学院学报》2005年第3期。

② ［美］史蒂文·J. 伯顿：《法律和法律推理导论》，张志铭、解兴权译，中国政法大学出版社2000年版，第43—44页。

验，如果反对者没有在场，另一共同居住人的朋友或客人就可能接受同意后进入住宅。其次，伦道夫案的标准只是形式性标准，“简单明了”且“具有可操作性”，费尔南德斯的主张只会让该标准变得复杂。阿利托大法官还运用了归谬法，论证反对持续有效是不合理的，假设丈夫反对他人进入搜查，后被判处十五年监禁刑，那么按照费尔南德斯的主张，共同居住的妻子在反对作出后的十年后仍然无权同意搜查，这显然是奇怪的。如果对无证搜查持反对意见的丈夫和持同意意见的妻子按月租房，丈夫在被监禁后就停止支付房租，那么他对房子还是“共有”吗？随着时间的推移，“共有”仍然有效就是荒谬的。此外，怎样才能形成持续有效地反对呢？是在门口作出、是在房间里作出，还是提前作出呢？最后，该主张尤其会给执法者带来麻烦，反对作出时是否要求执法者在场？是否也适用于其他执法者或没有注意到反对的执法者呢？

在 III 的 C 部分，阿利托大法官认为，适用宪法第四修正案的核心标准是存在合理根据而非搜查证，同意也能够使无证搜查合法。从司法效率的角度来说，即使是在现代科技发达的今天，严格要求警察必须持有搜查证也会给警方增加工作负担。从尊重自主的角度来说，如果房屋的唯一居住人或共同居住人自愿同意，那么警察就可以认为，共同居住人有权表示同意，其他共同居住人应该承担风险。在本案中，费尔南德斯被警察逮捕并离开共同居住的房间后，受虐待的罗哈斯的同意可以使警察的无证搜查合法。

由此可见，在说理的依据上，除了判例法，阿利托大法官还援引了宪法成文法。在说理的方法上，阿利托不只是单纯使用区别技术进行类比推理，而是归纳总结判例背后的判案依据（Holding），从案件中归纳出适用于类似案件的抽象原则①。此外，阿利托还对宪法文本进行了客观解释，强调为了提高司法效率并非一定需要搜查证。

上述两份司法意见书的说理方式在某种程度上深化了我们对美国裁判文书说理的一些认识。第一，美国法官虽然从个案的事实出发发现法律适用法律，但认真揣摩其说理过程就可以明白，他们并非局限于区别技术，而是深究判案依据，例如伦道夫案所确立的“普遍接受的社会期待标准”或“传统上的社会习惯”。正如有的学者所指出的那样，“从形式上看，这种判决形式与大陆法系没有本质的区别，区别的只是思维习惯”②。第二，美国法官也注意从成

① 张千帆：《“先例”与理性——也为中国的司法判例制度辩护》，《河南社会科学》2004 年第 7 期。

② 张其山：《司法三段论研究》，博士学位论文，山东大学，2007 年。

文法角度进行论证说理，运用演绎推理方法。我们可以将阿利托大法官在C部分的说理简化，形成三段论推理，大前提：具有合理根据的搜查是宪法第四修正案规定的搜查；小前提：费尔南德斯案中的搜查存在合理根据，结论：费尔南德斯案中的搜查属于宪法第四修正案规定的搜查。第三，无论说理的依据是判例法还是成文法，说理都需要法官的论证。并非所有的判例都明确了法律规则和法律原则，不少都需要法官加以提炼和总结。例如，本案涉及的“普遍接受的社会期待标准”或“传统上的社会习惯”，就是法官从伦道夫案等中提炼出来的。另外，成文法所涉演绎推理中的大小前提也并非一开始就成立，还需要法官加以论证。例如，上面所提大、小前提都不是必然可靠的，宪法第四修正案规定的搜查的核心不一定就存在合理根据，费尔南德斯案中的搜查也不一定就存在合理根据。因此也可以说，英美法的这种论证方式也就与大陆法有异曲同工之妙。①

五　附带意见中的不同论证角度与不同结论

如果案件评议过半数通过后，少数法官持不同意见，可以另外撰写附带意见（obiter dictum），主要包括附议意见（concurring opinions）和异议意见（dissenting opinions）。其中，附议意见与多数意见所得出的裁判结果相同，只是论证角度不同，异议意见与多数意见所得出的裁判结果则不同。附带意见只具有说服力而不具有法律约束力，属于法官为表述某种信仰、劝诫、观点或表达某种感情而作出的，说服力的大小主要取决于法官的威望、学识、人格魅力等②。在审理费尔南德斯案过程中，加利福尼亚州上诉法院由三位法官组成合议庭。SUZUKAWA. J撰写了司法意见书并签名，其他两位法官只是表示我们同意（We concur）并签名。而联邦最高法院除了阿利托大法官撰写多数人意见以外，斯卡利亚大法官和托马斯大法官分别撰写了协同意见，金斯伯格大法官还撰写了异议意见。

斯卡利亚大法官在附议意见中认为，伦道夫案判错了，马特洛克案所确立的“风险承担理论”（即共同居住人应该承担其他共同居住人允许搜查共同空间的风险）也不对，财产权利是宪法第四修正案的基础，合理期待标准对其

① 德国学者阿列克西认为，法律辩论主要涉及法律决策的证成。这一任务可以分为两个层面：即“内部证成”和“外部证成”。前者的目的是保证从大小前提到判决结果的推理过程合乎逻辑；后者——作为法律论证理论的主题——的目的是给前提本身提供正当性依据。参见［德］阿列克西《法律论证理论》，舒国滢译，中国法制出版社2002年版，第263—264页。

② 谢静：《美国刑法司法判决书的情态意义研究》，《现代外语（季刊）》2001年第3期。

进行了补充。在本案中，罗哈斯同意搜查，因而无法认定警察的搜查侵犯了费尔南德斯的财产权利。从论证角度来看，斯卡利亚大法官主要是从宪法背后的财产权利展开的。

托马斯大法官在附议意见中认为，自己在伦道夫案就持异议，第三人同意使无证搜查合法的理论基础不是伦道夫案所确立的“普遍接受的社会期待标准”，而应该是马特洛克案所确立的“风险承担理论”。在本案中，罗哈斯自愿表示同意搜查，且费尔南德斯没有否认罗哈斯对房屋具有共同占有权，这就足够了。从论证角度来看，托马斯大法官主要是从判例法出发的，只是其援引的判例是马特洛克案而非伦道夫案。

金斯伯格大法官在异议意见中首先概括指出，多数意见没有坚持宪法第四修正案对搜查证的要求，同时不当缩小了伦道夫案所确立规则的适用范围。在I部分，金斯伯格大法官对本案与伦道夫案进行了比对，并对多数意见中的相应观点针锋相对地逐一批驳。她首先认为本案与伦道夫案具有显著的相同点，费尔南德斯已经对搜查表示了反对；其次，伦道夫案所确立的“普遍接受的社会期待标准”或“传统上的社会习惯”对不同对象而言内容不同，警察具有特殊身份，拥有陌生人所没有的行政权力，人们对邀请陌生人进屋与邀请警察进屋的社会期待自然不同；再次，只要有搜查证，反对有效的持续时间等一系列问题都将不复存在。在II部分，金斯伯格大法官对宪法第四修正案进行了解释。她首先认为，第四修正案的核心标准是搜查证，制定者的立法目的是，通过法院控制搜查证的批准权来防止强大的警察权不当侵犯公民人权；其次，家庭暴力的存在不能削弱第四修正案所规定的宪法人权，适当的政策应对应该是加强宣传、进行劝说等，而不是借口保护受害人进行无证搜查。最后，她得出应该改判的结论。

由此可见，在说理的依据上，金斯伯格大法官援引了宪法成文法和判例法，且更加注重宪法文本的解读。在说理的方法上，金斯伯格也不只是运用区别技术，还分析了判例所确立规则对不同对象的不同适用；此外，金斯伯格还对宪法文本进行了主观解释，强调通过司法权制约行政权来保障公民人权。

六　美国裁判说理的主要特征及其缺陷

基于上文的分析可以知道，就裁判说理而言，英美法系与大陆法系在不少方面有异曲同工之妙，正因为如此，笔者没有在此总结美国文书说理的抽象模式[①]。但是，毋庸置疑，美国文书说理具有若干具体特征。

1. 充分回应控辩主张。美国裁判文书没有统一格式，但是一份完整的司法意见书应该包括五个部分：对案件性质、程序和结果的简要陈述，对待决法律问题的陈述，对事实的陈述，对法律原则和其他判决依据的讨论，处理意见和必要的指示。司法意见书必然会交代控辩双方的身份、对法律争点的主张、对事实证据的主张、所提主张的依据，等等。费尔南德斯案中的两份司法意见书就都是从费尔南德斯的主张出发进行判断和说理的，而且这种裁判和说理都细致到每一项主张的若干细节点。当然，在此过程中，法官仍然只是消极地回应控辩双方主张，而非积极地与之展开辩论。究其原因，主要在于美国刑事诉讼实行对抗主义模式，作为消极中立的裁判者，法官是在双方当事人主张的基础上予以全面回应，而不是抛开控辩主张另起炉灶。

2. 充分公开法官意见。美国联邦最高法院成立之初，由每位大法官逐一发表意见的方式发布司法意见书，马歇尔任首席大法官后，由首席大法官以法院意见的名义发布司法意见书，约翰逊之后，由大法官发表个人意见，包括多数意见、附议意见、异议意见等[②]。费尔南德斯案联邦最高法院的司法意见书中，阿利托代表多数人，斯卡利亚和托马斯发表附议，金斯伯格代表索托马约尔和卡根发表异议。究其原因，主要在于美国司法的民主化运转，法官之间是平等的，不存在附属与服从的关系，不同观点和不同论证展示的正是思维的多元性和身份的平等性。

这种民主化运转无疑闪烁着可贵的价值光芒，甚至对大陆法系国家都有相当大的诱惑力，异议意见逐渐出现在德国联邦宪法法院、日本最高法院中的判决中。但是，美国法院过分突出个人意见而非机构意见的做法在某种程度上损坏了权威的明确性，而且又不免过多泛滥了。据统计，在 2007 年开庭期(2007 年 10 月 1 日至 2008 年 9 月 30 日)，联邦最高法院发布的法院意见一共是 70 件，而异议的数量却达到 73 件。对此，现任首席大法官约翰·罗伯茨以马歇尔为偶像，一心希望重现马歇尔时期大法官在判决上的一致性。有的美国学者也认为，当今最高法院的功能，更像是一个立法机构，仅靠记录断案投票

---

① 有的学者认为，美国文书说理是对话、选择性证明的模式。对话、选择性证明的模式（discursive alternative justification），是指最终判决不是作为一定前提的逻辑结果出现，而是作为按照解释论点和优先规则所作的司法选择的结果。这种模式的主要特点是，陈述和讨论在每个相关争点上相互冲突地解释论点，辨别可能的选择方案，然后作出公开选择并陈述理由。在这里，常常会出现一些实体方面的思考或对有关价值的讨论。张志铭：《司法判决的结构和风格》，《法学》1998 年第 10 期。

② 胡晓进：《美国最高法院判决中的异议》，《南京大学法律评论》2010 年秋季卷。

数来运转，而不是一个朝着集体判决与意见而努力的同事间的合作组织。[①]

3. 说理方式灵活多样。卡多佐认为，判决书的风格主要有六种类型，权威或命令型、言简意赅型、交谈或聊家常型、精雕细琢型、证明或说服类型、理发师或黏合剂型，此外还有某些法官偶尔为之的幽默风趣型。[②] 的确，美国司法意见书随着法官的不同风格迥异，说理方式也灵活多样。上文已提到的，说理依据包括判例法和制定法，此外还有学者观点、非法律资料等；说理方法主要有类比推理和演绎推理。

费尔南德斯案中的两份司法意见书中还经常出现两种说理形式，引证与脚注。引证是将判例、制定法、期刊论文等中的观点原文直接引入司法意见书中，以此表明法官自己的观点并增加其说服力。例如，加利福尼亚州上诉法院的司法意见书中，法官在论证可以推定费尔南德斯具有伙同他人抢劫的故意时，选择性引证了玛格丽特案的判决原文："我们不能直接进入行为人的大脑了解其主观目的，但是能够发现主观状态……从行为人的动作和语言。"脚注往往被法官用来介绍判例援引情况、补充说明某个问题等，没有放到意见书正文主要是为了避免破坏其流畅性。阿利托大法官撰写的多数意见正文 5772 个词汇，使用脚注 5 个共 689 个词汇，正文词汇比脚注词汇为 8.38：1。不过，波斯纳法官毫不留情地批评道："司法意见书并非学术论文。与司法意见关系偏远的脚注材料可以删除；如果重要，就写入正文。"[③]

4. 说理空间制度保障。美国裁判说理具有一系列的制度保障，否则法官将没有时间、能力和动力来详细说理。首先是繁简分流，美国刑事诉讼鼓励辩诉交易，90% 多的刑事案件都通过辩诉交易程序简单快速处理，剩下由法官处理的复杂疑难案件数量就比较有限，真正需要长篇大论撰写司法意见书的为数不多。其次是陪审团制度，重大刑事案件一般采用陪审团，定罪问题由陪审团来处理的，上诉审主要审理有争议的法律问题，天长日久，法官对说理就轻车熟路起来。再次是法官制度，具备法律工作经验和素养的律师等可以进入任何一级美国法院成为法官且很少流动，相比于大陆法系法官一般从法学院招录后逐步晋升，美国法官受到官僚制的训练和约束很小，更可能充分发挥个人潜能。又次是司法辅助制度，美国法官一般都有自己的法官助理，联邦最高法院

---

① ［美］戴维·M. 奥布莱恩：《风暴眼：美国政治中的最高法院》，胡晓进译，上海人民出版社 2010 年版，第 219 页。

② 赵华军、潘晖：《判决书的风格和艺术——从美国最高法院大法官卡多佐看判决书的制作》，《中国审判》2011 年第 5 期。

③ ［美］理查德·波斯纳：《波斯纳法官司法反思录》，朱苏力译，北京大学出版社 2014 年版，第 292 页。

的大法官更是有三个到六个法官助理，这些法官助理可以协助法官搜寻资料、准备要点、撰写初稿、提出修改建议等，使法官能够集中精力去思考如何说理。[①] 最后是遵循先例原则，上级法院的判决，尤其是联邦最高法院的判决，往往能够成为先例，这就激励法官尽力通过裁判说理使自己的名字随着判决书一起流芳千古。

法官是裁判者，但不只是足球比赛中的裁判，一吹哨宣告结果即可，而是要通过判决书这一载体宣告裁判结果以及得出裁判结果的裁判过程。但是，裁判说理还需要制度的激励和保障，费尔南德斯案的两份司法意见书及其背后的美国司法制度或许能够对我们有所启示。

① 参见朱苏力《判决书的背后》，《法学研究》2001 年第 3 期。

三　依法治国与经济体制改革

民法的承袭、移植与本土化

朱　涛[①]

摘　要　法律的移植与承袭是我国民事立法的两条基本路径，在大力引入国外立法的先进经验和具体制度的同时，不能回避我国传统“民法”制度与理念具有的历史延续性。将二者加以适当调和的中间路线可以用“本土化”进行描述：即中国进行民事立法时，应当着力将外来法律文化为本土法律文化所吸收，使国民对其产生精神上的认同，将移植概念转化为本土语言，始终以满足本国实际的需要作为最高目标，并客观对待法律移植的长期性。只有在传统与现代、固有法与引进法、移植与承袭之间取得平衡，才是理性构建中国民法典理论和制度体系的关键。

关键词　法律文化传统　法律移植　本土化

自清末第一次民法典草案制定以来，“如何使民族本位文化遗留与时进化，如何使中国国情与外国法制兼容并蓄，如何使怀古之渝调与求新求变之学说各得其所”[②]，一直是我国民法理论试图但又未能解决的难题。从1911年《大清民律草案》诞生，中国制定民法已逾百年，在谈到近现代民法对中国社会的冲击时，仍有学者指出，至少在20世纪前50年，中国出现了法律与社会相互抵触的格局，且这一格局仍在延续[③]。新中国建立后曾先后四次制定民法典，均无疾而终，距离最近一次《中华人民共和国民法草案》提交全国人大常委会审议无果也已过去十一年。抛开历史环境和政治因素对于民法典生成的外部阻碍，其自身也存在定位不清晰，制

---

① 中国社会科学院法学研究所博士后，重庆邮电大学法学院副教授。

② 吴经熊：《法律哲学研究》，上海法学编译社1933年版，第85页。

③ 俞江：《中国民法典诞生百年祭——以财产制为中心考察民法移植的两条主线》，《政法论坛》2011年第7期。

度碎片化的缺陷。申言之，民法典数十年来屡遭失败之重要原因在于：不断转变借鉴坐标，始终没有找准自己的方向，在对国外民法理论和制度的移植过程中贪多求全，企图追寻最新最好的制度经验，却缺乏对于制度承袭、移植与本土化的理论解读，导致民法理论与生活实践的不兼容，理论自身的矛盾与重复，具体法条之间的断裂。笔者认为，民法典制定呼声逐渐寥落之时，恰是我们冷静思考的契机。本文就此出发，冀望审慎地分析民法移植与承袭之间的辩证关系，从中寻求民法本土化的路径，为未来中国民法典的继续制定提供思路。

一 民法的承袭——无可回避的现实

当代中国民法的发展，不完全是在“当代”这个时间概念下的发展，也不是在全然与先前立法不相关联的过程中发展。历史是法律的源泉，当代法律仍是历史的一种特殊的继续，无论它与以往的法律之间有着怎样不同性质的区分。囿于传统，中国法律文化具有相当大的惯性。我们可以说 1949 年以前是旧社会，以后是新社会，旧社会是旧法律，新社会是新法律。但不能以为过去是旧习惯，今天是新习惯；不能以为在新中国国旗升起的那一刻，中国所有的旧习惯和旧传统通通被埋葬；不能因此得出旧的社会形态已经全部消灭了的结论，只能说它依附的外壳可能被摧毁了，但是它的惯性会使它向前冲很久。所谓“习惯是第二种自然”，这句话很好地道出了包括民事立法在内的人类社会生活中的一些奥义。

对近现代中国而言，“民法”概念及其体系均属大陆法系的“舶来品”。作为一种社会文化构建而非纯粹自然的产物，多数民法基本理论，如法律行为、民事主体以及民事能力等，皆远离社会生活实践，具有高度的抽象性。但是这些理论顺利地被我国法律实践所接纳，其原因就在于现代民法的本质与功能与我国的法律传统存在契合之处。换句话说，在民法作为一种概念或者制度体系引入我国之前，在我国固有法上，亦存在与其结构类似、功能相当之事物。众所周知，每个社会在实质上都面临同样的问题，但不同的法律制度以极不相同的方法解决这些问题。若就形式与概念而言，中国古代是没有民法制度的，历史逻辑和社会形态的结构尚未把“民法”这一概念抽象出来；但若从实质意义上讲，中国古代法当然包括规范民事活动的内容。假如我们这样提问：古代中国是否曾像古代罗马一样，存在着“国家与个人的对立”，即中国古代除了“有关国家的稳定和国家应当实现的目的”之法以外，是否亦有“调整个人之间的关系，为个人利益确定条件和限度，涉及个人福利"[①] 之法的存在？并且，这种涉及私人事务之法是任意性的，可以由当事人的意志而更改，它的原则是"对当事人来说'协议就是法律'"[②]。答案显而易见是肯定的。故所谓中国古代"民法"，应该是社会结构与规范功能意义上的"民法"。就前者而言，国家对私人或私人团体之间的关系干涉的范围较小、强度较低，凡涉及财产和人身关系的私人问题都归属于"民事"范畴；就后者而言，中国古代的国家律典、例规等成文法规范，以及礼制、家法族规、风俗、民约等习惯性规范中，都可寻见"民法"的身影。

作为历史"民法"的继续，当代中国民事立法无可避免地受到其影响。从积极的方面来看：首先，成文法传统对当代民事立法有着深远的影响力。成文法是继习惯法之后产生的一种法形式，它的出现表明人类在以法的形式解决社会问题、调整社会关系方面，认识更为细密，也标明人类社会的发展对立法方式和法形式的要求达到一个新的水准。我国很早就形成了成文法传统，这是传统文化对后来的中国立法，包括民法典数次编撰的一种积极影响。其次，中国古代民间"自治"传统对当代民事立法的精神滋养。古代中国的"中央政府除了关注赋税和重大治安问题外，对其他社会、民生问题一概采取放任态度，这就造成了基层权力的真空状态和事实上的乡村自治模式"。[③] 与国家的律令、例规相结合，礼制、家法族规、风俗、民约等构成了古代中国民间社会自治的规则体系。其中最能表征"私人自治"的就是民约，所谓"民有私约如律令"[④]，它在社会消费和交易的意义上，体现了很大的社会自由和相当程度的私人关系的自治[⑤]。在"官有政法、民从私约"的背景下，古代中国人在私生活方面享有的自治是广泛而真实的。只是这种"自治"习惯于今日的积极效用，还需要我们进一步予以有效的研究、开掘和古为今用。

应当看到，如现时立法与先前立法的性质相同，那么先前立法对它的影响，在范围上便更广泛，在关系上也更融洽；如现时立法与先前立法的性质不同甚至对立，那么先前立法对它的影响则较为隐蔽、深刻，往往呈负面形式。当代民事立法与先前立法的性质截然不同，先前立法中固然有不少宝贵成分可

---

① ［意］彼德罗·彭梵得：《罗马法教科书》，黄风译，中国政法大学出版社 1992 年版，引言第 9 页。

② 周枏：《罗马法原论》，商务印书馆 1994 年版，第 83 页。

③ 苏亦工：《明清律典与条例》，中国政法大学出版社 2000 年版，第 37 页。

④ 在汉墓中出土的"杨绍买地砖"上刻记着上述内容，见钱大昕：《十驾斋养心录》，上海书店出版社 1983 年版。

⑤ 参见刘炎《明末城市经济发展下的初期市民运动》，《历史研究》1955 年第 6 期。

资借鉴，但它对当代民事立法也存在许多负面影响。事实上，我国四次民法典起草面临的诸多问题，不少源于此种负面影响。例如，作为市民社会的基本法，民法并未充分强调保护个人权利、限制政府和其他公共组织的权力，不少民事法律、法规规章仍着力为政府和其他公共组织提供“管理”的合法依据，或是强化“管理者”的权力与地位，这其中便深藏着中国法文化传统上的国权主义痕迹。并且，除了以民法为研究对象的学者外，公众对民法典的制定并不太关心。这一现象中便深掩着中国旧法文化的影子，在中国旧法文化中，立法是与公众和学术研究几乎隔绝的，如此等等。

此外，中国传统文化既是一种综合文化、集中文化，也是一种强调普遍性、共通性、整体性的文化，更是一种遵循元气说、注重模糊推理和模糊判断的文化，它同西方文化注重分析、具体、个别，刻意谋求对细节的准确认识的风格迥然有异。对当代民事立法而言，这种传统文化的背景，既有助于在立法中确立大局观，也有助于在立法中维系国家、社会、民族、集体的利益。但是，这种文化传统并不利于立法具体地调整社会关系和主体行为，尤其是确认和维护个人权利。现行民事法律、法规和规章中大量存在的不明确、不具体、过于原则、模棱两可、模糊不清、弹性过大以至无法实行、难以实行之类的毛病，其思维方式的一个主要根源，正在于传统文化的这一“风格”①。在认识和处理民事立法与传统文化关系方面，如何扬长避短，是摆在我们面前的一大任务。

二 民法的移植——身不由己的选择

法律移植是“在鉴别、认同、调适、整合的基础上，引进、吸收、采纳、摄取、同化外国的法律（包括法律概念、技术、规范、原则、制度和法律观念等），使之成为本国法律体系的有机组成部分，为本国所用”。② 法律移植在世界法制史中是一种普遍现象，古代中华法系、印度法系、阿拉伯法系，近代以来的英美法系与大陆法系，几乎所有的法系之子法国与母法国之间都存在法律移植的关系。规律移植既有同一历史时代的横向移植，也有不同历史时代的纵向移植；移植可以是相同地域的移植，也可以是跨越地域的移植；移植经常发生在政治经济体制相同的条件下，但也不排除在不同政治体制间的移植。法

① 以上影响部分内容详见周旺生《中国立法五十年——1949 至 1999 年中国立法检视》，载《法治和良知》，法律出版社 2002 年版，第 284 页以下。

② 张文显：《法哲学范畴研究》，中国政法大学出版社 2001 年版，第 269 页。

律移植是近现代以来法制相对落后国家改善和发展本国法律的通常路径。法作为人类文明成果的共同性决定了法律移植的必要性，社会发展和法律发展的不平衡性决定了法律移植的必然性，对法律调整的共同需求则决定了法律移植的可能性。历史发展到今天，几乎无法想象存有不受他国或世界文化大潮影响的国家，而法律移植则是国际文化交流背景下的一种必然现象。

从 19 世纪末期以来，我国数次发起移植西方法律的运动，从清末的修律立宪和民国立法，到新中国成立初期的社会主义法制建设，乃至改革开放以来的立法活动；从被逼无奈，到积极主动，中国民法的现代化几乎完全立基于法律移植。我们在很多方面都已服膺于西方尤其是大陆法系民法学，百年间，我们争论的不是要不要，而是究竟要移植德国的，还是法国、日本的民法，或者是可否在民法体系中加入普通法的规则。作为后发国家，移植本身无可厚非，但在如何将学来的民法理论制度与中国社会相结合方面，百年来仍在探索。这当然有经验积累的不足，但是否也说明：至今为止，西方民法学还没有通过充分的中国实践，内化为属于我国民法的知识？①

表面上法律移植是对规则和制度的移植；实质上是立法者在表达其改变社会生活事实的努力。立法者心目中已然有一个成熟的、未来社会生活事实的蓝图：即母国的秩序，但是母国的秩序无法整体搬迁到本土，所能搬迁的只是母国秩序中被归纳和提炼的规则及其制度文本和解读文本——法律。立法者移植国外立法并非他们发现了这种法律能够适应当下的社会生活事实，而是想通过制定这种法律、规则和制度，使其脑海中所构想的秩序蓝图得以实现。“自清末以来中国思想界一直处于一种不健康的急迫心理压力之下。”② 立法者从起草第一部民法典起，就急于“折衷各国大同之良规，兼采近世最新之学说”③，试图把西方先进的民法制度原封不动地移植到中国，以其价值观念和行为方式取代中国根深蒂固的礼法体系，建立类似西方的现代社会。民国及五十年代后的大陆民事立法，或强摹欧美，或照搬苏俄，皆有意识地在实现与传统法律文化的割断。“鸦片战争给国人带来的心理影响是，中国自此不复为上国，而是落后之国，不断受外国人的侵略、攻击、肢解、控制。直至今日，全中国民族并未能脱离外国实质的精神的压力和控制。”④ 在这种心理之下的民法移植，

① 俞江：《中国民法典诞生百年祭——以财产制为中心考察民法移植的两条主线》，《政法论坛》2011 年第 7 期。

② 余英时：《中国思想传统的现代诊释》，江苏人民出版社 1995 年版，第 58 页。

③ 沈家本：《进呈刑律分则条文三十单折》，《长编》，第 252 页。

④ 胡秋原主编：《近代中国对西方及列强认识资料汇编》，中央研究所近代史研究所编印 1972 年版，序言第 5 页。

往往只着重于制度的嫁接，忽略了移植体在脱离了母国的语境成为纯粹规则制度的文本之后，如何在本土重新赋予其生命力的问题。“中国固然制定了不少的法律，但人的实际上的价值观念与现行法本是有差距的，而且情况往往是，制度是现代的或近于现代的，意识则是传统的或更近于传统的。”[①] 这种法律与社会之间的“落差”，自清末起的几乎每一部民法典（草案）中，都可以找到佐证。

“一切法均起源于行为方式，在行为方式中，习惯法渐次形成。就是说，法首先产生于习俗和人民的信仰，其次才假手法学——职是之故，法完全是沉潜于内、默无言声而孜孜嗞嗞的伟力，而非法律制定者的专断意志所孕育的。”[②] “虽然法律和法律制度是人类观念形态，正如其他观念一样，不能够被禁锢在国界之内”，然而“原封不动地搬用外国法律制度是最令人难以想象的”。[③] 前辈学人制定“民律”时所倡“注重世界最普通之法则；原本后出最精之法理；求取最适于中国民情之法则；期于改进上最有利益之法则”[④] 的宏伟宗旨，绝非去认识一个个逝去时代的法律形态，去抄写一套套既定的法律规则，而应该是运用新的知识，去认识和阐释从过去延伸而来正在进行中的社会；是不断利用新的民法理论，去思考和解释我国独有的历史和现实，从而使一些中国独有的民事关系，能够得到现代民法学的解释，进而反映到民事立法中，形成一个内在逻辑统一的新体系。详言之，即是要讲究移植的科学方法，将外来法律以民族法律的形式出现，以本土概念诠释，潜移默化，相互影响，徐图进取，从而改造社会，渐次达到法律移植的目的，直至最终成为民族的一部分。

三 民法的本土化——中间路线的妥协

“法律是特定的民族的历史、文化、社会的价值和一般意识与观念的集中体现。任何两个基本国家的法律制度都不可能完全一样。法律是一种文化的表现形式，如果不经过某种‘本土化’的过程，它便不可能轻易地从一种文化

① 梁治平：《新波斯人信札》，贵州人民出版社 1988 年版，第 101 页。

② ［德］萨维尼：《论立法与法学的当代使命》，许章润译，中国法制出版社 2001 年版，第 11 页。

③ ［德］K. W. 诺尔：《法律移植与 1930 年前中国对德国法的接受》，李立强、李启欣译，林致平校，《比较法研究》1988 年第 2 期。

④ 俞廉三、刘若增：《民律前三编告成奏折》，《大清民律（草案）·奏折》，宣统三年法律修订馆印。

移植到另一种文化。"① 本土化的前提是：移植的法律与接受移植的法律本体之间存在共同性，即受同一规律支配，互不排斥或较少排斥，具有互相吸收融合的共同因素。民法作为概念法学的产物，一个纯粹移植的法律体系，能够被我国立法顺利地加以吸纳，原因正在于此。但是，要使得已经被本土法律制度吸收的民法制度真正转化为现实中的"活法"，还有以下工作要做。

首先，将外来民法文化转化为本土民法文化。"法律必须被信仰，否则它将形同虚设，它不仅包含有人的理性和意识，而且还包含了他的感情，他的直觉的献身，以及他的信仰。"② 就移植法律而言，"除非人们觉得那是他们的法律，否则他们就不会尊重法律，但是，只有在法律通过其他形式与传统权威与普遍性触发并引起他们对人生的全部内容的意识，对终极目标和神圣事物的意识的时候，人们才会产生这种感觉"③。因此，民法的移植要从民法思想的移植做起，除了关注同时代西方法律的实在部分之外，更需关注更为遥远的西方法律的文化背景，并努力在本土找到与其契合的思想理论。因为具体制度的裂缝完全可以通过理念、原则的沟通而获得弥合，而一旦"缺乏强有力的道德根基，被移植的制度与观念无从获得本地沃土和持续成长的养分，不管移植者技巧如何娴熟高妙，这样的法律都是不可能有效生长的——只有法律之树根植于价值观念能指明方向的沃土时，才有可能为后代结出希望之果"。④ 原则确立后，新的规则与制度才能因此建立。从社会实际出发，它的成本相对较高，但效果相对更可取。这要求立法者不仅要深入了解拟移植之制度，更要以本国国情为归依。只有找到中西方民法在思想、文化上的相同、相似或者相容之处，移植来的民法制度才能在本土法律文化中焕发生机。

其次，将移植民法概念转化为本土语言。"即使是一个大而复杂的表征系统（如语言），与它所表征的东西之间也不具有内在的、固有的、神秘的联系——一种与它被怎样引起的过程无关、与说话者和思想者有什么倾向无关的联系。"⑤ 即语言不可能脱离"说话者"的思想而"天然地"与被表征的东西联系在一起，"词"与"物"的结合是偶然的，受到社会生活制约，语言（表

---

① ［美］格伦顿·戈登·奥萨魁：《比较法律传统》，中国政法大学出版社 1993 年版，第 6—7 页。

② ［美］哈罗德·J. 伯尔曼：《宗教与革命》，梁治平译，生活·读书·新知三联书店 1991 年版，第 28 页。

③ 同上注，第 60 页。

④ 安守廉、沈远远：《"法律是我的明神"：吴经熊及法律与信仰在中国现代化中的作用》，季美君译，《湘江法律评论（第二卷）》，湖南人民出版社 1998 年。

⑤ ［美］希拉里·普南特：《理性、真理与历史》，童世骏、李光程译，上海译文出版社 1996 年版，第 10 页。

征系统）与被表征物之间的关系是被社会生活“污染”过的，法律语言亦是如此。它是传递不同法律生活、法律制度的信息代码，体现着不同国家、民族的法律世界观。移植的民法概念如果不能准确的为本国语言所表述，也不可能真正被本国民众所接受。这是一个表达方式转化的技术问题，即由一种语言思维方式向另一种语言思维方式的转变，要求达到的目的“就是法律的用语，对每一个人要能够唤起同样的观念”。① 只有将移植的民法在技术层面上以本民族的语言方式表达出来，用本民族的已有概念经输入新的内容而表达新的内涵，才能真正吸收外来的民法文化。对一种法律的认同，从某种意义上说，就是对本民族语言所表达出来的这一概念的认同。②

再次，以本国实际的需要作为民法典制定的追求。一项民事立法，实用性是第一位的，逻辑性是第二位的，当实用性与逻辑性发生矛盾时，逻辑性应当服从实用性。③ 尊重理论逻辑值得提倡，但是必须反对唯理论逻辑的马首是瞻。法律移植作为一种实践活动，评价其功效，功利主义是最为恰当的态度，移植制度的优劣不在于它是否符合某种理论的逻辑，而在于它能否妥善解决它所面对的问题，实现设计者所要达到的目的，压倒一切的考虑是社会生活的需要。如《法国民法典》的起草者所言，“法律并不纯粹是权力使然，而更多的是智慧的作为，是正义和理性使然。立法者除了代表政权行事，他更多的身份是个祭司。他应该谨记法律为人而立，而不是让人来适合法律。法律应当符合适用她的人们身处的时代特征、社会习惯”。④ 民法典的制定不能脱离中国的实际，不能远离人的需求和利益。就此而言，我们在借鉴西方经验的同时，也应注重中国的文化传统和法律传统，制定出满足中国社会发展需要的法律。

最后，客观对待民法移植的长期性。法律移植并非一次性的活动，其内在地包含了试错、调试、改造等环节，甚至重复多次这样的过程。法律移植不仅是制度的迁移，更是法文化的交流，就此而言，我国所进行的民法移植属于异体移植的范畴。作为移植方，我国与被移植方的文化土壤并不十分相融或相近，所以经常性地面临移植过程中的法律文化冲突问题，以及移植的法律能否在我国法文化环境中发挥功效的问题，需要较长时间加以解决。就社会发展而言，我国与被移植的国家并非处在相同或基本相同的发展阶段，作为一个后进

---

① ［法］孟德斯鸠：《论法的精神》（下册），张雁泽译，商务印书馆 1963 年版，第 297 页。

② 洪逊欣：《法理学》，三民书局 1984 年版，第 4—5 页。

③ 马俊驹：《漫谈民法走势和我国民法典的制定》，《清华法学》2003 年第 2 期。

④ ［法］特隆歇、［法］波塔利斯、［法］普雷亚梅纽、［法］马勒维：《法国民法典开篇：法典起草委员会在国会就民法典草案的演讲》，殷喆、袁菁译，载何勤华主编《20 世纪外国民商法的变革》，法律出版社 2004 年版，第 6—7 页。

者主动借鉴吸收先进者的民事立法精神与技术经验，本身就处于较低的地位，如何处理传统和现实的融合与冲突，制度和精神的认同与隔阂；如何全方位地整合、梳理外来民法文化等的问题，无论是在技术层面还是在精神层面的操作都极为敏感。可以断言的是，这必定是一个长期的历史过程，无法在一、两代民法人手中毕其功于一役。

结　　语

“生活并非为了概念，概念却是因为生活。”[①] 反复思考民法的移植、承袭与本土化，目的在于思考我国民法典制定过程中一直未能解决的路径依赖、制度断裂的问题。怎样在传统与现代、固有法与引进法、移植与承袭之间取得平衡？仍需要我们不断发问。当下民法移植的过程仍在进行，它继续为新一代法律人提供新的有效资源，培育和维护着民法意识赖以生存的社会土壤。与此同时，传统观念的血液依然流淌在民法制定者的身体里，“对于历史悠久的法律传统来说，改革通常面临更大困难。这种法律传统的现代化过程操之过急会导致社会的动荡和传统复归。即便认为传统法律一无可取，似也应有一个渐进的过程和缓冲的时段。否则人们会拒绝接受新法律，倾向于继续使用原先的法律，从而导致欲速则不达”[②]。无论如何，时至今日包括民法在内的“中国法律文化已经与‘他者’文化混合，从而呈现出不可避免的杂交性”[③]，我们所能做的，就是在传统与现代、固有法与引进法、移植与承袭之间进一步取得平衡，进而达至理性构建中国民法典理论和制度体系的目的。

---

① ［日］长谷川国雄：《世界名著便览》，天津编译中心译，世界知识出版社 1992 年版，第 229 页。

② 高鸿钧：《冲突与抉择：伊斯兰世界法制现代化》，《比较法研究》2001 年第 4 期。

③ 姜涛：《中国法学知识谱系建构的主题词》，《法律科学》2010 年第 5 期。

专家对第三人责任论

周友军[①]

摘　要　专家对第三人责任案件可以大致分为专家意见案群和遗嘱案群。即便专家采取非个人执业的方式，其个人也应当对受害人负责。在比较法上，专家对第三人责任的规范模式主要有侵权责任和合同责任两种。我国现行法采侵权责任模式，在立法论上也应当采此种模式。而在此模式下，专家对第三人责任的若干特殊的、重要的规则也需要专门予以探讨。

关键词　专家责任　专家对第三人责任　会计师责任

一　引言：概念界定与案群区分

所谓专家对第三人责任，是指因专家执业过错导致第三人损害，其应当承担的民事责任。“第三人”的概念就意味着他与专家之间不存在合同关系[②]。

在我国，出现了诸多因专家的执业活动导致第三人损害的案件，它们可以大致区分为两大类：一是专家意见案群。在这类案件中，专家的意见是委托人和第三人作出交易决定的共同基础，但专家与第三人之间没有合同关系，两者之间仅仅形成了事实上和法律上都承认的特别结合关系[③]。例如，企业的债权人起诉为该企业出具虚假验资证明的会计师事务所的案件，就属于此种案群。专家意见案群是专家对第三人责任案件中最重要的、最频发的形态。二是遗嘱案群。在这类案件中，专家接受他人的委托就是为了使特定的第三人获得利益，但是，因专家的过错导致第三人无法获得该利益。其典型形态是遗嘱无效

---

① 中国社会科学院法学研究所博士后，北京航空航天大学法学院副教授。

② Sprenger, Die Dritthaftung von Experten im International Privat-und Zivilverfahrensrecht, Tübingen 2008, S. 1.

③ Büttner, Umfang und Grenzen der Dritthaftung von Experten, Tübingen 2006, S. 37f.

案件。

专家意见案群和遗嘱案群同属于专家对第三人责任案件，其最大的共同之处在于，专家往往都是因为其过失导致了第三人损害，而且，在绝大多数情形受害人都遭受了纯经济损失。不过，两者也存在一些区别，主要表现在如下两个方面：其一，第三人的范围是否特定。在遗嘱案群中，专家被他人委托是为了特定的第三人的利益，第三人是特定的，而且人数往往比较有限；而在专家意见案群中，第三人有可能是不特定的、为数众多的受害人。例如，会计师为上市公司出具虚假的审计报告，遭受损害的可能是广大的股民。其二，损害的产生是否以信赖为基础。在遗嘱案群中，受害人并不是因对专家的信赖而遭受了损失，他甚至不知道专家以及委托合同的存在。而专家意见案群中，受害人遭受损害就是因为其信赖了专家的意见。

在现代社会，专家责任关注的热点发生了转变，从具有合同关系的当事人之间的责任转变为专家对第三人应当承担的责任问题①。作为对这一社会现实的回应，我国注册会计师法、律师法、公证法等法律以及《最高人民法院关于审理涉及会计师事务所在审计业务活动中民事侵权赔偿案件的若干规定》（以下简称“《会计师事务所侵权赔偿的规定》”）等司法解释解释中都涉及专家对第三人责任问题。但是，这些规定都比较简略，如何理解和适用成为法教义学上的重要问题。另外，因为这些规定之间也并不一致，与法律体系化的要求之间还存在差距。因此，本文拟以我国现行法上既有的规定为基础，以比较法的考察为参照，探求专家对第三人责任的规范模式。在此基础上，对于此种责任的具体规则进行分析。

二　前提性问题：受害人救济的必要与专家个人负责

在探讨专家对第三人责任制度时，必须明确的两个前提性问题是，受害人是否应当获得救济，以及专家个人是否应当负责。

专家之所以要对第三人负责，有其深厚的社会原因，主要在于：其一，信赖保护的需要。专家对第三人责任的重要社会基础就是社会公众信赖的保护。现代人生活在专家知识之中，他只能信任专家。专家对第三人承担责任，从根本上说就是要保护社会公众的信赖。其二，社会分工和合作的需要。如果专家仅仅对其委托人负责，他在出具意见时，就仅仅考虑他与委托人的关系，从而

① 李建华、董彪：《专家对第三人承担民事责任的理论基础》，《社会科学战线》2005 年第 5 期，第 207 页。

使得专家意见丧失其在法律交往中的意义。而如果专家对第三人承担责任，就可以保证一定的服务质量，进而促进专家职业的发展。其三，信息市场高效率的需要。专家意见的特点就在于，它的利用人的范围是不特定的。如果任何交易的参与者都要独自委托专家，不符合信息市场高效率的需要，因为它并没有考虑到信息市场的特点，即付出少量的成本，就可以实现数人对专家意见的利用①。

当然，即便第三人有获得救济的必要，也未必一定采取由专家个人负责的路径。就专家的执业形态来说，其有两种不同的选择：一是个人执业的形态，如个人的律师事务所。此时，该执业机构与设立人实际上是同一民事主体，专家个人需要对外承担责任。二是非个人执业的形态，如会计师在会计师事务所执业。此时，专家以执业机构的雇员的身份出现。从我国现行法的规定来看，如果专家采取非个人执业的形态，法律其往往只是明确了专家所在组织的责任（如《注册会计师法》第42条、《公证法》第43条等）都有相关规定，专家自身是否要对第三人承担责任并不明确。

笔者认为，专家个人也应当对第三人承担责任，理由主要在于：其一，这是督促专家谨慎执业的需要。要求专家个人承担责任，有利于督促其在执业中尽到必要的谨慎。其二，这是过错责任原则的要求。过错责任原则在某种意义上具有“兜底”功能。除非法律另有规定，否则，任何人因其过错而导致他人损害，都应当承担责任。其三，这是法律体系内在一致性的要求。在专家个人执业的形态，其应当对第三人负责，而在非个人执业形态，其不必负责，如此则违背了法律体系内在一致性的要求。

三　专家对第三人责任的规范模式：比较法与我国的选择

（一）比较法上的侵权责任模式和合同责任模式

1. 侵权责任模式：以法国和英国为例

在法国，绝大多数法院都同意通过侵权法给予第三人损害赔偿，而且，可以赔偿第三人所遭受的纯经济损失。法国的理论界也对该侵权责任模式表现出广泛的接受。具体来说，专家对第三人责任案件是被纳入其过错责任的一般条

① Schäfer, Haftung für fehlerhafte Wertgutachten aus wirtschaftswissenschaftlicher Perspektive, AcP 202 (2002), 812.

款（即《法国民法典》第1382条和第1383条）来解决的。为了限制侵权责任的承担，法国法院试图限制可赔偿的损害的范围，即要求可赔偿的损害必须是现实的、直接的和确定的。“现实的”和“确定的”损害是指损害是事实上的，而不仅仅是可能的损害。“直接的”损害是指行为与损害之间应当存在必要的因果关系。[①] 不过，上述标准比较模糊，所以，没有给专家对第三人责任案件提供非常明确的裁判依据。

在英国，专家对第三人责任主要通过过失侵权（negligence）来解决。作为独立侵权类型的过失侵权，其类似于过错责任的一般条款，在此侵权类型之下，专家过失导致的纯经济损失也可以获得救济[②]。过失侵权的构成要件包括：注意义务、注意义务的违反和因果关系。就专家对第三人责任案件来说，责任认定的决定性要件是，专家是否对第三人负有注意义务。其注意义务的认定理论经历了从邻人规则、两步认定法到三步认定法的演变过程，目前主要采三步认定法。按照三步认定法，注意义务的认定要符合三项标准：其一，损害的可预见性。其中，可预见性的对象包括原告和损害。其二，加害人和受害人之间的密切关系。其三，公平、正当和合理的考量。这就是进行司法政策的考量。[③]

2. 合同责任模式：以德国为例

在德国，法院早期采用默示的咨询合同（Auskunftsvertrag）的方案。法院认为，专家与第三人之间默示地表明了订立合同的意愿，专家意见的缺陷导致了专家违反这一默示的合同，从而应当对第三人的责任。[④] 在具体认定是否存在默示的咨询合同时，应当考虑如下两个决定性的因素，即咨询对于当事人的意义和专家的专业知识。

不过，“默示的咨询合同”的方案存在拟制当事人意思等缺陷，后来法院明确地放弃了此种方案。目前，德国法院主要采用附保护第三人作用的合同制度来解决此类案件。在此种方案之下，专家与委托人之间的合同被认定为具有保护第三人的效力，所以，第三人也可以基于该合同而向专家主张承担合同责任。之所以认定该合同具有保护第三人的效力，主要是基于如下两个方面的因素：其一，第三人信赖专家的意见，并将其作为财产处置的依据。其二，专家

① Gotthard, Landesbericht Frankreich, in: von Bar (Hg.), Deliktsrecht in Europa, Köln 1993, S. 23.

② Dugdale, Parkinson, Stanton, Cox, Swinson, Professional Negligence in Accountancy, Longman Group Ltd, 1986, p. 13.

③ Caparo Industries Plc. v. Dickman [1989] Q. B. 653, 658, 696.

④ Grunewald, Die Haftung des Experten für seine Expertise gegenüber Dritten, AcP187 (1987), 294.

也认真地考虑到，其意见会被可界定的、被认识到的第三人使用[①]。就专家对第三人责任案件而言，其可以满足附保护第三人作用的合同制度的各项要件（包括给付近邻、合同当事人的预见可能性和第三人受保护的必要性）。

此外，德国法院有时也通过缔约过失责任制度来救济第三人。法院认为，虽然专家不是合同当事人，但他参与了合同的磋商，而且，受害人的信赖值得保护，因而专家要对第三人承担缔约过失责任。在 2002 年德国债法现代化法通过之后，法院的做法被成文化，纳入《德国民法典》（即第 311 条第 3 款）。

（二）比较法上不同规范模式的分析

上述两种不同的规范模式可以说是各有其优点和缺点。合同责任模式的优点在于：借助合同责任可以充分地救济纯经济损失，没有理论上的障碍。而且，借助合同责任，可以减轻受害人的举证负担，因为比较法的合同责任原则上是过错推定责任。不过，合同责任模式也存在违背当事人意思的弊端。合同责任模式有两个思路，要么拟制当事人的意思，要么扩张合同当事人的范围。不论何种思路，都是对当事人意思的违背。另外，合同责任模式不完全符合专家和第三人的社会关系性质。合同责任是以存在具体法律关系的民事主体的特别社会生活关系为对象的。就专家对第三人责任案件来说，其相互之间实际上是一般社会生活关系，与合同责任的适用对象并不相符。

侵权责任模式的优点在于，其符合专家和第三人之间的社会关系性质。侵权责任是以并不存在具体法律关系的市民相互间的一般社会生活关系为对象的。专家和第三人之间属于一般的社会生活关系。正是基于这一原因，专家对第三人责任在本质上属于侵权责任。不过，在侵权责任模式之下，救济因过失所导致的纯经济损失会存在困难。而且，在专家通过合意的方式来限制或免除对第三人责任方面比较困难。如果通过合同制度来构造专家对第三人责任制度，专家可以通过合意的方式来限制或免除对第三人的责任；而通过侵权制度来构造，则存在法理上的障碍[②]。

或许是考虑到合同责任和侵权责任都存在一定的缺陷，无法完全满足该类案件的需要，在理论上也出现了探索第三条道路的尝试，即独立责任模式。主张独立责任模式的学者认为，专家和第三人之间形成法定的债的关系，专家违反以此种债的关系中的义务，就应当承担债务不履行责任。独立责任模式的代

---

① Hirte, Berufshaftung: ein Beitrag zur Entwicklung eines einheitlichen Haftungsmodells für Dienstleitungen, München 1996, S. 398.

② Kötz, Europäisches Vertragsrecht, Band 1, Tübingen 1996, S. 385.

表性学说有两个：一是职业责任（Berufshaftung）说。德国学者 Lorenz 教授首倡此种观点，他认为，专家职业的特殊性在于，面向公众性和可信赖性。因此，在专家和第三人之间就应当形成类似于缔约过失的法定的债的关系，这种关系是基于双方之间的信赖而产生的[①]。二是信赖责任（Vertrauenshaftung）说。德国学者 Canaris 教授首倡此种观点，他认为，专家对第三人责任的基础不是合同，而是法律行为意义上的接触。当事人之间基于信赖而产生了法定的债的关系，而且，在这个前合同领域，合同上的责任限制可以发挥作用[②]。独立责任模式的优势主要在于，其跳出既有的理论框架，给予足够的法理构造空间，以更好地契合该类案件的特殊性。不过，独立责任模式难以实现与既有制度的衔接，而且，会导致法的安定性受到影响。

（三）我国的规范模式：解释论与立法论

在解释论上，我国采侵权责任的模式，最高人民法院在很多司法解释（如《会计师事务所侵权赔偿的规定》）中都明确了，专家对第三人责任属于侵权责任。另外，我国《侵权责任法》第 6 条第 1 款确立了过错责任的一般条款，而且，采取与法国法相同的大一般条款模式，所以，除非法律有明确规定的情形外，其他专家对第三人责任案件都应当适用该条规定。

在立法论上，我国应当采取何种模式来规范专家对第三人责任案件呢？应当看到，专家对第三人责任案件的制度设计并没有固定的规范模式，它必须以本国的制度背景和社会背景为基础。例如，德国法院之所以借助合同法上的制度来解决的此类案件，而很少通过侵权法予以解决，主要是因为其过错责任采三个小一般条款模式，即《德国民法典》第 823 条第 1 款、第 823 条第 2 款和第 826 条。此种立法模式是以权益位阶理论为基础的。在此三个小一般条款之下，过失造成的纯经济损失原则上不予赔偿，除非专家的行为违反了保护性法律。在专家对第三人责任案件中，通常都没有保护性法律的存在，而且，德国法院也拒绝认定职业准则属于保护性法律。再如，在英国法上，合同法的制度之所以没有被用于解决专家对第三人责任案件，主要是因为两个制度障碍：其一，约因（consideration）制度。因为专家意见的使用者与专家之间通常不存在约因，或者说不存在法律上的利益或损害，双方之间不可能被认定为存在合

---

① Lorenz, Das Problem der Haftung für primäre Vermögenschäden bei der Erteilung einer unrichtigen Auskunft, in: FS für Larenz, München 1973, S. 591ff.

② Canaris, Schutzgesetze-Verkehrspflichten-Schutzpflichten, in: FS für Larenz, München 1983, S. 102ff.

同关系。其二，合同相对性规则。因为第三人与专家之间不存在合同关系，又不突破合同相对性规则，所以，不可能产生类似于附保护第三人作用合同的制度[①]。

从我国的实际出发，笔者认为，在立法论的层面，我国也应当采取侵权责任模式，理由主要在于：第一，我国侵权法上的过错责任大一般条款模式。《侵权责任法》第6条第1款确立了与法国法类似的过错责任的大一般条款。这尤其表现为，它没有采纳德国法上的权益位阶理论。在此模式下，无论受害人遭受了纯经济损失，也可以依据该条规定请求赔偿。就专家对第三人责任案件来说，其完全可以通过适用过错侵权的一般条款来解决，没有必要转而求助于合同责任制度。第二，比较严格的合同相对性规则。我国立法（如《民法通则》第116条、《合同法》第121条）和理论界历来都认可合同相对性规则。而且，实务界和理论界对于合同相对性规则的突破一直持谨慎态度[②]。所以，通过合同责任模式（如附保护第三人作用的合同制度）解决专家对第三人责任案件在我国存在理论障碍。

四　专家对第三人责任的具体规则：若干特殊问题探讨

如果我国对于专家对第三人责任案件采取侵权责任模式，接下来要面临的问题就是如何妥当设计其中的具体规则。就归责原则而言，在例外情况下，法律和司法解释就具体类型的专家确立了过错推定责任（如《最高人民法院关于审理证券市场因虚假陈述引发的民事赔偿案件的若干规定》第24条）。除此之外，我国法律上的专家对第三人责任应当属于过错责任，适用过错责任的一般条款（即《侵权责任法》第6条第1款）。不过，从立法论的角度来看，似乎可以考虑通过司法解释等形式，确立规范专家对第三人责任的一般条款，并应当将其设定为过错推定责任，以适当强化专家的责任，并减轻受害人的举证负担。就总体上来说，专家对第三人责任案件中的不少问题可以适用专家责任的一般原理，如专家过错的认定、因果关系的认定等。此处仅仅探讨专家对第三人责任案件中的特殊问题，包括：第三人的范围界定、专家免责声明的效力、专家对第三人的作为义务以及专家对第三人责任的辅助性。

① Decku, Zwischen Vertrag und Delikt, Frankfurt a. M. 1997, S. 27.

② 王利明：《合同法研究》第一卷，中国人民大学出版社2002年版，第106—108页。

(一) 第三人的范围界定

在专家对第三人责任案件中，第三人的范围界定是非常重要也非常困难的问题。从比较法上来看，各国基本的立场是，有权请求专家赔偿的第三人的范围应当是有限的，以实现专家职业利益和社会公众利益的平衡。在英美法上，第三人范围的确定与注意义务密切相连，第三人就是专家对其负有注意义务的人。而且，英美法的判例法特点决定了，其具有针对个案的灵活性①。而在德国法上，如果适用附保护第三人作用的合同制度，第三人的范围通过专家的预见可能性来确定，即第三人必须是专家有认识可能性和责任扩张的期待可能性的人。

在我国，《注册会计师法》第 42 条将第三人表述为“其他利害关系人”，《公证法》第 43 条第 1 款将第三人表述为“公证事项的利害关系人”，这些法律都没有为第三人的确定提供明确的标准。笔者认为，应当区分不同类型的专家对第三人责任案件，进而确定不同的第三人认定标准。在遗嘱案群中，第三人的范围是特定的，而且，是专家在其实施执业活动时已经认识到的人。具体来说，第三人就是因专家的执业活动而间接受益的人。例如，因律师的过错导致遗嘱无效，可以请求赔偿的第三人就是可以从遗嘱中受益的人。而对于专家意见案群来说，第三人的范围认定则比较困难。借鉴比较法上的经验，笔者认为，第三人范围的确定应当主要考虑如下因素综合认定，即专家意见的目的、专家对第三人的认知、第三人信赖的合理性。

其一，专家意见的目的。只要在专家意见的目的范围内使用该意见的第三人，原则上都应当获得赔偿。因为专家出具意见是为了特定的交易，专家在与委托人签订合同时，也已经考虑到了相应的责任风险，并要求委托人支付了相应的费用。

其二，专家对第三人的认知。专家对第三人承担责任的前提是，他必须考虑到，其意见要出示给第三人，并成为第三人作出决定的基础。具体来说，专家对第三人的认知包括如下几个方面的内容：（1）信息被用于何种目的；（2）信息将被传达到具体的个人或者有限的群体；（3）第三人将以该信息为依据来实施行为。例如，在委托人隐瞒了其真正的目的的情形，专家就不应当对第三人负责。

其三，第三人信赖的合理性。从比较法上来看，合理信赖往往被作为专家

① 参见仲伟珩《专家对第三人民事责任制度研究》，博士学位论文，中国政法大学 2007 年版，第 207 页。

对第三人责任的要件。如果第三人基于不合理的信赖进行了交易，其属于自甘冒险，并没有保护的必要。具体来说，第三人的信赖是否合理，要综合考虑各种因素来认定，主要包括四个方面：（1）专家意见的出具时间。[①]（2）专家意见的保护范围，或者说目的项目的保护范围。[②]（3）专家意见是否是最终版本。例如，会计师的报告不是最终的版本，第三人对该初稿的信赖就很难说是合理的。[③]（4）专家的保留性声明。例如，专家在其意见中表明，“信息的准确性不能完全保证，使用者应当自行调查”。这就可以成为第三人信赖不合理的证明。

（二）专家免责声明的效力

从实务来看，专家有时会在其意见中作出免责声明。例如，会计师在出具审计报告时，标明“本报告仅供年检使用”。在比较法上，依据英国普通法上的规则，专家在其意见中表述的免责条款，原则上可以对第三人发生效力[④]。而在法国，如果专家在其意见中作出了保留，而且，任何阅读该意见的人都可以知晓，专家也可能免责。在德国，法院有时予以认可，有时又否认其效力。我国《会计师事务所侵权赔偿的规定》第9条明确规定，这些免责声明“不能作为其免责的事由”。笔者认为，这一规定可能过分倾向于受害人的保护，而且，专家的责任属于基于信赖而产生的责任，在存在免责声明的情形，很难认定第三人存在合理的信赖。所以，认可此种免责声明效力的做法似乎更值得赞同。

不过，免责声明的内容也并非不受法律的控制。在英国法上，专家的免责声明必须受到1977年的英国不公平合同条款法案的限制，不能是不公平、不合理的。按照Griffiths法官的看法，合理性的判断要考虑如下因素：（1）当事人（即专家和第三人）是否要同等的协商能力？（2）第三人通过其他渠道获得信息是否是可能的？（3）专家作出无误的意见是否困难？（4）免责声明无效会导致什么实际的后果，尤其是专家是否投了保险？这一做法也值得我们借鉴，在我国法上，可以考虑类推适用格式条款法律控制的规则，以确定专家的免责声明是否可以生效。

---

① Canaris, Die Reichweite der Expertenhaftung gegenüber Dritten, ZHR 163 (1999), 206.

② 仲伟珩：《专家对第三人民事责任制度研究》，第255页。

③ Dugdale, Parkinson, Stanton, Cox, Swinson, Supra, pp. 63 - 64.

④ Ibid., p. 65.

（三）专家对第三人的作为义务产生原因

专家的侵权行为可能是作为，也可能是不作为。专家的不作为要被认定为侵权行为，必须以违反了作为义务为前提。在我国，作为义务的产生原因通常有三个，即法律规定、合同约定和先前行为。但是，这三者通常都无法成为认定专家对第三人负有作为义务的基础。笔者认为，可以考虑以安全保障义务理论解释专家的作为义务。在德国，不少学者（如 Christan von Bar 教授）都以交往安全义务（Verkehrspflichten）理论来解释专家对第三人的作为义务的产生原因。他们认为，专家之所以要负担此种义务，是因为专家的专门性知识使得社会公众对他们产生了信赖，而且，他们还可以采取有效的方式、花费极小的成本来防免危险。① 我国法上的安全保障义务制度就是借鉴德国法上的交往安全义务理论的结果，所以，以安全保障义务来解释专家的作为义务，不存在理论上的障碍。另外，安全保障义务制度的产生原因就是，开启或持续危险的人应当采取合理措施，避免他人遭受损害。专家实施执业活动，其也就开启了危险，应当采取措施避免危险的实现。在解释上，具体的方法是类推适用侵权责任法第 37 条。

（四）专家对第三人责任的辅助性

在专家对第三人责任案件中，如果存在直接债务人，专家是否承担补充责任？对此，学界存在不同的看法。从比较法基本上没有针对所有类型的专家确立补充责任的立法例。但是，针对特定类型的专家，也有要求其仅承担补充责任的做法，如《德国联邦公证人条例》（BNotO）第 19 条第 1 款第 2 句确立了公证人对第三人责任的辅助性。

笔者认为，从适当限制专家责任的角度考虑，通过补充责任的制度设计，有助于实现社会公众利益与专家执业利益之间的平衡。尤其是在我国，专家的社会地位不高，专家执业的收费水平也明显低于国际上的一般水平，在此背景下，更有必要适当限制专家的责任。另外，从我国的实践来看，已有针对特定类型的专家实现补充责任的做法。最高人民法院的数个司法解释中都确认了，会计师事务所虚假验资的，应当承担补充责任。② 因此，在所有专家对第三人

---

① Christan von Bar，Verkehrspflichten，Köln u. a. 1980，S. 233f.

② 参见《最高人民法院关于会计师事务所为企业出具虚假验资证明应如何处理的复函》《最高人民法院关于会计师事务所为企业出具虚假验资证明应如何承担责任问题的批复》以及《会计师事务所侵权赔偿的规定》第 10 条。

责任案件中确立这一规则，也易于为司法界和社会公众所接受。

借鉴德国法的经验，专家承担补充责任的适用要件包括：其一，存在其他的赔偿可能性。按照德国通说见解，受害人因自己的过错而错过了其他的赔偿可能性，也应当与存在其他赔偿可能性同等视之①。其二，具有期待可能性(Zumutbarkeit)。只有受害人行使其他的赔偿请求权存在期待可能性时，才能适用辅助性规则②。德国法院对于期待可能性的认定非常多样，而且绝大多数具有个案认定的特点③。从其司法实践来看，只有很有可能从其他人处实际获得赔偿时，提出其他的赔偿请求才是具有期待可能性的。这一做法值得借鉴。其三，专家并非故意违反其职务上义务。在专家具有故意时，其并不能主张辅助性抗辩，这对于预防侵权行为是必要的。

---

① BGHZ 37，380；BGH NJW 1995，2713；BGH NJW 1999，2038；Arndt/Lerch/Sandkühler，§19 BNotO，Rn. 173；Schippel，§19 BNotO，Rn. 97.

② RGZ 158，280；BGH WM 1960，1013；BGH NJW 1977，199；BGHZ 120，130；BGH NJW 1995，2713.

③ Godl，Notarhaftung im Vergleich，Tübingen 2001，S. 114.

“立法中心主义”的形成以及批判

——以商事法的体系建构为例

夏小雄[①]

摘　要　在过去三十年中，我国商事法的体系建构具有“立法中心主义”的特征，即突出强调立法在商事法法源体系中的地位，但却忽视了司法判例、商事习惯、学说理论对于商事法体系形成的作用，也未理解和掌握商事法开放的、动态的自我更新完善机制。在中国法语境下，这种建构理念虽然有其合理性，但也对商事法的发展带来了不利影响。

关键词　商事法　法源构成　立法中心主义　法律多元主义

导　论

随着具有中国特色社会主义法律体系的形成，商事法律规范体系基本确立，商事司法实践体制逐步完善，商事法学理论研究日益深入，这些因素使得商事法的解释和适用在很大程度上促进了经济的发展、社会的进步和体制的转型。[②] 但是，不可否认的是，我国商事法的体系建构和实践运用依然存在较多问题，比如精神不够自由、体系不够完善、学理分歧较多、制度创新受限、救济措施乏力等因素依然值得进行深入的理论探讨。[③] 上述问题的出现，一方面与社会转型剧烈、欠缺配套制度等外在因素密切相关，一方面也和商事法的理论积累不够、发展时间不长等内在条件存在关联。然而，在笔者看来，导致上

---

① 中国社会科学院法学研究所博士后。

② 理论视角的阐释参见赵万一、赵吟：《论商法在中国社会主义市场经济法律体系中的地位和作用》，《现代法学》2012 年第 4 期。

③ 商法学者对此问题的反思较为深入，参见官欣荣《反思商法的法律地位——在制定《商事通则》的语境下展开》，《法学杂志》2009 年第 12 期；周晖国《商法市场本位论——兼论商法的独立性》，《南京大学学报（哲学·人文科学·社会科学版）》2006 年第 5 期等文章。

述问题的根本原因在于商事法体系建构过程中的“立法中心主义”，也即理论界和实务界专注于商事法法律规范体系的形成，却忽视了商事主体之间的“自我立法”对于商事法律制度建构的重要性，对于判例法、习惯法等法源资源也未加以足够重视。[①] 实际上，商事法的体系建构需要充分考虑其制度特性和形成机制，使得商事法法源体系具有开放性、动态性，能够因应社会变迁从而及时调整规范构成、更新价值体系。简而言之，商事法的法源建构逻辑应从“立法中心主义”迈向“法律多元主义”，[②] 进而使得商事法具有“回应型”法律体系的特征。[③]

当然，对于“立法中心主义”的批判并不意味着对其加以彻底否定。与之相反，我们需要承认这种现象的历史合理性，并且从学术角度对之加以客观分析和深入阐释，进而更好地理解“立法中心主义”的基本特征、历史形成、社会影响。本文的阐述也基本围绕上述逻辑加以展开：首先，文章将分析“立法中心主义”的历史建构过程，重在探讨这种理念得以形成的制度环境和社会动因；其次，文章将分析“立法中心主义”对于商事法体系建构所产生的消极影响，试图在整体视角批判既有商事法体系的制度缺陷；最后，文章将简要探讨中国商事法法源体系的完善路径和建构逻辑，特别是结合中国商事法的当下发展状况提出一些参考建议。

值得说明的是，本文的问题意识虽然指向于“中国问题”，但在观点论证时不可避免地会利用外国商事法对于相关问题加以说明。这些“指涉”并非简单的援引或参照，而是试图说明商事法的共同发展规律；本文偏重于宏观层面的论证、整体视角的反思，对于具体现象的分析、具体制度的阐释难免不够深入、不够精确；此外，商事法的体系建构既包括理论层面，又包括实践层面。本文并不否定商事法体系建构理论层面的逻辑自洽、体系完整，但是更加重视实践层面的具体化和实质化。因此，我们不能将商事法体系建构仅仅理解为规范体系的确立，而应全面关注商事法规范形成、规范适用、体系发展的动态过程。

---

① 对于此种现象，学者已有成熟的研究和深入的批判。参见陈甦《体系前研究到体系后研究的范式转型》，《法学研究》2011 年第 5 期；喻中《从立法中心主义转向司法中心主义——关于几种中心主义研究范式的反思、延伸与比较》，《法商研究》2008 年第 1 期等文章。

② 虽然法理学界已经对“法律多元主义”有所探讨，但是商法学界对于商事法法源体系的多元主义却并未加以充分研究。值得注意的是，“法律多元主义”的讨论源于 20 世纪 90 年代日本法学家千叶正士《法律多元》一书的译介，之后我国学者对于这一问题展开了深入的阐释。参见［日］千叶正士《法律多元》，范愉等译，中国政法大学出版社 1997 年版。

③ 关于“回应型”法律体系的基本特征，参见［美］诺内特、塞尔兹尼克《转变中的法律与社会：迈向回应型法》，季卫东、张志铭译，中国政法大学出版社 2004 年版。

一 "立法中心主义"的形成

回顾改革开放以来三十多年中国商事法的发展，我们发现"立法"已经成为这段时间商事法体系建构的"关键词"。特别是自20世纪90年代以来，我国先后制定了公司法、票据法、保险法、担保法、合同法、证券法、信托法等基本商事法律，并且根据实践需要对上述法律进行了大量修订。在这段时间内，学术界也主要围绕这些法律的制定和修订开展了以"立法论"为导向的研究工作。[①] 如上文所述，这种强调以"立法"为核心内容的商事法律体系建构贯彻了"立法中心主义"的理念，始终把体系的确立、规范的健全作为核心任务。毫无疑问，这种倾向与改革开放以来的社会主义法律体系建设紧密相连，使得我国的商事法律规范体系在短时间内得以基本确立，也使得我国的经济改革和社会发展得到了更为全面的规范、更为具体的指引。值得注意的是，由于理论界和实务界均把商事法规范体系的确立作为"头等大事"或"基本内容"，影响商事法发展的判例、习惯、学理等法源资源并未得到应有的重视，这就导致了商事法法源体系在一定程度上呈现"单向度化"特征。[②] 实际上，商事法法源体系本身应是多元的、开放的，调整和规范商事法律关系的规范不仅限于国家商事立法，商事合同、商事惯例、司法判例、学理学说等对于商事主体和商事行为亦是至关重要，而且恰是后面这些法源资源使得商事法法源体系更具开放性和动态性，使其最终能够适应社会变迁需要进而更好地保障交易安全、促进交易效率。

当然，任何观念的形成均有其社会土壤和观念环境，商事法建构过程中的"立法中心主义"亦是如此。在深入批判"立法中心主义"的消极影响之前，有必要考察这种思潮的建构历程和形成原因。换言之，在过去三十年中国商事法的建构过程中，"立法中心主义"思潮的出现绝非偶然，而是有其观念基础和现实需求。

（一）转型时期的"规范饥渴"

虽然自清末开始我国已经开始尝试建立西方意义上的商事法体系，并且在

① 陈甦教授在《体系前研究到体系后研究的范式转型》中对于"立法论导向"的法学研究范式进行了深入的分析和批判，颇值得参考。

② 在反思中国商法立法模式问题时（尤其是民商合一还是民商分立问题时），学者也对过去三十年商事法的体系建构进行了反思，既注意到了成绩，又意识到了问题。参见苗延波《论中国商法的立法模式——兼论〈商法通则〉的立法问题》，《法学评论》2008年第1期和第2期。

民国时期已经粗具规模，[①] 但是随着新中国成立后对旧法统的废除，原有的商事法体系已无适用余地。而在改革开放以前，计划经济的推行使得商事法也几乎没有生存发展空间。[②] 由于这些因素的影响，改革开放之后的很长一段时间之内我国商事法律呈现“真空状态”，调整商事法律关系的公司法、破产法、保险法、票据法等法律严重“供给不足”。随着从计划经济向市场经济的逐步转型，大量商事主体得以涌现，商事交易的形态变得日益复杂，商事领域的纠纷亦是逐渐出现，这些因素使得商事法领域出现了“规范饥渴”的状态，以立法为中心的商事法体系建构由此应运而生。在此背景下，从 90 年代开始我国依据商事交易实践需要迅速制定了公司法、票据法、保险法、担保法、证券法、海商法等法律，使得商事活动的开展、商事争议的裁决逐步“有法可依”，在一定程度上解决了商事法“规范饥渴”的弊病。可以看出，这种以立法为导向的法律体系建构本身带有一定的“功利性”，强调在短时间内填补规范漏洞、完善规范体系，使得商事交易有基本规则可以遵循、商事司法有确定规范可以适用。但是，这种带有功利目的的体系建构本身就存在一系列弊端，既没有充分考虑外在体系的规范冲突、制度协调，又没有特别注重内在体系的利益平衡、原则考量。

（二）“法典化”思维的影响

关于“法典化”的论争也是过去三十年中国法学界的重点议题。虽然也存在“反法典化”的声音，但中国的法学家尤其是民商法学者对于“法典化”似乎情有独钟，关于民法典的理论阐释和方案构造在学术研究中始终占据重要地位。[③] 在此背景下，商事法的体系建构也不可避免的带有“法典化”倾向，理论界和实务界始终以商事法法律规范体系的确立和完善作为核心工作内容。当然，法典化思维的影响效果可能因学者是否支持民商分立而有所不同。对于

① 参见张松《变与常：清末民初商法建构与商事习惯之研究》，中国社会科学出版社 2010 年版；许世英《论清末商法的实施及其效果》，《政法论丛》2011 年第 2 期；袁碧华《商法思维：基于商事立法的检视——以清末民国时期为视角》，《中国商法年刊》2013 年卷，等等。

② 当然，新中国成立之后并非没有颁布任何单行商事法律，1950 年和 1954 年新中国也制定了《私营企业暂行条例》和《公私合营工业企业暂行条例》以规范私营企业和公司合营企业。但是，这些规范本身具有较强的计划经济色彩，并且随着社会主义改造的完成而失去适用空间。此后，几乎没有制定其他新型商事法律。这段时间的合同制度也具有较强的计划经济色彩。参见彭冰《中国 50 年代的国家和契约》，《北大法律评论》第 1 卷第 1 辑。

③ 21 世纪之初学术界关于民法典的讨论非常热烈。学界不仅引入了异域学者（如意大利学者 Irti 教授）关于“法典化”和“反法典化”的理论，也围绕中国民法的法典化展开了深入的讨论。由于讨论法典化的理论文献较多，本文在此不再一一列举。

支持民商合一的学者而言，商事法内容必须整合到民法典的框架，公司法、破产法、保险法、票据法等既有部门立法经过梳理调整之后应被纳入到未来的民法典之中；对于主张民商分立的学者来说，与民事法存在显著差异的商事法不应纳入民法典的框架，立法者应制定独立的商法典进而有效调整规范商事法律关系。① 虽然我国当下并未制定民法典或商法典，但就公司法、证券法、破产法、保险法等具体立法来看，法典化的观念对于部门商事立法的影响非常深远，以至于这些法律在一定程度上已经呈现出法典化的倾向。值得注意的是，法典化通常同时追求外部规范体系的完善和内部价值体系的协调，此两方面相辅相成、不可偏废，否则法典仅有形式意义而难有实质价值。颇显遗憾的是，由于偏于强调法典的形式意义，我国商事法的体系构造也更多强调外部规范体系的形成，但在一定程度上忽视了内部价值体系的建构。② 这种思维也促成了重在强调规范建构的"立法中心主义"的形成。

（三）管制主义观念的渗透

商事关系领域原则上强调商人自治，商事主体之间通过契约、习惯等形成的"自我立法"是调整商事法律关系的根本准则。只有在商人之间的"自我立法"存在漏洞之时，才有必要援引国家立法提供的"默认规则"。当然，如果商人之间的"自我立法"出现了外部性或者存在违反法律法规、违背公序良俗、侵害公共利益等情形，国家立法也有必要通过强制性规范对之加以干预。在此背景下，国家干预、政府管制通常限制在较小范围之内，而且需要遵循目的正当、手段合理、程序正当等条件。换言之，商事法领域应当充分贯彻私法自治为主、国家管制为辅的治理逻辑，这是商事法体系建构的理想状态。③

① 相关的理论评析参见郭锋《民商分立与民商合一的理论评析》，《中国法学》1996 年第 5 期；张加文《我国制定民法典应坚持民商合一》，《山西政法管理干部学院》2001 年第 3 期；石少侠《我国应实行实质商法主义的民商分立——兼论我国的商事立法模式》，《法制与社会发展》2003 年第 5 期；王保树《商事通则：超越民商合一与民商分立》，《法学研究》2005 年第 1 期等。实际上，两种路径均有其合理性，但是更多学者主张超越此种简单二元对立，而是主张"商事通则 + 单行立法"的商事法立法模式。

② 国内学者更多是从较为历史的层面或体系的视角探讨这一问题，结合中国商事法具体制度建构加以批判的研究成果并不多见。参见李永军《论商法的传统与理性基础——历史传统与形式理性对民商分立的影响》，《法制与社会发展》2002 年第 6 期；张辉、叶林《论商法的体系化》，《国家检察官学院学报》2004 年第 5 期。

③ 苏永钦教授对于私法领域私人自治和国家强制的关系作了更为深入的阐释，参见苏永钦《私法自治中的国家强制》，《中外法学》2011 年第 1 期。商法维度的理论分析参见戴建波《论商人自治：缘起、内涵和实效》，《厦门大学学报》（社会科学版）2014 年第 3 期；张春玲《公权力干预下的商人自治——也谈商法公法化现象》，《哈尔滨商业大学学报》2011 年第 4 期。

与上述“理想状态”有所不同的是，过去三十年中国商事法的体系建构却在一定程度上贯彻了“国家管制”的理念逻辑。在改革开放之后的很长一段时间之内，由于受到计划经济观念的影响，政府对于商事活动的开展依然施加了严格的限制，实现此种管制的途径之一便是立法。与一般行政手段相比，通过立法实现管制更有效率、更为经济，因而大量具有管制特征的手段措施被纳入早期的商事立法之中。基于这些原因，我国政府在改革开放初期（甚至可以说在进入新世纪之前）均是大量借助商事（经济）立法实现经济管制，这就导致了我国的商事立法具有较为明显的管制主义特征，也在一定程度上促成了商事法领域“立法中心主义”的贯彻。①

（四）学术研究的立法论导向

如果立法部门具有“立法中心主义”的倾向，按理来说学术界应该通过深入学术研究对之加以克制，使得商事法的体系建构遵循其应有逻辑。具体来说，学术界应该揭示商事法源的形成逻辑，强调商事法与民事法、刑事法等在规范塑造、体系形成、司法适用等方面的独特特征，进而使得商事法的体系建构更有逻辑性、更具开放性。但是，我国的商事法研究并未遵循此种逻辑，而是也贯彻着“立法论”导向。

不可否认，“立法论”导向的商事法研究对于我国商事法体系的形成具有积极的价值。尤其是在我国商事立法几近空白的状况下，学者们积极开展立法论研究，运用比较法方法参照借鉴了其他国家和地区的立法例，为我国相应法律的制定提供了制度方案和理论论证。但是，这种“立法论”导向的研究却存在单向度或单维度的特征，相应的理论成果多服务于具体商事立法的制定或修订。商事法的其他法律渊源并未得到深入的研究，商事法的司法实践状况也未获得充分的观察，商事法的调整变迁机制亦未得到全面的阐释。这些因素也在一定程度上强化了商事法“立法中心主义”的观念，学术界也在不经意之间成为了“立法中心主义”的助推者。②

---

① 这也可以说明为何在20世纪80年代学界更加偏好研究经济法而非商法，因为当时经济立法更多可以实现行政管制。实际上，这些经济立法中大多数内容属于商事法内容。由于当时商法学的独立地位并未得到充分重视，专门研究商法的学者也较少，因而与经济法学者进行论战的学者多数属于传统民法领域专家。具体情况参见梁慧星《中国民法经济法诸问题》，中国法制出版社1999年版。

② 陈甦教授将此种研究范式的基本特征概括为“以功能设计与规范建构为路径的立法论研究范式、大规模引进域外立法材料引致的外援型研究范式、基于立法引导型建构的学术导向范式”，并称“这种立法中心主义的研究为法律体系的建构和充实作出了重大贡献”，参见陈甦《体系前研究到体系后研究用范式转型》。

(五) 司法的相对弱势

商事法的发展之所以呈现"立法中心主义"的局面，除了上述原因之外，也和我国司法机关的"相对弱势"有密切关系。当然，此种"弱势"并非指司法机关"力量弱小"，而是指司法机关对于商事法的规范发展、体系完善并未发挥应有作用。

通常来说，立法只是法律秩序建构的一个环节，通过立法形成的法律规范毕竟是静态的、抽象的，只有通过司法活动才能将它们变成动态的、具体的，进而能够有效调整各种法律关系、解决各种实务争议。在此过程中，司法者从来不是简单地进行"法条适用"，而是需要对法律规范的构成要件和法律效果进行体系阐释，在必要情形下甚至要进行限缩解释、扩张解释或类推解释以便填补体系漏洞或修正立法错误。① 此外，司法者还需对商事主体之间的自治法进行合法性审查，并且积极确认商事习惯的规范效力。简而言之，司法者的裁判活动对于商事法的体系发展具有至关重要的作用。遗憾的是，在过去很长一段时间内，我国的司法机关往往限于消极的适用法律解决纠纷，在具体裁判时并未对既有商事法规范进行体系续造，因而未能充分发挥发展商事法的功能。

值得注意的是，受到"立法中心主义"的影响，最高人民法院、各省(自治区、直辖市)高级人民法院也通过制定司法解释、发布审判纪要等形式在一定程度上成为事实上"立法者"。② 这些司法解释、审判纪要虽在一定程度上便利了司法适用、完善了规范体系，却使得法官在遇到疑难问题时并不积极运用法律解释技艺而是多求助于具有立法性质的司法解释或审判纪要，在一定程度上削弱了法官对于商事法体系发展的应有贡献。可见，这也是"立法中心主义"理念在司法领域的典型体现。

以上仅是从几个维度简要探讨了商事法体系建构过程中"立法中心主义"得以形成的原因。实际上，可能有更多的因素值得展开阐释。例如，改革开放之后的商事法体系建构在很长时期内是与"法制建设"而非"法治建设"紧密相连，这种理念上的差异决定了商事法发展必然以制度建设、规范确立为核心；改革开放之后的商事法体系建构不应孤立看待，而是应当将其纳入到中国现代性法律体系建构的历史视野之中。实际上，清末以来的现代法治建构是

---

① 具体参见［德］卡尔·拉伦茨《法学方法论》，陈爱娥译，商务印书馆 2004 年版。

② 参见郭辉、史景轩《最高人民法院司法解释权的异化及反思》，《河北学刊》2013 年第 2 期；黎四奇《司法权对立法权的侵蚀——从最高人民法院的司法解释说起》，【法宝引证码】为 CLI. A. 038404，http：//article. chinalawinfo. com/Article_ Detail. asp? ArticleID = 38404，访问时间：2014 年 7 月 11 日。

“西法东渐”的结果，学习“西法”最简单、最可行的步骤也是立法，至于伦理观念的接纳、学术传统的建立、司法判例的累积等则需要时间积淀和文化传承。因此，百年法治实践始终以“立法”或“修法”也就不足为奇，最近三十年商事法体系建构秉承“立法中心主义”也是“西法东渐”、“洋为中用”思潮的延续而已。

二 “立法中心主义”的批判

在分析了商事法体系建构“立法中心主义”的成因之后，我们可在一定程度上认可这种现象得以存在的“合理性”。它是中国经济社会继续迅速转型的必然结果，也是既有社会土壤、制度环境、法治传统、社会结构的特定产物。对于这种理念影响下形成的商事法体系，任何研究者必须对之加以“同情理解”。但是，这并不意味着不能对之加以批判。与之相反，认清“立法中心主义”观念的不足有助于调整商事法的建构理念、有益于拓展商事法的法源构成。

（一）商事立法脱离于商事实践

“立法中心主义”强调通过立法迅速确立法律规范体系。恰如上文所述，这种做法虽然可以在短时间内解决商事法领域“规范饥渴”的弊端，进而使得商事活动开展和商事争议解决有法可依，但是也可能因为功利主义的态度而导致立法脱离商事法治发展实际情况。具体来说，“立法中心主义”重在强调“立法”，并把法律规范的确立视为纯粹“政治任务”或紧迫“工作目标”，却在一定程度上罔顾商事法立法的基本规律，完全忽视了商事立法和商事实践的内在关系，致使所立之法并不能回应商事实践之需要、解决商事争议之问题；由于“立法中心主义”理念的主导，商事立法强调在短时间内实现规范体系的完善，而在立法之前可能并未进行全面的实证调查、充分的理论论证、深入的制度研讨，这就导致所立之法缺乏本土关怀意识，既未充分反映和体现中国国情特殊所在，又不能有效调整和规范商事实践复杂问题。以已经废止的《企业破产法（试行）》为例，该法的制定并未经过严格的理论论证和实践调研，从立法提议到草案通过前后仅 11 个月时间。由于准备过程过于仓促，该法仅包括 43 条法律规范，不仅未能完整规范企业破产程序之中主要事项，而且本身存在规范冲突、规整漏洞、内容模糊等弊端。更为重要的是，该法只调整全民所有制企业的破产事项，对于私营企业、合资企业等却不能加以有效规范，使得这些企业的破产处理无法找到有效法律依据。同时，由于我国国有企业制度变革较为迅速，《企业破产法（实行）》在多数情形下并不能有效处理企业改制等问题，因而在一定程度上没有适用空间，这也成为理论界和实务界重点批判的问题所在。①

此外，为了迅速实现立法目标，立法者通常会依靠比较法研究成果设计法律草案，但是对于异域立法的简单参照借鉴通常也会导致具体商事立法的“水土不服”；异域法律制度虽在理念上和技术上具有领先性，但移植入中国却缺乏与之相适应的社会土壤和制度环境，以至于这些立法脱离商事实践需要最终成为“具文”。以 2001 年制定的《信托法》为例，该法虽然确认了信托制度的合法性，但是内容多是借鉴日本、韩国以及我国台湾地区的信托立法，而且对于营业信托、公益信托的规范调整并不完善。这就导致了它并不能有效调整中国的商事信托、公益信托实践活动，监管部门不得不制定大量的规章或文件对这些实务尝试加以调整。若想有效规范并促进商事信托行业的发展，必须根据实践需要对信托法加以修订或者制定新的信托业法。②

（二）内在体系和外在体系的冲突

法律体系的建构通常包括两个方面：外在体系的建构和内在体系的建构。外在体系的建构指法律概念的确立、法律规范的塑造、规范体系的形成；内在体系的建构重在强调法律价值的贯彻、法律利益的衡量、法律原则的协调。通常来说，任何具体部门立法必须强调两者同时进行，特别是将内在体系所确认的价值、利益、原则贯彻落实在外在体系的概念、规范、体系之中。③ 实际上，由于商事法中的概念提炼、规范设计、体系设计更为复杂、更趋精致，商事法立法更须考虑内在体系和外在体系的协调一致。

但是，由于“立法中心主义”理念指导下的商事立法偏重于外在体系的形成，却在一定程度上忽视了内在体系的考量，这就导致商事规范体系虽在形式层面较为完备，但就实质内容而言却存在各种问题缺陷。由于立法者对于私法自治和国家管制、交易效率和交易安全的关系把握并不到位，导致部分商事

① 王欣新教授指出：1986 年企业破产法因受制定时经济体制改革与法律研究状况的局限，存在立法思想陈旧、体系杂乱、适用范围过窄、重要制度（如重整）缺失、政府不正当行政干预过重、国有企业的政策性破产与法律冲突、法律规范粗略、缺乏可操作性、立法技术错误等诸多问题，不能适应对社会关系调整的需要，影响到破产制度的正确实施。这些，都是它的“先天不足”。参见赵雯《企业破产法：从试行到施行，一晃二十年》，《检察日报》2009 年 9 月 22 日。

② 全国人大财经委专家吴晓灵已经多次表示信托法必须尽快修改，学者对于信托法的修订也提出了相应建议。参见席月明《〈信托业法〉：信托乱象终结者》，《经济参考报》，2014 年 6 月 10 日。

③ 参见朱岩《社会基础变迁与民法双重体系建构》，《中国社会科学》2010 年第 6 期。

立法出现了较为严重的管制主义倾向却在一定程度上忽视了商事主体意思自治的贯彻，也出现了过于强调交易安全保护却在一定程度上影响了交易效率的实现。例如，修订之前的旧公司法过于强调国家管制和交易安全的重要性，在公司设立、公司资本、治理结构、公司行为等方面设置了大量的强制性规范，在很大程度上限制了当事人的私法自治空间，也不利于商业活动的发展和交易效率的促进；当下的证券法在证券发行制度方面虽经多次改革有所进步（从审批制到配额制，从配额制到核准制），但是依然存在较为浓厚的管制主义色彩。即使目前证券发行制度在朝注册制的方向迈进，但是在具体制度环节依然可以看到管制主义思维的影响。[①] 这些不利因素使得证券发行制度在一定程度上已经偏离市场机制，因而不可避免地会影响到证券市场的运行效率和经济功能。

此外，由于立法者并未在内在体系层面对商事法律体系建构进行深入的宏观思考和微观分析，不同商事制度之间的体系关联未能得到准确把握，外在体系就可能出现规范冲突、规整漏洞、重复调整等问题。以《公司法》第 16 条为例，这一规范主要调整公司担保事项的内部决议程序，但仅仅依靠这一规范不能决定公司担保行为的法律效力。实际上，公司内部决议行为的外部法律效力还需从交易第三人的角度加以观察，如果《公司法》能够在第 16 条中将这一内容加以完善，将有助于法官判断具体公司担保行为的法律效力。[②]

为了消除这些弊端，立法者不得不频繁修订法律规范，司法者也不得不经常制定司法解释，这些措施虽可解决上述问题但在一定程度上影响了商事法的可预期性和可适用性。

（三）法院充当“立法者”

由于立法中心主义理念指导下的商事立法往往存在规范不够明确、体系不够完善等弊端，法官在解释适用时往往会面临各种难题。但是，由于我国部分地区基层法院法官在法解释学素养方面依然有待提高，在遇到疑难案例之时往往不能通过法律解释的方法处理相应问题以消除法律歧义、填补法律漏洞。在此背景下，最高人民法院、各省（自治区、直辖市）高级人民法院往往会通

① 例如，由于新股发行体制改革过程中形成了“三高”问题（高发行价、高市盈率、超高募集资金），最近一段时间的改革则致力于解决上述问题。但是，新一轮改革对于发行定价的约束依然带有一定的行政管制色彩（不得超过行业平均市盈率、所募资金不得超过项目所需资金），这也同样导致最近的热炒新股行为。这些发行价格限制措施也被视为“行政力量的完全回归”。

② 参见梁上上《公司担保合同的相对人审查义务》，《法学》2013 年第 3 期；钱玉林《公司法第 16 条的规范意义》，《法学研究》2011 年第 6 期。

过制定司法解释、发布审判纪要等方式确立更为具体的裁判指引规范，使得商事立法确立的规范体系更为具体、更为完善。

需要承认的是，这些司法解释、审判纪要的发布对于法院司法裁判具有积极的意义，但是制定这些文件的最高人民法院和地方高院却在一定程度上充当了事实上的“立法者”。首先，上述司法解释、审判纪要等文件在形式上与商事立法并无太大差异，尤其是商事法领域的既有司法解释，基本上就是相应商事立法的形式扩展。如果将它们置于商事法之中，很难看出它们和商事法律规范的差异；其次，上述司法解释、审判纪要等文件在功能上与商事立法基本趋同，它们均是法官解决法律正义问题的裁判依据，在多数情形下司法解释等可能会得到更多的援引。司法解释、审判纪要等文件事实上已经发挥了法律规范的功能；更为重要的是，司法解释、审判纪要等文件的制定并不一定是司法经验的总结，这些文件的制定者往往基于逻辑推理制定相应规范，这种思路与立法者制定商事法律规范的逻辑基本相同。[①] 在此背景下，最高人民法院、高级人民法院就充当起了“立法者”角色，不仅与其宪法定位、职能分工不相符合，而且不利于商事法的体系发展和制度完善。

实际上，最高人民法院和地方高级法院确实有指导基层法院解释和适用法律的职责，但是通过制定司法解释、发布审判纪要等“准立法”形式并不能有效实现上述目标。基层法院法官可能会继续强化“惰性思维”，在碰到疑难问题时“等待”最高人民法院或地方高院类似“立法”的指导文件，而非通过积极进行法律解释处理相应问题进而提升法律解释能力。

（四）基层法院僵化理解法律、妨碍商事交易发展

由于立法中心主义的影响，人们通常错误地将商事法立法的完成视为商事法体系的确立，却忽略了成文立法仅是商事法法律渊源之一，也忽视了商事合同、商事习惯、司法判例、学说理论等因素对于商事法律关系的规范作用；同时，人们也通常静态地理解商事法体系，却没有意识到商事法体系自身也处于动态变迁过程之中。商事法体系从来不是因为公司法、保险法、破产法、证券法、票据法等法律的制定而封闭静止，与之相反，它总是随着商事实践进展而开放发展。当然，这种变迁调整需要借助司法判例的累积、实务经验的反思、理论研究的总结。在此过程中，基层法院法官不仅需要理解商事法的动态变迁机制，而且需要掌握司法裁判活动对于商事法体系开放发

① 参见陈甦《司法解释的建构理念分析——以商事司法解释为例》，《法学研究》2012 年第 2 期。

展的重要性。

遗憾的是，由于受到立法中心主义的消极影响，我国大多数基层法院可能并未意识到自身司法裁判活动对于商事法体系建构的积极功能，而是僵化地适用既有商事法律规范，并未根据商事实践需要去更新对于这些法律规范的理解。在一些极端情形下，部分法院甚至援引明显已经过时的法律规范来调整新型商事法律关系，不仅不能有效解决实务争议，而且可能妨碍商事交易的正常开展。以最近备受关注的对赌协议效力案为例，甘肃高院未能依据商事实践情况认真审视对赌条款法律效力，而是援引《最高人民法院〈关于审理联营合同纠纷案件若干问题的解答〉》这一司法解释进而将双方之间的法律关系界定为“名为投资、实为借贷”。甘肃高院此一判决的逻辑推理模式甚至被学者批判为“削足适履”的裁判思维模式。①

（五）商事创新受到抑制、违法活动野蛮生长

恰如前文所述，“立法中心主义”理念指导的商事立法不仅具有一定的“功利性”，而且带有一定的“政治性”，也即立法者将商事立法视为国家管理和社会治理的工具。这在我国改革开放之初的商事立法中体现得尤为明显。毫无疑问，从计划经济向市场经济转型的过程中必然会出现大量经济社会问题，通过商事立法实现对于这些问题的规范调整在立法政策上本身也无可厚非，但是如果商事立法中国家管制的广度和深度超过了合理限度，就有可能影响到商事创新的进行和商事交易的发展。

此外，经由立法实现管制本身也存在功能限度，因为法律规范一旦制定就不可能在短时间之内加以修改，而商事创新的内容和形式日新月异，不及时修订法律或不及时制定新法就很难对之加以有效规范。换言之，如果监管者将所有希望寄托于立法而非司法诉讼、行政监管，商事创新活动就很难得到有效监管，一些本质上违法违规的商事活动就不能得到及时的规范进而可能影响交易秩序的维护、交易安全的保障。以当下较为热门的互联网金融为例（P2P、股权众筹等形式），由于目前缺乏统一的立法对之加以规制，监管者、司法者对于这些创新金融活动也并没有明确的监管标准、裁判依据，而且监管者、司法者甚至大众百姓都在等待相关法律的制定。但是，一些人恰是利用此种“立法真空状态”通过互联网金融平台开展各类非法集资活动，使得投资者的权益受到严重侵害，也影响到交易秩序的维护和金融安全

① 参见彭冰《对赌协议第一案分析》，《北京仲裁》第81辑。

的保障。①

（六）法学研究欠缺活力

恰如前文所述，以立法论为导向的商事法研究本身促成了“立法中心主义”的形成，但是这种研究导向却在一定程度上导致了商事法研究的自我封闭。为了促成不同商事立法的尽快出台，学者们主要围绕这些法律的制度如何构造、规范如何设计进行研究，而且主要是依赖比较法资源完成上述任务。但是，这种研究范式本身带有一定的“功利性”，其关注的仅是商事法规范体系的确立，对于法律规范的解释适用、疑难案例的解决处理、商事交易的实践发展等关注不够，这就使得商事法研究在一定程度上出现了论题较为有限、方法较为单一、影响较为有限等问题。由于问题意识的局限和研究视野的狭隘，商事法学术研究对于经济社会转型过程中出现的重大现实问题缺乏积极回应，对于这些问题没有提供批判性的理论分析和建设性的解决方案。在批判者看来，以立法论为导向的商事法研究本身没有体现对于中国问题的学术关怀，既缺乏对中国商事法的实践认知，又欠缺对中国商事法的理论建构，因而没有发挥学术研究本身应有的批判功能和建构职责。②

结　论

本文简要讨论了中国商事法的法源建构逻辑。在批判了过去三十年间中国商事法立法所秉承的“立法中心主义”之后，本文提出中国商事法体系建构应当坚持“法律多元主义”的法源形成逻辑，不再将“立法”视为唯一任务，而是同时重视商事合同的解释、交易惯例的确认、司法判例的剖析、学说理论的援引等，并且依靠这些资源去充实对既有商事法规范的理解，使得人们对于这些规范的解释和适用尽快达成共识，在必要情形下甚至可以修改既有法律规范或重新进行立法。

当然，本文并非提倡法律虚无主义，也非彻底否定成文立法在商事法法源体系中的作用。实际上，成文立法对于商事关系的调整、商事纠纷的解决发挥

---

① 参见彭冰《非法集资活动规制研究》，《中国法学》2008 年第 4 期；史文才《试论 P2P 网贷与非法金融业务的法律界限》，《金融法苑》2013 年第 1 期；陆益青《行业演变中我国 P2P 借贷平台的法律界定》，《金融法苑》2013 年第 2 期。

② 陈甦教授对于“立法中心主义”主导下的法学研究范式进行了批判，他认为此种研究范式的“学术缺陷逐渐显现”，并且“不能适应体系后的法治需求”，参见陈甦《体系前研究到体系后研究的范式转型》，《法学研究》2011 年第 5 期。

着越来越重要的作用，甚至英美法系国家也逐渐重视商事领域的成文立法。本文仅是反对将成文立法视为商事法唯一法源，而且将其视为纯粹逻辑推演、比较研究的产物。实际上，商事立法在某种程度上亦是“民族精神”的产物，并且和特定时段的经济发展相适应并随着社会变迁而调整。

经过本文的研究，我们发现中国商事法的体系建构和理论发展依然任重道远。理论界和实务界有必要抛弃“立法中心主义”的理念导向，将更多的注意力放在中国经济转型发展过程中的重大商事问题，并且针对这些问题去重构商事法的理论基础和规范构成，在此基础上形成具有中国特色的多元商事法法源体系，进而更好促进经济的发展和商业的发展。

中国公司法定类型的改革：历史维度与现代思考

张　辉①

摘　要　从晚清开始的中国公司立法以一种开放的态度接纳了股东责任有限和无限的多种公司形态。现行的企业立法选择了以合伙企业（商事合伙）来取代无限公司与两合公司的路径，与其重新引入这两类公司而打破公司股东有限责任的单纯性，不如接受立法现状，并在制度规则上完善合伙企业立法。中国历史上的保证有限公司坚持股东有限责任，并提高了债权人利益的保护程度，可以作为一种选择。

关键词　法人人格　无限公司　两合公司　保证有限公司

公司类型的法定化一直是中国公司立法的指导思想，以公司类型化为依据的分别立法也是中国公司立法的基本体例。1993 年《公司法》将中国公司定位在股东承担有限责任的公司，并在其之下划分为有限责任公司和股份有限公司，这种立法状态一直持续至今。然而，从晚清开始的中国公司立法就以一种开放的态度接纳了股东责任有限和无限的多种公司形态，域外立法也秉承商业组织多样化的思想创造或认可了独特的公司形态。在公司这种商业组织的概念下，将股东有限责任和无限责任以不同方式组合起来，形成适应不同投资需要的公司类型，这在中国是有公司立法史的支持的。今天，当我们探讨中国公司法定类型改革的话题时，必须回答这一问题——历史中存在的某些公司类型为何不能承继下去。

---

①　中国政法大学博士后，中国社会科学院法学所副研究员。

一 中国历史中的法定公司类型

（一）法定公司类型的历史延续阶段

1904 年的《公司律》是中国最早的公司立法，也开启了中国公司类型法定化的历史。这部《公司律》将公司分为合资公司（相当于无限公司）、合资有限公司（相当于有限公司）、股份公司（股东须负无限责任）、股份有限公司四类。以股东责任形态为标准进行认定，此时的公司都是股东责任单一的公司，不存在混合两种股东责任形态的所谓两合公司，但无限公司、有限公司、股份有限公司这些典型的现代公司都已经出现。

由于立法经验的欠缺、时间的仓促、对中国商事习惯的疏漏等原因，1904 年《公司律》所创建的公司类型并没有完整地延续下去。1908 年 12 月，由上海预备立宪公会、上海商务总会、上海商学公会开办的“商法编辑所”编制完成《公司律草案》，草案修改后，连同《公司律调查案理由书》与《商法总则调查案理由书》呈请政府施行。这部《公司律》重新设计了公司名称，并在直接学习 1899 年《日本新商法典》第二编会社的基础上，确定了四种公司类型——无限公司、两合公司、股份有限公司、股份两合公司。[①] 股东有限责任和无限责任并存于一公司的新型公司诞生，而且还与股份制结合起来。这一公司分类被 1914 年《公司条例》（体裁仿自日本，内容上则采自德国 1897 年公布的商法）、1929 年公司法和 1946 年公司法所采纳，起到了奠基性的作用。

然而，中国公司立法关于公司类型的规定并未止步于此，改革和创新一直是近代中国公司法定类型发展的主题，有限公司的回归就是表现。由于 1929 年公司法难以适应国家经济政策的需要，尤其是“基于节制私人资本等立法原则所涉及的大股东表决权限制、公司发起人人数最低限额等，均不能完全适用战时政府直接发起设立股份有限公司，并控制这些公司的需要”。[②] 因此，1946 年公司法增设了有限公司，以“便于政府与人民合组公司，或政府与外人合组公司，或中央政府与地方政府合组公司”。[③]

至此，近代中国公司法定类型的基本轮廓已经较为清晰——无限公司、两

① 股份两合公司是由无限责任股东与有限责任股东组成的，在这一点上类似于两合公司。但公司资本之一部分须分为股份，在这一点上又类似于股份有限公司。故取名股份两合公司。

② 魏淑君：《近代中国公司法史论》，上海社会科学院出版社 2009 年版，第 168 页。

③ 张肇元：《新公司法之特征及其要义》，《商务日报》1946 年 2 月 25 日。

合公司、股份有限公司、股份两合公司和有限公司，这一分类被1950年和1951年相继颁布的《私营企业暂行条例》和《私营企业暂行条例实施办法》继承，这也是根据当时公司的存在状况确定的。至此，中国公司立法关于公司类型的规定仍处于历史延续阶段。

（二）法定公司类型的中断及重启

然而，1953年开始的对资本主义工商业的社会主义改造中断了私营公司的发展。1954年政务院颁行的《公私合营工业企业暂行条例》虽然赋予公私合营工业企业有限责任的性质，但该条例中再也见不到“公司”的称呼了。[①]1956年全行业公私合营的社会主义改造全面完成后，中国的企业形态几乎被国有企业以及在手工业合作社基础上发展起来的集体企业所垄断，私营企业不复存在，特别是西方国家普遍存在的公司形态几乎绝迹。这期间的企业立法都围绕高度计划统一的思想来设定企业的形态和管理模式，形式上虽然也有采取“公司”称谓的，但并不是真正意义上的公司，只是完成国家生产和销售计划的一个行政单位。“经济结构变迁、意识形态转变、法律制度荒芜、苏联法制观念的深入，促成了公司法制虚无主义”[②]，中国历史上存在的法定公司类型也从此中断。

1978年十一届三中全会实行改革开放政策以后，与市场经济相适应的公司应运而生。然而，中国公司制度的恢复过程并不是通过一部统一的公司立法来完成的，而是渐进的。1979年中外合资经营企业法使公司制度重新获得了法律上的认可，但也仅限于有限责任公司一种公司形态，适用于中外合资经营企业。直到1988年《私营企业暂行条例》，有限责任公司一般地成为私营企业形态之一，但其他公司类型仍被排除在外。1992年10月20日国家统计局、国家工商行政管理局印发的《关于经济类型划分的暂行规定》的通知（已失效）正式增加了“股份制经济”，即“全部注册资本由全体股东共同出资，并以股份形式投资举办企业而形成的一种经济类型。股份制经济主要有股份有限公司和有限责任公司两种组织形式”。这些零散的、效力层次并不是很高的规范渐渐拼凑出了当时中国公司的基本法定形态——有限责任公司和股份有限公司。1993年公司法以统一公司立法的形式确认了这两种公司类型，并将国有独资公司列为有限责任公司的一种特殊形态。

---

① 魏淑君：《历史的智识：中国百年公司法史的解读与启迪》，《山东师范大学学报》（人文社会科学版）2008年第3期，第103页。

② 叶林：《公司法研究》，中国人民大学出版社2008年版，第30页。

二　被中断的公司形态的立法取舍

从1914年清末《公司律》到20世纪50年代的私营企业立法，无限公司与两合公司都是法定的公司类型。然而，在商事公司中断了二十几年后，中国公司法仅仅选择了股东有限责任的公司，没有为股东无限责任的公司形态预留任何空间，甚至公司章程也没有这样的自治权。那么，历史上存在的股东无限责任的公司形态可以实现历史的回归吗？这是中国公司法始终面临的取舍问题。

关于被中断的无限公司和两合公司是否应当恢复的问题，确实有过不同意见。有人主张，除现行两种通行的公司形式外，还应增加规定无限责任公司和两合公司，因为我国已有一定数量的个人及家庭开办的私营企业应按无限公司进行管理，有些负无限责任的出资人与负有限责任的出资人共同出资经营，又构成两合公司。[①] 但这一意见并未被采纳。全国人大法律委员会《关于〈中华人民共和国公司法（草案）〉审议结果的报告》（1993年12月20日）给出的理由是："根据当前我国的实际情况和今后发展的需要，主要应该规定有限责任公司和股份有限公司……在国外，大量的、主要的也是这种公司，无限责任公司、两合公司的数量则越来越少。因此，草案只对有限责任公司和股份有限公司做了规定，对无限责任公司、两合公司以及其他公司等，在公司法中暂不作规定。如果有些经济组织需要承担无限责任的，可以依照民法通则有关合伙组织的规定处理。"尽管上述报告中使用了"暂不作规定"的措辞，但无限公司、两合公司等公司形态还是被无限期地搁置下来。

1993年公司法暂时中止了关于中国法定公司类型是否应局限于股东有限责任公司的探讨。直到2005年公司法修改，学界关于中国公司类型化的讨论再次热烈起来，除了对现有的两种公司类型的整合之外，增加无限公司和两合公司的建议再次提起。吴建斌教授提出了两点理由：[②] 一是，"1993年公司法考虑规范的公司形态时，学界尚未完全弄清公司尤其是非有限责任形态的公司与合伙的关系，大多认为无限公司与普通合伙、两合公司与有限合伙并无本质区别，英美法系国家公司法上也没有非有限责任形态的公司，就置按照责任形式分类的大陆法系国家公司法几乎均同时规范四类公司形态的法例于不顾，轻

① 江平：《新编公司法教程》，法律出版社2003年第2版，第18页。

② 吴建斌：《从日本公司形态整合看中国统一公司法趋势》，载赵旭东主编《国际视野下公司法改革》，中国政法大学出版社2007年版，第219、211页。

率地限定股份、有限两类公司形态”。二是，“法国、德国、日本等国家的无限公司、两合公司，尽管采纳的企业数量已经不多，但仍没有完全丧失生命力，应当引入中国统一公司法中以增加选择余地”。

然而，无限公司与两合公司在新中国实践的薄弱以及这两种公司形态与合伙企业的类似最终还是成为其进入中国公司法的障碍，2006 年合伙企业法对北京、深圳等地方立法肯定的有限合伙企业的正式引入，似乎使反对意见更加充实了。“既然确立了合伙企业就无须另行确立与其制度价值相当的无限公司。而在两合公司与有限合伙的取舍问题上，在确立了合伙企业制度的背景下，则确立与两合公司制度价值相当的有限合伙即可。”① 施天涛教授也持此观点：“现代企业的发展趋势表明：无限责任公司已为普通合伙替代，两合公司则可由有限合伙替代，自然没有必要重复规定无限责任公司和两合公司……实际上，即使在承认无限责任公司和两合公司的国家，这两种公司在现实经济生活中也已经逐渐萎缩。”②于是，无限公司与两合公司再一次被无限期地搁置了。

三　被中断的公司形态的学理判断

立法选取普通合伙企业与有限合伙企业，而舍弃无限公司与两合公司，这在学理上的支持集中在两方面：一是，无限公司与两合公司数量较少；二是，普通合伙企业与有限合伙企业能够替代无限公司与两合公司。那么，这两种学理判断都成立吗？

（一）债权人利益保护与公司类型的选择

近代中国公司立法的历史表明，保护债权人利益一直是立法的指导思想，而股东无限责任无疑是保护债权人利益的最直接、最简单的方式，这决定了无限公司能够始终作为一种独立的公司形态存在。然而，股东个人的信用担保要求限制了公司的规模化发展，于是，以筹集社会资本为主要功能的股份有限公司在中国公司立法的结构设计以及公司形态的选择上始终占据主导地位。从 1904 年《公司律》的内容来看，“除股份有限公司以外，前列三种公司（即

① 范健：《〈公司法〉框架下中国企业制度的改革方向》，载赵旭东主编《国际视野下公司法改革》，中国政法大学出版社 2007 年版，第 38 页。

② 施天涛：《公司法论》，法律出版社 2006 年第 2 版，第 71 页。

合资公司、合资有限公司、股份公司）大都名目空存。条文不具，无从遵守”。[①] 曾任北洋政府农商总长的张謇在其《实业政见宣言书》中也表达了这种思想：“无公司法，则无以集厚资，而巨业为之不举。”[②] 在这一立法思想的主导下，1914 年《公司条例》在 251 个条文中用了 133 条专门规定股份有限公司，占条文总数的近 50%。1929 年和 1946 年公司法则在股份有限公司部分做了更多的修订和改进，足见其重要性。股份有限公司虽然将股东责任限定在认购的股份范围内，但在当时的社会信用观念下，“股份有限公司则以资本为其债务之惟一担保，故与之交易者，可视其资本之多寡，而定授信程度之厚薄”[③]。注册资本充当了股东有限责任下债权人利益保护的角色。

相比之下，有限公司虽然没有股份有限公司那样筹集社会资本的功能，又没有无限公司那样的股东信用担保功能，但因为迎合了发展国营经济的政策需要，因而在被立法肯定后迅速发展起来，而“国家”这块金字招牌使这种公司拥有了最强大的担保资源。两合公司因综合了股东有限责任而弱化了无限公司情况下无限股东的担保功能，因此，尽管在中国历史上出现得较早，但一直处于不温不火的发展状态中。

从数量指标来看，无限公司与股份有限公司的数量在不同时期的公司形态中遥遥领先。以下两组统计数据能够说明这一点。据北洋政府农商部统计，1912 年至 1927 年 11 月，批准注册的工商企业共 1650 家，平均每年 102. 8 家。其中除了 15 家为独资外，其余 1635 家为公司制企业，包括股份有限公司 1305 家，无限公司 233 家，两合公司 66 家，股份两合公司为 31 家。[④] 据统计，截至 1947 年 6 月底，全国登记注册公司共计 7840 家，其中股份有限公司的 6083 家，无限公司的 1138 家，有限公司占到了 457 家，两合公司和股份两合公司占总数的 5. 8%，分别为 106 家和 20 家。[⑤] 由此可见，无论是重视公司筹集社会资本功能的思想认识，还是突出成员个人担保功能的商业信用观念，实际上导致股份有限公司与无限公司这两种公司形态在近代中国的持续发展。

以上述论据为基础，“无限责任公司、两合公司的数量则越来越少”的说

---

① 张家镇等：《中国商事习惯与商事立法理由书》，王志华编校，中国政法大学出版社 2003 年版，第 93 页。

② 转引自魏淑君《近代中国公司法史论》，上海社会科学院出版社 2009 年版，第 91 页。

③ ［日］土肥武雄：《合伙股东责任之研究》，李培皋、叶致中译，魏淑君点校，中国政法大学出版社 2004 年版，第 172 页。

④ 沈家五：《北洋时期工商企业统计表》，《近代史资料》（第 58 期），中国社会科学出版社 1985 年版。

⑤ 参见魏淑君《近代中国公司法史论》，上海社会科学院出版社 2009 年版，第 206 页。

法在近代中国的商业背景下是没有说服力的，至少就无限公司而言如此。而新中国成立后无限公司和两合公司的发展就被中断了，更无从证明这两种公司形态的数量如何。另外，在现代商业社会，虽然人们已经适应了公司就是股东有限责任的公司，甚至直接将公司责任表述为有限责任（尽管是错误的），中国社会主导的信用观念似乎已经发生了变化，但这种变化是被动的、自上而下的，因为至今在商业实践中还有对有限责任公司的股东强加个人担保的做法。这说明，对股东无限责任的需求仍然是存在的，更何况，债权人利益保护仍然是中国公司法的指导思想，而无限公司和两合公司正是股东无限责任的两个代表公司形态。

（二）商业组织形态的多样化与公司类型的选择

无限公司与普通合伙、两合公司与有限合伙在成员责任、内部管理方面都具有相似性，在中国合伙企业法已经肯定普通合伙、有限合伙的情况下，是否有必要单独设置无限公司、两合公司的问题从总体上来看还是商业组织形态的多样化选择问题，而多样化选择的前提是差异性的存在。

从历史的角度看，近代中国立法一直是明确区分公司与合伙的，尤其在主体资格方面。1904 年《公司律》第 3 条规定：“公司于法律上为有人格者。”虽然当时民法尚未制定，也未有法人制度，因此还不能认定其确立了公司的法人人格，但毕竟承认公司有独立的人格，这是明显区别于合伙的。而随后的公司立法都明确规定公司为法人。如 1914 年《公司条例》第 3 条规定：“凡公司均认为法人。”1929 年《公司法》第 3 条规定：“公司为法人。”1946 年公司法更将公司界定为“以营利为目的，依照本法组织、登记、成立之社团法人”，这就从定义上将公司与合伙明确区分开来。那么。法人人格的有无能否作为公司与合伙的实质性区别呢？

公司不仅是独立于股东的法律主体，而且独立地承担责任，无限公司股东虽对公司债务承担无限责任，但“非股东为公司之替身，乃以股东为公司之保证，与公司之人格，依然个别……”[①] 由此可见，无限公司股东对公司债务的无限责任是一种补充性的无限责任，仅在公司财产不能清偿时才兑现，这对股东而言是一种抗辩。两合公司的无限股东亦然。这是法人人格的最主要的实体法上的意义。然而，中国合伙企业法也将合伙人的责任限定为补充性的连带责任，“合伙企业对其债务，应先以其全部财产进行清偿。合伙企业财产不足清偿到期债务的，各合伙人应当承担无限连带清偿责任”。这是因为，中国合

① 王效文：《中国公司法论》，袁兆春勘校，中国方正出版社 2004 年版，第 21 页。

伙企业立法已经开始朝着商事组织法或商主体立法的角度发展，从而合伙企业也获得了独立的商事组织或商主体的地位，因而，法人人格在实体法上的价值被大大削弱，甚至有学者直言，“无限公司虽然也具有法人资格，但这只是为了更方便地处理股东与公司的对外法律关系而在法律上设置的制度……”① 另外，关于合伙企业名称（字号）、登记、财产等规定，导致无限公司、两合公司的存在空间进一步被压缩。

事实上，从制定单独的合伙企业法开始，中国的企业立法就选择了以合伙企业（商事合伙）来取代无限公司的路径，有限合伙企业的引入使得两合公司的历史中断也有了合理的解释。因此，与其重新引入无限公司与两合公司而打破公司股东有限责任的单纯性，不如接受立法现状，并在制度规则上完善合伙企业立法。当然，这种选择本身也建立在中国合伙企业法以无限公司与两合公司的立法为参照而构建的基础上。

四 保证有限公司：以股东有限责任为基础的公司法定类型改革

1929 年 8 月 14 日，当时的中央政治会议通过的《公司法原则》（36 条）增加了“保证有限公司”，一种将股东的责任确定为“不少于认缴股本之三倍”的公司，“此种公司，介于无限与有限公司之间，其本质实系无限之有限”。② 引入保证有限公司的理由是：“又查欧美各国，近数十年来最盛行者，有一种小团体有限公司，在各国工商实业界中，最占重要地位。诚以无限公司，责任重大；两合公司之有限股东，责任虽轻，而无权参与营业；股份有限公司，规模每易过于庞大，运用失其敏妙，且多数小股东，每有人微言轻之感，虽有权而无力；折中于数者之间，故小团体之有限公司，最合需要。惟中国社会，各种事业，未上轨道，恐此种小团体之有限公司反足助长奸商不负责任之心，然同时实有设立此种公司之必要。今斟酌欧美小团体有限公司制，与保证有限公司制，拟采用一种小团体之保证有限公司。小其团体，俾易于设立。保证责任定股本三倍以上，以重其责任心。并禁止其向市场招募股份，或转让股份，以专责成，而免外人受其操纵，庶能得到此种公司之利益，并可防

① 吴建斌：《最新日本公司法》，中国人民大学出版社 2003 年版，第 299—300 页。

② 参见孔祥熙、李文范对《公司法原则草案》的审查报告，转引自王效文《中国公司法论》，袁兆春勘校，中国方正出版社 2004 年版，第 9 页脚注①。

杜其弊端矣。”[①] 保证有限公司兼顾了股东责任限制与债权人利益保护，并开始将公司规模作为公司形态创建的考虑因素，这种折中的选择是适合当时中国国情的。

然而，1929 年当时的立法院最终将保证有限公司排除在外，其理由是：“本为取法于欧洲各国之小组织有限公司办法，在中国公司组织中尚属创举。值兹党国一切行政司法组织均尚未臻完善，商场中之信用调查亦未举办，各股东之保证责任是否确实，若专恃行政之取缔，与司法之监督，恐一般民众利益之保障，过于粗疏。”故“将公司法中保证有限公司一章，暂行保留，如将来仍视其设立为必要，则依照德法两国先例，以单行法行之……”[②] 但结果是不了了之，保证有限公司自此再未在中国公司立法过程中出现过，小团体之有限公司在搁置近 20 年后，最终以纯粹的有限公司的形态被立法吸纳。

需要说明的是，这种保证有限公司不同于英国公司法中的保证有限公司（a company limited by guarantee）。后者对股东的出资缴纳要求仅限于公司清算或者需要资金的特殊情况。而中国历史上的保证有限公司要求“股东认缴之股本，应一次缴足，每股不得低于一千元”，且“公司宣告破产时，各股东所负之责任，除所缴之股本外，以其保证额为限”。[③] 这说明，股东对股本的缴纳义务是在公司成立时，只有所缴股本之外的保证额是在公司破产时缴纳。这种意义上的保证有限公司坚持了公司股东有限责任这一基本特征，但又对责任的有限做了适当的扩充解释，既包括以出资额或认购股份数为限的有限，又包括以出资额或认购股份数的若干倍数为限的有限。按照现代公司法的立法目的来评价，这是兼顾了鼓励投资与保护债权人利益。因此，未来中国公司法修改时可以考虑引入保证有限公司，只是在具体规则的构建上要更详细些，尤其是股东的保证责任如何兑现的问题。

---

① 王效文：《中国公司法论》，袁兆春勘校，中国方正出版社 2004 年版，第 7 页。

② 《立法院公报》1929 年 12 月第 12 期。

③ 参见《公司法原则》第 33 条、第 32 条。转引自王效文《中国公司法论》，袁兆春勘校，中国方正出版社 2004 年版，第 11 页脚注。

完善以信息披露为核心的非上市股份公司监管制度

刘沛佩[①]

摘　要　资本市场在资源配置中发挥作用离不开投资信息的优化，强制筹资者进行客观、充分、完整的信息披露，对于投资者信息不对称的克服和理性投资选择的作出，乃至使稀缺的社会资源得到优化配置都是大有裨益的。但在对挂牌的非上市股份公司进行信息披露的制度设计时，必须要考虑到其在公众性上与上市公司的差别，要做到保护投资者利益与证券流动性的兼顾、与筹资便利和证券市场运行效率的协调。这就要求在信息披露的内容上做到只对具有重大影响的信息进行披露，在格式上尽量简单、易懂，便于投资者获知和理解；在不同层次市场中，以公众性和投资者成熟度为标准施以差异化的安排，并对小额发行实行信息披露豁免，以实现交易的迅捷、市场运行的高效与投资者利益保护的统一。

关键词　非上市股份公司　信息披露　价值选择　制度设计

一　信息披露是非上市股份公司监管制度的核心

随着《非上市公众公司监督管理办法》（以下简称《监督管理办法》）等关于非上市股份公司法律规范的落实和完善，这类公司的数量势必呈现持续增长之势，这对监管资源本就相对有限的证券监管机构而言可谓是严峻挑战。毋庸讳言，我国非上市股份公司在运行中问题频发，既有诸如公司股东大会无法发挥作用这类公司内部治理问题，也有股份转让场所规范不明的外部制度保障问题，还有像变相公开发行公司股票、地下交易屡禁不止、投资者权益保护不

① 华东政法大学与上海证券交易所联合培养博士后人员。

周延等市场监管问题，这必然需要推行适宜的监管措施来改善上述问题的出现给多层次资本市场建设带来的负面影响。对于非上市股份公司来说，如果按照与上市公司同一标准的监管要求，将会导致监管成本激增，在事实上也不可能，所以降低监管成本就成为对非上市股份公司股份转让监管的首选原则。从实际出发，出于对监管成本的考虑，我们不可能无限制地增加监管机构和监管任务，非上市股份公司总体上公开化程度不高的现状也不宜将上市公司的监管制度复制到其上来。既然由证监会进行直接监管这条路走不通，那么可否通过市场化的自律管理手段来实现对非上市股份公司的监管呢？实践证明，答案是肯定的，那就是适当的信息披露制度。

完善的非上市股份公司监管法律制度，无疑包含着对公司治理的监管和对市场运行的监管两方面。有学者就认为，证券场外市场的监管制度主要是信息披露制度；[①] 还有学者认为，对非上市公众公司监管的实质性内容就是持续信息披露监管。[②] 笔者认为，对于非上市股份公司而言，其投资者主要限定于成熟投资者，他们关注的是信息披露的真实、准确和完整性。而对公司治理的过高要求将不可避免地导致企业经营成本上升，进而致使资本市场的吸引力下降。美国萨班斯—奥克斯利法案颁布后，大量公众公司选择私有化就是例证。[③] 在萨班斯法案引起反弹后，SEC 又尝试以公司市值作为小公司的认定标准，在信息公开及内部控制等方面对小公司进行松绑。并规定针对在 SEC 登记且市值在 7500 万美元以下的中小企业，可在 2007 年后接受萨班斯法案的规范，从而放松对法案原本规范的小公司的公司治理监管。[④] 因此，在非上市股份公司制度框架完善以前，我国非上市股份公司应强化信息披露监管，淡化公司治理监管。[⑤] 资本市场监管的关键也旨在打破“筑造”在公司管理者、投资者与内部人之间的信息壁垒，在保证投资者及时准确获取信息的前提下，保护股东权利并实现自由选择权。以信息披露为核心的股份转让市场监管制度的建立，无论是从市场的正常运行、投资者的权益保护，还是完善公司治理的角度来看，都是证券市场最为重要的问题之一。这也印证了证券法自始蕴含的两个

---

① 参见胡经生《证券场外交易市场的发展与监管》，《中国证券》2007 年第 4 期。

② 参见王曦《中国非上市公众公司股份转让法律问题研究》，硕士学位论文，北京大学，2009 年。

③ See Ginger Carroll, Thinking Small: Adjusting Regulatory Burdens Incurred by Small Public Companies Seeking to Comply With the Sarbanes-Oxley Act, *Alabama Law Review*, Vol. 58, 2006.

④ 参见曾宛如《公司管理与资本市场法制专论（二）》，（台湾）元照出版公司 2008 年版，第 65—67 页。

⑤ 参见孔翔、吴林祥《公众公司制度研究》，深圳证券交易所综合研究所研究报告，深证综研字第 0139 号。

哲理：充分的信息公开和一整套标准化程序的制定。①

二 信息披露的制度设计应考虑披露成本与场外市场的特点

与交易所市场相比，场外市场信息披露的成本非常低，但却能发挥信号显示功能。从域外经验来看，有的场外市场，如 Pink Sheets 市场虽无强制信息披露的要求，但是一定程度的信息公开能吸引更多的游资进入资本池。故对于场外市场来说，持续的信息披露对其“蓄资”更有利。② 就非上市股份公司运行和监管的价值选择而言，其在设计理念上更偏向的应是提高市场效率，但这势必会与投资者保护产生一定的冲突。保护投资者，最主要的是通过责令发行人进行信息披露来保护他们的知情权，所以对市场效率的追求就需要在信息披露方面做出妥协和让步，对投资者权利遭受侵害的可能性进行前期制度上的补偿。

交易成本是在一定的社会关系中，人们通过自愿交换实施经济行为时所支付的成本。③ 这样的成本在信息披露中也是存在的，所以信息披露首先应当适度。现代公司的实践与证券市场发展的实际表明，信息作为一种资源，在初始分布上就不均衡；作为一种特殊商品，在获取的过程中也将产生高额的“信息成本”。对于披露者来说，需要在信息的整合、消化和散播上承担昂贵的成本，且这样的成本与生俱来；在信息接收者看来，他们还需要在信息的获取、处理和验证上耗费成本，且这些成本绝大部分是由投资者来承担的④。当增量信息的获取所带来的收益与获取这一信息而付出的成本正相抵消时，我们可以说，这样的信息披露是有效率的⑤。所以信息披露的制度安排要考虑其经济性和效率性，否则将导致交易成本激增、市场失灵、证券盈余反应系数降低等一系列负效应出现⑥。简而言之，这一经济和适量的原则性的标准就是披露的信息能够减少投资者成为知情人士的成本，且上述成本的降低应当小于因披露而

① See M. Halloran, J. H. Halperin, H. H. Makens, *Blue Sky Laws: A Satellite Program*, *Practicing Law Institute*, 1985, at p. 14.

② 参见胡经生《证券场外交易市场发展研究》，中国财政经济出版社 2010 年版，第 19 页。

③ ［美］波斯纳：《法律的经济分析》，蒋兆康译，中国大百科全书出版社 1997 年版，第 391 页。

④ 参见［美］弗兰克·伊斯特布鲁克、丹尼尔·费希尔《公司法的经济结构》，张建伟、罗培新译，北京大学出版社 2005 年版，第 5 页、第 337—338 页。

⑤ 参见樊纲《市场机制与经济效率》，上海三联书店、上海人民出版社 1995 年版，第 94 页。

⑥ 关璐：《非上市公众公司信息披露制度剖析》，硕士学位论文，吉林大学，2010 年。

耗费的成本，即投资者因信息披露所增加的边际收益超出边际成本。[①] 这样在增进投资者净收益的同时，资本市场才能同时将资金配置给更有效率的使用者。非上市股份公司在公司规模、组织结构、运营风险、风险承担能力等方面相比于上市公司存在劣势，它们对信息披露的成本更加敏感。若过于强化信息披露义务，在成本与市场收益的对比考量下，它们宁愿选择退出市场，并进而导致市场的萎缩。

从市场中投资者的风险偏好来看，场外市场的投资者相对于场内市场而言，具有更丰富的投资经验、更高超的投资技巧和具有风险偏好的群体特征。他们更愿意相信自己的投资决策而非公司披露的报告，正因为如此，他们对市场信息的依赖程度远没有一般的公众投资者强烈。[②] 且在这样一个自发零散的市场中，行业协会的自律管理在监管中占有主导角色，作为行业协会成员的券商与其推荐和督导的公司之间是“荣辱与共”的关系。而券商之间又存在着竞争关系，他们只有通过信息披露来证明证券质量是优质的，才能吸引更多的客户，这就使得券商有足够的动机去督促挂牌公司履行信息披露义务。所以对非上市股份公司的监管，特别在以信息披露为主要内容的监管上，必然要做出与上市公司相区分的制度设计。

三　非上市股份公司信息披露的价值选择平衡

（一）信息披露保障的是效率价值下投资者的知情权

在非上市股份公司信息披露的具体制度构建上，我们遇到的第一个难题就是信息究竟应当披露到何种程度。虽然法律在制定上充分考虑了投资者的利益，对发行人信息公开的方式、内容作了要求，使投资者享有并实现了在与股票质量有关的信息上的知情权。但享有知情权不意味着知情，投资者依然可能基于自身能力的欠缺，不能理解披露信息的全部。证券监管机构强制发行人进行信息披露的目的是使中小投资者能够获得发行人可能刻意隐瞒的且会影响到投资者决策作出的信息，至于投资者是否真正能理解这些信息并据此作出何种判断并不是证券监管机构关注的范围，因为证券交易市场的有效性足以使公开

---

① 参见潘东旭、查冬兰《信息披露质量对边际股权融资成本的影响》，《安徽大学学报》（哲学社会科学版）2011 年第 6 期。

② 参见李建伟《非上市公众公司信息披露制度研究》，载顾功耘主编《公司法律评论》，上海人民出版社 2010 年版。

信息及时和充分地反映在股票价格上[①]。《证券法》第 27 条规定了“买者自负”原则，“股票依法发行后，……投资风险，由投资者自行负责”。虽然此条款制定的原意是在投资者实然已经知情的情况下，需自行承担投资蕴含的风险，而非在信息不对称下的买者自负，但这并不意味着效率价值对投资者利益保护的妥协要做到通过详尽的信息披露规定让参与市场交易的投资者都能在实质上对与投资决策有关的信息保持知情。美国 1933 年证券法就指出：“SEC 根据本法订立规范以及被要求考量某行为对保护公共利益是否必要或恰当时，除考虑保护投资者利益外，该行为能否提高效率、促进竞争和资本形成也是 SEC 必须同时考虑到另一方面。”[②] 这样一种价值选择博弈在信息公开与投资者知情之间的体现就是法律保障的是效率价值下投资者的知情权而非其实质知情。

（二）在投资者利益保护、成本与效率间寻求平衡点

资本市场作为人类历史上的重大经济革命，所带来的福祉是无法比拟的。其之所以具有这般作用，主要在于其可以通过优化投资信息和资源配置、改善公司治理等方式来减少信息获取成本和交易成本对技术创新和资本聚集的影响，并进而促进经济增长。[③] 不过我们同时需要看到，以高风险著称的资本市场，其风险主要来源于公司信息本身的特殊属性和资本市场特有的信息问题。法律对非上市股份公司股份转让的监管正是要建立一种强制和监督机制，缓和信息优劣双方的利益冲突，从而追求法的效率价值。从前文的论述中，我们可以看出，在非上市股份公司股份转让市场的运行中，我们不能因为过度关注投资者利益保护而“步履维艰”地设计市场运行规则，这将打击公司的积极性，不利于非公开发行制度优势的发挥。投资者在知识结构、投资经验等方面的差异无法做到让其完全把握披露的内容实质。就信息披露本身来说，公开信息的行为无法避免地使公司与投资者产生利益分配上的“背道而驰”。信息披露过于详尽会给公司增添负担，不仅使其心存泄露商业秘密的忧虑，高昂的披露成本也会让公司对股份转让市场“望而却步”。[④] 这与非上市股份公司的规模、实力是不相匹配的，并将阻碍市场运行效率的提高，一定程度上可以说是偏离了非上市股份公司的制度设计理念。因此，我们需要缓和信息披露的完备性与

① See James D. Cox, Premises For Reforming the Regulation of Securities Offerings: an Eaasy, *Law and Contemporary Problems*, Vol. 63, 2000.

② 郭雳、郭励弘：《私募发行在美国证券市场中的重要地位》，《首席财务官》2008 年第 4 期。

③ 参见张路编译《美国上市公司最新立法与内部控制实务》，法律出版社 2006 年版，第 1 页。

④ 参见［日］河本一郎、大武泰南《证券交易法概论》，侯水平译，法律出版社 2001 年版，第 41 页。

披露成本上升之间的冲突，在投资者利益保护与监管成本以及市场运行效率间找到一个平衡点。

（三）在设定最低披露义务之余给发行人充分的披露自治权

总体而言，非上市股份公司的信息披露义务远小于上市公司，如果按照上市公司信息披露的标准要求非上市股份公司履行严格的信息公开义务，只会让市场愈渐萎缩。全美证券交易商协会曾于1999年修改规则，要求在OTCBB市场上挂牌的所有公司都需履行1934年证券交易法所规定的强制披露义务，这导致的直接后果是高达74%的挂牌公司选择退出市场，或转为封闭公司，或到信息披露义务较低的Pink Sheets市场去挂牌交易。[①] 所以，对于场外市场来说，立法者应当给挂牌公司留有一定的信息披露自治空间和主动权，并辅之以约束和激励机制。在美国Pink Sheets市场，为了鼓励挂牌公司充分披露信息，市场根据挂牌公司信息披露的充分程度和可信度对证券进行五个等级的分级标示，给投资者以提醒，对最差级别的证券施以阻止报价的限制。所以针对我国非上市股份公司股份转让市场的实际，不妨由法律规定一个最低层次的披露标准，挂牌公司在满足法定的信息披露最低标准之余，充分衡量披露成本，尔后做出各自有别的信息披露安排。对于充分披露信息的公司，应给予更高的市场声誉。与此同时，将风险警示公告和券商利益与信息披露结合，对因披露严重不足导致证券分级标示处于末端的证券进行风险警示公告，并充分发挥以券商为代表的市场中介对发行人信息披露的督促作用。在“声誉”的压力下，券商势必“扮演”好一个监督者的角色，这将有效降低市场信息披露的成本。[②]

四　以交易市场公众性和投资者成熟度为基础的差异化安排

各个国家和地区证券法设立目的的其中一条通常为保护投资者，但事实上并非所有投资者都需要证券法的保护。非上市股份公司信息披露的制度设计在总体上定位于中小型公司，并要做到既满足投资者不同风险偏好的投资需求，也不增加公司披露信息的成本。

---

① See B. J. Bushee, C. Leuz, Economic consequences of SEC disclosure regulation: evidence from the OTC bulletin board, *Journal of Accounting and Economics*, Vol. 39, 2005.

② See Ronald J. Gilson, Reinier H. Kraakman, The Mechanisms of Market Efficiency, *Virginia Law Review*, Vol. 70, 1984.

（一）以公众性和准入条件来划分

从更宽广的角度来看，信息披露可以根据股份转让市场的公众性、准入条件和投资者“脆弱度”不同为标准，对披露主体设定不同的披露义务，形成由高到低的阶梯模式。从公众性和准入门槛来看，从上市公司到非上市公众公司，再到非公众股份公司，公开程度和投资者的“脆弱度”依次降低。与此相适应，上市/挂牌公司的信息披露义务也成正相关，非公众股份公司的信息披露义务最低，非上市公众公司次之。为此，在上市公司与非上市股份公司之间，以及非上市公众公司与非公众股份公司之间要体现出信息披露义务的区分度。例如，根据发行规模、发行对象人数等设定发行披露的豁免条件，在财务报告简化、季度和中期报告豁免呈交等方面降低中小型公司的持续披露标准。若在非上市公众公司之外，使部分非公众股份公司也承担信息公开义务时，其标准应就企业规模及股权结构一并观察，以确定符合投资者保护且不过度加重企业成本的标准，取其平衡。

（二）以投资者成熟度和风险抵御能力来划分

如果以投资者的成熟度和风险抵御能力为划分标准，投资者可以分为需要证券法保护的公众投资者和无需证券法保护的专业投资者。譬如金融机构、产业投资基金这样具有较强的信息收集和分析能力的机构投资者，它们对目标公司信息的掌握可以通过自行与发行人谈判获得；而对于公司董事、监事、高管等公司内部人而言，由于工作关系也可以较为轻松地获取公司相关信息，因此，法律不必强制要求发行人对上述两类投资者进行信息披露。但对于面向一般合格投资者的证券公开发行与交易而言，在这些投资者中势必有在信息收集、分析和谈判能力上有所欠缺的投资者存在。因为从技术上无法辨别每个参与证券市场活动的公众投资者的专业能力，客观上也不可能在同一次发行与交易中对不同成熟度的投资者施以不同保护标准，所以为了加强对自我保护能力不周的投资者的保护，这样的发行交易理所当然的要负担起信息披露的义务。对此，我们可以借鉴台湾地区的相关规定，要求“若购买人提出合理请求，发行人负有于发行完成前提供与本次非公开发行证券有关的公司财务、业务或其他信息的义务”①。

---

① 孔翔：《我国需要什么样的证券非公开发行制度》，《证券市场导报》2006年第2期。

（三）针对少数特定对象的非公开发行与交易

但是，如果针对少数特定对象的非公开发行与交易，证券法就无须进行过多的干预了。这样的理念在非上市股份公司股份转让市场的信息披露制度中的体现就是根据投资者成熟度和需保护程度不同，在整个市场体系中设置不同的信息披露标准，甚至在同一市场里开辟不同披露标准的子场所①。在具体设置上可以有一般场所和特别场所之分，分别对应的是一般投资者和机构投资者。在一般场所中，所有投资者都可以在此买卖挂牌企业的股份，发行人应严格履行信息披露义务，且转让方需保证已经遵守有关持有期限、转让规模等的规定；特别场所仅向合格机构投资者开放，经股份转让市场认可的合格机构投资者可以在此交易，并不受交易方式、数量、持有期限及信息披露等特别限制。对于合格机构投资者，发行人或转售人不负有向投资者披露相关信息的义务，除非合格机构投资者主动要求发行人或转售人提供，提供的标准可以参照上市公司信息披露的规定；对于一般投资者，法律需明确规定发行人或转售人应该主动、及时、充分地向投资者提供相关信息，否则可以认定转让行为无效。

（四）非上市股份公司信息披露的有条件豁免

证券市场是一个典型的“正金字塔型”结构体系，除了上文所提及的不同层次的市场间信息披露义务须有差别外，在“金字塔”底端的非上市股份公司股份转让市场内部，不同规模公司的信息披露义务也应有所区分。具体可表现为小额发行的信息披露豁免制度，这也是对融资需求不大的小型公司在效率价值指引下的一项便捷举措。

大多数非上市股份公司规模小、融资有限，制度设计应当充分考虑到降低信息披露的成本。在发行披露上，一定发行额或一定数量的发行对象以下的证券发行可以享受信息披露豁免待遇，这是对信息披露一般要求的例外。但如果投资者并非都是合格投资者，那么即使是小额发行，发行人的信息披露义务仍不能豁免，这又是对上述信息披露豁免的例外。而在持续披露上，达到中小型规模标准的公司将不受或少受强制披露规则的约束，转而按照场外市场关于信息披露的自律规则来要求。但如果非公众股份公司存在证券转售或者由于其他原因导致股东超过200人的界限，公司股权的分散度将提高，股东收集、分析信息的成本上升，投资者可自我保护的条件不复存在，那么挂牌公司就需要在合理的时间内向证券监管部门申请变更为非上市公众公司并履行强制性信息披

① 参见万勇《美国私募发行证券的转售问题研究》，《证券市场导报》2006年第9期。

露的义务，以对公众投资者进行保护。在美国，凡是在发行前 12 个月及发行期间内累计发行证券不超过 100 万美元的公司被豁免注册，也就无须向投资者履行信息披露义务，该制度也成为非上市证券在发行披露上的最鲜明特点。同时，美国证券法律规范允许私募股份进入交易场所供公众投资者购买，但为了避免与“股份未经公开发行程序将不得公开交易”的规定相冲突，发行私募股份的封闭公司在此时需转化为公众公司并向 SEC 注册。除非符合特定披露豁免条件，否则必须履行信息披露义务，此谓美国证券法律规范中的“二次投放”（Secondary Distribution）。[①] 英国的金融服务与市场法中也有关于发行披露豁免的规则，对于发行规模较小或者针对特殊对象的发行，可以认定为具有某种非公开性，从而获得一定程度的信息披露豁免。所以，对于我国小额发行的非上市股份公司而言，无论是从交易的迅捷、效率，还是从投资者的客观需求出发，有条件披露豁免制度的推出都不失为一个上上策。

---

① See J. W. Hicks, *Resales of Restricted Securities*, Clark Boardman Co., Ltd, 1990, at pp. 83 – 85. 转引自李建伟《非上市公众公司信息披露制度研究》，载顾功耘主编《公司法律评论》，上海人民出版社 2010 年版。

清算机构场外衍生品集中清算风险监管研究

陈兰兰①

摘　要　场外衍生交易清算机构高度集中了场外衍生交易的交易对手风险和操作风险，若丧失清偿能力可能引发或加剧系统性风险，金融监管机构应当在清算机构的成员资格、风险管理、违约管理等方面对其加强风险监管。监管机构应在清算机构公平公开的成员准入要求与控制成员对清算机构和其他成员带来风险之间实现平衡，对同时参加若干清算机构的成员施加较高的最低资本要求；加强清算机构的流动性风险和投资风险监管，要求清算机构建立危机后业务恢复、清算持续机制；在违约管理制度设计中应避免追加保证金要求引发成员的流动性危机乃至加剧金融系统内流动性危机，以及非违约成员对违约基金增加出资限额不明确而产生成员之间风险传染效应。

关键词　衍生交易清算机构　成员资格　风险管理　违约管理

2009年二十国集团匹兹堡峰会达成共识，确立场外衍生交易监管框架的基调是“从场外走向场内”，提出所有标准化的场外衍生品合约应当通过交易所交易，并至迟在2012年年底之前通过中央对手方进行集中清算。2010年通过的《二十国集团多伦多峰会宣言》重申致力于根据情况在交易所或电子交易平台进行所有标准化场外衍生品合约的交易，并至迟于2012年年底通过中央交易对手方进行清算。支付结算体系委员会和国际证监会组织2010年发布的《关于实施2004年场外衍生品中央对手方建议的指引》②、美国2010年

---

① 中国社会科学院法学研究所博士后，北方工业大学文法学院副教授。

② ISDA, Response to CPSS - IOSCO Consultative Report Guidance on the Application of the 2004 CPSS - IOSCO Recommendations for Central Counterparties to OTC Derivatives, 2010, pp. 1 - 38.

《多德－弗兰克华尔街改革与消费者保护法案》（以下简称《多德－弗兰克法案》）以及欧盟2012年《场外衍生交易、中央对手方和交易存储库规则》[①] 等均体现了上述共识。[②]

在衍生交易集中清算机制中，衍生交易清算机构作为中央对手方分别与作为清算机构成员的场外衍生交易双方订立合约，并对场外衍生品合约进行集中清算。目前全球主要由洲际交易所清算公司、伦敦清算所、欧洲期交所清算公司、芝加哥商品交易所清算公司等清算机构为利率衍生品、信用衍生品[③]等衍生产品[④]提供集中清算服务[⑤]。2009年11月我国在上海成立银行间市场清算所（以下简称"上海清算所"），旨在为银行间市场提供以中央对手方净额清算为主的本外币现货和衍生品交易的集中清算。目前我国场外金融衍生交易主要包括银行间远期外汇交易、人民币外汇货币掉期、人民币对外汇期权等外汇衍生品交易，远期利率协议交易、人民币利率互换等利率衍生品交易，信用风险缓释合约、信用风险缓释凭证等信用衍生品交易。其中，上海清算所虽对信用风

---

① Regulation on OTC Derivatives, Central Counterparties and Trade Repositories (2012).

② 美国《多德－弗兰克法案》规定，商品期货交易委员会或证券交易委员会应在其监管权限范围内审查互换合约，以决定该互换合约是否应在清算机构进行清算。清算机构应向监管机构提交互换合约，以获得清算该互换合约的批准。在《多德－弗兰克法案》中，对场外衍生品的监管被称为对互换的监管。该法对"互换"作非常宽泛的界定，包括信用违约互换、利率互换、货币互换、外汇互换、股权互换、股权指数互换、能源互换、商品互换等。依据《多德－弗兰克法案》，商品期货交易委员会或证券交易委员会在审查互换合约是否应在清算机构清算时，应考虑该互换合约的交易风险、交易流动性、交易价格信息、集中清算是否能降低系统性风险等因素。

③ 信用衍生品是分离、转移和对冲信用风险的各种金融工具的统称，主要包括信用违约互换（CDS）、指数CDS、担保债务凭证（CDO）等。参见中国银行间市场交易商协会《中国信用衍生品创新与发展问题研究》，2010年，第1—2页。

④ 2010年国际掉期及衍生工具协会年会中协会执行副主席Robert Pickel指出，国际掉期及衍生工具协会关于场外衍生交易市场改革的战略目标包括推进扩大集中清算的场外衍生品范围。See Robert Pickel, *Opening Remarks at the 25th Annual General Meeting of International Swaps and Derivatives*, 2010, p. 5. 同年一些场外衍生品市场参与者提出，应增大对可进行集中清算的利率衍生品和信用衍生品的集中清算力度，同时扩大利率衍生品和信用衍生品集中清算范围。

⑤ 2009年3月洲际交易所（ICE）首先成立CDS清算所，并开始为欧洲信用违约互换指数交易提供清算服务。芝加哥商品交易所集团（CME）随后开始对信用违约互换进行集中清算。欧洲期交所清算公司（Eurex Clearing）也推出信用违约互换集中清算服务。伦敦清算所（LCH）通过SwapClear系统继续深化为利率互换提供清算服务。另外，日本证券结算公司自2009年7月开始对信用违约互换进行集中清算。2010年3月日本金融厅提出，应对单纯的大众型利率互换和iTraxx Japan的信用违约互换进行强制清算。韩国交易所（KRX）目前正筹备建立中央对手方为场外衍生品交易提供清算服务，将对金融机构参与的利率互换交易强制推行集中清算，并逐步扩大到包括信用违约互换在内的其他场外衍生品。

险缓释凭证[①]提供登记结算服务，但未对信用风险缓释凭证进行集中清算，而采取逐笔全额清算。2014 年 1 月上海清算所试行开展人民币利率互换集中清算业务，暂仅接受固定利率对浮动利率互换的集中清算，标志我国场外金融衍生品集中清算机制开始运行。[②] 根据 2014 年 1 月中国人民银行发布的《关于建立场外金融衍生产品集中清算机制及开展人民币利率互换集中清算业务有关事宜的通知》，自 2014 年 7 月 1 日起，金融机构之间新达成的以 FR007、Shibor_ ON 和 Shibor_ 3M 为参考利率、期限在 5 年以下（含 5 年）的人民币利率互换交易，若参与主体、合约要素符合上海清算所有关规定，均应提交上海清算所进行集中清算。另外，上海清算所正在推进利率汇率期权类衍生品等场外金融衍生品集中清算业务的研发。

衍生交易集中清算机制有利于提高场外衍生品市场效率和交易透明度，使得清算机构所有成员无须面临因不同的交易对方潜在违约而产生的交易对手风险，而只需面临作为中央对手方的清算机构的信用风险，且清算机构对场外衍生品合约实行净额结算[③]，有利于降低清算机构所面临的作为交易对方的成员违约而产生的交易对手风险。但由于清算机构承担作为清算机构成员的任何一个合约买方或卖方违约的信用风险，高度集中了场外衍生交易的交易对手风险、衍生交易和合约清算的操作风险与风险管理职能，衍生交易清算机构，特别是系统重要性清算机构[④]一旦发生流动性危机或丧失清偿能力而无法清算或暂停清算衍生品，将危及成员的清偿能力或流动性。作为某一衍生品主要清算机构的系统重要性清算机构暂停清算某一衍生品可能影响该衍生品市场的正常

① 信用风险缓释凭证是信用风险缓释工具的一种，是指由标的实体以外的机构创设，为凭证持有人就标的债务提供信用风险保护、可交易流通的有价凭证，是具有中国特色的信用衍生品，其交易结构比信用违约互换简单明确。信用违约互换对信用保护的债务类型没有限制，各类债权均可作为信用保护的标的，使得信用保护标的不明确，且较为复杂；信用风险缓释工具则明确信用保护针对特定的具体债务，且标的债务类型限于债券和其他类似债务，使得每笔交易合约均与具体债务相对应。

② 现有 90% 以上的人民币利率互换交易可纳入上海清算所集中清算机制，包括合约期限在 5 天（含）至 5 年（含）以内，以及浮动端参考利率为 SHIBOR 隔夜、SHIBOR 3 个月和 7 天回购定盘利率等 3 个品种。2014 年 1 月 2 日上海清算所共处理 15 家金融机构提交集中清算的人民币利率互换交易 59 笔，名义本金 50.25 亿元，其中第一笔集中清算的人民币利率互换交易是中国工商银行和上海浦东发展银行提交的以 FR007 为参考利率、名义本金 5000 万元的利率互换交易。这是我国第一笔纳入集中清算的场外金融衍生品交易。

③ 国际清算银行将金融交易中的净额结算界定为交易当事方对其之间头寸或义务进行合意冲抵。

④ 随着竞争加剧，规模经济和范围经济效应可能导致少量大型清算机构得以存续。这些少量大型清算机构将垄断场外衍生交易清算业务，使得这些清算机构具有系统重要性。See Craig Pirrong, The Economics of Central Clearing: Theory and Practice, ISDA Discussion Papers Series No. 1, 2011, pp. 14 - 15.

运作，且场外衍生品交易商通常同时参加若干清算机构，清算机构对相互关联的金融机构和衍生品市场提供清算服务，将可能引发或加剧金融体系的系统性风险。因此，各国金融监管机构应当加强对衍生交易清算机构的风险监管，对清算机构成员资格，对清算机构的风险管理、违约管理和治理结构等方面制定相关规则。譬如，美国商品期货交易委员会根据《多德－弗兰克法案》的授权于2010年10月公布衍生交易清算组织金融资源标准草案，2011年1月公布指定清算组织风险管理标准草案，证券交易委员会2011年3月公布清算机构运营和治理结构标准草案等。① 此外，各国监管部门缺乏国际合作对作为中央对手方的清算机构监管提出挑战。② 2012年支付结算体系委员会和国际证监会组织发布《金融市场基础设施原则》，对中央对手方的成员资格、风险管理、违约管理等提出监管原则。各国金融监管机构应当在衍生交易清算机构风险监管方面进行国际合作，以最大限度地减少监管套利。

一 清算机构成员资格

衍生交易集中清算机制实质上是在所有清算机构成员之间分摊场外衍生交易的交易对手风险、分担违约成员违约造成损失的机制安排。确定清算机构成员资格，对于清算机构进行有效的风险控制和违约管理至关重要。国际掉期及衍生工具协会提出，清算机构应针对不同的成员类型分别设定不同的成员要求。清算机构成员应拥有充足资本和其他金融资源、健全的业务操作能力，必须具备参与清算机构违约管理的能力和适当的风险管理能力。2012年《金融市场基础设施原则》规定，中央对手方应设定公平、公开的成员准入要求。要求清算机构成员不应不合理地限制衍生品交易商成为清算机构成员，同时应控制清算机构成员对清算机构以及其他成员带来的风险。值得研究的是如何在实现清算机构公平、公开准入要求，与确保清算机构成员拥有充足金融资源、充分业务操作能力以履行清算机构成员义务之间寻求平衡。《金融市场基础设施原则》建议，中央对手方应通过风险管理、风险分摊机制等实现公开成员准入与控制成员所带来风险之间的平衡，当成员对中央对手方产生较高风险时应对成员施加更为严格的风险控制措施，如对信用状况下降的成员追加担保

① See the CFTC's Proposed Financial Resources Requirements for Derivatives Clearing Organizations (2010), the CFTC's Proposed Risk Management Standards for Designated Clearing Organizations (2011), the SEC's Proposed Clearing Agency Standards for Operation and Governance (2011).

② See Ted MacDonald, Speech at Systemic Risk Panel on OTC Responses to the Financial Crisis, 25th Annual General Meeting of International Swaps and Derivatives, 2010.

等；在其他因素相同的情况下，中央对手方可对拥有较高资本的成员施加较低的风险限额，或者允许其参与更多的清算业务。清算机构应持续监控其成员的财务状况、资产风险和信用状况等，并定期监控其成员是否符合清算机构成员要求。对不符合成员要求的清算机构成员应要求其追加保证金或降低其头寸限额。① 清算机构还应明确何种情形下清算机构有权终止某一交易商的成员资格。

（一）清算机构成员的资本要求

国际掉期及衍生工具协会提出，清算机构在决定是否接纳某一场外衍生交易的交易商为成员时应考虑该交易商的资本额因素②，各国金融监管机构应为清算机构成员设定最低资本和其他金融资源要求③。国际上主要衍生交易清算机构普遍设立成员净资本标准，通常对可从事自营和代理清算业务的综合清算成员与仅可从事自营清算业务的普通清算成员设立不同的净资本标准，综合清算成员因承担代理清算业务，其净资本要求通常远高于对普通清算成员的要求，并且清算机构不同中央对手清算业务的成员资本要求通常不同。清算机构

---

① See ISDA, Outstanding Concerns with the Proposed Rules Regarding the Capitalisation of Exposures to CCPs, 2011, p. 2; ISDA, Response to the CFTC's Proposed Risk Management Standards for Designated Clearing Organizations, 2011, p. 5; ISDA, Response to the SEC's Proposed Clearing Agency Standards for Operation and Governance, 2011, pp. 3 - 4; ISDA, Response to CPSS - IOSCO Consultative Report Guidance on the Application of the 2004 CPSS - IOSCO Recommendations for Central Counterparties to OTC Derivatives, 2010, p. 6.

② 衍生交易清算机构通常通过损失分摊和净额结算机制来分摊或降低成员违约的信用风险，即清算机构所面临的场外衍生交易的交易对手风险，从而有利于确保清算机构的清偿能力。按照清算机构的损失分摊机制，当某一成员无法履行衍生交易合约，清算机构通常首先以违约成员的保证金账户承担损失，其后再由在所有成员出资建立的违约基金中违约成员的出资承担损失。若清算机构成员违约造成的损失超过该成员缴纳的保证金和其在违约基金中的出资，则由清算机构的自有资本（衍生交易清算机构通常是营利性公司或营利性公司的子公司）与其他非违约成员在违约基金中的出资等分摊损失。因此，由所有成员出资建立的违约基金将分担某一成员违约造成的损失，清算机构还可能要求非违约成员增加对违约基金的出资，从而将清算机构作为中央对手方承担的所有清算机构成员作为合约买方或卖方违约的信用风险在所有成员之间分摊。因此，清算机构成员的资本是否充足，对于清算机构作为中央对手方所面临的场外衍生交易的交易对手风险在所有清算机构之间分摊，确保清算机构的清偿能力至关重要。

③ 清算机构成员不得从其他独立实体（如非清算机构成员的子公司）获得融资以满足清算机构成员的金融资源要求。See ISDA, Response to the SEC's Proposed Clearing Agency Standards for Operation and Governance, 2011, p. 4. 在金融危机时期，基于金融机构之间的相互关联性以及由此产生的风险传染性，金融机构可能无法或不愿向清算机构成员提供充足融资以满足其拥有与风险暴露水平成一定比例的资本等金融资源要求。

在设立成员净资本标准时，应当考虑清算机构所清算产品的流动性[①]和风险，以及这些因素在未来可能发生的变化[②]，并且要求每一成员必须拥有与其风险暴露水平成一定比例的资本，要求成员的净资本与该成员参与的衍生交易对清算机构产生的风险成一定比例[③]。金融监管机构为清算机构成员设定最低资本要求，应确保拥有这一资本额的衍生品交易商因其所拥有的金融资源、操作能力等符合清算机构成员要求而不对清算机构产生较高风险，还应考虑清算机构成员的最低资本要求对于满足清算机构成员资本适格性要求的场外衍生品交易商的数目，以及其参与的场外衍生品交易是否能够在清算机构进行集中清算的影响。

在场外衍生交易市场中，交易商通常同时参加若干清算机构，在不同的产品市场参与交易[④]。某一场外衍生交易的交易商可能分别满足其参加的若干清算机构的成员资本适格性要求，但对于同时参加若干清算机构的场外衍生交易的交易商而言，其净资本是被重复计算的，对于分摊若干清算机构所面临的场外衍生交易的交易对手风险，该交易商的资本存在不充足的风险，而大多数场外衍生交易的交易商很可能同时参加若干清算机构，可能对若干清算机构的风险管理带来严重威胁。若作为若干清算机构成员的某一系统重要性金融机构资本不充足，并出现流动性危机或丧失清偿能力而在场外衍生交易中违约，将可能潜在危及该若干清算机构的流动性和清偿能力。若因此导致某一清算机构丧失清偿能力，该清算机构需要暂停清算某些衍生产品，这将降低相关衍生产品的流动性。由于不同的清算机构可能清算不同的衍生产品，系统重要性清算机构可能是清算某一衍生品的主要清算机构[⑤]，若系统重要性清算机构丧失清偿能力而导致暂停清算某一衍生产品，将可能影响该衍生品市场的正常运作，并可能影响参与该衍生品交易的清算机构成员的流动性或清偿能力。若这些作为清算机构成员的大型金融机构是系统重要性金融机构，可能引发金融系统内的流动性危机。

---

① 场外衍生品通常比在交易所交易的产品流动性低，且场外衍生品的流动性在未来可能发生变化。在确定清算机构成员的最低资本水平时，应考虑场外衍生品潜在的流动性降低。

② ISDA, Response to CPSS - IOSCO Consultative Report Guidance on the Application of the 2004 CPSS - IOSCO Recommendations for Central Counterparties to OTC Derivatives, 2010, p. 6.

③ ISDA, Response to the CFTC's Proposed Risk Management Standards for Designated Clearing Organizations, 2011, p. 5.

④ ISDA, Response to the CFTC's Proposed Risk Management Standards for Designated Clearing Organizations, 2011, p. 3.

⑤ ISDA, Response to the CFTC's Proposed Financial Resources Requirements for Derivatives Clearing Organizations, 2010, p. 9.

国际掉期及衍生工具协会提出，除非一国金融监管机构和若干清算机构能够并且愿意严密监控作为若干清算机构成员的交易商的资本评估，否则应当对同时参加若干清算机构的场外衍生交易的交易商提出较高的最低资本要求[①]。对同时参加若干清算机构的场外衍生交易的交易商施加较高的最低资本要求，不仅可减轻金融监管部门和清算机构对作为若干清算机构成员的交易商资本状况的持续监控，还有利于同时参加若干清算机构的交易商分摊若干清算机构所面临的场外衍生交易的交易对手风险，从而有利于确保若干清算机构的清偿能力，降低因清算机构丧失清偿能力而影响相关衍生品市场甚至引发系统性风险的可能性。

（二）清算机构成员的头寸限额

对于清算机构成员未提供初始保证金的场外衍生交易，清算机构应设定成员的头寸限额来严格限制未担保的风险暴露，并持续监控成员的头寸，以利于精确评估和管理成员违约的信用风险。国际掉期及衍生工具协会建议清算机构对其成员设定初始警告限额，一旦超过警告限额，将导致对成员信用风险暴露的自动审查。还应设定更高水平、严格的限额，一旦超过这些限额，将采取要求成员自动降低头寸和/或提供担保等措施[②]。国际掉期及衍生工具协会还建议清算机构持续监控其成员头寸高度集中而产生的风险。若清算机构确定某一成员参与的某一类衍生品交易如此高额，以至于将无法按照清算机构违约管理计划在清算期间进行清算，则清算机构应有权决定是否基于该成员的头寸集中度要求其缴纳更高的初始保证金。美国商品期货交易委员会认为，清算机构在监控其成员的头寸时应考虑该成员可能同时参加若干清算机构而产生的风险。

（三）清算机构成员的风险管理能力

清算机构的成员要求还应包括清算机构成员具备适当的风险管理能力。清算机构成员健全的风险管理体系主要包括下列要素：（1）董事会和高级管理层监控风险；（2）健全的风险控制、监控、报告系统和程序；（3）成员的组织机构应遵循董事会制定的总体战略和风险管理政策。代表清算机构成员承担风险的个人必须深入了解该成员的风险状况、允许其进行交易的产品及交易限

---

① ISDA, Response to the SEC's Proposed Clearing Agency Standards for Operation and Governance, 2011, 3.

② ISDA, Response to the SEC's Proposed Clearing Agency Standards for Operation and Governance, 2011, 3 -

额等，其风险管理职能应当是独立的，并直接向高级管理层或董事会报告。清算机构应定期审查其成员的风险管理政策、程序及其实施。若某一交易商同时参加若干清算机构，由其中的一家清算机构代表其他若干清算机构审查该交易商的风险管理政策、程序及其实施是不适当的，因为不同的清算机构可能对其成员施加不同的风险管理要求，且不同清算机构的保证金政策可能不同，由此要求其成员进行不同的风险管理。

（四）清算机构成员参与违约管理的能力

清算机构成员必须有能力参与清算机构的违约管理，包括：为其交易提供初始保证金，并在其参与的衍生交易合约市场价值波动时满足追加保证金要求；与其他成员共同出资建立违约基金，在其他成员违约时可能增加对违约基金的出资等。如果清算机构的部分成员没有能力参与违约管理，将对该清算机构和金融市场均产生严重不利影响。在金融危机时期，如果若干清算机构成员违约，且衍生交易金额巨大，若数个清算机构成员无法参与违约管理，可能导致清算机构难以获取充足的金融资源进行违约管理。不论无法参与违约管理的清算机构成员是违约成员还是非违约成员，清算机构可能将减少通过向违约成员追加保证金或要求非违约成员增加对违约基金的出资等以进行有效违约管理，可能难以将违约成员违约造成的损失在清算机构成员之间完全分摊，不仅可能加重其他成员参与违约管理的负担，并且将降低清算机构进行有效风险管理的可能性，可能导致清算机构发生流动性危机甚至丧失清偿能力，从而可能引发或加剧金融危机。

二　清算机构的风险管理

衍生交易清算机构高度集中了场外衍生交易的交易对手风险、衍生交易和合约清算的操作风险，且一家主要清算某一场外衍生品的清算机构的风险可能与另一家主要清算另一场外衍生品的清算机构所面临的风险不同。支付结算体系委员会和国际证监会组织认为，确定作为中央对手方的清算机构风险管理的国际标准，对于促进金融市场的安全是一个关键因素。[①] 各国金融监管机构应确保清算机构能够进行有效的风险管理，力求避免因作为中央对手方的清算机构丧失清偿能力而引发金融体系内的系统性风险。美国商品期货交易委员会认为，清算机构应管理的风险包括但不限于法律风险、流动性风险、投资风险、

---

① CPSS, IOSCO, Recommendations for Central Counterparties, 2004, foreword.

市场风险、信用风险、集中度风险、操作风险等。

（一）流动性风险

为降低因金融市场高度波动、清算机构信用评级降低①、清算机构成员违约或退出清算机构等导致清算机构发生流动性危机的风险，国际掉期及衍生工具协会建议各国金融监管机构对清算机构的流动性风险进行监管，包括：要求清算机构持有高流动性的资产以满足预期之外的现金需求；清算机构应定期向监管机构报告其拥有金融资源的数额、各项金融资产的价值和流动性，并向监管机构提供其计算金融资产价值和流动性的方法和决定因素的相关充分资料；监管机构应定期评估清算机构所持金融资产的流动性等②。

（二）投资风险

清算机构的资本与其成员缴纳的保证金相比往往较低，即使清算机构较小的投资损失也可能会耗尽其自有资本。因此，应要求清算机构实行极端审慎的投资政策。《金融市场基础设施原则》规定，中央对手方应投资于信用风险、市场风险和流动性风险极低的工具，投资应经担保，并能迅速变现；投资策略应与风险管理政策一致，并应向其成员公开。国际掉期及衍生工具协会建议各国金融监管机构参照巴塞尔协议对清算机构的投资头寸加以限制。基于清算机构可能因其成员违约等原因而发生流动性风险，监管机构可要求清算机构必须将其金融资源的很高比例投资在很窄范围内的高流动性、安全的金融工具上③。此外，监管机构应要求清算机构必须拥有充足资本，除了必须拥有充足资本承担其作为中央对手方的交易对手风险、衍生交易和合约清算的操作风险以外，其资本还应足以承担投资风险。

（三）新业务审核和业务暂停

清算机构应具备内部新业务审核程序，以确保清算机构在开展新业务

---

① 如美国标准普尔公司提供广泛的金融机构评级服务，其中包括对交易所和结算公司进行信用评级。

② ISDA，Response to CPSS－IOSCO Consultative Report Guidance on the Application of the 2004 CPSS－IOSCO Recommendations for Central Counterparties to OTC Derivatives，2010，p. 5；ISDA，Response to the CFTC's Proposed Financial Resources Requirements for Derivatives Clearing Organizations，2010，pp. 7－8.

③ ISDA，Response to the CFTC's Proposed Financial Resources Requirements for Derivatives Clearing Organizations，2010，p. 7.

（如清算某一场外衍生品）之前进行风险管理测试，且具备充分的程序、方法和充足的专业人员，并应在清算新产品或新工具之前获得监管部门的批准。若某一清算机构丧失清偿能力，该清算机构需要暂停清算某些衍生产品，在突然发生危机时清算机构须迅速暂停衍生品交易和清算。清算机构应建立危机后业务恢复、清算持续机制以确保持续清算服务。国际掉期及衍生工具协会建议清算机构拥有与暂停衍生品交易和清算相关的健全系统和操作能力，并定期进行测试。①

（四）内部审计

清算机构应设立内部审计部门来确保清算机构所有的政策、程序和方法与其风险水平相适应，内部审计部门应具备有关场外衍生交易市场的专业知识，并应定期向监管部门和清算机构成员提供审计报告。

（五）压力测试和违约管理测试

清算机构应能够识别有损于衍生交易集中清算机制功能，即在所有成员之间分摊场外衍生交易的交易对手风险的潜在脆弱性，其中两个关键工具包括压力测试和违约管理测试。

清算机构应定期进行违约管理测试，这有助于发现清算机构违约管理程序中的脆弱之处。美国商品期货交易委员会认为，清算机构进行的压力测试应包括以下两类：第一类压力测试是针对清算机构所有成员、其清算的所有产品进行的压力测试，其目的是识别清算机构成员对清算机构带来的风险，定量分析这一风险，并计算出其所需拥有的金融资源；第二类压力测试是针对特定成员的特定头寸可能产生的风险进行的压力测试，其目的是识别个别成员对清算机构带来的风险。清算机构应定期进行不利市场条件下（包括极端但合理市场条件下）压力测试，包括清算机构的流动性测试②，并应向公众披露压力测试及其结果。国际掉期及衍生工具协会提出，清算机构成员提供初始保证金应足以保证该成员在极端但合理市场条件下对冲交易和合约清算。因此，清算机构进行不利市场条件下压力测试将有利于确定清算机构成员缴纳初始保证金的额

① ISDA, Response to CPSS – IOSCO Consultative Report Guidance on the Application of the 2004 CPSS – IOSCO Recommendations for Central Counterparties to OTC Derivatives, 2010, p. 12.

② ISDA, Response to CPSS – IOSCO Consultative Report Guidance on the Application of the 2004 CPSS – IOSCO Recommendations for Central Counterparties to OTC Derivatives, 2010, pp. 6 – 7. 若同时作为若干清算机构成员并缴纳高额保证金的清算机构成员退出清算机构，可能会导致清算机构出现流动性短缺，在进行清算机构的流动性测试时应当考虑这一因素。

度。清算机构进行不利市场条件下压力测试，还有利于清算机构计算其所需的金融资源，有助于清算机构在发生合理的市场危机之后仍具有充足的金融资源。① 关于系统重要性清算机构的金融资源，美国商品期货交易委员会认为，应对系统重要性清算机构的金融资源规定较高要求以确保其持续经营和危机后业务恢复。国际掉期及衍生工具协会提出，金融监管机构应根据清算机构所面临的场外衍生交易的交易对手风险、衍生交易和合约清算的操作风险，以及其所清算的衍生品等因素加以确定，而不应统一设定系统重要性清算机构的金融资源，以力求避免其金融资源不充足或者数额过高。②

三 清算机构的违约管理

在衍生交易集中清算机制中，当某一清算机构成员无法履行衍生交易合约，清算机构通常首先以违约成员的保证金账户承担损失，其后再由在所有成员出资建立的违约基金中违约成员的出资承担损失。若清算机构成员违约造成的损失超过该成员缴纳的保证金和其在违约基金中的出资，由清算机构的自有资本与其他非违约成员在违约基金中的出资等分摊损失。

对于是否应在相关立法中规定清算机构的最低资本要求，Options Clearing Corporation（OCC）认为，不应规定清算机构的法定资本要求，大多数清算机构仅拥有相对于其应履行的义务而言很低的资本，清算机构能否安全稳健运营的关键问题是清算机构是否拥有充足的金融资源，而不是这些金融资源的形式。NYPC 和 KCC 认为，对清算机构施加过重的资本要求，将不利于清算机构之间的竞争，潜在抑制清算机构多种形式的组织结构。美国商品期货交易委员会提出，只要清算机构的金融资源充足，清算机构在确定其金融资源的结构时有一定灵活性是适当的。支付结算体系委员会和国际证监会组织曾考虑对包括中央对手方在内的金融市场基础设施的由股权资本构成的流动净资产设定最低数额要求，但在《金融市场基础设施原则》中并未明确规定金融市场基础设施的最低资本要求，而是要求包括中央对手方在内的金融市场基础设施拥有

① ISDA, Response to CPSS - IOSCO Consultative Report Guidance on the Application of the 2004 CPSS - IOSCO Recommendations for Central Counterparties to OTC Derivatives, 2010, p. 8. 目前在行业内已达成共识，对信用违约互换、利率互换等场外衍生品合约进行集中清算的清算机构所拥有的金融资源，至少应足以承担两家对清算机构负有最高数额合约义务的清算机构成员在极端但合理市场条件下潜在违约所造成的损失。

② ISDA, Response to the CFTC's Proposed Financial Resources Requirements for Derivatives Clearing Organizations, 2010, pp. 3 - 4、p. 8.

充足的由股权资本构成的流动净资产，以应对潜在通常业务经营损失，使其得以持续运营和提供服务。

值得研究的是保证金与违约基金对风险敞口的覆盖比例问题[①]。一种倾向是提高违约基金对风险敞口的覆盖比例，相应地减少保证金要求。然而，清算机构成员分摊违约损失并过度降低保证金要求将会产生违约成员的道德风险，同时会增强各清算成员对清算机构风险控制和违约管理的关注，因为其他成员违约将可能影响自己对违约基金额度的补充和追加。另一种倾向是提高保证金要求与保证金覆盖风险敞口的比例，则大部分违约损失可能由违约成员自身承担，将有利于降低违约成员的道德风险[②]。但若清算成员通过各自缴纳的保证金覆盖各自的风险，清算成员仅需关注自身的风险敞口，将缺乏持续监督清算机构风险控制、参与违约管理的强烈动机。在确定保证金与违约基金对风险敞口的覆盖比例时，应在确保清算机构安全稳健运营，与减轻因损失分摊机制而产生的清算机构成员相互关联之间实现平衡，以降低发生系统性风险的可能性。

另一值得关注的问题是，清算机构控制着数额庞大的金融资源，能够显著影响金融市场的流动性。一旦标准化场外衍生品全部纳入中央对手方进行集中清算，清算机构所管理的保证金（含抵押品）将数额庞大[③]。2012 年“桑迪”飓风期间，美国许多商业银行由于金融市场休市而向洲际交易所信用衍生品清算公司提交国债置换现金获得流动性，在此情形下清算所的角色与中央银行类似，需要关注由此可能产生的潜在风险。对此，中国人民银行 2014 年 1 月发布的《关于建立场外金融衍生产品集中清算机制及开展人民币利率互换集中清算业务有关事宜的通知》要求上海清算所应将人民币利率互换集中清算参与机构提交的保证金、清算基金仅用于履行集中清算所产生的债权债务及其违约处理，与上海清算所的自有资产相隔离。

（一）保证金的设定和调整

清算机构实施严格的交易担保规则，要求成员为其交易提供初始保证金，

① ISDA, Response to CPSS - IOSCO Consultative Report Guidance on the Application of the 2004 CPSS - IOSCO Recommendations for Central Counterparties to OTC Derivatives, 2010, p. 11.

② 胡丹青：《PFMI 最新要求与国际主流中央对手方实证分析》，上海清算所《会员通讯》2012 年第 5 期，第 34—39 页。

③ 国际清算银行 2012 年 3 月发布的一份报告提出，若场外交易的标准化利率互换和信用衍生品全部实现集中清算，初始保证金总额约为 900 亿美元。See Daniel Heller, Nicholas Vause, Collateral Requirements for Mandatory Central Clearing of Over - the - Counter Derivatives, BIS Working Paper (No. 373), 2012.

并可能在成员参与的衍生交易合约市场价值波动时追加保证金。目前国际掉期及衍生工具协会、美国等一些国际机构和国家对保证金的设定和调整存在较大争议。在2010年国际掉期及衍生工具协会年会中，ISDA董事会成员Ted MacDonald提出保证金要求的不确定性对作为中央对手方的清算机构监管提出挑战。

国际掉期及衍生工具协会提出，清算机构成员提供初始保证金，应足以保证该成员在极端但合理市场条件下对冲交易和合约清算，初始保证金的设定应考虑合约清算时间、潜在头寸集中度和清算过程中合约履行等因素[①]。清算机构在设定初始保证金时还应考虑其所清算产品的风险、成员的信用状况等因素。关于成员的头寸集中度，若某一成员的某一特定产品或某类相关产品头寸高度集中，则该产品市场中对其不利的价格波动可能造成该成员较大损失，使其更易在衍生交易中违约。国际掉期及衍生工具协会提出，清算机构应设定成员的头寸限额，并持续监控其成员头寸高度集中产生的风险。若清算机构确定某一成员参与的某一类衍生交易如此高额，以至于将无法按照清算机构违约管理计划在清算期间进行清算，则清算机构应有权决定是否基于该成员的头寸集中度要求其缴纳更高的初始保证金[②]。

国际上主要衍生交易清算机构的保证金分类虽然名称有所差异，但本质上均包括初始保证金和变动保证金[③]。对于清算机构成员提供的初始保证金资产是否应限定为信用风险、市场风险和流动性风险极低的资产，《金融市场基础设施原则》规定，中央对手方可接受的担保资产应为信用风险、流动性风险和市场风险较低的资产，建议中央对手方通常应将其可接受的担保资产限定为信用风险、流动性风险和市场风险较低的资产，但若在特定情形下并进行适当的资产折减，中央对手方也可接受信用风险、流动性风险或者

① ISDA, Response to the CFTC's Proposed Financial Resources Requirements for Derivatives Clearing Organizations, 2010, p. 5.

② ISDA, Response to the SEC's Proposed Clearing Agency Standards for Operation and Governance, 2011, p. 6.

③ 清算机构要求其成员缴纳的初始保证金用于弥补成员违约时清算所对其头寸平仓产生的一定置信度下的潜在损失，变动保证金用于覆盖成员持有头寸的盯市亏损。清算机构还可根据不同产品的风险特征或者在异常市场条件下另行收取保证金，用于覆盖产品特有风险或者异常市场条件下的额外风险。如伦敦清算所英国公司（LCH. Clearnet Ltd）的保证金分为初始保证金、变动保证金、附加保证金等。伦敦清算所法国公司（LCH. Clearnet SA）的保证金分为初始保证金、变动保证金和附加保证金，其中附加保证金用于弥补异常情况下成员违约对清算所造成的潜在额外损失。芝加哥商品交易所清算公司（CME）的保证金分为初始保证金、变动保证金和集中度保证金，集中度保证金用于覆盖成员的风险敞口过大带来的额外市场风险。

市场风险较高的某些类型担保资产。美国商品期货交易委员会认为，将初始保证金的资产类型确立为信用风险、市场风险和流动性风险极低的资产是适当的，但当某一资产对特定产品具有风险转移作用，且清算机构在设定保证金时所使用的模型能够适当反映该资产的风险时，清算机构可接受成员提供的上述资产作为初始保证金，即使此类资产可能信用风险、市场风险较高，或者流动性较低。值得研究的是金融监管机构是否应要求清算机构成员提供的保证金资产必须能够迅速变现，或者要求清算机构成员必须向清算机构缴纳流动性较高的最低数额保证金，以确保清算机构保持充足流动性。《金融市场基础设施原则》建议，中央对手方应能够在需要时迅速变现担保资产，中央对手方在接受成员提供的担保资产时应能够确保担保资产的流动性和迅速变现的能力，特别是在发生市场危机时担保资产的流动性和迅速变现的能力。清算机构应在必要时适当限制保证金资产的集中度，以确保在市场高度波动时期清算机构能迅速变现资产。《金融市场基础设施原则》规定，中央对手方应限制同类型担保资产的集中度，可对成员施加担保资产集中度限制或者收取担保资产集中度费用，并定期评估其对担保资产集中度的设定和收取的担保资产集中度费用，以确保其适当性。

关于保证金资产类型，《金融市场基础设施原则》规定，中央对手方可接受的保证金资产类型包括现金、有价证券，以及成员违约时能够确保清算并降低中央对手方清算的所有产品的信用风险的其他金融工具。国际主流清算机构可接受的保证金资产不尽相同，但本质上都可分为现金和有价证券两类①。对于信用证是否可作为清算机构成员的初始保证金资产，美国有清算机构认为，应允许清算机构根据开立信用证的银行是否符合开证行标准、该银行的信用状况和风险集中度、信用证在成员保证金资产中的比例等因素，决定是否接受信用证作为其成员的初始保证金资产，但清算机构不应接受其成员附属公司作为开证行开立的信用证作为该成员提供的保证金资产，且清算机构应限制其接受作为保证金资产的单一银行所开立信用证的总金额。在历史上清算机构有权自行决定是否接受以及在多大范围内接受信用证作为其所清算的期货和期权的初始保证金资产。目前一些清算机构在实践中接受信用证作为成员的初始保证金

---

① 譬如，伦敦清算所英国公司可接受的保证金资产包括现金和有价证券，利率互换、外汇产品等的变动保证金必须以现金形式交纳。伦敦清算所法国公司可接受的保证金资产类型包括指定币种现金、特定国债和股票，变动保证金只能以现金形式交纳。芝加哥商品交易所清算公司可接受的保证金资产类型包括现金（美元和特定货币）、美国国债、信用证、标准普尔500指数的成分股股票、特定主权债务、特定美国政府机构和抵押贷款支持证券、特定货币市场共同基金、通过特定银行支持的现金管理项目、黄金。

资产[①]。美国商品期货交易委员会认为，应允许清算机构接受信用证作为期货和期权的初始保证金资产。但信用证仅是银行付款的承诺，而不是可出售的资产，当清算机构最需要金融资源进行违约管理时，却可能无法通过其接受为初始保证金的信用证获取其所需的金融资源，而清算机构进行违约管理时通常首先以违约成员的保证金账户承担损失。此外，与期货和期权相较而言，互换合约的潜在风险更高，因此美国商品期货交易委员会认为应禁止清算机构接受信用证作为互换的初始保证金资产。

值得指出的是，在满足风险覆盖的前提条件下，保证金水平并非越高越好。若提高清算会员应缴纳的保证金数额要求，并且仅接受流动性最高、最安全的保证金资产，清算机构可更有效地进行违约管理，但清算机构成员则会因保证金沉淀而增加资金成本。应研究清算机构如何根据不同产品和其提供清算服务的不同市场的风险特征等因素，权衡清算机构风险控制要求与减轻成员占用资金成本压力而设定合理的保证金水平。

清算机构通常根据其所清算的衍生交易合约的市场价值波动调整参与该衍生交易的成员保证金。美国商品期货交易委员会关于指定清算组织风险管理标准草案规定，指定清算组织应每日决定保证金的适格性，每日回溯测试发生严重市场波动的产品的保证金的适格性，至少每月回溯测试所有产品保证金的适格性[②]。美国证券交易委员会关于清算机构运营和治理结构标准草案规定，清算机构应使用风险评估模型和参数设定保证金，至少每月审查保证金水平[③]。然而，不论是国际掉期及衍生工具协会提出的清算机构成员提供的初始保证金应足以保证该成员在极端但合理的市场条件下对冲交易和合约清算，还是美国商品期货交易委员会《关于指定清算组织风险管理标准草案》规定的指定清算组织应每日回溯测试发生严重市场波动的产品的保证金适格性均很困难。其原因是产品市场发生不频繁但严重的价格波动往往很难建立模型和定量，特别难以计算极端事件的发生概率，以及在这些极端事件中价格波动的幅度，这使得决定适当的初始保证金和调整保证金额度更为困难，可能导致保证金不足以反映衍生交易的实际风险，或者保证金设定过高而给清算机构成员造成过重负担。因此，国际清算银行的全球金融体系委员会建议设定初始保证金时使用长期市场波动的数据，以减轻基于市场风险变化频繁调整保证金而产生的保证金

① 譬如，芝加哥商品交易所清算公司接受经其审查符合开证行标准的银行所开立的符合特定条件（如在收到付款通知一小时内付款）的信用证作为其成员的保证金资产。

② See the CFTC's Proposed Risk Management Standards for Designated Clearing Organizations (2011).

③ See the SEC's Proposed Clearing Agency Standards for Operation and Governance (2011).

的顺周期效应[①]。另外，美国商品期货交易委员会关于指定清算组织风险管理标准草案和证券交易委员会关于清算机构运营和治理结构标准草案有关保证金要求的规定属于微观审慎监管要求，但从宏观审慎监管的角度来看存在缺陷。在金融市场高度波动时期，若清算机构要求其成员追加保证金，特别在极端市场波动时期调整成员的保证金，可能加剧金融市场的不稳定，造成或加剧金融系统内的流动性危机。尽管追加保证金旨在为清算机构提供其成员可能违约时的保护，但必须满足追加保证金要求的清算机构成员可能会出售产品市场高度波动的相关资产，降低相关产品头寸，从而可能加剧该产品市场的价格波动。这些清算机构成员必须在非常短的时间内向清算机构提供流动性资产，可能增加融资市场中的融资需求，由此可能导致利率攀升，在融资体系内可能产生严重的资金短缺，甚至导致中央银行进行干预以阻止发生金融系统内的流动性危机[②]。对于中央对手方追加保证金而产生的顺周期效应，《金融市场基础设施原则》建议，在可行和审慎的前提下，中央对手方应实行相对保守的保证金要求，可考虑增加保证金和违约基金的规模，以减少在发生市场危机时对成员追加高额或不可预期的保证金。这虽然在正常市场条件下因要求成员交纳更高的保证金数额和违约基金额度而增加中央对手方及成员的成本，但在市场高度波动时期将会为中央对手方及其成员提供额外保护，并降低违约管理成本。

（二）增加对违约基金的出资

按照清算机构的损失分摊机制，若某一成员违约造成的损失超过该成员缴纳的保证金和其在违约基金中的出资，将由清算机构自有资本与其他非违约成员在违约基金中的出资等分摊损失。在此情形下清算机构可能要求其他非违约成员增加对违约基金的出资。此外，美国商品期货交易委员会提出，清算机构应监控其成员的金融资源和操作能力以确定是否要求其成员增加对违约基金的出资，并建议清算机构评估其成员同时参加其他清算机构产生的潜在风险，包括增加对其他清算机构违约基金的出资的可能性。其中，清算机构要求非违约成员增加对违约基金的出资，将有利于在清算机构所有成员中分摊违约成员违约造成的损失，从而减轻清算机构在成员违约时的损失。但若清算机构成员对其他成员违约造成的损失承担无限责任，或者清算机构成员对违约基金增加出

---

① Committee on the Global Financial System, The Role of Margin Requirements and Haircuts in Procyclicality, CGFS Papers No. 36, 2010, p. 12, p. 20.

② See Ben Bernanke, Clearing and Settlement During the Crash, *Review of Financial Studies*, Vol. 3, 1990, p. 147.

资限额不明确、不可量化时，这种牺牲作为清算机构成员的衍生交易主要交易商来确保清算机构清偿能力的做法，在金融危机时期可能产生清算机构成员之间的风险传染效应，可能造成非违约成员连锁违约，甚至发生流动性危机。清算机构成员作为场外衍生交易的主要交易商通常是大型金融机构，而金融市场中大型金融机构通常通过同业拆借市场、参加辛迪加贷款、购买次级抵押贷款债券等相互关联①。因此，在金融危机时期清算机构成员之间的风险传染可能引发或加剧金融体系的系统性风险，从而有悖于衍生交易集中清算制度降低场外金融衍生交易的交易对手风险和引发系统性风险可能性的目的。

四 上海清算所的场外金融衍生品集中清算风险监管

上海清算所自 2014 年 1 月起试行开展人民币利率互换集中清算业务，目前暂仅接受固定利率对浮动利率互换的集中清算。上海清算所于 2013 年 12 月发布《人民币利率互换集中清算业务规则》和《人民币利率互换集中清算业务指南》，2014 年 6 月修订《人民币利率互换集中清算业务指南》，但我国尚未颁布相关立法确立清算机构场外金融衍生品集中清算风险监管法律制度。上海清算所作为中央对手方对固定利率对浮动利率互换等场外金融衍生交易进行集中清算，将集中场外衍生交易集中清算操作风险与风险管理职能，亟待加强上海清算所的场外金融衍生品集中清算风险监管。

（一）清算会员资格

依据《人民币利率互换集中清算业务规则》和《人民币利率互换集中清算业务指南》，上海清算所普通清算会员可直接申请参与人民币利率互换集中清算业务，其他市场参与者经上海清算所审查具有良好持续经营能力、具备规范的内部风险管理制度和健全的技术系统、未发生重大风险事件和重大违法违规记录，且符合相关规定可从事利率衍生品交易的，可成为利率互换清算会员。利率互换清算会员经上海清算所审查，具备完善的代理清算业务规程、风险管理制度、代理客户清算协议等制度规定，自营清算业务与代理清算业务严格分离，具有可支持开展集中清算代理业务的技术系统与独立的代理清算业务团队，并积极参与人民币利率互换集中清算业务的，可成为利率互换综合清算会员代理人民币利率互换集中清算业务。非利率互换清算会员可通过利率互换

① Miguel A. Segoviano, Manmohan Singh, Counterparty Risk in the Over - The - Counter Derivatives Market, *IMF Working Paper* (*WP/08/258*), 2008, p. 4.

综合清算会员代理参与人民币利率互换集中清算业务。截至 2014 年 6 月 3 日，中国工商银行、交通银行、上海浦东发展银行、兴业银行、中信证券等 5 家机构已成为上海清算所人民币利率互换集中清算业务综合清算会员。国家开发银行、中国进出口银行、中国银行、招商银行、中国国际金融有限公司、国泰君安证券、汇丰银行（中国）等 35 家机构已成为人民币利率互换集中清算业务普通清算会员。《人民币利率互换集中清算业务规则》还规定了人民币利率互换清算会员资格终止情形。

上海清算所应在确立公平、公开的人民币利率互换清算会员资格要求的同时，确保清算会员资本充足、业务操作和风险管理健全，能够参与违约管理，从而有效控制场外衍生品清算会员对清算所和其他清算会员带来的风险。应研究如何在公平、公开的清算会员准入要求与控制清算会员对清算所和其他会员带来风险之间实现平衡。上海清算所应持续监控利率互换清算会员是否符合清算会员资格要求，监控参与高额交易的清算会员头寸与清算会员头寸集中度。

（二）风险管理

2010 年 6 月上海清算所成立风险管理委员会承担风险管理决策职责，2012 年 12 月在风险管理委员会中引入外部专家委员制度，并设立风险管理部、审计与合规部等部门，建立了风险限额、风险监测等一整套风险控制机制。根据《人民币利率互换集中清算业务规则》和《人民币利率互换集中清算业务指南》，上海清算所采取风险敞口限额、风险监测等风险管理制度监控人民币利率互换业务风险。上海清算所根据利率互换清算会员的申请和业务开展情况，对每一清算会员设置利率互换业务的风险敞口限额，每日对市场风险因素、清算会员信用风险和市场流动性风险进行监测，并根据风险监测情况有权采取调整清算会员风险敞口限额、风险敞口计算方法或计算参数，并相应调整保证金要求，向清算会员追加保证金，对超出风险敞口最大值的合约强制平仓等风险控制措施。

上海清算所应进一步完善其风险管理体系，加强监控人民币利率互换等场外衍生品清算会员对清算所带来的风险，以及清算所对清算会员产生的风险，包括法律风险、信用风险、流动性风险、操作风险、市场风险、业务经营风险等，并建立完备的危机后业务恢复、清算持续机制以确保清算所持续清算服务。

（三）违约管理

上海清算所参照国际主流清算机构的通行做法在《人民币利率互换集中

清算业务规则》中规定，人民币利率互换清算会员应交纳覆盖潜在未来风险敞口的最低保证金和覆盖即时风险敞口的变动保证金。《人民币利率互换集中清算业务规则》规定上海清算所可接受的最低保证金是现金或者清算所认可的有价证券或资产，可接受的变动保证金为现金。现阶段上海清算所可接受的最低保证金为现金，下一步将扩大为上海清算所认可的有价证券或其他资产。《人民币利率互换集中清算业务规则》还规定了最低保证金和变动保证金的计算方法和追加情形。

按照《人民币利率互换集中清算业务指南》，上海清算所在利率互换清算会员违约处理期间，将不对非违约会员的清算基金应缴总额和清算基金缴纳比例进行调整，即上海清算所在利率互换清算会员违约处理期间将不追加未违约会员的清算基金份额。应研究上海清算所的场外衍生品清算基金制度设计中如何避免对未违约清算会员追加清算基金份额不明确引发未违约会员流动性短缺，以及保证金和清算基金对风险敞口的覆盖比例要求，以降低清算会员的道德风险。

上海清算所作为我国银行间市场唯一的中央对手清算机构，其成立顺应了金融市场场外交易全面引入中央对手清算机制、管理系统性风险的内在需要。《“十二五”时期上海国际金融中心建设规划》提出，“力争到 2015 年基本确立上海的全球性人民币产品创新、交易、定价和清算中心地位”，“支持上海清算所创新场外市场清算机制，积极探索利率互换等产品的集中清算模式”。2014 年 1 月上海清算所试行开展人民币利率互换集中清算业务，目前暂仅接受固定利率对浮动利率互换的集中清算，标志着我国场外金融衍生品集中清算机制开始运行。人民币利率互换的集中清算将更好地防范金融市场系统性风险，支持上海建成全球性人民币产品定价和清算中心。但与此同时，上海清算所集中了场外衍生交易集中清算操作风险与风险管理职能，当前亟待加强上海清算所的场外金融衍生品集中清算风险监管。

我们对清算机构的场外衍生品成员资格、风险管理、违约管理等风险监管制度进行了研究，结论为：清算机构的场外金融衍生品集中清算风险监管制度目标是建立确保成员拥有充足金融资源、业务操作和风险管理健全、能够参与违约管理的场外衍生品成员资格制度，能够有效控制场外衍生品成员对清算机构带来风险与清算机构对成员带来风险的清算机构风险管理制度，与确保清算机构能够以充足金融资源进行违约管理、及时完成清算的违约管理制度。在清算机构的成员资格方面，清算机构应确立公平、公开的场外衍生品成员准入要求，持续监控成员是否符合成员资格要求，并明确成员资格终止情形。监管机构应在清算机构公平公开的成员准入要求与控制成员对清算机构和其他成员带来风险之间实现平衡。清算机构应设定并持续监控成员头寸，对于参加高额衍生交易、头寸高度集中、同时参加若干清算机构的成员加强头寸监控。在清算机构的风险管理方面，监管机构应加强清算机构的流动性风险监管，要求清算机构拥有高流动资产，并要求清算机构实行审慎投资政策，投资于信用风险、市场风险和流动性风险较低的金融工具，对清算机构的投资头寸加以限制。清算机构应具备内部新业务审核程序，在清算新产品之前应获得监管机构批准，并建立危机后业务恢复、清算持续机制以确保持续清算服务。由于清算机构成员通常同时参加若干清算机构，应关注若干清算机构重复计算该成员资本导致其资本不充足、其他清算机构追加该成员违约基金额度的风险管理问题。在清算机构的违约管理方面，应高度关注清算机构控制数额庞大的保证金，从而能够影响金融市场的流动性，甚至向金融机构提供流动性支持而产生的风险问题。违约管理制度设计应确定适当的保证金和违约基金对风险敞口的覆盖比例，以降低成员的道德风险，在确保清算机构安全稳健运营与减轻因损失分摊机制而产生的成员相互关联之间实现平衡，并应避免追加保证金引发成员流动性危机、对未违约成员追加违约基金额度不明确引发未违约成员流动性短缺。

商事审判中对公平的裁量方法
——以股东压制诉讼为例

邓江源[①]

摘　要　随着商法学研究的不断推进，学界和实务部门围绕商法思维等基础问题的研究愈加深入。从研究状况总体看，普遍认为，无论进行商事法学理研究，还是从事商事立法、商事司法实务工作，都应当遵循商法的逻辑。而商法的逻辑则强调商主体营利利益的保护，追求交易的安全、迅捷、可靠。此亦系商法与民法的分野。按照商事思维的逻辑，商事审判自然具备独特性和规律性，并以此为基础成为商事审判独立化的重要推动力，进而力图实现裁判结果既能满足一般民事主体的公平要求，也可促进社会经济发展和社会财富增加。然而，在实践中，因受制于长期以来商事文化传统的缺失，现代意义的商事立法、商事司法基础薄弱，当裁判者难以兼顾公平和效益时对公平的关注不够，导致商法中人文关怀的流失。股东压制是以封闭性为核心特征的有限责任公司之固有难题。股东压制诉讼涉及少数股东、控股股东、公司甚至第三人等多方主体的利益平衡。裁判者无论是适用股权回购等具体救济规则，还是援引禁止股权滥用的原则性规定，无疑都需要高超的裁判能力和裁判方法。亦即，裁判者需要对公司法具体条文作出合理解释，才能对受压制股东的公平性诉求作出是否应予支持的合理裁判。本文结合股东压制诉讼具体案例，对商事裁判中适用具体规则和原则时对公平的裁量，作了初步论述。

关键词　商事审判　公平裁量　股东压制诉讼

在以封闭性为核心特征的有限责任公司中，当控股股东滥用资本多数决时，由于股东缺乏有效退出途径，投反对票的少数股东不得不接受与其意志相

---

① 中国社会科学院法学研究所博士后，最高人民法院审判管理办公室干部。

背的股东会决议，股东压制难题由此产生。股东压制主要表现为控股股东滥用多数决压制少数股东，其实质是投机行为。机会主义的股东压制行为因身披“合法外观”而带有隐蔽性，却在股东之间造成严重的不合理和不公平。股东压制的根源在于资本多数决滥用。因需要在维护多数决与保护少数股东利益之间作出平衡，股东压制的救济在公司法上“呈现出的是一幅迷宫图（present something a legal maze）”①。对裁判者而言，股东压制诉讼是最考验其裁判能力的案件类型之一。其裁判方法的运用不仅体现裁判者的专业能力，还往往折射出裁判者对弱势一方当事人（受压制股东）是否予以合理救济的人文素养——其核心是对公平的理解和把握。

一 问题的提出：股东压制与商事裁量方法的关联

股东压制概念是从判例法中发展起来的。尽管其概念已经存在了很多年，但即使是在经典外文文献中，概念的定义仍然停留在一种描述性、概括性的层面。在美国经典公司法文献中，通常有“oppression”（压制）、“freeze - outs”（逼迫出局）、“squeeze - outs”（排挤）三个词形容控股股东限制或者排除少数股东参与公司管理、剥夺少数股东从公司获得投资收益等正当权益的各种手段和策略。其中，“压制”（oppression）往往作为一般性的概念用以统称控股股东对少数股东的压制、压迫、压榨、排挤、强制出局等行为②。“压制”一词想要表达的是少数股东所遭受的来自控股股东的不公平对待和权利的剥夺。

在实践中，压制行为的类型也只能是概括出包括控股股东将少数股东排挤出管理层或者剥夺其股利分配等情形。当然，正因为股东压制的定义与类型都具有相当程度的描述性，所以即使立法意欲对其进行规制，也很难穷尽实践中所有的股东压制情形。正因如此，股东压制诉讼一方面给裁判者预留了广阔的自由裁量空间，另一方面也对裁判者考量受压制股东的诉求是否公平、是否应获得救济提出了比一般商事案件更高的要求。

（一）司法介入股东压制诉讼的障碍

股东压制主要表现为控股股东滥用多数决压制少数股东，由于股东会决议

① F. Hodge O'Neal and Robert B. Thompson: *O'Neal and Thompson's Oppression of Minority Shareholders and LLC Members: Protecting Minority Rights in Squeeze - outs and Other Intracorporate Conflicts*, rev 2nd edn, Thompson Reuters/West 2011 §1: 4 pp. 1 - 8.

② See Robert W. Hamilton: *The Law of Corporations*, 5th edn, West Publishing Company 2000, pp. 365 - 366.

机制具有形成公司意志的功能，股东之间的压制演变为少数股东被公司压制。如果说有限责任公司的封闭性激励了控股股东滥用资本多数决，那么司法对股东压制案件介入的困难性也从另一个方面变相激励了控股股东通过滥用资本多数决对少数股东实施压制。

司法作为纠纷的最终解决手段具有被动性和中立性，对于涉及有限责任公司内部利益纠纷的案件而言，为了避免司法的评判不合理取代商业判断，公司法一般都明确规定在司法为股东利益提供救济之前，要求当事人已经穷尽内部救济，强烈地体现了审慎介入的司法品格。这是因为考虑到立法事先已经为股东提供了一个具有自我运营能力、自我纠纷解决能力的公司治理结构，同时考虑到法官毕竟至多是“公司法的专家，而不是公司专家，应当通过恢复或者矫正出现问题的公司治理框架，来解决个案中的股权保护问题。只有在这种权力运行框架失效（如出现僵局）或者显然无法保护某一公司参与人的合法权益与合理预期时，才能径行给予救济”①。

司法介入公司内部事务的目的和落脚点是为了修复公司的治理机制。即使判例法国家如美国的法官享有很大的自由裁量权，也秉持法院不能代替公司对经营管理作出判断的基本理念。在面对控股股东通过从公司领取高额报酬变现分得股利获得公司收益并损害了少数股东的股利分配利益的案件时，法官不仅秉持“只在特别情形下才赋予少数股东请求法院强制公司分配股利的权利”信条，还要求作为原告的少数股东必须提供充足的证据并证明控股股东“有欺诈、恶意或者是滥用了商业自由裁量权”时，法院才会提供救济，并且即便法院认为应当对少数股东予以救济，“就股利分配的具体数额也是相当谨慎的”②。究其缘由，法官既可能是出于“是公司法专家而不是公司专家”的担忧，也可能是考虑到缺少可供个案遵循的具体指导性标准，法官也就很难判断究竟应当向股东分配多少股利而给公司留存多少利润才是正当和合理的。正因如此，按照商事思维的逻辑，“基于商法效率主导的价值取向，促进交易迅捷原则应当优位于交易公平原则和交易安全原则。股东利益受损后的救济问题实际上是一个关乎公平的问题，但是其应在充分满足促进交易迅捷原则的前提下予以考量”。③

---

① 甘培忠、刘兰芳主编：《新类型公司诉讼疑难问题研究》，北京大学出版社 2009 年版，第 20 页。

② Robert W. Hamilton: *The Law of Corporations*, 5th edn, West Publishing Company 2000, pp. 592 - 594.

③ 郝磊：《试论商法思维在股东诉讼中的应用》，载王保树主编《中国商法年刊 2013 法治国家建设中的商法思维与商法实践》，法律出版社 2013 年版，第 299 页。

司法介入股东压制诉讼所遭遇正当性和合理性程度的诘问，客观上使得裁判者在很多情况下也难以凭借合理的依据对少数股东是否遭遇了“不公平”作出准确的判断，故而司法的态度一般都相当保守。尤其在成文法国家，因为股东压制行为主要关涉“合理性”的考量而非单纯“合法性”的审查，所以裁判者很难在法律明确规定之中寻找救济依据。这容易导致法官在考虑是否给受压制的少数股东提供救济时表现出明显的消极。司法的保守和消极当然为控股股东的滥用行为提供了激励，当滥用行为很少或者很难受到制裁时，股东压制的策略就更容易不断实施。

（二）司法介入股东压制诉讼与裁量的必要性

由于股东压制不仅涉及股东权利，还涉及股东利益，如果泛泛而谈“保护少数股东”、“中小股东权益保护”等问题，又会让问题的解决回到对实体法所规定的股东各项权利的简单价值判断。这样将不可避免产生两种后果。第一种后果表现为法官以“法律无明文规定不受理或者裁定驳回起诉”，尤其是在现行司法政策和司法环境影响下，对于股东压制的司法介入往往会如波斯纳法官所言那样因为面临“复杂性的挑战”而“不愿决定尚不成熟的案件”[①]。另一种后果表现为忽视公司自治与司法介入的限度，从而导致法官“以国家公法上的意志，代替当事人之间的合意……以司法判断代替公司当事人对自身权利的自主处分”[②]。因此，股东压制诉讼中的裁判方法，既要认识到源于有限责任公司核心特征影响下“股东压制需要法院较多干预”的内在需要，也应顾及“法院介入有限责任公司内部治理，必须做好利益平衡，少数股东虽然易受侵害，但是，少数股东的策略诉讼也极有可能是另外一种形式的压制”[③]。我国司法必须回应有限责任公司的这一特殊需要。

公司法作为全面调整公司对内对外法律关系的法律规范，毫无疑问，股东之间的法律关系也属于公司法的调整范围。股东之间发生争议也需要司法的救济，“司法机关是不应当因其属内部关系而拒绝受理的。而且，在任何法治国家，司法都是化解利益冲突的最终途径，是解决社会争端的最后一道屏障。就此而言，除依法由其他机构或组织最终裁决的争议外，没有司法机关不可受理

① ［美］理查德·波斯纳：《波斯纳法官司法反思录》，苏力译，北京大学出版社 2014 年版，第 64 页。

② 范黎红：《股东请求确认股东会决议有效并非一律不具有诉讼的利益》，《法学》2008 年第 9 期。

③ 尚晨光：《有限责任公司股东压制问题研究》，博士学位论文，中国政法大学，2005 年，第 104—105 页。

的法律纠纷”。[①]

我国公司法经过2005、2013年的两次修改，公司自治的理念得到强化，尤其体现在增加关于有限责任公司的任意性规范方面。虽然如此，正如权利是“自由意志的范围”所指，股东自治、公司自治也同样有一定的限度。不仅如此，由于公司机关的存在以及公司内部存在的严密组织体系，公司自治还具有与个人意思自治所不同的地方。“公司一旦形成，在正常运营过程中，股东只能通过参与到公司机关即股东会中行使表决权的方式，才能将自己的意志上升为公司意志，从而实现自身利益。公司决策是一个集体决策的过程。而在公司这种组织体系中，遵循的基本决策原则是资本多数决，因而存在大股东欺压小股东的问题。对于股份有限公司来说，由于股份可以自由转让，如果是上市公司，小股东可以选择用脚投票的方式脱离公司；而对于有限责任公司，由于股权转让受到限制，小股东可能存在受到欺压而又无法脱离公司的情形，所以公司诉讼多由有限责任公司纠纷所致。在这种情况下，自治的公司及内部特定主体可能会有寻求司法帮助的需求。”[②]

可见，司法的介入与裁量首先体现了源于公司自治本身的内在需求，而后在形式上才表现为外在的干预结果。解决股东之间的冲突，不仅要注重对股东实体权利的建构，释放公司的自治空间，这是经济效率的客观要求；还要意识到自治秩序的有限性和需要关注股权司法救济程序的安排，为法律的强制干预和司法的适当介入提供舞台。因此，从国外许多国家的公司立法中可以看到对股东压制规定了相应的司法救济，但同时公司法中的很多制度安排又是原则性的规定，尚需司法机关对公司有关诉讼的具体条件与相应法律后果等问题作出探索和规定[③]。

从发展趋势看，“司法在介入公司事务、改善公司治理中虽然仍保持谨慎的态度，但已在扮演着更为积极的形象，不仅介入的范围在拓宽，而且深度也在增加”[④]，外部的司法调节在恢复公司治理结构的同时，也因为个案的积累推动着公司法整体向前发展。

（三）我国公司法为司法裁量提供了可能的制度基础

我国公司法经过2005、2013年的改革，为有限责任公司股东压制的

---

① 赵旭东主编：《公司法学》（第二版），高等教育出版社2006年版，第59页。

② 甘培忠、刘兰芳主编：《新类型公司诉讼疑难问题研究》，北京大学出版社2009年版，第7页。

③ 参见赵旭东主编《公司法学》（第二版），高等教育出版社2006年版，第324页。

④ 刘桂清：《公司治理视角中的股东诉讼研究》，中国方正出版社2005年版，第63页。

问题设计了可诉性条款。实践中，虽然受制于法政策因素以及商事审判经验不足等因素，裁判者在适用这些条款时难免会遇到困难和压力，但司法介入股东压制毕竟具备了一定的合法性基础。我国现行公司法不仅在具体救济规则，如异议股东股权收购方面为股东压制诉讼提供了依据，《公司法》第20条确立的“禁止股权滥用”原则几乎为大部分股东压制提供了诉讼依据。但与此同时，也对司法裁判能力提出了挑战。从公司法实践中的股东压制诉讼看，股东权利的滥用通常都披着合法的外衣，真正典型的股东压制诉讼都不是由简单的违法行为所导致的压制情形，而往往是因侵犯股东利益的不公平行为所导致。如果根据传统的大前提（法律规则）、小前提（案件事实）、结论（裁判结果）的模式审理案件，在此类案件中显然很难得出妥当的法律判断。这是对法官平衡各方利益能力的考验。也就是说，“在法律没有明确规定的情况下，‘对相互冲突的利益加以权衡，并在两个或者两个以上可供选择、在逻辑上可以接受的判决中作出决策’”①。这种方法便是利益衡量法，即对两种或者两种以上不同的利益通过某种标准进行权衡和取舍。依据利益衡量方法，“法官应就现行法探求立法者所欲促成或协调的利益，并对待决案件所显现的利益冲突为利益衡量，以补充漏洞，在不损及法的安定性前提下谋求具体裁判的妥当性。……它有利于解决我国当前社会经济中出现的诸多法律难题，尤其是在公司诉讼领域”②。针对往往披着合法“外衣”的股东压制行为，受压制股东提起的诉讼需要法官“根据是否有利于公司利益的最大化以及保护中小股东和债权人等利益相关者的权益来综合衡量，即应当在坚持一般性原则的基础上引入个案分析的方法予以解决”③。

综上所述，司法的介入与裁量不仅对于股东压制诉讼而言是必要的，在一定程度上还可以说受到了公司法的认可与鼓励。但司法介入股东压制后并不能随意地滥用司法裁量权，而是应当遵循一定的裁量方法。适当的裁量方法不仅是为受压制股东提供有效救济的基础，还是避免滥用裁量权、防止进一步破坏股东间利益平衡的前提。

---

① ［美］E. 博登海默：《法理学——法律哲学和法律方法》，邓正来译，中国政法大学出版社2004年版，第158页。

② 褚红军：《利益衡量在公司诉讼中的把握和运用——从一起股东会决议撤销案谈起》，《中国审判》第56期。

③ 赵旭东主编：《公司法学》（第二版），高等教育出版社2006年版，第60页。

二　适用具体救济规则时的司法裁量方法

我国公司法为有限责任股东压制提供了一系列具体性的救济规则。这些具体性的救济规则并非直接、简单地在司法中得以适用，而是需要裁判者作出司法裁量。如股东的知情权已被明文规定为股东的合法权利，受到法律的保护，但在现实中，股东因知情权受到压制而提起保护诉请时，被告往往以“正当目的”为由进行抗辩。此时，司法就需要在保护知情权与保护公司的商业秘密等利益之间进行权衡和裁量。针对具体救济规则适用中的司法裁量，应当通过公司法解释的方式。而公司法解释又主要包括体系解释和目的解释。

（一）通过对公司法解释的途径来进行裁量

公司法不只是一种文本表达，其价值需要通过实施才能得以体现，“而公司法的实施，则应使法条的公司法转变为实践中的公司法……特别需要法的解释”。[①] 公司法解释又包括了对具体规则和法律原则的解释，这是法律规则和法律原则获得具体适用必经的阶段，也是形成确信、形成法律判断的前提。“从运用立法论研究公司立法，到运用解释论使公司法变成活生生的实践中的法，这是一个很大的变化，需要人们去适应。……公司法的适用需要解释，公司法的发展需要解释，公司法理论的发展也需要解释，法解释的生命力就在于公司法的实践之中。无疑，解释的角度会有不同，但都是在探求立法的真意。”本文看来，在对具体规则的理解出现疑义时，法官应当首先进行公司法体系解释，如果仍有疑问，就应当再进行目的解释。在体系解释和目的解释都不能得出答案时，则应当考虑发挥法律原则对法律规则的填补功能。

1. 体系解释方法

作为一种解释方法，体系解释是指“根据法律条文在法律体系上的位置，即它所在编、章、节、条、项以及该法律条文前后的关联，以确定它的意义、内容、适用范围、构成要件和法律效果的解释方法。体系解释的根据在于，法律是由许多概念、原则、制度所构成的，但这许多概念、原则、制度绝不是任意的、杂乱无章的堆砌，而是依一定的逻辑关系构成的完整体系，各个法律条文所在位置及前后相关法律条文之间，均有某种逻辑关系存在。因此，当我们对某个法律条文作解释时，不能不考虑该条文在法律上的位置及其与前后相关

① 王保树：《从法条的公司法到实践的公司法》，《法学研究》2006 年第 6 期。

条文之间的逻辑关系"[①]。19世纪是公司特征形成的重要时期，而这些特征的明确或者说创设极大地促使了经济的发展，在公司法越来越简化的今天，我们必须解释一个不容回避的问题——法院应当如何在具体的案件中"抓住一个由诉讼当事人的利益所构成的私人争议，并以此为契机，促进那些可取的社会政策，例如，效率与分配正义"[②]，这也就是如何正确适用公司法，而公司法的正确适用又依赖于对公司法的解释。对于法典体系的公司法而言，"善之所以为善，就在于它的统一性。既然协调一致本来就是善，那么很显然，协调一致的根源必定具有某种统一性"[③]，以总分体例、章、节、条、款、项等形式呈现出来的公司法，体现出的是作为"法典"形态存在的公司法所蕴含的"统一性"。从公司法体系所蕴含的统一性出发，往往是解决具体规则缺失问题的突破。与民法典总则相比，公司法总则虽然不完全具备"公因式"般严密的逻辑结构，但总则位于各章之首，在公司法的适用逻辑中，仍然可尝试逐级"涵摄"的思维，求得对条文的准确理解和把握。"禁止股权滥用原则"位于公司法的总则中，对总则下各章中的具体规则的理解出现疑义时，就应当根据总则与分则的关系进行解释，以符合公司法内在"统一性"的法典逻辑。

2. 目的解释方法

目的解释是指"以立法目的作为根据，以解释法律的一种解释方法。就是说，某个法律条文、某个制度，可能有两种解释，各有其理由，则应选择其中符合立法目的的解释，以符合立法目的的解释为准"。[④] 目的解释要求从立法者的立场出发对法律进行解释，而目的解释的依据，也就在于立法者预设的目的。所以，德国民法典的立法者理由书对于准确理解民法典具有重要参考价值。正如我国台湾地区王泽鉴先生所言，"任何法律均有其立法目的，解释法律应以贯彻、实践此立法目的为其基本任务。任何人在解释法律时，须考虑的基本问题是：法律何以设此规定，其立法目的何在？"并认为"探求立法目的，是阐释法律释义的关键。法律是人制定的行为规范，立法者制定法律不是任意性的、无缘无故的，必有其目的存在，因此解释法律时，应当把握此立法目的，不能违背此立法目的"。对公司法性质的认识，往往都集中于从行为法与组织法、交易法与企业法的角度出发，鲜有在救济法层面进行讨论的。如股

① 梁慧星：《裁判的方法》，法律出版社2003年版，第89页。

② Jules L. Coleman: Markets, Morals and the Law 121 - 2 (1988), p. 131. 转引自丹尼尔·A. 法贝尔《经济效率和事前视角》，载［美］乔迪·S. 克劳斯、史蒂文·D. 沃特主编《公司法和商法的法理基础》，金海军译，北京大学出版社2005年版，第101页。

③ ［意］但丁：《论世界帝国》，朱虹译，商务印书馆1985年版，第12页。

④ 梁慧星：《裁判的方法》，法律出版社2003年版，第118页。

东查阅请求权问题，实践中面对少数股东提起的知情之诉，法官徘徊于股东权利与公司商业秘密之间，纠结于对法条是作出限缩解释还是扩张解释。因为公司法只是作出了比较原则性的规定，操作标准模糊，所以就需要裁判者从整体上来理解和把握具体的规定——即在更高层面进行思考。由于法律规则规定模糊，制约了具体的操作性，此时，就可考虑从立法目的角度切入。我国公司法2005年修改时新增设查阅制度的目的，是为了更好地保护少数股东，从对公司的日常管理来看，不同的股东获取公司真实信息的地位是不平等的。控股股东或者亲自参加管理层，或者通过代理人进入管理层，都可以便捷获得信息。基于事实上的不平等，公司法特别规定股东的知情权，其目的正是平衡不同股东的利益，旨在矫正股东之间客观上的事实不平等。从公司法这一规定之目的角度出发来进行解释，就有利于准确把握该规定的实质，有助于解决知情权诉讼中的利益衡量问题。

（二）案例对裁量方法的说明：以股东知情权诉讼为例

下文以知情权诉讼为例，说明公司法解释在股东压制诉讼中的具体运用。案情介绍如下。

A等数名缝纫工原系个体工商户业主B开办的缝纫店所雇的员工，后A等员工与B共同投资设立C服装有限责任公司（以下简称C服装公司），并由原业主B任该公司董事长、法定代表人。B持有C服装公司70%股权，A持有20%股权，其他股东持有10%股权。公司成立三年后，A等数名少数股东从未收到过C服装公司的财务报告，为此，A等数名少数股东多次要求公开C服装公司的财务状况，但遭公司拒绝，而A等数名股东也未分得任何收益。为此，A多次向C服装公司提出查账申请，但C服装公司未予理睬，且拒收了A通过特快专递寄送给C服装公司的查账申请书。后A作为原告以C服装公司为被告，要求被告C服装公司提供公司成立以来会计账簿（含会计凭证）、年度财务报告以供原告A查阅。被告C服装公司辩称，原告A既未曾向公司提出过书面请求，又未曾向公司提出书面申请；虽然原告A所提出的被告C服装公司曾拒收其特快专递，但是该特快专递上的收件人是被告C服装公司的法定代表人B，而非被告。因而，被告C服装公司不同意原告A提出的诉讼请求。

从诉讼请求的目的和内容看，该案属于给付之诉，即原告股东请求法院判决被告公司履行一定给付行为。就给付内容来看，实质上是原告要求被告公司履行向原告披露信息的告知义务。在经过诉讼成立阶段以后，知情之诉进入诉讼适法阶段。根据公司法的规定，原告的知情之诉须满足诉讼适法的条件为

“书面请求+说明目的+公司拒绝”。这三个要件缺一不可，缺任何一个要件，就表明原告股东提起的知情之诉虽然成立但不适法。本案中，从原告A提起的知情之诉来看，满足了上述三个要件，因此该诉讼经过诉讼适法阶段而进入了实体判决阶段。

实体判决阶段本案立即面临着对“正当目的”和“查阅范围”二者的考量。在法官考量的过程中，显然需要展开对原告A正当目的的考察。公司的财务与经营管理资料表现为财务会计账簿，股东通过查阅这些资料，可知悉公司财务与经营情况，这是股东知情权的重要组成部分。所以，股东有权根据法律和公司章程的规定向公司主张知情权。本案中，原告A一直未收到公司财务会计报告，也未收到任何投资收益，因此其查阅目的具有正当性。并且被告C服装公司也未就原告A具有不正当目的提出证据。所以，原告A的查阅请求不属不正当目的。然后展开对会计账簿范围的解释，我国《公司法》第33条第2款并未就会计账簿的范围进行明确规定，特别是未明确作为原始资料的会计凭证是否可以查阅。根据《会计法》第13条的规定，“会计凭证、会计账簿、财务会计报告和其他会计资料，必须符合国家统一的会计制度的规定”。由此可见，从会计法的规定看，会计账簿与会计凭证是有区别的。因此，对股东可以查阅的“会计账簿”之范围，也主要有两种解释：限缩解释和扩张解释。前者主张“会计账簿外延应严格按照会计法的相关规定，也有利于保护公司本身相关商业秘密和商务机要不致外泄”；后者认为“既然会计账簿可以查阅，就可以查阅背后的原始凭证”①。既然公司法无明确规定，法官就需结合个案对公司法进行解释。有的认为可以用归纳推理的方法，即“股东会会议记录属承载公司信息范畴、董事会会议记录属承载公司信息范畴、公司章程属承载公司信息范畴，财务会计报告、原始会计凭证、注册会计师对于公司财务的审计报告、相关公司工商注册信息等均属承载公司信息范畴……故此得出结论认为一切记载公司的资料均属公司信息范畴即股东知情权客体的范畴”②。这种归纳推理方法对于扩大会计账簿查阅的对象范围从而保护股东的知情权有积极意义，但就整体来说，结合个案具体案情进行衡量也是另外一种思路。就本案而言，被告C服装公司从成立至今一直没有向原告A等少数股东提供公司财务报告，且也未分配收益，再考虑到实践中公司“两本账”现象严重，可以看出查阅会计凭证对于原告A具有特殊的意义。又结合立法目的看，公

① 刘俊海：《新公司法的制度创新：立法争点与解释难点》，法律出版社2006年版，第207页；甘培忠、刘兰芳主编：《新类型公司诉讼疑难问题研究》，北京大学出版社2009年版，第155—157页。

② 刘兰芳主编：《新公司法疑难案例判解》，法律出版社2009年版，第115页。

司法第 33 条第 2 款就是为了保障股东知情权而规定的。并结合对公司控制的程度看，被告 C 服装公司实际上控制在控股股东 B 手中，原告 A 等数名少数股东在公司日常经营管理过程中，与控股股东 B 相比，少数股东与控股股东就公司财务和经营状况的了解，存在事实上的不平等，所以，应当认定原告 A 提出的查阅被告 C 服装公司会计账簿（含会计凭证）的请求具有正当性，司法在裁量结果上应当支持原告 A 的诉讼请求。这样的法律判断也是符合立法目的而进行的裁量。

（三）司法裁量应坚持主客观考察的统一

以知情权诉讼为例，其通常涉及的是股东的知情权与商业秘密之间的平衡。在实际股东知情权诉讼中，股东作为原告而公司作为被告，但实质上通常是控股股东利用对公司的控制权滥用股东权利，不积极满足少数股东获取公司信息的知情权要求而产生的。股东知情权纠纷在一定程度上所反映出的是控股股东和少数股东在两方面的冲突：公司控制权上的争夺和公司利益的分配。可见，冲突的本质属于股东间的争议，最佳的预防和处理机制是引导股东间就知情权的具体内容写入公司章程或者达成股东协议，弥补公司法关于知情权规定简单不足带来的空白，引导私人间建立公司治理的良好秩序。但如果私人安排不足，司法介入公司自治后，要尽可能查找公司章程、股东协议中是否有相关的规定，有事先约定的以约定为依据，没有约定的再考虑结合个案，在股东知情权与公司商业秘密之间进行衡量。其中，要求原告股东就行使知情权的正当说明是必不可少的。

当公司法具体规则不明确或者缺失时，就依赖法官结合具体案件在股东知情权与公司商业秘密间进行衡量，通过对一些案件类型化后概括出一些具体标准。在有关知情权保护的股东压制诉讼中，法官既应考察受压制股东的主观目的状态，也应考虑客观上其在公司中的地位，并坚持主客观相统一的原则，在对个案考察的基础上进行利益衡量并作出司法裁判。具体而言：

第一，从受压制股东请求救济的主观动机方面进行考察。有限责任公司具有人合特征，信任是其基础。在理想的状态下，股东之间根据分工“各司其职”。但在公司的现实运营中，由于事先难以预料的偶发事件以及不同股东基于认知、技能等差别必然会对公司事务的认识有所不同，甚至产生分歧。因此，当股东提出查阅的要求时，已经表明股东对公司的管理有所怀疑甚至不信任。同时，因为股东的查阅要求又涉及了公司日常管理，所以，对于股东提出的查阅要求，公司的管理层基于主客观的原因也会有一定程度的不情愿甚至抵制。提出查阅要求的股东有可能是为了知悉公司当前的财务状况、发展战略，以便于其在行使表决权时进行综合考虑，即“股东审查权的基本理由是确保管理层对股东负责。在管理层的便宜行事权已使股东不再拥有关于何时和以何种条件售股、如何投票以及是否起诉的充分信息时，该权利帮助股东努力保护自己”①。但同时，提出查阅要求的股东也有可能是因为与其他股东、管理层之间的矛盾而实施的一种策略，通过对公司管理层施压，或者通过提起查阅诉讼，使公司陷入法律拉锯战。甚者，提出查阅要求的股东还可能为了个人其他目的，如获取公司上下游客户资料信息、发展规划，而后将所获取的信息，提供给与公司有竞争关系的第三方甚至自己从事的有关营业。此时，关于正当目的的说明更多就集中在举证责任上。这也就要求查阅股东提供充分的证据说明其享有的查阅利益。在此，可以借助罗伯特·C. 克拉克教授四种动机的分析，判断股东目的的正当性。其依据激发股东的动机，通过总结概括相关判例，总结为：“（1）估量其投资的愿望；（2）与作为投资人的其他股东交易的愿望；（3）获得非与投资相关的个人利益的愿望；（4）促进有社会责任感的目标的愿望。”② 其中，针对股东要求行使查阅权的数个目的中，即使仅能认定一个目的符合正当的要求，公司就不得拒绝。与之相反，通常情形中，只要是属于满足与股东权益无关的个人目的或者与公司业务无关的社会目的，也可以认定为不符合正当目的要求，公司得有权拒绝查阅。

第二，从受压制股东对公司客观控制程度方面进行考察。知情权是股东其他权利的前提，只有知悉公司内部信息，股东才能理性行使表决权和提出质询。公司法规定股东查阅权的目的，是为了更好地保护少数股东。从公司经营来看，不同的股东获取公司真实信息的地位是不平等的。控股股东或者亲自参加管理层，或者通过代理人进入管理层，都可以便捷掌握公司经营管理信息。基于事实上的不平等，公司法特别规定股东的查阅权，其目的正是为了平衡不同股东的利益，旨在矫正股东之间客观上的事实不平等。从这个角度出发，结合公司法目的进行解释，从而作出利益的平衡，在一定程度上有助于避免实践中出现的认识分歧。

由上，当法官在股东压制诉讼中适用具体救济规则时进行利益衡量，一方面，应当通过体系解释和目的解释的方法对公司法进行解释，由此判定该救济

---

① ［美］罗伯特·C. 克拉克：《公司法则》，胡平等译，李静冰译校，工商出版社 1999 年版，第 76 页。

② 同上书，第 75 页；苗壮：《美国公司法：制度与判例》，法律出版社 2007 年版，第 171 页；邓峰：《普通公司法》，中国人民大学出版社 2009 年版，第 389—390 页。

规则的功能与立法目的，以确定法律所规定的救济途径具有何种救济功能与程度；另一方面，应当结合个案情形裁量受压制股东是否属于应当被保护的范畴以及被保护的程度，在裁量时不仅需要考察其主观目的，还需要考察其在公司中客观上的实际地位和影响力。

三 适用救济原则时的司法裁量方法

我国现行《公司法》第20条确立了禁止股权滥用原则作为股东压制的一般性救济原则，法官在决定是否援引该条作为救济依据时，当然应当先理清该原则与其他救济规则之间的关系。

（一）法律原则与具体规则的关系

通常情况下，法律原则不能直接适用以判定当事人的权利义务关系，“惟在司法裁判的通常情况下，法官的任务是尽可能全面彻底地寻找个案裁判所应适用的规则，只有当具体法律规范供给不足或者穷尽规则时，法律原则才可以作为弥补法律漏洞的手段发生作用”。[①] 针对公司法中的禁止股权滥用原则，同样也需遵循法律原则的适用法理，法官既不能僵化地认为没有明确法律规则时不予裁判，也不能动辄援引处于上位的法律原则为案件寻求裁判依据，从而避开具体法律规则而选用法律原则。民法在这方面为公司法提供了样本，“民法基本原则本身不是法律规范，但是，它通过对法官的授权，来行使‘立法权’，将民法基本原则的基本精神转化为规范来确定权利义务”。[②] 就现有法律原则的适用情况看，“对基本原则的应有的具体作用缺乏强调，以至于当我们的司法实践中出现法律漏洞时，法官不能通过解释基本原则的方式，填补法律漏洞”，在公司诉讼实践，“法律原则具体化于个案成为裁判的法源，已是一个不争的事实”。[③] 因此，尽管轻率地从法律规则到法律原则是逃遁，同样，法律规则不明确或者缺少相应法律规则时，法官拒绝到法律原则中寻求依据也是审判的误区。我国公司法已经在总则中确立了禁止股权滥用的原则，尝试充分运用现有法律资源，在法律规则不明确或者法律规则所搭建的救济制度有漏洞时，发挥禁止股权滥用原则对于具体救济规则的填补功能，逐渐改变“公

① 钱玉林：《公司章程“另有规定”检讨》，《法学研究》2009年第2期。

② 李永军：《民法总论》，法律出版社2006年版，第47页。

③ 钱玉林：《公司章程“另有规定”检讨》，《法学研究》2009年第2期。

司法被大规模虚置的局面”①，对于推动公司法从法条走向实践大有裨益。

此外，通过发挥禁止股权滥用原则对具体法律规则的填补功能，其后续任务就是在个案积累的基础上，对原则进行细化和类型化归纳，并经过司法解释或者立法程序转化为法律规则，实现对公司法的填补功能。总之，发挥禁止股权滥用原则的功能，绝不意味着法官在股东压制诉讼中动辄考虑适用该原则，而是先考察具体法律规则，在法律规则不明确或者没有具体法律规则时，才可能适用法律原则。因此，禁止股权滥用原则适用的逻辑顺序为：首先在公司法中寻找具体规则即具体的保护条款，要“尽可能全面彻底穷尽”法律规则，而后才可以到公司法总则中寻求原则的解答；在适用的具体方法上，又依赖于对公司法的解释，法官对法律解释的思维过程就是推导出相关当事人权利义务，这是形成法律判断的前提。相应地，对公司法的解释也就正是为了推导出公司以及与公司利益相关主体的权利义务。这是形成法律确信、作出裁判的基础。在此过程中，“法院遵循法律条文自身的内在逻辑，同时加入法官对于公平、正义以及判决对公司治理正面引导等多方面的考虑”。②

（二）克服法律原则适用不确定性的方法

作为一项法律原则，禁止股权滥用原则在司法裁判中的运用不可避免地带来法官裁量权的问题。我国是制定法国家，理论上而言，法官只能严格依据法律规则裁判案件，这与英美法中法官享有的自由裁量权有所区别。但是，梁慧星先生对司法实践中的客观情况进行了深刻的分析，“大陆法系的法官裁判案件，在案件事实清楚后，实际上也有同样的判断过程，只不过传统理论不予承认罢了。我们经常听到法官私下议论案件裁判中情与法的冲突，即是证明。他们说某某案件的判决，虽然合法，但于情于理不合；某某案件的判决，虽然合情合理，但不合法。充分说明，法官在依据法律规定作出裁判之前，心中已经有了依据人情事理作出的实质判断。多数案件的判决，依据法律规定作出的判决结果，与此前依据人情事理作出的判断是一致的，因此实质过程的判断被掩

① 有学者针对公司法2005年实施前公司法被规避的调查。其调查的对象为1993年《公司法》实施期间《最高人民法院公报》公布的典型案例。据统计，在一共公布的400件左右的案例中，“其中涉及公司、证券的案件10余件，主要包括股权转让、股票确权、公司收购、股份回购等方面的纠纷。在这10余件案件中，法院只在极个别案件的判决文书中依照《公司法》阐述了判决理由，绝大多数案件是依照《中华人民共和国民法通则》和《中华人民共和国合同法》作出裁判的”。参见钱玉林《作为裁判法源的公司章程：立法表达与司法实践》，《法商研究》2011年第1期。

② 甘培忠、刘兰芳主编：《新类型公司诉讼疑难问题研究》，北京大学出版社2009年版，第17页。

盖了，我们从判决书上只看到依法裁判的逻辑过程。甚至法官本人也忽略了曾经有过的实质判断过程，只在少数案件依据法律规定作出的判决结果与此实质判断不一致时，才感觉到情与法的冲突。第二次世界大战之后兴起的利益衡量论，只不过是将过去在私下进行的实质判断过程予以公开，要求在判决理由中明文表述实质判断过程，便于接受当事人和社会的监督和检查，接受上级法院和学术界的检查监督"。① 可见，无论是英美法还是大陆法，法官在案件审理过程中进行自由裁量，无论承认也好，否认也罢，都是客观存在的。尤其对于股东压制诉讼这一类案件而言，在很大程度上要求法官对压制行为进行公平性和合理性的裁量，因此法官的自由裁量和建立在自由裁量基础上形成法律判断具有必然性。

在公司法缺乏明确法律规则时适用禁止股权滥用原则进行裁判，相当于要求法官把自己放在立法者的地位创设一个规则来裁判该具体的案件，但"法官创设规则当然不是任意的"，法官首先要运用解释学的各种法律漏洞补充方法，"通过这些方法来创设规则"。在创设规则时，法官手中的权力同样有被滥用的可能。因此，法官适用禁止股权滥用原则，不能忽视其所带来的不确定性，"既要看到有天使的一面，又要看到是魔鬼的一面"。② 亦即，股东压制诉讼"应当在多大程度上允许这种超实在法的考量，使之不至于损害法律的权威性和审判的统一性，是裁判考量社会效果不可避免的制约"。③

1. 方法之一：比例原则

公司法文本已经就包括股东之间、股东与管理层之间、股东与公司之间等在内的相关主体的权利义务进行了拟制。股东压制的发生，既与封闭性有关，也与滥用资本多数决有关。而资本多数决作为表决机制，具有合理性，只是在实践过程中发生了"异化"导致被滥用。公司法本身对于资本多数决并不持否定态度，相反，在公司的重大事项上，还进行了法定多数决的规定。因此，法官处理股东压制诉讼，既要考虑到对少数股东利益的保护，也要考虑到对资本多数决的维护。法官尤其需要考虑的是，控股股东行使股权的行为可能的确给公司、少数股东带来了损害，但这种损害是否属于迫不得已的情形、是否属众多不利方式中影响最为微小的一种，控股股东自己是否也受到了成比例的损害等，这些都是法官在处理股东压制案件时必须考虑的因素。有学者也提出了

① 梁慧星：《裁判的方法》，法律出版社 2003 年版，第 186—187 页。

② 李永军：《民法总论》，法律出版社 2006 年版，第 96—97 页。

③ 甘培忠、刘兰芳主编：《新类型公司诉讼疑难问题研究》，北京大学出版社 2009 年版，第 5 页。

几条参考标准，即当“①给小股东造成的不利益确实为实现全体股东利益所必需；②控制股东与小股东均因此而蒙受不利益，且这种不利益与持股比例成正比；③在实现股东大会决议目的的诸种可选手段中，选取了给小股东造成不利益程度最低的一种手段”时[①]，法官便不能认为只要通过多数决作成的决议给少数股东造成的损害，就属于股东权利的滥用。

2. 方法之二：区分原则

与股份有限公司特别是上市公司不同，股东之间的信任是有限责任公司的人合基础。由于封闭性带来的退出机制不畅，股东之间往往因偶然事件甚至一次争吵都可能破坏信任关系，由此引发压制。所以，法官在发挥禁止权利滥用原则的功能时，要考虑到有限责任公司的特殊性，一方面要从维持公司存续、维护效率的角度出发，采取通过促成股东协商股权收购等方式修复信任关系；另一方面又要考虑到不同股东因为持股比例不同，在公司运营管理过程中对公司控制程度的差异也就在事实上存在不平等。一般而言，控股股东依靠控制地位就可以控制公司的经营管理，或者亲自参加董事会，或者安排代理人任董事，所以控股股东对经营管理信息、利润状况、发展规划等方面较之少数股东处于优势地位，那么，如果控股股东依据这种优势地位排除了少数股东的权利，就需要结合控股股东行为以及给少数股东造成的损害进行综合衡量。在股东内部区分股东在事实地位和影响力方面的不平等，是平衡股东间利益的最为重要的方式。同时，还可尝试按照行为重要性的异同区分为“企业经营型”、“所有权益型”，后者对司法介入的需求较高[②]。

3. 方法之三：案例指导

我国虽然没有“遵循先例”的传统，但是最高司法机关通过发布指导案例，对于统一法律适用、实现同案同判有促进作用。作为个体存在的人的理性是有限的，法官也不能例外。无论是对案件事实的认定，还是裁判依据的援引，很大程度上都依赖于法官个人对法律的理解，甚至是对生活的体验和认知。因此，实践中出现的同类案件不同裁判结果，在一定程度上说不是偶然现象，如“关于会计账簿的查阅权上，不同的法官根据相同的法律得出了不同的结论，作出了大相径庭的判决”[③]。这种状况，不但引起当事人的不满，而且常常因为媒体的放大等，成为影响司法满意度的重要因素。长此以往，可能

① 刘俊海：《股份有限公司股东权的保护》（修订版），法律出版社 2004 年版，第 528 页。

② 汤欣等：《控股股东法律规制比较研究》，法律出版社 2006 年版，第 21—22 页。

③ 甘培忠、刘兰芳主编：《新类型公司诉讼疑难问题研究》，北京大学出版社 2009 年版，第 169 页。

会造成破坏法律的稳定性、降低司法公信力等影响。所以，法官在发挥法律原则的功能裁判案件时，应当尽可能地查阅类似案件，总结出具有规律性的要素，为处理案件提供充分的依据。

（三）案例对裁判方法的说明：以增资扩股之诉为例

案情介绍：A与B系C有限责任公司（以下简称C公司）两名股东，其中A持股30%，B持股70%。公司运营后，效益良好。后B提议召开临时股东会，并提出两项议案：（1）议案一包括三个方面的内容：C公司增加注册资本、A与B两名股东同等比例增资、任一股东放弃全部或者部分认缴出资的对方可相应增加认缴出资；（2）议案二内容为：因C公司目前开发的项目急需补充资金，因此拟引进战略投资者D对C公司增资。后召开股东会，A与B均出席股东会，并形成决议，内容如下：（1）B同意向C公司增资；（2）B同意引进战略投资者D向C公司增资；（3）按照注册资本比例进行增资。表决时，A称资金周转困难无法增资，并投反对票。增资后，B持股65%，战略投资者D持股20%，A由原持股30%降为15%。为此，原告A将B和C公司作为被告诉至法院，认为被告B利用控股股东地位在被告C公司资金充足、开发项目即将有效益的时候，恶意通过了增资的股东会决议，同时，增资时没有对公司的净资产进行评估，仍按原注册资本比例增资，致使增资价格低于公司净资产，侵犯了原告A的权益，所以要求两被告赔偿其损失。该案的裁判实际上将涉及以下几个方面的问题：

1. 原告的合法权利是否受到侵害

根据我国现行《公司法》第34条的规定，公司增资时，现有股东享有优先增加自己出资的权利。可见，“增资是股东的权利而不是义务”。① 既然增资是权利，本案股东会决议是否构成对少数股东A的侵权？根据公司法第34条“全体股东约定不按照出资比例优先认缴出资的除外”的规定可知，按照出资比例股东享有的优先认缴出资方式经公司章程确定后，该章程条款除非经过全体股东一致同意外，不可修改。本案中决议内容“按照注册资本比例进行增资”，符合公司法的规定，未剥夺原告A按照出资比例对新增出资的优先认缴权，只是因为原告A称资金周转困难无力认缴，才导致其有权优先认缴出资的部分被对方被告B相应增加了认缴出资，从而原告A的持股被稀释。

上述分析可知，作为控股股东的被告B通过多数决的表决机制，损害的并不是原告A的优先认缴出资的权利，而是在多数决机制下通过的决议，对

① 赵旭东主编：《公司法学》（第二版），高等教育出版社2006年版，第255—256页。

原告 A 的利益造成了损害。也正因为被告的行为并未侵害原告的法定权利，故原告难以诉诸公司法上的具体权利保护条款来进行救济。

2. 适用禁止股权滥用原则的前提

在原告难以寻求公司法中具体规则的救济，但是其利益确又受到严重侵害而需要获得公平性保护时，《公司法》第 20 条作为原则性的功能便有了适用的空间。该款第 1 款前半段“公司股东应当遵守法律、行政法规和公司章程，依法行使股东权利”主要着眼于股权行使应当合法，后半段“不得滥用股东权利损害公司或者其他股东的利益”则与之相对应，包含了对股权行使合理性的要求，即股权的行使不得以损害其他股东利益为目的，从而达到“损人利己”的效果。同时，即使损害的对象不是其他股东的合法权利，而只是利益甚至是合理期待，也属于该条禁止的范畴。

本案中被告 B 作为控股股东，所提议案已经给予了少数股东原告 A 按照出资比例优先认缴新增出资的机会，被告 B 的行为符合了第 20 条第 1 款前半段“合法性”要求；但不符合第 20 条第 1 款后半段所规定的股权行使“合理性”的要求，即被告的行为实际上构成了多数决的滥用。换一种情形考虑，如果控股股东 B 剥夺了少数股东 A 按照出资比例优先认缴出资的权利，此时 B 的行为不具有合法性前提，也就不属于“滥用”，而是直接构成了对少数股东 A 优先认缴出资权的侵害，应适用相应的权利保护条款。

3. 司法裁量的指导原则

股东会决议作为公司的意思表示，体现的是一种“集体意思”，所以，决议内容和程序必须合法、公正。如果决议内容或者程序上存在瑕疵应通过诉讼程序来解决决议的效力，其原因在于瑕疵的存在表明公司的意思表示是不正当的。但同时，考虑到“法官是公司法专家，而不是公司专家”，因此，司法对股东会决议的介入须有一定的限度，而不能代替公司作出判断，更不能随意介入公司事务，审慎依然是司法应当秉承的品格。在股东压制的裁判中，公平性的考量应当是最终的标准，即尽管司法一般不介入公司内部事务，但是如果股东行使股权的行为带来了严重不公平的后果，那么即使受侵害的股东并非是在法定权利而是在利益方面受到了侵害，法官也应当以公平正义为要旨，借助公司法第 20 条作出裁量。

本案中，控股股东被告 B 和被告 C 公司均没有剥夺原告 A 按照出资比例优先认缴新增出资的权利。因此，决议不存在合法性的疑问，但却存在合理性的瑕疵。这就需要考虑增资时原有股东和新股东的权益。亦即，需要坚持的客观原则是“盈利状态下高于资本的股东权益应由原股东享有，而不应自然地归属增资后的所有新老股东。同时，亏损状态下新股东相同比例股权的出资也不应该当然地按原有股东的出资额确定。否则，将会导致新股东对原有股东权益的不当占有，或者原有股东不合理地获得新股东出资的利益"[①]。被告 C 公司合理的增资方式应当坚持如下程序：首先对公司的现有资产进行全面的评估，从而确定公司的净资产或者股东权益的真实价值，并以此为基础，确定原股东原告 A 和被告 B 的股权比例和新股东战略投资者 D 的出资金额与股权比例。本案中，虽然控股股东被告 B 未违反法律、行政法规的具体规定，但其在增资后仍然依据公司原有的注册资本中双方的出资比例确定股权比例，导致少数股东原告 A 的持股被稀释，利润也被稀释，被告 B 的行为相当于是在"合法"外衣掩护下侵犯了少数股东原告 A 的财产利益。这无疑应当属于公司法第 20 条禁止股权滥用的适用范围。

综上所述，法官在援引《公司法》第 20 条的禁止股权滥用原则裁判股东压制案件的关键之处，需要考虑以下几个方面：第一，该条的适用具有一定的前提，这种前提体现为原则与规则的关系，即如果能够找到规则性的权利保护条款，则不应当适用该原则，而应当适用规则；第二，当受压制的股东受到侵害的并非明文规定的权利，而表现为利益上受到严重不公平侵害时，司法应当发挥必要的裁判保障作用，以促进公平正义的实现；第三，在司法发挥裁判保障作用的同时，仍应当克服适用原则时容易产生的不确定性，此时可以参酌比例原则、区分原则以及案例指导原则，以便在股东利益之间促成一个基本的平衡。

① 赵旭东主编：《公司法学》（第二版），高等教育出版社 2006 年版，第 256 页。

农地产权制度创新的困局与破解
——兼论集体土地产权制度的去身份化

罗瑞芳[①]

摘　要　20世纪80年代以后，我国的农村土地产权制度一直在土地集体所有与家庭土地承包经营权两权分离的制度框架内寻求创新。改革的基本思路是弱化集体土地所有权，强化农民土地承包经营权。但是改革至今，土地承包经营权的改造进入了一定的困局中。集体经济制度下村民社会中已经根深蒂固存在着的成员权成为使农村土地产权制度创新陷入困局的根本原因。只有让集体土地产权去身份化，切断土地承包经营权人和集体经济组织之间的身份关系，才能从根本上破解农村土地产权制度创新的困局。

关键词　农地产权　产权权能　身份权

一　引言

农村土地产权制度变革的努力一直没有停息过。新中国成立之初，首先是以农民所有制替代了地主所有制，但没有改变土地的私有制。1952年，全国土地改革基本完成后，开始了农业合作化运动，经历了由互助组、初级社到高级社的发展过程，土地私有制全面过渡为集体所有制。1958年，全国掀起的人民公社化运动，确定了“队为基础，三级所有”的人民公社制度。在该体制下，人民公社“实行工农学兵商结合，成为经济、文化、政治、军事的统一体”[②]，农村集体经济组织成为国家基层政权的附属品，从功能和构造上丧失了自主性和独立性。

---

① 中国社会科学院法学研究所与北京市社会科学院联合培养博士后。

② 刘金海：《产权与政治——国家、集体与农民关系视角下的村庄经验》，中国社会科学出版社2006年版，第48页。

人民公社化以后，形成了农民统一劳作、相互合作共事的场面。但也很快出现了农民缺乏生产积极性，普遍消极怠工，集体资产浪费严重等生产和生活秩序问题。1978 年 11 月，安徽省凤阳县小岗村的 18 户农民，以“敢为天下先”的创新精神，自发订立了“大包干”合同，创造了家庭联产承包责任制。为顺应局势，1982 年《全国农村工作会议纲要》，正式肯定了“双包”（即包产到户、包干到户）的合法地位，指出“（承包责任制）不同于合作化以前的小私有的个体经济，而是社会主义农业经济的组成部分”，彻底地解决了人们对包产到户、包干到户的后顾之忧，也在政策层面上开始了土地承包经营关系的法定化进程。80 年代中共中央的五个“一号文件”肯定和推进了家庭联产承包责任制的改革，初步构建起了“土地集体所有、家庭承包经营、长期稳定承包权、鼓励合法流转”的土地制度框架。1986 年 4 月通过的《民法通则》确认了土地承包经营权，首次在民事基本法律的层面上肯定了农民享有土地承包经营权。[①] 同年 6 月 25 日通过的《土地管理法》，以法律的形式确立了家庭联产承包责任制，指出“土地的承包经营权受法律保护”。1992 年 7 月，农业部《关于加强农业承包合同管理意见》，依法加强农业承包合同管理，做好承包合同的续订、鉴证、纠纷调解和仲裁工作，以稳定家庭联产承包责任制，并将其纳入法制管理的轨道。1993 年《宪法》修正案写入“家庭承包经营”，使其成为我国一项基本经济制度。

家庭联产承包责任制并没有改变农村土地的集体所有，却创设了农民的一项新权利——土地承包经营权，使农村土地上产生了所有权与使用权相分离的产权结构。在此产权结构基础上，我国实行了以家庭承包经营为基础、统分结合的双层经营体制，这一农村基本经营制度一直坚持至今。现在很多人批评农村改革在 80 年代中期以后就停滞了。这种批评不是很恰当，回顾三十多年的农村改革历程，农村经营制度和农业生产方式并非一成不变，而是在不断创新和完善。只是相比过去的改革来看，80 年代中期以后的改革没有涉及对农村土地产权制度和产权结构的颠覆式变革，只是在坚持农村土地所有权集体所有的前提下，不断强化使用权。[②] 但这样的改革创新走到一定程度就进入了发展瓶颈。

① 左平良：《土地承包经营权制度变迁的回顾与展望》，载《学术界》2009 年第 5 期。

② 刘守英：《直面中国土地问题》，中国发展出版社 2014 年版，第 5 页。

二 农村土地产权制度创新的困局及其表现

（一）土地承包经营权长期性发展及其困局

我国农村经济体制改革之初所实行的土地承包责任制并未打破集体经济组织对土地的垄断支配力，家庭承包经营仅仅是建立在与集体经济组织之间就劳动成果进行分配的承包协议基础之上。因此，最初的土地承包经营合同期限较短，一般不超过五年。由于承包期过短，农民缺乏对土地投资的积极性，并出现了过度使用土地的问题，不利于农业生产的集约化经营。① 基于上述问题，1984 年中央 1 号文件要求土地承包期延长到 15 年，1993 年中央 11 号文件进一步要求土地承包期限再延长 30 年不变。在此期间，国家为了进一步稳定农村土地承包关系、巩固家庭联产承包责任制，1995 年在《国务院批转农业部关于稳定和完善土地承包关系意见的通知》中又提出了在承包期内"增人不增地、减人不减地"的政策。2002 年全国人大常委会通过的《农村土地承包法》，进一步落实肯定了这一政策，使该政策具有更强的约束力和可操作性。《物权法》肯定了《土地承包法》关于期限的规定，并增加了"前款规定的承包期届满，由土地承包经营权人按照国家有关规定继续承包"的规定。十七届三中全会通过的《中共中央关于推进农村改革发展若干重大问题的决定》中提出，"要赋予农民更加充分而有保障的土地承包经营权，现有土地承包关系要保持稳定并长久不变"。至此，农村土地承包经营权的期限基本实现了法定化和长期化。尽管中央政策主导方向是"长久不变"，但是在法律制度层面，如何全面贯彻和实现"长久不变"还没有确定。

土地承包经营权"长久不变"意在稳定人与地之间的关系，即已经取得土地承包经营权的农户将长期享有该权利，突破当前土地承包期限的限制，未来将不会面临土地被收回或调整的风险。这从稳定产权关系的角度来说具有一定的积极意义。但在落实层面将面临着一定的法律制度障碍。土地承包经营权是农村土地所有权的派生性权利，在派生之初的法律制度设计就使其具有了一定的封闭性和身份性。《土地承包法》规定："农村土地承包采取农村集体经济组织内部的家庭承包方式；农村集体经济组织成员有权依法承包由本集体经济组织发包的农村土地，任何组织和个人不得剥夺和非法限制农村集体经济组

① 王琦：《论土地承包经营权形式上的无期限性》，载《东北师大学报》（哲学社会科学版）2012 年第 4 期。

织成员承包土地的权利。”土地承包经营权是封闭于土地所有权主体——集体内部成员所享有的权利，换言之，农民作为土地所有权主体之一员的这种身份，是其能够成为土地承包经营权主体的前提和基础，同时，此身份也使其当然地享有了土地承包经营权这一法定的权利资格。据此，固化当前的土地承包关系，使其长久不变，将可能侵害未来新增的集体经济组织成员的权利，在法理上讲不通。

现实中，土地承包经营权“长久不变”的试验也不完全尽如人意。贵州湄潭是中央进行“增人不增地、减人不减地”政策的试验田。学者对贵州湄潭试验“增人不增地，减人不减地”政策效果调查发现：24 年后，湄潭农村出现户均占有耕地严重不均，其中，有无地人口农户的人均耕地为 0.69 亩，没有无地人口的农户人均耕地为 1.53 亩，无地人口和无地劳动力增加。全县无地人口占总人口 25%，一些村的无地人口已占 42%，无地劳动力占 52%；经过 24 年后，农村内部一直面临着人口增减要求调地的压力及其他各种问题，农民对土地再调整的意愿仍然非常强烈；同时这一政策使湄潭人口增速放缓，劳动力非农化加速。①

（二）土地承包经营权产权权能的完善性发展及其困局

长期以来，由于农地集体所有权本身的产权缺陷，农地产权领域的改革方向一直是不断充实和完善土地承包经营权的权能，以实现农地产权的明晰化，提高农地使用效率。在所有权权能分离理论框架下，土地承包经营权的权能大抵也围绕着占有、使用、收益、处分等四大方面展开。占有和使用权能是土地承包经营权作为用益物权的基本权能，没有过多争议。农地改革发展的关键是围绕着收益和处分权能。从权源方面分析，土地承包经营权是源于土地所有权权能分离而产生的一项独立的权利。因此，土地承包经营权的权能范围要由土地所有权的权能释出范围所决定。改革至今，虽然在法律制度层面已经明确肯定了土地承包经营权的收益权能和处分权能，但却未能划定土地承包经营权的收益权能和处分权能的边界，导致在实践中土地承包经营权的收益和处分权能常被土地所有权所回吸。

1. 土地承包经营权中收益权能的发展及其面临的问题

土地承包经营权的收益权问题最突出的体现在农地征收补偿中。《物权法》肯定了土地承包经营权是一项独立的用益物权，并且规定“因不动产或

---

① 刘守英等：《贵州“增人不增地，减人不减地”24 年效果调查》，载《改革内参》2012 年第 7 期。

动产被征收、征用致使用益物权消灭或者影响用益物权行使的，用益物权人有权获得相应的补偿"，并特别指出"承包地被征收的，土地承包经营权人有权获得相应补偿"。据《物权法》的规定我们可以推定土地承包经营权本身具有能够直接、独立地获取土地补偿费的权能，改变了过去长期以来认定和执行的土地补偿费只能支付给土地所有权人，土地承包经营权人只能依据土地承包合同向土地所有人主张承包地征收补偿费的行为规范。但现实中如何实现土地承包经营权的独立补偿地位，却缺少相应的制度保障。首先，没有赋予土地承包经营权人作为征地谈判和协议签订的一方当事人地位，这意味着土地承包经营权人无权对征地行为的合法性、征地补偿标准提出异议，实际获得的土地补偿费过低时也无法得到有效救济。其次，《物权法》及相关法律法规没有对土地征收时对所有权的补偿和对土地承包经营权的补偿进行区分，缺少具体的征地补偿标准和土地收益分配原则。这导致现实中混淆了土地承包经营权人分得一定的土地补偿费的依据，即究竟是以土地承包经营权为依据还是以集体经济组织成员为依据。

土地承包经营权在与土地所有权在同一法律事件中相遇时，土地承包经营权难以获得独立的法律地位，其收益权能难以独立实现的根本原因在于已经根深蒂固存在的以成员权为基础的农村土地集体所有制。以成员权为基础的集体所有制下，只要是集体成员就对集体财产享有权利。在这一前提下，尽管制度设计一再强调土地承包经营权的独立地位，但农民一般会处于对生活保障的担忧，在眼前的财产权利与长远的成员权之间选择后者，希望保留成员权而永久地享有分配集体剩余的权利，而不是立刻通过获得土地承包经营权的独立补偿从而割裂与集体的关系。[①]

2. 土地承包经营权中处分权能的发展及其面临的问题

《土地承包法》肯定家庭土地承包经营权可以依法采取转包、出租、互换、转让或者其他方式流转，且承包人可以自主决定是否和如何流转，独自获得流转收益。承包人还可以以承包经营权投资入股，从事经营活动。尽管法律已经赋予土地承包经营权完全的处分权能，但现实中土地承包经营权的流转需求和流转数量并不大，转让流转形式更少。根据农业部发布的农村土地承包经营权流转调查分析，转包和出租一直是土地承包经营权流转的主要形式。[②] 近几年来各地纷纷推行鼓励措施或引导政策，促成或促进各类农地流转。但是，

① 莫晓辉：《征收补偿中农户土地承包经营权问题研究》，载《中国土地科学》2011 年第 2 期。

② 参见《农业部发布农村土地承包经营权流转调查分析——农业部深入学习实践科学发展观调研成果摘要（五）》。

这样的促进措施似乎也没有明显的成效。根据 2010 年丁关良课题组对浙江、广东、重庆、四川等 20 个省份和 52 个县（市、区）的调查，各种流转形式的比例分别为：转让占 13.3%，转包占 40.2%，出租占 30.6%，入股占 6.7%，互换占 5.4%，其他形式占 3.8%。[①] 从以上数据可以看出，转让在各种流转形式中占比率仍远远低于转包和出租的占比率。

土地承包经营权的处分权能在现实中没有得到充分实现的根本原因在于集体经济制度框架下的土地承包经营权无法真正实现社会化流转。一方面《土地承包法》在允许土地承包经营权流转的同时也给予了一定的限制。其中有两条限制较富争议性：一个是同等条件下，本集体经济组织成员享有优先权；另一个是采取转让方式流转的，应当经发包方同意。这样的限制是基于土地集体所有制所作出的合理安排。优先权是集体组织成员权的派生权利，法律赋予集体组织成员优先权的目的在于维护集体组织成员的生存利益。[②] 同时因为集体所有即“人人有份”的制度安排，农民集体必然排斥非集体成员享有土地权益，因此，集体经济组织作为发包方对土地承包经营权的转让进行“把关”，同时赋予集体成员优先权。也就是说，发包方同意和成员优先权是对农民集体共同利益的承认和保护。[③] 另一方面在现行经济运行体制下，土地承包经营权所承载的社会保障功能稀释了法律赋予的流转能力。以家庭为单位所取得的土地承包经营权承载了家庭成员的生存保障，在家庭承包被相对固定下来后，就与家庭人口变化之间产生了矛盾。因而在现实中时常出现以集体名义进行土地调整的“违法”现象，有学者称之为“集体土地所有权与农村土地承包权之间的冲突”。[④]

三　农村土地产权制度创新困局的原因分析

从过去的改革过程来看，一直是延续着弱化集体土地所有权，强化农民土地承包经营权并将之改造成具有“准所有权”性质的土地用益物权[⑤]的思路。

---

① 丁关良：《土地承包经营权流转制度法律问题研究》，载《农业经济问题》2011 年第 3 期。

② 吴兴国：《土地承包经营权流转中集体组织成员优先权行使问题研究》，载《政法论丛》2009 年第 2 期。

③ 高富平：《农村土地承包经营权流转与农村集体经济的转型》，载《上海大学学报》（社会科学版）2012 年第 4 期。

④ 袁震：《论集体土地所有权与土地承包经营权之间的冲突与协调》，载《河北法学》2010 年第 9 期。

⑤ 党国英：《关于土地制度改革若干难题的讨论》，载《中国经贸导刊》2010 年第 12 期。

但是改革至今，土地承包经营权的改造进入了一定的困局中，无论在理论还是实践层面，土地集体所有权都成为不得不提的问题。

从理论层面看，土地承包经营权是在土地集体所有制基础上通过制度创新产生的一种特殊的用益物权，是土地所有权权能分离的产物。在权能分离之时究竟分离出哪些权能，分离出的权能内容如何就应当有清晰的界定，这样能充分避免权利行使过程中的冲突。但是产生于集体土地所有权之上的土地承包经营权在产生之初就具有很强的身份性和封闭性，农民既在集体土地所有权之上享受集体成员收益，同时又在土地承包经营权之上享受独立的个体收益，所以土地承包经营权没能在所有权权能范畴内划出一个明确的边界，不能避免土地承包经营权与土地所有权的权能冲突。从实践层面看，由于土地所有权主体——农民集体在法律上没有一个明确的界定范围，长期以来农民集体就是一个随着集体经济组织内成员生老病死、婚丧嫁娶而不断存在人口变动的范畴，在此基础上产生的土地承包经营权也会被传递而引致产生变动的需求。在变动中，由于各种利益的博弈，导致土地承包经营权与土地所有权之间的关系更具有一定的矛盾性和不确定性，从而衍生出各种问题。

在土地集体所有制度框架下，抛开土地所有权，单独强化土地承包经营权行不通的更深层次的本质原因在于集体经济制度下的成员权问题。成员权本身并不是法律界定的一项独立的权利，它实质上是内生于我国农村土地产权制度下的一种观念，是一种只要具有集体经济组织成员资格即享有集体土地所有权权益的观念。成员权观念的形成一方面是因为我国现行法律对“农民集体”这一概念的含糊规定，留下了对其进行扩容性解释的缺口；另一方面是因为沿袭着计划经济体制下的思维惯性，也由于中国长期存在的“耕者有其田”的观念，农民普遍接受每个新增社员都应当享有一定的土地权益的观念，并相互承认和尊重彼此之间的“成员权”。长期以来，受制度、文化、习惯等多种因素综合作用，成员权观念已经在村民社会中根深蒂固地存在着，在农村社区内形成一种村民社会的认同。这种普遍认同的村规民约成为对“农民集体”这一概念进行解释的合理依据，进而进入正式制度领域。

这样的制度文化环境为农民集体结合在一起，成员之间相互利益均沾提供了土壤，尽管法律政策更倾向于突出土地承包经营权所承载的个体权益，土地背后的农民集体却又时常出现，主张集体成员的利益分享，即使这种利益的调整为政策不鼓励甚至为法律所禁止，但却成为农民可接受的潜规则。在城市化发展进程中，农民土地价值被日益发掘，受利益因素牵导，成员权更成为很多农民主张土地权益的“借口”。成员权观念被强化，从根本上妨碍了产权排他性功能的行使，导致农村土地产权制度创新陷入困局。

四 破解农村土地产权制度创新困局的关键：集体土地产权去身份化

在农村集体土地所有权与土地承包经营权两权分离的逻辑思路下，抛开集体土地所有权，仅围绕土地承包经营权探索农村土地产权制度创新的路径是行不通的，需要从根子上理顺集体土地所有权和土地承包经营权之间的关系。综合上文分析，笔者认为只有让集体土地产权去身份化，切断土地承包经营权人和集体经济组织之间的身份关系，才能从根本上破解农村土地产权制度创新的困局。

集体土地产权的去身份化包含以下几层要求：

第一，切断土地承包经营权与集体成员之间的身份对应关系。如前所述，依据当前《土地承包法》，土地承包经营权具有一定的身份性，进而导致土地承包经营权会受到集体土地所有权的牵制和影响，无法真正实现产权的排他性。因此，集体土地产权的去身份化首要的就是去除土地承包经营权的身份性要求。即修改《土地承包法》中关于农村集体经济组织成员当然享有土地承包经营权的赋权性规定；修改关于农村集体经济组织成员在土地承包经营权转让中享有优先购买权的规定；修改关于在承包方丧失集体经济组织成员身份而导致承包土地被发包方收回等体现了强烈的身份保障性特征的规定。

第二，固化既存的集体经济组织内家庭承包经营权，在确权颁证后保持长久不变。固化既存的土地承包经营权，使土地产权边界明确，权利束更完整，具有支配的排他性。产权排他性，是产权主体配置资源，追求最大目标的激励来源，没有排他性，就会在根本上扭曲产权主体的激励机制。固化土地承包经营权是利用这一制度安排使确权颁证的农户土地产权具有明确的产权边界，完整地受到《物权法》的保护，具有排他性，进而形成提高农户资源配置效率的终极激励。①

第三，明确土地承包经营权和集体土地所有权之间的权能边界。《物权法》肯定了土地承包经营权的独立的用益物权地位，却没有界定清晰这种产权的边界和具体权能，难以涵盖各种复杂的土地关系②，因此应当明确土地承

---

① 余梦秋、陈家泽：《固化农村集体经济组织成员权的理论思考》，载《财经科学》2011 年第 11 期。

② 艾建国：《对稳定和完善农村土地承包关系的若干思考》，载《中国农村经济》2000 年第 12 期。

包经营权权能及其内涵，在相关法律中明确集体土地所有权和土地承包经营权之间的权利义务关系。以征地补偿为例，笔者认为应当赋予土地承包经营权人独立的谈判及签订单独的土地承包经营权补偿协议的地位。

第四，承认土地承包经营权的继承权。切断土地承包经营权与集体成员之间的身份对应关系，固化土地承包经营权受到最严重的质疑和挑战就是，很多人从传统的成员权观念出发，认为这种制度安排对于新增人口来说是不公平的。对此，有学者认为，家庭承包经营权实际上包含了两种土地权益，一种是土地承包经营权所表达的用益物权，另一种是主体成员天然享有的由这种财产权产生的收益，这部分收益是可供全体家庭成员共享的物权收益，这样理解，家庭承包经营权以同一的用益物权包容了同一家庭中不同成员，也包括未来增加的人员在同一宗承包土地之上的权和利，因此并不违背公平的基本原则。① 笔者赞同这一观点，同时认为，还可以通过土地承包经营权的家庭内继承来弥补这种权利差异。

集体土地产权的去身份化能够进一步推进土地产权制度的创新发展，具有很强的经济社会意义。② 首先，使土地从农村或农民身份中解放出来，成为自由流转的财产，成为社会化、市场化配置的生产资料；其次，使农民从集体身份关系中解放出来，成为独立从事农业生产的经济主体，自我生存发展的社会主体；最后，使一定量农民脱离农村和农业生产，成为独立的市场主体，成为可以社会化、市场化配置的人力资源，能够按照市场运作农村生产资源，通过投资和合作发展新型的农村经济，或自主择业，或从事工商业生产。因此，集体土地产权的去身份化一方面促进实现农业生产方式转型，使市场经济成为农村经济的运行机制；另一方面瓦解了传统的集体经济体制，使农民生存保障彻底发展变化，推动农民在享有一定新型集体保障基础上，融入社会保障体系中。总之，集体土地产权的去身份化顺应了市场经济发展和农村经济转型的要求，有助于促进市场经济力量带动城乡经济联动，最终实现城乡一体化发展的要求。

① 参见余梦秋、陈家泽《固化农村集体经济组织成员权的理论思考》，载《财经科学》2011年第11期。

② 参见高富平《农村土地承包经营权流转与农村集体经济的转型》，载《上海大学学报》（社会科学版）2012年第4期。

构建中国低碳农业法思考
——中西比较视角

何晶晶[①]

摘　要　中国农业的碳排放快速增长的事实，表明中国走低碳化的农业发展道路已经刻不容缓。虽然低碳农业是适应我国农业生产需要和保护我国农村生态环境的最佳发展道路，但是低碳农业在我国的发展还相对滞后，其中一个重要的原因就是我国缺乏支撑低碳农业发展的法制基础。鉴于我国当前低碳农业发展所面临的无法可依的被动局面，本文在借鉴澳大利亚、德国和美国的低碳农业立法经验的基础上，对我国如何构建专门的低碳农业法进行了初步探讨，对我国低碳农业立法的基本原则和法律要素进行了初步设想，希望能对我国的低碳农业立法提供有益建议。

关键词　低碳农业　低碳农业立法　碳排放

一　引言

作为最大的发展中国家，中国有世界上最多的人口需要养活，这给我国农业带来了巨大的压力，我们只有不断提高农业产量才能满足日益增长的人口需求。但令人忧虑的是，农业又是中国主要的温室气体排放产业之一，占中国温室气体总排放量的20%，并且碳排放量在过去25年来一直在不断增加[②]。对于中央和地方政府来说，一个重大挑战就是如何在满足日益增长的农产品需求的同时又能不断降低农业的温室气体排放量。这一现实也说明了推进农业低碳化发展道路的迫切性和重要性。

---

① 中国社会科学院法学研究所博士后，中国社会科学院国际法研究所助理研究员。

② SAIN（2011），“Improved Nutrient Management in Agriculture – A Neglected Opportunity for China's Low Carbon Growth Path”，Policy Brief 1.

虽然低碳农业作为解决农村资源短缺、应对气候变化的有效农业发展模式已经逐步为世界各国所认同，然而我国的低碳农业研究却仍然很滞后，低碳农业的推广也没有得到应有的重视，这其中的一个重要原因是我国还没有在法律上、制度上奠定农业低碳化作为我国农业发展国策的地位，没有为低碳农业的健康发展创造一个良好的法制、政策环境。基于这样的现实，本文在借鉴澳大利亚、德国和美国的低碳农业立法经验的基础上，对我国如何构建专门的低碳农业法进行了初步探讨，对我国低碳农业立法的基本原则和法律要素进行了初步设想，希望能对我国的低碳农业立法提供有益建议。

二 我国低碳农业法律现状

要真正使中国走上低碳农业的发展道路，有力地贯彻绿色农业的相关政策，就必须要建立坚实的法律基础，使我国低碳农业有法可依。而我国现在还没有制定专门的、系统的保障低碳农业发展的法律体系框架。有关低碳农业的一些法律规定主要散见于《中华人民共和国农业法》《中华人民共和国环境保护法》《中华人民共和国土地管理法》和《中华人民共和国循环经济法》等法律中。比如从 2013 年开始实施的新修订的《中华人民共和国农业法》[①] 中的第 8 章“农业资源与农业环境保护”中的第 57 条就规定，农业发展必须合理利用自然资源，积极开发使用可再生能源和清洁能源，发展生态农业，保护环境；针对化肥使用，第 8 章第 58 条规定，农业生产要合理使用化肥、农药，增加有机肥料使用，运用先进技术保护地力，防止土地污染；针对农药使用，第 8 章第 65 条规定农业主管部门应该敦促农民使用高效低毒低残留的农药，农产品的剩余物及畜禽的废弃物要妥善综合处理，以防破坏生态环境。

2014 年刚刚公布的新修订的《中华人民共和国环境保护法》[②]（2015 年 1 月 1 日起实施）的第 3 章第 32 条规定：“国家加强对大气、水、土壤等的保护，建立和完善相应的调查、监测、评估和修复制度。”这条法规强调了对土壤的保护和环境监测，有利于保护农田吸收温室气体的碳汇功能。第 33 条强调地方政府应该加强对农业环境的保护，促进低碳农业环保技术的应用，要求当地政府提高低碳农业环保服务水平。第 49 条强调政府应该指导农民科学地

① 中华人民共和国农业部新修订的《中华人民共和国农业法》，2012 年 12 月 28 日发布，http：//www. moa. gov. cn/zwllm/zcfg/flfg/201301/t20130104_ 3134804. htm。

② 新修订的《中华人民共和国环保法》，2014 年 4 月 24 日颁布，http：//news. xinhuanet. com/politics/2014 -04/25/c_ 126431703. htm。

耕种农田、合理施肥和使用农药，以提高我国低碳农业的发展水平。

2005 年颁布的《中华人民共和国土地管理法》[①] 第 19 条要求土地利用总体规划要遵循“保护和改善生态环境，保障土地的可持续利用”原则；第 35 条规定，“各级人民政府应当采取措施，维护排灌工程设施，改良土壤，提高地力，防止土地荒漠化、盐渍化、水土流失和污染土地”。这些规定体现了对农田的环境保护和对土地可持续利用的使用原则，从长远来看有利于提高耕地吸收温室气体的碳汇功能。2008 年 8 月起实施的《中华人民共和国循环经济法》[②] 是我国现有的另一部涉及绿色农业的法律，其中第 24 条要求“县级以上人民政府及其农业等主管部门应当推进土地集约利用，鼓励和支持农业生产者采用节水、节肥、节药的先进种植、养殖和灌溉技术，推动农业机械节能，优先发展生态农业”。这条法规要求在农业生产中减少化肥和农药的使用，减少农业机械的能源消耗，这些规定都有利于推进农业生产的低碳减排。

总而言之，以上对相关现行法律的回顾和概括显示，我国的现行法律虽然触及低碳农业的发展要求，但是由于零星分布于多个法律中，没有对绿色农业的发展做系统和具体的法律规定，许多法条对于农业的低碳减排还只是“倡议性”的而非强制性的硬性要求，所以在实践中很难达到好的实施效果。而且由于没有把低碳农业作为专门的领域立法，没有明晰相关法律主体的法律责任，没有明确相关机构的执法职能，所以法律的约束力很有限，造成我国当前的低碳农业因为缺乏必要的法律支持而使发展受到限制。

三　国际立法经验借鉴

我国无论在低碳农业的发展上还是在立法方面都还没有积累足够的经验，我们需要积极借鉴外国在低碳农业的法规和政策上的先进做法，在结合我国国情的基础上探索我国低碳农业的法治道路。具体来讲，本节将分别研究澳大利亚、德国和美国的低碳农业立法和执法经验，这些国家在低碳农业的发展方式和相应的立法上有不同的侧重点，探察这些国家的先进经验对我国的低碳农业立法有重要的借鉴作用。

① 《中华人民共和国土地管理法》，2005 年颁布，http：//www. gov. cn/banshi/2005 - 05/26/content_ 989. htm。

② 《中华人民共和国循环经济法》，2008 年颁布，http：//www. gov. cn/flfg/2008 - 08/29/content_ 1084355. htm。

（一）澳大利亚的低碳农业倡议法案

澳大利亚在利用碳金融手段来促进低碳农业的发展方面走在了世界的前列。它在2011年通过了“低碳农业倡议法案”（Carbon Farming Initiative (CFI) Bill），这一法案允许农民和农田管理者通过碳汇和减少农田的温室气体排放来获取碳排放额度，然后这些碳排放额度可以在澳大利亚碳交易市场上出卖，为农民带来直接的经济收益。① “低碳农业倡议法案”的碳排放交易机制是澳大利亚碳交易市场机制的有机组成部分，是澳大利亚通过碳金融手段引导农民自愿采用低碳减排的农业生产模式的有益尝试，对于我国有非常重要的借鉴意义。

CFI是自愿的减排机制，农民和农场主可以自愿选择是否加入，它为农业生产者提供了方便进入澳大利亚国内和国际碳交易市场的平台，为环境保护和温室气体减排提供了有力的刺激投资机制。②农业的温室气体排放占澳大利亚碳排放总量的18%，一个不断变暖而且极为不稳定的气候对澳大利亚的农业和粮食生产带来非常严重的威胁，通过发挥农业的碳储存效应、降低农业本身的碳排放，低碳农业的模式可以成为澳大利亚应对气候变化的有效解决途径。CFI是澳大利亚政府降低大气中温室气体含量，使澳大利亚平稳实现“清洁能源未来”（Clean Energy Future）计划的一个重要组成部分。在推进全国低碳减排的过程中，澳大利亚政府尽最大努力减少对农业等容易受冲击行业的经济不利影响，不但法律上规定农民免于支付由牲畜、土壤和化肥使用等引起的温室气体排放费用或称之为碳价，还通过CFI赋予农业从事者参与到碳排放权交易市场的权利。与此同时，澳大利亚政府还把大量的碳金融收入以碳基金的形式投入到农业中，来资助各种低碳农业项目包括推进绿色农业研发项目、促进农业碳汇项目、帮助农民参与CFI项目和提高农民低碳农业技能和知识的项目。

具体来说，按照“低碳农业倡议法案”的规定，农民可以从以下农业减排活动中获得碳排放额度：1. 降低牲畜碳排放；2. 提高化肥的使用效率；3. 提高耕田中的碳存储；4. 通过增加农田的植被和树林覆盖来实现碳汇效应。这些减排活动可以分为两类，一种是通过在耕地中或农作物中储存碳，另一种

---

① “低碳农业倡议法案”的具体内容参见澳大利亚政府的工业、创新、气候变化、科学、研究和高等教育部（Department of Industry, Innovation, Climate Change, Science, Research and Tertiary Education）的官方网站，http://www.climatechange.gov.au/reducing-carbon/carbon-farming-initiative。

② 参见Carbon farming initiative bills passed; now to get ready for them，2011年8月24日。http://www.claytonutz.com/publications/news/201108/24/carbon_farming_initiative_bills_passed_now_to_get_ready_for_them.page。

是直接减少温室气体排放。和其他碳排放权交易机制项目一样，要想获得碳信用额，CFI 项目需要带来额外的温室气体减排量，也就是要满足“额外性”（additionality）标准。另外 CFI 项目还要满足“持续性减排效益”（lasting reduction benefits）标准，才能被颁发碳信用额，“持续性减排效益”指的是这些低碳农业减排活动要能给环境带来持久的温室气体减排或是能永久性地把碳固存在土壤和作物中。CFI 的这两大严格标准保证了碳信用额的市场价值，这些法则使得碳市场的购买者能够相信他们所买的碳排放额代表真实和持久的温室气体减排量。

（二）德国的生态农业法

在欧盟的《欧盟生态农业条例》的基础上，2003 年德国制定了本国的生态农业法（Organic Farming Act），并在 2009 年对该法案进行了修订以反映欧盟修订过的《欧盟生态农业条例》的最新规定。生态农业是高度保护自然资源的环境友好型运作模式，充分体现了可持续发展和人与自然和谐共处的原则。与传统的农业生产模式相比，生态农业可以带来多重的环境效益、经济效益和社会效益，倡导发展生态农业是德国应对气候变化和保护农业生态环境的有效方法，非常值得中国学习借鉴。

德国的生态农业法旨在通过多种途径来减少农业的温室气体排放量。具体来说，针对化肥使用，德国生态农业法的规定，生态农场不得使用易溶解的矿物质化肥（soluble mineral fertilizers），而是采用缓慢释放的天然的肥料，特别是以动物粪便为主的生态固氮肥料，并且通过种植能固化氮肥的作物来实现绿肥效应（green manuring）①。这一法律规定能有效减少传统农业运作中因化肥的施用而带来的大量的二氧化氮排放。针对农药的施用，法案规定农作物不得使用合成的化学农药，通过科学的轮耕来培育更易抵抗虫害的农作物品种，倡导使用利于植物生长和抵抗虫害的有益生物，采用例如锄地和火焰除草等的机械除草方式。这样的法律规定能有效遏制农药的过量使用，减少因农药使用而带来的碳排放，并且能够增强农作物和土壤的碳汇能力。德国生态农业法还规定禁止对农作物施用化学的生长调节剂，倡导通过土壤的腐殖质管理（humus management）来提高土壤地力，这些规定有利于实现德国农业的可持续发展。

---

① 参见德国联邦政府的食物、农业和消费者保护部官方网站（Ministry of Food, Agriculture and Consumer Protection），http：//www.bmelv.de/SharedDocs/Standardartikel/EN/Agriculture/OrganicFarming/OrganicFarmingInGermany.htmlJHJdoc381512bodyText4。

在法律的执行上，德国的做法也非常值得学习。它的生态农业法案明确规定执行机构的法律责任，比如法案指出联邦政府可以向地方的检验机构（inspection bodies）授权开展对当地生态农业活动的检验，并要求检验机构一旦发现任何违反生态农业法的违规操作和不法行为，必须要及时向政府主管机构报告。另外一个值得借鉴的做法是，德国政府在生态农业的管理和执法过程中坚持信息公开透明和公众参与的原则，法案规定每个检验机构都必须在网上公开它所负责检验的生态农场和生态农业企业的情况，以便于消费者和企业查询。检验机构不但被要求向政府主管机构提供必要的信息，也被要求向其他的检验机构分享信息。德国生态农业法案信息公开的举措有利于加强公众对绿色农业从业人员的监督，有利于赢得德国社会对可持续农业的支持，提高民众对环境友好型农业的认识，从根本上有利于生态农业法案的有效执行。同时生态农业法案还详细列出了明确的惩罚措施以真正做到执法必严、违法必究，法案规定一旦违反生态农业法将要受到监禁一年或是最高可达 3 万欧元罚金的惩处，这样的惩罚规定也适用于在非生态农产品的包装和广告中使用生态农业标签的欺骗行为。①

（三）美国的低碳农业立法

美国目前还没有专门的低碳农业法，而是通过一系列的专门性法规来推进低碳农业在美国的发展。特别是美国详尽的农药法案，能有效遏制因农药过量和不科学使用所带来的温室气体排放和环境污染，这对于我国这样一个过量使用农药而严重威胁农业生态环境的国家尤其具有重要的理论和现实借鉴意义。美国主要通过两大法案来从法律上控制农药的过量使用，引导农民科学地使用农药，这两部法案是《联邦杀虫剂、杀菌剂和杀鼠剂法案》（The Federal Insecticide, Fungicide, and Rodenticide Act, FIFRA）和《联邦食品、药物和化妆品法案》（The Federal Food, Drug, and Cosmetic Act, FFDCA）。其中，FFDCA 法案授权美国环境保护署（EPA）设定食品和动物饲料中所能允许的最高农药残余量标准，尤其强调对婴儿和儿童食品设立较高的标准来保障食品安全。

FIFRA 最早是在 1947 年通过的，1972 年美国对这一法案进行了大幅修改，并且颁布了《联邦环境保护农药控制法案》（The Federal Environmental

---

① 英文原文参见德国联邦政府的食物、农业和消费者保护部官方网站（Ministry of Food, Agriculture and Consumer Protection），http://www.bmelv.de/SharedDocs/Standardartikel/EN/Agriculture/Organic-Farming/OrganicFarmingInGermany.htmlJHJdoc381512bodyText4。

Pesticide Control Act，FEPCA），旨在从环保角度加强对农药使用的法律规范。FIFRA 授权 EPA 规范农药的生产、销售、流通和使用以保护人类健康和保护环境。按照法律规定，美国境内生产和使用的所有农药都必须经过 EPA 的注册（registration），注册可以确保农药产品采用正确的包装[①]，而且确保所批准的农药不会对环境带来损害。一旦发现某个被注册的农药产品对人类健康或是环境有不利影响，EPA 还可以取消对该农药的注册。作为法律授权的执行机构，对凡是使用禁用农药或是未注册的农药的不法行为，EPA 有权追究其法律责任。[②]美国的农药法案从法律上严禁农药的过量使用和不科学使用，这从农药源头遏制农药的不科学使用所引起的碳排放。

美国另外一个有效促进低碳农业发展的法案是《清洁空气法案》（Clean Air Act，CAA），《清洁空气法案》以及其修正案旨在提高空气质量以保护公众健康和增强社会福利。[③]法案由六个章节构成，它授权 EPA 为环境空气质量制定国家标准并且赋予 EPA 和各个州多种机制来执行、实施这些标准。按照 CAA 的要求，许多设施第一次向空气排放前需要获得许可（permit）。法案非常重视联邦政府和地方政府的配合，在执行上，州和地区政府被要求监督、管理和实施 CAA 制定的标准。针对农业的空气排放，CAA 的第 110 条规定，每个州必须制定一个州执行计划（SIP）来找出空气污染源头并且决定采取什么样的措施来减少温室气体和污染气体排放以达到联邦政府的空气标准。这种强调中央和地方相配合来确保法律有效执行的做法，非常值得中国学习借鉴。法案的另外一个值得学习的地方是，在不同的地区采用不同的标准，以兼顾地区间差异。州执行计划所规定的农耕行为被允许的温室气体排放量（比如农业燃料释放的温室气体排放量）在不同地区有不同的标准。对于那些按照国家空气质量标准被划分为非达标区的地方，气体排放的限制则更多。

四　我国低碳农业立法初探

（一）法律框架结构设想

为了更好地适应低碳减排要求，考虑到绿色农业法律法规的性质、适用范

① 法案要求在农药的包装上要标明安全注意事项、使用方法和农药的使用频率等相关信息。

② 关于《联邦杀虫剂、杀菌剂和杀鼠剂法案》（FIFRA）的原文，参见美国环境保护署的农业法规官方网站，http://www.epa.gov/agriculture/lfra.html。

③ 《清洁空气法案》（CAA）的英文的法律规定参见美国环境保护署的官方网站，http://www.epa.gov/agriculture/lcaa.html。

围及效力的不同，我国的低碳农业法律体系框架应该是多层次的。第一个层次是低碳农业的核心法或是基本法，地位相当于低碳农业的小宪法，其内容规定低碳农业发展的基本原则和法律要素。第二个层次是针对低碳农业发展的某个具体领域的专门性法规，是在遵照核心法基本原则的基础上的对某个专门性问题的详细规范。第三个层次是为了便于基本法和专门法施行而制定的部门性的规章，虽然法律地位不如基本法和专门法，但是却有利于确保低碳农业法的依法执行。第四个层次是地方政府出台的为了配合中央基本法和专门法而颁布的地方性法规，这些法规在遵照“中央法”的基础上，体现了地方农业发展的特点。

（二）立法原则

我国的低碳农业立法中应该贯彻以下原则，并且根据这些原则制定详细的条款，用有效的法律手段来规范和引导我国的绿色农业发展。

1. 可持续发展原则

我国低碳农业法始终要坚持可持续发展的原则，在农药、化肥和能源使用等方面都要积极倡导低排放、低消耗和低污染，在注重确保粮食生产安全的同时，要实现与自然环境的和谐统一，实现农业的可持续发展。可持续发展原则强调农业发展不能超过自然环境的承载能力，农业资源既要满足当代人的需求还要满足子孙后代的农业发展要求。① 具体来说，法规应该明确规定农业从业人员要采取科学的务农方式，多采用生态肥料，严禁化肥、农药的过量使用，对于高碳排放的化肥和农药要禁止使用，要求使用可再生能源和低能源消耗的农业生产工具，从多个源头控制农业的温室气体排放，实现农业生态效益和经济效益的双丰收

2. 行政手段与市场机制相结合原则

我国在低碳农业立法中应该改变过去我国环境法规主要依赖行政手段而执行不力的情况，积极引入市场机制，通过市场手段来刺激绿色农业的发展。在这点上，我国应该向澳大利亚等国学习，将碳排放权交易机制引入到低碳农业发展中，通过碳金融手段刺激农民主动自愿地进行减排。在立法上，我国需要为农业生产者提供方便参与国内和国际碳交易市场的平台，允许农民通过将农业减排获得的碳排放权信用额在碳交易市场出售来获得经济利益。

3. 奖罚分明原则

低碳农业法要想取得好的实施效果就需要坚持奖罚分明的原则，鉴于农民

---

① 艾衍辉：《农业法基本原则探讨》，《江西农业大学学报》2004 年第 2 期，第 117—120 页。

采取低碳农业的生产方式可能会在短期内增加其生产成本，我国政府需要在财政政策上对采取绿色农业耕作模式的从业人员进行税收减免和财政补贴等补偿政策，使农民切实感到开展低碳农业生产有“利”可图。同时随着低碳农业在我国的逐步发展，到一定阶段我国也可以向欧美国家学习，根据各地的实际情况和我国农业减排的总目标，考虑制定各地区的强制性农业减排目标。对于不能完成减排目标的地区可以采取税收和财政上的惩罚措施，比如征收绿色农业税。当然考虑到农业稳定生产对我国的经济发展的关键作用，强制减排目标的措施需要逐步推行，并且由“松”及“严”，循序渐进。

4. 科教兴农原则

要实现从传统农业到低碳农业生产模式的根本转变，单靠政府的财政投入是不够的，还需要现代科技的支撑，实行“科教兴农”。一方面，我国要加强低碳农业技术的研发，在化肥使用、农药使用、农业工具的节能、科学耕种和农业生产废物循环利用等多方面研发绿色农业技术，为低碳农业发展奠定坚实的现代科技基础。另一方面，我国亟须改变当前农村技术推广体系薄弱、农业从业者科技知识水平不高的现状。政府需要利用多种途径加强低碳农业的知识普及，加强政府的引导和示范作用，提高现有的以政府为主导的技术推广体系的效率和涵盖范围。

5. 循序渐进原则

鉴于粮食产品安全对于我国国计民生的关键作用，为了减少低碳减排措施对农业这个易受冲击行业的不利经济影响，我国在低碳农业的立法和执行上都要始终贯彻循序渐进的原则，给农业从业人员和农业管理机构足够的时间来适应低碳农业法规的要求，平稳实现生产模式的逐步改变。在法律规定上，现阶段我国还是应以鼓励、刺激措施为主，利用财政和市场手段引导农民自愿采取低碳农业的生产方式；等到我国低碳农业发展到一定阶段后可以在立法上规定一些更为严格的强制性减排要求，比如农业温室气体排放限量指标等。在法律的实施上，我国可以先在一些农业科技水平基础较高，绿色农业已经有一定发展的地区开展试点，然后在积累试行经验的基础上，正式在全国实施低碳农业法。

6. 公开透明原则

公开透明是另一个需要遵循的原则，我国应该学习德国政府在《生态农业法案》的立法和执法过程中坚持信息公开透明和公众参与的做法。我国的低碳农业法执行机构应该被要求在网站上公开我国低碳农业的发展情况以及执行机构的执法情况，在网上公开注册的绿色农场和低碳农业企业的信息，以便于公众查询和监督。低碳农业信息公开的法律规定有利于加强公众对绿色农业从业人员的监督，有利于赢得整个社会对低碳农业的支持，提高民众对环境友好型农业的认识，从根本上有利于低碳农业法的顺利实施。

7. 中央与地方相协调原则

我国的低碳农业法在设置上要向美国的《清洁空气法案》学习，积极发挥中央与地方的协调配合，以确保法律真正能执行下去。鉴于各地的情况有所不同，地方政府需要依照中央低碳农业法的精神和要求，结合地方特点颁布地方性的法规和政策来推动当地的低碳农业发展。同时，地方的低碳农业执行和管理机构也应该按照中央法规的要求制定适合当地农业发展要求的农业减排计划。

（三）法律要素

1. 法律主体、客体和管理执行机构

低碳农业法的法律主体是指参与农业生产活动，享受权利并承担相应义务和法律责任的组织和个人，包括农民、农产品生产企业、农药和化肥生产企业以及农业工具生产企业等与农业生产活动密切相关的企业和个人。法律客体是法律主体之间权利义务所指向的对象，在低碳农业法的语境下指的是低碳农业本身，具体包含土壤、农作物和温室气体排放等要素。

在中国，低碳农业的管理机构可以设置为农业部，或是在农业部下属建立的专门性的低碳农业管理机构。低碳农业法的执行机构是法律的实施机构，负责保证法律的顺利执行。在执行机构的设置上，我国可以向欧美等国学习，在中央和地方都设置法律执行机构。中央的执行机构可以仍然设置为农业部或是农业部下属的专门性机构，在地方层面上，可以设置专门的法律执行机构来确保该地区的低碳农业法规能被严格执行，地方的执行机构需要向地方政府和中央的管理、执行机构及时汇报该地区的绿色农业发展情况以及是否有任何违反法规的行为，同时所有的信息也应该在网络上公开，以方便公众查询和监督。

2. 低碳农业的化肥使用

低碳农业法需要从农业生产的多个源头来减少碳排放和鼓励生态农业的管理方式。鉴于化肥是农业碳排放的主要来源之一，在我国的低碳农业立法中应该设立专门条款来禁止化学肥料的过量使用，鼓励使用缓慢释放的天然的肥料，特别是以动物粪便为主的生态固氮肥料，法规应该明确要求农业从业人员采用科学的施肥方法来减少不必要的碳排放。为了加强对我国化肥市场的管理，低碳农业法应该规定所有在国内使用的化肥都要首先在低碳农业管理部门注册，只有通过业内审核达到标准的化肥才能被注册和使用，凡是使用未被注册化肥的农业从事者或是销售未被注册化肥的企业都将被追究法律责任。鉴于有机肥料和生态肥料的成本更高，低碳农业法应该对使用绿色农业肥料的农民给予化肥补偿，同时地方政府需要加强对低碳肥料的宣传和知识普及，使农民掌握低碳肥料的使用方法以及如何科学施肥才能“以最小的投资，换来高的经济回报”。

3. 低碳农业的农药使用

农药是另外一个农业碳排放的来源，中国农村普遍存在过量使用农药的问题，给农业生态环境和大气带来严重污染，规范农业的农药使用、减少农药引起的碳排放是我国低碳农业立法中另一个亟待解决的问题。美国的《联邦杀虫剂、杀菌剂和杀鼠剂法案》为我国低碳农业法关于农药的相关立法提供了许多好的经验。首先我国也应建立起一套农药登记体系，由农业部或是农业部下属的专门机构负责，所有市面上出售的农药都要首先在相关部门登记，只有低碳排放、对环境不会造成污染隐患和产品安全的农药才能获得批准，才能在市场上出售、流通和使用，对于任何生产、出售和使用未被登记批准销售的农药的企业和个人，低碳农业法都要追究相关的法律责任并实施相应的惩罚措施。

除此之外，法规还应鼓励农民采用低排放的农药，倡导使用利于植物生长和抵抗虫害的有益生物，通过科学的耕作方式来提高土壤地力，积极培育抗虫害能力高的农作物。考虑到采用低排放农药和生态农业的耕作方式会增加农民的成本，与农药使用的相关法规一样，政府应给予农民低碳农药财政补助，并且要求地方政府加大对农药科普知识的宣传，指导农民科学使用农药。

4. 低碳农业的能源使用

实证研究和文献回顾表明农业工具使用是另一个主要的直接碳排放来源，我国需要在立法中加以规范来减少因农具的能源使用而引起的碳排放。为了促进农业从以传统的化石资源为基础转换为以可再生能源为基础，低碳农业法应该积极鼓励农业从事者使用以清洁能源和可再生能源为动力的农具和交通工具，促进薪材节柴灶，沼气和太阳能等新能源农业设施和工具的推广。在财政上，政府应该对采用低碳排放农具和设施的农民进行财政补助，对使用新能源和清洁能源的农业从事者实行税收减免政策，来弥补他们因为使用低排放农具而增加的生产成本。

考虑到目前大多数农民还缺乏节能的意识，法规应该要求各级地方政府加强宣传力度，来提高农民的认识和知识，使他们知道在农业生产中使用可持续能源的必要性和好处，公共服务机构应当向农民传播有关信息和技术，培训他们如何使用以清洁能源、可再生能源为动力的农业机械。低碳农业法还应提供方便农民自愿参加碳排放权交易市场的平台，鼓励他们通过节能减排获得碳排放信用额在碳交易市场获取经济回报。

5. 加强土壤碳汇效应的法律措施

在低碳减排上，农业与其他行业的最大不同就是，发展低碳农业不但可以减少农业生产本身引起的碳排放，而且有效的农业管理方法还可以使农业变成碳汇来帮助吸收大气中的碳排放①，这样低碳农业就成为人类应对气候变化的一个有效解决途径。要加强农业的碳汇效应，法律上要明确规定农业从事者对土壤这一天然碳汇（natural carbon sink）进行科学耕种，来提高土壤的碳固存能力，倡导使用有机农业的农田耕作方式（organic farming）包括免耕耕种（no－till farming）、残压覆盖（residue mulching）、覆盖耕种（cover cropping）和轮耕（crop rotation）等方式。

在具体的法律规定上，一方面，我国政府有责任加强农业碳汇和碳固存效应知识的宣传和培训，使农民意识到科学的农耕方式不但可以增加农田的碳吸收能力，还可以增加土壤地力、提高农作物产量、防止土壤沙化，是一个既有环保效益又有经济效益的双赢运作模式。另一方面，低碳农业法要明确规定对于采用有机农业耕作方式的农民给予财政补贴和税收减免，对于非法侵占农田、对农田进行掠夺式耕种的个人和组织要追究法律责任并进行严厉处罚。同时，低碳农业法要明确规定政府农业财政收入的一部分要作为碳汇基金投入到低碳农业的碳汇项目中，并且通过清洁发展机制项目等碳金融手段吸引私营部门的投资，加大对绿色农业的资金和技术投入，提高农田的碳固存能力。

五　结语

2013 年 6 月联合国粮农组织（FAO）和经合组织（OECD）联合发布的《经合组织—粮农组织 2013—2022 年农业展望集锦》报告指出："在经济快速增长和资源有限的制约下，中国的粮食供应是一项艰巨的任务。"②这再次提醒我们，中国的粮食安全隐患仍然是我国面临的一个严重问题，不断恶化的农业生态环境更是加重了我国的粮食安全危机。如何一方面完成"养活中国"这一关系国计民生的艰巨任务，又同时减少农业这一高排放产业的碳排放量，无疑成为一个难题，而作为兼顾农业发展和应对气候变化减排要求的低碳农业发展模式则提供了最好的答案。

中国农业的碳排放快速增长的事实，表明中国走低碳化的农业发展道路已

① 李艳芳：《论中国应对气候变化法律体系的建立》，《中国政法大学学报》2010 年第 6 期。
② 《经济合作与发展组织和联合国粮食及农业组织报告》（2013 年）。

经刻不容缓。虽然低碳农业是适应我国农业生产需要和保护我国农村生态环境的最佳发展道路，但是低碳农业在我国的发展还相对滞后，其中一个重要的原因就是我国缺乏支撑低碳农业发展的法制基础。鉴于我国当前低碳农业发展所面临的无法可依的被动局面，本文在借鉴澳大利亚、德国和美国的低碳农业立法经验的基础上，对我国如何构建专门的低碳农业法进行了初步探讨，对我国低碳农业立法的基本原则和法律要素进行了初步设想，希望能对我国的低碳农业立法提供有益建议。

不公平定价反垄断规制的核心问题

——以高通案为视角

苏　华[①]

支配企业的不公平定价是剥削型滥用行为的主要表现形式，被多数国家反垄断法明确禁止，美国等少数国家是不公平定价反垄断规制的例外。本文以高通反垄断调查为视角，总结剥削型与排他型滥用行为的分类与意义，梳理不公平定价的评估方案，包括：资本收益率分析法、销售利润率分析法、价格比较法、综合评估法，评析对单独的不公平定价行为启动反垄断规制的必要性与考量因素。在此基础上，本文批驳了对不公平定价持宽容态度观点的片面性与局限性。

一　高通涉嫌滥用市场支配地位行为及法律责任

国家发改委高通反垄断调查始于2013年11月。高通案是支配企业涉嫌滥用知识产权，通过价格手段剥削客户和消费者，排斥竞争、加强支配地位、实现高价的典型，涉嫌违反我国《反垄断法》第17条第1款第1项、第3项、第5项，以及第55条。

表1　　**高通涉嫌违法行为的主要表现、定性与分类**

	主要表现	定性	分类
1	以整机作为专利许可费计价基础收取高费率	不公平高价	剥削型滥用
2	要求免费反许可	不公平低价	剥削型滥用
3	对过期专利收费	不公平高价	剥削型滥用
4	将标准必要专利与非标准必要专利捆绑许可	捆绑	排他型滥用
5	将芯片销售与专利许可相捆绑	捆绑	排他型滥用
6	拒绝对芯片生产商许可专利	拒绝交易	排他型滥用

① 中国社会科学院法学研究所博士后，中国社会科学院美国研究所副研究员。

根据《反垄断法》第17条，如果发改委证明高通涉嫌实施滥用支配地位行为，高通应承担举证责任以证明其行为具有公平性和正当理由，没有排除、限制相关市场的竞争。如果高通不能完成上述举证责任，发改委将有法律和事实依据认定高通行为构成滥用，并依据《反垄断法》第46条进行处罚，包括责令停止违法行为，没收违法所得，并处罚款。

二 滥用行为的分类与规制不公平定价的法律依据

（一）剥削型与排他型滥用行为：分类与意义

支配企业的滥用行为可大致分为剥削型和排他型两类。剥削型滥用是指支配企业尽可能提高销售价格或压低购买价格，榨取客户或消费者，包括不公平定价与歧视定价，不公平定价可进一步分为不公平高价和不公平低价。排他型滥用是指支配企业为排斥竞争，实施歧视定价、掠夺定价、折扣、排他交易、拒绝交易、搭售与捆绑等。

需要澄清的是，两类行为在个案中经常同时出现，剥削型滥用是排他型滥用的目的，排他型滥用是剥削型滥用的手段。比如，高通涉嫌收取不公平高价许可费是一系列剥削与排他行为共同作用的结果。此外，同一种行为在个案中可能同时或分别显示出剥削性和排他性，比如歧视定价。因此，滥用行为的分类并非泾渭分明。分类有助于建立分析框架，但僵化分类对深入评估可能造成障碍。

（二）不公平定价反垄断规制的可行性与必要性

各国反垄断执法经验显示，由于涉及竞争性价格水平的认定，规制不公平定价具有相当高的难度和不确定性。如果排他行为是导致不公平定价的原因，规制排他行为能够成为矫正不公平定价的有效途径。这是不公平定价案例相对较少的客观原因。有必要指出的是，有评论者将不公平定价案例数量相对较少这一事实，作为反垄断法不宜规制不公平定价的论据之一，是前提为真但结论为假的无效论证，缺乏解释力和说服力。①

市场失灵决定了不公平定价反垄断规制的可行性与必要性，本文第四部分将进一步论述。有必要强调的是，规制不公平定价的难度不应被不当夸大，需

① ［美］大卫·埃文斯、张艳华、张昕竹：《反垄断法规制不公平定价的国际经验与启示》，《中国物价》2014年第5期。

要根据个案情形加以判断，不公平定价的反垄断规制并非不可完成的任务。如在英国纳普（Napp）制药公司案中，英国公平交易办公室（OFT）采用了价格比较法，通过比较 Napp 在不同地域、不同时间、对不同客户的定价，以及竞争者的价格水平，OFT 发现所有比较结果均显示出显著差距。OFT 同时采用销售利润率分析法，发现 Napp 销售利润非常高。在定性过程中，OFT 并未遇到任何实质性分析困境，本案因此堪称“I know when I see it”（一目了然），是不公平定价的代表性案例。[①]本文第三部分将进一步梳理价格比较法和销售利润率分析法。

此外，单独的不公平定价案例（未伴有明显的排他行为）存在于各国实践中，特别是涉及公用事业和国有企业定价行为的案例。如在德国燃气价格案中，德国联邦卡特尔局对 35 家天然气供应商展开调查，认定其中 30 家供应商构成过高定价。该案于 2008 年以供应商提交承诺促进竞争，并向消费者支付 4.44 亿欧元赔偿结案。[②]

（三）我国《反垄断法》规制不公平定价不以排他型滥用为前提

我国《反垄断法》以保护市场公平竞争，维护消费者利益和社会公共利益为主要立法目的，未明确区分剥削型与排他型滥用，第 17 条明确禁止支配企业以不公平的高价销售商品或以不公平的低价购买商品。因此，根据我国《反垄断法》，不公平定价的规制不以支配企业实施排他型滥用行为为前提。

有评论者主张，“中国……适宜采用当下的国际共识，即尽可能少地提起不公平定价诉讼，如果受理此类案件，则涉及知识产权的应与排他的竞争策略有关”。结合其前后论据，换句话说，该评论者主张，反垄断法不应规制支配企业的知识产权费率，费率无论有多高均是对创新的奖励，除非该企业同时实施排他型滥用行为。[③]该论调基于美国实践，对我国《反垄断法》进行限缩解释，曲解立法原意，缺乏合法性。同时，该论调与制衡标准必要专利持有人的 FRAND 原则所要求的公平、合理、无歧视精神相违背，使 FRAND 费率的反垄断规制陷入尴尬之境。

前述评论者曲解我国《反垄断法》，如果以其观点为高通辩护，结果只能

① OFT Case CA98/2/2001, Napp Pharmaceutical Holdings Ltd, 30 March 2001; Napp Pharmaceuticals Holdings Limited and Subsidiaries v. Director General of Fair Trading, [2002] CAT 1.

② See “The German Household Gas Case”, in OECD, *Policy Roundtables: Excessive Prices*, 2011, pp. 101 – 103.

③ ［美］大卫·埃文斯、张艳华、张昕竹：《反垄断法规制不公平定价的国际经验与启示》，《中国物价》2014 年第 5 期。

是弄巧成拙。由于高通涉嫌一系列剥削与排他型滥用行为，即使对《反垄断法》进行限缩解释，高通的不公平定价行为一旦被认定也应当依法受到规制。

三 不公平定价的评估方法

规制不公平定价的前提是评估支配企业的定价是否过高或过低，以至严重偏离竞争性价格而显失公平，最终导致消费者福利损失。在个案中认定某一价格是否不公平的过高或过低并非易事。根据发改委《反价格垄断规定》，认定“不公平的高价”和“不公平的低价”应当考虑的因素包括：销售价格或者购买价格是否明显高于或者低于其他经营者销售或者购买同种商品的价格；在成本基本稳定的情况下，是否超过正常幅度提高销售价格或者降低购买价格；销售商品的提价幅度是否明显高于成本增长幅度，或者购买商品的降价幅度是否明显高于交易相对人成本降低幅度；以及其他需要考虑的相关因素。简言之，《反价格垄断规定》明确列出了价格比较法和销售利润率分析法，同时为采用其他评估方法留下空间。

个案实际情形是选择评估方法的最重要因素。在执法机构能够借助的一系列理论与方法中，差异主要体现在评估对象、评估标准，以及评估所依据的信息。在经合组织 2011 年政策圆桌报告《过高定价》中，研究人员基于各国执法中经济分析方法的应用，根据精确度与可靠性提出了三个可选方案，依次包括：资本收益率分析法、销售利润率分析法、价格比较法。[①]

（一）资本收益率分析法

不公平定价通常意味着畸高的资本收益率。资本收益率分析法考察“资本成本”和“资本收益”的关系，通过分析支配企业的资本收益率，以确定其是否获得显著高于竞争性市场所预期的正常收益率。如果在个案中可行，资本收益率分析法目前被认为是评估不公平高价的最优选择。

从会计的角度，资本收益率的评估依据是已动用资本收益率（ROCE）。该指标考察公司息税前利润（EBIT）与既定期间已动用资本的比值，旨在根据加权平均资本成本（WACC）确定正常的资本收益率。

从财务的角度，资本收益率关注的是净现值（NPV）与内部收益率（IRR）。与已动用资本收益率不同，内部收益率考察期间开始与结束时的现金流数据，同时估算已动用资本的价值。研究显示，内部收益率作为资本收益率

① OECD，Policy Roundtables：Excessive Prices，2011，pp. 62 - 71.

的评估指标被公司广泛采用。①

进行资本收益率分析需要注意三个问题。第一，以会计收益率作为资本收益率的替代性指标可能具有误导性，因为会计收益率可能有别于资本收益率。第二，执法机构需要评估支配企业一段时间内的收益率，而非企业整个生命周期收益率，这一实践更为复杂，因而也更容易出错。第三，确定资产价值是困难的，确定无形资产的估价更富挑战性。

资本收益率分析法的难度还体现在四个方面。第一，不同的折旧法对会计收益率产生明显影响。第二，对于多产品公司，如果业务运营涉及多部门，成本与资产在各部门间的适当分配颇具难度。第三，跨国公司的财务状况受转移定价的影响。第四，风险因素受制于投资者的评估，在不同时间段可能显著变化。但是，尽管存在各种技术性困难，上述模型已被许多反垄断执法机构在个案中成功运用。比如，英国 OFT 在 Napp 案成功采用了资本收益率分析法。

（二）销售利润率分析法

在个案中，如果资本收益率分析缺乏可操作性，销售利润率分析法可作为一个次优方案。销售利润率分析法又称价格—成本比较法，或成本加合理利润比较法，它关注价格与成本的差额，通过考察产品价格减去成本之后与价格的比值（即，p－c/p）衡量销售利润率。销售利润率分析法的原始依据是，在完全竞争条件下，价格等于边际成本，偏离边际成本的价格是市场力量的直接信号。当然，完全竞争仅是一种假设的理想状态。

销售利润率分析法的关键是确定产品的成本结构，这一貌似简单的分析框架实践起来却难以一蹴而就。个案分析中可能涉及的成本概念包括：边际成本（MC）、平均总成本（ATC）、平均可变成本（AVC）、平均固定成本（AFC）、短期平均成本（SRAC）、长期平均成本（LRAC）、长期平均增量成本（LRAIC）、长期平均可避免成本（LRAAC）等。恰当确定产品成本结构首先需要根据个案情形，在前述成本概念中作出取舍。

有评论者指出，销售利润率分析法对于创新密集型行业是无效的，该测试对于知识产权产品没有经济意义，因为边际成本相对于产品价值非常低，进而主张反垄断法不宜规制知识产权的高定价。②该主张构成了一个无效论证。以

---

① OFT, Assessing Profitability in Competition Policy Analysis, *Economic Discussion Paper* 6, prepared by OXERA, 2003.

② ［美］大卫·埃文斯、张艳华、张昕竹：《反垄断法规制不公平定价的国际经验与启示》，《中国物价》2014 年第 5 期。

高通案为例，第一，执法机构不会仅仅根据高通专利与芯片产品边际成本低，就直接认定高通行为构成不公平定价。第二，根据高通案具体情形，执法机构能够判断前述各成本概念是否有助于定性，进而判断该案是否有必要采用销售利润率分析法。第三，如本节所述，销售利润率分析法并非不公平定价的唯一评估方法。即使该方法对于高科技行业缺乏可操作性，也不能直接推出反垄断法不宜规制知识产权高定价的结论。

（三）价格比较法

价格比较法是评估不公平定价的第三个可选方案，主要包括地域价格比较、历史价格比较、竞争者价格比较三种类型。

表 2　　价格比较法：类型与若干案例①

类型	案例
地域价格比较 （关注企业在不同地域市场上的价格、成本或利润率水平）	欧盟 United Brands 案、欧盟 Helsingborg 港口案、德国燃气价格案、瑞士移动网络接入费率案、英国 Napp 案、阿尔巴尼亚移动电话费率案
历史价格比较 （关注支配企业不同时期的价格、成本或利润率水平）	欧盟 United Brands 案、欧盟 British Leyland 案、德国燃气价格案、捷克有线电视案、英国 Napp 案
竞争者价格比较 （关注支配企业竞争者价格、成本或利润率水平）	欧盟 United Brands 案、英国 Napp 案

三种比较类型各有优缺点以及需要特别注意的因素。比如，地域价格比较要求相比较的地域市场具有足够的可比性，否则直接的价格比较可能缺乏任何实际意义。竞争者价格比较则要求考量支配企业与所比较企业的成本，以及支配企业所处的特定市场环境，否则直接的价格比较有可能得出误导性结论。比如，个案中的较高价格可能并不表示该定价构成了不公平高价，而可能意味着较低价格构成了掠夺定价。

此外，笔者认为，可以将客户价格比较作为价格比较法的第四种类型。支配企业对不同客户设置不同的价格，在一定条件下有可能被认定为剥削型或排他型歧视定价。但是，客户价格差别有时能够辅助不公平定价的认定，因而在不公平定价案件中不应被忽视。比如，在英国 Napp 案中，Napp 公司对其缓释吗啡产品在销往大型医院渠道时实施排他低价，销往社区药店渠道时实施剥削

① 表 2 引证案例分别转引自 OECD, Excessive Prices, pp. 98 – 100, 95 – 97, 101 – 103, 279 – 280, 31, 177, 287, 104 – 105, 71, 216 – 219.

高价，客户价格差别成为 OFT 认定 Napp 实施过高定价的一个重要因素。OFT 同时认定 Napp 对大型医院渠道的排他低价违法，但未使用“掠夺定价”这一概念，推定 Napp 产品定价未低于成本。尽管 OFT 决定书中未最后定性，但 Napp 实施的客户差别定价有可能单独构成剥削型歧视定价。

Napp 案进一步说明，剥削型滥用和排他型滥用的界限并非泾渭分明。就价格行为而言，形式上不同的定价行为能够相互辅助；形式上相同的定价行为从不同角度观察可能分别构成剥削型或排他型滥用。因此，应避免僵化分类对深入评估造成障碍。除表 1 列出的主要涉嫌违法行为，高通还涉及对不同客户的歧视定价。该行为是否能够支持不公平高价的认定，是否有必要被单独认定为歧视定价均是值得思考的问题。

（四）综合评估法

寻求评估不公平定价的普适方法显然是困难的。资本收益率分析法、销售利润率分析法、价格比较法三种方案彼此独立。在个案中，依赖一种方案可能难以保证评估结果足够可靠，如果数据可获得，同时采用一种以上方案，相互验证评估结果能够提高可靠性。因此，根据个案情形同时采用多种可选方案的综合评估法是明智的。

比如，瑞士竞争委员会在 2007 年移动网络接入费率案中，通过整合多种方法分析评估瑞士电讯公司（Swisscom）的价格、利润和成本，最终认为所有证据充分证明瑞士电讯实施了过高定价。[①]在英国 Napp 案中，公平贸易办公室通过运用“优势证据法”分析得出可接受的利润率。[②]

四　应对单独的不公平定价行为：何时启动反垄断规制?

高通同时涉嫌剥削型和排他型滥用行为，应根据我国《反垄断法》进行合法性评估与规制。但是，对于单独的不公平定价案件，即，支配企业实施过高或过低定价但未伴有明显的排他行为，反垄断法的作用不应被忽视。特别是，我国现阶段全面深化市场经济改革，不公平定价的反垄断规制具有显著的现实意义和必要性。本节对此略作展开。

---

① Switzerland Competition Commission, Terminierung Mobilfunk, LPC 2007/2, pp. 241 – 399.

② OFT Case CA98/2/2001, Napp Pharmaceutical Holdings Ltd, 30 March 2001; Napp Pharmaceuticals Holdings Limited and Subsidiaries v. Director General of Fair Trading, ［2002］ CAT 1.

对单独的不公平定价案件是否有必要启动反垄断规制，大致能分出两个阵营。以美国为代表的极少数国家可以称为“自由放任派”。此派主张反垄断法不应干预支配企业单独的高定价行为，干预有可能打击动态效率，而高价吸引市场进入，因此市场能够自我矫正，所以反垄断法应仅仅关注支配企业的排他行为。

与自由放任派形成对比的是以欧盟为代表的“规制派”，包括欧盟所有成员国，也包括许多非欧盟国家和地区，如：印度、俄罗斯、南非，以及我国台湾地区。规制派认为不公平定价导致消费者福利损失，特别是，在一定条件下市场失灵，丧失自我矫正能力，因此反垄断法有必要规制支配企业的定价行为，而支配企业同时实施排他行为并非认定不公平定价的前提。

尽管在立法与法理上基本形成共识，规制派认识到不公平定价案件的复杂性，主张审慎执法，基于经济学和法学文献，总结出启动规制的若干考量因素。下述考量因素实质提高了启动规制的门槛，并非各国法律的强制性规定，但逐步被执法机关参照，用以评估对不公平定价启动反垄断规制是否必要，以及是否与执法重点相一致，因而对我国有一定的借鉴意义。

（一）相关市场存在非暂时性高进入障碍

相关市场存在非暂时性高进入障碍是最为重要的考虑因素。进入障碍可以理解为相对于在位企业，意欲进入相关市场的企业所必须承担的额外成本，包括：管制障碍、规模经济、必要资本量及沉没成本、在位企业的排他策略等。当相关市场存在非暂时性高进入障碍时，比如，当管制障碍导致市场竞争匮乏，竞争压力无法在可预期的时间内矫正支配企业的不公平定价，反垄断执法机构也无法通过规制在位企业的排他行为有效矫正其定价行为。此时，执法机关即有必要关注和规制支配企业的不公平定价行为。市场进入障碍越高，持续时间越长，反垄断执法的必要性就越显著。

（二）经营者基于排他权或特殊权利取得超级支配地位

第二个考量因素是经营者是否基于排他权或特殊权利取得超级支配地位或近乎垄断地位。支配企业的市场力量越大，市场在可预期的时间内自我矫正的能力就越弱。如果超级支配地位是基于既往或现有法定排他权或特殊权利而取得，如：市场化改革中的国有企业或行政性垄断企业，反垄断法应特别关注该等企业的不公平定价行为。

（三）相关市场缺乏行业监管机构或行业监管失灵

当相关市场缺乏行业监管机构或行业监管失灵时，反垄断法有可能成为最后的救济措施，因而有必要规制企业的不公平定价行为。行业监管失灵既可能表现为监管者由于被“俘获”而不作为，也可能表现为监管者的授权职责未包括价格规制。

五　对不公平定价持宽容态度的片面性与局限性

根据经合组织2011年政策圆桌报告《过高定价》，在提交答复的15个经合组织成员国、欧盟以及8个观察员国家与地区中，仅有美国、澳大利亚、墨西哥、印尼4国不直接通过反垄断法规制单独的过高定价行为，是“例外”而非“惯例”。这种例外有其历史、经济和政治原因。前述各国一方面通过开放市场、促进竞争确保价格合理，另一方面以其他手段规制高价，并非对不公平高价放任自流。

有关不公平高价的争论在世界范围内仍在继续。但将“个别国家例外论”标榜成反垄断规制的“国际共识”，是对经合组织《过高定价》报告的仓促概括。①而为不公平高价行为披上效率与创新的炫目外衣，纯属断章取义、误导公众。值得注意的是，个别国家官方、企业及其顾问近年来大力呼吁：反垄断法不是价格管制的恰当工具，自由定价权是企业经营自主权的核心；以反垄断法干涉高定价、高利润，企业创新与投资动力均有可能被严重挫伤。

主张审慎、稳健的反垄断执法有理有据，是现代反垄断制度的必然要求，但没有理由武断地将定价行为的反垄断规制简单等同于价格管制。价格管制通常由行业监管者对受监管行业的价格进行事前规制，与反价格垄断执法的事后规制措施具有实质区别。而且，定价行为的反垄断规制并不要求执法机构必须明确设定具体费率。比如，在IDC案中，发改委未直接干预许可费率，通过限制IDC滥用禁令救济而保护善意被许可人，为消除该案涉嫌垄断行为的后果提供了有效救济。②

此外，规制不公平高价可能挫败创新与投资的观点不应被夸大，该观点并不能正当化任何企业所有的定价策略。正如高通案所展示的，对于支配企业制定的高价或区别定价，客户往往因为别无选择而不得不承受，客户与竞争者的创新与投资动力均备受打击。在支配企业及其客户和竞争者之间厚此薄彼的反垄断执法缺乏合理性与正当性。因此，反垄断执法机构对支配企业限制竞争、

① ［美］大卫·埃文斯、张艳华、张昕竹：《反垄断法规制不公平定价的国际经验与启示》，《中国物价》2014年第5期。

② 《国家发展改革委对美国IDC公司涉嫌价格垄断案中止调查》（2014年5月22日）。

攫取最大利润、损害消费者福利的不公平定价行为需要保持警惕，根据个案具体情形及中国市场竞争条件，批判借鉴他国经验，做到有理有利有节，切实维护市场公平竞争。

六 结语

高通专利许可模式并非基于与被许可人的公平谈判，而是滥用市场支配力量的结果，剥削下游厂商和消费者，排斥竞争，显著缺乏公平性和正当理由，涉嫌违反《反垄断法》，也违背高通作为标准必要专利持有人必须遵守的FRAND承诺。高通的专利许可模式实质损害中国市场竞争和消费者福利，阻碍创新，不符合包容性发展和全球技术发展大趋势。不公平高价许可费、苛刻的许可条件加捆绑，最终会将专利保护推进死胡同。因此，高通的专利许可模式需要改变。比如，判断合理许可费有若干方法与考量因素，高通有可能根据“最小销售单元”原则，以其标准必要专利覆盖的基带芯片组为基础计费。

以美国公司为代表的技术密集型跨国企业依靠其产业引领和技术优势，惯常以知识产权保护之名，行知识产权滥用之实。一方面强推高标准的知识产权保护，另一方面设置知识产权网络，攫取畸高许可费，通过搭售、捆绑、恶意诉讼等手段，打击竞争，剥削消费者。我国是技术输入大国，高通案说明知识产权滥用行为应引起政府和企业的高度重视，知识产权滥用的反垄断规制将成为执法的重要内容。

世界贸易组织中国稀土争端案败诉原因解析

——以自然资源出口关税的例外性为视角

马　乐[1]

摘　要　中国就美国、日本、欧盟提出的对稀土、钨、钼出口征收关税与中国入世承诺不符的主张提出抗辩，认为出口关税措施是为了保护人类、动植物生命或健康的必要措施，符合 GATT 第 20 条 b 项规定。对此，专家组除认可该案争议产品的开采与生产会对环境造成损害外，从出口关税的设计与结构、对目标实现的贡献、是否存在替代性措施以及是否符合 GATT 第 20 条序言等方面进行审查，裁定中国的抗辩无法成立。GATT 第 20 条作为成员违反 WTO 规则义务的例外具有严格的适用条件，中国未能提出有力证据。

关键词　出口关税　例外　必要性

2014 年 3 月 26 日，世界贸易组织（WTO）争端解决机构（DSB）发布专家组报告，裁定中国对于稀土、钨、钼的出口限制措施（包括出口关税、出口配额以及出口配额的管理与分配措施）不符合《中国加入议定书》及《中国加入工作组报告》中的承诺，且中国适用 GATT 第 20 条一般例外规定的抗辩不能成立[2]。由此，中国继 2011 年原材料出口限制措施案后又一次在自然资源出口限制措施方面被裁违反 WTO 规则[3]。

---

① 华东政法大学博士后。

② See Panel Report, China-Measures related to the Exportation of Rare Earths, Tungsten, and Molybdenum, WT/DS431/R.

③ See Appellate Body Report, China-Measures Related to the Exportation of Various raw Materials, WT/DS394/AB/R, WT/DS395/AB/R, WT/DS398/AB/R, p. 145.

一　问题缘起

就出口关税问题，申诉方（美国、欧盟、日本）认为中国的相关措施违反《中国加入议定书》第一部分第 11.3 条规定的义务。这些措施包括：《中华人民共和国关税法》、《中华人民共和国进出口关税条例》、《2012 年关税实施方案的第 27 号通知》、《与 2012 年关税实施方案有关的第 79 号通知》。对此，中国提出抗辩，认为出口关税措施按照 GATT 第 20 条 b 项的规定具有正当性，即征收出口关税是为了保护人类、动植物生命健康的必要措施。专家组首先对 GATT 第 20 条 b 项的涵义进行了解释。然后，专家组对出口关税措施从：争议产品的开采和生产产生的损害；出口关税的设计与结构；是否存在对目的实现的重大贡献；是否存在替代性措施四个方面对措施的必要性进行了审查。最后，专家组对争议措施与 GATT 第 20 条序言的相符性进行审查并作出结论。对于中国援引 GATT 第 20 条 b 项的抗辩，专家组内部出现不同意见。虽然有一名专家组成员从《中国加入议定书》与 GATT1994 的关系角度认定中国可以适用 GATT 第 20 条 b 项这一例外证明违反议定书义务的正当性。但最终专家组的意见是，中国关于对稀土、钨、钼征收出口关税不适用 GATT 第 20 条 b 项，亦即中国的抗辩不成立[①]。

二　GATT 第 20 条 b 项的涵义解释

专家组首先明确应当由中国举证证明被诉措施是为了保护人类、动植物生命或健康必要的，并且被诉措施符合第 20 条序言规定。

专家组会审查措施的“设计”和“结构”以确定其目的是保护人类、动植物生命或健康。如果专家组认定措施目的是保护人类、动植物生命或健康，接下来的问题是该措施是否必要。在“巴西翻新轮胎案”中，上诉机构解释了认定必要性时专家组应考虑的因素：被危及的利益或价值的重要性；有助于实现措施目的的程度；对贸易的限制[②]。上诉机构认为在所追求的目的和措施之间存在真正的结果和手段关系时，一项措施才易于（apt to）有助于实现其目的，并解释如果一项措施易于产生实现目的的重大贡献

① See Panel Report, China - Measures related to the Exportation of Rare Earths, Tungsten, and Molybdenum, WT/DS431/R, para. 7. 9. 3.

② See Appellate Body Report, Brazil - Retreaded Tyres, WT/DS332/AB/R, para 178.

(material contribution)，其才是必要的。对此，上诉机构报告在“巴西翻新轮胎案”中区分了两类措施：第一类是为实现目的带来重大贡献的措施；第二类为对所追求的目的“易于产生”（apt to produce）重大贡献的措施。在“中国出版物与视听产品案”中，上诉机构再次强调，“一项措施对所追求目的的贡献程度越大，其被认定为必要的可能性就越大”。上诉机构也认可，即便措施的贡献并非立即显现，一项措施也仍然可能被认定为“必要”。上诉机构已经注意到“某种复杂的公共健康或环境问题只有通过一套包含多种相互作用措施的综合政策才可能被解决”。针对这些复杂的问题，上诉机构留下了开放的可能性，一项“必要的”措施可以有助于第20条b项下其中一个被保护目的作为包含可能产生协同效应的不同的措施的一套政策框架的一部分。上诉机构在“巴西翻新轮胎案”中确认“短期内，将一项特定措施对公共健康或环境目的的贡献与那些归因于作为同一套综合政策一部分的其他措施的贡献区分开来可能很困难”。上诉机构解释，措施的贡献可通过定量和/或定性证明。

这样的证明当然能够通过借助于以往或当前的证据或数据说明，从而证实争议的进口禁令对保护所追求的公共健康或环境目标有重大贡献。但是，这并非唯一的证实这种贡献的证明类型。一项证明可能包括未来的定量预测，或者建立在一套被充分证据验证和支持的假设基础上的定性推理。

如果上述分析推出一个该措施必要的初步结论，下一步就是将被诉措施与申请方所提出的可能替代措施进行比较。“美国赌博案”和“巴西翻新轮胎案”确立了在检验一项合理可行（reasonably available）的替代措施是否存在时举证责任如何分配的方法。一开始，由申请方举证证明存在被申请方可能采用的替代争议措施的措施；然后由被申请方证明，考虑到所追求的利益或价值以及被申请方预期的保护程度，申请方建议的措施并非真正的替代性措施或者并非合理可行。正如上诉机构近期所确认的，在确认TBT第2.2条中的必要性要求时，如果被诉措施对实现声称的目的不产生贡献，就不需要比较被诉措施与可能的替代措施。

最后，证明一项措施根据第20条b项是正当的，该措施必须符合第20条序言规定。序言要求，在同等条件适用的国家间，该措施的实施方式不构成武断的或不公正的歧视，或者“对国际贸易造成变相限制”。关于第一项要求，序言不仅涵盖最惠国待遇原则，也包含国民待遇原则。专家组获悉中国对此无异议。

三 争议措施的必要性

（一）由争议产品开采或生产引起的损害

中国宣称稀土、钨、钼的开采和生产对环境造成严重损害并因此对中国的人类、动植物健康造成严重损害。欧盟和美国对于争议产品开采和生产对损害环境无异议；日本在这一点上尊重专家组意见。

专家组对中国提供的证据进行了审查。首先是稀土，然后是钨和钼。中国引用了 2011 年欧洲议会的绿色脂肪酸组研究和 2012 年美国环保局的研究说明稀土生产对水、空气、土壤等造成的环境损害以及由此造成的对人类、动植物健康造成的损害（涉及的具体工艺及专业知识在此略过，可参见报告第 75 页）。中国提出正是稀土生产对人类、动植物生命或健康造成的损害以及控制这种风险的高额成本成为国外停止稀土生产的主要原因。中国举例美国帕斯山稀土矿 2002 年关停以说明上述事实。对于钨与钼，中国引用了大量中国的采矿研究说明这两种资源的生产产生严重的环境风险。

根据上述证据，专家组认为中国已经证实稀土、钨、钼的开采和生产已经对环境及人类、动植物生命或健康造成严重损害。但是，这并不足以（not suffice to）说明出口关税是为保护人类、动植物生命或健康所必要①。要回答这个问题，专家组还必须考虑中国关于出口关税具体论证和证据，看其是否易于对他们所宣称的目的产生重大贡献，并看是否有对中国而言可行的替代措施。

（二）出口关税的设计和结构

对此，中国主张其对稀土、钨、钼产品的出口关税是一整套为了减少污染，保护人类及动植物生命或健康的综合政策的组成部分。该政策还包括这些原料在加工过程中的环境要求，符合“稀土工业污染物排放标准”的要求，矿产停止作业后恢复生态的保证金要求，以及矿产公司就采矿支付的资源税②。专家组认为，中国仅仅宣称出口关税构成“环境保护综合政策”的一部

① See Panel Report, China - Measures related to the Exportation of Rare Earths, Tungsten, and Molybdenum, WT/DS431/R, pp. 75 - 76.

② See China's Substantive Defence of its Export Duties on Rare Earths, Tungsten and Molybdenum, para. 22.

分不足以说明出口关税本身就是为这一目的而设计。上述中国综合环境政策的要素没有一个表示出口关税与减少污染目标之间存在联系。

专家组注意到，在有关出口关税和配额的“中国原材料案”中，中国也宣称针对该案中的争议产品其有一套综合的环境框架（framework），也列举了大量据称与生产该产品产生的污染有关的措施。但是，该案专家组认为“中国仍然需要有说服力的证据证明环境保护标准与出口限制之间存在关联”。对此，本案专家组持同样的观点。

本案中，中国主张其使用出口关税保护环境的目的已经一贯由中国财政部在每次采用新的出口关税清单时予以表示。例如，中国财政部在2008年年底就批准2009年的出口关税清单表示：“同时，为进一步限制‘高污染，高能耗以及资源依赖型产品’，中国将继续就煤炭、原油、金属矿石、铁合金、钢铁坯料等征收临时税。”

2009年12月15日，在批准2010年关税时，财政部延续了这一政策：“2010年，中国将继续就汽油、稀土、木浆、钢铁坯料等征收临时税。”

2010年12月14日，财政部提到：2011年，中国将继续就“高污染，高能耗以及资源依赖型产品”出口征收临时税，包括煤炭、原油、化肥、有色金属等。为规制（discipline）稀土出口……特定稀土产品的出口关税已经提高。

在批准2012年关税时，财政部指出：为促进可持续发展及有助于努力构建资源节约型与环境友好型社会，中国将继续就“高污染，高能耗以及资源依赖型产品”出口征收临时税，包括煤炭、原油、化肥、铁合金等。

专家组认为，这些摘自中国财政部新闻稿的内容无法证明出口关税有保护人类、动植物生命或健康的目的。它们只说明“高能耗产品，高污染产品及资源依赖型产品”出口会被征税。仅有这一点无法证明这些税收与减少污染之间存在关联。

在这方面，专家组的推理与结论与“中国原材料案”专家组相似。提及严重污染只是对受限产品的一种描述，并没有解释这些措施如何与原材料出口限制政策一道起到减少因其生产所造成污染的作用。该案专家组还注意到中国提交的文件包含了强调控制“高污染，高能耗以及资源密集型产品”出口的重要性，但是，并未说明控制出口是否以及如何作为一套综合环境框架一部分有助于减少污染。即专家组认为只是明确为保护人类、动植物生命或健康所必要的措施还不够，还要详细说明该目的如何实现，亦即目标实现的方式。

专家组还质疑为什么只有2012年财政部的新闻稿提到“为促进可持续发展及有助于努力构建资源节约型与环境友好型社会”，而以前的新闻稿中都无此表述。即便如此，这些增加的表述也无法支持中国关于“2012 年稀土、钨、钼出口关税是一套综合环境政策一部分”的观点。同样，这些表述也未解释为什么出口关税可以实现上述目的。

此外，专家组还注意到对稀土、钨、钼出口的关税措施未表明关税与任何环境或健康目标有任何联系。2012 年国务院关税税则委员会及海关关税税则委员会（实为海关总署）发布的关税实施方案都未明确任何保护生命和健康的目的。同样，进出口关税条例也未规定出口关税有助于健康或环境目标。

首先一些申诉方提交的证据似乎说明，与中国所宣称相反，争议出口关税被设计为用来促进使用本案争议原材料的国内高附加值下游产品的生产。首先，申诉方提交了一份来自 Gene M. Grossman 教授关于“出口关税作为一种说明环境外部性的方式”的专家意见。根据其分析，对某种商品出口征税会使该商品在海外市场的价格上升而在国内市场价格下降，同时会使国内消费增长，抵消了国外消费的下降。该教授总结，出口税所导致的国内消费的扩张对于一项有长远环保目标设计的政策而言不是一个需要的结果[①]。

其次，申诉方关于一些包含在高级别中国文件中的表述引起专家组注意。中国国务院确认“出口关税的作用是支持高技术含量和高附加值的深加工产品出口”。中国工业与信息技术部也提到，设置出口关税是为了“鼓励高附加值与深加工产品出口，同时严控国家安全战略涉及的稀有金属产品出口”。

第三，申诉方针对性提交了从 2000 年至 2010 年中国使用稀土、钨、钼生产的下游产品的增长。

第四，申诉方指出出口关税不适用于大多数从稀土、钨、钼原料分离出的下游附加值产品。

因此，申诉方认为出口关税并非制止稀土、钨、钼的总体消耗，而是与其他措施一道，是为了刺激国内生产而反对出口。专家组认为中国并未对此反驳[②]。

综上，专家组认为中国未能证明其出口关税的设置和结构是为了保护人类、动植物生命或健康。

（三）重大贡献

专家组理解中国所主张的出口关税会使产品在国内外市场的价格上升，从

---

① See Panel Report, China-Measures related to the Exportation of Rare Earths, Tungsten, and Molybdenum, WT/DS431/R, p. 78.

② Ibid., pp. 76 – 79.

而使对该产品的市场需求下降，由此致使产品生产下降，随之的污染也会相应下降。专家组认为尽管出口关税的效果是间接的，但不影响中国该主张的有效性。但是，专家组注意到中国并未提供任何证据支持这一经济理论（economic theory）。专家组再次提到“巴西翻新轮胎案”上诉机构所提出：争议措施对所宣称的目标有实证性贡献的证明应当“包含未来的定量预测，或者建立在一套被充分证据验证和支持的假设基础上的定性推理”。换言之，专家组认为中国的主张缺乏数据支持和严密推理。

专家组认为，中国主张出口关税会提高争议产品在海外市场的价格。中国并未证实其在国内市场采取相应措施提高产品价格。对此，其无法接受。如果价格措施可以将环境成本也纳入进来，为何只通过征收出口关税提高对国外消费者的销售价格，而未采取任何对国内销售征税的措施？对此，中国的回答仍然只是：出口关税会降低国外消费者对争议产品的消费从而减少在开采或生产该产品时产生的污染。专家组认为中国未能回答这个问题。

申请方反复强调，中国只对出口征税而对国内消费没有措施的做法对其所谓目的的实现毫无帮助。因征税造成海外需求的降低会导致生产向中国国内市场转移。出口关税实际上会对中国国内市场这些原材料的价格产生下降（downward）的压力。这可能抵消中国在国内市场通过其他措施使产品价格更好地反映环境成本的效果。这接着会刺激中国下游产业更密集地使用这些原材料，由此从长远看使中国经济更加依赖于这些投入的使用。

中国对此的回应是，中国使用出口关税是为了对国外消费提高争议产品价格，申请方未能证明出口关税会造成中国国内市场承受价格下降的压力。（在这里也想提个问题：什么是对问题的回应？中国的这种回应在专家组看来是否是无应？）

专家组同意美国与欧盟关于中国对相关问题回答的看法：首先，并不清楚中国的回答是否可以算作对专家组问题的回应从而是对申请方主张的回应。其次，中国应当就适用 GATT20 条 b 项举证提出实体抗辩。申请方已经就其主张提供了证据证明，如上述 Grossman 的专家意见。中国对此未进行回应反驳。专家组认为没有理由不接受申请方的主张。更重要的是，中国并未举证证明其所主张的出口关税易于产生对保护人类、动植物生命或健康的重大贡献①。

由此，专家组认为中国未证实出口关税有助于保护人类、动植物生命

① See Panel Report, China - Measures related to the Exportation of Rare Earths, Tungsten, and Molybdenum, WT/DS431/R, pp. 79 - 80.

健康。

（四）是否存在替代措施

中国主张申请方必须提出对保护人类、动植物生命或健康目标实现有同样贡献的合理可行的替代性措施。如果申请方提出这样的措施，中国承认自己需要举证证明这些措施并非合理可行或者对目的实现产生同样贡献。

专家组认为根据前述内容中国未能证明出口关税是为了保护人类、动植物生命健康，或者对目标实现易于产生重大贡献。在这种情况下，或许申请方不需要再提出替代措施了。

不论如何，申请方还是提出了替代性措施。欧盟注意到中国已经确定其已经在使用“多种补充措施”实现保护环境的目标。这些措施包括：将严格遵循环境要求作为进入稀土、钨、钼产业与获得生产份额及出口配额的条件；遵守“稀土产业污染物排放标准”；要求矿山缴纳生态恢复保证金；征收资源税。在这方面，欧盟提到中国已经颁布了一些环保法律措施。欧盟认为，存在一些措施可以实际对保护环境从而对保护人类、动植物生命健康产生重大贡献。

日本提出，首先，中国可以对矿物资源征收足够的资源税以制止其生产；第二，中国可以征收一种污染税或者庇古税（Pigouvian Tax），使生产者为其产生的每一单位的污染付费，从而与污染的社会成本相称。

美国主张中国可以提高开采与生产的限制量或者建立就开采与生产如何进行的有效污染控制。美国也提到中国的既有措施，包括已经有的与生产有关环境条例，例如就生产的污染控制、资源税、开采保证金，并提到中国或许需要调整这些措施使其更有效。对于中国的资源税，美国主张：不清楚为什么中国不依靠资源税保证稀土、钨、钼的价格反映环境成本，而一定要坚持只对国外消费的产品征收出口关税，美国提出，出口关税远高于既有的资源税。

中国在专家组第一次会议，第二次书面意见或第二次专家组会议上的陈述中都未对上述主张回应。专家组要求中国就申请方提出的以下措施进行评价：1. 提高开采与生产的限制量；2. 建立就开采与生产的有效污染控制；3. 对资源消费征收资源税；4. 征收污染税；5. 发展和利用一种出口许可系统。

对此，中国主张申请方所提出的替代措施实际上并不具有“替代性”，因为中国已经实施了这些措施。专家组认可中国已经实施了这样的措施。但是，中国未能解释为什么中国无法作为对出口关税的替代而提高开采与生产的限制量，提升就开采与生产的有效污染控制，提高资源税，和/或提高污染税。对此，中国已经实施了这些类型措施的事实没有证明为什么提高税率（如资源税）不是出口关税的替代措施。专家组同意日本提出的“中国可以对矿物资源征收足够的资源税以制止其生产。中国没有对日本关于提升资源税这一与WTO相符的替代措施而是征收出口关税进行回应”①。

综上，专家组认为中国未能举证证明申请方提出的替代措施对中国而言不合理可行，或者没有与被诉措施一样有效。

四　争议措施与GATT第20条序言的相符性

中国主张其适用出口关税的方式满足第20条序言的要求。

首先，就出口关税实施的方式是否构成“同等条件适用的国家间武断的或不公正的歧视”，中国主张“出口关税并未因产品出口目的地国的不同而有差别”，在“没有基于来源地或目的地的差别的情况下，没有理由认为出口关税实施方式构成同等条件适用的国家间武断的或不公正的歧视”。

对此，专家组同意中国提出的出口关税并未因产品出口目的地国不同有所差别。但是，专家组认为“同等条件适用的国家间武断的或不公正的歧视”不仅包含产品出口目的地国之间最惠国待遇型（MFN - Type）的歧视（如美国与日本），还包括出口产品与供国内消费的同类产品之间国民待遇型（NT - Type）的歧视。中国同意对序言所做的这个解释，但并未提出其他主张证明出口关税的实施方式不构成“同等条件适用的国家间武断的或不公正的歧视”。

其次，中国主张其出口关税的实施方式不构成“对国际贸易的变相限制”。作为支撑，中国提出一项一句话的主张，这些措施“是为中国旨在保护环境免遭稀土、钨、钼产品的过度开采和生产所造成损害的政策定制的，是其固有组成部分”。

在专家组看来，仅仅一项主张并非证据并且该一句话的主张未满足中国的举证责任。另外，出口关税事实上并非为中国旨在保护环境免遭稀土、钨、钼产品的过度开采和生产所造成损害的政策而定制。就这一点而言，中国未就其用来设定不同水平出口关税的标准提供任何解释，或者决定能从一个特定的关税水平期待一个怎样的特定效果。专家组记得中国对稀土、钨、钼产品征收出口关税，按照价格的5%到25%不等。

基于此，专家组认为中国并未证实其实施出口关税的方式符合第20条序

① See Panel Report, China - Measures related to the Exportation of Rare Earths, Tungsten, and Molybdenum, WT/DS431/R, pp. 81 - 82.

言的要求。

专家组做出结论中国已经证明稀土、钨、钼的开采与生产对中国的环境进而对人类、动植物生命或健康已经造成严重损害。专家组承认最近几年中国已经在相当程度上扩大了其为了解决该损害而采取的环境措施范围。在这一点上，专家组记得上诉机构所提出的“没有什么利益比保护人类免遭健康风险更关键和重要，保护环境也同样重要”。

但是，专家组认为中国没有证明其设置出口关税是为了解决这个问题，或者出口关税易于对解决该问题产生重大贡献，或者申请方提出的替代措施不合理可行或对解决该问题不会产生相同贡献。另外，专家组认为中国没有证明这些措施的实施方式符合第 20 条序言的要求。基于这些理由，专家组认为中国没有证明对争议产品征收出口关税按照第 20 条 b 项是正当的①。

基于以上原因，专家组认为：1. 中国对争议产品征收出口关税与《中国入世议定书》第 11. 3 条不符；2. 第 11. 3 条的义务不适用第 20 条一般例外，即使适用；3. 中国未证明其对争议产品征收的出口关税按照 20 条 b 项是为保护人类、动植物生命或健康所必要从而是正当的。

五 简单的结论

GATT 第 20 条的例外规定相当于 WTO 成员违反义务的豁免条款，为了防止第 20 条被滥用，争端解决机构在历年涉及第 20 条援引的案件中都对其适用进行严格审查，由此形成严苛的适用条件。中国在本案中既未能证明出口关税措施为保护人类、动植物生命或健康而存在的“必要性”，也未能证明与第 20 条序言的“相符性”，未获支持不足为奇。但是，专家组在审查过程中对由数据支撑的定量分析与由专家意见佐证的定性预测的强调为中国在以后类似案件中的举证明确了方向。此外，专家组对双方作为证据提交的我国部分政府文件的审查再次对国内政策在制订或发布时的用语提出了更高的审慎要求。

① See Panel Report, China - Measures related to the Exportation of Rare Earths, Tungsten, and Molybdenum, WT/DS431/R, pp. 82 - 83.

浅探罗马法与中世纪的诉权思想

庄加园[①]

引 言

民法中的大多概念都可以起源于罗马法，请求权作为核心概念似乎也不能例外。不过，罗马法中的诉或诉权是否近似于现代的实体法概念，或是一个迥然不同的术语体系，是一个令人颇感兴趣的话题。本文拟从请求权的视角出发，探究公私法两分下的诉权思想与诉的模式，希望能够从中找出一些现代民法可以汲取的历史养料。

一 公私法两分下的诉

由今日观点看来，民事诉讼法和民法是完全不同的两个领域。它们的分离源自于权利体系的最高分类原则：民事诉讼法隶属于公法，而民法则属于私法范畴。这一分离还表现在两类功能关系的意义：民事诉讼法用于维持和保护不依赖于该法的封闭法律秩序，并实现此秩序直接给予市民们的私法权利。

以上原则所强调的区分，在教义学的细节上体现得更为明显。原告在法庭上提起的请求权是诉讼法的请求权，它从实体法的请求权中被谨慎地排除。原告在实体法的领域中作为基于私法债权人，向作为债务人的被告所行使的权利，才是实体法上的请求权。根据现代的观念，诉讼法的请求权构成了法律争议相关对象。原告的任务是使得法院确定，由原告提起的诉讼请求权基于私法规范具有合理理由。为此，原告不必以法学教育的方式，向法官来解释以上私法请求权，或者只根据法律规范来指称这一请求权。现代的法律观点体现于以下法谚：法官创造法律（iura novit curia）。这一观点对我们有意义的影响在

① 中国社会科学院法学研究所博士后，上海交通大学凯原法学院讲师。

于，法官知道存在着可能说明诉讼法请求权的私法秩序规则。相反，他们不知道而且也不可能知道的是案件中的生活事实，也就是原告向被告要求给付所依据的事实。因此，原告的任务是告诉法官这一事实，并在被告对此争辩时加以证明。同样在古代的法谚中，我们可以重新找到该原则的这一面，法官对原告说：你给我事实，我给你法律（da mihi factum，dabo tibo ius）。[①] 但就法谚而言，尚不足以展示罗马法时代的诉权思想。为此，有必要介绍一下迥异于现代民事诉讼的罗马法及中世纪的诉讼理念与诉讼模式。

二　罗马法的诉权思想和诉讼模式

1. 罗马法的法律理念

罗马法体系还没具备与今日请求权相一致的概念。如果我们要在其中找到一个与请求权最接近的概念，那就是诉（actio）。一个与诉有限的亲缘关系也不过来自于凯尔苏斯（Celsus）的以下定义："诉只是这样一个权利，它使得某人所负担的内容，进入一个法庭程序而被追索。"[②] 从今日的法律体系看来，凯尔苏斯的句子是不言自明的内容。因为私法请求权自然得以在法庭上得到主张。但从该句可以推知，罗马人尚未严格区分私法和诉讼法。我们如今认为是实体法请求权的东西，对于罗马人而言只是尚未完成的事物。如果罗马人没有通过自愿的方式得到属于他的东西，那么他就打算请求法院的帮助。为此，他必须得到一个特殊权利，也就是法院给予的救济。只有当他得到个别的（individuelle）权利时，才能希望得到一个有利于其的判决。

根据一般的观念，当事人在法庭上主张救济的权利只能向国家主张，而且只是针对国家机关的特定行为，该行为要求将一方当事人的诉导入对方当事人也参与的诉讼，并且以判决终结诉讼。私人行使诉的权利，在当时几乎是不可想象，因为它不能对法庭审判产生影响。尽管当代观点认为，诉的权利具有公法的特征，但它在罗马法中却只是作为私法性质的市民法的组成部分。[③]

诉的概念源自于罗马民事诉讼法，其字面意思可译为"发动、促使"（被告），因此也就意味着原告的行为。原告以此行为使其主观权利成为法律诉讼的对象。在通常的罗马民事诉讼中，诉一方面是技术名词，另一方面也是诉讼

---

① Kaufmann, Zur Geschichte des aktionenrechtlichen Denkens, JZ 1964, S. 483.

② "Nihil aliud est action quam ius quod sibi debeatur iudicio persequendi", Cels. D. 44, 7, 51, in: Stefan Böhler, Der materiellrechtliche Anspruch, S. 38.

③ Julius Neussel, Anspruch und Rechtsverh? ltnis, Mainz 1952, S. 9.

法的起诉行为（Klagebehandlung）的种类概念。[①] 原告在裁判官（Praetor）那里所申请的诉，只是提供了一种为法律秩序所认可的手段。由此，原告得以在罗马法上追索私法诉请（Begehren）。对于主观权利的主体而言，它只是实现并贯彻这一权利的手段。因此，诉的意义位于诉讼法的起诉行为和私法权利之间，而后者恰恰是通过诉讼的方式才能行使。[②]

学界对诉的法律特征一直存有争论，首先要在两个不同的方向进行区分：一方面，诉被看作行使要求颁布令状的权利，或者是要求司法（Judicium）的权利；另一方面，诉被理解为对原告有利判决的基础。前者更多地含有诉讼法的特征，而后者更多地以实体法观点出发。在现代法律体系中，实体法的民法（私法）与民事诉讼法从一开始就是严格区分，各自独立，它们只在功能的相关领域上互相对应。民事诉讼法用于保护和实现私法秩序（Privatrechtsordnung），以及由其所给予权利主体的权利。这类严格的区分对罗马法而言，仍然是十分陌生的。由于罗马法当时未能严格区分私法上的法律行为与诉讼行为，诉的实体法和诉讼法因素必须作为一个不可分割的统一体来加以看待。[③]

2. 诉的罗马法历史

如果我们为寻求法律来源而转向当时的罗马法，那么显而易见的是，罗马人始终有意识地区分实体法和程序法。十二铜表法上就表现了从实体法思考的组成部分。盖尤斯《学说汇纂》的前三册在很大部分上都表现为实体法内容，而第四册则是单独地涉及罗马诉讼法的核心，诉的体系（Aktionensystem）。

罗马人虽然区分实体法和程序法，但这一区分既不是出于以罗马法秩序为基础的分类原则（Einteilungsprinzip），也不是为了符合教义学视角的日常法律实践。罗马法的思想主要在于针对这一问题，即在受害者与侵害者的各自情况中，裁判官考虑到法官认识的事实，以诉的方式来提供权利保护。一方面，单个的诉包含一个或多个实体法规则，且不依赖于每个理论体系，而是为实现实践的目的而呈现出实体法的特征。另一方面，诉也包括了一个或多个诉讼法规定；它们也独立于理论体系化的问题，形成了一个服务于实践的诉讼法特征。单个的诉包含了双重功能：实体法和诉讼法的特征。由此，人们可以作出这样的理解：罗马法的法律实践者并未将其法律秩序的结构视为两个彼此分离的层面。（而我们将实体法的规范加以统一，又赋予诉讼法规范保护实体法的次要

① 从现代法律观点来看，同样可以从这一概念推导出的意义是，原告享有某一权利，使他有权进行起诉行为，并帮助他在诉讼中取得成功。Kaser/Hackel, S. 236。

② Kaser/Knütel, Römisches Privatrecht, 18 Aufl., München 2005, § 4 II 1 Rn. 6.

③ Kaser/Knütel, Römisches Privatrecht, 18 Aufl., München 2005, § 80 I 1 Rn. 1.

地位。）法律秩序对罗马人而言，在很大程度上只是表现为具体的、各自的诉的数量。[①]

（1）法律诉讼时期

在罗马法最早的法律诉讼时期，诉讼必须严格按照法律规定的方式进行。[②] 当时法律规定了五种特别诉讼形式：誓金之诉（legis actio sacramento）、请求给付之诉（legis actio per condictionem）、请求指定仲裁性承审员之诉（legis actio per iudicis arbitrive postulationem）、拘禁之诉（legis actio per ma nus iniectionem）和扣押之诉（legis actio per pignoris capionem）。在这一时期，"诉"概念的法律内涵为仪式性的行为，具体表现为诉讼双方在执法官面前以仪式性的、符合法定用语的对话说明各自主张，由此启动诉讼的行为。这一诉讼程序被分为法律审（in iure）和事实审（apud iudicem）两个阶段。法律审的内容为诉讼双方向执法官陈述争议事由，若双方未能达成协议，则执法官须将争议付诸事实审阶段。但他对事实审阶段并无影响力。[③]

（2）程式诉讼时期

单个诉讼形式的结构也完全决定实体法统一体（Einheit）的发生。因为诉在表述中既不向诉讼中的当事人提出，也不向全体市民提起。它不是在特定前提中将权利宣判给某人，并给另一人施加义务，而是由裁判官在表述和内容中来为法官决定诉。当事人与其诉讼只是一个用法律概念表达的事实描述对象。他的权利规则和事实调查不是分离的，而是混合的。另一个应被突出的诉的形式（Actionsformel）特性是缺少形式化的诉讼申请，是由裁判官将诉讼请求转换成一个发给法官（iudex）选择性的判决指示或宣告无罪指斥。由于缺少诉讼申请，也就缺少了诉讼法请求权与实体法请求权在技术上的分离基础。此外，这一指示也不是经常针对特定的给付，而是具有不确定性。

在这一诉讼的第一部分（法律审）要决定的是原告所陈述的那类诉讼请求，一个法律上的保护（诉）是否为法律秩序所认可。裁判官没有兴趣调查原告的陈述是否符合实情，他只是将其假设为真实，并考虑原告根据其所陈述

---

① 只要原告不是例外地向法官写明，只在特定的实体法视角下给予某诉，法官就必须在所有能被考虑的视角下检查被陈述的事实，并根据申请来决定，即使原告的请求中只有一个诉讼的请求权具有理由。对此，法官在以下方面是自由的，即在多个可被考虑的实体法请求权中挑出一个，而且以一个、另一个或多个现存的实体法请求权来合理说明诉的准许。诉讼法和实体法的请求权由此再次表现得互相独立。Kaufmann, Zur Geschichte des aktionenrechtlichen Denkens, JZ 1964, S. 483。

② 参见［意］彼得罗·彭梵得《罗马法教科书》，黄风译，中国政法大学出版社 1992 年版，第 212—214、353、355 页。

③ 参见马丁《罗马法上的"诉"：构造、意义与演变》，《中外法学》2013 年第 3 期。

的事实是否享有权利，以致他可以在诉讼中主张。如果裁判官否认原告的请求，那么他从一开始就驳回了原告请求给予诉的申请。要是他认可原告的请求，他就允许这一申请程序。①

第二个“私法官”（Privatrichter）面前进行的程序部分是确定举证活动，并作出判决。原告为其请求进行举证，被告则为其辩护而举证。法官则基于他所评价的证明，根据裁判官在前一部分所确认的争议内容和作为基础的争点效果（Streiteinsetzung，litis contestatio）而作出判决。②

在程式诉讼（Formelprozess）的第二部分，即在法庭面前所进行的部分，诉讼事实的前提要件对于实体法和程序法分离是有利的。诉讼的偏好促使罗马法学家将他们的科学兴趣完全限制于裁判官前的诉讼过程，却很少重视在法官面前的实际审判程序。

罗马人的民事诉讼规则主要表现为诉的数量。它最终只是建立在特殊的保护功能上，它是各个诉分别赋予实体法的保护功能。甚至当基于同一事实发生多个诉时，原告仍然必须从中决定一个。罗马人在这些情况下感兴趣的，不是哪个权利决定实体权利秩序，而是哪个诉能够最稳妥地取得追求的效果。③

（3）非常诉讼时期

当罗马社会从共和时代转入帝制时代后，程式诉讼严格、呆板和高度形式主义的特征逐渐无法满足实践的需要。而在程式诉讼时期早已存在的一种与普通私人审判制度（ordo iudiciorum privatorum）不同的、被称为“非常诉讼”的制度逐渐占据诉讼中的主导地位，并最终取代程式诉讼成为一般的诉讼形式。④

从公元3世纪开始，程序诉讼面临着最深层的（tiefgreifenden）、有组织的、个人化的、符合观念的变动。终于在公元342年，程式诉讼的核心部分——诉的形式——最急迫地遭到废除。这就导致了原告在启动诉讼时无需提出“起诉要旨”，也就不必以选择特定“诉”的方式，来明确案件所涉及的实体法规范；被告也不再需要在诉讼开始阶段就将抗辩（以列入程式书的方式）加以指明。与此相适应的是，由法官对案情进行法律评价并考虑法律的适用问题；“诉”的颁予和争讼程序在很大程度上失去了它们之前所具有的重要意义。与这些变化相关的结果是：“诉”的意义重心逐渐从提起并进行诉讼的可

① Kaser/Knütel，Römisches Privatrecht，18 Aufl.，München 2005，S. 365.

② Kaser/Knütel，Römisches Privatrecht，18 Aufl.，München 2005，S. 366.

③ Kaufmann，Zur Geschichte des aktionenrechtlichen Denkens，JZ 1964，S. 484.

④ 参见马丁《罗马法上的“诉”：构造、意义与演变》，《中外法学》2013年第3期。

能性，转变为主张和实现某项利益的权利。[①] 之后法律现实所继承的方式——比较明确地突出实体民法，实际上在很大的范围内，遭到拜占庭帝国的学派和由其所生的优士丁尼立法委员会成员的践踏。尤其是盖尤斯修改后的《学说汇纂》，被优士丁尼作为法律而生效，从实体法的观察方式出发，从而被赋予较高的实践意义。

在后古典时代，诉权体系已经失去了它的独特意义。一体化的认识程序（Kognitionsverfahren）逐渐挤掉了两层结构的程式诉讼（Formularprozess），由此使得技术化的诉的概念遭到放弃。法律秩序不再表现为诉讼法意义中诉的体系，而是表现为实体法体系。在诉讼请求（Klagebegehren）发生时，这一请求不依赖于合适的诉的存在，而是取决于实体法的权利秩序。虽然原告必须在法庭前陈述他的请求，却无须提及一个特定的诉讼令状（Klageformel）。由此体现了一个显著的、体系化的程序法和实体法的分离出发点，并表现了对实体法的着重强调。然而，经由这一出发点，实体法的独立并未开始。由东罗马学派所生的汇纂者（Kompilatoren）没有成功地将古典时期的思考方式，通过另外一种严格的实体法方式加以替代。无论如何，一个改变的观察方式并未出现在《民法大全》中。优士丁尼的古典主义（Klassimus）与由此努力恢复古典之诉的名字，却导致了“一个崭新的、实体法思考的观点大部分覆盖于诉权的经典语言”。[②]

三　中世纪的诉权思想

在以诉权形式来思考和表达的大量文献之中，罗马法从古典时代的权利，以及虽从实体法思考、却以诉权表达的出发点，经由优士丁尼法典编纂和其教师表达的新的构想，在11世纪后期作为文学作品落入博洛尼亚的文学家之手。[③] 此时，注释法学派致力于将罗马法的法律材料理解为一个无矛盾的统一体。这一点恰恰也是优士丁尼在法典编纂时所宣称的目的。这一和谐努力带来矛盾的大量难题，恰恰以后古典时期的实体法思想与古典时期的诉权思想的对立为基础。由于古典时期程式诉讼的功能化在法典编撰中，在很多重要的细节方面同样完全不能被辨认，毫不惊讶的是，注释法学派显示了倾向于法典编纂

① 参见马丁《罗马法上的“诉”：构造、意义与演变》，《中外法学》2013年第3期。

② Georgiades, Die Anspruchskonkurrenz im Zivilirecht und Zivilprozessrecht, München 1967, S. 25.

③ Magister atrium Irnerius 在学说汇纂（Digest）的印象下成为法学家，但是他和他的学生们更多地是理论家，而不是实践者。他们的能力主要来自于获得被发现的科学素材，其功绩成功地获自于知名文献种类的数量。Kaufmann, Zur Geschichte des aktionenrechtlichen Denkens, JZ 1964, S. 484。

(Komplilation) 所指示的方法，追随实体法来理解法律材料。[①]

第三代注释法学派做好准备，着手加强与当时诉讼实践的联系。在此显示的结果是，甚至优士丁尼民事诉讼的细节描述，所谓的诉状诉讼（Libellprozess），在民法大全（Corpus juris civilis）也是不充分的，最重要的是缺少对于程序进行的相关描述。12 世纪才发展出系统描述诉讼法的文献种类，它们虽然努力使优士丁尼时期尚可辨认的诉讼法规则发生效力，但文献中依然有很多漏洞和很大的自由发挥空间。那时的诉讼实践和术语都未以罗马法的诉为中心。中世纪诉讼的基础是诉讼申请，它是一个新的事物：Petitio。Petitio 必须准确地说明诉请的给付。它在体系上严格地与作为其原因的论述（causa petitionis）相隔离。无论如何，必须在其中也包含原告的事实陈述。法官从诉讼申请中获悉，被告基于实体法是否负有给付。[②]

在这一诉讼状况下，诉讼申请与实体法债务既在事实的诉讼过程中，又在术语中显然分离。但古典罗马法的诉，作为支持体系的实体法与程序法合一的中心概念，表现得并不充分。12 世纪著名的注释法学家 Placentin 提到，诉与诉讼申请并不是同一的，前者反而是理由说明，用来说明诉讼申请的基础。Placentin 将与诉讼申请相区分的、并与其相对立的作为诉讼原因的诉（actio），符合逻辑地与债视为同一事物。[③]

不过，中世纪的法学家阿佐（azo）与 Placentin 的观点完全相反。诉与 Petitio 自身处于最紧密的诉讼法联系。债显然在实体法上被确定，债与诉之间的关系表现为：基于债并不必然只产生一个唯一的诉，从一个债或许可能发生多个诉。阿佐将债作为母亲，将诉作为女儿。这一观点得到了广泛传播，以致 Placentin 的观点日后逐渐被抛弃。[④]

诉权思想所描绘的线索，以及据此为基础的实践，在阿佐的学生中达到高点。由其内在封闭性所完善的、继受诉权思想的私法和诉讼法的权利体系，在十三世纪上半叶的学说和实践中处于支配地位。直到 13 世纪末，诉讼现实（Prozessural Realität）才告瓦解，但诉权思想在新时代中却依然在法律人中保持支配地位。之所以发生这一转变，是因为包括诉权的权利思想已由阿佐的学生在法学文献中予以制度化。因为诉权思想要求按照诉权来描述罗马法的法律

① Kaufmann, Zur Geschichte des aktionenrechtlichen Denkens, JZ 1964, S. 484.

② Kaufmann, Zur Geschichte des aktionenrechtlichen Denkens, JZ 1964, S. 484.

③ Kaufmann, Zur Geschichte des aktionenrechtlichen Denkens, JZ 1964, S. 484 - 485.

④ Kaufmann, Zur Geschichte des aktionenrechtlichen Denkens, JZ 1964, S. 485。阿佐的学说还有禁止诉的变更和既判力范围。根据他的观点，原告不能将诉的形式中一度被确定的诉，违反被告的意思而撤回或变更。Kaufmann, Zur Geschichte des aktionenrechtlichen Denkens, JZ 1964, S. 486。

材料，这不仅出于教义学，而且也基于法律实践的原因。因为如果诉讼上实现将来原告的实体法权利地位，取决于正确地选择诉，那么一切必须取决于客观的私法是否能归因于诉，而且尽可能完整地表现私法与各个诉之间的关联。[①]到目前为止存在被忽略的需求，将它的发生归因于13世纪以来所带来的诉权上的诉状文献。[②]

中世纪的欧洲大陆发展出以诉权为中心的学派。一方面，包含于诉的诉讼事实与其诉权的教义学，另一方面，根据同一思想所生的诉状文献补充了中世纪法律科学的独立诉权思想，形成一个全新的图像。因此，中世纪其他与诉相关联的法律文献出现了新的曙光。

与继受的诉权体系相平行，中世纪的罗马法学也发展出一个主观权利体系。注释法学家引入了一个作为诉权的诉，使其与作为实体法上主观权利的权利（Jus）鲜明分离。当时的人们将实体法的权利理解为诉的原因。它符合以下观点，即在诉之后的主观权利决定了诉的重要内容和特征，由此再次在实体法观察方式的方向迈出了第一步。然而那个时代的法学家却没有能力超越这个起点，创造一个主观权利与诉之间的新关系。《民法大全》对于他们而言，在法学领域是真正的权威科学文本。整个中世纪几乎都支配着这种观点，即人们认为法律是流传下来的秩序，不可随意加以修改。由此，诉权思想也得到重视并继续发展。在那时的诉讼中，原告的“editio actionis”作为罗马法诉的名字的说明，作为典型中世纪晚期的创造，获得了原有的意义。正如古典的程式诉讼（Formularprozess），法官的判断只限制于诉讼令状（Klagelibell）中所指称的诉。在令状诉讼中到处可以觉察到古典程式诉讼的持续影响。法官创造法律（iura novit curia）、你给我事实，我给你法律（da mihi factum，dabo tibo ius）的法谚再也找不到容身之处。然而诉权的令状文献也未能完成程序法与实体法的分离。[③]

随着继受罗马法，包括罗马——意大利的诉讼，诉权的诉状文献在德国也找到开端。甚至德国的早期立法，也以部分引入外国法为目的，展现了相当的

---

① Kaufmann，Zur Geschichte des aktionenrechtlichen Denkens，JZ 1964，S. 486.

② 阿佐的两个学生 Dorna 和 Roffredus 对此后的诉讼诉状的发展发挥了很大的影响。Dorna 为起草诉讼诉状，搜集了大量的表格。为每个诉都起草了一个特殊的表格。与每一份诉状相联系的都有关键性法律问题的解释。Roffredus 则针对具体的表格作出了丰富的评注。这一评注针对的是相关法律的创造性描述。诉状表格（Libellformulare）很快就在13世纪所写的公证文献中找到一席之地，并且延伸到公证人在诉讼表格的教育方面。Kaufmann，Zur Geschichte des aktionenrechtlichen Denkens，JZ 1964，S. 486。

③ Georgiades，Die Anspruchskonkurrenz im Zivilirecht und Zivilprozessrecht，München 1967，S. 26.

符合诉权的过程。根据1498年沃尔姆斯城市法律改革的会议，相当数量的表格提供了根据不同的诉，并附上解释的诉状起草。[①] 在15、16世纪的德国，如同中世纪法学对此所处理的那样，罗马法的继受包括了优士丁尼的罗马法。通过这种方式，罗马——意大利的诉讼与以这一诉讼的诉的体系也在德国得到继受。在此，这一诉讼以潘得克顿主义的运用（Usus Modernus Pandectarum），通过17世纪的法学实践者经历了特定的松动。在问题领域最重要的现代运用变化是，通过原告和法院提到诉的名称来确定权利状态的强制，不再强加于原告。从那时起，原告只须陈述他的诉讼请求和该请求所依据的事实。人们由此认为，原告始终想要主张对其有利的诉。如果被陈述的事实可以合理说明诉讼请求，法院就会同意起诉，而不考虑可能说明的诉。法官创造法律（iura novit curia）、你给我事实，我给你法律（da mihi factum，dabo tibo ius）的法谚由此进入法庭实践，并直到今日仍能保留其一席之地。[②]

小　结

民法的请求权历史虽然能够追溯到罗马法时代，但那时尚未形成现代意义的请求权概念，而只存在实体法与程序法合一的诉。这样的诉带有强烈的形式主义色彩，由此导致了诉的形式相对呆板、僵硬。诉的正义必须借助于这些有限的框架才能实现。后古典时代之中，一体化的认识程序逐渐排挤掉两层结构的程式诉讼，使得古典诉权体系失去其独特意义。中世纪注释法学派影响下的诉讼实践和术语依然以罗马法的诉为中心，这一诉讼现实直到13世纪末才告瓦解，但诉权思想在新时代中却依然在法律人中保持支配地位。中世纪的罗马法学在此基础发展出一个主观权利体系，其经过民族国家的罗马法继受，逐渐向现代的请求权概念靠拢。

---

① Kaufmann, Zur Geschichte des aktionenrechtlichen Denkens, JZ 1964, S. 487.

② Georgiades, Die Anspruchskonkurrenz im Zivilirecht und Zivilprozessrecht, München 1967, S. 26 – 27.

美国《统一商法典》第九编之动产担保协议研究

宰丝雨①

摘　要　美国《统一商法典》第九编规定，担保权附着必须满足三个要件：一是价值已经给付，二是债务人对担保物享有权利或者有权将担保物之上的权利转让给担保权人，三是债务人与担保权人之间达成在该担保物上设定担保权的担保协议。本文第一部分详细介绍这三个要件的具体要求。而针对要件三，第九编规定，除非由担保权人占有担保物的情形，否则当事人在担保协议中必须对担保物进行“充分的描述”。本文第二部分深入讨论了到底什么样的“描述”才是“充分的”。而本文的第三、四部分分别讨论了嗣后获得财产、担保物的孳息和未来贷款这三种特定类型的财产对担保权的影响。

关键词　担保协议　附着　嗣后获得财产　孳息

引　　言

根据《统一商法典》第九编，在动产之上创设一项担保权利并使之生效通常需要两份文书：担保协议（security agreement）和融资报告（financing statement）。担保协议是债权人、债务人之间签订的合同，合同中约定债务人以某项财产向债权人（即担保权人）提供担保。融资报告是根据§9－501的规定向相关公权力机构提交的公示文件，用于警示后来债权人，该财产之上已存在负担。换言之，担保协议的功能是在债权人、债务人之间创设担保权利，融资报告的功能在于使这项担保权利产生对世的效力。

第九编担保权的最基本特征就在于它是由债务人和债权人经合意创设的，

---

① 中国社会科学院法学研究所博士后。

第九编在 § 102 中给出了担保协议的定义：创设了担保权的协议。[①] 担保协议是双方协商的产物，是合同。因此，在理解和适用第九编的规定时，联系合同法的基本原则和具体规定（例如，合同生效的要件、解释合同条款的原则是什么，等等）就显得十分重要。然而，动产担保协议又不同于一般的合同，它是“创设了担保权”的合同，它的合同内容的特殊性就决定了它一定具有区别于一般合同的显著特征和特殊要求。而这些显著特征和特殊要求正是本文要讨论和介绍给读者的。

动产担保协议作为债务人与担保权人之间的合同，既要满足合同法上的要求，作为设定担保权的合同，担保协议又必须满足一些特殊的要求，而这就要从第九编的一个重要概念——“附着”（attachment）——说起。一项设立在特定财产之上的担保权经创设并且在债权人、债务人之间产生法律强制力，我们就说这项担保权“附着”在了这件财产之上。[②]“附着”是美国动产担保法律制度中一个基础概念，担保权不附着就不具有法律上的强制力。[③]

一　担保权附着的三要件

第九编规定了担保权附着的三项必要条件：一是价值已经给付（value must have been given），二是债务人对担保物享有权利或者有权将担保物之上的权利转让给担保权人（the debtor has rights in the collateral or the power to transfer rights in the collateral to a secured party），三是债务人与担保权人之间达成在该担保物上设定担保权的担保协议（the debtor must have entered into a security agreement covering the collateral and giving a security interest in it to the secured party）。[④] 这三项必要条件可以依任何次序实现，但是，非到三项条件都满足之时，担保权未设定完成。

第一个条件是价值已经给付。“价值”（value）在《统一商法典》中是一个被明确定义了的概念，它包括信用的移转（extension of credit）、借贷的承诺（commitment to lend）以及任何足以支持合同成立的对价（consideration）。[⑤] 简言之，这里所称“价值”就是担保权人向债务人提供的用来换取担保权的对

① U. C. C. § 9 - 102 (a) (74), “an agreement that creates or provides for a security interest.”

② U. C. C. § 9 - 203 (a).

③ U. C. C. § 9 - 203 (a), “A security interest attaches to the collateral when it becomes enforceable against the debtor with respect to the collateral, unless an agreement expressly postpones the time of attachment.”

④ U. C. C. § 9 - 203 (b).

⑤ U. C. C. § 1 - 204.

价，通常即主债务。根据美国合同法，“对价”（consideration）的存在是合同成立的必要条件。虽然规范买卖合同关系的《统一商法典》第二编已经事实上抛弃了这一源自于普通法的要求，但是，在美国的很多州，合同的成立仍旧以交换对价为必要条件。动产担保协议，从性质上说，是债务人和担保权人双方达成的合同。因此，根据合同法上的这一基本要求，“价值已经给付”也就是担保协议成立的必要条件之一。担保协议成立，担保权才能够附着于担保物，故第九编规定“价值已经给付”是担保权附着的必要条件之一。

担保协议是否必须指明其担保的主债务呢？§203（b）并没有此项要求，但是，从§102所规定的有关担保协议和担保权的定义中可以推断，虽然§203（b）不要求当事人在担保协议中写明主债务的数额，但双方在担保协议中必须指明被担保的义务是什么。

第二个条件是债务人对担保物享有权利或者有权将担保物之上的权利转让给担保权人。这一条看起来基本到差点被第九编的起草者忽略，在实践中也少有争议。这一规则来源于一个古老的法律原则，即你无法处分你不拥有的财产（nemo dat），你可以也仅仅可以在你所享有的权利的限度内进行处分。

第三个条件是债务人与担保权人之间达成担保协议。修订之前的旧版第九编产生于20世纪中叶，其中要求担保协议必须采用书面形式。随着电子信息技术在商业活动中的广泛应用，电子邮件以及数字的信息存储方式成为常规操作而非例外情形。因此，在修订第九编时，起草者摒弃了严格的书面合同的形式要求，转而要求存有协议的“记录”。有关“记录”的定义如下，“以可调出的形式储存于有形媒介或电子媒介的信息”。[①] 可见，任何文字都是记录，但并非一切记录都以文字形式呈现。同时，值得注意的是，有关“确认”（authenticate）的定义也不再限于当事人的签名，而是包括一切可以证实当事人真实意图的方式。[②] 举例来说，如果我发送一封电子邮件给你，你将它储存在计算机硬盘之中，即使你从未将邮件打印出来，硬盘中的电子邮件的内容也是一份由我本人“确认”的“记录”。

二　担保协议应当“充分描述”担保物

那么，担保协议何时需要以书面合同的形式呈现，何时又可以只存有记录呢？如果只需要有关协议存在的记录，哪些记录能够设定担保权并使之有效地

---

① U. C. C. §9－102（a）（69）.

② U. C. C. §9－102（a）（7）.

附着在财产之上呢？

第九编 §108 要求，除非由担保权人占有担保物，否则担保协议中必须对担保物有“充分的描述”。要求充分描述的目的在于使得利害关系人对担保物的识别成为可能。[①] 这里所说的利害关系人当然包括担保权人和债务人，也可能包括因担保权的设定而处于不利地位的其他债权人，甚至包括破产程序中的托管人和受诉法院。[②] 所谓对担保物进行识别，就是对某特定财产之上是否存在担保权作出判断。所以，除了以下将要介绍的例外情形，一般来说，“不论对动产或不动产的描述是否特别明确，如果其能够（使利害关系人）合理识别其所描述对象，该描述就是充分的”。[③]

如果担保权人基于担保合同的约定占有担保物，则双方无须在担保协议中对担保物进行描述，因为占有的状态本身就足以使利害关系人识别担保物。[④] 值得注意的是，担保权人对担保物的占有必须是“基于担保协议的约定”，即如果担保权人基于其他事由占有担保物（例如，基于借用担保物），则此占有状态不能豁免充分描述担保物的要求。但是，在债务移转的情形中，一旦担保权附着于担保物而产生法律效力，此担保权的法律效力并不因担保权人没有和次债务人约定占有而失去效力。[⑤] 当担保物是投资财产时，例如储蓄账户或证券投资账户，对这类无形财产担保物的描述也不可或缺，但是，担保协议中对证券业词汇的错误运用并不导致描述不充分。例如，如果担保协议中将债务人所有的“证券权益”泛指为“证券”，虽然二者的外延并不相同，这样的描述就可以是充分描述。[⑥] 当然，这种一般化描述的适用范围仅限于投资财产。诸如“债务人的所有财产”之类的描述显然不能够使利害关系人合理识别担保

---

① U. C. C §9 – 108, Official Comment 2, “The test of sufficiency of a description under this section, as under former Section 9 – 110, is that the description do the job assigned to it: make possible the identification of the collateral described”.

② 董学立：《美国动产担保交易制度研究》，博士学位论文，山东大学，2006 年，第 51 页。

③ U. C. C. §9 – 109 (a).

④ U. C. C. §9 – 203 (b) (3) (B); U. C. C. §9 – 203 Official Comment 4, “Under paragraph (3) (B), the secured party's possession substitutes for the debtor's authentication under paragraph (3) (A) if the secured party's possession is ‘pursuant to the debtor's security agreement.’”

⑤ U. C. C. §9 – 203 Official Comment 4, “In the unlikely event that possession is obtained without the debtor's agreement, possession would not suffice as a substitute for an authenticated security agreement. However, once the security interest has become enforceable and has attached, it is not impaired by the fact that the secured party's possession is maintained without the agreement of a subsequent debtor (e. g., a transferee).”

⑥ 根据《统一商法典》第八编第 501 条的规定，存在于某个证券账户中的证券权益（a security interest）包括多种基于此证券产品的权利，例如信用额度等。U. C. C. §9 – 108 Official Comment 4, “Under subsection (d), the use of the wrong Article 8 terminology does not render a description invalid”。

物，因此都是不充分描述，导致的法律后果是担保权未附着。①

当担保物为货物时，具体怎样的“描述”才算“充分”呢？例如，从事运输业务的乙已经拥有两辆福特牌的卡车，因为业务增长，乙又购买了一辆2011款的雪佛兰牌卡车，并向银行融资。乙和银行之间的担保协议是这样描述担保物的，“一辆乙所有的并用于其运输业务的卡车”。这样的描述是否满足§9-203（b）（3）（A）中有关充分描述担保物的要求呢？如果担保协议写的是“一辆乙所有的2011款雪佛兰卡车”呢？要回答这两个问题，就需要回到第九编规定描述担保物的立法目的是什么。第九编之所以要求协议双方充分描述担保物，就是要确保在发生纠纷时可以准确识别具体哪一件财物是担保协议的客体。第一种描述，“一辆乙所有的并用于其运输业务的卡车”，显然没有达成这一目标。设想以下情景，当乙违约时，银行只能找到一辆乙所有的福特牌卡车停在乙的门前，于是甲行使自助权利将这辆福特牌卡车开走。这时，乙向警方报警，称自己的卡车被盗。警方找到了处于银行占有之下的这辆福特牌卡车，而银行拿出乙签署的这份担保协议以主张自己占有的合法性。警方该如何判断呢？况且，乙的福特卡车由于使用多年已经折旧，其价值较新车大大贬损，这辆卡车的市场价值可能远远不及贷款本身的金额。所以，仅仅约定“一辆乙所有的并用于其运输业务的卡车”应当属于对担保物不充分的描述，而不充分的描述显然大大增加了司法的成本，也会带来实体上的不公平。再来看看第二种描述，“一辆乙所有的2011款雪佛兰卡车”。这样的描述应当说是充分的，因为它明确地指向了担保物。虽然公路上可能有很多辆2011款雪佛兰客车在行驶，但是乙所有的只有一辆，而且描述中还特别指明了是2011款的，这足以合理地将担保物区别于其他财物。当然，更好的描述是准确记录下这辆卡车的机动车序列号，以防日后乙继续购入2011款雪佛兰卡车而发生混淆。

不过故事并没有结束，反倒变得更加有趣了。假设这辆雪佛兰卡车的机动车序列号为12Z345J，但是在起草合同时被误写成了“一辆2011款的序列号为12Z354J的雪佛兰卡车”。这样的描述是否会导致银行的担保权创设失败呢？在美国的司法实践中，这仍然是一个有争议的问题，不同的州的法院坚持不尽相同的裁判标准。对合同解释采取较宽松和自由态度的法院认为这样的错误并不必然导致担保权创设失败，特别是在本案这种非常简单直接的交易中。这些法院认为，如果我们讨论的是以一大批序列号相近的卡车中的某一辆为担保物，这样的错误可能会对担保权人的权益造成致命的损害，但是，在本案这种

① U.C.C. §9-109（c）.

直观情形之中，乙所有的卡车一共有三辆，且只有一辆卡车是雪佛兰品牌的，序列号中两个数字位置颠倒的错误并不导致担保物无法准确识别，至少在一个拥有合理识别能力的社会一般人的眼中，乙和银行约定的担保物仍旧是十分明确的。和大陆法系一样，美国的涉及不动产的法律规范采取的是更加严谨的合同解释方法，登记或抵押等涉及不动产的法律行为必须遵从严格的形式，一个极小的失误即可能导致不动产权利不生效。相反，贯彻《统一商法典》始终的则是侧重商业上的合理性和可操作性的立法思想，因此，没有必要将不动产法当中严谨却机械的解释方法适用到动产担保交易活动中来。

可见，判断担保协议中对担保物的描述是否充分的最终标准在于利害关系人能否依据此描述合理识别担保物。

三 担保协议应当约定嗣后获得财产条款

在实践中，有关对担保物的充分描述，难题常常出现于“嗣后获得财产”(after-acquired collateral)。[①] 设想一下，你刚刚开办了一家小型工厂，你需要融资以购买机器设备。于是你向一家商业银行贷款，银行要求你以你全部的机器设备作为担保。问题是，此时你并不拥有这些机器设备——在取得贷款前你还无法购买这些机器设备。所以，事实上，银行要求的不是以你当前所有的设备设定担保，而是用你将来所有的设备设定担保——准确地说，是一旦你在未来的某个时间点违约而银行决定要实现其担保权的时刻你所拥有的一切设备。即使你的工厂已经投入生产且拥有一些设备了，银行要的也不仅仅是设定在你目前已有的设备之上的担保，而是在实现担保权之时你所有的设备之上的担保，届时，你当初设定担保权之时所有的那一部分设备很可能已经不知去向了。

第九编通过规定了明确的“嗣后获得财产”条款来解决这一问题。“嗣后获得财产”是指债务人在对担保协议进行确认之后所获得财产。[②] 如果没有这一制度，恐怕用抵押贷款购买生产设备都将成为不可能的了。同样，在债务人不断购置和出卖生产设备的情况之下保持一份有效的担保合同变得十分困难，如果没有这一制度，担保协议双方需要在每一次购置（或出卖）设备时重新修订协议。

既然第九编规定了嗣后获得财产条款，假设一家建筑工程公司和银行签订

① U. C. C. § 9 – 108 Official Comment 3.

② U. C. C. § 9 – 204 (a).

担保协议，以公司“当前和将来所有的全部推土机”作为担保，以获得银行一百万美元的贷款。协议签订时，公司一共拥有四台推土机。签订后，公司出于工程的需要又购置了两台推土机。这时，依照协议条款的约定，嗣后购置的这两台推土机成为担保财产的一部分。但是，如果协议中约定的仅仅是以公司“全部的推土机”作为担保，那么这两台新买的推土机还能够成为担保财产吗？

这是一个合同解释的问题。目前美国的司法实践中，许多法院坚持认为，书面的担保协议中必须要明确包括债务人在签订协议后获得的财产，才可以认定嗣后财产作为担保物的性质。这些法院如此裁判是援引了一条合同解释的原则，即在合同双方对合同条款的真实含义发生争议时，应当按照不利于合同起草方的意思来解释。[①] 而一份担保协议的起草方通常都是掌握是否发放贷款决定权的担保权人（即债权人）。另外一些法院则采纳了相对宽松的观点，认为有的财产从天然的性质上就是会处于不断变动的状态的，例如库存（inventory）和账款（accounts），如果只要债务人正常经营，库存就会不断更新，账款的金额也会不断变化。因此，当债权人要实现其担保权之时，当初签订担保协议时债务人所有的库存和账款可能早已不存在了。所以，法院认为，在签订担保协议之时，债权人所期许的担保物不可能仅仅只是债务人当时所有的库存或账款，同样，债务人也不可能认为他可以用不断变动或消失的库存或账款来担保其履行债务。法院进一步指出，当双方使用库存或账款作为担保物时，嗣后获得财产条款的自动适用应当被认为是一种商业惯例（usage of trade）。[②] 当然，不论受诉法院支持哪种观点，起草担保协议的律师都不应该忘记在协议中加入嗣后获得财产条款以保障债权人的合法利益。

值得注意的是，在某些情况下，即使担保协议中约定了完整的嗣后获得财产条款，这样的条款也是无效的，而这样的情况就发生在以消费品[③]为担保物的协议中。试想以下情景，某大学教授退休后为支付巨额的医疗费用而向银行贷款，并与银行签订担保协议，约定以其现在以及将来所有的藏书作为担保（这位老教授拥有海量的藏书，而且其中包括多本珍贵的古籍）。在获得银行贷款数月后，这位老教授从他的父亲那里继承了一份珍贵的遗产，一本家族祖传的、古老的《圣经》。这本几个世纪以前印刷出版的《圣经》，版本极其稀有，如今全世界仅此一本，因此现在价值连城。老教授继承这份遗产后视其如

① See Restatement (Second) of Contracts § 206 (1981).

② See In Re Filtercorp, Inc., 163 F. 3d 570 (9th Cir. 1998).

③ §9-102 (a) (23). (consumer goods，定义见前文中有关货物的介绍)。

无价之宝，并打算让这本书在家族中继续传承下去。这时，银行的担保权是否因为双方约定了嗣后获得财产条款而附着于这本对于这个家族意义非凡的《圣经》了呢？§9-204（b）（1）规定，当约定的担保物为消费品时，嗣后获得财产条款无效，除非债务人是在担保权人支付对价后的十天之内获得该财产的。[①] 如此规定显然是《统一商法典》的起草者基于普通消费者在参与商业活动时普遍缺乏职业商人的精明审慎的事实而对普通消费者的利益提供保护的又一体现。[②] 试想，这位老教授在申请银行贷款并同意在自己的藏书上设定担保权时，她认识到了她正将自己的藏书置于一定的风险之中，但是她同时也明白如果她不承担这样的风险，她就无法获得贷款。银行方面决定发放贷款也是基于对老教授现有藏书的规模和价值的考量。正常情况下，银行不会想到老教授藏书的规模还将显著增长，特别是突然通过继承的方式增加了一本极其昂贵的古籍。同时，老教授作为一位普通消费者，虽然拥有高于社会一般人的知识水平和素养，但在签订那份担保协议时也很有可能不能够准确理解"现在以及将来所有藏书作为担保"这一条的意义。考虑到普通消费者在从事商业行为时往往不如职业商人那样富有经验，同时在请求获得贷款时，债务人往往处于劣势地位，不具有同债权人讨价还价的资格，第九编在此处为普通消费者提供了保护。同样出于公平考虑，第九编的起草者规定了一则例外中的例外，也就是在担保权人支付对价后的十天之内获得的消费品性质的嗣后获得财产将因适用嗣后获得财产条款而成为担保物。而这里，老教授是在银行发放贷款数月之后才继承这本《圣经》的，所以根据§9-204（b）（1）规定，这本对这位老教授的家族意义重大的古老的《圣经》并不面临充当担保物的风险。

四 担保协议通常不需要单独约定孳息条款，因为担保权依法自动附着于担保物的孳息

在实务中，还需要区别担保物的"孳息"（proceeds）和嗣后获得财产。所幸的是，起草担保协议的律师不需要在合同中单独起草"孳息条款"，因为根据第九编的规定，担保权会自动附着于担保物的孳息。[③] 孳息是一个外延十

---

① 这里说"约定的"担保物，是因为只有担保协议中约定的初始的担保物为消费品时，嗣后获得财产条款才不予适用。如果初始的担保物并非消费品，而它的孳息是消费品，这时，嗣后获得财产条款仍然可以适用。

② 在第九编中还存在其他明显保护普通消费者利益的条款，如§9-108（e）（2）。

③ §§U. C. C. 9-203（f），9-315（a）（2）.

分宽泛的概念[①]，但究其内涵而言，重点在于价值的追踪。它包括由出售、出租或交换担保物而得来的一切收益。例如，库存出售后变为账款（account），账款被用于付款的支票替代，支票兑现后变为现金，现金存入银行产生利息——每一步的转变都产生了孳息。孳息这一概念同样包括因担保物损坏而产生的损害赔偿请求或者保险赔偿金。再如，如果担保物是公司发行的证券，那么公司派发的股息就是孳息。值得注意的是，以上全部例子中的原始担保物都消失或至少缩水了——库存被售予买主；账款经付款已不复存在；保险赔偿金显然取代了被损毁的原始担保物；股息也是如此，因为当一家公司向公司支付股息时，实际上公司的资产是减少了。

第九编规定，担保权将自动附着于原始担保物的可辨识的孳息以及它的一切后继孳息。如此规定源自于第九编的一个基本目标，即保护债权人的合法利益。如果在签订担保协议后债务人可以轻易地使担保物灭失，从而使债权沦为无担保的债权，那么债权人的合法利益将遭到践踏。但同时，在商业实践和社会生活中，债务人往往又需要保持对担保物的占有——债务人需要占有库存以继续经营，占有设备以继续生产，占有汽车以往返于工作地和住所，如果不占有这些担保物则无法创造价值以偿还贷款。在这种情况下，如何有效地保护债权人的担保权呢？前文中已经介绍过了，双方可以约定债务人的嗣后获得财产为担保物，但是仅仅约定嗣后获得财产仍不足以充分保护债权人的权益，因为嗣后获得财产仅限于与原始担保物为同一种类的财产，而事实上，库存在售出后，债务人不一定继续进货，账款在兑现后可能用于购买新的机器设备……也就是说，不同种类的担保财产之间是不断变换的。而孳息的概念恰好解决了这一问题，它用价值追踪的方式跨越了不同种类担保物之间的界线。并且，担保权在孳息之上产生附着的效力不需要当事人在担保协议中以明示的方式约定，只要孳息是可辨识的，担保权就会自动附着。

当然，§9－315（a）（2）的孳息自动附着原则也受到一些限制，那就是，孳息必须是“可辨识的”。在商业活动中，担保物的孳息常常与其他的财物混杂，那么什么样的情况下法律认为孳息是“可辨识的”呢？§9－315（b）规定，当满足以下两种情形之一时，孳息为可辨识孳息：（1）孳息是货物；（2）如果并非货物，担保权人能够以法律认可的追踪方法辨识孳息。[②] 如前文所述，孳息的辨识，其本质是价值追踪。§9－315（b）是修订第九编时的新增条款，它指出，当孳息与其他财物相混杂时，法律上仍然认定孳息是可

① U. C. C. §102（a）（64）.

② U. C. C. §9－315（b）.

辨识的，并且可以适用法律允许的任何价值追踪方法来识别孳息。[①] 最典型的"法律允许的价值追踪方法"包括会计学中的最低中间值原则（the lowest intermediate balance rule）、先进先出原则（FIFO，first in first out）、后进先出原则（FIFO，last in first out）。最低中间值原则，简单来说，就是取以下二者的较低值：（1）孳息的价值；或者（2）自从孳息被存入账户（或进入库存）直至债权人主张其担保权这期间日结存的最低值。最低中间值原则貌似不利于债权人，实则对债权人十分有利，因为适用这一原则的结果是，只要账款留有余额（或者库存有货物），孳息就永久存在，没有时间的期限。相对的，如果适用先进先出原则或者后进先出原则，孳息就很有可能因为债务人采用的记账方法的不同而产生灭失的风险。

综上，当事人通常不需要在担保协议中约定孳息条款，因为担保权会自动附着于担保物的可辨识的孳息。一项财产到底是不是原始担保物的孳息，这才是问题的焦点。"价值追踪"和"可辨识"是判断担保物孳息过程中的"关键词"，只要处分原始担保物所产生的收益符合这两个关键词，它就是担保物的孳息。

五 结语

在各国的担保法立法体例之中，第九编无疑是个中典范。尤其是自2001年开始生效的新修订版的第九编更被公认为一次成文法制定的成功范例，它在极短的时间内被全美国各个州和行政区划所接纳，这在美国历史上都是罕见的。即便在《统一商法典》体系之内，第九编也被认为是最具革新性和最成功的一套法律规范。而第九编对当事人订立担保协议的活动作出了十分完整细致且合乎实务操作的规定，值得为我国所借鉴。例如，有关"充分描述担保物"这一要件，何谓"充分描述"，第九编采用"合理识别"标准并将这一标准在司法实践中进一步细化，应当说，不论在大陆法系国家还是普通法系国家，这都是一条可以推广适用的客观标准。如果引入我国，应当结合我国社会民情和司法实践，参考第九编对这一标准的正式评述和美国司法实践中的重要判例，制定更为细致并适合我国司法活动的认定标准。再如，第九编充分考虑到对债务人的嗣后获得财产、未来贷款和担保物的孳息等特殊财产对担保权的影响，分别制定了详细的规则。在各国各地区，只要有融资的需求，只要存在担保交易，这些不同类型的特殊财产对担保交易所产生的影响都是不可回避

① U. C. C. §9-315（b），Official Comment 3.

的。而我国的《担保法》尚未就这些特殊财产制定细致并真正切实可行的规则，因而，第九编对该问题的处理方法极具参考价值。第九编对担保协议之规范堪称典范，本文只拾其一二加以介绍和讨论，望可为我国相关立法和司法活动所参考。